Normgeprägte Grundrechte

Schriften zum deutschen und europäischen öffentlichen Recht

Herausgegeben von Steffen Detterbeck

Band 30

Zur Qualitätssicherung und Peer Review der vorliegenden Publikation

Die Qualität der in dieser Reihe erscheinenden Arbeiten wird vor der Publikation durch den Herausgeber der Reihe geprüft.

Notes on the quality assurance and peer review of this publication

Prior to publication, the quality of the work published in this series is reviewed by the editor of the series.

Katja Fröhlich

Normgeprägte Grundrechte

PETER LANG

Bibliografische Information der Deutschen Nationalbibliothek
Die Deutsche Nationalbibliothek verzeichnet diese Publikation in der Deutschen Nationalbibliografie; detaillierte bibliografische Daten sind im Internet über http://dnb.d-nb.de abrufbar.

Zugl.: Greifswald, Univ., Diss., 2019.

Gedruckt auf alterungsbeständigem,
säurefreiem Papier.

Druck und Bindung: CPI books GmbH, Leck

D 9

ISBN 978-3-631-79623-8 (Print)
E-ISBN 978-3-631-82172-5 (E-PDF)
E-ISBN 978-3-631-82173-2 (EPUB)
E-ISBN 978-3-631-82174-9 (MOBI)
DOI 10.3726/b17560

Peter Lang – Berlin · Bern · Bruxelles · New York ·
Oxford · Warszawa · Wien

Diese Publikation wurde begutachtet.

www.peterlang.com

Meinen Eltern

Vorwort

Die vorliegende Abhandlung wurde im Wintersemester 2018/19 von der Rechts- und Staatswissenschaftlichen Fakultät der Universität Greifswald als Dissertation angenommen. Rechtsprechung und Literatur befinden sich auf dem Stand vom April 2018.

Mein aufrichtiger Dank gilt Vielen.

Allen voran meinem Doktorvater, Herrn Prof. Dr. Uwe Kischel, der das Entstehen dieser Untersuchung nicht nur während meiner Zeit als Mitarbeiterin an seinem Lehrstuhl, sondern auch darüber hinaus stets geduldig, wohlwollend und konstruktiv begleitet hat. Lebhaft erinnere ich mich an unzählige Diskussionen, an so manches kritische Wort und an wertvolle Impulse. Sie alle halfen mir, den roten Faden der Arbeit zu entwickeln. Herrn Prof. Dr. Michael Rodi danke ich für die rasche Erstellung des Zweitgutachtens und Herrn Prof. Dr. Steffen Detterbeck für die freundliche Aufnahme dieses Werkes in die von ihm herausgegebene Schriftenreihe.

Meinen lieben ehemaligen „Kischelianern" Martin Dietz, Matthias Hartwig und Robert Kessel, die über die Jahre zu mehr als Kollegen für mich geworden sind, danke ich sehr für anregende Gespräche und kritische Nachfragen, für so manches aufmunternde Wort an schwierigen Tagen und für allerlei gemeinsam bestandene Abenteuer, die unsere Zeit am Lehrstuhl unvergessen machen.

Ein spezieller Dank gebührt weiteren Kollegen sowie meinen Freunden, die mich immer wieder motivierten und in den richtigen Momenten an das Leben außerhalb der Promotion erinnerten. Einen nicht zu unterschätzenden Anteil an der Fertigstellung der Arbeit haben insbesondere Marcel Dalibor und Wibke Thiele, denen ich nicht nur, aber auch für die sorgfältige Korrekturlektüre außerordentlich danke.

Von Herzen danken möchte ich darüber hinaus meinem Mann Stefan Wehlte, der mir stets den Rücken freigehalten und auf viel gemeinsame Zeit verzichtet hat. Ohne seine liebevolle Begleitung und seine unerschöpfliche Geduld und Gelassenheit wäre diese Arbeit niemals beendet worden. Unserer Tochter Marlene danke ich für das Aufschieben ihrer Geburt bis zum Tag nach der Fertigstellung des Manuskripts; ich bin stolz, ihr eines Tages das Buch zeigen zu können, das für so manche Entbehrung verantwortlich zeichnet.

Mein ganz besonderer und viel zu oft unausgesprochener Dank gilt schließlich meiner Mutter Karola Fröhlich und meinem jüngst verstorbenen Vater Wilfried Fröhlich. Danke, dass ihr mir Zeit meines Lebens liebevoll zur Seite standet, mir Rückhalt gabt und mich in jeder erdenklichen Weise unterstützt und gefördert habt. Euch ist diese Arbeit gewidmet.

Kirch Baggendorf, im November 2019 Katja Fröhlich

Abkürzungsverzeichnis

a.A.	andere Ansicht
Abs.	Absatz
AcP	Archiv für die civilistische Praxis
Alt.	Alternative
AöR	Archiv des öffentlichen Rechts
ArbuR	Arbeit und Recht
Art.	Artikel
Aufl.	Auflage
BGB	Bürgerliches Gesetzbuch
BGH	Bundesgerichtshof
BGHZ	Entscheidungen des Bundesgerichtshofs in Zivilsachen
BImSchG	Bundesimmissionsschutzgesetz
Bsp.	Beispiel
bspw.	beispielsweise
BVerfG	Bundesverfassungsgericht
BVerfGE	Entscheidungen des Bundesverfassungsgerichts
BVerfGG	Bundesverfassungsgerichtsgesetz
BVerfG(K)	Kammerentscheidungen des Bundesverfassungsgerichts
BVerwG	Bundesverwaltungsgericht
BVerwGE	Entscheidungen des Bundesverwaltungsgerichts
bzw.	beziehungsweise
d.h.	das heißt
DÖV	Die öffentliche Verwaltung
DVBl.	Deutsches Verwaltungsblatt
Einl.	Einleitung
etc.	et cetera
EuGRZ	Europäische Grundrechte-Zeitschrift
f.	folgende
ff.	fortfolgende
Fn.	Fußnote
GG	Grundgesetz
ggf.	gegebenenfalls
GreifRecht	Greifswalder Halbjahresschrift für Rechtswissenschaft
GVBl.	Gesetz- und Verordnungsblatt
Hrsg.	Herausgeber

ibid.	ebenda
i.E.	im Ergebnis
infra	siehe unten
insbes.	insbesondere
i.S.d.	im Sinne des/der
i.S.v.	im Sinne von
i.R.d.	im Rahmen des/der
i.V.m.	in Verbindung mit
JA	Juristische Arbeitsblätter
jdf.	jedenfalls
JöR	Jahrbuch des öffentlichen Rechts der Gegenwart
Jura	Juristische Ausbildung
JuS	Juristische Schulung
JZ	Juristenzeitung
MMR	MultiMedia und Recht
m.N.	mit Nachweisen
m.w.N.	mit weiteren Nachweisen
m.w.N.u.V.	mit weiteren Nachweisen und Verweisen
m.umfangr.N.	mit umfangreichen Nachweisen
m.V.	mit Verweisen
m.w.V.	mit weiteren Verweisen
m.V.a.	mit Verweisen auch/mit Verweis auf
n.F.	neue Fassung
NJW	Neue Juristische Wochenschrift
NJW-RR	NJW-Rechtsprechungs-Report Zivilrecht
Nr.	Nummer
NVwZ	Neue Zeitschrift für Verwaltungsrecht
NVwZ-RR	Neue Zeitschrift für Verwaltungsrecht – Rechtsprechungs-Report
o.ä.	oder ähnlich(es)
o.g.	oben genannte(n)
RdA	Recht der Arbeit
Rn.	Randnummer
Rspr.	Rechtsprechung
S.	Seite/Satz
s.(a.)	siehe (auch)
sog.	sogenannte(s/r)
st. Rspr.	ständige Rechtsprechung
supra	siehe oben

u.a.	unter anderem
u.ä.	und ähnlich(e/s)
v.	von, vom
v.a.	vor allem
VerwArch	Verwaltungsarchiv
vgl.	vergleiche
VVDStRL	Veröffentlichungen der Vereinigung der Deutschen Staatsrechtslehrer
z.B.	zum Beispiel
ZG	Zeitschrift für Gesetzgebung
ZJS	Zeitschrift für das juristische Studium

Inhaltsverzeichnis

(Rechtsschutzgarantie[17], Recht auf den gesetzlichen Richter[18] und Anspruch auf rechtliches Gehör[19])[20]. Die Besonderheit all jener Verbürgungen wird gemeinhin

---

Starck, Christian (Hrsg.): Kommentar zum Grundgesetz, Band 1, 7. Aufl. 2018, Art. 9 Abs. 1 Rn. 10f. Zu diesem Streit infra Teil 3, D.II.

17 *Eberhard Schmidt-Aßmann*, in: Maunz, Theodor†; Dürig, Günter†: Grundgesetz. Kommentar, Loseblatt, Stand des Gesamtwerkes: Januar 2013, Band III, Art. 19 Abs. 4 Rn. 5; *Helmuth Schulze-Fielitz*, in: Dreier, Horst (Hrsg.): Grundgesetz, Kommentar, Band 1, 3. Aufl. 2013, Art. 19 IV Rn. 42; *Christoph Enders*, in: Epping, Volker; Hillgruber, Christian (Hrsg.): Beck`scher Online-Kommentar Grundgesetz, Stand: Oktober 2017, Art. 19 Rn. 52; *Christoph Brüning*, in: Stern, Klaus; Becker, Florian (Hrsg.): Grundrechte-Kommentar, 2. Aufl. 2016, Art. 19 Rn. 119; *Uwe Kischel*: Die Begründung. Zur Erläuterung staatlicher Entscheidungen gegenüber dem Bürger, 2003, 163; BVerfGE 60, 253 (268); 88, 118 (123); 100, 313 (364); 89, 28 (35).

18 *Bodo Pieroth*, in: Jarass, Hans D.; Pieroth, Bodo: Grundgesetz für die Bundesrepublik Deutschland, Kommentar, 14. Aufl. 2016, Art. 101 Rn. 1; *Claus Dieter Classen*, in: Mangoldt, Hermann von; Klein, Friedrich; Starck, Christian (Hrsg.): Kommentar zum Grundgesetz, Band 3, 7. Aufl. 2018, Art. 101 Abs. 1 Rn. 7; *Helge Sodan*, in: Sodan, Helge (Hrsg.): Grundgesetz Kompakt-Kommentar, 3. Aufl. 2015, Art. 101 Rn. 2; *Thomas Roth*: Das Grundrecht auf den gesetzlichen Richter, 2000, 65f.; *Hans-Detlef Horn*: Verbot von Ausnahmegerichten und Anspruch auf den gesetzlichen Richter, in: Merten, Detlef; Papier, Hans-Jürgen (Hrsg.): Handbuch der Grundrechte in Deutschland und Europa, Band V, 2013, § 132 Rn. 26; BVerfGE 95, 322 (327f.); 89, 28 (35).

19 *Helmuth Schulze-Fielitz*, in: Dreier, Horst (Hrsg.): Grundgesetz, Kommentar, Band 3, 3. Aufl. 2018, Art. 103 I Rn. 30; *Kingreen/Poscher* (Fn. 1), Rn. 1239; *Otto Majewski*: Auslegung der Grundrechte durch einfaches Gesetzesrecht? Zur Problematik der sogenannten Gesetzmäßigkeit der Verwaltung, 1970, 101; *Kischel* (Fn. 17), 163; BVerfGE 89, 28 (35); a.A. *Wolfram Höfling; Christian Burkiczak*: in: Friauf, Karl Heinrich; Höfling, Wolfram (Hrsg.): Berliner Kommentar zum Grundgesetz, Loseblatt, Stand des Gesamtwerkes: September 2017, Band 5, Art. 103 Rn. 29. Zu diesem Streit infra Teil 3, D.I.1.

20 Zu den Prozessgrundrechten werden zuweilen auch Art. 103 Abs. 2, Abs. 3 GG (vgl. etwa *Jörn Ipsen*: Staatsrecht II. Grundrechte, 20. Aufl. 2017, Rn. 918ff.; *Gerrit Manssen*: Staatsrecht II. Grundrechte, 14. Aufl. 2017, Rn. 810ff.) sowie Art. 104 GG gezählt (vgl. bspw. *Aulehner* (Fn. 2), 10). Diese sollen vorliegend außer Betracht bleiben. Zum Grundrechtscharakter der Prozessgrundrechte *Klaus Stern*: Qualität und Bedeutung der Prozeßgrundrechte für die Grundrechtsbindung der Rechtsprechung, in: Blümel, Willi; Merten, Detlef; Quaritsch, Helmut (Hrsg.): Verwaltung im Rechtsstaat. Festschrift für Carl Hermann Ule zum 80. Geburtstag am 26. Februar 1987, 1987, 359, 361, 363 m.w.N.; *Hartmut Maurer*: Rechtsstaatliches Prozessrecht, in: Badura, Peter; Dreier, Horst (Hrsg.): Festschrift 50 Jahre Bundesverfassungsgericht, Band 2, 2001, 467, 474,

darin erblickt, dass bei ihnen der Gegenstand, auf den sich der Grundrechtsschutz bezieht[21], nicht schon von vornherein als natürliche, reale Gewährleistung vorhanden ist, sondern erst durch einfaches Recht konstituiert und anschließend vom Grundrecht aufgenommen werden muss. Dieser Gedanke vom Gesetzgeber[22] als Schöpfer der grundrechtlichen Substanz (A.) steht im Verdacht, allzu leichtfertig mit dem Bindungspostulat des Art. 1 Abs. 3 GG und der hiermit intendierten Mäßigung und Begrenzung gesetzgeberischer Befugnisse umzugehen[23]. Die „geheimen Vorgänge der wechselseitigen Osmose"[24] zwischen Grundrechten und einfachen Gesetzen, die auch in anderen Fällen grundrechtsfördernder legislatorischer Aktivitäten erkennbar sind[25], scheinen sich hier zu einem – nachgerade gordischen – Knoten zu formen aus gesetzgeberischer

---

494 m.w.N.; BVerfGE 96, 27 (39); 101, 106 (121) (Rechtsschutz); 1, 332 (347); 1, 418 (429) (rechtliches Gehör); 118, 212 (239) (gesetzlicher Richter).

21 Der Begriff Schutzgegenstand bezeichnet nichts anderes als den *sachlichen Schutzbereich* eines Grundrechts. Dieser bestimmt, welche Rechtsgüter und Handlungen geschützt sind. Statt vieler *Friedhelm Hufen*: Staatsrecht II. Grundrechte, 6. Aufl. 2017, § 6 Rn. 2. Davon zu unterscheiden ist der grundrechtliche *Gewährleistungsbereich*. Dieser Terminus fungiert als Klammerbegriff für *sämtliche* normativen Aussagen, die einem Grundrecht entnommen werden können und unter seinem Dach gesammelt und systematisiert werden (sollen). Erfasst wird neben dem Schutzgegenstand auch der persönliche Schutzbereich, darüber hinaus einzelne Grundrechtswirkungen und -aufträge, der Freiheitsbegriff sowie andere elementare Fragen, vgl. *Bumke* (Fn. 8), 6; *Wolfgang Hoffmann-Riem*: Grundrechtsanwendung unter Rationalitätsanspruch. Eine Erwiderung auf Kahls Kritik an neueren Ansätzen in der Grundrechtsdogmatik, Der Staat 43 (2004), 203, 226ff. Zur Unterscheidung von Schutz- und Gewährleistungsbereich nochmals infra Teil 2, A.II.1.a.aa. Fn. 64 m.w.N.

22 Soweit in der vorliegenden Arbeit von *Gesetzgeber, Legislative, Gesetzgebung* und von *(einfachen) Gesetzen* die Rede ist, sind damit allein der parlamentarische Bundesgesetzgeber und die formellen Gesetze des Bundes gemeint (zum formellen [und materiellen] Gesetzesbegriff statt vieler *Michael Sachs*, in: Sachs, Michael (Hrsg.): Grundgesetz. Kommentar, 8. Aufl. 2018, vor Art. 1 Rn. 109ff.). Fragen, die die anderen, nach Art. 1 Abs. 3 GG Grundrechtsverpflichteten, d.h. die vollziehende Gewalt und die Judikative sowie den förmlichen Landesgesetzgeber (zu dessen Bindung durch Art. 1 Abs. 3 GG vgl. *Horst Dreier*, in: Dreier, Horst (Hrsg.): Grundgesetz, Kommentar, Band 1, 3. Aufl. 2013, Art. 1 III Rn. 54 m.w.N.) betreffen, bleiben außer Betracht.

23 *Gellermann* (Fn. 2), 3.

24 *Fritz Ossenbühl*: Versammlungsfreiheit und Spontandemonstration, Der Staat 10 (1971), 53, 73.

25 Zu diesen Kategorien infra Teil 3, B.II.2.

Gestaltungsbefugnis[26] einerseits und grundrechtlicher Bindung dieses Gesetzgebers andererseits[27] (B.-D.).

---

26 Die Rede von der gesetzgeberischen Gestaltungsbefugnis meint den – verfassungsgerichtlich nur begrenzt überprüfbaren – Rechtsetzungsfreiraum, den die Legislative (auch) im Rahmen des Zugriffs auf normgeprägte Grundrechte unbestritten hat, vgl. *Peter Badura*: Die Verfassung im Ganzen der Rechtsordnung und die Verfassungskonkretisierung durch Gesetz, in: Isensee, Josef; Kirchhof, Paul (Hrsg.): Handbuch des Staatsrechts der Bundesrepublik Deutschland, Band XII, 3. Aufl. 2014, § 265 Rn. 20, 25; *Burgi* (Fn. 10), 343; *Hans D. Jarass*: Bausteine einer umfassenden Grundrechtsdogmatik, AöR 120 (1995), 345, 369f.; *Christian von Coelln*, in: Sachs, Michael (Hrsg.): Grundgesetz. Kommentar, 8. Aufl. 2018, Art. 6 Rn. 31; *Rudolf Wendt*, in: Sachs, Michael (Hrsg.): Grundgesetz. Kommentar, 8. Aufl. 2018, Art. 14 Rn. 57; *Wolfgang Hoffmann-Riem*, in: Denninger, Erhard; Hoffmann-Riem, Wolfgang; Schneider, Hans-Peter; Stein, Ekkehardt (Hrsg.): Kommentar zum Grundgesetz für die Bundesrepublik Deutschland (Reihe Alternativkommentare), Loseblatt, 3. Aufl. 2001f., Band 1, Art. 5 Abs. 1, 2 Rn. 158; *Martin Ibler*, in: Friauf, Karl Heinrich; Höfling, Wolfram (Hrsg.): Berliner Kommentar zum Grundgesetz, Loseblatt, Stand des Gesamtwerkes: September 2017, Band 2, Art. 19 IV Rn. 21; *Peter Michael Huber*, in: Mangoldt, Hermann von; Klein, Friedrich; Starck, Christian (Hrsg.): Kommentar zum Grundgesetz, Band 1, 7. Aufl. 2018, Art. 19 Abs. 4 Rn. 379; *Hartmut Bauer*, in: Dreier, Horst (Hrsg.): Grundgesetz, Kommentar, Band 1, 3. Aufl. 2013, Art. 9 Rn. 52, 91; *Schulze-Fielitz* (Fn. 17), Rn. 140; *Helmuth Schulze-Fielitz*, in: Dreier, Horst (Hrsg.): Grundgesetz, Kommentar, Band 3, 3. Aufl. 2018, Art. 101 Rn. 38; *Hans-Detlef Horn*, in: Stern, Klaus; Becker, Florian (Hrsg.): Grundrechte-Kommentar, 2. Aufl. 2016, Art. 2 Rn. 72; *Christoph Brüning*, in: Stern, Klaus; Becker, Florian (Hrsg.): Grundrechte-Kommentar, 2. Aufl. 2016, Art. 103 Rn. 104f.; BVerfGE 87, 181 (198); 90, 60 (94); 97, 228 (267); 121, 30 (50) (Rundfunk); 20, 312 (317); 92, 365 (394) (Koalition); 20, 312 (317); 58, 233 (248); 92, 365 (394) (Vereinigung); 31, 58 (70) (Ehe); 97, 1 (7) (Erbe); 90, 226 (236) (Eigentum); 101, 106 (123) (Rechtsschutz); 107, 395 (412) (rechtliches Gehör) – st. Rspr. Jener Rechtsetzungsfreiraum kommt dem Gesetzgeber nicht schon kraft Natur der Sache oder gar kraft eigener Zuweisung zu, sondern wird ihm von der Verfassung zugeteilt, vgl. *Jestaedt* (Fn. 2), 71. Zu der umstrittenen Frage, ob allein der Verfassunggeber zuweisen darf bzw. durfte oder ob dazu nicht auch das Bundesverfassungsgericht berufen ist *Jestaedt* (Fn. 2), 169ff., 363ff., jeweils m.w.N. Synonym für den Begriff Rechtsetzungsfreiraum verwendet wird vorliegend – in Anlehnung an *Friederike Valerie Lange*: Grundrechtsbindung des Gesetzgebers. Eine rechtsvergleichende Studie zu Deutschland, Frankreich und den USA, 2010, 219 und *Aulehner* (Fn. 2), 413 – entweder der Begriff Entscheidungsspiel-/freiraum oder der Begriff Gestaltungsspiel-/freiraum. Zu weiteren, vom Bundesverfassungsgericht verwendeten Spielraumbegriffen *Robert Alexy*: Verfassungsrecht und einfaches Recht – Verfassungsgerichtsbarkeit und Fachgerichtsbarkeit, VVDStRL 61 (2002), 7, 15ff.

27 Vgl. *Cornils* (Fn. 2), 16, auch 250.

A. Gesetzgeber als Schöpfer der grundrechtlichen Substanz

I. Verfassungsrechtliches Schrifttum

In der verfassungsrechtlichen Literatur wird explizit zwischen den sogenannten sachgeprägten und den normgeprägten Grundrechten[28] unterschieden. Erstere zeichneten sich dadurch aus, dass sie Zustände, Fähigkeiten, Eigenschaften und Verhaltensweisen/Entscheidungsmöglichkeiten schützten, die dem Menschen von Natur aus gegeben, das heißt ihm qua seines Menschseins eigen und damit ohne staatliches Zutun ausübbar sind (beispielsweise Sprechen, Sich Bewegen) bzw. existieren (etwa Lebendigkeit, Gesundheit, körperliche Unversehrheit, Integrität der persönlichen Sphäre)[29]. Den normgeprägten Grundrechten hingegen fehle – ganz oder zumindest teilweise[30] – jene natürliche Substanz[31]. Anders als die sachgeprägten Grundrechte enthielten sie keine der Tatsachenwelt entstammenden und dem Staat vorausliegenden Gewährleistungen und formulierten daher auch nicht *aus sich heraus* einen real existierenden Schutzgegenstand. Deshalb forderten sie die Legislative auf, diesen durch unterverfassungsrechtliche Regelungen (erst) zu schaffen[32]. Die normgeprägten Grundrechte seien auf

---

28 Synonym für den Begriff „sachgeprägte(s) Grundrecht(e)" werden vorliegend die Begriffe „sonstige(s) Grundrecht(e)" und „Grundrecht(e) mit natürlichem Schutzgegenstand" verwendet. Sie alle dienen der Abgrenzung zu den normgeprägten Gewährleistungen, die gerade nicht über ein natürliches Schutzgut verfügen. Der Begriff „sachgeprägt" geht dabei zurück auf die *Jellinek*`sche Dichotomie von rechtlichem und natürlichem Können. Wer den institutionellen Ansatz von *Häberle* favorisiert, wird statt von „sachgeprägten" von „sonst gesetzesabhängigen bzw. ausgestaltungsbedürftigen Grundrechten" reden (zum Ganzen ausführlich m.N. infra Teil 3, A., B.). In der Sache besteht kein Unterschied, da jeweils all die Grundrechte gemeint sind, die – im Gegensatz zu den normgeprägten – über einen natürlichen Schutzgegenstand verfügen.

29 Exemplarisch *Wolfram Cremer*: Freiheitsgrundrechte. Funktionen und Strukturen, 2003, 89, 91f.; *Gellermann* (Fn. 2), 94. Weitere Nachweise infra Teil 3, A.II.

30 Zu den Unterschieden bei den einzelnen normgeprägten Grundrechten infra Teil 3, D.I.-III.

31 Die Rede von der Substanz(losigkeit) prägte wohl *Peter Lerche*: Übermaß und Verfassungsrecht. Zur Bindung des Gesetzgebers an die Grundsätze der Verhältnismäßigkeit und der Erforderlichkeit, 1961, 2. Aufl. 1999, 107.

32 Vgl. zum Ganzen *Gellermann* (Fn. 2), 90 (allgemein), 127 (Ehe), 137 (Vertrag), 269; *Nierhaus* (Fn. 2), 90; *Aulehner* (Fn. 2), 414; *Gerd Morgenthaler*: Freiheit durch Gesetz. Der parlamentarische Gesetzgeber als Erstadressat der Freiheitsrechte, 1999, 249; *Sebastian Lenz*: Vorbehaltlose Freiheitsrechte. Stellung und Funktion vorbehaltloser Freiheitsrechte in der Verfassungsordnung, 2006, 102; *Peter Lerche*: Facetten

dieses gesetzgeberische Tätigwerden angewiesen, ja sogar von ihm abhängig, weil erst die einfachgesetzliche Vermittlung den Grundrechtsgebrauch ermögliche[33]. Normgeprägte Grundrechte erweisen sich damit als Schöpfungen des

---

der „Konkretisierung" von Verfassungsrecht, in: Koller, Ingo; Hager, Johannes; Junker, Michael; Singer, Reinhard; Neuner, Jörg (Hrsg.): Einheit und Folgerichtigkeit im Juristischen Denken. Symposion zu Ehren von Herrn Professor Dr. Dr. h.c. mult. Claus-Wilhelm Canaris, 1998, 7, 25; speziell zur Vertragsfreiheit bspw. *Gerrit Manssen*: Privatrechtsgestaltung durch Hoheitsakt. Verfassungsrechtliche und verwaltungsrechtliche Grundfragen, 1994, 142; *Flume* (Fn. 12), 136ff.; zum Eigentum etwa *Lerche* (Fn. 31), 107; *Rainer Wahl*: Der Vorrang der Verfassung und die Selbständigkeit des Gesetzesrechts, NVwZ 1984, 401, 405; *Peter Axer*, in: Epping, Volker; Hillgruber, Christian (Hrsg.): Beck`scher Online-Kommentar Grundgesetz, Stand: Oktober 2017, Art. 14 Rn. 7; zur Rundfunkfreiheit *Helmuth Schulze-Fielitz,*in: Dreier, Horst (Hrsg.): Grundgesetz, Kommentar, Band 1, 3. Aufl. 2013, Art. 5 I, II Rn. 213ff.; zur Vereinigungsfreiheit vgl. bspw. *Wolfram Höfling*, in: Sachs, Michael (Hrsg.): Grundgesetz. Kommentar, 8. Aufl. 2018, Art. 9 Rn. 6; zur Koalitionsfreiheit statt vieler *Bauer* (Fn. 26), Rn. 91; zu den Prozessgrundrechten exemplarisch *Nicole Voßen*: Die Rechtsprechung des Bundesverfassungsgerichts zur Rechtsweggarantie des Art. 19 Abs. 4 GG, den Verfahrensgarantien nach 101 Abs. 1 Satz 2 GG, Art. 103 Abs. 1 GG und zum Prozeßrecht der Fachgerichte, 2002, 20 (Rechtsweggarantie), 21 (gesetzlicher Richter), 23 (rechtliches Gehör). Dieses strikte „Substanz- und Konstituierungsdenken" unter Verweis auf auch in den normgeprägten Grundrechten vorhandene tatsächliche Elemente ablehnend etwa *Cornils* (Fn. 2), 525, 666; *Josef Franz Lindner*: Theorie der Grundrechtsdogmatik, 2005, 296f. (Vertrag), 301f. (Vereinigung), 303ff. (Eigentum); wohl auch *Ruffert* (Fn. 7), 312f., 554 (Privatautonomie).

33 Vgl. allgemein *Gellermann* (Fn. 2), 14, 4, 51, 90; *Ruffert* (Fn. 7), 104 m.w.N.; *Mager* (Fn. 13), 432; für das Eigentum *Otto Depenheuer*: Zwischen Verfassung und Gesetz. Die rechtsstaatliche Struktur der grundgesetzlichen Eigentumsgarantie, in: Isensee, Josef; Lecheler, Helmut (Hrsg.): Freiheit und Eigentum. Festschrift für Walter Leisner zum 70. Geburtstag, 1999, 277, 281; *Volker Epping*: Grundrechte, 7. Aufl. 2017, Rn. 433; für die Koalitionsfreiheit *Michael Kemper*: Die Bestimmung des Schutzbereichs der Koalitionsfreiheit (Art. 9 Abs. 3 GG). Zugleich ein Beitrag zur Lehre von den Einrichtungsgarantien, 1990, 81; für die Vereinigungsfreiheit *Alfred Rinken*, in: Denninger, Erhard; Hoffmann-Riem, Wolfgang; Schneider, Hans-Peter; Stein, Ekkehardt (Hrsg.): Kommentar zum Grundgesetz für die Bundesrepublik Deutschland (Reihe Alternativkommentare), Loseblatt, 3. Aufl. 2001f., Band 1, Art. 9 I Rn. 71; für die Vertragsfreiheit vgl. *Höfling* (Fn. 12), 22 m.w.N.; für den gesetzlichen Richter vgl. etwa *Pieroth* (Fn. 18), Art. 101 Rn. 1; für das rechtliche Gehör vgl. *Georg Nolte; Helmut Philipp Aust*, in: Mangoldt, Hermann von; Klein, Friedrich; Starck, Christian (Hrsg.): Kommentar zum Grundgesetz, Band 3, 7. Aufl. 2018, Art. 103 Abs. 1 Rn. 8; für die Rechtsweggarantie *Cornils* (Fn. 2), 445; vgl. auch *Schulze-Fielitz* (Fn. 17), Rn. 42; *Brüning* (Fn. 17), Rn. 119; für die Freiheit von Ehe und Familie *Gellermann* (Fn. 2), 126; für die Rundfunkfreiheit

Gesetzgebers[34], als Produkte der Rechtsordnung[35]; sie schützen Zustände und Fähigkeiten, die erst durch staatliche Begründung entstehen[36].

Speziell für die Eigentumsfreiheit und die Erbrechtsgarantie scheint bereits der Verfassunggeber höchst selbst eben jene Abhängigkeit vom einfachen Recht (an)erkannt zu haben. Wie sonst ließe sich die geradezu provozierende Regelung[37] des Art. 14 Abs. 1 S. 2 GG, wonach der Gesetzgeber nicht nur die Schranken, sondern auch den Inhalt[38] des Eigentums und des Erbrechts zu bestimmen hat, erklären? Es verwundert daher kaum, dass die Anordnung in Art. 14 Abs. 1 S. 2 GG vielen als Anknüpfungspunkt und zugleich als Beleg für die Existenz der normgeprägten Grundrechte dient[39]. Aber auch die Vertrags-, Rundfunk-,

---

vgl. *Ruck* (Fn. 13), 545ff.; a.A. *Karl-Eberhard Hain*: Rundfunkfreiheit und Rundfunkordnung, 1993, 36f.

34 *Johannes Dietlein*: Die Lehre von den grundrechtlichen Schutzpflichten, 1992, 78.

35 So ausdrücklich für das Eigentum etwa *Roman Herzog*: Grundrechte aus der Hand des Gesetzgebers, in: Fürst, Walther; Herzog, Roman; Umbach, Dieter C. (Hrsg.): Festschrift für Wolfgang Zeidler, Band 2, 1987, 1415, 1418 und *Walter Leisner*: Eigentum, in: Isensee, Josef; Kirchhof, Paul (Hrsg.): Handbuch des Staatsrechts der Bundesrepublik Deutschland, Band VI, 2. Aufl. 2001, § 149 Rn. 57f., ähnlich Rn. 54; ähnlich auch *Gunther Schwerdtfeger*: Die dogmatische Struktur der Eigentumsgarantie, 1983, 13; *Joachim Lege*: Art. 14 GG für Fortgeschrittene. 45 Fragen zum Eigentum, die Sie nicht überall finden. Unter besonderer Berücksichtigung des Baurechts, ZJS 2012, 44; vgl. auch die st. Rspr. des Bundesverfassungsgerichts zur Eigentumsfreiheit, das zwar die Rede von der Schöpfung bzw. dem Produkt der Rechtsordnung – soweit ersichtlich – ebensowenig übernommen hat wie jene der normgeprägten Grundrechte (so auch *Gellermann* (Fn. 2), 95), jedoch immer wieder betont, dass nur (vermögenswerte) Rechtspositionen bzw. Rechte den Schutz des Art. 14 Abs. 1 GG genießen, vgl. bspw. BVerfGE 79, 29 (40); 83, 201(209); 95, 267 (300); 101, 239 (258); 115, 97 (110f.); für die Ehe vgl. *Thorsten Kingreen*: Die verfassungsrechtliche Stellung der nichtehelichen Lebensgemeinschaft im Spannungsfeld zwischen Freiheits- und Gleichheitsrechten, 1995, 49; für die Vertragsfreiheit *Gellermann* (Fn. 2), 136 und *Werner Flume*: Allgemeiner Teil des Bürgerlichen Rechts, Band 2: Das Rechtsgeschäft, 4. Aufl. 1992, 18.

36 *Cremer* (Fn. 29), 89; s. auch *Bumke* (Fn. 8), 17.

37 *Wahl* (Fn. 32), 404.

38 Speziell zur Frage der Notwendigkeit der Unterscheidung von Inhalts- und Schrankenbestimmungen überblicksartig etwa *Wendt* (Fn. 26), Rn. 55ff.; ausführlicher *Ansgar Grochtmann*: Die Normgeprägtheit des Art. 14 GG. Konsequenzen für die Eigentumsdogmatik, 2. Aufl. 2010, 216ff. Zur Unmöglichkeit dieser Unterscheidung infra Teil 4, C.I.2.a. m.N.

39 Vgl. *Cornils* (Fn. 2), 249 m.w.N.; *Kingreen/Poscher* (Fn. 1), Rn. 267, 1031; *Degenhart* (Fn. 8), Rn. 11; *Grochtmann* (Fn. 38), 24f. Auch das Bundesverfassungsgericht rekurriert bei seinen Entscheidungen zur Eigentums- und Erbrechtsgarantie ausdrücklich

Vereinigungs- und Koalitionsfreiheit, die Freiheit von Ehe und Familie sowie die Prozessgrundrechte sollen, ohne dass der Verfassungstext dies expressis verbis anordnet, vergleichbar strukturiert sein[40], das heißt auch jedes einzelne dieser Grundrechte soll den Gesetzgeber auffordern, den jeweiligen Schutzgegenstand hervorzubringen[41]. Jemand kann also ein Buch in seinen Händen halten und es sein Eigen nennen oder äußern, es von der verstorbenen Großmutter geerbt zu haben. Jemand kann sich mit anderen zu regelmäßigen sportlichen Aktivitäten verabreden und davon ausgehen, einen Verein gegründet zu haben. Jemand kann mit anderen Versprechen austauschen oder Übereinkünfte treffen und von einem Vertrag reden. Jemand kann mit einem anderen Menschen zusammen leben und ihn als seinen Mann bzw. seine Frau bezeichnen. Jemand kann einem Anderen über einen kürzlich mit dem Nachbarn geführten Streit berichten und äußern, froh darüber zu sein, angehört worden zu sein[42]. Ohne entsprechende einfachgesetzliche Unterfütterung ist die jeweilige Person weder Eigentümer noch Erbe des Buches, ist eine Personenvereinigung im Rechtssinne nicht errichtet, ist ein rechtlich gültiger Vertrag nicht geschlossen, ist die jeweilige Person weder verheiratet noch hat sie den gesetzlichen Richter ins Vertrauen gezogen und rechtliches Gehör erlangt. Was das grundrechtlich geschützte Eigentum und Erbe, die durch Art. 9 Abs. 1 GG geschützte Vereinigung, die grundrechtlich geschützte Vertragsfreiheit, die durch Art. 6 Abs. 1 GG geschützte Ehe sowie die grundrechtlich verbürgten Ansprüche auf den gesetzlichen Richter und auf rechtliches Gehör konkret bedeutet, inhaltlich ausmacht und welche Befugnisse sich damit verbinden, ergibt sich nicht schon unmittelbar aus den jeweiligen Grundrechten, sondern erst aus der Summe der sie konstituierenden Vorschriften des einfachen Rechts[43]. Normgeprägte Grundrechte schützen also nur solche Güter und Handlungen, die rechtlich anerkannt sowie inhaltlich durch einfachgesetzliche Regelungen näher ausgeformt worden sind[44]. Anders gewendet geben

---

auf den Wortlaut des Art. 14 Abs. 1 S. 2 GG, vgl. etwa BVerfGE 14, 263 (277); 44, 1 (17); 58, 300 (330); 67, 329 (340); 93, 165 (174); 122, 374 (391) m.w.N.

40 Supra Fn. 12ff. m.umfangr.N.

41 Dagegen *Hain* (Fn. 33), 37, nach dessen Auffassung die Befugnis des Gesetzgebers zur Prägung von Grundrechten nur im Falle ausdrücklicher verfassungsrechtlicher Anordnung besteht, also lediglich im Rahmen des Art. 14 Abs. 1 S. 2 GG.

42 Beispiele in Anlehnung an *Bumke* (Fn. 8), 17.

43 Vgl. zum Ganzen m.w.N. *Bumke* (Fn. 8), 17.

44 Statt vieler vgl. nur *Gellermann* (Fn. 2), 94 (Eigentum), 143 (Vertragsfreiheit). Plakativ konstatiert *Jestaedt* (Fn. 2), 30, normgeprägte Grundrechte gewährleisteten „mit der Dignität des Verfassungsrechts […], was Kreation des ‚einfachen' Gesetzgebers ist."

die jeweiligen Individualgarantien von vornherein nicht mehr her, als ihnen der Gesetzgeber kraft und in Ausübung seiner Inhaltsbestimmungskompetenz an Inhalt und Möglichkeiten zuerkannt hat[45].

II. Verfassungsgerichtliche Rechtsprechung

Das Bundesverfassungsgericht formuliert insgesamt zurückhaltender als die Literatur[46], betont aber gleichwohl regelmäßig die spezifische Definitionsbefugnis des Gesetzgebers im Bereich der normgeprägten Grundrechte[47]. Erst die einfachrechtlichen Normen würden den konkreten Inhalt dieser Grundrechte bestimmen und ihnen damit überhaupt erst zu praktischer Wirksamkeit verhelfen; ohne solche gesetzlichen Regelungen sei es dem Einzelnen nicht möglich, das jeweilige Grundrecht auszuüben[48]. Auch die Rechtsprechung geht also davon aus, dass normgeprägte Grundrechte gesetzliche Regelungen in besonderem Maße und zwingend voraussetzen, ja geradezu fordern, weil der Gegenstand, auf den sich der Grundrechtsschutz bezieht, hier nicht schon von vornherein vorhanden ist.

B. Bindung des Gesetzgebers an die Grundrechte (Art. 1 Abs. 3 GG)

Gemäß Art. 1 Abs. 3 GG binden die „nachfolgenden Grundrechte [...] Gesetzgebung[49], vollziehende Gewalt und Rechtsprechung als unmittelbar geltendes

---

45 Deutlich im Hinblick auf die Eigentumsgarantie *Reinhardt Lutz*: Eigentumsschutz bei „störender" Nutzung gewerblicher Anlagen, 1983, 129, 132 m.w.N.

46 So ist – soweit ersichtlich – in den Entscheidungen bspw. weder von Inhaltsleere der Grundrechte die Rede noch wird die Legislative ausdrücklich als Schöpferin der grundrechtlichen Substanz bezeichnet. Auch die Wörter „normgeprägt" oder „normgeprägte Grundrechte" werden nicht verwendet. Zu letzterem bereits supra Teil 1, A. mit Fn. 8.

47 Gerade bei den Entscheidungen zur Eigentums- und Erbrechtsgarantie fällt auf, dass das Bundesverfassungsgericht ausdrücklich auf den Wortlaut des Art. 14 Abs. 1 S. 2 GG rekurriert, vgl. etwa BVerfGE 14, 263 (277); 44, 1 (17); 58, 300 (330); 67, 329 (340); 93, 165 (174); 101, 54 (75); 122, 374 (391) m.w.N.

48 Vgl. BVerfGE 114, 1 (34) (Vertrag); 57, 295 (319) (Rundfunk); 31, 58 (69) (Ehe); 50, 290 (354) (Vereinigung); 17, 319 (333); 50, 290 (368); 92, 26 (41) (Koalition); 58, 300 (330); 122, 374 (391) (Eigentum); 99, 341 (351f.) (Erbrecht); 40, 237 (252) (Rechtsweg und rechtliches Gehör); 107, 395 (408); 116, 135 (150) (Rechtsweg); 89, 28 (35) (gesetzlicher Richter).

49 Gemeint ist hier jedenfalls der parlamentarische Bundes- sowie Landesgesetzgeber; erfasst sind sämtliche seiner Tätigkeiten, vgl. *Christian Starck*, in: Mangoldt, Hermann von; Klein, Friedrich; Starck, Christian (Hrsg.): Kommentar zum Grundgesetz, Band 1,

Recht". Die zentrale Bedeutung dieser Anordnung liegt in der gegenüber der Weimarer Reichsverfassung wesentlich aufgewerteten Rolle der Grundrechte, die nunmehr *durchgängig* als einklagbare[50] subjektive individuelle Rechte gefasst sind und *erstmalig* auch der Legislative als unmittelbar verbindliches Recht gegenübertreten[51].

I. Vorgaben des Art. 1 Abs. 3 GG

1. „Ob" der Grundrechtsbindung

Inhaltlich thematisiert Art. 1 Abs. 3 GG allein, *ob* und *wen* die Grundrechte binden und wie intensiv sie dies tun[52], indem er anordnet, *dass* – neben der Exekutive und der Judikative auch – der Gesetzgeber bei jedweder Aktivität im Grundrechtsbereich stets und zwingend die Vorgaben der jeweils in Frage stehenden grundrechtlichen Gewährleistungen zu beachten hat[53]. Mit anderen Worten stattet Art. 1 Abs. 3 GG die den einzelnen Grundrechten zu entnehmenden Aussagen

---

7. Aufl. 2018, Art. 1 Abs. 3 Rn. 224; *Dreier* (Fn. 22), Rn. 54; *Wolfram Höfling*, in: Sachs, Michael (Hrsg.): Grundgesetz. Kommentar, 8. Aufl. 2018, Art. 1 Rn. 95.

50 Die wirksame prozessuale Durchsetzung der Grundrechte gewährleistet Art. 93 Abs. 1 Nr. 4a GG, wonach jede grundrechtsfähige Person Verfassungsbeschwerde erheben kann, dazu exemplarisch und weiterführend *Kingreen/Poscher* (Fn. 1), Rn. 1291. Das Bundesverfassungsgericht überprüft in diesem Verfahren einfaches Recht auf seine Vereinbarkeit speziell mit den Grundrechten und kontrolliert damit die tatsächliche Einhaltung der Vorgaben des Art. 1 Abs. 3 GG, vgl. *Michael/Morlok* (Fn. 2), Rn. 466f.; *Höfling* (Fn. 49), Rn. 84.

51 Vgl. *Horst Dreier*, in: Dreier, Horst (Hrsg.): Grundgesetz, Kommentar, Band 1, 3. Aufl. 2013, Vorb. Rn. 67ff.; *Höfling* (Fn. 49), Rn. 82ff.; *Hans D. Jarass*, in: Jarass, Hans D.; Pieroth, Bodo: Grundgesetz für die Bundesrepublik Deutschland, Kommentar, 14. Aufl. 2016, Art. 1 Rn. 31; ausführlich m.umfangr.N. *Katja Fröhlich*: Die Bindung des Gesetzgebers an die Grundrechte – Ein historischer Abriss vom Konstitutionalismus bis in die Gegenwart, GreifRecht 2014, 123ff., insbes. 126f.

52 Vgl. etwa *Gellermann* (Fn. 2), 289f.; *Mager* (Fn. 13), 399; vgl. auch *Jestaedt* (Fn. 2), 20; *Ruffert* (Fn. 7), 34; BVerfGE 61, 126 (137); *Jarass* (Fn. 51), Rn. 30; *Stern* (Fn. 11), 1202; *Peter Lerche*: Grundrechtswirkungen im Privatrecht, Einheit der Rechtsordnung und materielle Verfassung, in: Böttcher, Reinhard; Hueck, Götz; Jähnke, Burkhard (Hrsg): Festschrift für Walter Odersky zum 65. Geburtstag am 17. Juli 1996, 1996, 215, 231.

53 Deutlich *Christine Steinbeiß-Winkelmann*: Grundrechtliche Freiheit und staatliche Freiheitsordnung. Funktion und Regelungsgehalt verfassungsrechtlicher Freiheitsgarantien im Licht neuerer Grundrechtstheorien, 1986, 94; *Gellermann* (Fn. 2), 289f.; vgl. auch *Mager* (Fn. 13), 399.

mit strikter Verpflichtungskraft aus[54]. Die Legislative darf demnach nicht völlig frei und beliebig über die in ihnen genannten Freiheiten und Schutzgüter verfügen, sondern muss sämtliche ihrer Regelungen vor den Grundrechten legitimieren. Aussagen zum Inhalt und zur Reichweite[55] – kurz: zum *Wie* – der Grundrechtsbindung lassen sich Art. 1 Abs. 3 GG indes nicht entnehmen[56]. Die Norm enthält keinen eigenen Prüfungsmaßstab[57], sondern knüpft diesbezüglich an die Grundrechte an[58].

2. *Grundrechte als Maßstab und Trennung der Normebenen*

In Art. 1 Abs. 3 GG kommt die Höchstrangigkeit der Grundrechte und mit ihr der (Geltungs)Vorrang der Verfassung vor allem übrigen Recht[59] zum

54 Explizit *Gellermann* (Fn. 2), 290; ihm folgend *Lenz* (Fn. 32), 139; ebenso *Lange* (Fn. 26), 79; *Nierhaus* (Fn. 2), 106; weitere Nachweise infra Teil 1, C. (Fn. 83f.), D.I. (Fn. 92, 98) und IV. (Fn. 111).

55 Zur Unterscheidung von Intensität und Reichweite der Bindung *Gellermann* (Fn. 2), 290. Dazu m.w.N. infra Teil 2, A. Fn. 9.

56 Vgl. *Gellermann* (Fn. 2), 289f.; BVerfGE 61, 126 (137); *Jarass* (Fn. 51), Rn. 30; *Stern* (Fn. 11), 1202; *Lerche* (Fn. 52), 215, 231; *Mager* (Fn. 13), 399; *Ruffert* (Fn. 7), 34; *Jestaedt* (Fn. 2), 20; weitergehend – soweit ersichtlich – wohl allein *Nierhaus* (Fn. 2), 102, allerdings ohne jegliche Begründung.

57 *Jarass* (Fn. 51), Rn. 30; *Gellermann* (Fn. 2), 121, 290; BVerfGE 61, 126 (137); in diese Richtung auch *Bumke* (Fn. 8), 10f.

58 Zum *konkreten* Anknüpfungspunkt und zur Ermittlung des Inhalts der Bindung infra Teil 1, D.I. und III. m.N., nochmals infra Teil 4, A. Zur Frage der Reichweite der Bindung überblicksartig infra Teil 2, A. sowie ausführlich infra Teil 4, C. und D.

59 Der Vorrang der Verfassung im Allgemeinen wird zumeist in Art. 20 Abs. 3 GG verortet; der Vorrang der Grundrechte im Speziellen in Art. 1 Abs. 3 GG, exemplarisch *Hans D. Jarass*, in: Jarass, Hans D.; Pieroth, Bodo: Grundgesetz für die Bundesrepublik Deutschland, Kommentar, 14. Aufl. 2016, Art. 20 Rn. 45; *Jarass* (Fn. 51), Rn. 30; *Christian Hillgruber*, in: Epping, Volker; Hillgruber, Christian (Hrsg.): Beck`scher Online-Kommentar Grundgesetz, Stand: Oktober 2017, Art. 1 Rn. 61; *Alexy* (Fn. 26), 8; *Matthias Herdegen*, in: Maunz, Theodor†; Dürig, Günter†: Grundgesetz. Kommentar, Loseblatt, Stand des Gesamtwerkes: Januar 2013, Band I, Art. 1 Abs. 3 Rn. 1; *Erhard Denninger*, in: Denninger, Erhard; Hoffmann-Riem, Wolfgang; Schneider, Hans-Peter; Stein, Ekkehardt (Hrsg.): Kommentar zum Grundgesetz für die Bundesrepublik Deutschland (Reihe Alternativkommentare), Loseblatt, 3. Aufl. 2001f., Band 1, Art. 1 Abs. 2, 3 Rn. 17; *Günter Frankenberg*, in: Denninger, Erhard; Hoffmann-Riem, Wolfgang; Schneider, Hans-Peter; Stein, Ekkehardt (Hrsg.): Kommentar zum Grundgesetz für die Bundesrepublik Deutschland (Reihe Alternativkommentare), Loseblatt, 3. Aufl. 2001f., Band 1, Art. 20 Abs. 1-3 IV Rn. 34; *Horst Dreier*: Grenzen demokratischer Freiheit im Verfassungsstaat, JZ 1994, 741, 743f.; *Peter Unruh*: Der Verfassungsbegriff

Ausdruck[60]. Das Grundgesetz im Allgemeinen und die Grundrechte als dessen Herzstück[61] bilden die höchste Stufe des staatlichen Normensystems[62]. Aufgrund dieser rangmäßigen Überordnung setzen sich die Grundrechte gegenüber inhaltlich widersprechenden, nachrangigen Normen durch – lex superior derogat legi inferiori[63]. Einfache Gesetze, die mit ihnen nicht in Einklang stehen, fallen der Verfassungswidrigkeit anheim[64]; sie sind rechtlich fehlerhaft und haben zu weichen[65]. Hieraus ergeben sich wichtige Erkenntnisse:

---

des Grundgesetzes. Eine verfassungstheoretische Rekonstruktion, 2001, 404f.; *Heinrich Amadeus Wolff*: Ungeschriebenes Verfassungsrecht unter dem Grundgesetz, 2000, 279. Weitere Nachweise bei *Fröhlich* (Fn. 51), 127 Fn. 59.

60 Gesichert wird dieser Geltungsvorrang erstens durch eine umfassend institutionalisierte Verfassungsgerichtsbarkeit, die berechtigt und verpflichtet ist, einfaches Recht auf seine Vereinbarkeit mit den Grundrechten zu überprüfen (siehe v.a. Art. 93 Abs. 1 Nr. 4 a, b, 100 Abs. 1 GG), zweitens durch die Kautelen des Art. 79 Abs. 1, 2 GG und drittens durch die Ewigkeitsgarantie des Art. 79 Abs. 3 GG. Ausführlich zum Ganzen m.N. *Fröhlich* (Fn. 51), 127.

61 *Nierhaus* (Fn. 2), 73; ähnlich BVerfGE 31, 58 (73); 43, 154 (167) (eigentliche[r] Kern).

62 Vgl. *Gellermann* (Fn. 2), 1; *Robert Alexy*: Theorie der Grundrechte, 2. Aufl. 1994, 473. Grundlegend zum Stufenbau der Rechtsordnung bereits *Adolf Julius Merkl*: Prolegomena einer Theorie des rechtlichen Stufenbaues, in: Mayer-Maly, Dorothea; Schambeck, Herbert; Grussmann, Wolf-Dietrich (Hrsg.): Adolf Julius Merkl. Gesammelte Schriften, Bd. 1 Teilbd. 1, 1993, 437ff., insbes. 464ff.; sich anschließend *Hans Kelsen*: Reine Rechtslehre, 1934, 62ff., 73ff., 2. Aufl. 1960, 228ff.; *Jürgen Behrend*: Untersuchungen zur Stufenbaulehre Adolf Merkls und Hans Kelsens, 1977, 13ff., 52ff.; *Theodor Schilling*: Rang und Geltung von Normen in gestuften Rechtsordnungen, 1994, 159ff.; *Wolff* (Fn. 59), 288ff.; überblicksartig *Ruffert* (Fn. 7), 35ff.

63 Vgl. *Klaus Stern*: Das Staatsrecht der Bundesrepublik Deutschland, Band I, 2. Aufl. 1984, 105; *Josef Isensee*: Verfassungsrecht als „politisches" Recht, in: Isensee, Josef; Kirchhof, Paul (Hrsg.): Handbuch des Staatsrechts für die Bundesrepublik Deutschland, Band XII, 3. Aufl. 2014, § 268 Rn. 49; *Schilling* (Fn. 62), 560f.

64 Das Vorrangprinzip ist damit eine Regel zur Auflösung von Normenkollisionen, vgl. *Jestaedt* (Fn. 2), 13, 19; *Michael Sachs*, in: Sachs, Michael (Hrsg.): Grundgesetz. Kommentar, 8. Aufl. 2018, Art. 20 Rn. 95; *Josef Isensee*: Positivität und Überpositivität der Grundrechte, in: Merten; Detlef; Papier, Hans-Jürgen (Hrsg.): Handbuch der Grundrechte in Deutschland und Europa, Band II, 2006, § 26 Rn. 42; weitergehend *Rainer Wahl*: Der Vorrang der Verfassung, Der Staat 20 (1981), 485; skeptisch in Bezug auf dessen Exaktheit *Helmut Lecheler*: Vorrang der Verfassung?, in: Bickel, Dietrich; Hadding, Walther; Jahnke, Volker †; Lüke, Gerhard: Recht und Rechtserkenntnis. Festschrift für Ernst Wolf, 1985, 361, 366f.

65 Das Grundgesetz selbst lässt offen, ob ein verfassungswidriges Gesetz von Beginn an rechtsunwirksam ist und ipso iure aus der Rechtsordnung ausgeschieden wird oder ob es lediglich vernichtbar ist und damit erst durch einen weiteren gestaltenden Akt aus

a. Maßstäblichkeit der Grundrechte

Zum einen bilden die Grundrechte den Maßstab für die einfachgesetzlichen Bestimmungen, nicht umgekehrt. Gesetzgeberische Aktivitäten sind daher immer grundrechtsabhängig und -gesteuert[66], das bedeutet die Grundrechte bestimmen stets selbst, ob, auf welche Weise und in welchem Umfang sie durch einfachgesetzliche Regelungen näher ausgeformt werden (dürfen, sollen oder gar müssen).

b. Trennung von grundrechtlicher und einfachgesetzlicher Normebene

Zum anderen ist das aus Art. 1 Abs. 3 GG sprechende Prinzip vom Vorrang der Verfassung gerade nicht auf ein Zusammenwirken von grundrechtlicher und einfachgesetzlicher Ebene angelegt, sondern gebietet Trennung und Distanz zwischen diesen beiden Normebenen. Denn als dem einfachen Recht übergeordnete und maßstäbliche Normen können die Grundrechte überhaupt und sinnvoll nur dann fungieren und funktionieren, wenn sie von den unterverfassungsrechtlichen Regelungen abgegrenzt und unterschieden werden[67]. Dies bedeutet jedoch nicht, dass *jedweder* Gedanke an eine Verflechtung beider Normebenen generell als systemwidrig abzulehnen und davon auszugehen ist, Grundrechte und einfache Gesetze hätten in ihrem Über-/Unterordnungsverhältnis stets und ausnahmslos *völlig beziehungslos* nebeneinander zu stehen. Eine derart weitgreifende Forderung ist dem Vorrang der Verfassung nicht zu entnehmen. Zweifelsohne sondert er sämtliche Grundrechte als Maßstab von den an ihnen zu messenden einfachen Gesetzen ab. Er löst sie aber weder vollständig vom unterverfassungsrechtlichen Recht los, noch werden die einfachen Gesetze gegenüber den Grundrechten gänzlich abgeschottet oder immunisiert[68].

---

der Rechtsordnung ausgeschieden wird, *Klaus Schlaich; Stefan Korioth*: Das Bundesverfassungsgericht. Stellung, Verfahren, Entscheidungen, 10. Aufl. 2015, Rn. 379; *Isensee* (Fn. 63), Rn. 49; *Schilling* (Fn. 62), 576. Auf den diesbezüglich geführten Streit kommt es hier nicht an. Ausführlich dazu m.w.N. *Martin Dietz*: Verfassungsgerichtliche Unvereinbarerklärungen: Zulässigkeit, Voraussetzungen und Rechtsfolgen, 2011, 109ff.

66 *Gellermann* (Fn. 2), 289; *Isensee* (Fn. 64), Rn. 43; *Jestaedt* (Fn. 2), 262, 17, 30, 35 und passim; deutlich auch BVerfGE 28, 243 (260f.); vgl. auch *Wahl* (Fn. 64), 514; *Nierhaus* (Fn. 2), 81, 85; *Stern* (Fn. 11), 1202f.

67 Vgl. statt vieler *Wahl* (Fn. 64), 486f., 502; sich anschließend *Jestaedt* (Fn. 2), 16; *Gellermann* (Fn. 2), 3; s. auch *Aulehner* (Fn. 2), 410.

68 Vgl. *Wahl* (Fn. 64), 502, 514; *Isensee* (Fn. 64), Rn. 44; *Isensee* (Fn. 63), Rn. 54; vgl. in diese Richtung auch *Nierhaus* (Fn. 2), 103; *Wahl* (Fn. 32), 409; weitergehender *Lecheler* (Fn. 64), 367.

Damit bleibt Raum für die These, dass beide Normebenen – trotz des fraglos bestehenden Rangunterschiedes und ohne diesen negieren zu wollen oder gar zu müssen – miteinander verzahnt sein, ineinander greifen und sich wechselseitig bedingen und ergänzen[69] können. Auch der Gedanke an normgeprägte Grundrechte ist daher prinzipiell möglich, das heißt jedenfalls nicht von vornherein durch das aus dem Vorrang der Verfassung fließende Trennungsgebot ausgeschlossen[70].

II. Anwendungsbereich des Art. 1 Abs. 3 GG

Art. 1 Abs. 3 GG unterscheidet nicht zwischen einzelnen Grundrechtsarten, -kategorien oder -gruppen, sondern rekurriert ganz allgemein auf die *nachfolgenden Grundrechte*. Hierdurch wird klargestellt, dass ausnahmslos alle Grundrechte des ersten Abschnitts des Grundgesetzes und damit auch jene, die als normgeprägt gelten oder bezeichnet werden, diese Bindungswirkung entfalten. Erfasst sind darüber hinaus alle in Art. 93 Abs. 1 Nr. 4a GG genannten Verbürgungen, die subjektive Rechte gewähren[71]. Dies trifft unter anderem auf die Garantien des gesetzlichen Richters, Art. 101 Abs. 1 S. 2 GG und des rechtlichen Gehörs, Art. 103 Abs. 1 GG zu[72].

---

69 Vgl. *Jestaedt* (Fn. 2), 31 und passim; vgl. auch *Nierhaus* (Fn. 2), 104; *Aulehner* (Fn. 2), 410; *Hinrich Rüping*, in: Kahl, Wolfgang; Waldhoff, Christian; Walter; Christian (Hrsg.): Bonner Kommentar zum Grundgesetz, Loseblatt, Stand des Gesamtwerkes: Dezember 2017, Band 19, Art. 103 Abs. 1 Rn. 40f.; ausführlich *Peter Häberle*: Die Wesensgehaltsgarantie des Art. 19 Abs. 2 Grundgesetz. Zugleich ein Beitrag zum institutionellen Verständnis der Grundrechte und zur Lehre vom Gesetzesvorbehalt, 3. Aufl. 1983, 210ff. m.w.N.

70 Die Annahme vom Zusammenwirken von grundrechtlicher und einfachgesetzlicher Normebene bildet die Basis und zugleich den Kern sämtlicher Überlegungen zu den normgeprägten Grundrechten und ist daher von grundsätzlicher Bedeutung. Umso erstaunlicher ist es, dass darauf – soweit erkennbar – in der einschlägigen verfassungsrechtlichen Literatur und Rechtsprechung gar nicht oder kaum ausdrücklich hingewiesen wird. Ein vor diesem Hintergrund als selten zu bezeichnender expliziter Fingerzeig findet sich aber bspw. bei *Rüping* (Fn. 69), Rn. 40f.

71 *Jarass* (Fn. 51), Rn. 30; *Herdegen* (Fn. 59), Rn. 9; *Hillgruber* (Fn. 59), Rn. 61f.

72 *Mager* (Fn. 13), 398f. m.w.N.

C. Normgeprägte Grundrechte und Art. 1 Abs. 3 GG - ein zirkelverdächtiges Bindungsdilemma[73]?

Dass der Gesetzgeber auch an und durch die normgeprägten Grundrechte gebunden ist, wird in Schrifttum und Rechtsprechung - soweit erkennbar - einhellig angenommen[74] und kann angesichts des klaren Wortlauts des Art. 1 Abs. 3 GG auch nicht bezweifelt werden.

Wird nun aber jene Maßstäblichkeit der normgeprägten Grundrechte zusammengedacht mit deren Abhängigkeit von gesetzgeberischer Aktivität und der damit notwendig einhergehenden inhaltlichen Prägung ihrer Schutzbereiche durch eben jenes legislatorische Handeln[75], tritt eine grundlegende Schwierigkeit zu Tage, die am Beispiel des Grundrechts auf Privateigentum, Art. 14 Abs. 1 S. 1 GG veranschaulicht werden soll: Wenn erst der Gesetzgeber und nicht schon der Verfassunggeber darüber bestimmt, welcher vermögenswerten Position er die Eigenschaft eines Rechtes zugesteht und sie damit zum Bestandteil der grundrechtlich geschützten Eigentumsgarantie macht[76] und welcher nicht[77],

---

73 Überschrift in Anlehnung an *Cornils* (Fn. 2), 16. Den Begriff des Dilemmas prägte in diesem Zusammenhang wohl *Herzog* (Fn. 35), 1420; ihn verwendet auch *Josef Isensee*: Vorbehalt der Verfassung. Das Grundgesetz als abschließende und offene Norm, in: Isensee, Josef; Lecheler, Helmut (Hrsg.): Freiheit und Eigentum. Festschrift für Walter Leisner zum 70. Geburtstag, 1999, 359, 361.

74 Vgl. *Gellermann* (Fn. 2), 291 m.N. zur Rechtsprechung; s. auch *Cornils* (Fn. 2), 2.

75 Erst das Zusammendenken dieser beiden Umstände setzt den Zirkeleinwand in seiner vollen Schärfe frei, so deutlich *Cornils* (Fn. 2), 522.

76 Der Schutzbereich der Eigentumsgarantie umfasst nach einhelliger Ansicht jedenfalls alle konkreten *vermögenswerten Rechte*, die dem Einzelnen zur ausschließlichen privaten Nutzung und zur freien Verfügung zugeordnet sind, vgl. etwa *Sodan* (Fn. 11), Rn. 8; *Wendt* (Fn. 26), Rn. 23; *Joachim Wieland*, in: Dreier, Horst (Hrsg.): Grundgesetz, Kommentar, Band 1, 3. Aufl. 2013, Art. 14 Rn. 49; *Hans D. Jarass*, in: Jarass, Hans D.; Pieroth, Bodo: Grundgesetz für die Bundesrepublik Deutschland, Kommentar, 14. Aufl. 2016, Art. 14 Rn. 5; BVerfGE 53, 257 (290); 78, 58 (71); 83, 201 (208f.); 101, 239 (258); 112, 93 (107).

77 Während der Vermögenswert einer Sache bereits anhand objektiver Kriterien ermittelt werden kann (Ist dafür ein Preis zu erzielen?), ist die Frage, ob mit einer vermögenswerten Sache auch ein Recht verbunden ist, eine rein rechtliche, die das Grundgesetz der Entscheidung des Gesetzgebers anheim stellt. Schafft er ein vermögenswertes Recht, dann kreiert er Eigentum i.S.d. Art. 14 Abs. 1 GG. Schafft er kein solches Recht, gibt es auch kein Eigentum im verfassungsrechtlichen Sinne, unabhängig davon, wie vermögenswert die Sache ist (vgl. zum Ganzen *Herzog* (Fn. 35), 1419).

woran konkret soll er bei dieser Entscheidung gebunden sein[78]? Etwa bloß an jene inhaltlichen Maßstäbe, die er selbst erst erzeugt hat? Diese Schlussfolgerung, die angesichts der weit verbreiteten Rede von der Inhalts- und Substanzlosigkeit normgeprägter Grundrechte durchaus nahe liegt, führt geradewegs hinein in den vielbeschworenen „Zirkel der gesetzesgesteuerten Gesetzessteuerung"[79]. Würde davon ausgegangen, der Gehalt normgeprägter Grundrechte erschöpfte sich in dem, was der einfache Gesetzgeber erzeugt (hat), gewährleisteten sie nur „Freiheit nach Maßgabe der Gesetze"[80]. Eine Bindung durch und an *originär grundrechtliche*, dem einfachen Recht vorausliegende Vorgaben wäre schlicht nicht möglich, weil die normgeprägten Grundrechte solche eben nicht

---

78 Vgl. *Herzog* (Fn. 35), 1416f., 1420; *Fritz Baur*: Die „Naßauskiesung" – oder wohin treibt der Eigentumsschutz, NJW 1982, 1734, 1735; *Walter Leisner*: Eigentumswende? Liegt der Grundwasserentscheidung des Bundesverfassungsgerichts ein neues Eigentumsverständnis zugrunde?, DVBl. 1983, 61, 63; *Jestaedt* (Fn. 2), 30f.; vgl. auch *Depenheuer* (Fn. 9), Rn. 43. Nicht beschränkt auf die Eigentumsgarantie stellen diese Frage bspw. auch *Christian Bumke; Andreas Voßkuhle*: Casebook Verfassungsrecht, 7. Aufl. 2015, Rn. 224.

79 *Jestaedt* (Fn. 2), 31, ähnlich 30; *Herzog* (Fn. 35), 1420 spricht von „Zirkeldilemma"; ähnlich *Nierhaus* (Fn. 2), 74, 90; *Ruffert* (Fn. 7), 105; *Cornils* (Fn. 2), 526, s.a. 16, 520; *Baur* (Fn. 78), 1735; dramatischer *Walter Leisner*: Die Gesetzmäßigkeit der Verfassung, JZ 1964, 201, 203 („unheimlicher Zirkelschluß") und *Ossenbühl* (Fn. 24), 73 („Musterfall eines circulus vitiosus"); zurückhaltender *Stern* (Fn. 11), 1264. Das Bundesverfassungsgericht ist mit seinen Äußerungen zu den normgeprägten Grundrechten insgesamt sehr viel zurückhaltender als die verfassungsrechtliche Literatur (infra Teil 1, A.II. m.N.). Dies gilt auch und besonders hinsichtlich des Zirkeleinwands. Soweit ersichtlich, weist das Gericht in keiner seiner Entscheidungen ausdrücklich darauf hin; weder die im Schrifttum geläufigen Ausdrücke noch eigene, ähnliche Formulierungen zur Umschreibung des Problems sind zu finden, vgl. auch *Herzog* (Fn. 35), 1420, der am Beispiel des Eigentums konstatiert, dass „höchste Gericht" spreche das Zirkeldilemma „nur in schattenhaften Umrissen…" an. Dies darf jedoch nicht zu der Annahme verleiten, das Bundesverfassungsgericht habe das Problem verkannt oder ignoriere es gar. Im Gegenteil: anhand der von ihm jeweils gewählten Formulierungen in den Entscheidungen, die normgeprägte Grundrechte zum Gegenstand haben, wird deutlich, dass der verfassungsrechtlichen Rechtsprechung das Problem keineswegs fremd ist. Klar zeigt sich dies bspw. im Naßauskiesungsbeschluß, BVerfGE 58, 300 (335f.) (ausführlich zu dieser grundlegenden Entscheidung in jüngerer Zeit *Joachim Lege*: 30 Jahre Nassauskiesung. Wie das BVerfG die Dogmatik zum Eigentumsgrundrecht aus Art. 14 GG revolutioniert hat, JZ 2011, 1084ff.) sowie in einer Entscheidung zur Ehe, BVerfGE 31, 58 (69f.).

80 Vgl. *Steinbeiß-Winkelmann* (Fn. 53), 404; vgl. auch *Bumke* (Fn. 8), 19; ähnlich *Herzog* (Fn. 35), 1415 (Titel).

enthalten. Die Legislative könnte demnach völlig grundrechtsungebunden tätig werden[81]; sie müsste bei ihren grundrechtsprägenden Aktivitäten allenfalls die von ihr selbst erst geschaffenen, inhaltlichen Maßstäbe beachten. Dies widerspricht Art. 1 Abs. 3 GG, der – als Ausdruck des Vorrangs der Verfassung[82] – eine Bindung an *genuin grundrechtliche* Maßstäbe und nicht an einfachgesetzlich hervorgebrachte Grundrechtsinhalte anordnet[83] und damit eine grenzenlose gesetzgeberische Definitionsbefugnis ausschließt[84]. Mit anderen Worten negiert die These von der Nichtexistenz eigenständiger Gehalte die Höchstrangigkeit normgeprägter Grundrechte und marginalisiert deren herausragende Bedeutung in einer mit Art. 1 Abs. 3 GG unvereinbaren Weise[85].

---

81 In diese Richtung gehen wohl die Befürchtungen von *Hain* (Fn. 33), 87; *Christoph Degenhart*: Rundfunkfreiheit in gesetzgeberischer Beliebigkeit? Zum 6. Rundfunkurteil des Bundesverfassungsgerichts – WDR-Gesetz und Landesrundfunkgesetz Nordrhein-Westfalen, DVBl. 1991, 510, 511; *Rolf Eckhoff*: Der Grundrechtseingriff, 1992, 15; *Höfling* (Fn. 12), 34; *Martin Borowski*: Grundrechte als Prinzipien, 2. Aufl. 2007, 151f. Allerdings verneinen auch diese skeptischen Autoren im Ergebnis die Bindung nicht vollständig (insofern irrt *Gellermann* (Fn. 2), 6, 30, 288), sodass davon auszugehen ist, dass im verfassungsrechtlichen Schrifttum letztlich *niemand* die Bindung des Gesetzgebers an und durch normgeprägte Grundrechte negiert, explizit statt vieler *Ruffert* (Fn. 7), 108; *Cornils* (Fn. 2), 253.

82 Supra Teil 1, B.I.2.

83 Vgl. *Nierhaus* (Fn. 2), 80f. m.w.N., 85, 106f.; *Ruffert* (Fn. 7), 108; *Dreier* (Fn. 22), Rn. 59.

84 Vgl. statt vieler deutlich *Borowski* (Fn. 81), 152. Beispielhaft für das Eigentum *Hans-Jürgen Papier*, in: Maunz, Theodor†; Dürig, Günter†: Grundgesetz. Kommentar, Loseblatt, Stand des Gesamtwerkes: Januar 2013, Band II, Art. 14 Rn. 308; zudem *Morgenthaler* (Fn. 32), 246; *Gellermann* (Fn. 2), 90, 288ff.; *Cornils* (Fn. 2), 10f., 253 und passim; *Karl-Heinz Ladeur*: Methodische Überlegungen zur gesetzlichen „Ausgestaltung" der Koalitionsfreiheit. Zugleich ein Beitrag zu den Möglichkeiten und Grenzen der Flexibilisierung des Tarifvertragssystems, AöR 131 (2006), 643, 654; BVerfGE 91, 294 (308); 95, 64 (84); 101, 239 (259).

85 Eine „Weimarisierung der Grundrechte" befürchten etwa *Leisner* (Fn. 79), 203; *Nierhaus* (Fn. 2), 76 m.w.N. Auf die Gefahr des Mutierens des normativen Vorrangs der Grundrechte zum inhaltlichen Vorrang des einfachen Rechts weist auch *Isensee* (Fn. 64), Rn. 43 hin. Zur Gefahr des Unterlaufens der Bindungsklausel des Art. 1 Abs. 3 GG auch *Cornils* (Fn. 2), 4; *Gellermann* (Fn. 2), 3. Bereits in den 1960er Jahren wurde allgemein(er) geargwöhnt, dass mit der Annahme, dass „Höheres durch Niederes sinnerfüllt" (*Leisner* (Fn. 79), 205) wird oder zumindest werden kann, die Verfassungsmäßigkeit der Gesetze in die Gesetzmäßigkeit der Verfassung umzuschlagen drohe (grundlegend *Walter Leisner*: Von der Verfassungsmäßigkeit der Gesetze zur

D. Der Weg aus dem Zirkeldilemma – genuin verfassungsrechtlicher Gehalt der normgeprägten Grundrechte als maßgeblicher Anknüpfungspunkt der Bindung

I. Unterscheidung zwischen dem genuin verfassungsrechtlichen Gehalt und dem vom Gesetzgeber erzeugten Inhalt der normgeprägten Grundrechte

Im Ringen um eine Lösung dieses Problems hat sich im Laufe der Zeit mehr und mehr die Annahme durchgesetzt, dass die normgeprägten Grundrechte keineswegs vollständig inhaltsleer sind. Zwar seien sie auf gesetzgeberische Aktivität angewiesen und ohne einen einfachgesetzlichen Unterbau nicht vorstellbar, weil sie keine natürlichen Schutzgegenstände enthielten. Gleichwohl verfügten sie über einen bereits vom Verfassunggeber erzeugten und damit dem Gesetzgeber vorgegebenen und ihn verpflichtenden, also bindenden, eigenständigen normativen Gehalt[86]. Jener – häufig als „verfassungsrechtlicher Begriff" oder ähnlich bezeichnete[87] – autarke Inhalt des jeweiligen normgeprägten Grundrechts,

---

Gesetzmäßigkeit der Verfassung. Betrachtungen zur möglichen selbständigen Begrifflichkeit im Verfassungsrecht, 1964; vgl. aus jüngerer Zeit auch *Depenheuer* (Fn. 33), 277, 283).

86 Vgl. schon *Walter Schmidt*: Die Freiheit vor dem Gesetz. Zur Auslegung des Art. 2 Abs. 1 des Grundgesetzes, AöR 91 (1966), 42, 60; ihm folgend *Nierhaus* (Fn. 2), 80; vgl. auch *Gellermann* (Fn. 2), 291; *Cornils* (Fn. 2), 528 (Eigentum), 220 (Vertrag); *Depenheuer* (Fn. 9), Rn. 34; *Kischel* (Fn. 17), 164 (am Bsp. der Verfahrensgarantien); *Eberhard Schmidt-Aßmann*, in: Maunz, Theodor†; Dürig, Günter†: Grundgesetz. Kommentar, Loseblatt, Stand des Gesamtwerkes: Januar 2013, Band VI, Art. 103 Abs. 1 Rn. 20; *Arnulf Schmitt-Kammler*, in: Sachs, Michael (Hrsg.): Grundgesetz. Kommentar, 8. Aufl. 2018, Art. 6 Rn. 2.

87 Vgl. etwa *Nierhaus* (Fn. 2), 106, 81, 85; *Ruffert* (Fn. 7), 108; *Lindner* (Fn. 32), 330f.; *Jestaedt* (Fn. 2), 31; *Depenheuer* (Fn. 9), Rn. 34, 51; BVerfGE 58, 300 (335); zumindest missverständlich insofern *Wieland* (Fn. 76), Rn. 31 und *Stefan Glöckner*: Eigentumsrechtlicher Schutz von Unternehmen. Eine rechtsvergleichende Studie zum deutschen Recht, zum Recht der EMRK und zum Europarecht, 2005, 20, die beide die Existenz eines verfassungsrechtlichen Eigentumsbegriffs ausdrücklich negieren, deren weitere Ausführungen jedoch darauf schließen lassen, dass sie in der Sache doch von einem präexistenten grundrechtlichen Gehalt der Eigentumsgarantie ausgehen.

bewahre dessen Selbstand[88] gegenüber dem einfachen Gesetz und verhindere das Abgleiten in die Programmhaftigkeit[89].

Diese Unterscheidung zwischen dem genuin verfassungsrechtlichen und dem einfachgesetzlich konstituierten Inhalt der Vertrags-, Rundfunk-, Vereinigungs- und Koalitionsfreiheit, der Freiheit von Ehe und Familie, der Eigentums-, Erbrechts- und Rechtsschutzgarantie sowie der Gewährleistungen des gesetzlichen Richters und des rechtlichen Gehörs steht im Einklang mit den Forderungen des Art. 1 Abs. 3 GG[90]; sie hat mittlerweile einen festen Stand in der verfassungsrechtlichen Diskussion[91].

Ganz allgemein gesprochen wird der genuin verfassungsrechtliche Inhalt des jeweiligen normgeprägten Grundrechts in gewissen Ordnungsvorstellungen erblickt, die der Gesetzgeber umzusetzen und zu entfalten habe, über die er aber nicht zu disponieren berechtigt sei[92]. Diese, auch als (wesentliche oder grundlegende) Gestaltungsdirektiven[93], Richt- und Grenzbestimmungen[94],

---

88 *Leisner* (Fn. 85), 5, 8, 61f. und passim. Sich anschließend bspw. *Wahl* (Fn. 64), 486f., 513; *Nierhaus* (Fn. 2), 106 m.w.N.; *Jestaedt* (Fn. 2), 31; *Stern* (Fn. 11), 1300f.

89 Statt vieler *Gellermann* (Fn. 2), 291.

90 Supra Teil 1, B.I.2. m.N.

91 Vgl. etwa *Jestaedt* (Fn. 2), 31; *Gellermann* (Fn. 2), 290f.; *Cremer* (Fn. 29), 94; *Walter Leisner*: Eigentum, in: Isensee, Josef; Kirchhof, Paul (Hrsg.): Handbuch des Staatsrechts der Bundesrepublik Deutschland, Band VIII, 3. Aufl. 2010, § 173 Rn. 10ff.; *Wahl* (Fn. 64), 486f.; *Lecheler* (Fn. 64), 363f.; *Degenhart* (Fn. 8), Rn. 59; *Isensee* (Fn. 64), Rn. 45; *Morgenthaler* (Fn. 32), XXII-XXV; mit kritischem Akzent *Cornils* (Fn. 2), 252f., 287ff., 529ff., der gleichwohl aber ebenfalls von einem eigenständigen Gehalt normgeprägter Grundrechte ausgeht, deutlich etwa S. 220, 401; exemplarisch für das Eigentum *Wahl* (Fn. 32), 406; *Depenheuer* (Fn. 9), Rn. 32; *Lutz* (Fn. 45), 129; *Axer* (Fn. 32), Rn. 9f.; sehr deutlich BVerfGE 42, 263 (292f.); 50, 290 (355); 58, 300 (335); für die Vertragsfreiheit *Cornils* (Fn. 2), 220; *Bumke* (Fn. 8), 57f.; BVerfGE 89, 214 (231); für die Rundfunkfreiheit BVerfGE 57, 295 (319ff.); für die Ehe BVerfGE 31, 58 (69); *von Coelln* (Fn. 26), Rn. 2; vgl. zur Vereinigungsfreiheit BVerfGE 84, 372 (378f.); zur Koalitionsfreiheit BVerfGE 50, 290 (368); *Cornils* (Fn. 2), 401; für die Erbrechtsgarantie *Sodan* (Fn. 11), Rn. 1; *Walter Leisner*: Erbrecht, in: Isensee, Josef; Kirchhof, Paul (Hrsg.): Handbuch des Staatsrechts der Bundesrepublik Deutschland, Band VIII, 3. Aufl. 2010, § 174 Rn. 12; BVerfGE 67, 329 (340); für das rechtliche Gehör *Georg Nolte* (Fn. 33), Rn. 10; *Schulze-Fielitz* (Fn. 19), Rn. 29; *Schmidt-Aßmann* (Fn. 86), Rn. 20; für die Rechtsweggarantie *Cornils* (Fn. 2), 488; *Kischel* (Fn. 17), 2003, 164.

92 Pointiert *Gellermann* (Fn. 2), 290; *Jestaedt* (Fn. 2), 33; *Degenhart* (Fn. 8), Rn. 49, 59; ähnlich *Morgenthaler* (Fn. 32), 253; s. bspw. auch BVerfGE 10, 59 (66); 31, 58 (69f.); 105, 313 (357f.) (Ehe); 121, 30 (59) (Rundfunk).

93 *Gellermann* (Fn. 2), 98; ähnlich BVerfGE 101, 106 (123); 118, 168 (207); 92, 26 (41).

94 *Lutz* (Fn. 45), 129.

Regelungsaufträge und Strukturelemente[95]/-prinzipien[96] oder ähnliches[97] bezeichneten grundrechtsimmanenten Vorgaben bilden den Tatbestand, an den Rechtsfolgen geknüpft sind, die den Gesetzgeber im Sinne des Art. 1 Abs. 3 GG binden. Sie sind sein verbindlicher Orientierungsmaßstab, zeichnen also die Bahnen vor, innerhalb derer sich das einfache Recht zu halten hat[98].

---

95 *Brosius-Gersdorf* (Fn. 14), Rn. 50.

96 *Herdegen* (Fn. 59), Rn. 41; *Bethge* (Fn. 13), Rn. 95; *von Coelln* (Fn. 26), Rn. 31; BVerfGE 31, 58 (69); 36, 146 (162); 53, 224 (245); 62, 323 (330); 105, 313 (345); 115, 1 (18) (Ehe und Familie); 121, 30 (59) (Rundfunk); *Thorsten Kingreen*: Das Grundrecht von Ehe und Familie (Art. 6 I GG), Jura 1997, 401, 404.

97 Den Begriff Grundstrukturen verwenden bspw. *Epping* (Fn. 33), Rn. 439; *Wendt* (Fn. 26), Rn. 60; *Sodan* (Fn. 11), Rn. 31; *Papier* (Fn. 84), Rn. 299; *Gerhard Robbers*, in: Mangoldt, Hermann von; Klein, Friedrich; Starck, Christian (Hrsg.): Kommentar zum Grundgesetz, Band 1, 7. Aufl. 2018, Art. 6 Rn. 38; der Begriff Grundprinzipien findet sich etwa bei *Helmut Lecheler*: Schutz von Ehe und Familie, in: Isensee, Josef; Kirchhof, Paul (Hrsg.): Handbuch des Staatsrechts der Bundesrepublik Deutschland, Band VI, 2. Aufl. 2001, § 133 Rn. 17; *Helmut Rittstieg*, in: Denninger, Erhard; Hoffmann-Riem, Wolfgang; Schneider, Hans-Peter; Stein, Ekkehardt (Hrsg.): Kommentar zum Grundgesetz für die Bundesrepublik Deutschland (Reihe Alternativkommentare), Loseblatt, 3. Aufl. 2001f., Band 1, Art. 14/15 Rn. 151f.; von „wesentlicher inhaltlicher Struktur" sprechen z.B. *Schulze-Fielitz* (Fn. 19), Rn. 27; *Bodo Pieroth*, in: Jarass, Hans D.; Pieroth, Bodo: Grundgesetz für die Bundesrepublik Deutschland, Kommentar, 14. Aufl. 2016, Art. 103 Rn. 19; die Formulierung grundlegender Gehalt wird verwendet in BVerfGE 21, 73 (82); 31, 229 (240) (Eigentum); 67, 329 (340); 99, 341 (352) (Erbe); *Wendt* (Fn. 26), Rn. 199a; der Begriff Ordnungskern ist bspw. zu finden in BVerfGE 10, 59 (66); 80, 81 (92), dem folgend *Arnd Uhle*, in: Epping, Volker; Hillgruber, Christian (Hrsg.): Beck`scher Online-Kommentar Grundgesetz, Stand: Oktober 2017, Art. 6 Rn. 30; *von Coelln* (Fn. 26), Rn. 31; der Begriff Kernbereich wird bspw. verwendet in BVerfGE 4, 96 (108f.); 44, 322 (340); 50, 290 (369) (Koalition); 91, 294 (308) (Eigentum); *Gellermann* (Fn. 2), 157 (Koalition); *Robbers* (Fn. 97), Rn. 32, 39; *Höfling* (Fn. 32), Rn. 6, 76; ähnlich *Wendt* (Fn. 26), Rn. 10 (Kernbestand), 195 (Kernelemente); *Depenheuer* (Fn. 9), Rn. 63 (Kernelement); den Begriff grundrechtliches Schutzgut verwendet *Bauer* (Fn. 26), Rn. 52; BVerfG NJW 2001, 2617, 2617; BVerfGE 50, 290 (354f.); ähnlich BVerfGE 60, 253 (269); 60, 253 (269); 36, 281 (290); 83, 201 (208).

98 Vgl. zum Ganzen *Gellermann* (Fn. 2), 91, 97, 294f., 308, 319ff.; *Degenhart* (Fn. 8), Rn. 49ff.; *Isensee* (Fn. 63), Rn. 64ff.; *Morgenthaler* (Fn. 32), 253; s. auch *Herdegen* (Fn. 59), Rn. 41; *Depenheuer* (Fn. 9), Rn. 50, 522f.; *Ibler* (Fn. 26), Rn. 21, 320; BVerfGE 31, 58 (69f.); 105, 313 (345) (Ehe); *Robbers* (Fn. 97), Rn. 32.

II. Art. 19 Abs. 2 GG als Ausgangspunkt zur Ermittlung der Bindungsanforderungen?

Eine dieser genuin grundrechtlichen Direktiven besteht anerkanntermaßen darin, den Wesensgehalt eines jeden normgeprägten Grundrechts zur Geltung zu bringen[99]. Auf die Wesensgehaltsgarantie, Art. 19 Abs. 2 GG[100] muss daher nicht - wie vereinzelt mit Blick auf das Eigentumsgrundrecht, Art. 14 Abs. 1 GG vorgeschlagen[101] - zusätzlich oder alternativ zurückgegriffen werden[102]. Damit erübrigt sich zugleich die Frage, ob Art. 19 Abs. 2 GG auf die normgeprägten Grundrechte überhaupt anwendbar ist[103], nicht hingegen die Frage, ob der Wesensgehalt das *einzige* Bindungspostulat bildet[104] oder neben ihn noch weitere Anforderungen treten, die der Gesetzgeber bei der Ausformung normgeprägter Grundrechte zu beachten hat[105]. Diese Frage betrifft allerdings nicht die grundrechtsspezifischen inhaltlichen Einzelheiten, sondern die Reichweite der Bindung, weshalb ihr (erst) an späterer Stelle nachgegangen werden soll[106].

99 Vgl. *Gellermann* (Fn. 2), 294; *Peter Lerche*: Grundrechtsschranken, in: Isensee, Josef; Kirchhof, Paul (Hrsg.): Handbuch des Staatsrechts der Bundesrepublik Deutschland, Band V, 2. Aufl. 2000, § 122 Rn. 31; implizit BVerfGE 61, 82 (113); am Beispiel der Eigentumsgarantie *Nierhaus* (Fn. 2), 106f.; BVerfGE 58, 300 (348); in der Sache ebenso (allerdings unter Rückgriff auf Art. 19 Abs. 2 GG) und ebenfalls mit Blick auf Art. 14 Abs. 1 GG *Herzog* (Fn. 35), 1423ff., s. auch Fn. 101.

100 Ausführlich *Häberle* (Fn. 69); aus jüngerer Zeit *Claudia Drews*: Die Wesensgehaltsgarantie des Art. 19 II GG, 2005.

101 *Herzog* (Fn. 35), 1423ff.

102 Vgl. *Nierhaus* (Fn. 2), 107; *Gellermann* (Fn. 2), 294; vgl. auch BVerfGE 58, 300 (348); im Ergebnis ebenso *Alexy* (Fn. 62), 272 und *Kingreen/Poscher* (Fn. 1), Rn. 353.

103 Deutlich *Lerche* (Fn. 99), Rn. 31. Gleichwohl wird diese Frage gelegentlich aufgeworfen, etwa von *Gellermann* (Fn. 2), 293.

104 In diese Richtung werden die Ausführungen von *Herzog* (Fn. 35), 1423ff. zuweilen interpretiert (so etwa von *Nierhaus* (Fn. 2), 107 und wohl auch von *Gellermann* (Fn. 2), 293), obwohl *Herzog* in dem genannten Beitrag auf S. 1426 selbst andeutet, dass dem nicht so sei.

105 So die ganz herrschende Auffassung, vgl. statt vieler *Gellermann* (Fn. 2), 293f., 301ff.; *Cornils* (Fn. 2), 633ff.; *Nierhaus* (Fn. 2), 107f.; *Bumke* (Fn. 8), 19, 49ff.

106 Überblicksartig infra Teil 2, A. Ausführlich infra Teil 4, C. und D.

III. Ermittlung des genuin verfassungsrechtlichen Gehalts durch Auslegung des jeweiligen normgeprägten Grundrechts

Angesichts der unterschiedlichen Gewährleistungsgegenstände und Schutzgüter der normgeprägten Grundrechte variieren die inhaltlichen Einzelheiten der Strukturelemente und Regelungsaufträge und mit ihnen der Wesensgehalt von Grundrecht zu Grundrecht. Sie sind daher für jedes normgeprägte Grundrecht gesondert durch Auslegung[107]

---

107 Die Frage nach der rechten Methode der Grundrechtsinterpretation, genauer die Frage, mit Hilfe welchen Instrumentariums die Grundrechte *bestmöglich* ausgelegt werden können, wird kontrovers diskutiert. Überwiegend wird hier das herkömmliche, klassisch-hermeneutische Methodenverständnis (d.h. die Ermittlung des Norminhalts anhand des Wortlauts, der Entstehungsgeschichte, der rechtsgeschichtlichen Entwicklung, des systematischen Zusammenhangs sowie des Sinns und Zwecks der Norm, vgl. dazu *Friedrich Müller; Ralph Christensen*: Juristische Methodik, Band I, 11. Aufl. 2013, Rn. 24; wegweisend zur grammatischen, logischen, historischen und systematischen Auslegung bereits *Friedrich Carl von Savigny*: System des heutigen Römischen Rechts, Band 1, 1840, 212ff.) als unzureichend erachtet, jedenfalls als allein maßgebendes. Deshalb soll der vertraute Auslegungskanon durch ein weiteres Element ergänzt werden. Sämtliche Grundrechtsbestimmungen bedürften wegen ihrer Offenheit nicht nur einer explikativen, ihren Inhalt lediglich nachvollziehend anerkennenden Interpretation mittels der klassischen Methoden, sondern einer darüber hinausgehenden, *schöpferischen* Ausfüllung durch den jeweiligen Rechtsanwender. Dieses erweiterte Methodenverständnis wird auch nach außen sichtbar gemacht, indem der Begriff der Auslegung durch jenen der „Konkretisierung" ersetzt wird, vgl. zum Ganzen exemplarisch *Konrad Hesse*: Grundzüge des Verfassungsrechts der Bundesrepublik Deutschland, 20. Aufl. 1995, Neudruck 1999, Rn. 60; *Hans Huber*: Die Bedeutung der Grundrechte für die sozialen Beziehungen unter den Rechtsgenossen, in: Eichenberger, Kurt; Bäumlin, Richard; Müller, Jörg P. (Hrsg.): Hans Huber. Rechtstheorie, Verfassungsrecht, Völkerrecht. Ausgewählte Aufsätze, 1950-1970. Zum 70. Geburtstag des Verfassers, 1971, 131, 161; *Ernst-Wolfgang Böckenförde*: Grundrechtstheorie und Grundrechtsinterpretation, NJW 1974, 1529; *Bumke* (Fn. 8), 12; *Ruffert* (Fn. 7), 37f.; *Jestaedt* (Fn. 2), 136; kritisch etwa *Peter Lerche*: Die Verfassung als Quelle von Optimierungsgeboten?, in: Burmeister, Joachim (Hrsg.); Nierhaus, Michael; Püttner, Günter; Sachs, Michael, Sieckmann, Helmut; Tettinger, Peter J. (Mitwirkende): Verfassungsstaatlichkeit. Festschrift für Klaus Stern zum 65. Geburtstag, 1997, 197, 202f. Als zur Konkretisierung befugter Rechtsanwender wird neben der Judikative jedenfalls auch der Gesetzgeber betrachtet, vgl. statt vieler *Hesse* (Fn. 107), Rn. 50, 73; a.A. *Bumke* (Fn. 8), 13f.; darstellend und zur Konkretisierungskompetenz

zu ermitteln[108] und nicht etwa unter Rückgriff auf Art. 1 Abs. 3 GG (1.) oder Art. 19 Abs. 2 GG (2.) zu bestimmen[109].

1. Kein Rückgriff auf Art. 1 Abs. 3 GG

Art. 1 Abs. 3 GG eignet sich nicht zur Konkretisierung der eigenständigen verfassungsrechtlichen Substanz der normgeprägten Grundrechte, weil der Vorschrift *keinerlei* Aussagen zu den einzelnen Inhalten der Bindung entnommen werden können[110]. Vielmehr knüpft die Vorschrift an die Strukturelemente und Regelungsaufträge des jeweils einschlägigen normgeprägten Grundrechts an und stattet jene sachlich-inhaltlichen Festlegungen mit strikter Verpflichtungskraft aus[111].

---

der Exekutive *Lindner* (Fn. 32), 136; zu dem sich daraus ergebenden Problem der Verteilung der Konkretisierungskompetenz insbes. zwischen Rechtsprechung und Gesetzgebung vgl. exemplarisch und überblicksartig m.w.N. *Ruffert* (Fn. 7), 38f., und *Jestaedt* (Fn. 2), 136ff. Dagegen gehen die Anhänger der herkömmlichen Interpretationslehre davon aus, dass die Ermittlung des Grundrechtsinhalts anhand des klassischen Auslegungskanons nicht nur von zentraler Bedeutung (vgl. *Christian Starck* (Fn. 49), Rn. 163; in diese Richtung wohl auch *Michael Sachs*, in: Sachs, Michael (Hrsg.): Grundgesetz. Kommentar, 8. Aufl. 2018, Einf., Rn. 46ff.; zur zentralen Bedeutung der überkommenen canones für die Auslegung von Rechtsnormen im allgemeinen BVerfGE 1, 299 (312); 11, 126 (130); 107, 104 (122ff.); 67, 100 (128ff.); 77, 1 (44ff.), sondern grundsätzlich auch ausreichend ist (*Ernst Forsthoff*: Zur Problematik der Verfassungsauslegung, 1961, 39f.; *Ernst Forsthoff*: Rechtsstaat im Wandel. Verfassungsrechtliche Abhandlungen 1950-1964, 1964, 147, 148; sich – mit Abweichungen im einzelnen – anschließend *Cremer* (Fn. 29), 42ff., insbes. 64).

108 *Nierhaus* (Fn. 2), 106; *Degenhart* (Fn. 8), Rn. 59; *Jestaedt* (Fn. 2), 30; *Ruffert* (Fn. 7), 34; *Cornils* (Fn. 2), 401 am Beispiel der Koalitionsfreiheit; implizit auch *Gellermann* (Fn. 2), 295; *Cornils* (Fn. 2), 14; *Bumke* (Fn. 8), 19; explizit zur Notwendigkeit der Ermittlung des Wesensgehalts durch Auslegung des Einzelgrundrechts BVerfGE 22, 180 (219); 109, 133 (156); 117, 71 (96); *Anna Leisner-Egensperger*: Wesensgehaltsgarantie, in: Merten, Detlef; Papier, Hans-Jürgen (Hrsg.): Handbuch der Grundrechte in Deutschland und Europa, Band III, 2009, § 70 Rn. 25.

109 Vgl. *Ruffert* (Fn. 7), 34, 108; *Gellermann* (Fn. 2), 290, 293f.

110 Vgl. *Ruffert* (Fn. 7), 34, 108; *Stern* (Fn. 11), 1202, 1266f.; *Gellermann* (Fn. 2), 290; *Aulehner* (Fn. 2), 411; *Cornils* (Fn. 2), 529.

111 *Gellermann* (Fn. 2), 290, 295, 308; *Nierhaus* (Fn. 2), 102. Zum Ganzen m.w.N. auch schon supra Teil 1, B.I.1. mit Fn. 54 und D.I. mit Fn. 92, 98.

2. *Ungeeignetheit des Art. 19 Abs. 2 GG zur Bestimmung und Präzisierung des Wesensgehalts*

Aus vergleichbaren Gründen hilft auch die Heranziehung der Wesensgehaltssperre, Art. 19 Abs. 2 GG – ihre Anwendbarkeit auf die normgeprägten Grundrechte unterstellt[112] – bei der näheren Bestimmung des jeweiligen einzelgrundrechtlichen Wesensgehalts nicht weiter. Die Vorschrift konkretisiert zwar die allgemeine Bindungsklausel des Art. 1 Abs. 3 GG[113], indem sie den Wesensgehalt der Grundrechte für unantastbar erklärt, das heißt eine Bindung des Gesetzgebers an eben jenen Wesensgehalt strikt verpflichtend anordnet. Neben dieser allgemeinen, einzelgrundrechtsübergreifenden Aussage enthält Art. 19 Abs. 2 GG aber keinerlei weitere Informationen.

Was die jeweiligen *grundrechtsspezifischen* Einzelheiten des Wesensgehalts angeht, nimmt Art. 19 Abs. 2 GG vielmehr auf das jeweilige Einzelgrundrecht Bezug; die Norm garantiert also nur dessen (durch Auslegung zu ermittelnden) Wesensgehalt und verschafft dem Grundrecht nicht etwa eine Substanz, die es ohne Art. 19 Abs. 2 GG nicht hätte[114]. Gänzlich offen lässt die Vorschrift darüber hinaus, aus welcher Perspektive der jeweilige Wesensgehalt zu ermitteln ist und ob er nicht nur für jedes einzelne Grundrecht, sondern auch für jeden Einzelfall gesondert bestimmt werden muss. Dementsprechend rankt um beide Fragen bis heute ein Theorienstreit. Teilweise wird vorgeschlagen, zur Bestimmung des Wesensgehalts *individuell* auf den einzelnen Grundrechtsträger abzustellen; andere präferieren eine *generelle*, auf das Grundrecht bezogene, objektive Perspektive. Ferner kann der Wesensgehalt *absolut*, das heißt als eine vom einzelnen Fall und von der konkreten Frage unabhängige Größe oder aber *relativ* gedeutet werden; in letzterer Konstellation kommt es

---

112 So *Herzog* (Fn. 35), 1423ff.; vgl. auch *Horst Dreier*, in: Dreier, Horst (Hrsg.): Grundgesetz, Kommentar, Band 1, 3. Aufl. 2013, Art. 19 II Rn. 9; *Hans D. Jarass*, in: Jarass, Hans D.; Pieroth, Bodo: Grundgesetz für die Bundesrepublik Deutschland, Kommentar, 14. Aufl. 2016, Art. 19 Rn. 8; dagegen bspw. *Gellermann* (Fn. 2), 293f.; *Nierhaus* (Fn. 2), 107f.; s. auch BVerfGE 13, 97 (122). Zur Frage der Anwendbarkeit des Art. 19 Abs. 2 GG bereits supra Teil 1, D.II. Fn. 103, nochmals infra Teil 4, C.III.1., 2.

113 *Enders* (Fn. 17), Rn. 21.

114 *Walter Krebs*, in: Münch, Ingo von; Kunig, Philip (Hrsg.), Grundgesetz. Kommentar, Band 1, 6. Aufl. 2012 Art. 19 Rn. 23; vgl. auch *Huber* (Fn. 26), Rn. 113; ähnlich *Heinrich de Wall*, in: Friauf, Karl Heinrich; Höfling, Wolfram (Hrsg.): Berliner Kommentar zum Grundgesetz, Loseblatt, Stand des Gesamtwerkes: September 2017, Band 2, Art. 19 I, II Rn. 81; vgl. auch *Gellermann* (Fn. 2), 293f.

auf eine Abwägung im Einzelfall an[115]. (Auch) wegen dieser Unklarheiten wird von einer Anwendung des Art. 19 Abs. 2 GG abgeraten[116].

IV. Zwischenergebnis

Die spezifischen Strukturelemente und Regelungsaufträge der normgeprägten Grundrechte[117] und nicht etwa Art. 1 Abs. 3 GG oder Art. 19 Abs. 2 GG bilden den maßgeblichen Anknüpfungspunkt der Bindung des Gesetzgebers und präzisieren diese zugleich in inhaltlicher Hinsicht. Dementsprechend wird für die Einzelheiten der Bindung regelmäßig pauschal auf den Inhalt des jeweils in Rede stehenden (normgeprägten) Grundrechts verwiesen[118].

E. Zusammenfassung

Normgeprägte Grundrechte sind eine in Rechtsprechung und Literatur anerkannte Grundrechtsgruppe. Ihre Besonderheit wird gemeinhin mit Schlagworten wie „Substanzlosigkeit" oder „Inhaltsleere" umschrieben und darin erblickt, dass sie nicht über ein natürliches, reales Gut verfügen, auf das sich der grundrechtliche Schutz beziehen könnte. Vielmehr müssen jene Schutzobjekte erst durch einfachgesetzliche Normen konstituiert und anschließend vom jeweiligen Grundrecht aufgenommen werden, damit dieses wiederum praktisch wirksam und vom Grundrechtsträger ausgeübt werden kann[119].

Dieses Postulat vom Gesetzgeber als Schöpfer der grundrechtlichen Substanz gerät in Konflikt mit Art. 1 Abs. 3 GG, der die Bindung eben jenes Gesetzgebers an sämtliche, und damit auch an die normgeprägten Grundrechte anordnet[120]. Wenn diese in ihrer konkreten Ausformung jedoch überhaupt erst durch legislatorische Aktivität entstehen, woran genau soll der sie gestaltende Gesetzgeber dann gebunden sein? Etwa an jene inhaltlichen Maßstäbe, die er selbst erst erzeugt hat? Würde dies angenommen, schlösse sich der Zirkel der gesetzesgesteuerten Gesetzessteuerung[121]. Diesem Problem spüren verfassungsrechtliche

---

115 Zum Ganzen überblicksartig *Jarass* (Fn. 112), Rn. 9 m.N.; ausführlich *Leisner-Egensperger* (Fn. 108), Rn. 18ff., 25ff. m.umfangr.N.

116 Vgl. *Nierhaus* (Fn. 2), 107; *Gellermann* (Fn. 2), 293; *Ruffert* (Fn. 7), 108f.

117 Ausführlich zu deren inhaltlichen Einzelheiten m.N. infra Teil 4, A.II.

118 Vgl. beispielhaft *Herdegen* (Fn. 59), Rn. 41; *Jestaedt* (Fn. 2), 20; in diese Richtung auch BVerfGE 31, 58 (69); *Cornils* (Fn. 2), 528.

119 Supra Teil 1, A.

120 Supra Teil 1, B.

121 Supra Teil 1, C.

Literatur und Rechtsprechung schon seit Jahrzehnten nach. Der Weg aus dem Zirkel gelingt mit Hilfe der – mittlerweile einhelligen – Annahme, dass die Legislative bei der Ausformung normgeprägter Grundrechte nicht etwa an jene Inhalte gebunden ist, die sie selbst erst kreiert[122], sondern entsprechend der Forderung des Art. 1 Abs. 3 GG an *genuin grundrechtliche*, das heißt bereits vom Verfassunggeber erzeugte Maßstäbe, die trotz ihrer Gesetzesabhängigkeit auch die normgeprägten Grundrechte enthalten. Welche dies im einzelnen sind, kann wegen der unterschiedlichen Gewährleistungsgegenstände und Schutzgüter nicht pauschal beurteilt werden, sondern ist für jedes Grundrecht separat zu ermitteln, und zwar durch Auslegung desselben und nicht unter Rückgriff auf Art. 1 Abs. 3 GG oder Art. 19 Abs. 2 GG[123].

---

122 Pointiert *Alexy* (Fn. 62), 301 Fn. 155.

123 Supra Teil 1, D.

Teil 2: Offene Fragen im Problemfeld normgeprägte Grundrechte

Prinzipiell erscheint ein eigenständiger Grundrechtsgehalt als Anknüpfungspunkt für die Bindung des Gesetzgebers bei der Ausformung normgeprägter Grundrechte geeignet. Zweifelsohne spricht für dessen Existenz und Rang der Wortlaut des Art. 1 Abs. 3 GG, der die Bindung der Legislative an die Grundrechte und nicht etwa an einfachgesetzlich konstituierte Grundrechtsinhalte anordnet[1]. Ob hierin aber tatsächlich der Schlüssel zur Lösung des Zirkeldilemmas[2] liegt, ist ungewiss[3]. Denn bis heute nicht einhellig beantwortet wird die zentrale wie drängende Frage nach der Reichweite dieser Bindung[4] (A.). Gleiches gilt hinsichtlich der notwendig zu stellenden Vorfrage, welche Grundrechte des Grundgesetzes überhaupt normgeprägt sind. Nur bei normgeprägten Grundrechten stellt sich das Bindungsproblem, nicht hingegen bei den sachgeprägten Gewährleistungen[5]. Eine zweifelsfreie Einordnung des jeweils in Rede stehenden Grundrechts als (ganz oder teilweise) normgeprägt ist damit von essentieller

---

1 Dazu m.N. bereits supra Teil 1, B. und D.I.

2 So optimistisch am Beispiel des Eigentums *Matthias Jestaedt*: Grundrechtsentfaltung im Gesetz. Studien zur Interdependenz von Grundrechtsdogmatik und Rechtsgewinnungstheorie, 1999, 31 m.w.N.

3 Zweifelnd *Matthias Cornils*: Die Ausgestaltung der Grundrechte. Untersuchungen zur Grundrechtsbindung des Ausgestaltungsgesetzgebers, 2005, 532f.

4 Vgl. *Matthias Ruffert*: Vorrang der Verfassung und Eigenständigkeit des Privatrechts. Eine verfassungsrechtliche Untersuchung zur Privatrechtswirkung des Grundgesetzes, 2001, 107f.; *Martin Gellermann*: Grundrechte in einfachgesetzlichem Gewande. Untersuchung zur normativen Ausgestaltung der Freiheitsrechte, 2000, 150f., 291f.; *Cornils* (Fn. 3), 447; *Helmut Lecheler*: Vorrang der Verfassung?, in: Bickel, Dietrich; Hadding, Walther; Jahnke, Volker†; Lüke, Gerhard: Recht und Rechtserkenntnis. Festschrift für Ernst Wolf, 1985, 361, 363. Die Bindung als zentrales Problem identifiziert bspw. *Christian Bumke*: Ausgestaltung von Grundrechten. Grundlagen und Grundzüge einer Dogmatik der Grundrechtsausgestaltung unter besonderer Berücksichtigung der Vertragsfreiheit, 2009, 18, 49 (dazu m.w.N. infra Teil 4, Fn. 1). Eine *möglichst adäquate* dogmatische Erfassung der Bindung fordert *Cornils* (Fn. 3), 10.

5 Zu dieser Unterscheidung überblicksartig bereits supra Teil 1, A.I.1. m.N.; ausführlich infra Teil 3, A.

Bedeutung, scheint aber bei nahezu allen ausgewählten Referenzgrundrechten[6] nicht recht zu gelingen[7] (B.).

A. Reichweite der Bindung des Gesetzgebers sowie deren dogmatische Erfassung und Abbildung

Bis heute nicht zufriedenstellend geklärt ist, ob die normgeprägten Grundrechte dem Gesetzgeber eher enge, den Anordnungen der sachgeprägten Grundrechte vergleichbare Grenzen setzen oder aber ihm – (gerade) wegen ihrer Gesetzesabhängigkeit – breitere Rechtsetzungsfreiräume[8] und damit ein größeres Maß an Flexibilität belassen (Reichweite der Bindung)[9]. Letztere Annahme von

---

6 Im Einzelnen supra Teil 1, Fn. 9, 11ff. sowie sogleich Fn. 7.

7 Konsentiert ist – soweit erkennbar – lediglich die Normgeprägtheit der Rechtsschutzgarantie sowie der Garantie des gesetzlichen Richters. Hinsichtlich der verbleibenden Grundrechte ist deren Normgeprägtheit indes umstritten. So finden sich etwa zur Vertrags-, Ehe- und Vereinigungsfreiheit durchaus Stimmen, die deren Sachgeprägtheit propagieren. Auch der Rundfunkfreiheit sowie der grundrechtlichen Garantie der Familie wird nicht selten die Normgeprägtheit abgesprochen, zuweilen werden diese Gewährleistungen als sonst gesetzesabhängige (ausgestaltungsbedürftige) Grundrechte qualifiziert. In ganz ähnlicher Weise wird auch die Garantie des rechtlichen Gehörs vereinzelt als „nicht normgeprägt im engeren Sinne", sondern als bloß ausgestaltungsbedürftig bezeichnet (*Wolfram Höfling; Christian Burkiczak*, in: Friauf, Karl Heinrich; Höfling, Wolfram (Hrsg.): Berliner Kommentar zum Grundgesetz, Loseblatt, Stand des Gesamtwerkes: September 2017, Band 5, Art. 103 Rn. 29). Die Koalitionsfreiheit wird oft als bloß teilweise normgeprägt eingeordnet, vgl. exemplarisch *Thomas von Danwitz*: Koalitionsfreiheit, in: Merten, Detlef; Papier, Hans-Jürgen (Hrsg.): Handbuch der Grundrechte in Deutschland und Europa, Band V, 2013, § 116 Rn. 33. Und schließlich werden selbst bei *dem* Paradebeispiel eines normgeprägten Grundrechts, der Eigentums- und Erbrechtsgarantie, Zweifel an dessen Normgeprägtheit geäußert (Nachweise zum Meinungsstand hinsichtlich der aufgeführten Grundrechte supra Teil 1, Fn. 9ff. sowie infra Teil 3, D.)

8 Zum Begriff des Rechtsetzungsfreiraums supra Teil 1, Fn. 26.

9 Zu diesem Verständnis der Reichweite der Bindung *Gellermann* (Fn. 4), 290f. Davon zu unterscheiden ist die Frage nach der Intensität der Bindung, d.h. danach, ob die einzelnen grundrechtlichen Vorgaben den Gesetzgeber jeweils strikt verpflichten (keine Dispositionsbefugnis) oder aber als bloß grundsätzliche Direktiven zu verstehen sind, von denen in Ausnahmefällen abgewichen werden kann (partielle Dispositionsbefugnis). Aufgrund der Anordnung in Art. 1 Abs. 3 GG ist davon auszugehen, dass *sämtliche* Aussagen, die den einzelnen normgeprägten Grundrechten zu entnehmen sind, strikte Verpflichtungskraft entfalten (dazu m.N. supra Teil 1, B.I.1. (Fn. 54) und D.I. (insbes. Fn. 92, 98)). Insofern ist es missverständlich, wenn gelegentlich von unterschiedlichen Bindungsintensitäten, starker und schwächerer Bindung (exemplarisch

einer tendenziell eher weniger weitreichenden Bindung ist im verfassungsrechtlichen Schrifttum wie auch in der Rechtsprechung durchaus verbreitet[10]. Allerdings reichen nicht wenige der (vielfältigen) Versuche, diese andersartige Bindung zu präzisieren, kaum über bloß allgemeine Beschreibungen[11] hinaus. Dementsprechend ist undeutlich, worin sich die Relativierung des anzulegenden Maßstabs überhaupt äußert[12], welchen *konkreten* formellen und materiellen (sachlich-inhaltlichen) Anforderungen der Gesetzgeber innerhalb seines breiteren Spielraums zu genügen hat[13] und wie all dies dogmatisch adäquat erfasst und abgebildet werden kann.[14] (I., II.).

I. Hintergrund der Diskussion

Das Phänomen der Bindung des Gesetzgebers an und durch die normgeprägten Grundrechte ist keineswegs ein völlig entlegenes Sonderproblem, das nur von vereinzelten, „hochspezialisierte[n] Theoretiker[n] in mehr oder minder esoterischen Zirkeln"[15] diskutiert zu werden pflegt. Es ist vielmehr Bestandteil der bereits seit Jahrzehnten geführten, generellen Debatte um die sachgerechte

---

Cornils (Fn. 3), 223f., 390f., 463), abgeschwächter, nur grundsätzlicher Geltungskraft (*Michael Sachs*, in: Sachs, Michael (Hrsg.): Grundgesetz. Kommentar, 8. Aufl. 2018, vor Art. 1 Rn. 29) oder ähnlichem die Rede ist. Soweit die jeweilige einzelgrundrechtliche Vorgabe reicht, kommt ihr eben nicht bloß grundsätzliche, etwaigen Ausnahmen zugängliche, sondern strikte Bindungswirkung zu. Abgeschwächt sein kann also niemals die Intensität, sondern allenfalls die Reichweite der Bindung: die die Legislative strikt verpflichtenden, also nicht disponiblen Einzelanordnungen der normgeprägten Grundrechte belassen möglicherweise weitreichendere Spielräume als jene der sachgeprägten Grundrechte, zum Ganzen vgl. *Gellermann* (Fn. 4), 290f.

10 Vgl. statt vieler *Gellermann* (Fn. 4), 20 m.N. (referierend), 62, 90; BVerfGE 81, 1 (6ff.); 114, 73 (89f., 97ff.). Weitere Nachweise infra Teil 2, A.II.1., 2.

11 Ausführlich m.N. infra Teil 2, A.II.1.b.bb. (Fn. 129ff.).

12 Vgl. *Gellermann* (Fn. 4), 20f.

13 *Josef Aulehner*: Grundrechte und Gesetzgebung, 2011, 412; *Gellermann* (Fn. 4), 7; ähnlich auch *Hartmut Bauer*, in: Dreier, Horst (Hrsg.): Grundgesetz, Kommentar, Band 1, 3. Aufl. 2013, Art. 9 Rn. 52; *Detlef Merten*: Vereinsfreiheit, in: Isensee, Josef; Kirchhof, Paul (Hrsg.): Handbuch des Staatsrechts der Bundesrepublik Deutschland, Band VII, 3. Aufl. 2009, § 165 Rn. 18, 74; vgl. auch *Lecheler* (Fn. 4), 363.

14 Vgl. zum Ganzen pointiert *Cornils* (Fn. 3), 4 sowie 10 (speziell zur Notwendigkeit der möglichst adäquaten *dogmatischen* Erfassung), allgemeiner auch 463. Auch *Gerd Morgenthaler*: Freiheit durch Gesetz. Der parlamentarische Gesetzgeber als Erstadressat der Freiheitsgrundrechte, 1999, 254, stellt fest, dass die Maßstäbe zumindest teilweise erst noch entwickelt werden müssen.

15 *Jestaedt* (Fn. 2), 263, dort allerdings in anderem inhaltlichen Kontext.

Bestimmung des Verhältnisses von Grundrechten und einfachen Gesetzen – eine der schwierigsten und umstrittensten Problemstellungen des deutschen Verfassungsrechts[16], der sich die (Grund)Rechtswissenschaft mit ungebrochenem Interesse zuwendet. Im Laufe der Zeit ist eine nachgerade erdrückende Vielzahl[17] ganz unterschiedlicher Konzepte entwickelt worden, mittels derer ebenso befriedigende wie abschließende Antworten auf die Frage, in welcher Beziehung die Grundrechte zu den Gesetzen stehen, gefunden werden sollen. Eine Patentformel für jene Verhältnisbestimmung kann es scheinbar überhaupt nicht geben; vielmehr muss die Grenzlinie zwischen Verfassungs- und Gesetzesrecht immer wieder aufs Neue gesucht und konkretisiert werden[18]. Einer der nach wie vor kontroversesten Punkte innerhalb dieser grundlegenden Diskussion ist die theoretische[19] wie dogmatische[20] Erfassung der sogenannten

---

16 Vgl. *Matthias Ruffert*: Buchbesprechung von: Matthias Jestaedt: Grundrechtsentfaltung im Gesetz. Studien zur Interdependenz von Grundrechtsdogmatik und Rechtsgewinnungstheorie, 1999, AöR 127 (2002), 480; *Josef Franz Lindner*: Theorie der Grundrechtsdogmatik, 2005, 133 Fn. 22.

17 *Jestaedt* (Fn. 2), 2.

18 *Rainer Wahl*: Der Vorrang der Verfassung und die Selbständigkeit des Gesetzesrechts, NVwZ 1984, 401, 409. Bereits das Ansinnen, auch nur einen Überblick über sämtliche dieser Konzeptionen geben zu wollen, liefe auf weit ausgreifende Erörterungen hinaus, die den Rahmen dieser Dissertation deutlich überschreiten würden (vgl. exemplarisch die Übersicht zu den wichtigsten grundrechtstheoretischen Erklärungsansätzen bei *Jestaedt* (Fn. 2), 69ff.; überblicksartig auch *Ruffert* (Fn. 4), 35ff., insbes. 39ff., 41f.).

19 Das Grundgesetz hat sich nicht auf eine bestimmte Grundrechtstheorie festgelegt, weshalb sich das Bundesverfassungsgericht und die Literatur bei der Grundrechtsauslegung abwechselnd auf verschiedene Ansätze stützen, vgl. *Ernst-Wolfgang Böckenförde*: Grundrechtstheorie und Grundrechtsinterpretation, NJW 1974, 1529, 1536f. m.umfangr.N., dessen Zusammenstellung von fünf wesentlichen Grundrechtstheorien nach wie vor grundlegend ist; vgl. auch *Walter Krebs*: Rechtliche und reale Freiheit, in: Merten, Detlef; Papier, Hans-Jürgen (Hrsg.): Handbuch der Grundrechte in Deutschland und Europa, Band II, 2006, § 31 Rn. 24.

20 Das Verständnis der Begriffe Grundrechtstheorie und Grundrechtsdogmatik ist insgesamt uneinheitlich. Auch hinsichtlich ihres Verhältnisses zueinander bestehen gegenläufige Auffassungen, vgl. zum Ganzen ausführlich *Lindner* (Fn. 16), 1ff. m.w.N. Dies mögen Gründe dafür sein, dass beide Begriffe häufig ohne jegliche Definition gebraucht und/oder zumindest weitgehend unreflektiert miteinander vermengt werden, vgl. bspw. *Christian Starck*, in: Mangoldt, Hermann von; Klein, Friedrich; Starck, Christian: Kommentar zum Grundgesetz, Band 1, 7. Aufl. 2018, Art. 1 Abs. 3 Rn. 158ff.; ausdrücklich für eine strikte Trennung der Begrifflichkeiten statt vieler *Gertrude Lübbe-Wolff*: Die Grundrechte als Eingriffsabwehrrechte. Struktur und Reichweite der Eingriffsdogmatik im Bereich staatlicher Leistungen, 1988, 64; dagegen

grundrechtsverwirklichenden Gesetzgebung. Unter diesem Oberbegriff firmieren all jene legislatorischen Aktivitäten, die sich nicht oder jedenfalls nicht primär grundrechtsverkürzend (negative Seite des Beziehungsgeflechts), sondern grundrechtserweiternd (positive Seite des Beziehungsgeflechts) auswirken. Einfachrechtliche Regelungen im Bereich der normgeprägten Grundrechte gelten seit jeher als eine von mehreren möglichen Spielarten dieser grundrechtsrealisierenden Gesetzgebung.

Anfang der 1960er Jahre war es zunächst *Peter Häberle*, der seinen Blick auf jene positive Seite des Beziehungsgeflechts von Grundrechten und Gesetzen richtete[21]. *Peter Lerche* fasste in etwa zur selben Zeit die verschiedenen Erscheinungsformen grundrechtsverwirklichender Gesetzgebung unter dem Begriffsdach der Grundrechtsprägung zusammen und versuchte sie mit Hilfe der Kategorien grundrechtskonstituierender, -konkretisierender und -konturierender Gesetze zu ordnen[22]; legislatorische Tätigkeit im Bereich der normgeprägten

---

Gellermann (Fn. 4), 10 Fn. 57; *Gerrit Manssen*: Privatrechtsgestaltung durch Hoheitsakt. Verfassungsrechtliche und verwaltungsrechtliche Grundfragen, 1994, 148. Die vorliegende Untersuchung trennt beide Begriffe. Die *Grundrechtsdogmatik* kennzeichnet nach hiesigem Verständnis sämtliche Regeln zur Anwendung der Grundrechtsbestimmungen auf konkrete Lebenssachverhalte (vgl. *Lindner* (Fn. 16), 1 m.w.N., der selbst einen leicht modifizierten Begriff der Grundrechtsdogmatik prägt, ibid., 7). Die *Grundrechtstheorie* dagegen ist das Grundrechtsverständnis, das – bewusst oder unbewusst – sowohl die Grundrechtsauslegung leitet als auch der Grundrechtsdogmatik vorausgeht. Sie ist „eine systematisch orientierte Auffassung über den allgemeinen Charakter, die normative Zielrichtung und die inhaltliche Reichweite der Grundrechte", d.h. sie verkörpert die normative Leitidee für deren Deutung und Handhabung, vgl. grundlegend *Böckenförde* (Fn. 19), 1530; allgemeiner *Lindner* (Fn. 16), 7; speziell zur Bedeutung der Grundrechtstheorien „als Triebfedern" der Grundrechtsdogmatik statt vieler *Jestaedt* (Fn. 2), 73f. m.w.N.

21 *Peter Häberle*: Die Wesensgehaltsgarantie des Art. 19 Abs. 2 Grundgesetz. Zugleich ein Beitrag zum institutionellen Verständnis der Grundrechte und zur Lehre vom Gesetzesvorbehalt, 3. Aufl. 1983, 112, 181, 191; ihm später folgend *Karl Korinek*: Gedanken zur Lehre vom Gesetzesvorbehalt bei Grundrechten, in: Imboden, Max; Koja, Friedrich; Marcic, René; Ringhofer, Kurt; Walter, Robert: Festschrift für Adolf J. Merkl zum 80. Geburtstag, 1970, 171, 172ff.; *Volker Buermeyer*: Rechtsschutzgarantie und Gerichtsverfahrensrecht. Zur Vereinbarkeit rechtlicher und faktischer Erschwernisse in den verwaltungsgerichtlichen Verfahrensordnungen mit Art. 19 Abs. 4 S. 1 GG, 1975, 34; aus neuerer Zeit *Morgenthaler* (Fn. 14), 1ff.

22 *Peter Lerche*: Übermaß und Verfassungsrecht. Zur Bindung des Gesetzgebers an die Grundsätze der Verhältnismäßigkeit und der Erforderlichkeit, 1961, 2. Aufl. 1999, 106ff.; s. auch die spätere Fortentwicklung dieser Konzeption unter der Überschrift „Grundrechtlicher Schutzbereich, Grundrechtsprägung und Grundrechtseingriff",

Grundrechte verortete er dabei in der Kategorie der Konstituierung[23]. Dieser erste und bis heute bedeutende, umfassende Systematisierungsansatz vermochte sich lange nicht durchzusetzen[24]. Er wurde in seiner Gesamtheit erst knapp 40 Jahre später durch die (modifizierenden) Ausführungen *Gellermanns* bestätigt[25]. Einer der prominentesten Kritiker der Ansätze von *Peter Häberle* und *Peter Lerche* in den 1960er Jahren war *Walter Leisner*, der befürchtete, dass mit der Anerkennung einer grundrechtsrealisierenden Funktion der Gesetzgebung der Vorrang der Verfassung in den Vorrang des einfachen Rechts umschlagen könnte[26]. Anfang der 1980er Jahren war es die Naßauskiesungentscheidung des Bundesverfassungsgerichts[27], die die Debatte am Beispiel des Eigentumsgrundrechts

---

in: Isensee, Josef; Kirchhof, Paul (Hrsg.): Handbuch des Staatsrechts der Bundesrepublik Deutschland, Band V, 2. Aufl. 2000, § 121 Rn. 38ff.; ihm folgend etwa *Martin Burgi*: Das Grundrecht der freien Persönlichkeitsentfaltung durch einfaches Gesetz, ZG 1994, 341, 343; *Morgenthaler* (Fn. 14), 244; ausführlich zu den verschiedenen Kategorien *Lerches* infra Teil 3, B.II.

23 *Peter Lerche*: Grundrechtlicher Schutzbereich, Grundrechtsprägung und Grundrechtseingriff, in: Isensee, Josef; Kirchhof, Paul (Hrsg.): Handbuch des Staatsrechts der Bundesrepublik Deutschland, Band V, 2. Aufl. 2000, § 121 Rn. 39.

24 *Gellermann* (Fn. 4), 14; ebenso bereits *Fritz Ossenbühl*: Maßhalten mit dem Übermaßverbot, in: Badura, Peter; Scholz, Rupert (Hrsg.): Wege und Verfahren des Verfassungslebens. Festschrift für Peter Lerche zum 65. Geburtstag, 1993, 151, 161, der selbst von grundrechtsprägenden Gesetzen spricht.

25 *Gellermann* (Fn. 4), 89 mit Fn. 2, hat die dreiteilige *Lerch'sche* Kategoriebildung im Wesentlichen übernommen. Er bezeichnet die möglichen Erscheinungsformen grundrechtsverwirklichender Gesetzgebung als Einsatzfelder der Ausgestaltungsdogmatik und teilt sie in normativ konstituierende (90ff.), -konturierende (177ff.) und -konkretisierende (230ff.) Gesetze ein. Auch *Gellermann* erfasst die normgeprägten Grundrechte mit der Kategorie der Konstituierung. Die Auseinandersetzung mit seinem Konzept bildet einen der Schwerpunkte der vorliegenden Arbeit, infra Teil 2, A.II.1. und passim. Ähnlich vor ihm schon *Otto Majewski*: Auslegung der Grundrechte durch einfaches Gesetzesrecht? Zur Problematik der sogenannten Gesetzmäßigkeit der Verfassung, 1970, 86ff., der eine Typologisierung der verschiedenen Grundrechte versucht, indem er sie – jedenfalls im Ansatz ähnlich wie *Lerche* – anhand des Grades der Einbeziehung des einfachen Rechts in drei unterschiedliche Gruppen einteilt.

26 *Walter Leisner*: Von der Verfassungsmäßigkeit der Gesetze zur Gesetzmäßigkeit der Verfassung. Betrachtungen zur möglichen selbständigen Begrifflichkeit im Verfassungsrecht, 1964, 5 und passim; *Walter Leisner*: Die Gesetzmäßigkeit der Verfassung, JZ 1964, 201ff. Zu diesem zentralen Argument auch gegen das Phänomen der normgeprägten Grundrechte, das bis heute vorgebracht wird, bereits supra Teil 1, C. Kritisch in den 1970er Jahren bspw. auch *Majewski* (Fn. 25), 20.

27 BVerfGE 58, 300 (330ff.).

(Art. 14 Abs. 1 GG) wieder neu belebte[28], dies allerdings nur für kurze Zeit: ab Mitte der 1980er Jahre finden sich nur noch vereinzelt Stellungnahmen[29]. Schließlich lässt die beachtliche Anzahl an Monographien, die seit dem Ende der 1990er Jahre veröffentlicht worden ist, wiederum ein deutlich gesteigertes Interesse am Thema erkennen, das sich bis in die Gegenwart fortsetzt. Ohne einen Anspruch auf Vollständigkeit zu erheben, sind hier die Arbeiten von *Gellermann, Cornils, Ruffert, Mager, Lindner, Jestaedt, Morgenthaler, Lenz* und *Cremer* sowie aus jüngerer Zeit jene von *Bumke, Lange* und *Aulehner* zu erwähnen[30].

Die bisher genannten Veröffentlichungen weisen eine Gemeinsamkeit auf: es handelt sich um – mehr oder weniger – einzelgrundrechtsübergreifende Abhandlungen, die sich weder ausschließlich noch schwerpunktmäßig dem Phänomen der normgeprägten Grundrechte widmen[31]. Vielmehr werden diese

---

28 *Michael Nierhaus*: Grundrechte aus der Hand des Gesetzgebers? – Ein Beitrag zur Dogmatik des Art. 1 Abs. 3 GG, AöR 116 (1991), 72, 97; *Ullrich Battis*: Zur Bestimmung von Inhalt und Schranken des Eigentums durch Gesetzgeber und Gerichte, in: Isensee, Josef; Lecheler, Helmut (Hrsg.): Freiheit und Eigentum. Festschrift für Walter Leisner zum 70. Geburtstag, 1999, 679; ausführliche Diskussion des Naßauskiesungsbeschlusses etwa bei *Fritz Baur*: Die „Naßauskiesung" – oder wohin treibt der Eigentumsschutz, NJW 1982, 1734ff.; *Wahl* (Fn. 18) 404ff.; *Walter Leisner*: Eigentumswende? Liegt der Grundwasserentscheidung des Bundesverfassungsgerichts ein neues Eigentumsverständnis zugrunde?, DVBl. 1983, 61ff.; aus jüngerer Zeit *Joachim Lege*: 30 Jahre Nassauskiesung. Wie das BVerfG die Dogmatik zum Eigentumsgrundrecht aus Art. 14 GG revolutioniert hat, JZ 2011, 1084ff.

29 So etwa jene von *Lübbe-Wolff* (Fn. 20); *Roman Herzog*: Grundrechte aus der Hand des Gesetzgebers, in: Fürst, Walther; Herzog, Roman; Umbach, Dieter C. (Hrsg.): Festschrift für Wolfgang Zeidler, Band 2, 1987, 1415ff.

30 *Gellermann* (Fn. 4); *Cornils* (Fn. 3); *Ruffert* (Fn. 4); *Ute Mager*: Einrichtungsgarantien. Entstehung, Wurzeln, Wandlungen und grundgesetzgemäße Neubestimmung einer dogmatischen Figur des Verfassungsrechts, 2003; *Lindner* (Fn. 16); *Jestaedt* (Fn. 2); *Morgenthaler* (Fn. 14); *Sebastian Lenz*: Vorbehaltlose Freiheitsrechte. Stellung und Funktion vorbehaltloser Freiheitsrechte in der Verfassungsordnung, 2006; *Wolfram Cremer*: Freiheitsgrundrechte. Funktionen und Strukturen, 2003; *Bumke* (Fn. 4); *Friederike Valerie Lange*: Grundrechtsbindung des Gesetzgebers. Eine rechtsvergleichende Studie zu Deutschland, Frankreich und den USA, 2010; *Aulehner* (Fn. 13).

31 Und sich zudem zumeist auf Freiheitsgrundrechte beschränken, so ausdrücklich etwa *Gellermann* (Fn. 4), 10; *Cremer* (Fn. 30), 10, 501; *Morgenthaler* (Fn. 14), 333. Vereinzelt finden sich Untersuchungen auch anderer Grundrechtsarten, häufig aber nur am Rande. *Cremer* (Fn. 30), 405ff. und *Mager* (Fn. 30), 320ff. beziehen bspw. Art. 19 Abs. 4 S. 1 GG in ihre Überlegungen ein; *Mager* (Fn. 30), 368f., behandelt kurz auch

als eine von mehreren möglichen Erscheinungsformen grundrechtsverwirklichender Gesetzgebung behandelt und nur insoweit beleuchtet, als sie für die konkrete Fragestellung von Interesse sind[32].

Abgesehen von diesen Analysen ist die Beschäftigung speziell mit der Normgeprägtheit der Grundrechte bis in die Gegenwart im Wesentlichen eine Angelegenheit der jeweiligen Bereichsdogmatiken geblieben. Mit Abstand am häufigsten und ausführlichsten wird das Eigentumsgrundrecht, Art. 14 Abs. 1 GG, untersucht[33]. Dies verwundert nicht, gilt jene Gewährleistung doch weithin als *das* Musterbeispiel[34] eines normgeprägten Grundrechts. Seine Bereichsdogmatik kann daher als umfangreichste und ausdifferenzierteste bezeichnet werden. Eine beachtliche Anzahl an Äußerungen in der Literatur und auch an Entscheidungen des Bundesverfassungsgerichts zur Normgeprägtheit lässt sich auch für die Vertragsfreiheit (Art. 2 Abs. 1 GG), die Rundfunkfreiheit (Art. 5 Abs. 1 GG), die Ehefreiheit (Art. 6 Abs. 1 GG), die Vereinigungs- und Koalitionsfreiheit

---

Art. 101 Abs. 1 S. 2 GG. Eine ausführlichere Diskussion des Art. 19 Abs. 4 S. 1 GG findet sich aber bei *Cornils* (Fn. 3), 443ff.

32 Auch wenn das von den erwähnten Autoren meist nicht ausdrücklich betont wird, ergibt sich diese Annahme doch bereits aus der Durchsicht der jeweiligen Inhaltsverzeichnisse, vgl. *Jestaedt* (Fn. 2), IX-XIII; *Mager* (Fn. 30), VII-XXII; *Morgenthaler* (Fn. 14), IX-XXV; *Lindner* (Fn. 16), XI-XXI; *Ruffert* (Fn. 4), IX-XXIII; *Gellermann* (Fn. 4), VII-XX; *Cornils* (Fn. 3), VI-XVI; *Cremer* (Fn. 30), VII-XXI; *Bumke* (Fn. 4), IX-X; *Lenz* (Fn. 30), VII-XVII; *Aulehner* (Fn. 13), XI-XXVI; *Lange* (Fn. 30), IX-XXIV; *Häberle* (Fn. 21), X-XVII; *Lerche* (Fn. 22), 9-18. Das Interesse von *Lübbe-Wolff* (Fn. 20), 75-203 an den normgeprägten Grundrechten ist auf die Frage nach dem grundrechtlichen Schutz der vom Gesetzgeber geschaffenen Rechtspositionen beschränkt.

33 Exemplarisch *Jürgen Eschenbach*: Der verfassungsrechtliche Schutz des Eigentums, 1996; *Jan-Reinard Sieckmann*: Modelle des Eigentumsschutzes. Eine Untersuchung der Eigentumsgarantie des Art. 14 GG, 1998; *Jochen Rozek*: Die Unterscheidung von Eigentumsbindung und Enteignung. Eine Bestandsaufnahme zur dogmatischen Struktur des Art. 14 GG nach 15 Jahren „Naßauskiesung", 1998; *Ansgar Grochtmann*: Die Normgeprägtheit des Art. 14 GG. Konsequenzen für die Eigentumsdogmatik, 2. Aufl. 2010; *Markus Appel*: Entstehungsschwäche und Bestandsstärke des verfassungsrechtlichen Eigentums. Eine Untersuchung des Spannungsverhältnisses zwischen Art. 14 Abs. 1 S. 1 GG und Art. 14 Abs. 1 S. 2 GG auf Basis der Eigentumsrechtsprechung des Bundesverfassungsgerichts, 2004; BVerfGE 58, 300ff. Weitere Nachweise supra Teil 1, Fn. 9.

34 *Matthias Bäcker*: Wettbewerbsfreiheit als normgeprägtes Grundrecht. Eine dogmatische Neubestimmung am Beispiel des Abwehrrechts des Konkurrenten gegen eine Subvention, 2007, 158; s. auch schon die Nachweise supra Teil 1, Fn. 10.

(Art. 9 Abs. 1, Abs. 3 GG) sowie die Prozessgrundrechte nachweisen[35]. Weniger thematisiert wird die grundrechtliche Gewährleistung des Erbrechts (Art. 14 Abs. 1 GG). Im Vergleich zum – ebenfalls in Art. 14 GG verankerten – Eigentumsgrundrecht ist die Menge an Bundesverfassungsgerichtsentscheidungen hier überschaubar[36]. Auch im Schrifttum steht das Erbrecht nur gelegentlich im Mittelpunkt des Interesses[37]; noch seltener ist es alleiniger Gegenstand der Diskussion[38]. Sehr oft finden sich, meist unter Hinweis auf den engen Zusammenhang mit dem Eigentumsgrundrecht[39], lediglich pauschale Verweise auf die dort entwickelten Grundsätze[40], was den Eindruck hinterlässt, dass das Erbrecht bloß als eine Art Annex zum Eigentumsgrundrecht abgehandelt wird[41]. In ganz ähnlicher Weise führt auch die grundrechtliche Gewährleistung der Familie (Art. 6 Abs. 1 GG) neben der Ehefreiheit in der verfassungsrechtlichen Diskussion eher

35 S. die umfangr. Nachweise supra Teil 1, Fn. 17ff.

36 Grundlegend insoweit BVerfGE 67, 329 (340ff.); aus jüngerer Zeit BVerfGE 105, 313 (355); 112, 332 (348).

37 So etwa bei *Inge Kroppenberg*: Privatautonomie von Todes wegen. Verfassungs- und zivilrechtliche Grundlagen der Testierfreiheit im Vergleich zur Vertragsfreiheit unter Lebenden, 2008; *Stefanie Klein*: Recht zu erben – Pflicht zu teilen. Das Grundrecht Angehöriger auf Nachlaßteilhabe. Zugleich ein Beitrag zur Dogmatik des Verfassungserbrechts, 2006.

38 Vgl. aber bspw. *Jutta Quebe*: Die Erbrechtsgarantie. Inhalt und Schranken, 1993.

39 Plakativ BVerfGE 91, 346 (358); 93, 165 (173f.); 112, 332 (348): „Das Erbrecht hat die Funktion, das Privateigentum als Grundlage der eigenverantwortlichen Lebensgestaltung [...] mit dem Tode des Eigentümers nicht untergehen zu lassen, sondern seinen Fortbestand im Wege der Rechtsnachfolge zu sichern. Die Erbrechtsgarantie ergänzt insoweit die Eigentumsgarantie und bildet zusammen mit dieser die Grundlage für die im Grundgesetz vorgegebene private Vermögensordnung.“, vgl. auch *Kingreen, Thorsten; Poscher, Ralf*: Grundrechte. Staatsrecht II, 33. Aufl. 2017, Rn. 1048; *Joachim Wieland*, in: Dreier, Horst (Hrsg.): Grundgesetz, Kommentar, Band 1, 3. Aufl. 2013, Art. 14 Rn. 78; *Otto Depenheuer; Judith Froese*, in: Mangoldt, Hermann von; Klein, Friedrich; Starck, Christian (Hrsg.): Kommentar zum Grundgesetz, Band 1, 7. Aufl. 2018, Art. 14 Rn. 513.

40 Paradigmatisch *Wieland* (Fn. 39), Rn. 78; *Rudolf Wendt*, in: Sachs, Michael (Hrsg.): Grundgesetz. Kommentar, 8. Aufl. 2018, Art. 14 Rn. 199; *Helge Sodan*, in: Sodan, Helge (Hrsg.): Grundgesetz. Kompakt-Kommentar, 3. Aufl. 2015, Art. 14 Rn. 19.

41 Deutlich auch bei *Gellermann* (Fn. 4), 92ff.; *Morgenthaler* (Fn. 14), 273ff.; *Klein* (Fn. 37), 37ff. spricht gar von einer defizitären Aufarbeitung des Erbrechts im Verhältnis zum Eigentum.

ein Schattendasein[42]. Insbesondere die Frage der Normgeprägtheit wird vielfach nur am Rande oder gar nicht thematisiert[43]. Vergleichbare Abhandlungen existieren auch zur Vertrags-, Rundfunk-, Ehe-, Vereinigungs-, Koalitions-, Eigentums- und Erbfreiheit sowie zu den Prozessgrundrechten. Ihnen allen ist gemein, dass sie schwerpunktmäßig nicht die Normgeprägtheit beleuchten, sondern andere Fragen, wie etwa die Stellung des Grundrechts im Verfassungsgefüge[44], einzelne Merkmale des Grundrechtstatbestands[45] oder sonstige, grundrechtsspezifische Einzelprobleme[46] beleuchten.

---

42 Ersichtlich auf die Ehe fokussiert etwa *Gunnar Kleffmann*: Ehe und andere Lebensgemeinschaften nach Landes- und Bundesverfassungsrecht, 2000; *Arne Duncker*: Gleichheit und Ungleichheit in der Ehe. Persönliche Stellung von Frau und Mann im Recht der ehelichen Lebensgemeinschaft 1700-1914, 2003; *Gellermann* (Fn. 4), 126ff.; beides einbeziehend *Friederike Nesselrode*: Das Spannungsverhältnis zwischen Ehe und Familie in Artikel 6 des Grundgesetzes, 2007; *Christian Wirth*: Art. 6 Abs. 1 des Grundgesetzes und die demografische Entwicklung in Deutschland. Zugleich ein Beitrag zur Frage nach Gehalt und Reichweite des besonderen Schutzes von Ehe und Familie, 2008; ausschließlich zur Familie *Petra Berens*: Der Grundrechtsschutz der Familie unter besonderer Berücksichtigung der kinderreichen Familie, 2004.

43 Vgl. bspw. *Margit Tünnemann:* Der verfassungsrechtliche Schutz der Familie und die Förderung der Kindererziehung im Rahmen des staatlichen Kinderlastenausgleichs, 2002; *Berens* (Fn. 42); *Nesselrode* (Fn. 42); *Wirth* (Fn. 42).

44 Bspw. *Michael Bäuerle*: Vertragsfreiheit und Grundgesetz. Normativität und Faktizität individueller Vertragsfreiheit in verfassungsrechtlicher Perspektive, 2001; *Wirth* (Fn. 42); *Nicole Voßen*: Die Rechtsprechung des Bundesverfassungsgerichts zur Rechtsweggarantie des Art. 19 Abs. 4 GG, den Verfahrensgarantien nach 101 Abs. 1 Satz 2 GG, Art. 103 Abs. 1 GG und zum Prozeßrecht der Fachgerichte, 2002; *Ulrich Hösch*: Eigentum und Freiheit. Ein Beitrag zur inhaltlichen Bestimmung der Gewährleistung des Eigentums nach Art. 14 Abs. 1 S. 1 GG, 2000; *Björn Klein*: Das neue Eheverbot der bestehenden Eingetragenen Lebenspartnerschaft gemäß § 1306 BGB am Maßstab des Art. 6 Abs. 1 GG. Unter besonderer Berücksichtigung der Stellung der Ehe und der Eingetragenen Lebenspartnerschaft im Gefüge des Grundgesetzes, 2008; *Detlef Harries-Lehmann*: Rechtsweggarantie, Rechtsschutzanspruch und richterliche Prozessleitung im Verwaltungsprozeß, 2004.

45 Vgl. exemplarisch *Winfried Brugger*: Rundfunkfreiheit und Verfassungsinterpretation, 1991; *Volker Enseleit*: Die Vereinigungsfreiheit in Deutschland und Frankreich. Ein verfassungsrechtlicher Vergleich, 2007; *Voßen* (Fn. 44).

46 Bspw. *Nadja Paul*: Die Rundfunkbeteiligungen politischer Parteien. Eine Untersuchung aus verfassungsrechtlicher Sicht, 2010; *Christian Burkiczak*: Grundgesetz und Deregulierung des Tarifvertragsrechts. Gebietet Art. 9 Abs. 3 GG die zwingende Wirkung von Tarifverträgen (§ 4 Abs. 1 und 3 TVG) und den Tarifvorrang (§ 77 Abs. 3 BetrVG)? Zugleich ein Beitrag zur Grundrechtsdogmatik, 2006; *Sven Engel*: Tariftreue

Eine in sich geschlossene, einzelgrundrechtsübergreifende Untersuchung der Gruppe der normgeprägten (Freiheits- und Leistungs)Grundrechte, die das vorhandene dogmatische Gerüst für den Umgang mit diesem Phänomen eingehender in den Blick nimmt und einer kritischen Prüfung unterzieht, fehlt bislang. Diese Lücke soll die vorliegende Arbeit schließen.

II. Bindung wie an und durch sachgeprägte Grundrechte?

Die Beantwortung der Frage, ob die normgeprägten Grundrechte an einfachgesetzliche Regelungen ebenso strenge Anforderungen stellen wie die sachgeprägten Grundrechte (weitreichende Bindung) oder aber der Legislative breitere Gestaltungsspielräume belassen (weniger weitreichende Bindung), hängt nicht nur von Regelungsgehalt und -dichte der einzelgrundrechtlichen Anordnung ab[47]. Ganz maßgeblichen Einfluß auf die Entscheidung für oder gegen eine weitreichende Bindung des Gesetzgebers scheint auch die dogmatische Einordnung einfachrechtlicher Vorschriften – wie beispielsweise §§ 450f. BGB, die bestimmte Käufer bei Zwangsvollstreckungen und Pfandverkäufen ausschließen[48] – entweder als

---

kraft Gesetzes. Eine verfassungsrechtliche Bewertung von konstitutiven Tariftreueverpflichtungen unter besonderer Berücksichtigung der Koalitionsfreiheit und der Zulässigkeit dynamischer Verweisungen auf Tarifverträge, 2009; *Jan Merzrath*: Die Vereinigungsfreiheit des Grundgesetzes als Maßstab der Steuergesetzgebung, 2007; *Frank Lang*: Vertragsfreiheit bei Eheverträgen, 2009; *Marc Schüffner*: Eheschutz und Lebenspartnerschaft. Eine verfassungsrechtliche Untersuchung des Lebenspartnerschaftsrechts im Lichte des Art. 6 GG, 2007; *Andreas Engels*: Verfassung und Arbeitskampfrecht. Verfassungsrechtliche Grenzen arbeitsgerichtlicher Arbeitskampfjudikatur, 2008; *Kroppenberg* (Fn. 37); *Dieter Remus*: Präsidialverfassung und gesetzlicher Richter. Zur Entwicklung des Begriffs des gesetzlichen Richters und seiner Bedeutung für die Präsidialverfassung des Gerichtsverfassungsgesetzes, 2008.

47 Explizit *Gellermann* (Fn. 4), 290 m.N.

48 Beispiel aus *Wolfram Höfling*: Vertragsfreiheit. Eine grundrechtsdogmatische Studie, 1991, 35. Weitere Beispiele: Ausschluss der Änderungskündigung zum Zwecke der Mieterhöhung in § 573 Abs. 1 S. 2 BGB (dazu BVerfGE 37, 132 (139ff.), vgl. *Robert Alexy*: Theorie der Grundrechte, 2. Aufl. 1994, 304); Regelung, die den unternehmerischen Charakter der Tätigkeit öffentlich-rechtlicher Rundfunkanstalten fingiert und diese somit dem Besteuerungstatbestand des Umsatzsteuergesetzes unterwirft (dazu BVerfGE 31, 314ff. – zweite Rundfunkentscheidung); in § 54 GenG angeordnete Pflichtmitgliedschaft in einem privatrechtlichen Prüfungsverband (vgl. BVerfG (K), NJW 2001, 2617, 2617ff.); Einführung einer Zölibatsklausel im öffentlichen Dienstrecht (BVerwGE 214, 21 (27), dazu auch *Frauke Brosius-Gersdorf*, in: Dreier, Horst (Hrsg.): Grundgesetz, Kommentar, Band 1, 3. Aufl. 2013, Art. 6 Rn. 62; *Jörn Ipsen*: Ehe

Eingriffe[49] in den Schutzbereich[50] des jeweiligen Grundrechts oder aber als unterhalb der Eingriffsschwelle liegende „bloße" Ausgestaltungen dieses Schutzbereichs[51] zu haben. Beides erscheint möglich und so haben sich in der verfassungsrechtlichen Literatur dementsprechend zwei unterschiedliche Strömungen herausgebildet (1.). In der Rechtsprechung ist eine klare Linie nicht erkennbar[52]. Ein Blick in die einschlägigen Entscheidungen vermittelt den Eindruck, dass das Bundesverfassungsgericht sich weder stringent für den einen, noch für den anderen im Schrifttum vorgeschlagenen Weg, aber auch nicht für eine eigen(ständig) e Lösung entschieden hat (2.)[53].

---

und Familie, in: Isensee, Josef; Kirchhof, Paul (Hrsg.): Handbuch des Staatsrechts der Bundesrepublik Deutschland, Band VII, 3. Aufl. 2009, § 154 Rn. 27; Abschaffung eines mehrstufigen Instanzenzuges. Auf diese und ggf. weitere Beispiele wird im späteren Verlaufe der Untersuchung zurückzukommen sein.

49 Ein Eingriff ist nach klassischem Verständnis jeder Rechtsakt, der gezielt, bewußt und unmittelbar die grundrechtlich geschützte Freiheitssphäre verkürzt (vgl. statt vieler *Horst Dreier*, in: Dreier, Horst (Hrsg.): Grundgesetz, Kommentar, Band 1, 3. Aufl. 2013, Vorb. Rn. 124; *Lübbe-Wolff* (Fn. 20), 42ff.; BVerfGE 105, 279 (300) – st. Rspr.). Über diese enge Definition hinaus ist heute anerkannt, dass ein Eingriff auch in bloß mittelbaren oder faktischen Beeinträchtigungen liegen kann. Allgemein liegt nach dem heute herrschenden, weiten, sog. modernen Eingriffsverständnis ein solcher schon immer dann vor, wenn der Staat dem Einzelnen ein grundrechtlich geschütztes Verhalten ganz oder teilweise unmöglich macht (vgl. exemplarisch *Kingreen/Poscher* (Fn. 39), Rn. 264; vgl. auch *Starck* (Fn. 20), Rn. 265 sowie BVerfGE 46, 120 (137f.); 82, 209 (223f.); 105, 279 (301). Als Synonym für den Eingriffsbegriff werden häufig bspw. die Worte Be- bzw. Einschränkung (*Klaus Stern*: Das Staatsrecht der Bundesrepublik Deutschland, Band III/1, 1988, 594f.; mit abweichender Bedeutung *Alexy* (Fn. 48), 302ff.) oder Beeinträchtigung (*Hans D. Jarass*: Bausteine einer umfassenden Grundrechtsdogmatik, AöR 120 (1995), 345, 362; BVerfGE 105, 279 (300)) verwendet.

50 Der Schutzbereich enthält die tatbestandlichen Voraussetzungen des Grundrechts. Er umreißt den aus der Lebenswirklichkeit herausgeschnittenen Schutzgegenstand in sachlicher und persönlicher Hinsicht. Der sachliche Schutzbereich bestimmt, welche Rechtsgüter und Handlungen geschützt sind; der persönliche Schutzbereich beschreibt, welche Personen grundrechtsberechtigt sind, vgl. zum Ganzen exemplarisch *Friedhelm Hufen*: Staatsrecht II. Grundrechte, 6. Aufl. 2017, § 6 Rn. 2ff., 29.

51 Mit kritischem Akzent *Cornils* (Fn. 3), 546f.

52 Statt vieler *Cornils* (Fn. 3), 172 (Vertrag), 373, 400, 460 (Rechtsschutz); *Aulehner* (Fn. 13), 414.

53 Ausführlich zum Ganzen m.umfangr.N. infra Teil 4, C. und D.

1. Diskussion im verfassungsrechtlichen Schrifttum

Während die Vertreter der sogenannten abwehrrechtlichen (Schutz)Modelle[54] einfachgesetzliche Regelungen im Bereich der normgeprägten Grundrechte als Schutzbereichs*eingriffe* (a.) qualifizieren, ordnen die Anhänger der sogenannten Exklusivitätsthese[55] sie als unterhalb der Eingriffsschwelle liegende Schutzbereichs*ausgestaltungen* ein (b.).

In jüngerer Zeit traten – soweit ersichtlich – vornehmlich *Matthias Cornils* als Verfechter der abwehrrechtlichen Lösung und *Martin Gellermann* als Befürworter der Exklusivitätsthese hervor. Sie gehen über diese grundlegende Einordnung hinaus und versuchen, aufbauend auf der ersten (*Cornils*) oder aber der gegensätzlichen zweiten Annahme (*Gellermann*), jeweils ein umfassendes, in sich geschlossenes und detailliertes Konzept der Bindung des Gesetzgebers an und durch die normgeprägten Grundrechte zu entwickeln. Dabei wählt *Cornils* als Referenzbeispiele die Vertrags-, Rundfunk-, Ehe-, Vereinigungs-, Koalitions- und Eigentumsfreiheit sowie die Rechtsschutzgarantie; *Gellermann* widmet sich ebenfalls diesen Grundrechten mit Ausnahme der Vereinigungsfreiheit und der Rechtsschutzgarantie. Beide Autoren leiten aus ihren Überlegungen jeweils grundrechtsübergreifende Bindungspostulate ab. Die vorliegende Untersuchung konzentriert sich – insbesondere im Bereich der einzelnen Bindungsanforderungen, die andere Autoren in weiten Teilen entweder gar nicht entwickeln oder aber nur bruchstückhaft und/oder oberflächlich ansprechen[56] – auf die Auseinandersetzung mit diesen beiden Konzepten. Dabei wird auch der Frage nachgegangen, ob die von *Cornils*[57] und *Gellermann*[58] entwickelten Lösungen auf die Freiheit der Familie, die Erbfreiheit sowie die Garantien des gesetzlichen Richters und des rechtlichen Gehörs übertragen werden können.

---

54 Begriff in Anlehnung an *Bumke* (Fn. 4), 20 und passim.

55 Diese Begrifflichkeit verwendet *Cornils* (Fn. 3), 11 Fn. 47, 20, 23 und passim – selbst Befürworter der abwehrrechtlichen Lösung – zur Kennzeichnung der Gegenansicht, die beispielsweise von *Gellermann* (Fn. 4), 18f., 54ff. und passim, vertreten wird.

56 Dazu m.N. infra Teil 2, A.II.1.a.aa. und b.bb.

57 Ausführlich zu dessen Konzept infra Teil 4, C.II.1.b.bb. und C.III.1.b.

58 Zu den Einzelheiten seines Modells infra Teil 4, C.II.2. und C.III.2.b.aa.

a. *Einfachrechtliche Regelungen als Eingriffe in den Schutzbereich*

Die Anhänger der abwehrrechtlichen Lösung negieren zwar nicht die spezifische Abhängigkeit der normgeprägten Grundrechte vom einfachen Recht[59], gehen aber davon aus, dass der Gesetzgeber grundsätzlich auch dann in deren Schutzbereiche eingreift, wenn er seiner Pflicht zur näheren schöpferischen Ausformung nachkommt und jene Infrastruktur bereitstellt, die den Gebrauch der jeweiligen grundrechtlichen Verbürgungen erst ermöglicht[60]. Hintergrund dieser Einordnung ist die These, dass alle ausformenden Regelungen mehr oder weniger intensive Beeinträchtigungseffekte in sich tragen und deshalb den abwehrrechtlichen Schutz des jeweiligen Grundrechts auslösen[61]. Damit bietet sich die Gelegenheit, sämtliche oder zumindest die wesentlichen Kautelen der Eingriffsabwehr auch im Bereich der normgeprägten Grundrechte zur Anwendung zu bringen und infolgedessen einen ebenso engen legislatorischen Gestaltungsfreiraum wie bei den sachgeprägten Grundrechten anzunehmen[62].

aa. Konsequenz: Bindung ebenso weitreichend wie jene an und durch sachgeprägte Grundrechte?

Dogmatisch betrachtet scheinen die Vertreter der abwehrrechtlichen Modelle einfache Gesetze im Bereich der normgeprägten Grundrechte also nicht anders

59 Vgl. etwa *Cornils* (Fn. 3), 194f., 246f. (Vertrag), 381f. (Ehe), 419ff. (Vereinigung und Koalition), 609ff. (Rechtsschutz). Zur Gesetzesabhängigkeit normgeprägter Grundrechte bereits m.umfangr.N. supra Teil 1, A.

60 Deutlich etwa *Christian Starck*: Diskussionsbeitrag zu Bethge, Herbert: Der Grundrechtseingriff, VVDStRL 57 (1998), 7ff., VVDStRL 57 (1998), 103; ähnlich *Hans Hugo Klein*: Diskussionsbeitrag zu Bethge, Herbert: Der Grundrechtseingriff, VVDStRL 57 (1998), 7ff., VVDStRL 57 (1998), 114f.; *Alexy* (Fn. 48), 300ff.; so wohl auch *Lothar Michael; Martin Morlok*: Grundrechte, 6. Aufl. 2017, Rn. 397 in Bezug auf die Eigentumsgarantie.

61 Vgl. exemplarisch *Cornils* (Fn. 3), 322, 324f., 326 (Eigentum), 358f., 363, 379f., 394 (Ehe), 439, 441f. (Vereinigung und Koalition), 666f., 669, 676 (allgemein); *Rolf Eckhoff*: Der Grundrechtseingriff, 1992, 16; tendenziell auch *Klaus Stern*: Das Staatsrecht der Bundesrepublik Deutschland, Band III/2, 1994, 410 sowie *Rozek* (Fn. 33), 60f., nach dem eine Inhaltsbestimmung ohne Eingriffscharakter „überhaupt nur in dem – eher theoretischen – Fall einer erstmaligen Ausgestaltung einer Eigentumsposition ohne Aus- und Rückwirkungen auf bereits bestehende Eigentumsrechte vorliegen könne. Zur Bipolarität einfachrechtlicher Regelungen (von der auch die Vertreter der Gegenansicht [Exklusivitätsthese] ausgehen) ausführlich infra Teil 4, C.I.3

62 Vgl. *Cornils* (Fn. 3), 217; *Gellermann* (Fn. 4), 68; allgemein referierend *Bumke* (Fn. 4), 18.

zu behandeln als solche im Bereich der sachgeprägten Grundrechte. Dies gilt jedenfalls im Hinblick auf die ersten beiden Stufen des zur Überprüfung der Verfassungsmäßigkeit einfachen Rechts entwickelten und auch heute noch allgemein verbreiteten[63] dreigliedrigen Argumentationsschemas „Schutzbereich-Eingriff-verfassungsrechtliche Rechtfertigung“[64]. Hier wie dort wird im Einzelfall untersucht, ob ein *Eingriff* in den *Schutzbereich* des jeweils in Rede stehenden Grundrechts vorliegt[65].

Weniger deutlich ist hingegen, ob normprägende Regelungen auch den gleichen *Rechtfertigungsanforderungen*[66] unterworfen werden wie einfachgesetzliche Vorschriften im Bereich der sachgeprägten Grundrechte. Konkret zu denken wäre hier an die – soweit vorhanden – Gesetzesvorbehalte[67] und vor allem an

---

63 Statt vieler *Helge Sodan*, in: Sodan, Helge (Hrsg.): Grundgesetz. Kompakt-Kommentar, 3. Aufl. 2015, Vorb. vor Art. 1, Inhaltsverzeichnis, Rn. 45ff.; *Kingreen/Poscher* (Fn. 39), Rn. 401.

64 Eine ebenfalls dreistufige Prüfung, allerdings unter Verwendung anderer Begrifflichkeiten und wohl auch mit inhaltlich etwas anderem Akzent findet sich bei *Michael/Morlok* (Fn. 60), Rn. 35ff. und *Jörn Ipsen*: Staatsrecht II. Grundrechte, 20. Aufl. 2017, Rn. 118ff. In jüngerer Zeit mehren sich zudem die Stimmen, die eine zusätzliche oder alternative Prüfungsstufe eines „Gewährleistungsgehalts“ einführen möchten. Zu ersterem (verbunden mit der Forderung, Sach- und Lebensbereich einerseits und Schutzbereich andererseits zu trennen) *Ernst-Wolfgang Böckenförde*: Schutzbereich, Eingriff, verfassungsimmanente Schranken. Zur Kritik gegenwärtiger Grundrechtsdogmatik, Der Staat 42 (2003), 165, 174. Die Ersetzung der Prüfung des Schutzbereichs durch die eines Gewährleistungsbereichs fordert etwa *Wolfgang Hoffmann-Riem*: Grundrechtsanwendung unter Rationalitätsanspruch. Eine Erwiderung auf Kahls Kritik an neueren Ansätzen in der Grundrechtsdogmatik, Der Staat 43 (2004), 203, 226ff. Skeptisch *Wolfgang Kahl*: Vom weiten Schutzbereich zum engen Gewährleistungsgehalt. Kritik einer neuen Richtung der deutschen Grundrechtsdogmatik, Der Staat 43 (2004), 167, 184ff. sowie *Renata Martins*: Grundrechtsdogmatik im Gewährleistungsstaat: Rationalisierung der Grundrechtsanwendung?, DÖV 2007, 456, 462ff. Zum Ganzen befürwortend *Dietrich Murswiek*: Grundrechtsdogmatik am Wendepunkt?, Der Staat 45 (2006), 473ff., insbes. 500 und *Uwe Volkmann*: Veränderungen der Grundrechtsdogmatik, JZ 2005, 261ff., insbes. 270f.

65 Dazu m.N. soeben supra Teil 2, A.II.1.a. mit Fn. 60.

66 Angesprochen ist hiermit die dritte Stufe des erwähnten Prüfungsschemas.

67 Bei vorbehaltlos gewährleisteten Grundrechten wäre nach den verfassungsimmanenten Schranken zu fragen, vgl. dazu statt vieler *Sodan* (Fn. 63), Rn. 53 m.w.N. Vorbehaltlos in diesem Sinne sind die Ehe-, die Vereinigungs- und Koalitionsfreiheit sowie die Prozessgrundrechte (*Hans-Jürgen Papier*: Vorbehaltlos gewährleistete Grundrechte, in: Merten, Detlef; Papier, Hans-Jürgen (Hrsg.): Handbuch der Grundrechte

den (klassischen) Verhältnismäßigkeitsgrundsatz[68] mit seinen Teilpostulaten der Geeignetheit, Erforderlichkeit und Verhältnismäßigkeit im engeren Sinne (Angemessenheit)[69]; ferner an die Verfassungsmäßigkeit im Übrigen, hier insbesondere an das Einzelfallverbot (Art. 19 Abs. 1 S. 1 GG)[70], das Zitiergebot (Art. 19 Abs. 1 S. 2 GG)[71], die Wesensgehaltsgarantie[72] (Art. 19 Abs. 2 GG), das Bestimmtheitsgebot[73] und das Rückwirkungsverbot.[74]

Obwohl das den abwehrrechtlichen Modellen zugrundeliegende Verständnis normprägender Regelungen als Schutzbereichseingriffe es nahe legt, sie an *sämtlichen* der soeben benannten eingriffsabwehrrechtlichen Kautelen zu messen, wird eben jene umfassende Schlussfolgerung – soweit ersichtlich – von keinem

in Deutschland und Europa, Band III, 2009, § 64 Rn. 78, 84, 87, 93f.; explizit für die Rechtsschutzgarantie *Kingreen/Poscher* (Fn. 39), Rn. 1177.

68 Dieser ergibt sich aus dem Wesen der Grundrechte selbst (BVerfGE 19, 342 (348f.); 61, 126 (134); 76, 1 (50f.); 77, 308 (334); *Starck* (Fn. 20), Rn. 285; *Hans D. Jarass*, in: Jarass, Hans D.; Pieroth, Bodo: Grundgesetz für die Bundesrepublik Deutschland, 14. Aufl. 2016, Art. 20 Rn. 112), wird aber gelegentlich auch aus dem Rechtsstaatsprinzip abgeleitet (BVerfGE 76, 256 (359); 80, 109 (120); 108, 129 (136); 111, 54 (82); *Michael Sachs*, in: Sachs, Michael (Hrsg.): Grundgesetz. Kommentar, 8. Aufl. 2018, Art. 20 Rn. 146).

69 Ausführlich statt vieler *Detlef Merten*: Verhältnismäßigkeitsgrundsatz, in: Merten, Detlef; Papier, Hans-Jürgen (Hrsg.): Handbuch der Grundrechte in Deutschland und Europa, Band III, 2009, § 68.

70 Exemplarisch *Joachim Lege*: Verbot des Einzelfallgesetzes, in: Merten, Detlef; Papier, Hans-Jürgen (Hrsg.): Handbuch der Grundrechte in Deutschland und Europa, Band III, 2009, § 66.

71 Dazu beispielsweise *Peter Axer*: Zitiergebot, in: Merten, Detlef; Papier, Hans-Jürgen (Hrsg.): Handbuch der Grundrechte in Deutschland und Europa, Band III, 2009, § 67.

72 Grundlegend *Häberle* (Fn. 21); aus jüngerer Zeit statt vieler *Anna Leisner-Egensperger*: Wesensgehaltsgarantie, in: Merten, Detlef; Papier, Hans-Jürgen (Hrsg.): Handbuch der Grundrechte in Deutschland und Europa, Band III, 2009, § 70.

73 *Ulrich M. Gassner*: Gesetzgebung und Bestimmtheitsgrundsatz, ZG 1996, 37ff.; *Hans-Jürgen Papier; Johannes Möller*: Das Bestimmtheitsgebot und seine Durchsetzung, AöR 122 (1997), 177ff.; *Roberto Bartone*: Gedanken zu den Grundsätzen der Normenklarheit und der Normenbestimmtheit als Ausprägungen des Rechtsstaatsprinzips, in: Rensen, Hartmut; Brink, Stefan (Hrsg.): Linien der Rechtsprechung des Bundesverfassungsgerichts – erörtert von den wissenschaftlichen Mitarbeitern, 2009, 305ff.

74 *Philip Kunig*: Rechtsstaatliches Rückwirkungsverbot, in: Merten, Detlef; Papier, Hans-Jürgen (Hrsg.): Handbuch der Grundrechte in Deutschland und Europa, Band III, 2009, § 69.

ihrer Anhänger ausdrücklich getroffen[75]. Dies mag eventuell auch daran liegen, dass nicht jede Autorin/jeder Autor stets alle der bezeichneten Rechtfertigungsanforderungen diskutiert, sondern jeweils nur punktuell und mit unterschiedlicher Schwerpunktsetzung diejenigen Direktiven herausgreift, die sie/er für praktisch am bedeutsamsten hält.

(1) Klassische Verhältnismäßigkeitsprüfung

Mit Abstand am häufigsten angesprochen und für uneingeschränkt anwendbar gehalten wird das „traditionelle Kernstück materieller Bindung"[76], der klassische Verhältnismäßigkeitsgrundsatz[77] mit seinen Teilelementen der Geeignetheit, Erforderlichkeit und Angemessenheit[78].

(2) Modifizierte Verhältnismäßigkeitsprüfung im Ausnahmefall?

Gelegentlich wird aber auch vorgeschlagen, die klassische Verhältnismäßigkeitsprüfung in bestimmten Konstellationen entweder vollständig durch die sogenannte Entsprechungsprüfung[79] zu ersetzen (praktisch äußerst seltene Fallgruppe der *ausschließlichen* Betroffenheit eines nicht-prinzipiellen Grundrechtsgehalts)[80] oder aber zumindest die Prüfung des Teilelements der Angemessenheit zu modifizieren (Fallgruppe der *gleichzeitigen* Betroffenheit eines prinzipiellen und eines nicht-prinzipiellen Grundrechtsgehalts, die im Bereich der normgeprägten Grundrechte den Regelfall bildet[81])[82].

---

75 Gleichwohl gehen die Äußerungen mancher Autoren deutlich in diese Richtung, so etwa *Lübbe-Wolff* (Fn. 20), 62f.; *Höfling* (Fn. 48), 38, 40; *Klein* (Fn. 60), 114f.

76 *Bumke* (Fn. 4), 50.

77 Statt vieler *Alexy* (Fn. 48), 304ff. i.V.m. 100ff.; *Lübbe-Wolff* (Fn. 20), 62f., 133; *Höfling* (Fn. 48), 40; *Cornils* (Fn. 3), 211, 247f. (Vertrag), 381, 387, 395 (Ehe), 442 (Vereinigung und Koalition), 676 (allgemein); exemplarisch für das Eigentumsgrundrecht *Michael/Morlok* (Fn. 60), Rn. 397; *Brun-Otto Bryde*, in: Münch, Ingo von; Kunig, Philip (Hrsg.): Grundgesetz Kommentar, Band 1, 6. Aufl. 2012, Art. 14 Rn. 60f.; *Jan-Reinard Sieckmann*, in: Friauf, Karl Heinrich; Höfling, Wolfram (Hrsg.): Berliner Kommentar zum Grundgesetz, Loseblatt, Stand des Gesamtwerkes: September 2017, Band 2, Art. 14 Rn. 157; BVerfGE 70, 191 (200); 76, 220 (238).

78 Dazu bereits soeben Teil 2, A.II.1.a.aa. mit Fn. 69.

79 Allgemein und ausführlich zur Entsprechungsprüfung bereits *Lothar Hirschberg*: Der Grundsatz der Verhältnismäßigkeit, 1981, 45 ff.; weiterentwickelt von *Stefan Huster*: Rechte und Ziele, 1993, 129ff. im Rahmen der Dogmatik des allgemeinen Gleichheitssatzes.

80 *Cornils* (Fn. 3), 650ff., 676. Ausführlich infra Teil 4, C.III.1.b.bb.(1).

81 *Cornils* (Fn. 3), 673ff. Ausführlich infra Teil 4, C.III.1.b.cc.

82 Deutlich vager *Michael Holoubek*: Bauelemente eines grundrechtsdogmatischen Argumentationsschemas: Schutzbereich – Eingriff – Schranken, in: Grabenwarter,

(3) Sonstige Bindungspostulate

Oft finden sich daneben – zumeist kursorische – Ausführungen zur Geltung des – soweit vorhanden – Gesetzesvorbehalts[83] sowie der Wesensgehaltsgarantie[84]. Vereinzelt wird auch allein letztere thematisiert[85], zugleich aber angedeutet, dass die Bindung des Gesetzgebers sich nicht auf dieses Postulat beschränke[86]. Für anwendbar gehalten werden zudem das Einzelfallverbot[87] sowie das Zitiergebot[88].

Christoph; Hammer, Stefan; Pelzl, Alexander; Schulev-Steindl, Eva; Widerin, Ewald (Hrsg.): Allgemeinheit der Grundrechte und Vielfalt der Gesellschaft. 34. Tagung der Wissenschaftlichen Mitarbeiterinnen und Mitarbeiter der Fachrichtung „Öffentliches Recht“, 1994, 61, 77, der fordert, dass im Rahmen der Verhältnismäßigkeitsprüfung lediglich die Einhaltung des größeren gesetzgeberischen Gestaltungsspielraums, der bereits im Schutzbereich sowie auf der Eingriffsebene eines ausgestaltungsbedürftigen Grundrechts seine Ausprägungen fände, zu prüfen sei.

83 *Lübbe-Wolff* (Fn. 20), 62f., 133; *Cornils* (Fn. 3), 247 (Vertrag), 380ff. (Ehe), 442 (Vereinigung und Koalition); *Michael/Morlok* (Fn. 60), Rn. 397; *Klein* (Fn. 60), 115.

84 *Alexy* (Fn. 48), 267ff., insbes. 272, 269f., der allerdings dafür plädiert, eine mögliche Antastung des Wesensgehalts nicht als autarke Bindungsanforderung zu verstehen, sondern im Rahmen der Prüfung der Verhältnismäßigkeit im engeren Sinne (Angemessenheit) abzuhandeln. In der Sache ebenso *Peter Badura*: Staatsrecht. Systematische Erläuterung des Grundgesetzes für die Bundesrepublik Deutschland, 6. Aufl. 2015, C 27; *Kingreen/Poscher* (Fn. 39), Rn. 353; *Konrad Hesse*: Grundzüge des Verfassungsrechts der Bundesrepublik Deutschland, 20. Aufl. 1995, Neudruck 1999, Rn. 332; *Ingo von Münch; Philip Kunig*, in: Münch, Ingo von; Kunig, Philip (Hrsg.): Grundgesetz Kommentar, Band 1, 6. Aufl. 2012, Vorb. Art. 1-19 Rn. 39. Die Wesensgehaltsgarantie für anwendbar halten *Thomas Wülfing*: Grundrechtliche Gesetzesvorbehalte und Grundrechtsschranken, 1981, 35; *Horst Dreier*, in: Dreier, Horst (Hrsg.): Grundgesetz, Kommentar, Band 1, 3. Aufl. 2013, Art. 19 II Rn. 9; *Peter Michael Huber*, in: Mangoldt, Hermann von; Klein, Friedrich; Starck, Christian: Kommentar zum Grundgesetz, Band 1, 7. Aufl. 2018, Art. 19 Abs. 2 Rn. 114; wohl auch *Walter Krebs*, in: Münch, Ingo von; Kunig, Philip (Hrsg.): Grundgesetz Kommentar, Band 1, 6. Aufl. 2012, Art. 19 Rn. 27; *Bryde* (Fn. 77), Rn. 59 meint, neben dem Verhältnismäßigkeitsgrundsatz sei auch der Gleichheitssatz sowie das Vertrauensschutzprinzip zu beachten.

85 *Herzog* (Fn. 29), 1414, 1423ff.

86 *Herzog* (Fn. 29), 1414, 1426, der insofern von *Nierhaus* (Fn. 28), 107 und wohl auch von *Gellermann* (Fn. 4), 293 missverstanden wird. Dazu bereits supra Teil 1, D.II. mit Fn. 104.

87 Exemplarisch *Lege* (Fn. 70), Rn. 119ff.; pauschal *Wülfing* (Fn. 84), 35; wohl auch *Johannes Dietlein*: Die Lehre von den grundrechtlichen Schutzpflichten, 1992, 116; *Barbara Remmert*, in: Maunz, Theodor†; Dürig, Günter†: Grundgesetz. Kommentar, Loseblatt, Stand des Gesamtwerkes: Januar 2013, Band III, Art. 19 Abs. 1 Rn. 56.

88 Exemplarisch *Axer* (Fn. 71), Rn. 25f., 28; *Horst Dreier*, in: Dreier, Horst (Hrsg.): Grundgesetz, Kommentar, Band 1, 3. Aufl. 2013, Art. 19 I Rn. 11f.; *Dietlein* (Fn. 87), 116;

bb. Zwischenergebnis

Insgesamt betrachtet scheint sich die so skizzierte Bindung des Gesetzgebers an und durch die normgeprägten Grundrechte damit in ihrer Reichweite gar nicht oder allenfalls marginal von der Bindung der Legislative an die sachgeprägten Grundrechte zu unterscheiden.

b. Einfachrechtliche Regelungen als bloße Ausgestaltungen des Schutzbereichs

Die Vertreter der sogenannten Exklusivitätsthese ordnen einfachrechtliche Regelungen im Bereich der normgeprägten Grundrechte grundsätzlich nicht als Eingriffe in deren Schutzbereiche, sondern als davon strikt zu unterscheidende Ausgestaltungen ein[89] (aa.). Dies gelte selbst dann, wenn mit ihnen Belastungseffekte einhergehen, sie sich also auf bestimmte, an sich geschützte Grundrechtsausübungen nachteilig auswirken[90].

---

pauschal *Wülfing* (Fn. 84), 35; differenzierter *Michael Sachs*, in: Sachs, Michael (Hrsg.): Grundgesetz. Kommentar, 8. Aufl. 2018, Art. 19 Rn. 27ff.; *Remmert* (Fn. 87), Rn. 56.

89 Vgl. statt vieler *Gellermann* (Fn. 4), 91, 96 (Eigentum), 139ff. (Vertrag), 158f. (Koalition); 269ff. (allgemein); *Morgenthaler* (Fn. 14), 245; *Wolfram Höfling*, in: Sachs, Michael (Hrsg.): Grundgesetz. Kommentar, 8. Aufl. 2018, Art. 9 Rn. 35ff.; *Wolfgang Löwer*, in: Münch, Ingo von; Kunig, Philip (Hrsg.): Grundgesetz Kommentar, Band 1, 6. Aufl. 2012, Art. 9 Rn. 31ff.

90 *Hans D. Jarass*, in: Jarass, Hans D.; Pieroth, Bodo: Grundgesetz für die Bundesrepublik Deutschland, 14. Aufl. 2016, Vorb. vor Art. 1 Rn. 34; *Gellermann* (Fn. 4), 271ff., 428; *Lerche* (Fn. 23), Rn. 38ff.; *Matthias Herdegen*, in: Maunz, Theodor†; Dürig, Günter†: Grundgesetz. Kommentar, Loseblatt, Stand des Gesamtwerkes: Januar 2013, Band I, Art. 1 Abs. 3 Rn. 41; in diese Richtung auch *Wolfgang Roth*: Faktische Eingriffe in Freiheit und Eigentum. Struktur und Dogmatik des Grundrechtstatbestandes und der Eingriffsrechtfertigung, 1994, 167ff.; *Hermann Butzer*: Verfassungsrechtliche Grundlagen zum Verhältnis zwischen Gesetzgebungshoheit und Tarifautonomie, RdA 1994, 375, 381; *Silke Ruck*: Zur Unterscheidung von Ausgestaltungs- und Schrankengesetzen im Bereich der Rundfunkfreiheit, AöR 117 (1992), 543, 547; *Christian Bumke*: Der Grundrechtsvorbehalt. Untersuchungen über die Begrenzung und Ausgestaltung der Grundrechte, 1998, 107; *Jarass* (Fn. 49), 367ff.; vgl. auch *Herbert Bethge*: Mittelbare Grundrechtsbeeinträchtigungen, in: Merten, Detlef; Papier, Hans-Jürgen (Hrsg.): Handbuch der Grundrechte in Deutschland und Europa, Band III, 2009, § 58 Rn. 92; *Ipsen* (Fn. 64), Rn. 162; *Thomas Vesting*: Von der liberalen Grundrechtstheorie zum Grundrechtspluralismus – Elemente und Perspektiven einer pluralen Theorie der Grundrechte, in: Grabenwarter, Christoph; Hammer,

Damit ist – so jedenfalls die vorherrschende Überzeugung innerhalb dieser Ansicht – das „an der besonderen Bauform der Grundrechte als Eingriffsabwehrrechte“[91] orientierte Prüfungsschema nicht (mehr) ohne Weiteres, jedenfalls nicht in seiner hergebrachten Form ohne jegliche (Ab)Änderung, anwendbar[92]. Infolgedessen eröffnet sich Raum für die These einer andersartigen, im Vergleich zu den sachgeprägten Grundrechten möglicherweise sogar schwächeren Bindung des Gesetzgebers (weitreichendere Gestaltungsbefugnisse)[93] an und durch die normgeprägten Grundrechte[94] (bb.).

Stefan; Pelzl, Alexander; Schulev-Steindl, Eva; Wiederin, Ewald (Hrsg.): Allgemeinheit der Grundrechte und Vielfalt der Gesellschaft. 34. Tagung der Wissenschaftlichen Mitarbeiterinnen und Mitarbeiter der Fachrichtung „Öffentliches Recht“, 1994, 9, 16; *Ruffert* (Fn. 4), 107, 117, 552; *Herbert Bethge*: Die Freiheit des privaten Rundfunks. Eine Bestandsaufnahme, DÖV 2002, 673, 680f.; *Jörn Ipsen*: Gesetzliche Einwirkungen auf grundrechtlich geschützte Rechtsgüter, JZ 1997, 473, 479; *Lenz* (Fn. 30), 119ff.

91 *Gellermann* (Fn. 4), 60.

92 Ausdrücklich etwa *Gellermann* (Fn. 4), 60, der auf S. 288ff. ein eigenständiges verfassungsrechtliches Anforderungsprofil zu entwickeln versucht; implizit bspw. *Bumke* (Fn. 4), 49ff. und *Lenz* (Fn. 30), 119ff., die jeweils ebenfalls Modifizierungen der aus der Eingriffsabwehr bekannten Prüfung vornehmen. Die Anwendung sämtlicher eingriffsabwehrrechtlicher Kautelen pauschal ablehnend *Christine Steinbeiß-Winkelmann*: Grundrechtliche Freiheit und staatliche Freiheitsordnung. Funktion und Regelungsgehalt verfassungsrechtlicher Freiheitsgarantien im Licht neuerer Grundrechtstheorien, 1986, 109, vorsichtiger 611f., 641.

93 Vgl. *Gellermann* (Fn. 4), 6, 62, 90 und passim; *Ruffert* (Fn. 4), 118; *Peter Lerche*: Grundrechtsschranken, in: Isensee, Josef; Kirchhof, Paul (Hrsg.): Handbuch des Staatsrechts der Bundesrepublik Deutschland, Band V, 2. Aufl. 2000, § 122 Rn. 9f.; *Bumke* (Fn. 4), 74; *Christoph Degenhart*: Grundrechtsausgestaltung und Grundrechtsbeschränkung, in: Merten, Detlef; Papier, Hans-Jürgen (Hrsg.): Handbuch der Grundrechte in Deutschland und Europa, Band III, 2009, § 61 Rn. 50; undeutlich *Michael/Morlok* (Fn. 60), Rn. 970. Referierend *Cornils* (Fn. 3), 4, 10f. m.w.N. und passim.

94 Der Text des Grundgesetzes lässt den Gedanken an eine „gesonderte“ Ausgestaltungsdogmatik durchaus zu, da er sich nicht auf eine dogmatische Konzeption – insbesondere nicht auf ein „Eingriffs- und Schrankendenken“ – festgelegt hat, vgl. *Krebs* (Fn. 19), Rn. 21ff., insbes. 24; a.A. *Bernhard Schlink*: Freiheit durch Eingriffsabwehr – Rekonstruktion der klassischen Grundrechtsfunktion, EuGRZ 1984, 457.

aa. Ausgestaltung als Gegenbegriff zum Grundrechtseingriff

Der Begriff der Grundrechtsausgestaltung ist nicht allgemeingültig definiert[95]. Vielmehr existieren mehrere Ausgestaltungsvorstellungen nebeneinander[96], was eher beliebig und diffus denn eindeutig wirkt[97]. Synonym verwendet werden – nebeneinander oder alternativ, teilweise auch verknüpft mit inhaltlich abweichenden Bedeutungen[98] – beispielsweise die Begriffe Grundrechtsprägung[99], Inhaltsbestimmung[100], Aktualisierung[101], Ausformung[102], Konkretisierung[103] oder Substantiierung[104].

Ein sehr weitreichendes Verständnis von Ausgestaltung ermöglicht es, den Begriff als Oberbegriff für sämtliche und damit auch für einschränkende einfachgesetzliche Normierungen im Grundrechtsbereich zu gebrauchen[105]. Die Vertreter der Exklusivitätsthese dagegen sehen in der Ausgestaltung etwas

95 *Gellermann* (Fn. 4), 14, 16.

96 So schon *Lerche* (Fn. 22), 105; vgl. auch *Gellermann* (Fn. 4), 14; *Cornils* (Fn. 3), 13.

97 *Cornils* (Fn. 3), 3; *Gellermann* (Fn. 4), 8.

98 *Hesse* (Fn. 84), Rn. 305 bspw. meint mit dem Begriff „Ausgestaltung" etwas anderes als mit dem Begriff „Konkretisierung". Darauf wie auch auf weitere Unterscheidungen anderer Autoren soll hier nicht eingegangen werden. Zum *Hesse'schen* Verständnis etwa *Joachim Lege*: Das Verfassungsrecht zwischen normativem Anspruch und politischer Wirklichkeit. Einige Fußnoten zu Konrad Hesse, DVBl. 2007, 1053ff.

99 *Lerche* (Fn. 23), Rn. 38ff.; *Herbert Bethge*: Der Grundrechtseingriff, VVDStRL 57 (1998), 7, 28.

100 Statt vieler *Holoubek* (Fn. 82), 72. Dieser Begriff scheint nicht der Eigentumsgarantie vorbehalten, vgl. etwa *Hufen* (Fn. 50), § 8 Rn. 2; *Görg Haverkate*: Rechtsfragen des Leistungsstaats, Verhältnismäßigkeitsgebot und Freiheitsschutz im leistenden Staatshandeln, 1983, 97.

101 *Herbert Bethge*: Aktuelle Probleme der Grundrechtsdogmatik, Der Staat 24 (1985), 351, 365.

102 BVerfGE 58, 300 (330); *Ipsen* (Fn. 64), Rn. 162.

103 *Bethge* (Fn. 101), 365; *Morgenthaler* (Fn. 14), 244ff.; *Häberle* (Fn. 21), 185ff. und passim; *Kingreen/Poscher* (Fn. 39), Rn. 266, 272; eingehend und kritisch zu den verschiedenen *Facetten* des Begriffs Konkretisierung *Peter Lerche*: Facetten der „Konkretisierung" von Verfassungsrecht, in: Koller, Ingo; Hager, Johannes; Junker, Michael; Singer, Reinhard; Neuner, Jörg (Hrsg.): Einheit und Folgerichtigkeit im Juristischen Denken. Symposion zu Ehren von Herrn Professor Dr. Dr. h.c. mult. Claus-Wilhelm Canaris, 1998, 7ff.

104 *Peter Badura*: Die Verfassung im Ganzen der Rechtsordnung und die Verfassungskonkretisierung durch Gesetz, in: Isensee, Josef; Kirchhof, Paul (Hrsg.): Handbuch des Staatsrechts der Bundesrepublik Deutschland, Band XII, 3. Aufl. 2014, § 265 Rn. 25.

105 Zu dieser möglichen Deutung *Alexy* (Fn. 48), 302.

strukturell Anderes, ein aliud[106] zum Grundrechtseingriff und verstehen sie dementsprechend auch als gesonderte dogmatische Kategorie[107]. Mit anderen Worten benutzen sie den Begriff der Ausgestaltung als Gegenpol zu jenem des Grundrechtseingriffs[108]. Er soll grundrechtsfreundliche gesetzgeberische Aktivitäten kennzeichnen, also solche, die auf die Verwirklichung der Grundrechte gerichtet sind[109] und daher keinerlei oder allenfalls unbedeutende, das heißt unter der Eingriffsschwelle gelegene[110], grundrechtsfeindliche Begrenzungen nach sich ziehen[111]. Dieser Ausgestaltungsbegriff fungiert in einem sehr weiten Sinne als Sammelbezeichnung für alle gesetzgeberischen Aktivitäten, die mit dem, was das Grundrecht erfasst, irgendetwas zu tun[112] haben. In einem etwas engeren Sinne kann er verstanden werden als Oberbegriff für sämtliche durch grundrechtliche Impulse ausgelöste legislatorische Aktivitäten, die darauf gerichtet sind, die Grundrechte in irgendeiner Weise auszufüllen, (mit) hervorzubringen, zu fördern, gegen nichtstaatliche Beeinträchtigungen zu sichern oder ihre Ausübung in sonstiger Weise zu ermöglichen[113]. Hierzu zählen neben

---

106 Wörtlich *Karl-Heinz Ladeur*: Methodische Überlegungen zur gesetzlichen „Ausgestaltung" der Koalitionsfreiheit. Zugleich ein Beitrag zu den Möglichkeiten und Grenzen der Flexibilisierung des Tarifvertragssystems, AöR 131 (2006), 643, 653; *Burkiczak* (Fn. 46), 159 m.w.N.; in der Sache ebenso *Gellermann* (Fn. 4), 54f.; *Jarass* (Fn. 90), Rn. 34; *Ipsen* (Fn. 64), Rn. 162; vgl. auch schon *Häberle* (Fn. 21), 180ff.; *Lerche* (Fn. 23), Rn. 37ff.

107 Exemplarisch *Gellermann* (Fn. 4), 54f.; *Ladeur* (Fn. 106), 651. Deutlich gegen eine Sonderdogmatik der Ausgestaltung bspw. *Lübbe-Wolff* (Fn. 20), 60ff.; *Cornils* (Fn. 3), 676; *Jürgen Schwabe*: Probleme der Grundrechtsdogmatik, 2. Aufl. 1997, 128; vorsichtiger *Bumke* (Fn. 4), 2, der von einer lediglich begrenzten praktischen Bedeutung der dogmatischen Figur der Ausgestaltung ausgeht.

108 *Gellermann* (Fn. 4), 5, 51; *Ipsen* (Fn. 64), Rn. 166; referierend *Morgenthaler* (Fn. 14), 245; *Cornils* (Fn. 3), 3, 8f., 15; *Konrad Hesse*: Bedeutung der Grundrechte, in: Benda, Ernst; Maihofer, Werner; Vogel, Hans-Jochen (Hrsg.): Handbuch des Verfassungsrechts der Bundesrepublik Deutschland, 2. Aufl. 1994, § 5 Rn. 62ff.; *Aulehner* (Fn. 13), 412 und *Jarass* (Fn. 90), Rn. 34.

109 Dazu bereits supra Teil 2, A.I. Zu den einzelnen Anwendungsfeldern infra Teil 4, B.

110 *Hans D. Jarass*: Grundrechte als Wertentscheidungen bzw. objektivrechtliche Prinzipien in der Rechtsprechung des Bundesverfassungsgerichts, AöR 110 (1985), 363, 392f.; *Roland Schwarze*: Die verfassungsrechtliche Garantie des Arbeitskampfes – BVerfGE 84, 212, JuS 1994, 653, 658.

111 *Gellermann* (Fn. 4), 5, 51; vgl. auch *Cornils* (Fn. 3), 8f.; vgl. auch *Degenhart* (Fn. 93), Rn. 9, 18.

112 *Alexy* (Fn. 48), 300.

113 Vgl. *Cornils* (Fn. 3), 7; *Jestaedt* (Fn. 2), 114; *Stern* (Fn. 49), 595f.

der gesetzlichen Inhaltsbestimmung normgeprägter Grundrechte[114] insbesondere legislatorische Handlungen in den Bereichen grundrechtliche Schutz- und sonstige Förderpflichten, verfahrensbezogener Grundrechtsschutz und Teilhabe an staatlichen Leistungen[115]. Eine noch engere Auffassung dagegen will unter dem Stichwort der Ausgestaltung nur das Phänomen der normgeprägten Grundrechte erfasst wissen[116]. Damit bilden diese jedenfalls den kleinsten

114 Exemplarisch für Ehe und Familie BVerfGE 81, 1 (6f.); *Hans D. Jarass*, in: Jarass, Hans D.; Pieroth, Bodo: Grundgesetz für die Bundesrepublik Deutschland, Kommentar, 14. Aufl. 2016, Art. 6 Rn. 18; für das Eigentum BVerfGE 77, 263 (270); 89, 1 (8); 122, 151 (181f.); *Wendt* (Fn. 40), Rn. 54; für die Erbrechtsgarantie BVerfGE 99, 341 (351); *Helmut Rittstieg*, in: Denninger, Erhard; Hoffmann-Riem, Wolfgang; Schneider, Hans-Peter; Stein, Ekkehardt (Hrsg.): Kommentar zum Grundgesetz für die Bundesrepublik Deutschland (Reihe Alternativkommentare), Loseblatt, 3. Aufl. 2001f., Band 1, Art. 14/15 Rn. 139, 149; für die Vereinigungsfreiheit BVerfGE 50, 290 (354); 84, 372 (378); *Höfling* (Fn. 89), Rn. 36; *Michael Kemper*, in: Mangoldt, Hermann von; Klein, Friedrich; Starck, Christian: Kommentar zum Grundgesetz, Band 1, 7. Aufl. 2018, Art. 9 Abs. 1 Rn. 8f.; für die Koalitionsfreiheit BVerfGE 50, 290 (368); 84, 212 (228); 94, 268 (284); für die Vertragsfreiheit BVerfGE 89, 214 (231); 114, 1 (34); 114, 73 (89); *Bumke* (Fn. 4), 17; für die Rechtsweggarantie BVerfGE 60, 253 (268); 77, 275 (284); vgl. auch *Peter Michael Huber*, in: Mangoldt, Hermann von; Klein, Friedrich; Starck, Christian (Hrsg.): Kommentar zum Grundgesetz, Band 1, 7. Aufl. 2018, Art. 19 Abs. 4 Rn. 375, 380; für das rechtliche Gehör BVerfGE 67, 208 (211); 74, 1 (5); *Helmuth Schulze-Fielitz*, in: Dreier, Horst (Hrsg.): Grundgesetz, Kommentar, Band 3, 3. Aufl. 2018, Art. 103 I Rn. 27; für die Rundfunkfreiheit BVerfGE 87, 181 (198); *Hans D. Jarass*, in: Jarass, Hans D.; Pieroth, Bodo: Grundgesetz für die Bundesrepublik Deutschland, Kommentar, 14. Aufl. 2016, Art. 5 Rn. 55; *Helmuth Schulze-Fielitz*, in: Dreier, Horst (Hrsg.): Grundgesetz, Kommentar, Band 1, 3. Aufl. 2013, Art. 5 I, II Rn. 133; für den gesetzlichen Richter BVerfGE 89, 28 (35); *Bodo Pieroth*, in: Jarass, Hans D.; Pieroth, Bodo: Grundgesetz für die Bundesrepublik Deutschland, Kommentar, 14. Aufl. 2016, Art. 101 Rn. 1; *Helmuth Schulze-Fielitz*, in: Dreier, Horst (Hrsg.): Grundgesetz, Kommentar, Band 3, 3. Aufl. 2018, Art. 101 Rn. 38; vgl. ergänzend auch die Nachweise supra Teil 1, Fn. 9ff.

115 Vgl. zu diesem Ausgestaltungsverständnis etwa *Hans H. Klein*: Die grundrechtliche Schutzpflicht, DVBl. 1994, 489, 491; *Gellermann* (Fn. 4), 15; *Cornils* (Fn. 3), 9, 14f.; überblicksartig zu den einzelnen Ausgestaltungsfeldern *Hans D. Jarass*: Funktionen und Dimensionen der Grundrechte, in: Merten, Detlef; Papier, Hans-Jürgen (Hrsg.): Handbuch der Grundrechte in Deutschland und Europa, Band II, 2006, § 38 Rn. 56; ausführlich m.umfangr.N. infra Teil 3, B.

116 *Kingreen/Poscher* (Fn. 39), Rn. 266ff.; *Bernd J. Hartmann*: Dienende Freiheit – notwendige Verstärkung oder widersprüchliche Beschränkung subjektiver Rechte, JZ 2016, 18, 23; *Volker Epping*: Grundrechte, 7. Aufl. 2017, Rn. 433ff.; kritisch *Gellermann* (Fn. 4), 51.

gemeinsamen Nenner und zugleich den zentralen Anwendungsbereich aller Ausgestaltungsvorstellungen[117], sodass es einer Entscheidung zwischen weiten und engen Ausgestaltungsbegriffen in der Diskussion um die normgeprägten Grundrechte an sich nicht bedarf. Gleichwohl sei angemerkt, dass von den vielen Ausgestaltungsvorstellungen jene am praktikabelsten erscheint, die die Ausgestaltung als begriffliches Dach für all jene eingriffslosen Grundrechtsberührungen des Gesetzgebers versteht, zu denen das Grundrecht auffordert[118]. Sie ist einerseits flexibel und offen genug, um neben der gesetzlichen Inhaltsbestimmung normgeprägter Grundrechte auch andere grundrechtsrealisierende legislatorische Handlungen jenseits des Grundrechtseingriffs erfassen und daher der Artenvielfalt *positiver* Gesetzgebung im Grundrechtsbereich[119] gerecht werden zu können. Andererseits ist sie aber auch präzise und eng genug, um nicht schon jedes Gesetz, das ein Grundrecht in irgendeiner Weise berührt, ohne darin einzugreifen, erfassen zu müssen.

bb. Konsequenz: Weniger weitreichende Bindung des ausgestaltenden Gesetzgebers?

Verglichen mit der vertrauten, weithin ausdifferenzierten und etablierten Eingriffsdogmatik erweist sich die Ausgestaltung insgesamt als eher fragmentarische Kategorie[120], gegenüber der grundsätzlich Zurückhaltung geboten erscheint[121]. Sie sieht sich deshalb vielfacher Kritik ausgesetzt. Insbesondere die Schwierigkeiten, ausgestaltende und eingreifende gesetzgeberische Aktivitäten voneinander abzugrenzen[122], geben verbreitet Anlass zu der skeptischen

117 *Cornils* (Fn. 3), 6, 19; *Bumke* (Fn. 4), 17; ähnlich *Aulehner* (Fn. 13), 414; vgl. auch *Gellermann* (Fn. 4), 51.

118 Vgl. *Cornils* (Fn. 3), 3, 8f., 14f., 17; *Bumke* (Fn. 4), 14, 16; *Degenhart* (Fn. 93), Rn. 9, 18.

119 Plakativ bspw. *Bethge* (Fn. 99), 29.

120 Vgl. *Gellermann* (Fn. 4), 16, 31; *Cornils* (Fn. 3), 3f.; *Lerche* (Fn. 23), Rn. 38; vgl. auch *Stern* (Fn. 49), 597; *Lange* (Fn. 30), 306f.; *Wolfram Höfling*: Kopernikanische Wende rückwärts? Zur neueren Grundrechtsjudikatur des Bundesverfassungsgerichts, in: Muckel, Stefan (Hrsg.): Kirche und Religion im sozialen Rechtsstaat. Festschrift für Wolfgang Rüfner zum 70. Geburtstag, 2003, 329, 337, hält die Ausgestaltung gar für „eine der diffusesten Kategorien der Grundrechtsdogmatik".

121 *Jarass* (Fn. 90), Rn. 34a; so auch schon *Jarass* (Fn. 115), Rn. 59; aus jüngerer Zeit *Michael Sachs*: Die Grundrechte in der gesetzlichen Rechtsordnung, in: Kment, Martin (Hrsg.): Das Zusammenwirken von deutschem und europäischem Öffentlichen Recht. Festschrift für Hans D. Jarass zum 70. Geburtstag, 2015, 235, 239.

122 *Aulehner* (Fn. 13), 412; *Martin Ibler*, in: Friauf, Karl Heinrich; Höfling, Wolfram (Hrsg.): Berliner Kommentar zum Grundgesetz, Loseblatt, Stand des

wie grundlegenden Frage, ob es der Figur der Ausgestaltung als dogmatischem Sonderweg jenseits des hergebrachten Eingriffs- und Schrankenschemas überhaupt bedarf[123]. Wird dies befürwortet[124], stellt sich die Frage nach der Grundrechtsbindung des Gesetzgebers. Dieses Kernproblem[125] scheint auch von den Anhängern der Exklusivitätsthese bis heute nicht zufriedenstellend gelöst[126]. Verbreitet wird angenommen, dass die Legislative hier einer im Vergleich zum Eingriff andersartigen und tendenziell weniger weitreichenden grundrechtlichen Bindung unterliegt[127]; konsentiert ist diese Annahme jedoch keineswegs. Weitgehend unklar ist zudem, worin konkret eben diese Grundrechtsbindung im Einzelnen besteht[128] ((1)-(3)). Das dürfte nicht zuletzt darauf zurückzuführen

---

Gesamtwerkes: September 2017, Band 2, Art. 19 IV Rn. 319; *Ipsen* (Fn. 64), Rn. 164; vgl. auch *Höfling* (Fn. 89), Rn. 35. Allein dieser Umstand genügt einigen Kritikern bereits, um der Figur der Ausgestaltung mit Ablehnung zu begegnen, vgl. etwa *Michael Kemper*: Die Bestimmung des Schutzbereichs der Koalitionsfreiheit (Art. 9 Abs. 3 GG). Zugleich ein Beitrag zur Lehre von den Einrichtungsgarantien, 1990, 83ff.; kritisch auch *Klein* (Fn. 60), 114f.; drastischer *Stephan Rixen*: Sozialrecht als öffentliches Wirtschaftsrecht am Beispiel des Leistungserbringerrechts der gesetzlichen Krankenversicherung, 2005, 244ff.; *Höfling* (Fn. 48), 34 sieht hierin gar das Zentralproblem aller Ausgestaltungskonzeptionen.

123 Im Ergebnis ablehnend etwa *Cornils* (Fn. 3), 676. Deutlich gegen eine Sonderdogmatik der Ausgestaltung bspw. auch *Lübbe-Wolff* (Fn. 20), 60ff.; *Schwabe* (Fn. 107), 128; mit Einschränkungen auch *Wolfgang Kahl*: Neuere Entwicklungslinien der Grundrechtsdogmatik. Von Modifikationen und Erosionen des grundrechtlichen Freiheitsparadigmas, AöR 131 (2006), 579, 604; noch vorsichtiger *Bumke* (Fn. 4), 2, der von einer lediglich begrenzten praktischen Bedeutung der dogmatischen Figur der Ausgestaltung ausgeht.

124 Bspw. *Morgenthaler* (Fn. 14), 253f.; *Gellermann* (Fn. 4), 54; wohl auch *Jarass* (Fn. 49), 367ff.; *Badura* (Fn. 104), Rn. 25; *Herbert Bethge*: Freiheit und Gebundenheit der Massenmedien, DVBl. 1983, 369, 376.

125 *Christian Bumke; Andreas Voßkuhle*: Casebook Verfassungsrecht, 7. Aufl. 2015, Rn. 224; vgl. in diese Richtung *Bumke* (Fn. 4), 18, 49 sowie *Cornils* (Fn. 3), 10f. Auch das Bundesverfassungsgericht hält die Frage der gesetzgeberischen Bindung für zentral. In BVerfGE 50, 290 (354f.) bspw. betont es, dass der Inhalt des Art. 9 Abs. 1 GG sich nur bestimmen lässt, wenn die Bindungen geklärt sind, denen der ausgestaltende Gesetzgeber unterliegt.

126 Dieses Defizit wiederum ist neben den Schwierigkeiten, Eingriff und Ausgestaltung voneinander abzugrenzen, ein weiterer wichtiger Grund für die verhaltenen, häufig auch deutlich distanzierten Reaktionen der verfassungsrechtlichen Literatur auf die Ausgestaltungsdogmatik, *Bumke* (Fn. 4), 49 m.w.N.

127 S. bereits die Nachweise supra Fn. 92f. Weitere Nachweise infra Fn. 157.

128 *Gellermann* (Fn. 4), 291f.

sein, dass sich die Ausführungen in diesem Zusammenhang allzu oft auf vage Andeutungen beschränken, wie etwa jene, dass der Gesetzgeber sich lediglich „innerhalb gewisser Grenzen" oder „nur innerhalb der verfassungsunmittelbaren Gewährleistungsstandards" bewegen dürfe[129], sich am Normziel[130], Schutzgut[131] und/oder an zentrale[n] verfassungsrechtliche Vorgaben[132] zu orientieren und/oder die grundlegende Bedeutung des Grundrechts für die Freiheit des Bürgers[133] zu berücksichtigen habe.

(1) Unmodifizierte Anwendung eingriffsabwehrrechtlicher Kautelen?

Vereinzelt wird (auch) innerhalb der Exklusivitätsthese vertreten, dass ausgestaltende Regelungen annähernd den gleichen Anforderungen an die verfassungsrechtliche Rechtfertigung zu genügen haben wie eingreifende Vorschriften[134]. Größtenteils wird eine derart weitreichende Bindung des ausgestaltenden Gesetzgebers jedoch abgelehnt und ihm stattdessen ein größerer Spielraum

---

129 Vgl. paradigmatisch für eine Fülle derart pauschaler Hinweise und unpräziser Bemerkungen *Herdegen* (Fn. 90), Rn. 41; *Sachs* (Fn. 88), Rn. 131; *Dieter Lorenz*: Die verfassungsrechtlichen Vorgaben des Art. 19 Abs. 4 GG für das Verwaltungsprozeßrecht, in: Erichsen, Hans-Uwe; Hoppe, Werner; Mutius, Albert von (Hrsg.): System des verwaltungsgerichtlichen Rechtsschutzes. Festschrift für Christian-Friedrich Menger zum 70. Geburtstag, 1985, 143, 145. Auch in der Rechtsprechung (sogleich Fn. 130ff. sowie infra Teil 2, A.II.2.) finden sich eine Reihe unpräziser Umschreibungen, s. etwa BVerfGE 20, 312 (319); 24, 367 (389f.); 50, 290 (339); 53, 257 (290ff.).

130 BVerfGE 92, 26 (41); ähnlich BVerfGE 101, 106 (123); 118, 168 (207).

131 *Helge Sodan*, in: Sodan, Helge (Hrsg.): Grundgesetz. Kompakt-Kommentar, 3. Aufl. 2015, Art. 9 Rn. 8 m.V.a. BVerfGE 50, 290 (354f.).

132 *Horst Dreier*, in: Dreier, Horst (Hrsg.): Grundgesetz, Kommentar, Band 1, 3. Aufl. 2013, Art. 1 III Rn. 58; *Gellermann* (Fn. 4), 97; s. auch BVerfGE 14, 263 (278); 101, 239 (259); 74, 203 (214) – st. Rspr.

133 Verweise auf die grundlegende Bedeutung des Grundrechts sind sehr häufig in Entscheidungen zu Art. 14 GG zu finden, vgl. bspw. BVerfGE 21, 73 (82); 31, 270 (273); 67, 329 (340); 91, 346 (360); 97, 1 (7); 99, 341 (352); 105, 313 (355); 112, 332 (348); ähnlich BVerfGE 36, 281 (290); 83, 201 (208).

134 *Ipsen* (Fn. 64), Rn. 171ff.; *Jörn Ipsen*: Grundzüge einer Grundrechtsdogmatik, Der Staat 52 (2013), 266, 284, der neben dem klassischen Verhältnismäßigkeitsgrundsatz auch die Wesensgehaltsgarantie (Art. 19 Abs. 2 GG) und möglicherweise – in diese Richtung können seine Ausführungen jedenfalls *auch* interpretiert werden – das Einzelfallverbot und das Zitiergebot (Art. 19 Abs. 1 GG) anwendet. Ausführlich zu dieser Unteransicht infra Teil 4, C.III.2.a. Allgemein kritisch zur Grundrechtsdogmatik Ipsens *Robert Alexy*: Jörn Ipsens Konstruktion der Grundrechte, Der Staat 52 (2013), 87ff., insbes. 97; erwidernd *Ipsen* (Fn. 134), 279ff.

zuerkannt, dessen Grenzen allerdings (noch) nicht allgemeingültig konkretisiert und demzufolge auch nicht konsentiert sind[135].

(2) Modifizierte Verhältnismäßigkeitsprüfung?

Ganz überwiegend wird jedoch angenommen, dass (auch) der ausgestaltende Gesetzgeber an ein verfassungsrechtliches Postulat der „Verhältnismäßigkeit" gebunden ist[136]. Welche konkreten Prüferfordernisse sich hinter diesem Begriffschamäleon[137] verbergen, ist indes höchst ungewiss[138]. Einige Autoren plädieren für die Anwendung des klassischen, aus der Eingriffsdogmatik bekannten Verhältnismäßigkeitsgrundsatzes mit seinen Teilelementen der Eignung, Erforderlichkeit und Angemessenheit[139]. Andere dagegen wollen ausgestaltende Regelungen einer „weniger intensiven" Verhältnismäßigkeitsprüfung unterziehen als eingreifende Vorschriften[140]. Worin genau die Abschwächung besteht,

---

135 Supra soeben Teil 2, A.II.1.b.bb. m.N.

136 Pauschal statt vieler *Herdegen* (Fn. 90), Rn. 41; *Brosius-Gersdorf* (Fn. 48), Rn. 74.

137 *Gellermann* (Fn. 4), 332 m.N.

138 Zum Ganzen *Gellermann* (Fn. 4), 334. Exemplarischen Beleg für die Unklarheiten bezüglich des konkreten Prüfungsumfangs und -ablaufs bieten die Ausführungen von *Michael/Morlok* (Fn. 60), Rn. 44, die fordern, die grundrechtsförderlichen Aspekte von Ausgestaltungen „auf der Ebene der Rechtfertigung im Rahmen der Verhältnismäßigkeit zu berücksichtigen."

139 *Ipsen* (Fn. 64), Rn. 182ff.; *Bumke* (Fn. 4), 50ff. unter ausdrücklicher Aufgabe seiner noch anders lautenden Auffassung in *Bumke* (Fn. 90), 97f.; *Gunther Schwerdtfeger*: Die dogmatische Struktur der Eigentumsgarantie, 1983, 19; *Wieland* (Fn. 39), Rn. 144f.; *Hans D. Jarass*, in: Jarass, Hans D.; Pieroth, Bodo: Grundgesetz für die Bundesrepublik Deutschland, Kommentar, 14. Aufl. 2016, Art. 14 Rn. 36ff.; *Hans D. Jarass*, in: Jarass, Hans D.; Pieroth, Bodo: Grundgesetz für die Bundesrepublik Deutschland, Kommentar, 14. Aufl. 2016, Art. 9 Rn. 48; *Depenheuer* (Fn. 39), Rn. 226; *Georg Nolte; Helmut Philipp Aust*, in: Mangoldt, Hermann von; Klein, Friedrich; Starck, Christian: Kommentar zum Grundgesetz, Band 3, 7. Aufl. 2018, Art. 103 Abs. 1 Rn. 9 m.w.N.; nicht ohne Bedenken *Hubertus Gersdorf*: Anreizregulierung zu Lasten Dritter? (Verfassungs-)Rechtliche Bewertung einer anreizorientierten Regulierung des privaten Rundfunks zu Lasten der Kabelnetzbetreiber, MMR-Beilage 6/2012, 1, 8 und *Helmuth Schulze-Fielitz*, in: Dreier, Horst (Hrsg.): Grundgesetz, Kommentar, Band 1, 3. Aufl. 2013, Art. 19 IV Rn. 140 m.w.N.; noch vorsichtiger *Thorsten Kingreen*: Die verfassungsrechtliche Stellung der nichtehelichen Lebensgemeinschaft im Spannungsfeld zwischen Freiheits- und Gleichheitsrechten, 1995, 240, 243; unklar *Butzer* (Fn. 90), 380f. Explizit gegen die klassische Verhältnismäßigkeitsprüfung *Lenz* (Fn. 30), 141f., 145; *Steinbeiß-Winkelmann* (Fn. 92), 611f., 641; *Gellermann* (Fn. 4), 336f., 339f.

140 Statt vieler *Ruffert* (Fn. 4), 117f., 314; unklar *Josef Isensee*: Grundrechtsvoraussetzungen und Verfassungserwartungen an die Grundrechtsausübung, in: Isensee, Josef;

bleibt allerdings im Dunkeln[141]. Während manche nur auf das Teilelement der Erforderlichkeit verzichten wollen[142], reduzieren andere die Verhältnismäßigkeitsprüfung auf die Erörterung der Angemessenheit[143]. Gelegentlich werden neben dem Teilelement der Geeignetheit die Gesichtspunkte der *Sachgerechtigkeit* der Regelung sowie ihrer *Zumutbarkeit* für die nachteilig betroffenen Personen[144] oder aber die *Funktionstüchtigkeit* der Grundrechte im gesellschaftlichen Leben[145] geprüft, wobei unklar bleibt, ob diese Aspekte integrale Bestandteile der Geeignetheits-, Erforderlichkeits- oder Angemessenheitskontrolle oder aber eigenständige Prüfungspunkte sind[146]. Eine Reihe von Autoren propagiert schließlich die Einhaltung eines sogenannten Untermaßverbots[147].

Kirchhof, Paul (Hrsg.): Handbuch des Staatsrechts der Bundesrepublik Deutschland, Band IX, 3. Aufl. 2011, § 190 Rn. 64, der bloß pauschal von einer Änderung der Funktion des Übermaßverbotes spricht.

141 S. etwa die vagen Ausführungen von *Holoubek* (Fn. 82), 77; *Ruffert* (Fn. 4), 117f., 314; *Michael/Morlok* (Fn. 60), Rn. 44, 970 oder *Kingreen* (Fn. 139), 240, 243. Zum Ganzen auch *Cornils* (Fn. 3), 652 m.N.

142 Beispielsweise *Wendt* (Fn. 40), Rn. 57; *Bumke* (Fn. 90), 97f.; *Hubertus Gersdorf*: Grundzüge des Rundfunkrechts. Nationaler und europäischer Rechtsrahmen, 2003, Rn. 80; *Lerche* (Fn. 93), Rn. 10 i.V.m. Rn. 18; *Lerche* (Fn. 22), 107ff. i.V.m. 140ff.

143 *Gellermann* (Fn. 4), 350ff., insbes. 360ff., 363; *Degenhart* (Fn. 93), Rn. 51ff.; unklar *Dieter Medicus*: Der Grundsatz der Verhältnismäßigkeit im Privatrecht, AcP 192 (1992), 35ff., 53, der auch von Untermaßverbot spricht. Innerhalb dieser Ansicht ist umstritten, ob jenes Angemessenheitspostulat in der Sache nichts anderes ist als die Prüfung des dritten Teilelements des klassischen Verhältnismäßigkeitsgrundsatzes (Verhältnismäßigkeit im engeren Sinne), dafür bspw. *Gellermann* (Fn. 4), 362; dagegen *Ernst-Wolfgang Böckenförde*: Grundrechte als Grundsatznormen. Zur gegenwärtigen Lage der Grundrechtsdogmatik, Der Staat 29 (1990), 1, 20; ihm folgend *Fritz Ossenbühl*: Abwägung im Verfassungsrecht, in: Erbguth, Wilfried; Oebbecke, Janbernd; Rengeling, Hans-Werner; Schulte, Martin (Hrsg.): Abwägung im Recht. Symposium und Verabschiedung von Werner Hoppe am 30. Juni 1995 in Münster aus Anlaß seiner Emeritierung, 1996, 25, 29f. Zum Ganzen nochmals infra Teil 4, C.III.2.b.aa.(1)(c).

144 *Jarass* (Fn. 90), Rn. 34a unter Verweis auf BVerfGE 77, 275 (284); 121, 30, (62f.); *Jarass* (Fn. 115), Rn. 59; *Mager* (Fn. 30), 192, 433f.

145 *Isensee* (Fn. 140), Rn. 170.

146 Die Aspekte der Sachgerechtigkeit und Zumutbarkeit betrachtet bspw. *Gellermann* (Fn. 4), 357, 362 als Teil der Angemessenheitskontrolle.

147 *Arno Scherzberg*: Grundrechtsschutz und „Eingriffsintensität". Das Ausmaß individueller Grundrechtsbetroffenheit als materiellrechtliche und kompetenzielle Determinante der verfassungsgerichtlichen Kontrolle der Fachgerichtsbarkeit im Rahmen der Urteilsverfassungsbeschwerde, 1989, 208f.; *Dirk Ehlers*: Eigentumsschutz, Sozialbindung und Enteignung bei der Nutzung von Boden und Umwelt, VVDStRL 51

(3) Sonstige (aus der Eingriffsdogmatik bekannte) Bindungspostulate?

Die Frage nach sonstigen Rechtfertigungsanforderungen wird längst nicht von allen Vertretern der Exklusivitätsthese thematisiert[148]. Diejenigen, die diese Frage überhaupt aufwerfen, betrachten zum einen – soweit ersichtlich – ausschließlich Bindungspostulate, die aus der Eingriffsdogmatik bekannt sind, kreiieren also keine völlig neuen Anforderungen. Zum anderen behandeln sie neben dem Verhältnismäßigkeitsgrundsatz in der Regel nur ein einzelnes weiteres Bindungspostulat[149], teilweise auch lediglich als Randnotiz[150]. Umfangreichere Überlegungen zu einer ganzen Reihe von Rechtfertigungsanforderungen sind daher selten, finden sich aber beispielsweise bei *Ipsen*[151], *Bumke*[152] und vor allem in der Monographie von *Gellermann*[153]. Der Blick in die Ausführungen dieser wie auch jener Autoren, die lediglich einzelne Bindungsvorgaben besprechen, offenbart, dass jedenfalls die Anwendbarkeit der – soweit vorhanden – Gesetzesvorbehalte und der Wesensgehaltsgarantie (Art. 19 Abs. 2 GG) sowie des Einzelfallverbots und des Zitiergebots (Art. 19 Abs. 1 GG) nicht konsentiert zu sein scheint[154]. Die Frage, welchen Rechtfertigungsanforderungen normprägende Vorschriften

---

(1992), 211, 216; *Dietmar Mampel*: Art. 14 GG fordert sein Recht. Aufbruch zu einem verfassungsdirigierten öffentlichen Baurecht, NJW 1999, 975, 979; *Ibler* (Fn. 122), Rn. 21; *Lenz* (Fn. 30), 143; *Medicus* (Fn. 143), 53.

148 S. etwa *Lenz* (Fn. 30), 141ff. und *Degenhart* (Fn. 93), Rn. 49ff., deren Ausführungen sich auf die Frage der Anwendbarkeit des (modifizierten) Verhältnismäßigkeitsgrundsatzes beschränken. Ebenso *Jarass* (Fn. 90), Rn. 34f.; *Morgenthaler* (Fn. 14), 244ff.; *Böckenförde* (Fn. 143), 1ff.; *Kingreen* (Fn. 139), 1ff.; *Butzer* (Fn. 90), 380f.

149 Bspw. die Wesensgehaltsgarantie, Art. 19 Abs. 2 GG (*Ruffert* (Fn. 4), 107ff.; *Rudolf Wendt*: Eigentum und Gesetzgebung, 1985, 277ff.; *Scherzberg* (Fn. 147), 209ff.), den (soweit vorhanden) Gesetzesvorbehalt (*Steinbeiß-Winkelmann* (Fn. 92), 638ff.) oder den Bestimmtheitsgrundsatz (*Gersdorf* (Fn. 142), Rn. 80).

150 So etwa *Ruffert* (Fn. 4), 107ff., der die Frage der Anwendbarkeit der Wesensgehaltsgarantie in wenigen Sätzen abhandelt.

151 *Ipsen* stellt die Frage nach der Anwendbarkeit der Gesetzesvorbehalte sowie des Art. 19 Abs. 1 und 2 GG (*Ipsen* (Fn. 64), Rn. 171ff., 196ff., 219).

152 *Bumke* thematisiert die Geltung der Gesetzesvorbehalte sowie des Art. 19 Abs. 1 GG (*Bumke* (Fn. 4), 49f.).

153 Er befasst sich mit der Frage der Geltung der Gesetzesvorbehalte, des Art. 19 Abs. 1 und 2 GG, des Rückwirkungsverbots/Vertrauensschutzes sowie des Bestimmtheitsgrundsatzes (*Gellermann* (Fn. 4), 292ff., 297ff., 301ff., 307ff., 403ff.).

154 Für eine Anwendung der Gesetzesvorbehalte *Ipsen* (Fn. 64), Rn. 172ff.; dagegen: *Gellermann* (Fn. 4), 297ff.; *Bumke* (Fn. 4), 49; *Bumke* (Fn. 90), 180ff.; *Steinbeiß-Winkelmann* (Fn. 92), 638ff., insbes. 642; für eine Anwendung des Art. 19 Abs. 2 GG *Ipsen* (Fn. 64), Rn. 219; *Ruffert* (Fn. 4), 107ff.; *Scherzberg* (Fn. 147), 209ff.; dagegen

neben dem (modifizierten) Verhältnismäßigkeitsgrundsatz zu genügen haben, muss daher als weitgehend ungeklärt gelten.

cc. Zwischenergebnis

Die Vertreter der Exklusivitätsthese gehen nicht soweit, ein völlig neues System zur Überprüfung der Verfassungsmäßigkeit ausgestaltender und damit auch normprägender gesetzgeberischer Regelungen zu entwickeln. Vielmehr modifizieren sie das aus der Eingriffsdogmatik bekannte dreigliedrige Schema, indem sie zunächst an die Stelle des Eingriffs auf der zweiten Stufe der Grundrechtsprüfung die Ausgestaltung[155] treten lassen, die auf der dritten Stufe – so jedenfalls die ganz überwiegende Meinung – zudem weniger strenge Anforderungen an die verfassungsrechtliche Rechtfertigung stellen soll[156] als der Eingriff[157]. Die erste Stufe der Grundrechtsprüfung, der Schutzbereich, wird beibehalten[158]. Ausgestaltungen werden also verbreitet anhand des groben Rasters „Schutzbereich-*Ausgestaltung*-Verfassungsrechtliche Rechtfertigung *in modifizierter Form*" überprüft[159]. Die Frage nach der Reichweite der Bindung des Gesetzgebers

---

Gellermann (Fn. 4), 292ff.; *Wendt* (Fn. 149), 277ff.; *Schwerdtfeger* (Fn. 139), 20; gegen die Anwendung des Einzelfallverbots und des Zitiergebots *Gellermann* (Fn. 4), 301ff.; *Bumke* (Fn. 4), 50; *Lerche* (Fn. 93), Rn. 34, 43; wohl auch *Ipsen* (Fn. 64), Rn. 196ff. i.V.m. Rn. 162ff.; *Höfling* (Fn. 48), 43; unklar dagegen *Schwerdtfeger* (Fn. 139), 20.

155 Supra Teil 2, A.II.1.b.aa.

156 Supra Teil 2, A.II.1.b.bb.

157 Deutlich in diese Richtung *Holoubek* (Fn. 82), 73, 77; weniger klar *Ipsen* (Fn. 64), Rn. 118ff., der zwar auch eine dreistufige Grundrechtsprüfung vornimmt und auf der zweiten Stufe die Ausgestaltung (als einen von vier Unterfällen eines weit verstandenen Begriffs der *Einwirkung*, Rn. 162ff.) verortet, diese auf der dritten Stufe dann allerdings nahezu sämtlichen Anforderungen unterwirft, denen auch Eingriffe zu genügen haben. Ausführlich infra Teil 4, C.III.2.a.

158 Die Frage, ob die Figur des Schutzbereichs bei normgeprägten Grundrechten überhaupt einsetzbar ist, wird häufig gar nicht thematisiert. Anders bspw. aber *Jarass* (Fn. 49), 359f., der dies letztlich bejaht und dem hier gefolgt werden soll. Gelegentlich werden andere Begrifflichkeiten verwendet, wie etwa jener der Tatbestandsebene (*Ipsen* (Fn. 64), Rn. 118ff., 130; *Ipsen* (Fn. 134), 267, 279ff., dagegen *Alexy* (Fn. 134), 88f.) oder der des Gewährleistungsbereichs (dazu schon supra Teil 1, A. Fn. 21).

159 Bemerkenswert ist in diesem Zusammenhang, dass jene Folgen der Unterscheidung von Ausgestaltung und Eingriff für das grundrechtliche Prüfungsschema – ganz anders als die Unterscheidung selbst – kaum ausdrücklich angesprochen, sondern die entsprechenden Modifikationen zumeist stillschweigend vorgenommen werden. Deutlich zeigt sich dieses Phänomen bspw. in der Arbeit von *Gellermann* (Fn. 4), der zunächst den Unterschied zwischen Ausgestaltung und Eingriff (S. 57ff., 81ff., 269ff.)

stellen die Vertreter der Exklusivitätsthese dabei ebenso auf der letzten der drei genannten Stufen wie die Verfechter der abwehrrechtlichen Modelle[160]. Hier wie dort wird sie nicht einhellig beantwortet[161]. Auch innerhalb der Exklusivitätsthese finden sich vereinzelt Stimmen, die vorschlagen, ausgestaltende Regelungen an nahezu den gleichen (strengen) Kautelen zu messen wie Eingriffe[162] und sich damit den abwehrrechtlichen Lösungsansätzen nähern. Der überwiegende Teil der Vertreter der Exklusivitätsthese gelangt dagegen zu einer gesetzgeberischen Bindung an und durch die normgeprägten Grundrechte, die eine geringere Reichweite aufweist und damit der Legislative größere Spielräume belässt als die sachgeprägten Grundrechte. Erzielt wird dieses Ergebnis insbesondere durch den verbreiteten Vorschlag, den Verhältnismäßigkeitsmaßstab abzuschwächen sowie durch die gelegentliche (ergänzende) Anregung, den Großteil oder zumindest einige der sonstigen aus der Eingriffsdogmatik bekannten Bindungspostulate unangewendet zu lassen. Nicht konsentiert ist jedoch, ob und falls ja auf welche(s) Teilelement(e) des Verhältnismäßigkeitsgrundsatzes sich die Prüfung beschränken soll, welche sonstigen Bindungspostulate konkret entfallen und ob an die Stelle der weggefallenen Elemente gegebenfalls neue Kriterien treten[163]. Alles in allem ist daher weitgehend undeutlich, worin sich die Relativierung des anzulegenden Maßstabs im Einzelnen zeigt.

2. Ambivalente Rechtsprechung des Bundesverfassungsgerichts

Das Bundesverfassungsgericht scheint sich weder stringent für den einen noch für den anderen im Schrifttum vorgeschlagenen oder gar für einen eigen(ständig)en Lösungsweg entschieden zu haben[164].

In einigen Entscheidungen betont es zunächst ausdrücklich die Ausgestaltungsbedürftigkeit des jeweiligen normgeprägten Grundrechts und prüft sodann,

---

klar postuliert. In einem zweiten Schritt bestimmt er ebenso dezidiert die unterschiedliche gesetzgeberische Bindung (S. 288ff.). Was gänzlich fehlt, ist der ausdrückliche Hinweis, dass die Frage der Unterscheidung zwischen Ausgestaltung und Eingriff auf der zweiten Stufe des grundrechtlichen Prüfungsschemas relevant wird und die der unterschiedlichen gesetzgeberischen Bindung auf der dritten Stufe. Sprachlich deutlicher insofern die beiden soeben in Fn. 157 genannten Autoren.

160 Supra Teil 2, A.II.1.a.aa.

161 Zu den unterschiedlichen Ansichten innerhalb der abwehrrechtlichen Modelle supra Teil 2, A.II.1.a. aa.

162 Supra Teil 2, A.II.1.b.bb(1). Ausführlich infra Teil 4, C.III.2.a.,c.

163 Zum Ganzen supra Teil 2, A.II.1.b.bb (2) und (3).

164 S. schon supra Teil 2, A.II. m.N. in Fn. 52f.

ob die in Rede stehenden ausgestaltenden Regelungen den *objektiv-rechtlichen* Vorgaben dieser Grundrechte genügen; *abwehrrechtliche* Gesichtspunkte werden dagegen überhaupt nicht thematisiert, insbesondere wird in keiner Weise eine Eingriffsprüfung vorgenommen. So verfährt das Bundesverfassungsgericht beispielsweise im Rahmen der Prüfung des § 1357 Abs. 1 BGB[165] am Maßstab der Ehefreiheit, sowie in einer Entscheidung zur Vertragsfreiheit und Eigentumsgarantie hinsichtlich der gesetzgeberischen Pflicht, eine angemessene Beteiligung von Versicherten einer kapitalbildenden Lebensversicherung mit Überschussbeteiligung an den durch die Prämienzahlung geschaffenen Vermögenswerten sicherzustellen[166]. Gelegentlich wird sogar darauf hingewiesen, eine ausgestaltende gesetzgeberische Tätigkeit sei nicht geeignet, in das Grundrecht einzugreifen, so beispielsweise die einfachrechtliche Bestimmung unzulässiger Tätigkeiten der Koalitionen im Bereich des Personalvertretungswesens oder eine Vorschrift, die die Voraussetzungen der erlaubnisfreien Wiedergabe urheberrechtlich geschützter Werke in der Öffentlichkeit regelt[167]. All dies lässt auf ein Verständnis der Ausgestaltung als etwas vom Eingriff zu Unterscheidendes schließen.

In anderen Entscheidungen stellt das Bundesverfassungsgericht zunächst ebenfalls die Ausgestaltungsbedürftigkeit der normgeprägten Grundrechte fest und prüft die in Rede stehenden einfachrechtlichen Vorschriften formal als Ausgestaltungsgesetze. Allerdings wertet es sie zugleich entweder ausdrücklich als Eingriff[168] oder jedenfalls als „beeinträchtigende“ oder „beschränkende“ Regelungen[169], was ebenso auf eine Eingriffsprüfung und damit auf

---

165 Danach ist jeder Ehegatte berechtigt, Geschäfte zur angemessenen Deckung des Lebensbedarfs der Familie mit Wirkung auch für den anderen Ehegatten zu besorgen, wobei durch solche Geschäfte grundsätzlich beide Ehegatten berechtigt und verpflichtet werden.

166 BVerfGE 81, 1 (6ff.) (Ehe); 114, 73 (89f., 97ff.) (Vertrag und Eigentum); desweiteren BVerfGE 103, 89 (101) (Ehe); 40, 356 (360f.); 40, 237 (252f.); 89, 28 (35f.); 119, 292 (296) (rechtliches Gehör); 50, 290 (354f.) (Vereinigung); 14, 263 (277f.); 58, 300 (330ff.) (Eigentum); 40, 272 (274) (Rechtsschutz).

167 BVerfGE 19, 303 (321) (Koalition); 49, 382 (393) (Eigentum); implizit auch BVerfGE 88, 103 (115ff.) (Koalition); vgl. weiter BVerfGE 21, 92 (93); 24, 367 (396) (Eigentum).

168 BVerfGE 31, 58 (67ff.) (Ehe); 84, 372 (378ff.) (Vereinigung); 50, 290 (368f.); 94, 268 (282ff.) (Koalition); 77, 263 (272); 83, 201 (212f.); 122, 151 (180ff.) (Eigentum); 40, 237 (251) (Rechtsschutz).

169 Vgl. bspw. BVerfGE 105, 313 (346) (Ehe); 92, 26 (38ff.) (Vereinigung); 84, 212 (228); 92, 365 (393ff.) (Koalition); 31, 229 (241) (Eigentum); 40, 237 (256); 88, 118 (123f.); 101, 106 (123ff.) (Rechtsschutz); 114, 1, 34f. (Vertrag).

ein abwehrrechtliches Verständnis der Ausgestaltung hindeutet wie die sich anschließende Anwendung des Verhältnismäßigkeitsgrundsatzes[170]. So verfährt das Bundesverfassungsgericht etwa im Rahmen der Prüfung der Auferlegung von Wartezeiten für den Nachzug eines ausländischen Ehegatten am Maßstab der Ehefreiheit[171] und ähnlich bei der Prüfung der Frage, ob und in welchem Umfang sich politische Parteien an privaten Rundfunkunternehmen beteiligen dürfen[172]. Denkbar ist bei dieser Art von Entscheidungen aber gleichermaßen, dass das Bundesverfassungsgericht bloß auf die aus der Eingriffsprüfung vertraute Sprache zurückgreift, ohne damit zugleich aber auch deren Inhalte zu übernehmen, beispielsweise um die auch bei Ausgestaltungen bestehende Bindung des Gesetzgebers hervorzuheben[173].

Eine dritte Art von Urteilen und Beschlüssen trägt Elemente aus den Entscheidungen der erst- wie auch der zweitgenannten Art in sich. Das Bundesverfassungsgericht spricht hier weder von Eingriffen noch von beeinträchtigenden oder beschränkenden Regelungen, sondern von Ausgestaltungen und misst diese formal ausschließlich an den objektiv-rechtlichen Vorgaben der normgeprägten Grundrechte. Im Unterschied zu den Urteilen und Beschlüssen der ersten Art geht das Bundesverfassungsgericht innerhalb der Prüfung der objektiv-rechtlichen Gesichtspunkte aber auch auf Maßgaben ein, die aus der Eingriffsdogmatik bekannt sind, wie etwa der Grundsatz der Verhältnismäßigkeit[174] oder das Bestimmtheitsgebot[175]. Dies lässt wiederum, ähnlich wie in den Entscheidungen der zweiten Art, auf ein abwehrrechtliches Verständnis der Ausgestaltung schließen. Ein deutliches Beispiel für diese Art von Entscheidungen ist ein Beschluß, in dem die gesetzlich angeordnete Pflichtmitgliedschaft einer Genossenschaftsbank in einem – privatrechtlichen – genossenschaftlichen Prüfungsverband (vgl.

---

170 BVerfGE 31, 58 (70) (Ehe); 94, 268 (284) (Koalition); 83, 201 (212); 89, 1 (8); 122, 151 (182ff.) (Eigentum); 88, 118 (124); 101, 106 (124, 127ff.) (Rechtsschutz); 60, 329 (339ff.) (Vertrag).

171 BVerfGE 76, 1 (49, 70) (Ehe).

172 BVerfGE 121, 30 (50ff., 63f.); weitere Beispiele supra Fn. 168-170.

173 Vgl. *Cornils* (Fn. 3), 456.

174 BVerfGE 67, 329 (340); 99, 341 (351f.) (Erbrecht); 88, 118 (123ff.); 101, 106 (123ff.); 101, 397 (408); 116, 135 (150, 155) (Rechtsschutz); 50, 290 (341); (Eigentum). Gelegentlich wird auch die praktische Konkordanz als „abwägende Verhältnismäßigkeitsprüfung in mehrpoligen Rechtsverhältnissen" verlangt (BVerfGE 116, 1 (21); 115, 225 (233); ähnlich *Bumke* (Fn. 4), 54 m.w.N.

175 BVerfGE 95, 322 (327ff.) (gesetzlicher Richter); 114, 73 (89f.) (Eigentum).

§ 54 GenG[176]) zunächst ausdrücklich als Ausgestaltung der Vereinigungsfreiheit qualifiziert, dann aber wie ein Eingriff am Verhältnismäßigkeitsgrundsatz gemessen wird[177]. In anderen Entscheidungen dieser (dritten) Art thematisiert das Bundesverfassungsgericht dagegen lediglich bestimmte Unterprinzipien des Verhältnismäßigkeitsgrundsatzes[178], modifiziert also dessen Anwendung, was wiederum auf die Entwicklung einer gesonderten (Ausgestaltungs)Dogmatik hindeutet. Für letztere Annahme könnte zudem der Umstand sprechen, dass das Bundesverfassungsgericht regelmäßig den weiten Spielraum des die normgeprägten Grundrechte ausgestaltenden Gesetzgebers hervorhebt[179]. Allerdings qualifiziert es in einigen dieser Entscheidungen die in Rede stehende Regelung nicht als ausgestaltend, sondern als eingreifend[180], was erneut auf ein (eingriffs) abwehrrechtliches Verständnis schließen lässt.

Namentlich im Bereich der Koalitionsfreiheit zeigt sich vor allem in Entscheidungen ab etwa Mitte der 1990er Jahre eine vierte Art des Umgangs mit dem Phänomen der Ausgestaltung. Diese wird entweder gar nicht mehr[181] oder zumindest nur noch am Rande[182] erwähnt. Damit weicht das Bundesverfassungsgericht von älteren Entscheidungen ab, in denen es die Ausgestaltungbedürftigkeit der Koalitionsfreiheit ausdrücklich betont. Im Mitbestimmungsurteil heißt es sogar: „Mehr noch als die [...] Vereinigungsfreiheit bedarf die Koalitionsfreiheit von vornherein der gesetzlichen Ausgestaltung."[183]

176 Gesetz betreffend die Erwerbs- und Wirtschaftsgenossenschaften (Genossenschaftsgesetz – GenG) vom 1. Mai 1889 (RGBl. S. 55) in der Fassung der Bekanntmachung vom 16. Oktober 2006 (BGBl. I S. 2230), zuletzt geändert durch Art. 8 des Gesetzes vom 17. Juli 2017 (BGBl. I S. 2541).

177 BVerfG (K) NJW 2001, 2617 (2617ff.).

178 In BVerfGE 92, 365 (394) (Koalition) wird bspw. nur die Geeignetheit thematisiert. In BVerfGE 60, 253 (269) und 77, 275 (284) (Rechtsschutz) wird auf die Prüfung des Merkmals der Erforderlichkeit verzichtet, dafür aber die Zumutbarkeit der Regelung gefordert. In BVerfGE 89, 1 (5, 8ff.) (Eigentum) schließlich führt das Bundesverfassungsgericht ausschließlich eine Angemessenheitsprüfung durch.

179 BVerfGE 31, 58 (70); 36, 146 (162); 53, 224 (245); 105, 313 (345) (Ehe); 97, 1 (7) (Erbrecht); 90, 226 (236); 122, 151 (182) (Eigentum); 101, 106 (123); 118, 168 (207) (Rechtsschutz); 107, 395 (411f.) (rechtliches Gehör); 20, 312 (317); 50, 290 (369); 92, 365 (394); ähnlich 4, 96, 107f. (Koalition).

180 Beispielsweise BVerfGE 31, 58 (68, 70); 36, 146 (167) (Ehe); 50, 290 (369); 92, 365 (403ff.) (Koalition); 122, 151 (182) (Eigentum).

181 BVerfGE 100, 214 (223f.); 100, 271 (282ff.); 103, 293 (305ff.).

182 BVerfGE 92, 26 (41).

183 BVerfGE 50, 290 (368).

3. *Zusammenfassung*

Normgeprägte Grundrechte fordern den Gesetzgeber auf, die Voraussetzungen für die Wahrnehmung der in ihnen verbürgten Freiheiten (beispielsweise Vertrags-, Ehe-, Vereinigungs- und Koalitionsfreiheit, Eigentums- und Erbrechtsgarantie) bzw. für die Inanspruchnahme der in ihnen garantierten Leistungen (Rechtsschutzgarantie, gesetzlicher Richter und rechtliches Gehör) zu schaffen[184]. Sie sind damit in spezifischer Weise abhängig vom einfachen Recht[185]. Die Frage, ob diese Gesetzesabhängigkeit dazu führt, dass die normgeprägten Grundrechte die Legislative im Vergleich zu den sachgeprägten Grundrechten weniger weitreichend binden, wird im verfassungsrechtlichen Schrifttum nicht einhellig beantwortet. Während die Vertreter der Exklusivitätsthese eher für breitere Rechtsetzungsfreiräume und damit ein größeres Maß an Flexibilität zu plädieren scheinen[186], sehen die Anhänger der abwehrrechtlichen Modelle prinzipiell wohl keinen Grund, die normgeprägten Grundrechte gegenüber den sachgeprägten zu privilegieren[187]. Beiden Strömungen gelingt es jedoch nicht, die aus ihrer Sicht jeweils bedeutsamen Einzelheiten der Bindung des Gesetzgebers eindeutig festzulegen und damit die Gegenansicht zu entkräften, geschweige denn zu widerlegen.

---

184 Vgl. für die Vertragsfreiheit exemplarisch *Cornils* (Fn. 3), 246; für die Ehefreiheit *Morgenthaler* (Fn. 14), 275; vgl. auch *Ipsen* (Fn. 48), Rn. 49; für die Vereinigungs- und Koalitionsfreiheit statt vieler *Merten* (Fn. 13), Rn. 18; für die Eigentums- und Erbrechtsgarantie bspw. *Sodan* (Fn. 40), Rn. 1 m.w.N.; für die Rechtsschutzgarantie und den gesetzlichen Richter *Kingreen/Poscher* (Fn. 39), Rn. 1158, 1220; für das rechtliche Gehör vgl. *Helge Sodan*, in: Sodan, Helge (Hrsg.): Grundgesetz. Kompakt-Kommentar, 3. Auf. 2015, Art. 103 Rn. 2. Zu den konkreten Inhalten der einzelnen Regelungsaufträge m.umfangr.N. infra Teil 4, A.II.

185 Dazu bereits ausführlich supra Teil 1, A. m.umfangr.N.

186 Das Postulat von einer tendenziell weniger weit greifenden Bindung des Gesetzgebers wurzelt in dem Gedanken, dass einfachrechtliche Regelungen im Bereich der normgeprägten Grundrechte prinzipiell nicht geeignet sind, in deren Schutzbereiche einzugreifen. Ausführlich dazu m.N. supra Teil 2, A.II.1.b.

187 Nach dieser Ansicht sind einfachrechtliche Regelungen im Bereich der normgeprägten Grundrechte ebenso wie solche im Bereich der sachgeprägten Gewährleistungen prinzipiell geeignet, in deren Schutzbereiche einzugreifen. Jene Annahme legt den Schluss nahe, dass auch normprägende Gesetze sich an *sämtlichen* oder zumindest an den wesentlichen aus der Eingriffsdogmatik bekannten Rechtfertigungsanforderungen (dazu m.N. supra Teil 2, A.II.1.a.aa.) messen lassen müssen und infolgedessen der Gestaltungsfreiraum der Legislative ebenso eng ist wie bei den sachgeprägten Grundrechten.

Dieses Defizit zeigt sich beispielsweise deutlich in der Diskussion um die Anwendung des Verhältnismäßigkeitsgrundsatzes. Jene Rechtfertigungsanforderung wird auf beiden Seiten mit Abstand am häufigsten thematisiert. Die Anhänger der abwehrrechtlichen Modelle treten dabei ganz überwiegend dafür ein, das Prinzip uneingeschränkt anzuwenden, das heißt normprägende Gesetze werden auf ihre Geeignetheit, Erforderlichkeit und Angemessenheit im Hinblick auf das verfolgte Ziel überprüft. Sporadisch wird aber auch vorgeschlagen, diese klassische Verhältnismäßigkeitskontrolle in Ausnahmefällen entweder vollkommen durch die sogenannte Entsprechungsprüfung zu ersetzen oder zumindest die Prüfung des Teilelements der Angemessenheit zu modifizieren[188]. Mit dieser Abweichung von der herrschenden Meinung innerhalb der abwehrrechtlich orientierten Lösungsansätze geht zugleich eine Annäherung an die (gegnerische) Exklusivitätsthese einher, deren Anhänger sogar mehrheitlich für eine Modifikation der Verhältnismäßigkeitsprüfung plädieren. Uneinigkeit besteht jedoch im Hinblick auf die Frage, welche/s der Teilelemente wegfällt/wegfallen und/oder gegebenfalls durch ein neues Element zu ersetzen ist/sind. Die soeben erwähnte Entsprechungsprüfung wird im Rahmen der Exklusivitätsthese – soweit erkennbar – allerdings nicht diskutiert[189]. Stattdessen wird vereinzelt vorgeschlagen, normprägende Gesetze einer klassischen Verhältnismäßigkeitsprüfung zu unterziehen[190], was wiederum zu einer Annäherung an die (gegnerischen) abwehrrechtlich orientierten Vorschläge führt.

Die Unfähigkeit des gesamten verfassungsrechtlichen Schrifttums, die konkreten Einzelheiten der gesetzgeberischen Bindung an und durch die normgeprägten Grundrechte klar zu benennen und damit die Reichweite jener Bindung eindeutig festzulegen, zeigt sich zudem in den Ausführungen zu sonst möglichen Rechtfertigungsanforderungen, wie etwa den Gesetzesvorbehalten (soweit das jeweilige Grundrecht über einen solchen verfügt), der Wesensgehaltsgarantie, dem Einzelfallverbot, dem Zitiergebot sowie dem Bestimmtheitsgebot[191]. Hierzu finden sich in beiden Lagern nur vereinzelt Anmerkungen, die zudem häufig lediglich von überblicksartiger Natur sind. Die vorhandene Anzahl an Wortmeldungen lässt aber zumindest eine Art gegenläufige Tendenz der in den beiden Strömungen jeweils herrschenden Meinung erkennen: Die Gesamtschau der Äußerungen in diesem Bereich offenbart, dass die meisten Vertreter der

---

188 Zum Ganzen m.N. supra Teil 2, A.II.1.a.aa. (1), (2).

189 Supra Teil 2, A.II.1.b.bb.(2).

190 Supra Teil 2, A.II.1.b.bb.(1) mit Fn. 134 und (2) mit Fn. 139.

191 Zu diesen einzelnen Bindungspostulaten m.N. supra Teil 2, A.II.1.a.aa.

Exklusivitätsthese normprägende Gesetze wohl eher nicht an den genannten Rechtfertigungsanforderungen oder nur an einigen wenigen messen wollen, während die Anhänger der abwehrrechtlichen Lösung eben jene Bindungspostulate auch im Rahmen der normgeprägten Grundrechte wohl eher für anwendbar halten. Insgesamt betrachtet scheint sich die von den abwehrrechtlichen Modellen entworfene Bindung der Legislative an und durch die normgeprägten Grundrechte damit in ihrer Reichweite nicht oder nur unwesentlich von jener an die sachgeprägten Grundrechte zu unterscheiden. Weniger weitreichend scheint dagegen die von den Verfechtern der Exklusivitätsthese konstruierte Bindung[192]. Ob sich diese Annahme erhärten lässt, sollen die Untersuchungen im vierten Teil der vorliegenden Arbeit zeigen.

Die verfassungsgerichtliche Rechtsprechung ist aufgrund ihrer Ambivalenz nicht geeignet, die einzelnen Bindungsanforderungen zu präzisieren[193].

B. Abgrenzung von norm- und sachgeprägten Grundrechten

Die Frage nach einer im Vergleich zu den sachgeprägten Grundrechten andersartigen, möglicherweise weniger weitreichenden Bindung des Gesetzgebers an und durch die normgeprägten Grundrechte stellt sich grundsätzlich nur, wenn es sich bei dem in Rede stehenden Grundrecht auch tatsächlich um ein normgeprägtes handelt. Für die Beurteilung der Reichweite der Bindung des Gesetzgebers kommt es also maßgeblich auf die Zuordnung zu der einen oder aber der anderen Grundrechtsgruppe an[194]. Im verfassungsrechtlichen Schrifttum wird vorgeschlagen, die normgeprägten Grundrechte anhand des (Negativ)Kriteriums ‚Fehlen eines natürlichen Schutzgegenstands' zu identifizieren. Sachgeprägte Grundrechte schützten – so die einhellige Meinung – natürliche Fähigkeiten, Eigenschaften und Zustände, also solche, die dem Einzelnen qua seines Menschseins eigen sind und von ihm auch ohne die Existenz einer staatlichen Rechtsordnung ausgeübt werden können (etwa Sprechen, Sich Bewegen) bzw. existieren (Lebendigkeit, Gesundheit, Integrität der persönlichen Sphäre)[195]. Normgeprägten Grundrechten fehle eben jenes natürliche Substrat;

---

192 Zum Ganzen supra Teil 2, A.II.1.a.aa., bb. und b.bb., cc.

193 Ausführlich m.N. supra Teil 2, A.II.2.; nochmals infra Teil 4, D.

194 Supra Teil 2, A. mit Fn. 5.

195 Die Rede und damit auch die ausdrückliche Unterscheidung von norm- und sachgeprägten Grundrechten findet sich – soweit erkennbar – allein in der verfassungsrechtlichen Literatur. Aber auch das Bundesverfassungsgericht differenziert beide Grundrechtsgruppen, allerdings unter Verwendung anderer Begrifflichkeiten und eher implizit. Zum Ganzen m.N. supra Teil 1 mit Fn. 1, 8 und 46.

sie schützten Fähigkeiten und Zustände, die erst durch staatliche Begründung entstünden[196].

So einfach, wie diese Unterscheidung prima vista anmutet, ist sie bei näherem Hinsehen jedoch nicht. Ein Blick auf die ausgewählten Referenzgrundrechte – namentlich die Vertrags-, Rundfunk-, Ehe-, Familien-, Vereinigungs-, Koalitions-, Eigentums- und Erbfreiheit sowie die Prozessgrundrechte[197] – offenbart, dass mit Ausnahme der Rechtsschutzgarantie und der Garantie des gesetzlichen Richters[198] jedes dieser Grundrechte (auch) natürliche Elemente in sich trägt, etwa die Möglichkeit, beliebige Versprechen auszutauschen und Übereinkünfte zu treffen (Vertragsfreiheit), eine einseitige Willensäußerung auf den Todesfall zu tätigen (Erbfreiheit), sich mit mehreren Personen zusammenzuschließen (Vereinigungs- und Koalitionsfreiheit) oder die tatsächliche Herrschaft über Sachgüter auszuüben (Eigentumsfreiheit)[199]. Selbst *das* Paradebeispiel eines normgeprägten Grundrechts, Art. 14 Abs. 1 GG, ist damit nicht völlig frei von natürlichen Bestandteilen, wird ganz herrschend indes dennoch nicht als sach-, sondern als normgeprägt qualifiziert. Ebenso wird im Hinblick auf die Vertrags-, Ehe-, Vereinigungs- und Koalitionsfreiheit verfahren. Umstrittener ist die Einordnung der Rundfunkfreiheit und der grundrechtlichen Gewährleistung der Familie[200].

Dieser variantenreiche Befund wirft die Frage auf, ob das Kriterium ‚Fehlen eines natürlichen Schutzgegenstands' überhaupt geeignet ist und ausreicht, um ein Grundrecht zweifelsfrei als (ganz oder teilweise) normgeprägt qualifizieren und damit verlässlich von den sachgeprägten Grundrechten abgrenzen zu können. Dieser Frage soll im nun folgenden, dritten Teil nachgegangen werden.

196 Exemplarisch *Cremer* (Fn. 30), 89; s. auch schon supra Teil 1, A.I. m.N. sowie nochmals infra Teil 3, A.I.
197 Supra Teil 1, mit Fn. 9ff.
198 Infra Teil 3, D. m.w.V.
199 Ausführlich m.N. zu diesen und allen sonstigen Referenzgrundrechten infra Teil 3, D.
200 S. bereits die Nachweise zu den jeweiligen Grundrechten supra Teil 1, Fn. 9, 11ff. Ausführlich m.N. infra Teil 3, D.I.2.-4., II., III.

Teil 3: Identifizierung normgeprägter Grundrechte

Eine der beiden Kernfragen, die sich aus dem Problemfeld der normgeprägten Grundrechte extrahieren lässt, ist jene nach ihrer Identifizierung. Grundrechte, die nicht über einen natürlichen Schutzgegenstand verfügen, werden im verfassungsrechtlichen Schrifttum gemeinhin als spezifisch gesetzesabhängige, normgeprägte Gewährleistungen charakterisiert[1]. Grundrechte, die dagegen über ein solches natürliches Schutzgut verfügen, werden entweder als nicht gesetzesabhängige, sachgeprägte[2] (A.) oder aber als ebenfalls, aber andersartig gesetzesabhängige Grundrechte (B.) eingeordnet.

A. Unterscheidung von norm- und sachgeprägten Grundrechten

Basierend auf der heute weitgehend anerkannten[3] *Jellinek*`schen Gegenüberstellung von rechtlichem und natürlichem Können[4] wird vorgeschlagen, die Grundrechte in zwei Gruppen einzuteilen. Die erste Gruppe bilden all jene Gewährleistungen, die nachweislich nicht über ein natürliches Schutzgut verfügen. Sie werden als (spezifisch) gesetzesabhängig eingeordnet[5] und normgeprägt genannt (I.). Die zweite Gruppe bilden diejenigen Grundrechte, die einen natürlichen Schutzgegenstand aufweisen. Sie werden als nicht gesetzesabhängig qualifiziert und verbreitet als sachgeprägte Grundrechte bezeichnet (II.).

I. Normgeprägte Grundrechte

In der verfassungsrechtlichen Literatur wird konstatiert, die Schutzobjekte der normgeprägten Grundrechte entstammten – anders als jene der sachgeprägten

1 Dazu schon supra Teil 1, A.I. m.N.

2 Dazu bereits supra Teil 2, B. m.V.

3 *Matthias Cornils*: Die Ausgestaltung der Grundrechte. Untersuchungen zur Grundrechtsbindung des Ausgestaltungsgesetzgebers, 2005, 521, 523.

4 *Georg Jellinek*: System der subjektiv öffentlichen Rechte, 2. Neudruck der 2. Aufl. 1919, 1979, 46ff.; referierend *Wolfram Höfling*: Vertragsfreiheit. Eine grundrechtsdogmatische Studie, 1991, 24.

5 Kritisch zum „Dogma der Gesetzesabhängigkeit der rechtlichen Freiheit“ *Cornils* (Fn. 3), 521f.

Grundrechte – nicht der Tatsachenwelt und lägen dem Staat daher auch nicht von vornherein als etwas Natürliches voraus, sondern verdankten ihr Entstehen und ihr Ausmaß dem Wirken des einfachen Gesetzgebers[6]. Erst mit dessen Hilfe könnten diese Grundrechte praktisch wirksam und der einzelne Grundrechtsträger in die Lage versetzt werden, von ihnen Gebrauch zu machen[7]. Mit anderen Worten knüpfen die Tatbestände normgeprägter Grundrechte an Rechtsbegriffe an. Diese gibt es aber nicht im Naturzustand, sondern sie entspringen einem legislatorischen Kreationsakt[8]. Der Gesetzgeber fügt also „der Handlungsfähigkeit des Individuums etwas hinzu […], was es von Natur aus nicht besitzt“[9]. So besehen erweist sich die rechtlich bedingte Freiheit als durch Recht überhaupt erst erschlossene Freiheit und die Legislative in einer immer freiheitserweiternden Rolle[10].

---

6 Vgl. *Martin Gellermann*: Grundrechte in einfachgesetzlichem Gewande. Untersuchung zur normativen Ausgestaltung der Freiheitsrechte, 2000, 21f., 51 jeweils m.w.N.; *Sebastian Lenz*: Vorbehaltlose Freiheitsrechte. Stellung und Funktion vorbehaltloser Freiheitsrechte in der Verfassungsordnung, 2006, 99; in der Sache ebenso *Christian Bumke*: Ausgestaltung von Grundrechten. Grundlagen und Grundzüge einer Dogmatik der Grundrechtsausgestaltung unter besonderer Berücksichtigung der Vertragsfreiheit, 2009, 17, 41f.; *Gerd Morgenthaler*: Freiheit durch Gesetz. Der parlamentarische Gesetzgeber als Erstadressat der Freiheitsgrundrechte, 1999, 248; *Ralf Poscher*: Grundrechte als Abwehrrechte, 2003, 117; *Wolfram Cremer*: Freiheitsgrundrechte. Funktionen und Strukturen, 2003, 89.

7 Vgl. *Matthias Ruffert*: Vorrang der Verfassung und Eigenständigkeit des Privatrechts. Eine verfassungsrechtliche Untersuchung zur Privatrechtswirkung des Grundgesetzes, 2001, 106; *Josef Isensee*: Grundrechtsvoraussetzungen und Verfassungserwartungen an die Grundrechtsausübung, in: Isensee, Josef; Kirchhof, Paul (Hrsg.): Handbuch des Staatsrechts für die Bundesrepublik Deutschland, Band IX, 3. Aufl. 2011, § 190 Rn. 163; *Thorsten Kingreen; Ralf Poscher*: Grundrechte. Staatsrecht II, 33. Aufl. 2017, Rn. 266; *Ute Mager*: Einrichtungsgarantien. Entstehung, Wurzeln, Wandlungen und grundgesetzgemäße Neubestimmung einer dogmatischen Figur des Verfassungsrechts, 2003, 432. Weitere Nachweise zum Ganzen supra Teil 1, A.I.

8 Vgl. pointiert m.w.N. *Hubertus Gersdorf*: Rundfunkfreiheit ohne Ausgestaltungsvorbehalt. Verfassungs- und gemeinschaftsrechtliche Voraussetzungen für die Einführung neuer Kommunikationsdienste am Beispiel reiner Teleshoppingkanäle. Rechtsgutachten im Auftrag der Bayrischen Landeszentrale für neue Medien (BLM), 1996, 20.

9 In dieser Klarheit bereits *Jellinek* (Fn. 4), 47.

10 *Cornils* (Fn. 3), 519.

II. Sachgeprägte Grundrechte

Im Unterschied zu normgeprägten enthalten die sachgeprägten Grundrechte – so die verbreitete Annahme im Schrifttum – schon aus sich selbst heraus Schutzgegenstände. Diese müssen also nicht erst vom Gesetzgeber geformt werden, sondern er hat sie vorgefunden in der Lebenswirklichkeit, und zwar in den dem Menschen von Natur aus gegebenen, ihm als solchem eigenen und offenstehenden Verhaltensentscheidungsmöglichkeiten, die völlig unabhängig von staatlicher Aktivität wahrgenommen werden können[11]. Zu diesen nicht gesetzesabhängigen Grundrechten wird beispielsweise die Freiheit, zu leben (Art. 2 Abs. 2 S. 1 GG)[12], seinen Aufenthalt zu nehmen (Art. 11 Abs. 1 GG)[13], einem Glauben anzuhängen (Art. 4 GG)[14], Meinungen zu äußern und auszutauschen (Art. 5 Abs. 1 S. 1 GG)[15], sich künstlerisch zu betätigen (Art. 5 Abs. 3 GG)[16] und sich mit anderen zu versammeln (Art. 8 Abs. 1 GG)[17] gezählt, ebenso wie die

---

11 Vgl. *Gellermann* (Fn. 6), 94; *Roman Herzog*: Grundrechte aus der Hand des Gesetzgebers, in: Fürst, Walther; Herzog, Roman; Umbach, Dieter C. (Hrsg.): Festschrift für Wolfgang Zeidler, Band 2, 1987, 1415, 1416f.; vgl. auch *Kingreen/Poscher* (Fn. 7), Rn. 266f.; *Höfling* (Fn. 4), 21; *Gertrude Lübbe-Wolff*: Die Grundrechte als Eingriffsabwehrrechte. Struktur und Reichweite der Eingriffsdogmatik im Bereich staatlicher Leistungen, 1988, 85.

12 *Kingreen/Poscher* (Fn. 7), Rn. 267; *Höfling* (Fn. 4), 21; *Herzog* (Fn. 11), 1416; *Poscher* (Fn. 6), 117; *Gellermann* (Fn. 6), 94; *Christoph Degenhart*: Grundrechtsausgestaltung und Grundrechtsbeschränkung, in: Merten, Detlef; Papier, Hans-Jürgen (Hrsg.): Handbuch der Grundrechte in Deutschland und Europa, Band III, 2009, § 61 Rn. 40; *Joachim Lege*: Art. 14 GG für Fortgeschrittene. 45 Fragen zum Eigentum, die Sie nicht überall finden. Unter besonderer Berücksichtigung des Baurechts, ZJS 2012, 44; *Lenz* (Fn. 6), 76.

13 *Kingreen/Poscher* (Fn. 7), Rn. 267; *Gellermann* (Fn. 6), 94; *Lege* (Fn. 12), 44.

14 *Höfling* (Fn. 4), 21; *Herzog* (Fn. 11), 1416; *Otto Majewski*: Auslegung der Grundrechte durch einfaches Gesetzesrecht? Zur Problematik der sogenannten Gesetzmäßigkeit der Verfassung, 1979, 88ff.; *Lege* (Fn. 12), 44.

15 *Kingreen/Poscher* (Fn. 7), Rn. 267; *Höfling* (Fn. 4), 21; *Herzog* (Fn. 11), 1416; *Gellermann* (Fn. 6), 94, 281.

16 *Höfling* (Fn. 4), 21; *Gellermann* (Fn. 6), 281; *Michael Nierhaus*: Grundrechte aus der Hand des Gesetzgebers? – Ein Beitrag zur Dogmatik des Art. 1 Abs. 3 GG, AöR 116 (1991), 72, 84ff.; *Majewski* (Fn. 14), 88ff.; *Lenz* (Fn. 6), 76.

17 *Kingreen/Poscher* (Fn. 7), Rn. 267; *Höfling* (Fn. 4), 21; *Herzog* (Fn. 11), 1416.

Freiheit des Gewissens (Art. 4 Abs. 1 GG)[18] und die körperliche Unversehrtheit (Art. 2 Abs. 2 S. 1 GG)[19].

B. Unterscheidung von normgeprägten und sonst gesetzesabhängigen Grundrechten

Nicht nur die Anhänger der *Jellinek'*schen Dichotomie, sondern auch die Verfechter des maßgeblich auf *Häberle*[20] zurückgehenden institutionellen Ansatzes[21] identifizieren normgeprägte Grundrechte anhand des (Negativ)Kriteriums ‚Fehlen eines natürlichen Schutzguts'. Danach liegt ein normgeprägtes Grundrecht auch aus institutioneller Sicht vor, wenn die Gewährleistung keinen natürlichen Schutzgegenstand aufweist. Anders als die Vertreter der *Jellinek*`schen Gegenüberstellung von rechtlichem und natürlichen Können halten *Häberle* und seine Anhänger aber *sämtliche* Grundrechte des Grundgesetzes – je nach Einzelnorm freilich in unterschiedlicher Ausprägung – für ausgestaltungsfähig und -bedürftig[22]. Anders gewendet wird davon ausgegangen, dass neben den normgeprägten auch diejenigen Grundrechte, die über ein natürliches Schutzgut verfügen, Gesetzgebungsaufträge enthalten, also legislatorisches Handeln einfordern (I.). Damit gibt es keine Grundrechte, die vollständig gesetzesunabhängig sind. Unter Zugrundelegung dieser Prämisse wird unterschieden zwischen gesetzesabhängigen normgeprägten Gewährleistungen (s.o.) und der Gruppe der *sonst gesetzesabhängigen* Grundrechte, die hier und im Folgenden als sonst ausgestaltungsbedürftig bezeichnet

---

18 *Nierhaus* (Fn. 16), 84; *Majewski* (Fn. 14), 88f. und *Lege* (Fn. 12), 44.

19 *Herzog* (Fn. 11), 1416; *Poscher* (Fn. 6), 117; *Gellermann* (Fn. 6), 94; *Degenhart* (Fn. 12), Rn. 40.

20 *Peter Häberle*: Die Wesensgehaltsgarantie des Art. 19 Abs. 2 Grundgesetz. Zugleich ein Beitrag zum institutionellen Verständnis der Grundrechte und zur Lehre vom Gesetzesvorbehalt, 3. Aufl. 1983.

21 Dieser wendet sich gegen die hergebrachte Eingriffs- und Schrankensystematik (vgl. *Häberle* (Fn. 20), 8f., 11, 23 und passim, insbes. 145 ff.; ihm folgend in jüngerer Zeit bspw. *Morgenthaler* (Fn. 6), 244ff., insbes. 253), jedoch nicht – wie häufig missverstanden – gegen das Abwehrrecht und seine Dogmatik an sich, sondern lediglich gegen eine *ausschließlich* abwehrrechtliche und damit einseitige Lesart der Grundrechte (so ausdrücklich *Häberle* (Fn. 20) selbst, etwa 9, 11). Zum Ganzen *Gellermann* (Fn. 6), 17; *Mager* (Fn. 7), 75. Zu *Häberle* auch schon supra Teil 2, A.I.

22 *Häberle* (Fn. 20), 181ff., 198, 200; *Morgenthaler* (Fn. 6), 246; etwas verhaltener *Konrad Hesse*: Grundzüge des Verfassungsrechts der Bundesrepublik Deutschland, 20. Aufl. 1995, Neudruck 1999, Rn. 303. Explizit dagegen etwa *Bernd J. Hartmann*: Dienende Freiheit – notwendige Verstärkung oder widersprüchliche Beschränkung subjektiver Rechte, JZ 2016, 18, 23.

werden sollen. In letztere Gruppe eingeordnet werden all jene Gewährleistungen, die über einen natürliches Schutzgut verfügen (II.).

I. These von der Ausgestaltungsbedürftigkeit *sämtlicher* Grundrechte

Die These von der Ausgestaltungsgeneigtheit aller Grundrechte erscheint durchaus nicht abwegig. Das Einfallstor für solcherlei Annahme bildet ein Umstand, der bei näherer Betrachtung (des Wortlauts) der Grundrechte vergleichsweise offen zu Tage tritt: Bei Weitem nicht alle, aber doch eine beachtliche Anzahl von Grundrechten ist nicht nur allbezüglich und durchsetzungsstark[23], sondern zugleich auch inhaltsarm (Ambivalenz der Grundrechte)[24]. Ihr hoher Abstraktionsgrad und ihr lapidarer Stil lässt sie als unvollkommene, geradezu lästig unbekümmert[e][25] rechtstechnische Torsi erscheinen. Als solche sind sie weder abschließend noch völlig autark, sondern um der Entfaltung ihres normativen Potentials willen auf das einfache Recht angewiesen, insofern also gesetzesakzessorisch[26], je nach Grundrecht freilich in mehr oder minder starkem Maße.

---

23 D.h. sie durchströmen als maßstabsetzendes Recht zahllose Lebensbereiche und wirken auf das Gemeinwesen insgesamt ein, soweit dieses zur Staatsgewalt in Beziehung steht, *Josef Isensee*: Verfassungsrecht als politisches Recht, in: Isensee, Josef; Kirchhof, Paul (Hrsg.): Handbuch des Staatsrechts der Bundesrepublik Deutschland, Band XII, 3. Aufl. 2014, § 268 Rn. 54; *Eckart Klein*: Stufen der Verfassungsverletzung?, in: Depenheuer, Otto; Heintzen, Markus; Jestaedt, Matthias; Axer, Peter (Hrsg.): Staat im Wort. Festschrift für Josef Isensee, 2007, 169, 171; sich anschließend *Matthias Jestaedt*: Grundrechtsentfaltung im Gesetz. Studien zur Interdependenz von Grundrechtsdogmatik und Rechtsgewinnungstheorie, 1999, 29f.

24 *Jestaedt* (Fn. 23), 29.

25 *Rudolf Smend*: Verfassung und Verfassungsrecht, in: Smend, Rudolf: Staatsrechtliche Abhandlungen und andere Aufsätze, 3. Aufl. 1994, 119, 263.

26 Vgl. zum Ganzen *Isensee* (Fn. 23), Rn. 65; *Jestaedt* (Fn. 23), 34f.; *Degenhart* (Fn. 12), Rn. 1, 7; *Peter Lerche*: Grundrechtlicher Schutzbereich, Grundrechtsprägung und Grundrechtseingriff, in: Isensee, Josef; Kirchhof, Paul (Hrsg.): Handbuch des Staatsrechts der Bundesrepublik Deutschland, Band V, 2. Aufl. 2000, § 121 Rn. 1; plakativ bereits *Walter Leisner*: Die Gesetzmäßigkeit der Verfassung, JZ 1964, 201, 205: „Verfassungsrecht ist ein glänzendes Recht – es ist das ärmste, das wir kennen, schmückt es sich doch noch immer mit den Federn des Rechts, das an ihm gemessen werden soll." Häufig ist in diesem Zusammenhang auch von der Ausführungs-, Vervollständigungs- oder Konkretisierungsbedürftigkeit die Rede, vgl. statt vieler *Häberle* (Fn. 20), 183 und passim; *Josef Isensee*: Positivität und Überpositivität der Grundrechte, in: Merten, Detlef; Papier, Hans-Jürgen (Hrsg.): Handbuch der Grundrechte in Deutschland und Europa, Band II, 2006, § 26 Rn. 44; *Hans Huber*: Die Bedeutung der Grundrechte für die sozialen Beziehungen unter den Rechtsgenossen, in: Eichenberger, Kurt; Bäumlin, Richard; Müller,

Sie fordern die Unterstützung des Gesetzgebers aktiv ein, indem sie ihn ermächtigen oder gar verpflichten, grundrechtsberührende Gesetze zu erlassen[27] und eröffnen ihm damit zugleich die Möglichkeit, ihren Inhalt (mit) zu gestalten.

Hinter diesem Postulat steht die Überzeugung, dass die Grundrechte nicht zuvorderst die Freiheit des Einzelnen, sich beliebig verhalten zu dürfen, gewährleisten (Freiheit *vom* Staat), sondern vor allem die Freiheit, sich im Rahmen einer durch einfaches Recht geordneten, freiheitlichen Gesellschaft tatsächlich verhalten zu können[28] (Freiheit *innerhalb* des Staates)[29]. Die Grundrechte dienen dieser Auffassung zufolge also nicht ausschließlich der individuellen Entfaltung der Persönlichkeit, sondern enthalten auch eine soziale Funktion, die sie in den überindividuellen Kontext der Entfaltung einer freiheitlichen Gesellschaft einbettet[30]. Damit jeder einzelne innerhalb dieser Gesellschaft seine verfassungsmäßigen Rechte wirklich wahrnehmen kann, sei es notwendig, die Freiheiten von Vielen durch Gesetze zusammenzuordnen[31], das heißt die individuellen Freiheitssphären aufeinander abzustimmen[32].

Jörg P. (Hrsg.): Hans Huber. Rechtstheorie, Verfassungsrecht, Völkerrecht. Ausgewählte Aufsätze, 1950-1970. Zum 70. Geburtstag des Verfassers, 1971, 139, 161 mit Fn. 92; *Ruffert* (Fn. 7), 37 m.w.N.; *Bumke* (Fn. 6), 12; *Fritz Ossenbühl*: Grundsätze der Grundrechtsinterpretation, in: Merten, Detlef; Papier, Hans-Jürgen (Hrsg.): Handbuch der Grundrechte in Deutschland und Europa, Band I, 2004, § 15 Rn. 4.

27 *Peter Lerche*: Übermaß und Verfassungsrecht. Zur Bindung des Gesetzgebers an die Grundsätze der Verhältnismäßigkeit und der Erforderlichkeit, 1961, 2. Aufl. 1999, 99; ähnlich *Gellermann* (Fn. 6), 31; s. auch *Jestaedt* (Fn. 23), 29.

28 Damit ist indes nicht gesagt, dass die jeweilige grundrechtliche Freiheit überhaupt erst durch die Rechtsordnung entstehen kann (in diese Richtung interpretiert aber offenbar *Cornils* (Fn. 3), 503 die Ausführungen von *Häberle*), sondern lediglich, dass die in den Grundrechten zum Ausdruck kommende – und damit bereits existente – Freiheit ohne gesetzgeberisches Zutun nicht realisierbar ist (vgl. etwa *Lenz* (Fn. 6), 107). Dies erkennt augenscheinlich auch *Cornils* (Fn. 3), 507, 509, jedoch ohne seine vorangehenden konträren Annahmen zu revidieren.

29 Vgl. *Häberle* (Fn. 20), 18, 225; *Marion Albers*: Faktische Grundrechtsbeeinträchtigungen als Schutzbereichsproblem, DVBl. 1996, 233, 238ff.

30 *Häberle* (Fn. 20), 11f., 183.

31 Dazu *Häberle* (Fn. 20), 154, 157f.; 161, 183 sowie 189 unter Bezugnahme auf *Konrad Hesse*: Die verfassungsrechtliche Stellung der politischen Parteien im modernen Staat, VVDStRL 17 (1959), 11ff. Ausführlich auch *Hans Heinrich Rupp*: Die Unterscheidung von Staat und Gesellschaft, in: Isensee, Josef; Kirchhof, Paul (Hrsg.): Handbuch des Staatsrechts der Bundesrepublik Deutschland, Band II, 3. Aufl. 2004, § 31 Rn. 41ff.

32 Referierend *Bumke* (Fn. 6), 1; *Cornils* (Fn. 3), 507; ähnlich *Hesse* (Fn. 22), Rn. 303; *Gellermann* (Fn. 6), 89, 230f.; *Peter Lerche*: Facetten der „Konkretisierung" von

II. Kategorien der Ausgestaltungsbedürftigkeit

Die Anhänger des institutionellen Ansatzes unterscheiden verschiedene Typen ausgestaltungsbedürftiger Grundrechte. Im Verlaufe der Jahre durchgesetzt hat sich die auf *Lerche* zurückgehende[33] Einteilung in konstituierungs-, konturierungs- und konkretisierungsbedürftige Gewährleistungen[34].

1. Konstituierungsbedürftige (normgeprägte) Grundrechte

Als konstituierungsbedürftig gelten all jene Grundrechte, deren Schutzgegenstände nicht schon im Naturzustand existieren, sondern erst durch einfaches Recht geschaffen werden müssen, damit die Grundrechtsträger überhaupt von diesen Grundrechten Gebrauch machen können[35]. Mit dem Begriff wird also nichts anderes als das Phänomen der normgeprägten Grundrechte beschrieben; der Gesetzgeber dringt bis in deren Innerstes vor, indem er ihre Schutzgegenstände kreiert und so erst den Rechtsstoff schafft, aus dem diese Grundrechte sind[36].

Verfassungsrecht, in: Koller, Ingo; Hager, Johannes; Junker, Michael; Singer, Reinhard; Neuner, Jörg (Hrsg.): Einheit und Folgerichtigkeit im Juristischen Denken. Symposion zu Ehren von Herrn Professor Dr. Dr. h.c. mult. Claus-Wilhelm Canaris, 1998, 7, 25 Fn. 46; *Lerche* (Fn. 26), Rn. 40; *Morgenthaler* (Fn. 6), 244ff., die in diesem Zusammenhang den Begriff der „Konkretisierung" verwenden.

33 So *Jestaedt* (Fn. 23), 30 und *Nierhaus* (Fn. 16), 73, 83.

34 *Lerche* (Fn. 27), 106ff., s. auch die spätere Fortentwicklung dieser Konzeption unter der Überschrift „Grundrechtlicher Schutzbereich, Grundrechtsprägung und Grundrechtseingriff", in: Isensee, Josef; Kirchhof, Paul (Hrsg.): Handbuch des Staatsrechts der Bundesrepublik Deutschland, Band V, 2. Aufl. 2000, § 121 Rn. 38ff. (s. Fn. 26); ihm folgend etwa *Martin Burgi*: Das Grundrecht der freien Persönlichkeitsentfaltung durch einfaches Gesetz, ZG 1994, 341, 343; *Morgenthaler* (Fn. 6), 244; *Gellermann* (Fn. 6), 89 mit Fn. 2; *Cremer* (Fn. 6), 89f. Im Vergleich zur *Lerche*`schen Kategorisierung allgemeiner die Ausführungen von *Häberle* (Fn. 20), 182f. (ein Grundrecht bedürfe umso dringlicher der gesetzlichen Ausgestaltung, je intensiver sein sozialer Bezug sei), die gleichwohl erkennen lassen, dass auch er verschiedene Typen ausgestaltungsbedürftiger Grundrechte unterscheidet.

35 *Gellermann* (Fn. 6), 21f., 89f., 230; vgl. auch *Lerche* (Fn. 26), Rn. 39; *Cremer* (Fn. 6), 89.

36 Vgl. *Nierhaus* (Fn. 16), 90 m.w.N.

2. *Sonst ausgestaltungsbedürftige Grundrechte*

Nach dem institutionellen Verständnis fordern neben den normgeprägten auch all jene Grundrechte, die natürliche Verhaltensweisen, Eigenschaften, Fähigkeiten und/oder Zustände schützen, gesetzgeberische Tätigkeit ein[37]. Allerdings tun sie dies in anderer Weise als die normgeprägten Gewährleistungen, weshalb sie vorliegend als sonst ausgestaltungsbedürftig bezeichnet werden (sollen)[38].

Während den normgeprägten Grundrechten der Schutzgegenstand fehlt, verfügen die sonst ausgestaltungsbedürftigen über einen solchen, dieser muss also nicht erst durch einfaches Recht konstituiert werden. Aufgrund seiner Unvollkommenheit ist es jedoch nötig, den Schutzgegenstand mit Hilfe einfachgesetzlicher Regelungen deutlicher zu umreißen. Anders gewendet enthalten aus institutioneller Sicht auch Grundrechte, deren Schutzgegenstände der Tatsachenwelt entspringen, Gesetzgebungsaufträge. Der Legislative fällt hier jedoch nicht – wie im Rahmen der normgeprägten Gewährleistungen – die Aufgabe zu, die individuelle *Inanspruchnahme des Grundrechts* durch Schaffung des grundrechtlichen Schutzgegenstands *überhaupt erst zu ermöglichen*. Vielmehr geht es darum, die aufgrund der bereits existierenden Schutzgegenstände *prinzipiell* – also auch im Falle gesetzgeberischer Untätigkeit – *mögliche Grundrechtsausübung zu erleichtern*[39]. Die Legislative wird hier also nur unterstützend tätig, indem sie die vorhandenen, aber noch nicht vollends fixierten grundrechtlichen Schutzgüter mit ihren Normen konturiert (a.) bzw. konkretisiert (b.).

a. *Konturierungsbedürftige Grundrechte*

Als konturierungsbedürftig bezeichnen die Anhänger des institutionellen Verständnisses zum einen Grundrechte, die den Gesetzgeber auffordern, koordinierende Regelungen zu erlassen, um miteinander konfligierende Grundrechtspositionen auszugleichen. Statt der Ermöglichung des Grundrechtsgebrauchs stehe hier die Präzisierung der im grundrechtlichen Schutzgegenstand bereits vorgezeichneten Begrenzungen der Grundrechtsausübung zur Debatte;

---

37 Supra Teil 3, B. m.N. in Fn. 22.

38 Andeutend bereits supra Teil 3, B. mit Fn. 22.

39 Die sonst ausgestaltungsbedürftigen Grundrechte sind damit – anders als die normgeprägten – nicht zwingend auf legislatorische Aktivität angewiesen oder gar von ihr abhängig, vgl. *Wolfram Höfling; Christian Burkiczak*, in: Friauf, Karl Heinrich; Höfling, Wolfram (Hrsg.): Berliner Kommentar zum Grundgesetz, Loseblatt, Stand des Gesamtwerkes: September 2017, Band 5, Art. 103 I Rn. 29.

das einfache Recht schärfe die schon im Grundrecht angelegten Konturen und forme damit den grundrechtlichen Schutzgegenstand[40].

Als konturierungsbedürftig bezeichnet werden darüber hinaus auch Grundrechte, die auf externe Normenwerke verweisen, wie etwa Art. 2 Abs. 1 GG (verfassungsmäßige Ordnung), ähnlich auch Art. 5 Abs. 2 GG (allgemeine Gesetze) und Art. 9 Abs. 2 GG (Strafgesetze)[41].

b. Konkretisierungsbedürftige Grundrechte

Als konkretisierungsbedürftig gelten Grundrechte, die die Legislative verpflichten, für die tatsächliche Wirksamkeit des Grundrechts zu sorgen, das heißt die Grundrechtsausübung durch einfachrechtliche Regelungen zu sichern, durchzusetzen, zu fördern oder zu verbessern. Hier gehe es weder um die Ermöglichung des Grundrechtsgebrauchs (Konstituierung) noch um die nähere Bemessung des grundrechtlichen Schutzgegenstandes (Konturierung), sondern allein um die Realisierbarkeit und Effektivität des Grundrechts[42]. Hierzu bedürfe es gesetzgeberischer Unterstützungsleistungen, die die grundrechtlichen Schutzgegenstände beispielsweise gegenüber Bedrohungen aus der nichtstaatlichen Sphäre sicherten (aa.) oder sie organisations- und verfahrensmäßig abstützten (bb.).

aa. Grundrechtliche Schutzpflichten und Förderaufträge

Teilweise enthalten die Grundrechte Schutzpflichten[43], die an den Gesetzgeber adressiert sind und sich dementsprechend erst in einfachrechtlichen

---

40 Zum Ganzen *Gellermann* (Fn. 6), 23f., 89, 177, 230, der im Verlaufe seiner Untersuchung die Rundfunkfreiheit, Art. 5 Abs. 1 S. 2 GG, als Beispiel herausarbeitet. Zu diesem Grundrecht eingehend infra Teil 3, D.III.1.

41 *Lerche* (Fn. 26), Rn. 44. Zu Art. 2 Abs. 1 GG in diesem Zusammenhang auch *Gellermann* (Fn. 6), 24.

42 Vgl. zum Ganzen *Gellermann* (Fn. 6), 89, 230f.; *Lerche* (Fn. 26), Rn. 40.

43 Vgl. zu den grundrechtlichen Schutzpflichten aus der umfangreichen Literatur nur *Eckart Klein*: Grundrechtliche Schutzpflicht des Staates, NJW 1989, 1633ff.; *Johannes Dietlein*: Die Lehre von den grundrechtlichen Schutzpflichten, 1992; *Michael Holoubek*: Grundrechtliche Gewährleistungspflichten. Ein Beitrag zur allgemeinen Grundrechtsdogmatik, 1997, 243ff.; *Christian Callies*: Die grundrechtliche Schutzpflicht im mehrpoligen Verfassungsrechtsverhältnis, JZ 2006, 321ff.; *Hans D. Jarass*: Die Grundrechte: Abwehrrechte und objektive Grundsatznormen. Objektive Grundrechtsgehalte, insbes. Schutzpflichten und privatrechtsgestaltende Wirkung, in: Badura, Peter; Dreier, Horst (Hrsg.): Festschrift 50 Jahre Bundesverfassungsgericht, Band 2, 2001, 35, 39ff.; überblicksartig *Josef Aulehner*: Grundrechte und Gesetzgebung, 2011, 11ff.

I. Vollständig normgeprägte Grundrechte

1. Prozessgrundrechte

Art. 19 Abs. 4 S. 1 GG gewährleistet den Zugang zum Gericht, das Verfahren vor Gericht und eine Entscheidung durch das Gericht[67] hinsichtlich möglicher Rechtsverletzungen durch Akte der Exekutive[68]. Zentrales Element der Garantie ist die Wirksamkeit oder auch Effektivität des Rechtsschutzes[69]. Anders als

---

67 Pointiert *Kingreen/Poscher* (Fn. 7), Rn. 1170; BVerfGE 107, 395 (401); 113, 273 (310); ähnlich *Michael/Morlok* (Fn. 50), Rn. 889; *Eberhard Schmidt-Aßmann*, in: Maunz, Theodor†; Dürig, Günter†: Grundgesetz. Kommentar, Loseblatt, Stand des Gesamtwerks: Januar 2013, Band III, Art. 19 Abs. 4 Rn. 229; *Michael Sachs,* in: Sachs, Michael (Hrsg.): Grundgesetz. Kommentar, 8. Aufl. 2018, Art. 19 Rn. 134f.; vgl. auch *Peter Michael Huber*, in: Mangoldt, Hermann von; Klein, Friedrich; Starck, Christian: Kommentar zum Grundgesetz, Band 1, 7. Aufl. 2018, Art. 19 Abs. 4 Rn. 368f.; *Nicole Voßen*: Die Rechtsprechung des Bundesverfassungsgerichts zur Rechtsweggarantie des Art. 19 Abs. 4 GG, den Verfahrensgarantien nach 101 Abs. 1 Satz 2 GG, Art. 103 Abs. 1 GG und zum Prozeßrecht der Fachgerichte, 2002, 81; BVerfGE 35, 263 (274); 101, 106 (123) – st. Rspr. Gericht i.S.d. Art. 19 Abs. 4 S. 1 GG meint alle staatlichen Gerichte, die den Anforderungen der Art. 92 und 97 GG entsprechen (*Helge Sodan*, in: Sodan, Helge (Hrsg.): Grundgesetz. Kompakt-Kommentar, 3. Aufl. 2015, Art. 19 Rn. 30).

68 Art. 19 Abs. 4 S. 1 GG gewährt nach allgemeiner Auffassung nur einen Schutz durch, nicht aber gegen den Richter (BVerfGE 49, 329 (340); 76, 93 (98); 112, 185 (207) – st. Rspr.; aus der Literatur statt vieler *Kingreen/Poscher* (Fn. 7), Rn. 1160). Andernfalls drohte eine unendliche Überprüfung gerichtlicher Entscheidungen, was zu Rechtsunsicherheit führte, vgl. exemplarisch *Sodan* (Fn. 67), Rn. 28. Auch Legislativakte werden nach Ansicht der Rechtsprechung und Teilen der Literatur von der Rechtsschutzgarantie nicht erfasst, weil die Normverwerfungskompetenz nicht den Fachgerichten, sondern dem Bundesverfassungsgericht zustehe (vgl. BVerfGE 24, 33 (51); 45, 297 (334); *Kingreen/Poscher* (Fn. 7), Rn. 1161; a.A. das überwiegende Schrifttum, vgl. *Huber* (Fn. 67), Rn. 434; *Schmidt-Aßmann* (Fn. 67), Rn. 93; *Wolf-Rüdiger Schenke*, in: Kahl, Wolfgang; Waldhoff, Christian; Walter; Christian (Hrsg.): Bonner Kommentar zum Grundgesetz, Loseblatt, Stand des Gesamtwerkes: Dezember 2017, Band 6, Art. 19 Abs. 4 Rn. 338ff. m.umfangr.N.).

69 BVerfGE 84, 34 (49); 104, 220 (231); 112, 185 (207) – st. Rspr.; *Huber* (Fn. 67), Rn. 375, 379; *Sachs* (Fn. 67), Rn. 143ff. m.w.N.; *Helmut Schulze-Fielitz*, in: Dreier, Horst (Hrsg.): Grundgesetz, Kommentar, Band 1, 3. Aufl. 2013, Art. 19 IV Rn. 80, 84; *Sodan* (Fn. 67), Rn. 31; *Arnd Uhle*: Rechtsstaatliche Prozessgrundrechte und -grundsätze, in: Merten, Detlef; Papier, Hans-Jürgen (Hrsg.): Handbuch der Grundrechte in Deutschland und Europa, Band V, 2013, § 129 Rn. 15, 53. Ausführlich infra Teil 4, A.II.5. m.w.N.

Art. 19 Abs. 4 S. 1 GG gewährleisten Art. 101 Abs. 1 S. 2 GG und Art. 103 Abs. 1 GG nicht das Recht *auf* gerichtlichen Rechtsschutz, sondern Rechte *im* gerichtlichen Verfahren[70]. Art. 101 Abs. 1 S. 2 GG stellt sicher, dass nur der gesetzlich im Voraus abstrakt-generell bestimmte und nicht etwa ein in anderer Weise festgelegter Richter[71] Recht spricht[72]. Die Garantie des rechtlichen Gehörs, Art. 103 Abs. 1 GG, gewährleistet die Möglichkeit, sich in einem Gerichtsprozess[73] grundsätzlich vor einer Entscheidung in tatsächlicher und rechtlicher Hinsicht äußern zu können[74].

Geschützt werden in all diesen Fällen demnach ausschließlich *Rechte* und nicht etwa natürliche menschliche Verhaltensweisen, Aktivitäten oder Zustände[75]. Rechte wohnen dem Individuum aber gerade nicht qua seines

---

70 Plakativ *Uhle* (Fn. 69), Rn. 4f.

71 Richter ist der unabhängige, nur dem Gesetz unterworfene Richter i.S.d. Art. 97 GG (*Theodor Maunz*, in: Maunz, Theodor†; Dürig, Günter†: Grundgesetz. Kommentar, Loseblatt, Stand des Gesamtwerkes: Januar 2013, Band VI, Art. 101 Rn. 11), der die Gewähr für Neutralität und Distanz gegenüber den Verfahrensbeteiligten bietet (vgl. BVerfG (K) NJW 2006, 3129, 3130 m.w.N.). Hierzu gehören neben dem Gericht als organisatorischer Einheit auch das erkennende Gericht als Spruchkörper sowie die zur Entscheidung berufenen Einzelrichter (BVerfGE 17, 294 (298f.). Erfasst sind alle Tätigkeiten, die in spezifischer richterlicher Verantwortung wahrgenommen werden, wie z.B. End- und Vorlageentscheidungen, Zeugenvernehmungen (*Helge Sodan*, in: Sodan, Helge (Hrsg.): Grundgesetz. Kompakt-Kommentar, 3. Aufl. 2015, Art. 101 Rn. 3), selbst wenn es sich materiell nicht um Rechtsprechung i.S.d. Art. 92 GG handelt (vgl. BVerfGE 21, 139 (144) im Hinblick auf die freiwillige Gerichtsbarkeit).

72 *Kingreen/Poscher* (Fn. 7), Rn. 1221; BVerfGE 48, 246 (254); 17, 294 (298f.); 82, 156 (194); 95, 322 (327f.); vgl. auch *Claus Dieter Classen*, in: Mangoldt, Hermann von; Klein, Friedrich; Starck, Christian (Hrsg.): Kommentar zum Grundgesetz, Band 3, 7. Aufl. 2018, Art. 101 Abs. 1 Rn. 18; *Gabriele Britz*: Das Grundrecht auf den gesetzlichen Richter in der Rechtsprechung des BVerfG, JA 2001, 573, 574; ausführlich *Thomas Roth*: Das Grundrecht auf den gesetzlichen Richter, 2000, 26ff.

73 Gemeint sind hier wiederum alle staatlichen Gerichte i.S.d. Art. 92 GG, BVerfGE 101, 397 (404f.); *Eberhard Schmidt-Aßmann*, in: Maunz, Theodor†; Dürig, Günter†: Grundgesetz. Kommentar, Loseblatt, Stand des Gesamtwerkes: Januar 2013, Band VI, Art. 103 Abs. 1 Rn. 49.

74 *Kingreen/Poscher* (Fn. 7), Rn. 1240; *Michael/Morlok* (Fn. 50), Rn. 900; vgl. auch *Voßen* (Fn. 67), 253; BVerfGE 69, 145 (148); 86, 133 (144); 89, 28 (35); 98, 218 (263); 107, 395 (409) – st. Rspr. Das Recht auf Gehör besteht im Wesentlichen aus drei Elementen (dazu ausführlich m.N. infra Teil 4, A.II.7.).

75 Plakativ für die Rechtsschutzgarantie m.w.N. *Cornils* (Fn. 3), 445.

Menschseins inne und liegen dem Staat damit auch nicht voraus, sondern müssen vom einfachen Gesetzgeber erst konstituiert werden, damit die Grundrechtsträger von ihnen Gebrauch machen können. Mit anderen Worten setzt die Möglichkeit der Inanspruchnahme der Rechtsschutzgarantie sowie der Garantien des gesetzlichen Richters und des rechtlichen Gehörs einfache Normen, speziell in Form von Gerichtsverfassungs- und Verfahrensgesetzen voraus; sie entfalten sich also erst nach Maßgabe einfachrechtlicher Regelungen[76]. Um Rechtswege beschreiten und Rechtsschutz erlangen zu können, müssen Gerichte geschaffen, Zuständigkeiten begründet und Verfahren etabliert sein[77]. Um den gesetzlichen Richter anrufen zu können, müssen Gesetze dessen Zuständigkeit bestimmen[78]. Und um rechtliches Gehör erlangen zu

---

76 Für Art. 19 Abs. 4 GG *Schulze-Fielitz* (Fn. 69), Rn. 42, 140; ähnlich BVerfGE 10, 264 (268f.); vgl. auch *Volker Buermeyer*: Rechtsschutzgarantie und Gerichtsverfahrensrecht. Zur Vereinbarkeit rechtlicher und faktischer Erschwernisse in den verwaltungsgerichtlichen Verfahrensordnungen mit Art. 19 Abs. 4 S. 1 GG, 1975, 28; *Christoph Enders*, in: Epping, Volker; Hillgruber, Christian (Hrsg.): Beck`scher Online-Kommentar Grundgesetz, Stand: Oktober 2017, Art. 19 Rn. 52; *Huber* (Fn. 67), Rn. 368; *Schenke* (Fn. 68), Rn. 34. Für Art. 101 Abs. 1 S. 2 GG: *Helmuth Schulze-Fielitz*, in: Dreier, Horst (Hrsg.): Grundgesetz, Kommentar, Band 3, 3. Aufl. 2018, Art. 101 Rn. 38; *Roth* (Fn. 72), 61, 63; *Gerd Morgenthaler*, in: Epping, Volker; Hillgruber, Christian (Hrsg.): Beck`scher Online-Kommentar Grundgesetz, Stand: Oktober 2017, Art. 101 Rn. 6; BVerfGE 89, 28 (36); für Art. 103 Abs. 1 GG: *Christoph Degenhart*, in: Sachs, Michael (Hrsg.): Grundgesetz. Kommentar, 8. Aufl. 2018, Art. 103 Rn. 12; s. auch *Georg Nolte; Helmut Philipp Aust*, in: Mangoldt, Hermann von; Klein, Friedrich; Starck, Christian: Kommentar zum Grundgesetz, Band 3, 7. Aufl. 2018, Art. 103 Abs. 1 Rn. 8; *Hinrich Rüping*, in: Kahl, Wolfgang; Waldhoff, Christian; Walter; Christian (Hrsg.): Bonner Kommentar zum Grundgesetz, Loseblatt, Stand des Gesamtwerkes: Dezember 2017, Band 19, Art. 103 Abs. 1 Rn. 40; *Henning Radtke; Andrea Hagemeier*, in: Epping, Volker; Hillgruber, Christian (Hrsg.): Beck`scher Online-Kommentar Grundgesetz, Stand: Oktober 2017, Art. 103 Rn. 6; BVerfGE 9, 89 (95f.); 18, 399 (405); 74, 1 (5); *Majewski* (Fn. 14), 101; *Helmuth Schulze-Fielitz*, in: Dreier, Horst (Hrsg.): Grundgesetz, Kommentar, Band 3, 3. Aufl. 2018, Art. 103 I Rn. 27; anders, allerdings ohne Begründung *Höfling/Burkiczak* (Fn. 39), Rn. 29; für alle Prozessgrundrechte: *Degenhart* (Fn. 12), Rn. 29; *Anja Bruns*: Prozessgrundrechte im System des Grundgesetzes, 2002, 165f.; *Voßen* (Fn. 67), 20ff.

77 *Kingreen/Poscher* (Fn. 7), Rn. 1158; *Schulze-Fielitz* (Fn. 69), Rn. 42; vgl. auch *Sachs* (Fn. 67), Rn. 12; *Cornils* (Fn. 3), 444, 445.

78 *Kingreen/Poscher* (Fn. 7), Rn. 1220; BVerfGE 95, 322 (327f.); vgl. auch *Britz* (Fn. 72), 574; *Dieter Leuze*, in: Friauf, Karl Heinrich; Höfling, Wolfram (Hrsg.): Berliner

können, bedarf es darüber hinaus gesetzlicher Vorschriften, die die einzelnen Modalitäten der Gehörsgewährung festlegen[79].

Die Prozessgrundrechte sind demgemäß als (vollständig) normgeprägt zu qualifizieren[80]. Dass davon offenbar auch der Verfassunggeber ausgegangen ist, zeigt sich in Art. 74 Nr. 1 GG, der die Gerichtsverfassung und das gerichtliche Verfahren als Gegenstand der konkurrierenden Gesetzgebung ausdrücklich nennt[81].

2. *Ehefreiheit*

Als Ehe im verfassungsrechtlichen Sinn (Art. 6 Abs. 1 GG) gilt nach überkommener Auffassung jede verschiedengeschlechtliche[82] Lebensgemeinschaft, die auf Dauer angelegt ist, grundsätzlich unauflösbar besteht und in der rechtlich

---

Kommentar zum Grundgesetz, Loseblatt, Stand des Gesamtwerkes: September 2017, Band 5, Art. 101 Rn. 6; *Roth* (Fn. 72), 61, 63; *Classen* (Fn. 72), Rn. 16.

79 Vgl. *Degenhart* (Fn. 12), Rn. 29; *Degenhart* (Fn. 76), Rn. 12; vgl. auch *Karin Graßhof*: Rechtliches Gehör, in: Merten, Detlef; Papier, Hans-Jürgen (Hrsg.): Handbuch der Grundrechte in Deutschland und Europa, Band V, 2013, § 133 Rn. 16; BVerfGE 89, 28 (35f.).

80 Plakativ *Degenhart* (Fn. 12), Rn. 29: „gesetzesabhängige Grundrechte par excellence". Vgl. ergänzend die Nachweise supra Teil 1, Fn. 17ff.

81 Bezogen auf die Rechtsschutzgarantie *Buermeyer* (Fn. 76), 29.

82 Ob die Verschiedengeschlechtlichkeit ein konstitutives Merkmal des *verfassungsrechtlichen* Ehebegriffs bildet, wird spätestens seit Inkrafttreten des Gesetzes zur Einführung eines Rechts auf Eheschließung für Personen gleichen Geschlechts vom 20. Juli 2017 (BGBl. I, S. 2787) am 1. Oktober 2017 wieder vermehrt und kontrovers diskutiert (dafür etwa BVerfGE 105, 313 (342, 345); 131, 239 (259) – st. Rspr.; sich anschließend bspw. *Jörn Ipsen*: Gleichstellung und Grundgesetz. Die „Ehe für alle" ist verfassungswidrig, https://causa.tagesspiegel.de/gesellschaft/ist-die-ehe-fuer-alle-mit-dem-grundgesetz-vereinbar/die-ehe-fuer-alle-ist-verfassungswidrig.html, abgerufen am 9.3.2018; *Matthias Jestaedt*: Ehe für alle? Gastbeitrag in der FAZ vom 5. Juli 2017, http://www.faz.net/aktuell/politik/staat-und-recht/ehe-fuer-alle-gastbeitrag-ehe-fuer-alle-15092764.html, abgerufen am 9.3.2018 und *Christopher Schmidt*: „Ehe für alle" – Ende der Diskriminierung oder Verfassungsbruch?, NJW 2017, 2225, 2227f.; dagegen bspw. *Brosius-Gersdorf* (Fn. 54), Rn. 50, 81; *Hubertus Gersdorf*: Die Ehe für alle steht auf dem Boden des Grundgesetzes, Artikel auf https://community.beck.de vom 3. Juli 2017, abgerufen am 9.3.2018; *Friederike Wapler*: Die Frage der Verfassungsmäßigkeit der Öffnung der Ehe für gleichgeschlechtliche Paare. Gutachten für die Friedrich-Ebert-Stiftung, 2015, 22.

vorgesehenen Form geschlossen[83] wurde[84]. In dieser Definition spiegelt sich sogleich die Besonderheit der grundrechtlich geschützten Freiheit des ehelichen Zusammenlebens wider: Anders als die zuvor behandelten Prozessgrundrechte ist sie nicht ausschließlich rechtliches Gebilde, sondern trägt auch eine natürliche, genauer: soziale Komponente in sich. Diese besteht in der von Mann und Frau beiderseits freiwillig eingegangenen monogamen und grundsätzlich lebenslangen Verbindung[85]. Die Ehe ist zugleich aber auch rechtliches Gebilde. Aus einer beliebigen natürlichen Beziehung zwischen einem Mann und einer Frau machen erst einfachgesetzliche Vorschriften über deren Voraussetzungen und rechtliche Bedeutung sowie die staatliche Mitwirkung an der Eheschließung die Ehe im verfassungsrechtlichen Sinn[86]. Art. 6 Abs. 1 GG verpflichtet daher den Gesetzgeber zur Schaffung einer rechtlichen Ordnung. Ohne diese kann vom Grundrecht kein Gebrauch gemacht werden[87].

---

83 Vgl. *Rolf Gröschner*, in: Dreier, Horst (Hrsg.): Grundgesetz, Kommentar, Band 1, 2. Aufl. 2004, Art. 6 Rn. 39; *Ipsen* (Fn. 54), Rn. 8; *Helmut Lecheler*: Schutz von Ehe und Familie, in: Isensee, Josef; Kirchhof, Paul (Hrsg.): Handbuch des Staatsrechts der Bundesrepublik Deutschland, Band VI, 2. Aufl. 2001, § 133 Rn. 19; *Gerhard Robbers*, in: Mangoldt, Hermann von; Klein, Friedrich; Starck, Christian: Kommentar zum Grundgesetz, Band 1, 7. Aufl. 2018, Art. 6 Abs. 1 Rn. 38; *Gellermann* (Fn. 6), 127; *Christian Wirth*: Artikel 6 Abs. 1 des Grundgesetzes und die demografische Entwicklung in Deutschland. Zugleich ein Beitrag zur Frage nach Gehalt und Reichweite des besonderen Schutzes von Ehe und Familie, 2008, 64ff.; BVerfGE 10, 59 (66); 29, 166 (176); 49, 286 (300); 62, 323, (330); 105, 313 (345); 112, 50 (65) – st. Rspr.

84 Der sachliche Schutzbereich der Ehefreiheit reicht von der Eheschließung bis zur Ehescheidung und deren Folgewirkungen (statt vieler *Helge Sodan*, in: Sodan, Helge (Hrsg.): Grundgesetz. Kompakt-Kommentar, 3. Aufl. 2015, Art. 6 Rn. 5 unter Verweis auf BVerfGE 29, 166 (175); 31, 58 (82f.); 53, 224 (250f.); 53, 257 (296); 108, 351 (364)). Geschützt ist der freie Zugang zur Ehe (Eheschließungsfreiheit) einschließlich der freien Wahl des Ehepartners (BVerfGE 36, 146 (161); 105, 313 (342)) und der Wahl, eine Ehe nicht einzugehen (negative Eheschließungsfreiheit, *Robbers* (Fn. 83), Rn. 57; für eine Verortung in Art. 2 Abs. 1 GG BVerfGE 56, 363 (384)). Geschützt ist ferner die eigenständige und selbstverantwortliche Aufgabenverteilung sowie die persönliche und wirtschaftliche Lebensführung innerhalb der Ehe (BVerfGE 53, 257 (296f.); *Hans D. Jarass*, in: Jarass, Hans D.; Pieroth, Bodo: Grundgesetz für die Bundesrepublik Deutschland, Kommentar, 14. Aufl. 2016, Art. 6 Rn. 7) sowie deren Fortbestand (BVerfGE 121, 175 (198ff.); *Sodan* (Fn. 84), Rn. 5).

85 Vgl. *Kingreen/Poscher* (Fn. 7), Rn. 748; *Bumke* (Fn. 6), 34; *Wirth* (Fn. 83), 64.

86 *Kingreen/Poscher* (Fn. 7), Rn. 267; vgl. auch *von Coelln* (Fn. 54), Rn. 9; BVerfGE 62, 323 (330).

87 Zum Ganzen *Ipsen* (Fn. 54), Rn. 49; *Degenhart* (Fn. 12), Rn. 27; *Isensee* (Fn. 7), Rn. 163; vgl. auch *Rüdiger Zuck*: Die verfassungsrechtliche Gewährleistung der Ehe im

Ganz überwiegend wird diese rechtliche Komponente als entscheidend und die soziale Dimension als lediglich untergeordneter Annex betrachtet und die Ehefreiheit demzufolge als normgeprägt eingeordnet[88]. Zuweilen wird aber auch Gegenteiliges angenommen und behauptet, die Ehe sei zuvorderst auf lebensweltliche Strukturen bezogen. Entweder wird die Autonomie der Ehegatten[89] als der verfassungsrechtliche Schutzgegenstand gesehen, der der staatlichen Rechtsordnung vorausliegt oder aber die funktionale Bedeutung der Lebenshilfe[90], die aus sich selbst heraus und unabhängig von einer rechtlichen Ordnung erwachse. Die rechtliche Institutionalisierung der ‚Lebensbeziehung Ehe' stabilisiere diese zwar, trete aber zu deren sozialer Komponente lediglich hinzu, sei also nicht ausschlaggebend. Deshalb sei zweifelhaft, ob die verfassungsrechtlich verbürgte Ehe tatsächlich zwingend auf einfachgesetzliche Ausformung angelegt ist[91].

Diesem Ansatz muss widersprochen werden. Das Grundrecht wird maßgeblich durch die rechtliche Dimension der Ehe geprägt und nicht durch deren lebensweltlichen Bezugspunkt oder die natürliche Möglichkeit des Individuums zur Selbstbestimmung. Dies zeigt bereits ein Blick in die Historie. Seit jeher ist die Ehe als besondere Form menschlichen Zusammenlebens[92] maßgeblich von und durch Rechtsnormen bestimmt; bis in das 18. Jahrhundert hinein noch weitgehend kirchenrechtlich. Heute wird sie dagegen fast ausschließlich durch Vorschriften des Bürgerlichen Rechts und damit durch die staatliche Rechtsordnung geprägt[93]. Dies ist wiederum dem Umstand geschuldet, dass dem Grundgesetz das Bild der ‚verweltlichten', bürgerlich-rechtlichen Ehe zu Grunde liegt[94].

Wandel des Zeitgeistes, NJW 2009, 1449, 1452; *Gellermann* (Fn. 6), 127; *Hans-Jürgen Papier*: Ehe und Familie in der neueren Rechtsprechung des BVerfG, NJW 2002, 2129, 2129; *Lenz* (Fn. 6), 99f.; BVerfGE 31, 58 (69); 62, 323 (330); 81, 1 (6f.); 105, 313 (345).

88 *Ruffert* (Fn. 7), 105; *Degenhart* (Fn. 12), Rn. 27; *Gellermann* (Fn. 6), 127; *Bumke* (Fn. 6), 34; *Morgenthaler* (Fn. 6), 275; *Lenz* (Fn. 6), 106f.; in der Sache ebenso BVerfGE 31, 58 (69f.); 103, 89 (101); *Gersdorf* (Fn. 8), 21. Vgl. ergänzend die Nachweise supra Teil 1, Fn. 14.

89 Vgl. *Cornils* (Fn. 3), 362 und passim.

90 *Robbers* (Fn. 83), Rn. 33 m.w.N.

91 *Cornils* (Fn. 3), 338f., 356, 366. In diese Richtung wohl auch *Claus Dieter Classen*: Die Drittwirkung der Grundrechte in der Rechtsprechung des Bundesverfassungsgerichts, AöR 122 (1997), 65, 97.

92 BVerfGE 105, 313 (345).

93 Zum Ganzen *Bumke* (Fn. 6), 34 unter Verweis auf *Arne Duncker*: Gleichheit und Ungleichheit in der Ehe. Persönliche Stellung von Frau und Mann im Recht der ehelichen Lebensgemeinschaft 1700-1914, 2003, 29ff., der die Entwicklungen des Eherechts von 1700 bis in das frühe 20. Jahrhundert nachzeichnet.

94 BVerfGE 31, 58 (83); 53, 224 (245).

Außerhalb jenes rechtlich geformten Bereichs existiert kein (rein) soziales Gebilde der Ehe. Wohl finden sich im gesellschaftlichen Umfeld auch andere Varianten des Zusammenlebens, wie bspw. nicht eheliche oder gleichgeschlechtliche Lebensgemeinschaften[95]. Diese waren und sind allerdings nie Maßstab für die Ehe, sondern stets bloßes aliud[96].

Festzuhalten bleibt, dass die Ehe als tatsächliche Verbindung zwischen Mann und Frau zwar im nicht-rechtlichen Bereich wurzelt, dennoch aber nicht als ein der Legislative vorgegebener natürlicher Lebenssachverhalt konstruiert werden kann. Der verfassungsrechtliche Ehebegriff beschreibt also kein real existierendes Schutzgut[97]. Das Grundrecht der Ehefreiheit ist damit als (vollständig) normgeprägt einzuordnen.

3. *Vertragsfreiheit*

In der Reihe der vorliegend ausgewählten Referenzgrundrechte ist die Vertragsfreiheit die einzige ungeschriebene Gewährleistung. Gleichwohl ist anerkannt, dass sie grundrechtlich geschützt ist. Soweit nicht spezielle Grundrechte greifen, wird sie im Rahmen der allgemeinen Handlungsfreiheit (Art. 2 Abs. 1 GG) verortet[98].

Die Vertragsfreiheit gewährleistet, mit einem frei gewählten Partner übereinstimmend bindende Vereinbarungen zu schließen, deren Inhalte so zu gestalten, wie es dem Einzelnen beliebt (Abschluss- und Inhaltsfreiheit) und für diese gegenseitige Bindung die staatliche Anerkennung als Vertragsrecht

---

95 Die Existenz und gesellschaftliche Anerkennung alternativer Lebensformen zeigt, dass die Ehe lediglich *eine* von mehreren und zudem nicht zwingend die am nächsten liegende oder gar ideale Variante menschlichen Zusammenlebens ist, vgl. *Bumke* (Fn. 6), 34f. Näher zu den alternativen Möglichkeiten des Zusammenlebens und den Gründen für ihre Ausgrenzung aus dem verfassungsrechtlichen Ehebegriff etwa *Gunnar Kleffmann*: Ehe und andere Lebensgemeinschaften nach Landes- und Bundesverfassungsrecht, 2000, 51ff.

96 So die noch h.M. in verfassungsrechtlicher Rechtsprechung und Literatur (vgl. dazu und zur erstarkenden Gegenansicht supra Fn. 82). Zum Ganzen *Bumke* (Fn. 6), 34; vgl. auch *Robbers* (Fn. 83), Rn. 43, 45; *Jörn Ipsen*: Staatsrecht II. Grundrechte, 20. Aufl. 2017, Rn. 334; *Gerrit Manssen*: Staatsrecht II. Grundrechte, 14. Aufl. 2017, Rn. 443f.; *Thorsten Kingreen:* Die verfassungsrechtliche Stellung der nichtehelichen Lebensgemeinschaft im Spannungsfeld zwischen Freiheits- und Gleichheitsrechten, 1995, 69f.; BVerfGE 82, 1 (6); 105, 313 (345f., 351).

97 *Gellermann* (Fn. 6), 127, 130.

98 Dazu bereits supra Teil 1, A. Fn. 12 m.N.; vgl. auch *Mager* (Fn. 7), 224; ausführlicher *Cornils* (Fn. 3), 165f. m.umfangr.N.

zu beanspruchen[99]. Sie wird heute ganz überwiegend als vollständig normgeprägtes Grundrecht betrachtet[100] und zuweilen gar als Paradigma einer rechtsgeprägten Freiheit[101] bezeichnet. Auch hier werden einfachgesetzliche Regelungen also als zwingend notwendige Ergänzung der grundrechtlichen Gewährleistung verstanden, die deren Bahnen nachzeichnen und die autonome Gestaltung individueller Rechtsbeziehungen[102] erst ermöglichen[103]. Andere dagegen ordnen die Vertragsfreiheit als sachgeprägtes Grundrecht ein, da sie eine Urform friedlichen menschlichen Zusammenlebens, ein Lebensprinzip darstelle und mit der natürlichen Möglichkeit des Individuums zur Selbstbestimmung im Rechtsverkehr über ein Schutzgut verfüge, das der staatlichen Ordnung vorausliege[104].

---

99 Vgl. *Cornils* (Fn. 3), 206; *Höfling* (Fn. 4), 3, 20ff.; *Kingreen/Poscher* (Fn. 7), Rn. 269. *Michael Brenner*: Vertrags- und Wettbewerbsfreiheit, in: Merten, Detlef; Papier, Hans-Jürgen (Hrsg.): Handbuch der Grundrechte in Deutschland und Europa, Band V, 2013, § 115 Rn. 28.

100 *Lenz* (Fn. 6), 106; *Hans-Uwe Erichsen*: Allgemeine Handlungsfreiheit, in: Isensee, Josef; Kirchhof, Paul (Hrsg.): Handbuch des Staatsrechts der Bundesrepublik Deutschland, Band VI, 2. Aufl. 2001, § 152 Rn. 57; *Ruffert* (Fn. 7), 105, 307ff.; *Josef Isensee*: Privatautonomie, in: Isensee, Josef; Kirchhof, Paul (Hrsg.): Handbuch des Staatsrechts der Bundesrepublik Deutschland, Band VII, 3. Aufl. 2009, § 150 Rn. 78; *Mager* (Fn. 7), 225; *Gerrit Manssen*: Privatrechtsgestaltung durch Hoheitsakt. Verfassungsrechtliche und verwaltungsrechtliche Grundfragen, 1994, 141f.; *Lübbe-Wolff* (Fn. 11), 81*; Michael Bäuerle:* Vertragsfreiheit und Grundgesetz. Normativität und Faktizität individueller Vertragsfreiheit in verfassungsrechtlicher Perspektive, 2001, 329f.; vgl. auch *Bumke* (Fn. 6), 29. Aus der älteren Literatur grundlegend *Hans Huber*: Die verfassungsrechtliche Bedeutung der Vertragsfreiheit, 1966, 19; vgl. auch BVerfGE 81, 242 (254). Vgl. ergänzend die Nachweise supra Teil 1, Fn. 12.

101 *Poscher* (Fn. 6), 117.

102 Zu den einzelnen Ausprägungen des Grundsatzes autonomer Gestaltung bspw. *Bumke* (Fn. 6), 22ff., 57ff. sowie infra Teil 4, A.II.1.

103 Vgl. zum Ganzen *Gellermann* (Fn. 6), 136f.; s. auch *Christian Bumke*: Der Grundrechtsvorbehalt. Untersuchungen über die Begrenzung und Ausgestaltung der Grundrechte, 1998, 95; *Erichsen* (Fn. 100), Rn. 57; *Werner Flume*: Rechtsgeschäft und Privatautonomie, in: Caemmerer, Ernst von; Friesenhahn, Ernst; Lange, Richard (Hrsg.): Hundert Jahre Deutsches Rechtsleben. Festschrift zum hundertjährigen Bestehen des deutschen Juristentages 1860-1960, Band I, 1960, 135, 136ff.; Flume referierend *Huber* (Fn. 100), 18; *Christian Starck*, in: Mangoldt, Hermann von; Klein, Friedrich; Starck, Christian: Kommentar zum Grundgesetz, Band 1, 7. Aufl. 2018, Art. 2 Abs. 1 Rn. 145; *Bäuerle* (Fn. 100), 329.

104 *Jürgen Eschenbach; Frank Niebaum*: Von der mittelbaren Drittwirkung unmittelbar zur staatlichen Bevormundung, NVwZ 1994, 1079, 1080f.; *Claus-Wilhelm Canaris*: Verstöße gegen das verfassungsrechtliche Übermaßverbot im Recht der

Dieser Sichtweise ist entgegenzutreten, da sie nicht in ausreichendem Maße den untrennbaren Zusammenhang zwischen der natürlichen Versprechensfreiheit und der Rechtsordnung[105] berücksichtigt. Wohl ist die Vertragsfreiheit aus Sicht des Gemeinwesens eine seiner notwendigen Grundlagen und zweifelsohne liegt Vertragsschlüssen ein tatsächliches Verhalten zugrunde, namentlich die Verständigung in Schrift, Wort oder durch Zeichen[106]. Das Grundrecht trägt also auch natürliche Elemente in sich, indem es Individuen die Möglichkeit eröffnet, durch tatsächliches Verhalten beliebige Versprechen auszutauschen und Übereinkünfte zu treffen[107]. Zu verbindlichen und durchsetzbaren Vereinbarungen, also zu *Verträgen* werden derlei tatsächliche Äußerungen jedoch nicht aufgrund eines naturrechtlichen Gebots, sondern erst und nur, wenn die Rechtsordnung sie anerkennt, indem sie bestimmt, unter welchen Bedingungen die zwischen privaten Personen getroffenen Abreden gültig sind[108]. Ohne staatlichen Normbefehl wäre ein Bekenntnis wie ‚Ich verspreche dir, dass…' lediglich als Information über eine Absicht oder als Aussage über zukünftiges Verhalten, nicht aber als bindendes Versprechen, das heißt als Vertrag, zu interpretieren[109].

Die Vertragsfreiheit ist also keine apriorische, von staatlich geschaffenen Voraussetzungen völlig unabhängige Freiheit in einem fiktiven status naturalis, sondern vielmehr eine Freiheit, die als Gegenstand grundrechtlicher Verbürgung nur und erst innerhalb des von der Rechtsordnung abgesteckten Rahmens existiert[110]. Sie ist vollständig rechtlicher, in Inhalt und Reichweite von der Rechtsordnung abhängiger und erst durch sie ermöglichter Natur[111].

Geschäftsfähigkeit und im Schadenersatzrecht, JZ 1987, 993, 994f; *Klaus Stern*: Zur Grundlegung einer Lehre des öffentlich-rechtlichen Vertrages, VerwArch 49 (1958), 106, 122; sich anschließend *Josef Franz Lindner*: Theorie der Grundrechtsdogmatik, 2005, 296f.; vgl. auch *Cornils* (Fn. 3), 216; ablehnend *Höfling* (Fn. 4), 22ff.

105 Auf diesen weist schon *Flume* (Fn. 103), 137 hin. Ebenso *Isensee* (Fn. 100), Rn. 78; *Höfling* (Fn. 4), 22, 24; *Cornils* (Fn. 3), 196; *Lübbe-Wolff* (Fn. 11), 81. Auch dem die Gegenansicht vertretenden *Canaris* ist jener Zusammenhang durchaus bewusst, vgl. *Canaris* (Fn. 104), 995.

106 *Manssen* (Fn. 100), 142, der überdies zutreffend ausführt, dass derlei Vereinbarungen in der Regel auf die Durchführung weiterer tatsächlicher Vorgänge, wie etwa das Austauschen beweglicher Sachen (bspw. Melone gegen Fleisch) gerichtet sind.

107 *Höfling* (Fn. 4), 22; *Lübbe-Wolff* (Fn. 11), 81; *Gellermann* (Fn. 6), 137.

108 *Gellermann* (Fn. 6), 137; *Manssen* (Fn. 100), 141f.; *Isensee* (Fn. 100), Rn. 78.

109 *Höfling* (Fn. 4), 22f.; vgl. auch *Poscher* (Fn. 6), 117.

110 *Gellermann* (Fn. 6), 137; *Isensee* (Fn. 100), Rn. 78; *Cornils* (Fn. 3), 165, 196f.; *Höfling* (Fn. 4), 21; *Bäuerle* (Fn. 100), 329; ähnlich BVerfGE 81, 242 (254).

111 *Gellermann* (Fn. 6), 137 m.w.N.; differenzierter *Cornils* (Fn. 3), 196f.

4. *Eigentumsfreiheit*

Art. 14 Abs. 1 S. 1 GG gewährleistet das Eigentum Privater, also alle konkreten, vermögenswerten Rechtspositionen, die dem Einzelnen als Ausschließlichkeitsrechte zur privaten Nutzung und zur eigenen Verfügung von der Rechtsordnung zugeordnet sind[112]. Die damit angesprochene Gesetzesabhängigkeit der Eigentumsgarantie ist in der Rechtsprechung des Bundesverfassungsgerichts seit langem anerkannt[113] ebenso wie der Umstand, dass Begriff und Umfang des verfassungsrechtlich verbürgten Eigentums trotz dessen Normgeprägtheit direkt aus dem Grundgesetz und nicht etwa aus einfachem Recht abzuleiten sind[114]. Dieser Auffassung hat sich die verfassungsrechtliche Literatur ganz überwiegend angeschlossen[115]; für viele ist die Eigentumsgarantie

---

112 Vgl. BVerfGE 31, 229 (240); 83, 201 (208); 112, 93 (107); 123, 186 (258); 126, 331 (358) – st. Rspr.; *Kingreen/Poscher* (Fn. 7), Rn. 1036; *Otto Depenheuer; Judith Froese*, in: Mangoldt, Hermann von; Klein, Friedrich; Starck, Christian: Kommentar zum Grundgesetz, Band 1, 7. Aufl. 2018, Art. 14 Rn. 51ff.; vgl. auch *Gellermann* (Fn. 6), 98, 321; *Joachim Wieland*, in: Dreier, Horst (Hrsg.): Grundgesetz Kommentar, Band 1, 3. Aufl. 2013, Art. 14 Rn. 49; *Rudolf Wendt*, in: Sachs, Michael (Hrsg.): Grundgesetz. Kommentar, 8. Aufl. 2018, Art. 14 Rn. 23. Art. 14 Abs. 1 S. 1 GG schützt den Bestand des vorhandenen Eigentums vor Entzug (BVerfGE 89, 1 (7)) sowie die Nutzungs- und Verfügungsmöglichkeiten (vgl. BVerfGE 50, 290 (339); 93, 121 (137)), die eng mit der Privatnützigkeit zusammenhängen (*Helge Sodan*, in: Sodan, Helge (Hrsg.): Grundgesetz. Kompakt-Kommentar, 3. Aufl. 2015, Art. 14 Rn. 18).

113 Bereits Ende der 1960er Jahre konstatierte das Bundesverfassungsgericht im *Hamburger Deichurteil*, dass „nur das durch die Gesetze ausgeformte Eigentum [...] den Gegenstand der Eigentumsgarantie [bilde und] verfassungsrechtlich geschützt [sei] (BVerfGE 24, 367 (396)). Anfang der 1980er Jahre folgte der vieldiskutierte *Naßauskiesungsbeschluss*, in dem es heißt: „Welche Befugnisse einem Eigentümer in einem bestimmten Zeitpunkt konkret zustehen, ergibt sich [...] aus der Zusammenschau aller in diesem Zeitpunkt geltenden, die Eigentümerstellung regelnden gesetzlichen-Vorschriften." (BVerfGE 58, 300 (336); aus jüngerer Zeit etwa BVerfGE 95, 64 (82); 100, 1 (37); 116, 96 (124f.); 117, 272 (293). S. ergänzend die Nachweise supra Teil 1, A. II.

114 BVerfGE 58, 300 (335): „Der Begriff des von der Verfassung gewährleisteten Eigentums muß aus der Verfassung selbst gewonnen werden. Aus Normen des einfachen Rechts, die im Range unter der Verfassung stehen, kann weder der Begriff des Eigentums im verfassungsrechtlichen Sinn abgeleitet noch kann aus der privatrechtlichen Rechtsstellung der Umfang der Gewährleistung des konkreten Eigentums bestimmt werden.".

115 *Otto Depenheuer*: Eigentum, in: Merten, Detlef; Papier, Hans-Jürgen (Hrsg.): Handbuch der Grundrechte in Deutschland und Europa, Band V, 2013, § 111 Rn. 43ff.;

gar *das* Musterbeispiel einer rechtsgeprägten Freiheit[116]. Gleichwohl wird ihre Normgeprägtheit – mit unterschiedlichen Begründungen (a.-d.) – immer wieder bezweifelt[117].

Ansgar Grochtmann: Die Normgeprägtheit des Art. 14 GG. Konsequenzen für die Eigentumsdogmatik, 2. Aufl. 2010, 23ff., insbes. 26 m.w.N.; *Ruffert* (Fn. 7), 104f.; *Morgenthaler* (Fn. 6), 248; *Isensee* (Fn. 7), Rn. 163; *Jochen Rozek*: Die Unterscheidung von Eigentumsbindung und Enteignung. Eine Bestandsaufnahme zur dogmatischen Struktur des Art. 14 GG nach 15 Jahren „Naßauskiesung", 1998, 27, 56, 222, 276, 292; *Herzog* (Fn. 11), 1418; *Markus Appel*: Entstehungsschwäche und Bestandsstärke des verfassungsrechtlichen Eigentums. Eine Untersuchung des Spannungsverhältnisses zwischen Art. 14 Abs. 1 S. 1 GG und Art. 14 Abs. 1 S. 2 GG auf Basis der Eigentumsrechtsprechung des Bundesverfassungsgerichts, 2004, 88f.; *Bumke* (Fn. 103), 183; *Manssen* (Fn. 96), Rn. 690; *Ulrich Hösch*: Eigentum und Freiheit. Ein Beitrag zur inhaltlichen Bestimmung der Gewährleistung des Eigentums nach Art. 14 Abs. 1 S. 1 GG., 2000, 270, 283. Aus der älteren Literatur exemplarisch *Gunther Schwerdtfeger*: Die dogmatische Struktur der Eigentumsgarantie, 1983, 13; *Rudolf Wendt*: Eigentum und Gesetzgebung, 1985, 62ff. Widersprüchlich *Depenheuer* (Fn. 112), der in Rn. 29f. unter der Überschrift „Normgeprägtheit des verfassungsrechtlichen Eigentums" zunächst explizit und unter Verweis auf die „zutreffende" Rechtsprechung des Bundesverfassungsgerichts davon ausgeht, dass es **kein dem Gesetzgeber vorgegebenes „natürliches" Eigentum** (Hervorhebung im Original) gebe, die Eigentumsgarantie also „ohne gesetzliche Vermittlung keine rechtspraktische Wirksamkeit" entfalte und damit „notwendig normgeprägt" sei. Angesichts dieser klaren Worte überraschen seine gegenteiligen Ausführungen in Rn. 57f. Dort geht er davon aus, dass jedenfalls das Sacheigentum an beweglichen Sachen ein „natürlich" abgegrenztes und eigentumsfähiges, „dem Rechtsetzer vorgegebenes" Gut sei, das keiner rechtlichen Hervorbringung bedürfe. *Martin Ibler*: Die Eigentumsdogmatik und die Inhalts- und Schrankenbestimmungen i.S.v. Art. 14 Abs. 1 S. 2 GG im Mietrecht, AcP 197 (1997), 565, 567ff. bezeichnet die gesetzgeberische Tätigkeit zwar als lediglich hinzutretende „Mitgestaltung", geht im Ergebnis aber ebenfalls von der Normgeprägtheit der Eigentumsgarantie aus, vgl. *Grochtmann* (Fn. 115), 34 Fn. 44. S. ergänzend die Nachweise supra Teil 1, Fn. 9.

116 Dazu bereits die Nachweise supra Teil 1, Fn. 10.

117 Allgemein kritisch zur Entwicklung der Eigentumsdogmatik in jüngerer Zeit *Ali Kilic*: Die dogmatischen Fehlentwicklungen zur Eigentumsfreiheit – was bleibt von der Eigentumsfreiheit noch übrig?, ZJS 2011, 479ff. Pauschal gegen die (vollständige) Gesetzesabhängigkeit des Eigentums, sobald sie mit Bestandsschutzgedanken verknüpft wird, *Jan-Reinard Sieckmann*: Modelle des Eigentumsschutzes. Eine Untersuchung zur Eigentumsgarantie des Art. 14 GG, 1998, 139f., 150.

a. *Widersprüchliche Rechtsprechung des Bundesverfassungsgerichts?*

Einige sehen schon in den angeblich widersprüchlichen Äußerungen des Bundesverfassungsgerichts zum grundrechtlichen Eigentumsbegriff einerseits und zur Gesetzesabhängigkeit der Eigentumsgarantie andererseits genügend Anlass, um der Normgeprägtheit gänzlich mit Ablehnung zu begegnen[118]. Dieser These kann indes nicht gefolgt werden, da beide Äußerungen durchaus sinnvoll zusammengedacht werden können, indem die Normgeprägtheit als ein, wenn auch besonderer, Bestandteil des verfassungsrechtlichen Eigentumsbegriffs verstanden wird[119]. Von gegenläufigen Ansichten innerhalb der Rechtsprechung des Bundesverfassungsgerichts kann daher keine Rede sein[120].

b. *Eigentum als gesellschaftlich geprägtes Phänomen?*

Zuweilen wird die Normgeprägtheit der Eigentumsgarantie mit dem Argument bestritten, Eigentum im verfassungsrechtlichen Sinne entstünde schon in der gesellschaftlichen Sphäre[121]. Das maßgebliche Schutzgut des Art. 14 Abs. 1 S. 1 GG besteht nach dieser Ansicht nicht in einer einfachrechtlich ausgeformten Position, sondern in faktischen Machtbefugnissen an sachlichen Gütern, die einen gesellschaftlich zugebilligten Vermögenswert aufweisen[122]. Das Merkmal der rechtlichen Zuordnung einer vermögenswerten Rechtsposition zu einer

---

118 So etwa *Christoph Engel*: Eigentumsschutz für Unternehmen, AöR 118 (1993), 169, 194ff. unter Bezugnahme vor allem auf BVerfGE 58, 300 (335) einerseits und BVerfGE 51, 193 (211); 81, 12 (16); 79, 29 (40) andererseits; kritisch auch *Hans-Jürgen Papier*, in: Maunz, Theodor†; Dürig, Günter†: Grundgesetz. Kommentar, Loseblatt, Stand des Gesamtwerkes: Januar 2013, Band II, Art. 14 Rn. 38; ähnlich *Lindner* (Fn. 104), 308f., 312ff., 315f. sowie *Walter Leisner*: Eigentumswende? Liegt der Grundwasserentscheidung des Bundesverfassungsgerichts ein neues Eigentumsverständnis zugrunde?, DVBl. 1983, 61, 63.

119 So ausdrücklich zur (ebenfalls normgeprägten) Vereinigungsfreiheit BVerfGE 50, 290 (354).

120 Vgl. *Grochtmann* (Fn. 115), 86f., 71.

121 *Jürgen Eschenbach*: Der verfassungsrechtliche Schutz des Eigentums, 1996, 547ff.; dezidiert auch *Friedhelm Hufen*: Staatsrecht II. Grundrechte 6. Aufl. 2017, § 38 Rn. 8.

122 *Eschenbach* (Fn. 121), 552, 559f., 679. Auch *Lindner* (Fn. 104), 315ff., insbes. 317, 323f. und *Oliver Lepsius*: Besitz und Sachherrschaft im öffentlichen Recht, 2002, 17ff., 64, identifizieren die faktische Sachherrschaft als maßgebliches Schutzgut der Eigentumsgarantie (an dem sich der inhaltsbestimmende Gesetzgeber zu orientieren habe), allerdings ohne den von *Eschenbach* ins Feld geführten gesellschaftlichen Bezug ausdrücklich zu thematisieren.

Person wird mithin durch jenes der gesellschaftlich anerkannten Zugehörigkeit ersetzt[123].

In der Formulierung des Bundesverfassungsgerichts, Art. 14 Abs. 1 S. 1 GG schütze das Rechtsinstitut des Eigentums, so wie es das bürgerliche Recht und die gesellschaftlichen Anschauungen geformt haben[124], scheint diese Vorstellung sogar eine textliche Stütze zu finden. Hiergegen spricht jedoch, dass das Bundesverfassungsgericht diese anfänglich verwendete Formulierung seit Jahrzehnten nicht mehr gebraucht und in späteren Entscheidungen regelmäßig ausdrücklich darauf hinweist, dass es Sache des Gesetzgebers sei, Inhalt und Schranken des Eigentums zu bestimmen[125]. Zudem verkennt die Annahme, Art. 14 Abs. 1 S. 1 GG schütze (bereits) gesellschaftlich anerkannte Machtverhältnisse, dass Eigentum ohne normatives Element gar nicht denkbar ist. Gewiss ist die tatsächliche Zuordnung von Vermögenswerten zu einer Person unter gleichzeitigem Ausschluss aller anderen Personen von deren Nutzung eine Möglichkeit, um in einer Gesellschaft den Umgang mit beweglichen und unbeweglichen Gütern zu organisieren[126]; insofern enthält das Eigentum ein rechtsunabhängiges Element[127]. Zur Vermeidung von Anarchie und damit als Ordnungsinstrument geeignet sind faktische Zuordnung und faktischer Ausschluss jedoch erst und nur, wenn sie auch rechtlich statuiert und anerkannt sind[128]. Denn in einem Rechtsstaat ist es dem Einzelnen grundsätzlich nicht möglich, seine tatsächliche Herrschaft über einen Vermögenswert gegenüber Dritten gewaltsam zu verteidigen. Kompensiert wird dieses Selbsthilfeverbot durch die einfachgesetzliche Eigentumsordnung.

---

123 *Gellermann* (Fn. 6), 101.

124 BVerfGE 1, 264 (278); ähnlich BVerfGE 20, 351 (355).

125 Dazu eingehend *Grochtmann* (Fn. 115), 28f. Näher liegt – dies sei der Vollständigkeit halber erwähnt – zudem die Annahme, dass das Bundesverfassungsgericht mit den genannten frühen Formulierungen wohl etwas ganz anderes auszudrücken beabsichtigte. Es wollte lediglich darauf hinweisen, dass der Verfassunggeber aus mehreren theoretisch möglichen Eigentumstypen einen ganz bestimmten – nämlich jenen durch das bürgerliche Recht und die gesellschaftlichen Anschauungen geprägten – „zum Leitbild gesetzlicher Konkretisierungen erhoben" und als Schutzgut des Art. 14 GG anerkannt hat, vgl. zu dieser Interpretationsmöglichkeit *Depenheuer* (Fn. 112), Rn. 32; *Kilic* (Fn. 117), 479.

126 Vgl. *Bumke* (Fn. 6), 38; *Lindner* (Fn. 104), 304.

127 *Lindner* (Fn. 104), 305 konstatiert, dass dies(es) von der herrschenden Meinung im Schrifttum weitgehend außer Acht gelassen wird.

128 Vgl. *Depenheuer* (Fn. 112), Rn. 29, der explizit davon spricht, dass "jeder faktische Besitz als ein von der Gemeinschaft aller Rechtspersonen zugeteiltes Recht gedacht werden" muss. Vgl. zum Ganzen auch *Bumke* (Fn. 6), 38.

Erst die Statuierung interpersoneller Unterlassungs-, Abwehr- und Ausschlussansprüche versetzt den Einzelnen in die Lage, seine faktische Macht über einen beweglichen oder unbeweglichen Gegenstand gegenüber Dritten auch wirksam durchzusetzen. Die Rechtsordnung stabilisiert damit faktische Herrschaftverhältnisse. Diese können sich erst wirksam entfalten und damit befriedigend funktionieren, wenn sie durch Recht verfestigt sind[129]. Hinzu tritt, dass der Ausschluss Dritter von der Nutzung von Vermögenswerten deren Freiheit beschränkt und auch deshalb einer rechtlichen Regelung bedarf[130]. Und schließlich verleihen tatsächliche Zuordnung und tatsächlicher Ausschluss Macht, die der Legitimation bedarf. In einem Rechtsstaat erfolgt dies denknotwendig durch Recht. Nach alledem ist das grundrechtlich geschützte Eigentum ohne einfachgesetzliche Unterfütterung nicht vorstellbar[131]. Dies hat bereits der Verfassunggeber erkannt und dem Gesetzgeber nicht nur die Schranken-, sondern auch die Inhaltsbestimmung des Eigentums aufgetragen, Art. 14 Abs. 1 S. 2 GG. Diese Wortwahl lässt auf grundlegende und vor allem auch auf variantenreiche inhaltliche Gestaltungsmöglichkeiten des Gesetzgebers schließen, von denen de facto kaum etwas übrig bliebe, wenn an gesellschaftliche Gegebenheiten angeknüpft würde. In diesem Falle reduzierte sich die vom Verfassunggeber intendierte Vielfalt der möglichen Gestaltungsalternativen auf die rechtliche Anerkennung bereits vorgefundener gesellschaftlicher Umstände[132].

c. Selbstbestimmung des Eigentümers als vorrechtlicher Schutzgegenstand?

Gelegentlich wird auch die (Möglichkeit zur) privatautonome(n) Bestimmung eigentumsfähiger Rechtspositionen als maßgebliches Schutzgut der Eigentumsgarantie betrachtet und auf diese Weise ein vorrechtlicher Bezugspunkt zu konstruieren versucht[133].

Richtig ist, dass die Eigentumsgarantie dem Einzelnen einen Freiheitsraum im vermögensrechtlichen Bereich sichern und ihm dadurch eine

---

129 Vgl. *Lindner* (Fn. 104), 306.

130 Vgl. *Sieckmann* (Fn. 117), 138 (mit Verweis auf BVerfGE 14, 263 (277)), der der vollständigen Gesetzesabhängigkeit jedoch kritisch gegenübersteht, soweit diese mit Bestandsschutzgedanken verknüpft wird, vgl. 139f., 150.

131 Vgl. *Bumke* (Fn. 6), 38; vgl. auch *Gellermann* (Fn. 6), 22, 113.

132 Vgl. *Gellermann* (Fn. 6), 102; in diese Richtung wohl auch *Grochtmann* (Fn. 115), 36 m.w.N.

133 *Cornils* (Fn. 3), 321, 525 und passim; vgl. auch *Sieckmann* (Fn. 117), 96ff., der allein aus der Handlungsfreiheit auf die Notwendigkeit von Eigentumsrechten schließt; in diese Richtung wohl auch *Eschenbach* (Fn. 121), 548f.

eigenverantwortliche Gestaltung seines Lebens ermöglichen soll[134]. Diesem Autonomiegedanken lässt sich jedoch lediglich entnehmen, dass Menschen sich nach eigenem Belieben verhalten, nicht aber, dass sie irgendeinen Vermögenswert nach ihrem Dafürhalten verwenden und zugleich Dritte von der Nutzung ausschließen dürfen[135]. Diese speziellen rechtlichen Wirkungen entfalten privatautonom getroffene, tatsächliche (Eigentums)Äußerungen nicht schon per se und aus sich heraus aufgrund eines naturrechtlichen Gebots, sondern nur aufgrund entsprechender einfachgesetzlicher Anerkennung und Regelung (Eigentumsordnung)[136].

d. Eigentum an beweglichen Sachen als natürliches Schutzgut?

„Eigentum – eine Schöpfung des Gesetzgebers? Diese Worte sollten nicht mehr gebraucht werden", empfahl *Walter Leisner* bereits Ende der 1980er Jahre[137] und wendete sich damit gegen die (vollständige) Gesetzesabhängigkeit der Eigentumsgarantie[138]. *Leisner* unterscheidet drei Kategorien eigentumsfähiger Güter: die natürlich abgegrenzten Güter (Sacheigentum an beweglichen Sachen), die wesentlich abgrenzungsbedürftigen Güter (Grundeigentum) und schließlich die gesetzlich als solche erst anzuerkennenden Güter (Forderungs- und Immaterialgüterrechte)[139]. Lediglich die beiden letzteren Bereiche seien – freilich unterschiedlich intensiv – auf gesetzgeberische Tätigkeit angewiesen[140]. Dagegen sei

134 BVerfGE 24, 367 (389); 50, 290 (339); 104, 1 (8f.); 115, 97 (110) – st. Rspr.

135 *Bumke* (Fn. 6), 36 m.w.N.

136 Zum Ganzen vgl. *Gellermann* (Fn. 6), 101 m.w.N. Ähnliche Argumentation bereits im Rahmen der Ehe- und Vertragsfreiheit (supra Teil 3, D.I.2.,3.) sowie der Erbrechtsgarantie (infra Teil 3, D.I.5.). In der Sache ebenso *Cornils* (Fn. 3), 290ff., insbes. 300, 304, 336f.

137 *Walter Leisner*: Eigentum, in: Isensee, Josef; Kirchhof, Paul (Hrsg.): Handbuch des Staatsrechts der Bundesrepublik Deutschland, Band VI, 1989, § 149 Rn. 159. Sich dieser Konzeption anschließend *Depenheuer* (Fn. 115), Rn. 46ff.

138 Ihm folgend wohl *Ipsen* (Fn. 96), Rn. 740. Zumindest das geistige Eigentum als „naturgegeben" bzw. „vorstaatlich" betrachtend wohl *Frank Fechner*: Geistiges Eigentum und Verfassung: Schöpferische Leistungen unter dem Schutz des Grundgesetzes, 1999, 122. Widersprüchlich *Depenheuer* (Fn. 112), Rn. 29f., 57f. (dazu bereits supra Fn. 115).

139 Entgegen der Annahme *Grochtmanns* (Fn. 115), 33f., greift *Leisner* sein im Jahr 1989 im sechsten Band des Handbuch des Staatsrechts vorgestelltes Konzept später sehr wohl – und nahezu wortgleich – wieder auf bspw. im achten Band des Handbuchs des Staatsrechts (sogleich Fn. 140).

140 Im Bereich der Forderungs- und Immaterialgüterrechte sei „nichts greifbar, solange nicht der Gesetzgeber gesprochen" habe. Hier müsse ihm daher ein Inhaltsbestimmungsrecht eingeräumt werden. Ebenso müsse die Legislative auch beim

das Eigentum an beweglichen Sachen außerrechtlich abgrenz- und beherrschbar und damit natürlich eigentumsfähig. Die Tätigkeit des Gesetzgebers sei hier im Grunde gar nicht nötig und könne deshalb auch nicht als konstitutive Inhaltsbestimmung verstanden werden[141]. Das Eigentum an einem Buch beispielsweise wäre nach jener Ansicht also ein ohne weitere gesetzliche Ausformung existentes, unmittelbar in Art. 14 Abs. 1 S. 1GG enthaltenes Schutzgut.

Auch dieses Bemühen, das grundrechtlich geschützte Eigentum als – zumindest teilweise – naturgegebenes Gut[142] zu konstruieren, verfängt nicht. Ebenso wie die zuvor dargestellten Ansätze verkennt es die besondere Struktur des Eigentums[143] als exklusives und absolut *rechtliches* Zuordnungsverhältnis[144]. Gewiss trägt die Eigentumsgarantie auch natürliche Bezugspunkte in sich, wie etwa das menschliche Bedürfnis, ‚Mein und Dein' zu unterscheiden[145] oder das tatsächliche Innehaben und Nutzen von Sachgütern. Diese Elemente sind jedoch allenfalls Gegenstand des [bloß faktischen] Besitzes[146]. Eigentum ist dagegen eine Form der rechtlichen Herrschaft über ein vermögenswertes Gut und damit ein *Mehr* gegenüber diesem Besitz[147]. Zum Eigentum wird jener Besitz erst durch die gesetzliche Bereitstellung des absolut wirkenden Ausschließungsrechts[148]; erst die Rechtsordnung macht aus der tatsächlichen Nutzung einer Sache den Gebrauch des Eigentums[149]. Für diese Deutung der Eigentumsgarantie als vollständig normgeprägtes Grundrecht spricht schon der eindeutige

---

Grundeigentum zunächst die Eigentumsfähigkeit (durch Schaffung der entsprechenden sachenrechtlichen Voraussetzungen) herstellen, damit „das Eigentum als Ausschließlichkeitsrecht überhaupt seinen Schutz entfalten" könne, vgl. *Walter Leisner*: Eigentum, in: Isensee, Josef; Kirchhof, Paul (Hrsg.): Handbuch des Staatsrechts der Bundesrepublik Deutschland, Band VIII, 3. Aufl. 2010, § 173 Rn. 15ff., insbes. Rn. 16, 18.

141 *Leisner* (Fn. 140), Rn. 15. Im Ergebnis ebenso wohl *Ipsen* (Fn. 96), Rn. 740.

142 So wohl *Fechner* (Fn. 138), 122.

143 *Majewski* (Fn. 14), 103 m.w.N.

144 *Bumke* (Fn. 6), 37; ebenso *Grochtmann* (Fn. 115), 26.

145 *Bumke* (Fn. 6), 35 m.w.N.; vgl. auch *Ipsen* (Fn. 96), Rn. 740.

146 Vgl. *Herzog* (Fn. 11), 1418.

147 Selbst wenn der Besitz in den verfassungsrechtlichen Eigentumsbegriff einbezogen wird (so wohl *Lepsius* (Fn. 122), 81ff.; *Papier* (Fn. 118), Rn. 202), wird hierdurch das *Mehr*, das das Eigentum gegenüber dem Besitz enthält, nicht egalisiert, vgl. *Herzog* (Fn. 11), 1418.

148 Zum Ganzen *Herzog* (Fn. 11), 1418 m.w.N.; vgl. auch *Cornils* (Fn. 3), 519; *Morgenthaler* (Fn. 6), 248.

149 *Morgenthaler* (Fn. 6), 248; *Kingreen/Poscher* (Fn. 7), Rn. 267.

Wortlaut des Art. 14 Abs. 1 S. 2 GG. Dort wird nicht etwa zwischen mehr oder weniger ausgestaltungsbedürftigen vermögenswerten Rechtspositionen unterschieden, sondern dem Gesetzgeber die Befugnis zur Bestimmung des gesamten Eigentumsinhalts erteilt[150]. Gerade diesen klaren Wortlaut für nicht entscheidend zu halten[151], hieße, einen dem Gesetzgeber vom Grundgesetz ausdrücklich zugesprochenen Regelungsauftrag zu ignorieren und sich damit sehenden Auges über den Willen des Verfassunggebers hinwegzusetzen. Zudem läuft die von *Leisner* vorgeschlagene Unterscheidung zwischen natürlichen und rechtlichen Eigentumsgütern auf eine unzusammenhängende Kombination aus partiell verfassungsunmittelbar und teilweise gesetzesakzessorisch geschützten Eigentumsrechten hinaus. Damit ist zum einen eine klare Abschichtung verfassungsrechtlicher und einfachgesetzlicher Normgehalte nicht (mehr) möglich[152]. Zugleich entstehen Eigentumsrechte erster (verfassungsunmittelbar geschütztes Sacheigentum) und zweiter Klasse (beispielsweise das nicht verfassungsunmittelbar geschützte Grundeigentum oder das geistige Eigentum). Diese Abstufung läuft dem Schutzzweck der Eigentumsgarantie zuwider. Art. 14 Abs. 1 S. 1 GG schützt ganz allgemein die materiellen Voraussetzungen persönlicher Freiheit[153], statuiert aber gerade keinen Vorrang des Sacheigentums vor dem Grundeigentum und vor Forderungs- und Immaterialgüterrechten, weil eben nicht plausibel begründbar ist, warum das Sacheigentum für die Freiheit der Grundrechtsberechtigten im vermögensrechtlichen Bereich wichtiger sein soll als beispielsweise das Grundeigentum oder Ansprüche aus geistigem Eigentum[154].

e. *Zwischenergebnis*

Eigentum im verfassungsrechtlichen Sinn ist weder ein soziales noch ein natürliches Phänomen. Es ergibt sich nicht schon aus der tatsächlichen Herrschaft einer Person über eine Sache, sondern setzt voraus, dass die Legislative durch Gesetze

---

150 Dagegen geht *Leisner* (Fn. 140), Rn. 19 davon aus, der Verfassunggeber habe bei Schaffung der Norm kein „absolutes Inhaltsbestimmungsrecht für alles Eigentum" im Sinn gehabt. Diese Behauptung ist abzulehnen, da sie ohne jegliche Begründung vorgetragen wird und keine Stütze im Wortlaut des Art. 14 Abs. 1 S. 2 GG findet.

151 So *Stefan Glöckner*: Eigentumsrechtlicher Schutz von Unternehmen. Eine rechtsvergleichende Studie zum deutschen Recht, zum Recht der EMRK und zum Europarecht, 2005, 23ff., insbes. 25.

152 *Cornils* (Fn. 3), 307f.

153 S. Fn. 134.

154 Zum Ganzen m.w.N. *Cornils* (Fn. 3), 307f.

eine rechtliche Beziehung zwischen einem Rechtsgut und einem Rechtsträger schafft[155].

5. *Erbrechtsgarantie*

Die grundrechtliche Garantie des Erbrechts, Art. 14 Abs. 1 S. 1 GG, umfasst sowohl die Testierfreiheit, das heißt das Recht des Erblassers, sein Vermögen an diejenige Person zu vererben, an die er es vererben möchte (Verfügungsbefugnis über den Tod hinaus[156]), als auch das Recht des Erben, über die ererbten Rechtsgüter wie ein Eigentümer verfügen zu können[157]. Die Erbrechtsgarantie verlängert also die Garantie des Privateigentums über den Tod hinaus[158] und ist aufgrund dieser engen Verwandtschaft mit der Eigentumsfreiheit ebenso wie letztere als vollständig normgeprägtes Grundrecht zu qualifizieren. Gewiss finden sich auch in der grundrechtlichen Garantie des Erbrechts natürliche Bezugspunkte, wie etwa die dem Individuum von Natur aus gegebene Möglichkeit, einseitige Willensäußerungen auf den Todesfall abzugeben. Zu einem rechtsverbindlichen und durchsetzbaren Testament werden solcherlei tatsächliche Äußerungen jedoch nicht aufgrund eines naturrechtlichen Gebots, sondern durch den Normbefehl des einfachen Gesetzgebers, der festlegt, ob und unter welchen Bedingungen der Einzelne mittels einer Willensäußerung zu Lebzeiten bestimmen kann, wie mit seinen Vermögenswerten nach dem Eintritt seines Todes zu verfahren ist[159].

---

155 Exemplarisch *Grochtmann* (Fn. 115), 25 m.w.N.; vgl. auch *Gellermann* (Fn. 6), 22.

156 BVerfG (K) NJW 2011, 366, 367; *Inge Kroppenberg*: Privatautonomie von Todes wegen. Verfassungs- und zivilrechtliche Grundlagen der Testierfreiheit im Vergleich zur Vertragsfreiheit unter Lebenden, 2008, 159ff.; BVerfGE 58, 377 (398); 67, 329 (341); 91, 346 (358); 99, 341 (351); *Michael Kloepfer*: Einrichtungsgarantien, in: Merten, Detlef; Papier, Hans-Jürgen; (Hrsg.): Handbuch der Grundrechte in Deutschland und Europa, Band II, 2006, § 43 Rn. 81; *Mager* (Fn. 7), 189f.; *Klaus Stern*: Das Staatsrecht der Bundesrepublik Deutschland, Band III/1, 1988, 830; *Papier* (Fn. 118), Rn. 300.

157 Vgl. *Kingreen/Poscher* (Fn. 7), Rn. 1048; *Wendt* (Fn. 112), Rn. 194; *Walter Leisner*: Erbrecht, in: Isensee, Josef; Kirchhof, Paul (Hrsg.): Handbuch des Staatsrechts der Bundesrepublik Deutschland, Band VIII, 3. Aufl. 2010, § 174 Rn. 11 m.w.N.; BVerfGE 93, 165 (174); vgl. zur Testierfreiheit auch BVerfGE 67, 329 (340f.); 91, 346 (358); 99, 341 (350f.); *Jutta Quebe*: Die Erbrechtsgarantie. Inhalt und Schranken, 1993, 42ff.; *Kroppenberg* (Fn. 156), 159ff., 204ff.; *Stefanie Klein*: Recht zu erben – Pflicht zu teilen. Das Grundrecht Angehöriger auf Nachlaßteilhabe. Zugleich ein Beitrag zur Dogmatik des Verfassungserbrechts, 45ff., 72ff.; vgl. auch *Papier* (Fn. 118), Rn. 303.

158 Deutlich BVerfGE 112, 332 (348).

159 So in der Sache schon *Jellinek* (Fn. 4), 47.

Die Erbrechtsgarantie ist damit ebensowenig wie die Eigentumsfreiheit eine apriorische, von staatlich geschaffenen Voraussetzungen völlig unabhängige Freiheit in einem fiktiven status naturalis, sondern eine Freiheit, die als Gegenstand grundrechtlicher Verbürgung in Inhalt und Reichweite vom einfachen Recht abhängig ist und durch dieses erst ermöglicht wird. Für diese Annahme spricht nicht zuletzt der Wortlaut des Grundrechts, der nicht nur die Schranken-, sondern auch die Inhaltsbestimmung dem Gesetzgeber überantwortet und damit die Normgeprägtheit klar ausspricht[160].

II. Teilweise normgeprägte Grundrechte

1. Vereinigungsfreiheit

Art. 9 Abs. 1 GG räumt allen Deutschen das Recht ein, Vereine und Gesellschaften zu bilden. Eine Vereinigung in diesem Sinne ist jeder auf Dauer angelegte, freiwillige Zusammenschluss mehrerer natürlicher oder juristischer Personen, die einen gemeinsamen Zweck verfolgen und deren Willensbildung organisiert ist[161]. Immer wieder betont das Bundesverfassungsgericht – und ihm folgend der überwiegende Teil des Schrifttums – auch die Angewiesenheit dieses Grundrechts auf einfachgesetzliche Ausformung[162]. Andere dagegen erblicken

160 Zu diesem Argument m.N. bereits supra Teil 1, A.I. sowie supra Teil 3, D.I.4.b., d.

161 *Kingreen/Poscher* (Fn. 7), Rn. 840f.; *Rupert Scholz*, in: Maunz, Theodor†; Dürig, Günter†: Grundgesetz Kommentar, Loseblatt, Stand des Gesamtwerkes: Januar 2013, Band II, Art. 9 Rn. 57; *Hans D. Jarass*, in: Jarass, Hans D.; Pieroth, Bodo: Grundgesetz für die Bundesrepublik Deutschland, Kommentar, 14. Aufl. 2016, Art. 9 Rn. 3; etwas ausgreifendere Definition bei *Höfling* (Fn. 59), Rn. 9, 16; ähnlich *Alfred Rinken*, in: Denninger, Erhard; Hoffmann-Riem, Wolfgang; Schneider, Hans-Peter; Stein, Ekkehardt (Hrsg.): Kommentar zum Grundgesetz für die Bundesrepublik Deutschland (Reihe Alternativkommentare), Loseblatt, 3. Aufl. 2001f., Band 1, Art. 9 Abs. 1 Rn. 46; *Thomas von Danwitz*: Koalitionsfreiheit, in: Merten, Detlef; Papier, Hans-Jürgen (Hrsg.): Handbuch der Grundrechte in Deutschland und Europa, Band V, 2013, § 116 Rn. 54. Ausführlich zu den einzelnen Anforderungen *Detlef Merten*: Vereinsfreiheit, in: Isensee, Josef; Kirchhof, Paul (Hrsg.): Handbuch des Staatsrechts der Bundesrepublik Deutschland, Band VII, 3. Aufl. 2009, § 165 Rn. 36ff.

162 Deutlich schon BVerfGE 50, 290 (354): „Vereinigungsfreiheit ist in mehr oder minder großem Umfang auf Regelungen angewiesen, welche die freien Zusammenschlüsse und ihr Leben in die allgemeine Rechtsordnung einfügen, die Sicherheit des Rechtsverkehrs gewährleisten, Rechte der Mitglieder sichern und den schutzwürdigen Belangen Dritter oder auch öffentlichen Interessen Rechnung tragen. Demgemäß ist mit der verfassungsrechtlichen Garantie der Vereinigungsfreiheit seit jeher die Notwendigkeit einer gesetzlichen Ausgestaltung…verbunden, ohne die sie praktische Wirksamkeit

das maßgebliche Schutzgut des Art. 9 Abs. 1 GG allein in der (vorrechtlichen) Autonomie des Individuums zur Selbstorganisation durch Bildung von Vereinen und Gesellschaften[163]. Dieser Ansicht ist insofern beizupflichten, als der Zusammenschluss mehrerer Personen tatsächlich ein natürliches Verhalten ist, das auch ausgeübt werden kann, ohne bestimmte rechtliche Handlungsformen in Anspruch zu nehmen. Allein diese Erkenntnis führt jedoch nicht automatisch zu dem Umkehrschluss, rechtlich anerkannte und verfasste Vereinigungen seien nicht von Art. 9 Abs. 1 GG geschützt[164]. Auch dem Wortlaut der Norm lässt sich eine solche Beschränkung nicht entnehmen. Im Gegenteil liegt angesichts der ausdrücklichen Erwähnung möglicher Vereinigungsformen vielmehr die Annahme nahe, dass Art. 9 Abs. 1 GG nicht nur als Individualfreiheitsrecht fungiert[165], sondern neben den einzelnen Vereinigungsmitgliedern auch die Vereinigungen selbst schützt (kollektives Grundrecht), zumindest, was deren Existenz, Funktionsfähigkeit und interne Organisationsautonomie angeht[166]. Andernfalls

---

nicht gewinnen könnte." Oftmals wird in der Literatur gerade unter Hinweis auf diese Passage des sog. *Mitbestimmungsurteils* die Normgeprägtheit der Vereinigungsfreiheit begründet, vgl. exemplarisch *Isensee* (Fn. 7), Rn. 163. Ähnlich auch BVerfGE 84, 372 (378) sowie BVerfG (K) NJW 2001, 2617, 2617; sich anschließend *Degenhart* (Fn. 12), Rn. 22ff.; *Merten* (Fn. 161), Rn. 18; *Kingreen/Poscher* (Fn. 7), Rn. 269; ebenso *Höfling* (Fn. 59), Rn. 39; *Ruffert* (Fn. 7), 105; *Helge Sodan*, in: Sodan, Helge (Hrsg.): Grundgesetz. Kompakt-Kommentar, 3. Aufl. 2015, Art. 9 Rn. 8; *Lenz* (Fn. 6), 107; vgl. auch *Jan Merzrath*: Die Vereinigungsfreiheit des Grundgesetzes als Maßstab der Steuergesetzgebung, 2007, 45f.

163 Vgl. überblicksartig *Herzog* (Fn. 11), 1417f.; ausführlicher *Michael Kemper*, in: Mangoldt, Hermann von; Klein, Friedrich; Starck, Christian: Kommentar zum Grundgesetz, Band 1, 7. Aufl. 2018, Art. 9 Abs. 1 Rn. 10f. Ihm folgend *Kloepfer* (Fn. 156), Rn. 89; *Mager* (Fn. 7), 461; *Lindner* (Fn. 104), 302.

164 *Cornils* (Fn. 3), 425.

165 Als solches schützt das Grundrecht die Vereinsgründung sowie das Recht, einer Vereinigung beizutreten und sich in ihr zu betätigen (vgl. BVerfGE 50, 290 (254); 123, 186 (230); *Sodan* (Fn. 162), Rn. 4) ebenso, wie (negativ) das Recht, einer Vereinigung fernzubleiben oder aus ihr auszutreten (BVerfGE 38, 281 (298); 123, 186 (237); *Jarass* (Fn. 161), Rn. 6; vgl. auch BVerfGE 50, 290 (354)).

166 BVerfGE 13, 174 (175); 30, 227 (241); 50, 290 (353f.); 80, 244 (253); 84, 372 (378); 123, 186 (237); *Manssen* (Fn. 96), Rn. 540; *Kingreen/Poscher* (Fn. 7), Rn. 852; *Hufen* (Fn. 121), Rn. 5; *Merten* (Fn. 161), Rn. 28ff.; *Dietrich Murswiek*: Grundfälle zur Vereinigungsfreiheit – Art. 9 I, II GG, JuS 1992, 116, 118. Dieser Umstand wird nicht nur von den Befürwortern, sondern auch von einigen Gegnern der Normgeprägtheit der Vereinigungsfreiheit anerkannt, vgl. etwa *Kloepfer* (Fn. 156), Rn. 89, was zur Inkonsistenz dieser Gegenkonzepte führt. Anders aber bspw. *Kemper* (Fn. 163), Rn. 62ff. Darüber hinaus ist nach Ansicht des Bundesverfassungsgerichts auch die

entstünden Lücken, die mit dem Gebot des effektiven Grundrechtsschutzes unvereinbar wären. So verlöre etwa eine Person, die zum Beispiel Gesellschafter einer GmbH werden möchte, im Zeitpunkt des Übertritts aus der Sphäre des natürlichen, durch Art. 9 Abs. 1 GG protektierten Zusammenschlusses in die Sphäre der rechtlich verfassten Gesellschaft den Grundrechtsschutz[167]. Art. 9 Abs. 1 GG erfasst also auch die Vereinigung als solche und schützt damit mehr als das Recht, sich entsprechend den naturgegebenen Möglichkeiten und Fähigkeiten irgendwie zu vereinigen oder zu gesellen. Das Grundrecht nimmt explizit Bezug auf einfachgesetzlich geschaffene und ausgeformte Vereinigungstypen (Vereine und Gesellschaften) und erhebt diese damit zum verfassungsrechtlichen Leitbild für die legislatorische Ausformung der Vereinigungsfreiheit[168]. Diese einfachgesetzliche Ausgestaltung des Vereins- und Gesellschaftswesens ist zugleich Voraussetzung der praktischen Wirksamkeit des Grundrechts[169], denn erst das „rechtliche Band des Vereins- und Gesellschaftsrechts" ermöglicht es der Vereinigung, „als Zuordnungsobjekt von Rechten und Pflichten im Rechtsverkehr aufzutreten" und macht sie damit überhaupt erst handlungsfähig[170]. Die Vereinigungsfreiheit ist also normgeprägt, soweit es um das Gebilde *Vereinigung* geht.

2. *Koalitionsfreiheit*

Art. 9 Abs. 3 GG gewährleistet jedermann und für alle Berufe das Recht, zur Wahrung und Förderung der Arbeits- und Wirtschaftsbedingungen Vereinigungen zu bilden und stellt damit einen Spezialfall der allgemeinen Vereinigungsfreiheit dar[171]. Koalitionen sind gekennzeichnet durch

---

Betätigung der Vereinigung nach außen jedenfalls in ihrem Kernbereich geschützt (BVerfGE 30, 227 (241); differenzierter *Höfling* (Fn. 59), Rn. 17ff.; sich anschließend *Sodan* (Fn. 162), Rn. 5f.).

167 *Cornils* (Fn. 3), 425.

168 Weitergehende Schlussfolgerungen können aus der Erwähnung bestimmter Vereinigungstypen indes nicht gezogen werden, insbesondere nicht, dass sich der Verfassunggeber damit auf bestimmte Vereinigungstypen festgelegt hat, vgl. zum Ganzen *Degenhart* (Fn. 12), Rn. 24.

169 Explizit BVerfGE 50, 290 (354). Sich anschließend *Degenhart* (Fn. 12), Rn. 23; *Sodan* (Fn. 162), Rn. 8; vgl. auch *Gellermann* (Fn. 6), 176f.; *Cornils* (Fn. 3), 423ff.; vgl. auch *Merten* (Fn. 161), Rn. 18.

170 *Degenhart* (Fn. 12), Rn. 23.

171 Ganz h.M., vgl. statt vieler nur *Höfling* (Fn. 59), Rn. 1, 50; *Bauer* (Fn. 59), Rn. 29; *Scholz* (Fn. 161), Rn. 154; *Kloepfer* (Fn. 156), Rn. 90; vgl. auch BVerfGE 84, 212 (224); *Michael*

Gegnerfreiheit[172] und Gegnerunabhängigkeit[173]; überwiegend ist zudem die Überbetrieblichkeit als weiteres Merkmal anerkannt[174].

Nach Auffassung des Bundesverfassungsgerichts bedarf die Koalitionsfreiheit der gesetzlichen Ausgestaltung[175]. Die Literatur folgt der Rechtsprechung – soweit ersichtlich einhellig – jedenfalls insoweit, als die Tarifautonomie in Rede steht (a.). Darüber hinaus wird zuweilen angenommen, auch der Bereich des Arbeitskampfes sei zwingend auf einfachgesetzliche Normierung angewiesen und die Koalitionsfreiheit auch insofern normgeprägt (b.).

a. Tarifautonomie

Anders als im Rahmen der Vereinigungsfreiheit ist der Charakter der Koalitionsfreiheit als sogenanntes Doppelgrundrecht allgemein anerkannt. Art. 9 Abs. 3 GG schützt also nicht nur die individuelle Freiheit, Koalitionen zu bilden und sich in ihnen zu betätigen beziehungsweise dies zu unterlassen, sondern auch die Koalitionen selbst[176].

Kemper, in: Mangoldt, Hermann von; Klein, Friedrich; Starck, Christian: Kommentar zum Grundgesetz, Band 1, 7. Aufl. 2018, Art. 9 Abs. 3 Rn. 81.

172 Jedenfalls überwiegend lediglich aus Arbeitgebern oder nur aus Arbeitnehmern zusammengesetzt, vgl. BVerfGE 18, 18 (28); 50, 290 (368); 100, 214 (223); statt vieler *Höfling* (Fn. 59), Rn. 59 m.w.N.; *Bauer* (Fn. 59), Rn. 77 m.w.N.

173 Wirtschaftliche Unabhängigkeit von der Gegenpartei, vgl. BVerfGE 18, 18 (28); 50, 290 (368); exemplarisch *von Danwitz* (Fn. 161), Rn. 55; *Höfling* (Fn. 59), Rn. 59 m.w.N.

174 BVerfGE 4, 96 (106); 18, 18 (28); 50, 290 (368); 58, 233 (247); *Bauer* (Fn. 59), Rn. 78; *Jarass* (Fn. 161), Rn. 35; *Höfling* (Fn. 59), Rn. 60 m.w.N.

175 BVerfGE 50, 290 (368) unter ausdrücklicher Betonung eines gegenüber der Vereinigungsfreiheit sogar gesteigerten Bedürfnisses nach Ausgestaltung; BVerfGE 84, 212 (228); 88, 103 (115); 92, 26 (41). Zurückhaltender BVerfGE 93, 352 (359). In jüngerer Zeit wird die Ausgestaltungsbedürftigkeit des Art. 9 Abs. 3 GG nicht mehr explizit erwähnt (vgl. etwa BVerfGE 100, 214 (223f.); 100, 271 (282ff.); 103, 293 (305ff.)). Dieses Schweigen kann jedoch nicht dahin gedeutet werden, dass das Bundesverfassungsgericht die Koalitionsfreiheit nicht mehr für ausgestaltungsbedürftig hält (in diese Richtung aber *Cornils* (Fn. 3), 398). Näher liegt die Annahme, dass das Gericht schlicht davon ausgeht, die Ausgestaltungsbedürftigkeit des Art. 9 Abs. 3 GG in seiner bisherigen Rechtsprechung genügend betont zu haben und daher nicht länger für ausdrücklich erwähnenswert hält. Auch fordern die Sachverhalte, die den o.g. Entscheidungen zugrunde liegen, aufgrund ihrer Struktur nicht zwingend eine Äußerung zur Notwendigkeit der Ausgestaltung des Grundrechts.

176 BVerfGE 84, 212 (224); 92, 26 (38); 93, 352 (357ff.); 100, 271 (282); 103, 293 (304); *Kloepfer* (Fn. 156), Rn. 90; *Mager* (Fn. 7), 461; *Michael/Morlok* (Fn. 50), Rn. 314; *Jarass* (Fn. 161), Rn. 36ff.; *Höfling* (Fn. 59), Rn. 66ff.; i.E. auch *Rupert Scholz*: Koalitionsfreiheit,

Gelegentlich wird behauptet, Koalitionen als solche seien nicht maßgeblich durch Recht, sondern durch ihre tatsächliche Existenz und die soziale Wirklichkeit geschaffen und daher nicht auf normative Gestaltungsakte angewiesen[177]. Richtig ist, dass die Koalitionsfreiheit sowohl als Individual[178]- als auch als Kollektivgrundrecht unbestritten natürliche Elemente in sich trägt. So ist etwa das Bilden einer Koalition eine naturgegebene Verhaltensweise, die auch ohne gesetzliche Regelungen vorstellbar ist und vorgenommen werden kann[179]. Jedoch erschöpft sich die Koalitionsfreiheit nicht in der Gewährleistung solch natürlicher, dem Staat vorausliegender Gegebenheiten. Als kollektives Grundrecht schützt Art. 9 Abs. 3 GG die Koalitionen in ihrem Bestand und ihrer Organisation und gewährleistet auch deren Betätigungsfreiheit, soweit diese gerade in der Wahrung und Förderung der Arbeits- und Wirtschaftsbedingungen besteht[180]. Wesentlicher Bestandteil dieser Koalitionsbetätigungsfreiheit ist die Autonomie zum Abschluss von Tarifverträgen[181]. Zumindest für jenen Bereich ist anerkannt, dass gesetzliche Regelungen zwingend erforderlich sind[182]. Art. 9

in: Isensee, Josef; Kirchhof, Paul (Hrsg.): Handbuch des Staatsrechts der Bundesrepublik Deutschland, Band VI, 2. Aufl. 2001, § 151 Rn. 73f., 88, der die kollektive Freiheit jedoch nicht direkt aus Art. 9 Abs. 3 GG herleitet, sondern aus Art. 19 Abs. 3 GG.

177 So etwa *Kloepfer* (Fn. 156), Rn. 91; *Wolfgang Löwer*, in: Münch, Ingo von; Kunig, Philip (Hrsg.): Grundgesetz Kommentar, Band 1, 6. Aufl. 2012, Art. 9 Rn. 73; allgemeiner, i.E. aber ebenso *Mager* (Fn. 7), 461f.

178 Als solches schützt Art. 9 Abs. 3 GG die Freiheit, eine Koalition zu gründen, ihr beizutreten, in ihr zu verbleiben und sich in ihr zu betätigen (vgl. BVerfGE 19, 303 (312); 28, 295 (304); 50, 290 (367); 57, 220 (245)) sowie die entsprechenden negativen Rechte (vgl. BVerfGE 50, 290 (367); 116, 202 (218). Zum Ganzen exemplarisch *Jarass* (Fn. 161), Rn. 36.

179 Vgl. *Gellermann* (Fn. 6), 160; *Degenhart* (Fn. 12), Rn. 25; *Michael Kemper*: Die Bestimmung des Schutzbereichs der Koalitionsfreiheit (Art. 9 Abs. 3 GG). Zugleich ein Beitrag zur Lehre von den Einrichtungsgarantien, 1990, 62f.

180 Vgl. BVerfGE 84, 212 (224); 88, 103 (114); 100, 271 (282); 116, 202 (219); *Scholz* (Fn. 161), Rn. 170; *Scholz* (Fn. 176), Rn. 74; *Jarass* (Fn. 161), Rn. 37ff.; sich anschließend *Mager* (Fn. 7), 461.

181 *Kemper* (Fn. 171), Rn. 82, 125; *Gellermann* (Fn. 6), 161; BVerfGE 84, 212 (224); 94, 268 (283); 116, 202 (219); 103, 293 (304).

182 Vgl. BVerfGE 17, 319 (333); 44, 322 (341f.); 84, 212 (228); ausführlich *Kemper* (Fn. 179), 65ff.; *Höfling* (Fn. 59), Rn. 81; *Cornils* (Fn. 3), 419; wohl auch *Scholz* (Fn. 161), Rn. 167, 300; darüber hinaus auch *Kloepfer* (Fn. 156), Rn. 92; *Mager* (Fn. 7), 462; *Löwer* (Fn. 177), Rn. 73; *Kemper* (Fn. 171), Rn. 108, 141ff., die die Koalitionsfreiheit jenseits der Tarifautonomie nicht für normgeprägt halten. Weitergehend *Degenhart* (Fn. 12), Rn. 25, der rechtliche Regelungen auch für den Bereich der Zuordnung

Abs. 3 GG enthält insoweit einen an den Staat gerichteten Auftrag zur Bereitstellung eines Tarifvertragssystems[183], also eines Normenkomplexes, der die Voraussetzungen, Gehalte und Verbindlichkeit von Tarifvereinbarungen sowie die Befugnisse der Koalitionen im einzelnen näher regelt[184]. Es ist daher nicht bereits das Grundrecht selbst, das die Wahrnehmung der Tarifautonomie ermöglicht. Vielmehr werden die Tarifvertragsparteien erst durch die einfachgesetzliche Übertragung originär staatlicher Normsetzungsbefugnisse in die Lage versetzt, selbst rechtsverbindliche Regelungen zu produzieren. Ohne eine solche gäbe es keine Befugnis der Koalitionen zum Abschluss von Tarifverträgen und damit auch keinen Gegenstand, den Art. 9 Abs. 3 GG schützen könnte[185]. Die Koalitionsfreiheit ist insofern normgeprägt[186]; von bloß grundrechtseffektuierender Ausgestaltung kann hier nicht mehr die Rede sein[187].

Zuweilen wird innerhalb der Tarifautonomie zwischen dem Koalitionsinstrument (Tarifvertrag) und dem Koalitionszweck (Wahrung und Förderung der Arbeits- und Wirtschaftsbedingungen) unterschieden und lediglich ersteres als normgeprägt qualifiziert[188]. Für eine solche Unterscheidung findet sich jedoch weder im Wortlaut des Art. 9 Abs. 3 GG noch sonst ein Anhaltspunkt, sodass

---

von individueller und kollektiver Freiheit und im Feld der Betätigung gegnerischer Koalitionen für erforderlich hält. Noch weitergehender *Isensee* (Fn. 7), Rn. 163 und *Lenz* (Fn. 6), 107, die gar nicht zwischen verschiedenen Gewährleistungsgehalten des Art. 9 Abs. 3 GG unterscheiden, sondern pauschal von der Normgeprägtheit der Koalitionsfreiheit ausgehen.

183 BVerfGE 4, 96 (106); 58, 233 (248); sich anschließend *Gellermann* (Fn. 6), 156f.

184 Vgl. BVerfGE 28, 295 (306); 50, 290 (368); 57, 220 (246); allgemeiner auch BVerfGE 17, 319 (333); 44, 322 (341f.); ausführlich *Kemper* (Fn. 179), 65ff.; sich anschließend *Mager* (Fn. 7), 462.

185 *Gellermann* (Fn. 6), 162; vgl. auch *Cornils* (Fn. 3), 419, 441.

186 Vgl. *Gellermann* (Fn. 6), 158; BVerfGE 17, 319 (333); 18, 18 (36); vgl. auch *Günter Schmitt-Rolfes*: Schuss nach hinten?, Arbeit und Arbeitsrecht 2010, 503; *von Danwitz* (Fn. 161), Rn. 32f.

187 So ohne nähere Erläuterung aber *Degenhart* (Fn. 12), Rn. 42.

188 Die Legislative habe den Koalitionen das Instrument Tarifvertrag zur Verfügung zu stellen. Dagegen sei die einfachgesetzliche Ausgestaltung des Koalitionszwecks nicht erlaubt, weil in diesem Bereich bereits der Verfassunggeber selbst den Koalitionen die Regelung der Arbeits- und Wirtschaftsbedingungen zur eigenverantwortlichen Wahrnehmung übertragen habe, vgl. *Hansjörg Otto*: Tarifautonomie unter Gesetzes- oder Verfassungsvorbehalt. Gedanken zur Funktionsgarantie des Art. 9 Abs. 3 GG, in: Bettermann, Karl August; Löwisch, Manfred; Otto, Hansjörg; Schmidt, Karsten (Hrsg.): Festschrift für Albrecht Zeuner zum siebzigsten Geburtstag, 1994, 131f.; in diese Richtung wohl auch *Höfling* (Fn. 59), Rn. 96.

schon aus diesem Grund näher liegt, die Freiheit zum Abschluss von Tarifverträgen für vollständig konstituierungsbedürftig zu halten. Ferner führt die Annahme, die Koalitionszweckgarantie sei einer gesetzgeberischen Ausgestaltung nicht zugänglich und bedürftig, zwangsläufig zu Konflikten zwischen der staatlichen Normsetzung und jener durch die Tarifvertragsparteien. Denn nicht nur die Koalition, sondern auch die Legislative ist vom Verfassunggeber ermächtigt, Arbeits- und Wirtschaftsbedingungen zu regeln, vgl. Art. 74 Nr. 1 GG (bürgerliches Recht), Art. 74 Nr. 11, 12 GG (Recht der Wirtschaft und Arbeitsrecht). Auch um diese Schwierigkeiten zu vermeiden, sollte die Tarifautonomie im Ganzen als normgeprägt eingeordnet werden[189].

b. Arbeitskampf

Neben dem Abschluss von Tarifverträgen ist der Arbeitskampf[190] ein weiteres wichtiges und von Art. 9 Abs. 3 GG geschütztes Betätigungsfeld der Koalitionen[191]. Auch dieser Bereich der Koalitionsfreiheit wird teilweise als normgeprägt angesehen[192]. Andere dagegen erblicken in ihm eine dem Staat vorausliegende naturwüchsige Freiheit[193]. Das Bundesverfassungsgericht scheint diesbezüglich unentschlossen; es finden sich sowohl Äußerungen, in denen die Gesetzesabhängigkeit der Arbeitskampffreiheit betont wird[194], als auch Ausführungen (teilweise in ein und derselben Entscheidung), die auf ein Verständnis des Arbeitskampfes als natürliche Erscheinung hindeuten[195].

---

189 Vgl. ausführlich *Gellermann* (Fn. 6), 164f.

190 Dessen häufigste Formen sind der Streik auf Arbeitnehmerseite und die Aussperrung auf Arbeitgeberseite, vgl. *Jarass* (Fn. 161), Rn. 40; *Gellermann* (Fn. 6), 167; *Scholz* (Fn. 176), Rn. 106.

191 Vgl. *Höfling* (Fn. 59), Rn. 86; Scholz (Fn. 176), Rn. 101; BVerfGE 84, 212 (224f.); 92, 365 (393f.).

192 *Höfling* (Fn. 59), Rn. 81; *Gellermann* (Fn. 6), 174f.; *Roland Schwarze*: Die verfassungsrechtliche Garantie des Arbeitskampfes – BVerfGE 84, 212, JuS 1994, 653, 658; *Jürgen Kühling*: Arbeitsrecht in der Rechtsprechung des Bundesverfassungsgerichts, ArbuR 1994, 126, 132; *von Danwitz* (Fn. 161), Rn. 33; a.A. *Andreas Engels*: Verfassung und Arbeitskampfrecht. Verfassungsgerichtliche Grenzen arbeitsgerichtlicher Arbeitskampfjudikatur, 2008, 261ff.

193 *Kemper* (Fn. 179), 63ff.

194 Vgl. BVerfGE 84, 212 (228); 88, 103 (115); 92, 365 (394); 92, 26 (41); 93, 352 (359); 94, 268 (284).

195 In diese Richtung interpretierbar etwa BVerfGE 84, 212 (228); 92, 365 (393); 94, 268 (283).

Auf den ersten Blick erscheint die These vom Arbeitskampf als dem Staat vorausliegender Freiheit plausibel: Zweifelsohne gab es Arbeitskämpfe als soziales Phänomen bereits lange bevor rechtliche Vorschriften[196] hierzu geschaffen wurden[197]. Und gewiss sind Kampfmaßnahmen wie etwa Streiks, Besetzungen von Unternehmen oder Aussperrungen auch ohne gesetzliche Regelung vorstell- und vom Grundrechtsträger vornehmbar, weil es sämtlich um tatsächliche, dem Menschen qua Natur gegebene Handlungsmöglichkeiten geht[198]. Doch hierauf kommt es – und insofern irren die Anhänger der These vom natürlichen Arbeitskampf – für die Bestimmung des grundrechtlichen Schutzgegenstands gerade nicht, jedenfalls aber nicht entscheidend an. Es ist nicht relevant, ob dieser Gegenstand prinzipiell als tatsächliches Phänomen gedacht werden kann. Maßgeblich ist vielmehr, ob Art. 9 Abs. 3 GG darauf abzielt, ihn auch in dieser naturwüchsigen, rechtlich unberührten Form zu schützen[199]. Dies aber ist zu verneinen. Der Arbeitskampf als Mittel zur Wahrung und Förderung der Arbeits- und Wirtschaftsbedingungen ist für den Grundrechtsträger nur dann handhabbar und damit überhaupt sinnvoll, wenn er (nicht nur tatsächliche, sondern auch) rechtsgestaltende Wirkungen entfaltet. Dies setzt wiederum einfachgesetzliche Normen voraus, die bestimmen, wie jene rechtsgestaltenden Wirkungen eintreten und worin sie bestehen[200]. So muss beispielsweise näher geregelt sein, unter welchen Voraussetzungen der Kampfmitteleinsatz von arbeitsvertraglich begründeten Verpflichtungen entbindet[201]. Art. 9 Abs. 3 GG enthält demnach einen an den Gesetzgeber gerichteten Auftrag, ein Arbeitskampfmittelsystem bereit zu stellen. Die Koalitionsfreiheit garantiert Möglichkeiten des Kampfmitteleinsatzes, verlangt diesbezüglich aber nach einer rechtlichen Infrastruktur, die die Ausübung des Grundrechts – hier in Form des Kampfmitteleinsatzes – überhaupt erst ermöglicht[202]. Darüber hinaus indiziert auch folgende Überlegung die Normgeprägtheit der Arbeitskampffreiheit: Der Verfassunggeber selbst hat die Freiheit zur kämpferischen Austragung von Tarifkonflikten nicht explizit in den

196 Dazu *Bernd Rüthers*: Streik und Verfassung, 1960, 3ff.

197 *Höfling* (Fn. 59), Rn. 82; *Kemper* (Fn. 179), 64; *Gellermann* (Fn. 6), 169; *Engels* (Fn. 192), 262.

198 *Gellermann* (Fn. 6), 169; *Engels* (Fn. 192), 262.

199 Zum Ganzen *Gellermann* (Fn. 6), 170.

200 Zum Ganzen vgl. *Höfling* (Fn. 59), Rn. 82; *Gellermann* (Fn. 6), 172.

201 *Gellermann* (Fn. 6), 172; allgemein auch schon BVerfGE 18, 18 (26).

202 Zum Ganzen *Gellermann* (Fn. 6), 174f.; BVerfGE 88, 103 (115); 92, 365 (394); vgl. auch *von Danwitz* (Fn. 161), Rn. 33.

Verfassungstext aufgenommen[203]. Da sie – jedenfalls in Form des gewerkschaftlichen Streiks – aber im Zeitpunkt der Entstehung des Grundgesetzes bereits anerkannt war und sogar als verfassungsrechtlich geschützt galt[204], kann nicht davon ausgegangen werden, dass der Verfassunggeber aus bloßer Unachtsamkeit oder weil er die Arbeitskampffreiheit als nicht schützenswert erachtete, auf deren ausdrückliche Normierung verzichtete. Naheliegend ist vielmehr, dass er dies tat, weil er dem Gesetzgeber deren Konstituierung und nähere Ausgestaltung überlassen wollte[205]. Auch vor diesem Hintergrund bildet nicht eine natürliche, sondern eine einfachgesetzlich konstituierte und näher ausgeformte Freiheit zum Arbeitskampf neben der Tarifautonomie einen weiteren Schutzgegenstand des Art. 9 Abs. 3 GG[206].

c. Zwischenergebnis

Die Bildung von Koalitionen sowie sonstige koalitionstypische Verhaltensweisen, allen voran Tarifvereinbarungen und Arbeitskämpfe, sind zwar als solche auch ohne gesetzliche Regelungen grundsätzlich vorstellbar und könnten vorgenommen werden, weil es sich sämtlich um natürliche Verhaltensweisen handelt. Gleichwohl entfalten sie ihre Wirkung in der Wirtschafts- und Sozialordnung doch erst durch entsprechende einfachrechtliche Konstituierung und Unterfütterung. Das durch Art. 9 Abs. 3 GG geschützte Verhalten wird – jedenfalls in den Bereichen Tarifautonomie und Arbeitskampf – überhaupt erst durch die Rechtsordnung ermöglicht[207]; die Koalitionsfreiheit ist insofern teilweise[208] normgeprägt.

---

203 Art. 9 Abs. 3 GG erwähnt lediglich die Freiheit, Koalitionen zu bilden. Darüber hinausgehende Gehalte wie etwa die Existenz und der Bestand der gebildeten Koalitionen oder aber die Freiheit des Arbeitskampfes verdanken ihre Anerkennung erst der an Sinn und Zweck der Koalitionsbildungsfreiheit orientierten Interpretation des Art. 9 Abs. 3 GG, vgl. *Gellermann* (Fn. 6), 173.

204 Dazu m.w.N. *Gellermann* (Fn. 6), 172f.

205 Vgl. in diese Richtung auch *Gellermann* (Fn. 6), 173.

206 Vgl. *Gellermann* (Fn. 6), 173.

207 Vgl. *Degenhart* (Fn. 12), Rn. 25; BVerfGE 92, 26 (41).

208 Mit *Gellermann* (Fn. 6), 149 könnte auch von einem maßgeblich normgeprägten Grundrecht gesprochen werden, da die Tarifautonomie und der Arbeitskampf die wesentlichen Teile der Koalitionsbetätigungsfreiheit ausmachen.

III. Rundfunk und Familie als sonst ausgestaltungsbedürftige Grundrechte

Im Unterschied zu den bisher betrachteten Grundrechten handelt es sich weder bei der Rundfunkfreiheit (1.) noch bei der grundrechtlichen Gewährleistung der Familie (2.) um ein normgeprägtes Grundrecht.

1. Rundfunkfreiheit

Art. 5 Abs. 1 S. 2 GG gewährleistet neben der Presse- und der Filmfreiheit auch die Freiheit des Rundfunks, das heißt die Autonomie, Darbietungen aller Art mit Hilfe elektrischer Schwingungen drahtlos oder drahtgebunden für die Allgemeinheit zu veranstalten oder an sie zu verbreiten[209].

So regelmäßig und deutlich wie bei kaum einem anderen Grundrecht hebt das Bundesverfassungsgericht seit jeher die Ausgestaltungsbedürftigkeit der Rundfunkfreiheit hervor[210]. Es interpretiert sie als *dienendes* Grundrecht[211] und geht damit davon aus, dass ein – bei anderen Freiheitsrechten nicht vorhandener – besonderer Zweck[212] den eigentlichen Grund der verfassungsrechtlichen Gewährleistung bildet[213]. Jener spezifische Zweck wird in der Funktionalität des

---

209 So das geläufige Verständnis des Rundfunks, vgl. statt vieler *Schulze-Fielitz* (Fn. 59), Rn. 99; *Hans D. Jarass*, in: Jarass, Hans D.; Pieroth, Bodo: Grundgesetz für die Bundesrepublik Deutschland, Kommentar, 14. Aufl. 2016, Art. 5 Rn. 47; *Volker Epping*: Grundrechte, 7. Aufl. 2017, Rn. 232; *Manssen* (Fn. 96), Rn. 381; ausführlich *Hubertus Gersdorf*: Grundzüge des Rundfunkrechts. Nationaler und europäischer Rechtsrahmen, 2003, Rn. 89ff.

210 *Cornils* (Fn. 3), 54; vgl. auch *Gersdorf* (Fn. 209), Rn. 70.

211 BVerfGE 57, 295 (320); 74, 297 (323); 83, 238 (296); 87, 181 (197); 114, 371 (386f.); 119, 181 (214) – st. Rspr. Ausführlich zu dieser Grundrechtskategorie *Joachim Burmeister*: „Dienende“ Freiheitsgewährleistungen – Struktur und Gehalt eines besonderen Grundrechtstypus, in: Burmeister, Joachim; Nierhaus, Michael; Püttner, Günter; Sachs, Michael; Siekmann, Helmut; Tettinger, Peter J. (Hrsg.): Verfassungsstaatlichkeit. Festschrift für Klaus Stern zum 65. Geburtstag, 1997, 835ff. Ausdrücklich gegen das Konstrukt der dienenden Freiheit jüngst *Hartmann* (Fn. 22), 21ff., insbes. 26.

212 Vgl. *Gellermann* (Fn. 6), 185; *Joachim Burmeister*: Marktpreis und Menschenwürde. Betrachtungen über die freiheitsgefährdende Tendenz des technischen Fortschritts, in: Ziemske, Burkhardt; Langheid, Theo; Wilms, Heinrich; Haverkate, Görg (Hrsg.): Staatsphilosophie und Rechtspolitik. Festschrift für Martin Kriele zum 65. Geburtstag, 1997, 85, 100; *Burmeister* (Fn. 211), 860, 862ff.; *Peter Niepalla*: Die Grundversorgung durch die öffentlich-rechtlichen Rundfunkanstalten, 1990, 21ff.

213 Vgl. *Niepalla* (Fn. 212), 23ff.; *Gellermann* (Fn. 6), 203.

Meinungsbildungsprozesses erblickt[214]. Die Rundfunkfreiheit ist nach diesem Verständnis nicht um der Interessen der einzelnen Grundrechtsberechtigten und deren Entfaltung willen geschützt[215], sondern einem umfassenden, freien und öffentlichen Meinungsbildungsprozess zu dienen bestimmt[216]. Dementsprechend enthalte Art. 5 Abs. 1 S. 2 GG den an den Gesetzgeber gerichteten Auftrag, eine an der Aufgabe des Rundfunks orientierte rechtliche Ordnung zu etablieren, die sicherstellt, dass die Vielfalt der bestehenden Meinungen im Rundfunk „in möglichster Breite und Vollständigkeit ihren Ausdruck findet und dass auf diese Weise umfassende Informationen geboten werden"[217].

Diese, die objektiv-rechtliche Dimension des Grundrechts betonende[218] Judikatur des Bundesverfassungsgerichts wird von Teilen des Schrifttums zum Anlass genommen, die Rundfunkfreiheit in die Gruppe der normgeprägten Grundrechte einzuordnen und damit anzunehmen, sie entstünde erst auf der Basis einfachen Rechts[219]. Andere dagegen heben – zumeist unter Hinweis auf

---

214 BVerfGE 57, 295 (319f.); 83, 238 (295f.); 114, 371 (387).

215 BVerfGE 87, 181 (197).

216 Vgl. BVerfGE 57, 295 (319f.); 74, 297 (323f.); 83, 238 (295f.); *Niepalla* (Fn. 212), 23ff.; *Peter Badura*: Staatsrecht. Systematische Erläuterung des Grundgesetzes für die Bundesrepublik Deutschland, 6. Aufl. 2015, C 68. Um jenen überindividuellen Gehalt zu verwirklichen, verbürgt das Grundrecht freilich auch einen Bereich individueller Betätigung, *Gellermann* (Fn. 6), 203.

217 BVerfGE 57, 295 (320); 73, 118 (152f.); 74, 297 (324). Ausführlich zur bundesverfassungsgerichtlichen Konzeption der Rundfunkfreiheit als Funktionsgrundrecht (dienende Freiheit) mit Ausgestaltungsvorbehalt *Gersdorf* (Fn. 209), Rn. 62ff.

218 *Gellermann* (Fn. 6), 185. Zur Mehrdimensionalität der Grundrechte als Basis der beiden Konzepte im Schrifttum zur Bindung des Gesetzgebers an und durch die normgeprägten Grundrechte infra Teil 4, C.I.1.

219 *Wolfgang Hoffmann-Riem*: Rundfunkrecht neben Wirtschaftsrecht. Zur Anwendbarkeit des GWB und des EWG-V auf das Wettbewerbsverhalten öffentlich-rechtlichen Rundfunks in der dualen Rundfunkordnung, 1991, 71, 73; *Silke Ruck*: Zur Unterscheidung von Ausgestaltungs- und Schrankengesetzen im Bereich der Rundfunkfreiheit, AöR 117 (1992), 543, 548, 558f.; *Herbert Bethge*: Die Freiheit des privaten Rundfunks. Eine Bestandsaufnahme, DÖV 2002, 673, 674f., 680f.; *Klaus Stern*: Neue Medien – neue Aufgaben des Rechts. Verfassungsrechtliche Grundfragen, DVBl. 1982, 1109, 1116 Fn. 63; *Hans Hugo Klein*: Parteien-Presse-Rundfunk, in: Geis, Max-Emanuel; Lorenz, Dieter (Hrsg.): Staat, Kirche, Verwaltung. Festschrift für Hartmut Maurer zum 70. Geburtstag, 2001, 193, 199; *Gersdorf* (Fn. 209), Rn. 74; in diese Richtung wohl auch *Lerche* (Fn. 32), 10f. Vgl. ergänzend die Nachweise supra Teil 1, Fn. 13.

die Entstehungsgeschichte[220] und/oder systematische Aspekte[221] – die subjektiv-rechtliche Seite des Grundrechts hervor und begreifen es als individuelle und prinzipiell unbegrenzte Rundfunkunternehmerfreiheit[222], ohne dabei aber deren objektiv-rechtliche Dimension außer Acht zu lassen. Häufig wird diese sogar herausgehoben, indem auf die Pflicht des Gesetzgebers zur Ausgestaltung ausdrücklich hingewiesen wird[223]. Insofern folgt auch diese Ansicht der höchstrichterlichen Rechtsprechung zur Ausgestaltungsbedürftigkeit der Rundfunkfreiheit.

Die Legislative ist also nach ganz herrschender Auffassung in Rechtsprechung und Literatur verpflichtet, die Rundfunkfreiheit näher auszugestalten[224]. Damit ist jedoch noch nichts über die Intensität dieser Ausgestaltungsbedürftigkeit gesagt. Normgeprägt und damit am denkbar intensivsten ausgestaltungsbedürftig[225] wäre die Art. 5 Abs. 1 S. 2 GG nur, wenn Rundfunk keine real existente,

---

220 *Karl-Eberhard Hain*: Rundfunkfreiheit und Rundfunkordnung, 1993, 35, 40, 82; *Hans H. Klein*: Die Rundfunkfreiheit, 1978, 42. Überblicksartig zur Geschichte des Rundfunks *Gersdorf* (Fn. 209), Rn. 1ff.

221 *Cornils* (Fn. 3), 54; *Christoph Degenhart*, in: Kahl, Wolfgang; Waldhoff, Christian; Walter; Christian (Hrsg.): Bonner Kommentar zum Grundgesetz, Loseblatt, Stand des Gesamtwerkes: Dezember 2017, Band 3, Art. 5 Abs. 1 und 2 Rn. 304f.; *Nadja Paul*: Die Rundfunkbeteiligungen politischer Parteien. Eine Untersuchung aus verfassungsrechtlicher Sicht, 2010, 86f.; *Kai Thum*: Einfachgesetzliche Präzisierung des verfassungsrechtlichen Funktionsauftrags des öffentlich-rechtlichen Rundfunks. Zugleich ein Beitrag zur Dogmatik der Rundfunkfreiheit, 2007, 59f., 64.

222 *Martin Bullinger*: Freiheit und Gleichheit in den Medien – Zur Rechtsprechung der Verfassungsgerichte, JZ 1987, 257, 260; *Degenhart* (Fn. 221), Rn. 304; *Rudolf Wendt*, in: Münch, Ingo von; Kunig, Philip (Hrsg.): Grundgesetz Kommentar, Band 1, 6. Aufl. 2012, Art. 5 Rn. 50ff.; *Carl-Eugen Eberle*: Rundfunkübertragung. Rechtsfragen der Nutzung terrestrischer Rundfunkfrequenzen, 1989, 30ff.; *Klein* (Fn. 220), 41f.; *Christian Starck; Andreas L. Paulus*, in: Mangoldt, Hermann von; Klein, Friedrich; Starck, Christian: Kommentar zum Grundgesetz, Band 1, 7. Aufl. 2018, Art. 5 Abs. 1, 2 Rn. 191; *Thum* (Fn. 221), 36ff., 64ff.

223 So etwa *Hans H. Klein*: Rundfunkrecht und Rundfunkfreiheit, Der Staat 20 (1981), 177, 190; skeptisch dagegen *Hain* (Fn. 220), 82ff.; *Hartmann* (Fn. 22), 21ff.; gegen die Gleichsetzung von Ausgestaltung und objektiven Grundrechtsgehalten ausdrücklich *Eberle* (Fn. 222), 39; *Thum* (Fn. 221), 72f.

224 Vgl. statt vieler nur *Gellermann* (Fn. 6), 187; *Herbert Bethge*: Der Grundrechtseingriff, VVDStRL 57 (1998), 7, 30; *Bumke* (Fn. 6), 42; *Schulze-Fielitz* (Fn. 59), Rn. 232; *Gersdorf* (Fn. 209), 70ff.; BVerfGE 57, 295 (319); 83, 238 (296); 87, 181 (198); 114, 371 (387); 119, 181 (214).

225 Supra Teil 3, A.I., B.II.1. m.N.u.w.V.

Modelle und die *Exklusivitätsthese* – herausgebildet[5]. Beide Ansichten versuchen, die Weiche in Richtung einer weit ausgreifenden oder aber weniger weitreichenden Bindung des Gesetzgebers mit Hilfe dogmatischer Mittel[6] auf der Ebene des einfachen Rechts zu stellen, indem sie gesetzgeberische Aktivitäten im Bereich normgeprägter Grundrechte entweder für potenziell geeignet halten, in deren Schutzbereiche einzugreifen (so die Vertreter der abwehrrechtlichen Lösung, C.II.1.) oder aber sie als unterhalb der Eingriffsschwelle liegende Ausgestaltungen einordnen (so die Anhänger der Exklusivitätsthese, C.II.2.)[7]. Die Qualifizierung normprägender Gesetze als Schutzbereichs*eingriffe* eröffnet die Möglichkeit, diese Vorschriften an sämtlichen oder zumindest an den wesentlichen aus der Eingriffsdogmatik bekannten Rechtfertigungsanforderungen zu messen und infolgedessen einen (nahezu) ebenso engen legislatorischen Gestaltungsfreiraum anzunehmen wie bei den sachgeprägten Grundrechten[8] (C.III.1.). Werden dagegen einfachrechtliche Regelungen als vom Eingriff streng zu unterscheidende, bloße Schutzbereichs*ausgestaltungen* klassifiziert, sind – so jedenfalls die vorherrschende Überzeugung unter den Anhängern der Exklusivitätsthese – die an der besonderen Bauform der Grundrechte als Eingriffsabwehrrechte orientierten Kautelen zur Überprüfung der Verfassungsmäßigkeit einfacher Gesetze nicht mehr ohne jegliche Modifikation anwendbar. Infolgedessen ist Raum für die These einer andersartigen, im Vergleich zu den sachgeprägten Grundrechten weniger weitreichenden Bindung der Legislative an und durch die normgeprägten Grundrechte[9] (C.III.2.).

Da das Bundesverfassungsgericht sich weder konsequent für den einen, noch für den anderen in der Literatur vorgeschlagenen Weg entschieden hat und auch keine eigen(ständig)e Lösung präsentiert[10], kann seine Rechtsprechung nichts zur Präzisierung der Bindungsanforderungen beitragen (D.)[11].

---

5 Stellvertretend für die abwehrrechtlichen Lösungsansätze *Cornils* (Fn. 3), 169, 206, 216, 220 (Vertrag), 290f., 340, 488, 252f., 287ff., 525, 529ff., 536, 639 (allgemein), 405, 429, 431, 439ff. (Vereinigung und Koalition), 360ff., 394, 665 (Ehe), 321, 325, 330, 643 (Eigentum); stellvertretend für die Exklusivitätsthese *Martin Gellermann*: Grundrechte in einfachgesetzlichem Gewande. Untersuchung zur normativen Ausgestaltung der Freiheitsrechte, 2000, 288ff., insbes. 290.

6 Kritisch dazu *Cornils* (Fn. 3), 457.

7 Zum Ganzen bereits supra Teil 2, A.II.1.

8 Dazu bereits supra Teil 2, A.II.1.a. m.N. und w.V.

9 Dazu bereits supra Teil 2, A.II.1.b. m.N. und w.V.

10 Überblicksartig supra Teil 2, A.II. mit Fn. 52f.; ausführlich m.N. supra Teil 2, A.II.2.; nochmals infra Teil 4, D.

11 Dazu m.N. supra Teil 2, A.II.2., 3.; nochmals infra Teil 4, D.

A. Strukturelemente und Regelungsaufträge normgeprägter Grundrechte

Die Strukturelemente und Regelungsaufträge der normgeprägten Grundrechte werden mit Schlagwörtern wie „verfassungsrechtlicher Begriff" oder „eigenständiger Gehalt" zusammengefasst[12]. Ihre strikte Trennung vom gesetzlich (erst) hervorgebrachten Inhalt der jeweiligen Gewährleistung ermöglicht eine Bindung der Legislative an *genuin grundrechtliche* Maßstäbe, wie sie Art. 1 Abs. 3 GG ausdrücklich anordnet. Sie liegt der Rechtsprechung des Bundesverfassungsgerichts ebenso zugrunde wie den beiden richtungweisenden dogmatischen Strömungen im Schrifttum zur Erfassung gesetzgeberischer Tätigkeit im Bereich der normgeprägten Grundrechte[13].

I. Als maßgeblicher Anknüpfungspunkt der Bindung des Gesetzgebers

Verstanden als dem Gesetzgeber von Verfassung wegen vorgegeben und ihn strikt verpflichtend, markieren die Strukturelemente und Regelungsaufträge des jeweiligen normgeprägten Grundrechts die Grenze substanzschaffender legislatorischer Aktivitäten. Sie bilden damit die maßgebliche inhaltliche Basis der Bindung des Gesetzgebers[14].

II. Grundrechtsspezifische Einzelheiten

Die Ermittlung der grundrechtsspezifischen Strukturelemente und Regelungsaufträge gelingt weder mit Hilfe des Art. 1 Abs. 3 GG noch durch Heranziehen des Art. 19 Abs. 2 GG, sondern allein durch Auslegung des jeweiligen Grundrechts[15]. Im Rahmen dieser Auslegung ist es nicht erforderlich, sämtliche der gewählten Referenzgrundrechte detailliert zu analysieren und jede nur denkbare, im Verlauf der Jahrzehnte in Rechtsprechung und Literatur herausgebildete Einzelheit anzuführen. Um nachzuweisen, dass sich allen normgeprägten Grundrechten individuelle Ordnungsvorstellungen entnehmen lassen, die der Gesetzgeber bei deren Ausformung zu beachten hat[16], genügt es vielmehr, die

---

12 Supra Teil 1, D.I. m.umfangr.N.

13 Ausführliche Darstellung der beiden in der Literatur vertretenen Ansätze infra Teil 4, C. Zur Rechtsprechung supra Teil 2, A.II. sowie infra Teil 4, D.

14 Vgl. statt vieler *Gellermann* (Fn. 5), 308. Weitere Nachweise supra Teil 1, D.I.

15 Supra Teil 1, D.III. m.N.

16 Vgl. *Gellermann* (Fn. 5), 319; vgl. auch *Cornils* (Fn. 3), 310ff., 460f.

tragenden Elemente des jeweiligen verfassungsrechtlichen Begriffs nachzuzeichnen.

1. Vertragsfreiheit (Art. 2 Abs. 1 GG)

Das zentrale Strukturmerkmal der Vertragsfreiheit ist die Autonomie der Vertragsparteien[17], die in der Regel in fünf Elemente untergliedert wird: die Abschlussfreiheit[18], die Kontrahentenwahlfreiheit[19], die inhaltliche Gestaltungsfreiheit[20], die Typenfreiheit[21] und die Auflösungs- und Änderungsfreiheit[22]. Darüber hinaus werden als weitere, vom Gesetzgeber zu beachtende Strukturelemente gelegentlich der Vertrauensschutz und die formelle Vertragsgerechtigkeit benannt[23].

Die Vertragsfreiheit verpflichtet die Legislative, eine funktionsfähige Vertragsrechtsordnung zu errichten und aufrechtzuerhalten, das heißt ein Regelwerk, das die Selbstbestimmung im Rechtsverkehr ermöglicht[24]. Jener

---

17 Deutlich *Cornils* (Fn. 3), 169, s. auch 206, 216, 246, allgemein 525 („Selbstbestimmung als wesensmäßig nicht verschiedener Kern aller Verhaltensfreiheit"), 639; vgl. auch *Michael Brenner*: Vertrags- und Wettbewerbsfreiheit, in: Merten, Detlef; Papier, Hans-Jürgen (Hrsg.): Handbuch der Grundrechte in Deutschland und Europa, Band V, 2013, § 115 Rn. 44; *Bumke* (Fn. 1), 59ff.; *Ute Mager*: Einrichtungsgarantien. Entstehung, Wurzeln, Wandlungen und grundgesetzgemäße Neubestimmung einer dogmatischen Figur des Verfassungsrechts, 2003, 230.

18 Freiheit der Parteien, zu entscheiden, ob sie überhaupt Verträge schließen möchten, *Wolfram Höfling*: Vertragsfreiheit. Eine grundrechtsdogmatische Studie, 1991, 3 Fn. 18 m.w.N.; vgl. bspw. auch *Brenner* (Fn. 17), Rn. 28; *Cornils* (Fn. 3), 206. Dazu auch schon supra Teil 3, D.I.3.

19 *Höfling* (Fn. 18), 3 Fn. 18 m.w.N.

20 Freiheit der Parteien, den Inhalt der Vereinbarung beliebig zu bestimmen, *Höfling* (Fn. 18), 3 Fn. 18 m.w.N., etwa durch beliebige Festlegung von Hauptleistungspflichten und die Vereinbarung von Nebenfolgen oder Sanktionen im Konfliktfall; zur Gestaltungsfreiheit auch *Brenner* (Fn. 17), Rn. 28, 30; *Cornils* (Fn. 3), 206; *Gerrit Manssen*: Privatrechtsgestaltung durch Hoheitsakt. Verfassungsrechtliche und verwaltungsrechtliche Grundfragen, 1994, 119; implizit auch BVerfGE 8, 274 (328f.); 88, 384 (403). Dazu auch schon supra Teil 3, D.I.3.

21 Freiheit der Kontrahierenden, unter den zur Verfügung stehenden Vertragstypen zu wählen, sie zu ändern, zu kombinieren oder eigene Typen zu entwickeln, *Höfling* (Fn. 18), 3 Fn. 18 mw.N.

22 *Cornils* (Fn. 3), 206; *Brenner* (Fn. 17), Rn. 28f.; *Höfling* (Fn. 18), 3 Fn. 18 m.w.N.

23 *Bumke* (Fn. 1), 65ff. m.w.N.

24 Vgl. *Bumke* (Fn. 1), 69ff.; *Cornils* (Fn. 3), 615, 634f.; *Mager* (Fn. 17), 230; BVerfGE 89, 214 (231); *Hans D. Jarass*, in: Jarass, Hans D.; Pieroth, Bodo: Grundgesetz für die Bundesrepublik Deutschland, Kommentar, 14. Aufl. 2016, Art. 2 Rn. 22f.

Normenkomplex muss den Beteiligten rechtsgeschäftliche Gestaltungsmittel an die Hand geben, die es ihnen erlauben, verbindlich und eigenverantwortlich über den Ausgleich ihrer wechselseitigen Interessen zu entscheiden, die zugleich der Möglichkeit einseitiger Fremdbestimmung entgegenwirken[25] und die auch im Streitfall durchsetzbare Rechtspositionen begründen[26].

2. *Ehefreiheit (Art. 6 Abs. 1 GG)*

Die Strukturelemente der Ehefreiheit ergeben sich „aus der Anknüpfung des Art. 6 Abs. 1 GG an vorgefundene, überkommene Lebensformen in Verbindung mit dem Freiheitscharakter des verbürgten Grundrechts und anderen Verfassungsnormen“[27]. Als die Ehe im verfassungsrechtlichen Sinne prägend gelten überwiegend jedenfalls die Merkmale der Verschiedengeschlechtlichkeit, der Einehe, der Freiwilligkeit und freien Zugänglichkeit, der grundsätzlichen Unauflösbarkeit bis zum Tode (Dauerhaftigkeit) sowie der Ehegattenautonomie[28]. Darüber hinaus wird auch die staatliche Mitwirkung bei der Eheschließung (als Ausprägung der Öffentlichkeit der Ehe) als weiteres verfassungsrechtliches Strukturelement benannt[29].

---

25 Vgl. *Gellermann* (Fn. 5), 330; *Christian Bumke*: Der Grundrechtsvorbehalt. Untersuchungen über die Begrenzung und Ausgestaltung der Grundrechte, 1998, 96; BVerfGE 81, 242 (255); 89, 214 (232); 103, 89 (100f.); vgl. auch *Cornils* (Fn. 3), 185, 246f.; *Bumke* (Fn. 1), 71f.

26 BVerfGE 89, 214 (232).

27 BVerfGE 31, 58 (69); 105, 313 (345) – st. Rspr.

28 Vgl. statt vieler *Frauke Brosius-Gersdorf*, in: Dreier, Horst (Hrsg.): Grundgesetz, Kommentar, Band 1, 3. Aufl. 2013, Art. 6 Rn. 77 m.w.N., die allerdings das Merkmal der Verschiedengeschlechtlichkeit nicht als konstitutiv betrachtet (weitere Nachweise zu dieser wie auch zur Gegenansicht supra Teil 3, D.I.2.); *Cornils* (Fn. 3), 341 m.w.N.; *Gellermann* (Fn. 5), 320 m.w.N. insbes. zur verfassungsgerichtlichen Rspr.; ganz ähnlich *Gerhard Robbers*, in: Mangoldt, Hermann; Klein, Friedrich; Starck, Christian (Hrsg.): Kommentar zum Grundgesetz, Band 1, 7. Aufl. 2018, Art. 6 Rn. 38; *Christian von Coelln*, in: Sachs, Michael (Hrsg.): Grundgesetz. Kommentar, 8. Aufl. 2018, Art. 6 Rn. 4ff. m.w.N.; enger *Jörn Ipsen*: Ehe und Familie, in: Isensee, Josef; Kirchhof, Paul (Hrsg.): Handbuch des Staatsrechts der Bundesrepublik Deutschland, Band VII, 3. Aufl. 2009, § 154 Rn. 8ff.; überblicksartig auch *Thorsten Kingreen*: Die verfassungsrechtliche Stellung der nichtehelichen Lebensgemeinschaft im Spannungsfeld zwischen Freiheits- und Gleichheitsrechten, 1995, 49ff.; a.A. hinsichtlich der Merkmale Verschiedengeschlechtlichkeit und grundsätzliche Unauflösbarkeit *Lothar Michael; Martin Morlok*: Grundrechte, 6. Aufl. 2017, Rn. 252.

29 *von Coelln* (Fn. 28), Rn. 9; *Arnd Uhle*, in: Epping, Volker; Hillgruber, Christian (Hrsg.): Beck'scher Online-Kommentar Grundgesetz, Stand: Oktober 2017, Art. 6 Rn.

Die Ehefreiheit verpflichtet die Legislative, ein funktionsfähiges Umfeld der Ehe bereitzustellen, in welchem sie gelebt und damit ihrer ideellen Bedeutung für den Einzelnen und ihrer Funktion im Rahmen der verfassungsmäßigen Ordnung gerecht werden kann[30]. Es ist ein rechtlicher Rahmen zu schaffen, der den Ehepartnern sowohl ihre Freiheit belässt, eigenverantwortlich zu entscheiden als auch ihren nicht stets gleichgelagerten Interessen sowie den Belangen Dritter Rechnung trägt[31].

3. Vereinigungs- und Koalitionsfreiheit (Art. 9 Abs. 1, Abs. 3 GG)

Eine Vereinigung im verfassungsrechtlichen Sinne ist jeder freiwillige Zusammenschluss mehrerer (natürlicher oder juristischer) Personen, die einen gemeinsamen Zweck verfolgen und eine gewissen Stabilität aufweisen[32]. Weitere wesentliche Strukturelemente der Vereinigungsfreiheit sind die freie, rechtsförmige Assoziation sowie die Selbstbestimmung der Vereinigung und ihrer Mitglieder[33].

10; *Brosius-Gersdorf* (Fn. 28), Rn. 77 m.w.N.; *Thorsten Kingreen; Ralf Poscher*: Grundrechte. Staatsrecht II, 33. Aufl. 2017, Rn. 751; *Helmut Lecheler*: Schutz von Ehe und Familie, in: Isensee, Josef; Kirchhof, Paul (Hrsg.): Handbuch des Staatsrechts der Bundesrepublik Deutschland, Band VI, 2. Aufl. 2001, § 133 Rn. 20f.; *Volker Epping*, Grundrechte, 7. Aufl. 2017, Rn. 505; BVerfGE 29, 166 (176); 62, 323 (330); 105, 313 (345); *Kingreen* (Fn. 28), 51; *Gellermann* (Fn. 5), 320; *Cornils* (Fn. 3), 341; a.A. *Robbers* (Fn. 28), Rn. 39; *Dagmar Coester-Waltjen*, in: Münch, Ingo von; Kunig, Philip (Hrsg.): Grundgesetz, Kommentar, Band 1, 6. Aufl. 2012, Art. 6 Rn. 6; wohl auch *Michael/Morlok* (Fn. 28), Rn. 252.

30 *Gerd Morgenthaler*: Freiheit durch Gesetz. Der parlamentarische Gesetzgeber als Erstadressat der Freiheitsgrundrechte, 1999, 275.

31 *Gellermann* (Fn. 5), 330; ähnlich *von Coelln* (Fn. 28), Rn. 31; *Robbers* (Fn. 28), Rn. 11.

32 *Wolfram Höfling*, in: Sachs, Michael (Hrsg.): Grundgesetz. Kommentar, 6. Aufl. 2011, Art. 9 Rn. 9; *Helge Sodan*, in: Sodan, Helge (Hrsg.): Grundgesetz, Kompakt-Kommentar, 3. Aufl. 2015, Art. 9 Rn. 2; weitere Nachweise supra Teil 3, D.II.1.

33 Vgl. BVerfGE 30, 227 (241); 50, 290 (353f., 355); 84, 372 (378f.); 80, 244 (253); 123, 186 (237); *Hans D. Jarass*, in: Jarass, Hans D.; Pieroth, Bodo: Grundgesetz für die Bundesrepublik Deutschland, Kommentar, 14. Aufl. 2016, Art. 9 Rn. 3f.; *Josef Isensee*: Grundrechtsvoraussetzungen und Verfassungserwartungen an die Grundrechtsausübung, in: Isensee, Josef; Kirchhof, Paul (Hrsg.): Handbuch des Staatsrechts der Bundesrepublik Deutschland, Band IX, 3. Aufl. 2011, § 190 Rn. 170; *Wolfgang Löwer*, in: Münch, Ingo von; Kunig, Philip (Hrsg.): Grundgesetz, Kommentar, Band 1, 6. Aufl. 2012, Art. 9 Rn. 32; *Michael Kemper*, in: Mangoldt, Hermann; Klein, Friedrich; Starck, Christian (Hrsg.): Kommentar zum Grundgesetz, Band 1, 7. Aufl. 2018, Art. 9 Abs. 1 Rn. 1ff.; *Rupert Scholz*, in: Maunz, Theodor†; Dürig, Günter†: Grundgesetz Kommentar,

Art. 9 Abs. 1 GG trägt dem Gesetzgeber auf, Normen vorzuhalten, die die Vereinigung in die allgemeine Rechtsordnung einfügen, die Sicherheit des Rechtsverkehrs gewährleisten, Rechte der Mitglieder sichern und den schutzbedürftigen Belangen Dritter oder auch des Allgemeininteresses Rechnung tragen[34]. Er hat demnach als zentrale Aspekte die Gründung von und die Betätigung in Vereinen und Gesellschaften zu regeln[35] sowie eine hinreichende Vielfalt an funktionsfähigen Rechtsformen verfügbar zu machen[36].

Der verfassungsrechtliche Koalitionsbegriff enthält sämtliche Elemente des Vereinigungsbegriffs. Anders als Art. 9 Abs. 1 GG schreibt Art. 9 Abs. 3 GG jedoch den gemeinsamen Zweck, den die Vereinigung verfolgen muss, explizit vor (Wahrung und Förderung der Arbeits- und Wirtschaftsbedingungen)[37]. Als weitere bedeutende Strukturelemente anerkannt sind die Gegnerfreiheit und die Gegnerunabhängigkeit. Letztere gewährleistet die Selbstbestimmung der Koalitionen über ihre eigene Organisation, das Verfahren ihrer Willensbildung und die Führung ihrer Geschäfte[38]. Ein spezieller Aspekt der Gegnerunabhängigkeit ist die Überbetrieblichkeit, die ebenfalls ein Element des verfassungsrechtlichen Koalitionsbegriffs bildet[39]. Nicht zu den Strukturelementen der Koalitionsfreiheit zählen dagegen die soziale Mächtigkeit (Verbandsmacht)[40], die Tariffähigkeit[41] und die Kampfbereitschaft[42].

Loseblatt, Stand des Gesamtwerkes: Januar 2013, Band II, Art. 9 Rn. 11 m.w.N.; *Gellermann* (Fn. 5), 321; vgl. auch *Cornils* (Fn. 3), 429, 431, 439ff.; *Hartmut Bauer*, in: Dreier, Horst (Hrsg.): Grundgesetz, Kommentar, Band 1, 3. Aufl. 2013, Art. 9 Rn. 53.

34 BVerfGE 50, 290 (354f.); 84, 372 (378); dem folgend *Sodan* (Fn. 32), Rn. 8; *Gellermann* (Fn. 5), 176; *Bauer* (Fn. 33), Rn. 52; in diese Richtung auch *Cornils* (Fn. 3), 440, 442.

35 Vgl. *Cornils* (Fn. 3), 441, der zudem noch die Pflicht zur Statuierung von Normsetzungsbefugnissen erwähnt.

36 *Bauer* (Fn. 33), Rn. 53 m.w.N. Vgl. zum Ganzen supra Teil 3, D.II.1. m.w.N.

37 Vgl. exemplarisch *Thomas von Danwitz*: Koalitionsfreiheit, in: Merten, Detlef; Papier, Hans-Jürgen (Hrsg.): Handbuch der Grundrechte in Deutschland und Europa, Band V, 2013, § 116 Rn. 54; *Bauer* (Fn. 33), Rn. 73ff. Weitere Nachweise supra Teil 3, D.II.2.

38 Zum Ganzen statt vieler *von Danwitz* (Fn. 37), Rn. 55; vgl. auch BVerfGE 17, 319 (333f.); speziell zur Mitgliederwerbung BVerfGE 57, 220 (245f.); *Löwer* (Fn. 33), Rn. 32; weitere Nachweise supra Teil 3, D.II.2.

39 Exemplarisch *Höfling* (Fn. 32), Rn. 57; *von Danwitz* (Fn. 37), Rn. 56; BVerfGE 4, 96 (106); 18, 18 (28); 50, 290 (368); 58, 233 (247).

40 *von Danwitz* (Fn. 37), Rn. 56; *Höfling* (Fn. 32), Rn. 61; *Bauer* (Fn. 33), Rn. 79.

41 *Bauer* (Fn. 33), Rn. 80; BVerfGE 4, 96 (106f.); 18, 18 (26ff.); wohl auch BVerfGE 58, 233 (248ff.).

42 BVerfGE 18, 18 (27ff.); vgl. implizit auch BVerfGE 50, 290 (367f.); *Bauer* (Fn. 33), Rn. 80; *Höfling* (Fn. 32), Rn. 61.

Die Koalitionsfreiheit verpflichtet die Legislative, Regelungen zur Verfügung zu stellen, die den Koalitionären die wirksame Verfolgung des grundrechtlich anerkannten Zwecks der Wahrung und Förderung der Arbeits- und Wirtschaftsbedingungen ermöglichen und die die schutzwürdigen Interessen Dritter und der Allgemeinheit berücksichtigen[43]. Der Gesetzgeber hat die Voraussetzungen, Gehalte und Verbindlichkeit von selbstbestimmten (Tarif)Vereinbarungen zwischen Arbeitgebern und Arbeitnehmern (Tarifvertragssystem) und von Arbeitskampfmaßnahmen (Arbeitskampfsystem) zu normieren[44].

4. *Eigentums- und Erbrechtsgarantie (Art. 14 Abs. 1 GG)*

Die Eigentumsgarantie soll dem Einzelnen einen Freiheitsraum im vermögensrechtlichen Bereich sichern und ihm dadurch eine eigenverantwortliche Gestaltung seines Lebens ermöglichen[45]. Die bestimmenden Unterelemente dieser Eigentümerautonomie[46] sind anerkanntermaßen die Privatnützigkeit, die umfassende Herrschafts- und Verfügungsbefugnis und die Ausschließlichkeit der Zuordnung[47]. Ein weiteres bedeutendes Strukturmerkmal ist die in Art. 14 Abs. 2 GG statuierte Sozialpflichtigkeit[48].

Auch die Erbrechtsgarantie dient der Selbstbestimmung des Einzelnen im Rechtsleben[49]. Ihre wesentlichen Elemente sind die Verfügungsbefugnis des

---

43 *Gellermann* (Fn. 5), 322, 330; vgl. auch *Jarass* (Fn. 33), Rn. 47; BVerfGE 84, 212 (228); 92, 365 (394f.); 94, 268 (284).

44 Vgl. dazu bereits die Nachweise supra Teil 3, D.II.2.

45 BVerfGE 24, 367 (389); 50, 290 (339); 104, 1 (8f.); 115, 97 (110) – st. Rspr.

46 Vgl. *Cornils* (Fn. 3), 321 m.N., 643.

47 Statt vieler *Otto Depenheuer; Judith Froese*, in: Mangoldt, Hermann; Klein, Friedrich; Starck, Christian (Hrsg.): Kommentar zum Grundgesetz, Band 1, 7. Aufl. 2018, Art. 14 Rn. 64, 65ff., 69 m.w.N.; BVerfGE 31, 229 (240); 37, 132 (140); 52, 1 (30); 71, 230 (246); 83, 201 (209); 102, 1 (15); 112, 93 (107); 122, 151 (182); 123, 186 (258); 126, 331 (358); 91, 294 (308); vgl. auch *Gellermann* (Fn. 5), 321; *Cornils* (Fn. 3), 321, 328, 643; zur Privatnützigkeit auch *Bumke* (Fn. 1), 55; BVerfGE 79, 292 (304); 81, 29 (33); 50, 290 (339).

48 Exemplarisch *Bumke* (Fn. 1), 55; *Gellermann* (Fn. 5), 104 m.w.N.; BVerfGE 25, 112 (117); 37, 132 (140); 71, 230 (246f.); 49, 382 (394); 50, 290 (340); 102, 1 (15); 122, 374 (391). Zum Ganzen bereits supra Teil 3, D.I.4. m.w.N.

49 BVerfGE 99, 341 (350).

Erblassers (Testierfreiheit[50]) und des Erben[51] sowie das Verwandtenerbrecht (Privaterbfolge)[52].

Art. 14 Abs. 1 GG verpflichtet den Gesetzgeber, eine funktionsfähige Eigentumsordnung zu schaffen und zu erhalten. Er muss also einen Bestand an Vorschriften verfügbar halten, die es ermöglichen, vermögenswerte Rechte zu erwerben, zu veräußern, zu nutzen, zu gebrauchen etc.; kurz: die den Grundrechtsträger in die Lage versetzen, seine Eigentümerautonomie auszuüben[53]. Art. 14 Abs. 2 GG verpflichtet die Legislative andererseits aber auch, die sozialen Bindungen des Eigentums durchsetzen[54].

Für die Erbrechtsgarantie als über den Tod hinausreichende Eigentumsfreiheit[55] gilt Entsprechendes[56].

---

50 Bspw. *Inge Kroppenberg*: Privatautonomie von Todes wegen. Verfassungs- und zivilrechtliche Grundlagen der Testierfreiheit im Vergleich zur Vertragsfreiheit unter Lebenden, 2008, 159ff.; BVerfGE 58, 377 (398); 67, 329 (341); 91, 346 (358); 99, 341 (351); *Joachim Wieland*, in: Dreier, Horst (Hrsg.): Grundgesetz. Kommentar, Band 1, 3. Aufl. 2013, Art. 14 Rn. 78; weitere Nachweise supra Teil 3, D.I.5.

51 Bspw. *Rudolf Wendt*, in: Sachs, Michael (Hrsg.): Grundgesetz. Kommentar, 8. Aufl. 2018, Art. 14 Rn. 194; weitere Nachweise supra Teil 3, D.I.5.

52 *Wendt* (Fn. 51), Rn. 195, 198 m.w.N.; BVerfGE 67, 329 (340); 91, 346 (358); *Inge Kroppenberg* (Fn. 50), 2008, 204ff.; *Helmut Rittstieg*, in: Denninger, Erhard; Hoffmann-Riem, Wolfgang; Schneider, Hans-Peter; Stein, Ekkehardt (Hrsg.): Kommentar zum Grundgesetz für die Bundesrepublik Deutschland (Reihe Alternativkommentare), Loseblatt, 3. Aufl. 2001f., Band 1, Art. 14/15 Rn. 152; *Mager* (Fn. 17), 190; *Hans-Jürgen Papier*, in: Maunz, Theodor†; Dürig, Günter†: Grundgesetz. Kommentar, Loseblatt, Stand des Gesamtwerkes: Januar 2013, Band II, Art. 14 Rn. 300; *Joachim Wieland*, in: Dreier, Horst (Hrsg.): Grundgesetz, Kommentar, Band 1, 3. Aufl. 2013, Art. 14 Rn. 78; *Matthias Ruffert*: Vorrang der Verfassung und Eigenständigkeit des Privatrechts. Eine verfassungsrechtliche Untersuchung zur Privatrechtswirkung des Grundgesetzes, 2001, 394.

53 Vgl. statt vieler *Mager* (Fn. 17), 176ff.; *Kingreen/Poscher* (Fn. 29), Rn. 148; BVerfGE 58, 300 (339, 348) – st. Rspr.

54 Vgl. zum Ganzen BVerfGE 58, 300 (335f., 345); 25, 112 (117); 37, 132 (140); 50, 290 (339f.); 52, 1 (29); 79, 29 (40); *Gellermann* (Fn. 5), 320f., 329; *Michael Kloepfer*: Einrichtungsgarantien, in: Merten, Detlef; Papier, Hans-Jürgen (Hrsg.): Handbuch der Grundrechte in Deutschland und Europa, Band II, 2006, § 43 Rn. 77f.; vgl. auch *Cornils* (Fn. 3), 337, 615.

55 Deutlich BVerfGE 112, 332 (348) – st. Rspr. Dazu eingehend m.w.N. bereits supra Teil 3, D.I.5.

56 Vgl. BVerfGE 99, 341 (350f.).

5. *Rechtsschutzgarantie (Art. 19 Abs. 4 S. 1 GG)*

Das zentrale Strukturelement des Art. 19 Abs. 4 S. 1 GG ist die Effektivität oder auch Wirksamkeit des Rechtsschutzes[57]. Über die Jahrzehnte wurden in Rechtsprechung und Literatur diverse Unterelemente dieses Grundsatzes herausgearbeitet, die den Inhalt jenes Postulats näher bestimmen[58]. Ihre konkrete Anzahl variiert je nach Systematisierungsansatz. Weitgehende Übereinstimmung besteht heute hinsichtlich folgender Präzisierungen[59]: Die Rechtsschutzgarantie verlangt zunächst, dass *jede* Verwaltungsentscheidung, die in Rechte des Bürgers eingreift, zumindest *einmal* gerichtlich überprüft werden können muss (Gebot lückenlosen Rechtsschutzes in der Breite oder auch Gebot der lückenlosen Rechtswegeröffnung)[60]. Darüber hinaus gebietet Art. 19 Abs. 4 S. 1 GG die umfassende gerichtliche Kontrolle der Verwaltungsentscheidung in tatsächlicher und rechtlicher Hinsicht[61] (Gebot lückenlosen Rechtsschutzes in der Tiefe[62]). Effektiv ist der Rechtsschutz des Weiteren nur, wenn die gerichtliche Kontrolle sorgfältig und mit dem Ziel der Richtigkeit der Kontrollentscheidungen erfolgt (Aspekt der Qualität des Rechtsschutzes)[63]. Hierzu muss die Möglichkeit und die Befugnis der Gerichte bestehen, von den zu kontrollierenden

---

57 Umfangreiche Nachweise dazu bereits supra Teil 3, D.I.1. Das Bundesverfassungsgericht spricht in diesem Zusammenhang häufig von der tatsächlich wirksamen gerichtlichen Kontrolle, vgl. BVerfGE 35, 263 (274); 42, 128 (130); 96, 27 (39); 118, 168 (207).

58 Effektivität des Rechtsschutzes als Sammelbegriff, *Cornils* (Fn. 3), 447 m.w.N.

59 Vgl. zum Ganzen *Cornils* (Fn. 3), 448, 468f.

60 Vgl. implizit *Peter Michael Huber*, in: Mangoldt, Hermann; Klein, Friedrich; Starck, Christian (Hrsg.): Kommentar zum Grundgesetz, Band 1, 7. Aufl. 2018, Art. 19 Abs. 4 Rn. 461; vgl. auch *Cornils* (Fn. 3), 448, 452, 463, 485f., 610 Fn. 185; BVerfGE 11, 232 (232); 49, 329 (340); 113, 273 (310).

61 Vgl. *Helge Sodan*, in: Sodan, Helge (Hrsg.): Grundgesetz. Kompakt-Kommentar, 3. Aufl. 2015, Art. 19 Rn. 31; *Michael Sachs*, in: Sachs, Michael (Hrsg.): Grundgesetz. Kommentar, 8. Aufl. 2018, Art. 19 Rn. 145f.; *Christoph Brüning*, in: Stern, Klaus; Becker, Florian (Hrsg.): Grundrechte-Kommentar, 2. Aufl. 2016, Art. 19 Rn. 110ff.; *Wolf-Rüdiger Schenke*, in: Kahl, Wolfgang; Waldhoff, Christian; Walter; Christian (Hrsg.): Bonner Kommentar zum Grundgesetz, Loseblatt, Stand des Gesamtwerkes: Dezember 2017, Band 6, Art. 19 Abs. 4 Rn. 491ff.; *Arnd Uhle*: Rechtsstaatliche Prozessgrundrechte und –grundsätze, in: Merten, Detlef; Papier, Hans-Jürgen (Hrsg.): Handbuch der Grundrechte in Deutschland und Europa, Band V, 2013, § 129 Rn. 81ff.; *Huber* (Fn. 60), Rn. 460; BVerfGE 15, 275 (282); 61, 82 (111); 84, 34 (49); 113, 273 (310) – st. Rspr.

62 *Cornils* (Fn. 3), 447, 448, 452.

63 Vgl. *Cornils* (Fn. 3), 457, 485.

Verwaltungsvorgängen vor der Entscheidung Kenntnis nehmen zu können, also vor allem Einsicht in die behördlichen Akten zu erhalten[64]. Weiter muss die gerichtliche Entscheidung verbindlich, das heißt rechtskraftfähig (Aspekt der Rechtssicherheit) und durchsetzbar, also vollstreckbar sein[65]. Auch müssen die Gerichte innerhalb angemessener Zeit[66] entscheiden. Das Effektivitätspostulat verpflichtet insofern vor allem zu einem rechtzeitigen und schnellen Rechtsschutz. Um der Gefahr vollendeter Tatsachen zu entgehen und irreparable Nachteile zu verhindern, hat der Gesetzgeber zum einen neben den – nachträglichen – Rechtsschutzverfahren in der Hauptsache auch solche des vorläufigen Rechtsschutzes (Eilverfahren) zu etablieren und zum anderen die Möglichkeit der Inanspruchnahme vorbeugenden Rechtsschutzes zu eröffnen[67]. Tatsächliche Wirksamkeit kann Rechtsschutz überdies nur entfalten, wenn der Rechtsweg allen Rechtsschutzsuchenden und damit auch dem Unbemittelten gleichermaßen offen steht (Aspekt der wirtschaftlichen Günstigkeit)[68] und er auch in Fällen, in denen die Rechtsbetroffenheit infolge prozessualer Überholung nicht mehr

---

64 Vgl. BVerfGE 101, 106 (125); sich anschließend *Sodan* (Fn. 61), Rn. 31; *Cornils* (Fn. 3), 449.

65 Vgl. *Uhle* (Fn. 61), Rn. 84; *Hans D. Jarass*, in: Jarass, Hans D.; Pieroth, Bodo: Grundgesetz für die Bundesrepublik Deutschland, Kommentar, 14. Aufl. 2016, Art. 19 Rn. 50; *Sachs* (Fn. 61), Rn. 147; *Brüning* (Fn. 61), Rn. 113; *Huber* (Fn. 60), Rn. 476; BVerfGE 60, 253 (269f.); 107, 395 (401); 113, 297 (310); *Cornils* (Fn. 3), 457, 485; implizit auch BVerfGE 61, 82 (111).

66 BVerfGE 93, 1 (13); BVerfG (K) NVwZ-RR 2008, 657, 658; zum Aspekt der Rechtzeitigkeit und Schnelligkeit auch *Cornils* (Fn. 3), 457, 485.

67 Vgl. *Uhle* (Fn. 61), Rn. 71; *Sachs* (Fn. 61), Rn. 144, 148ff.; *Brüning* (Fn. 61), Rn. 114ff.; ausführlich *Eberhard Schmidt-Aßmann*, in: Maunz, Theodor†; Dürig, Günter†: Grundgesetz. Kommentar, Loseblatt, Stand des Gesamtwerkes: Januar 2013, Band III, Art. 19 IV Rn. 273ff.; *Schenke* (Fn. 61), Rn. 644ff., 671ff., jeweils m.umfangr.N.; zum vorläufigen Rechtsschutz vgl. auch BVerfGE 37, 150 (153); 65, 1 (70); 93, 1 (13); BVerfG (K) NVwZ-RR 2010, 29; BVerfG NVwZ 2011, 35, 36; *Sodan* (Fn. 61), Rn. 31; *Huber* (Fn. 60), Rn. 479ff.; *Cornils* (Fn. 3), 449f.; zum vorbeugenden Rechtsschutz *Huber* (Fn. 60), Rn. 465; implizit *Cornils* (Fn. 3), 449 unter Verweis auf BVerfGE 61, 82 (111: „zureichende Entscheidungsmacht [des Richters], um einer ... drohenden Rechtsverletzung wirksam abzuhelfen").

68 BVerfGE 78, 88 (99); 50, 217 (231); vgl. auch *Huber* (Fn. 60), Rn. 461. Hieraus folgt ein Anspruch auf Prozesskostenhilfe, der jedoch von den Erfolgsaussichten in der Hauptsache abhängig gemacht werden darf, vgl. statt vieler *Sodan* (Fn. 61), Rn. 31; BVerfGE 81, 347 (357); BVerfG (K) DVBl. 2001, 1748, 1749; sich anschließend *Cornils* (Fn. 3), 449, 484.

fortbesteht (Erledigungssituation), gewährt wird[69]. Zusammengefasst betreffen all diese Effektivitätspostulate[70] den (möglichst ungehinderten) Zugang zu Gericht sowie die Reichweite und Intensität der gerichtlichen Kontrolle.

Art. 19 Abs. 4 S. 1 GG verpflichtet den Gesetzgeber, die notwendigen organisatorischen und verfahrensrechtlichen Voraussetzungen für den – soeben in inhaltlichen Einzelheiten beschriebenen – wirksamen gerichtlichen Rechtsschutz gegen Akte der öffentlichen Gewalt zur Verfügung zu stellen. Er hat also mittels gerichtsorganisations- und prozessrechtlicher Vorschriften eine staatliche Gerichtsbarkeit zu etablieren, den Zugang zu ihr zu regeln und eine effektive Kontrolle durch die Gerichte sicherzustellen[71], kurz: ein Rechtsschutzsystem aufzubauen.

6. Garantie des gesetzlichen Richters (Art. 101 Abs. 1 S. 2 GG)

Art. 101 Abs. 1 S. 2 GG verbietet die Entziehung des gesetzlichen Richters. Jenes Verbot ist das einzige und damit zugleich das wesentliche Strukturelement dieses Prozessgrundrechts.

Um jede sachwidrige Einflussnahme auf die Rechtsprechung von innen wie außen zu vermeiden, verpflichtet Art. 101 Abs. 1 S. 2 GG die Legislative, einen Normenkomplex bereit zu halten, der für jeden erdenklichen Streitfall klar und abstrakt-generell im Voraus den Richter i.S.d. Art. 92, 97 GG bezeichnet, der für die Entscheidung zuständig ist[72]. Gesetzlich bestimmt werden muss jedenfalls, welche Gerichte mit welchen Spruchkörpern für welche Verfahren sachlich, örtlich und instanziell zuständig sind[73].

---

69 Ein solcher Ausnahmefall liegt zumindest vor bei tiefgreifenden Grundrechtsbeeinträchtigungen, wenn ein Rehabilitationsinteresse oder Wiederholungsgefahr besteht, BVerfGE 96, 27 (40); 104, 220 (232ff.); *Helmuth Schulze-Fielitz*, in: Dreier, Horst (Hrsg.): Grundgesetz, Kommentar, Band 1, 3. Aufl. 2013, Art. 19 IV Rn. 100; *Sachs* (Fn. 61), Rn. 139a; *Huber* (Fn. 60), Rn. 501.

70 Vgl. dazu im Einzelnen m.N. auch *Cornils* (Fn. 3), 448ff.

71 Vgl. exemplarisch *Kloepfer* (Fn. 54), Rn. 83; allgemeiner *Gellermann* (Fn. 5), 256; *Cornils* (Fn. 3), 445, 470, 615; weitere Nachweise supra Teil 3, D.I.1.

72 BVerfGE 19, 52 (60); vgl. auch BVerfG (K) NJW 2006, 3129, 3130; *Helge Sodan*, in: Sodan, Helge (Hrsg.): Grundgesetz. Kompakt-Kommentar, 3. Aufl. 2015, Art. 101 Rn. 6. Weitere Nachweise supra Teil 3, D.I.1.

73 BVerfGE 95, 322 (328).

7. Garantie des rechtlichen Gehörs (Art. 103 Abs. 1 GG)

Zentrales Merkmal des Art. 103 Abs. 1 GG ist das Äußerungsrecht der Beteiligten im gerichtlichen Verfahren, das aus drei Teilelementen besteht: dem Recht zur Stellungnahme für die Prozessbeteiligten[74], dem Recht auf Information[75] und dem Recht auf Beachtung[76].

Art. 103 Abs. 1 GG beauftragt den Gesetzgeber, die einzelnen Modalitäten der Gehörsgewährung näher zu regeln[77].

8. Zwischenergebnis

Jedes normgeprägte Grundrecht enthält eigene, individuelle Strukturelemente und Regelungsaufträge, die jeweils den sachlich-inhaltlichen Rahmen der Bindung des Gesetzgebers bilden. Das Strukturelement der Selbstbestimmung findet sich mit Ausnahme der Prozessgrundrechte in allen Referenzgrundrechten; im Rahmen der Vertragsfreiheit und der Eigentums- und Erbrechtsgarantie spielt es gar eine zentrale Rolle. Sämtliche Referenzgrundrechte enthalten darüber hinaus den Auftrag zur Errichtung und Aufrechterhaltung einer funktionsfähigen einfachrechtlichen Ordnung[78].

---

74 Statt vieler *Christoph Degenhart*, in: Sachs, Michael (Hrsg.): Grundgesetz. Kommentar, 8. Aufl. 2018, Art. 103 Rn. 11, 20ff. m.w.N.; *Helge Sodan*, in: Sodan, Helge (Hrsg.): Grundgesetz. Kompakt-Kommentar, 3. Aufl. 2015, Art. 103 Rn. 5; BVerfGE 89, 381 (392); 98, 218 (263); 101, 106 (129) – st. Rspr.

75 Das Gericht muss den Prozessbeteiligten bezüglich der entscheidungserheblichen Tatsachen und Ansichten Kenntnis verschaffen, vgl. BVerfGE 89, 28 (35); 109, 13 (38); 109, 279 (370f.); *Sodan* (Fn. 74), Rn. 3, 4; *Kingreen/Poscher* (Fn. 29), Rn. 1241.

76 Das Gericht muss das Vorbringen der Prozessbeteiligten bei seiner Entscheidungsfindung berücksichtigen, also zur Kenntnis nehmen und in seine Erwägungen einbeziehen, BVerfGE 42, 364 (367f.); 58, 353 (356) – st. Rspr.; *Sodan* (Fn. 74), Rn. 3, 6; *Degenhart* (Fn. 74), Rn. 28ff.; *HelmuthSchulze-Fielitz*, in: Dreier, Horst (Hrsg): Grundgesetz, Kommentar, Band 3, 3. Aufl. 2018, Art. 103 I Rn. 63ff.; ausführlich zu den einzelnen Stufen *Wolfram Waldner*: Der Anspruch auf rechtliches Gehör, 2. Aufl. 2000, 13ff.; *Karin Graßhof*: Rechtliches Gehör, in: Merten, Detlef; Papier, Hans-Jürgen (Hrsg.): Handbuch der Grundrechte in Deutschland und Europa, Band V, 2013, § 133 Rn. 29ff.

77 Vgl. *Sodan* (Fn. 74), Rn. 2; weitere Nachweise supra Teil 3, D.I.1.

78 Zur Bedeutung des Strukturelements der Autonomie sowie der Anforderung der Funktionsadäquanz nochmals ausführlich infra Teil 4, C.II.1.b.bb.(1)(b)(aa) sowie (c)(aa).

B. Anwendungsfelder gesetzgeberischer Tätigkeit im Bereich der normgeprägten Grundrechte

Im Bereich der normgeprägten Grundrechte wird der Gesetzgeber entweder tätig, um seiner Pflicht zur inhaltlichen Ausformung der grundrechtlichen Schutzbereiche *erstmalig* nachzukommen (I.) oder aber er handelt in *erneuter* Verwirklichung eines grundrechtlichen Auftrags, indem er auf bereits bestehendes einfaches Recht zugreift und es ergänzt oder abändert (II.). Neben diese unterschiedlichen Ausprägungen gesetzgeberischer Aktivität tritt die Situation des legislatorischen Unterlassens (III.). Zentral ist in sämtlichen Fallgruppen die Frage, ob jeweils ein lediglich ausgestaltender Zugriff auf das normgeprägte Grundrecht oder nicht doch ein Eingriff in dessen Schutzbereich vorliegt[1].

I. Erstmalige Entfaltung grundrechtlicher Regelungsaufträge

Das Anwendungsfeld der erstmaligen Verwirklichung grundrechtlicher Aufträge ist heute nicht (mehr) der Regelfall und damit von untergeordneter praktischer Relevanz. Denn fast sieben Jahrzehnte nach Inkrafttreten des Grundgesetzes ist davon auszugehen, dass der Gesetzgeber ausnahmslos in allen Grundrechtsbereichen jedenfalls einmal (gestaltend) tätig geworden ist[2]. Dennoch verbleibt auch für gänzlich neue Vorschriften in zweierlei Hinsicht Raum: Erstens weist die bestehende Rechtsordnung durchaus noch Lücken auf, die durch gesetzgeberisches Tätigwerden geschlossen werden könnten, beispielsweise durch Etablierung eines Arbeitskampfgesetzes, das bis heute nicht existiert[3] und im Rahmen des (teilweise) normgeprägten Grundrechts der Koalitionsfreiheit (Art. 9 Abs. 3 GG) zu diskutieren wäre. Zweitens ist angesichts des ständigen technischen, wirtschaftlichen und gesellschaftlichen Fortschritts stets mit neuen, bislang unbekannten Entwicklungen zu rechnen, die neuartige Regelungen erforderlich machen[4], sodass auch die erstmalige Ausgestaltung immer wieder in den Blick geraten kann.

---

1 Dazu ausführlich infra Teil 4, C.II. m.N.

2 Vgl. in diese Richtung auch *Martin Gellermann*: Grundrechte in einfachgesetzlichem Gewande. Untersuchung zur normativen Ausgestaltung der Freiheitsrechte, 2000, 398. Den Normalfall bildet daher die „Umgestaltung von bereits Bestehendem", *Sebastian Lenz*: Vorbehaltlose Freiheitsrechte. Stellung und Funktion vorbehaltloser Freiheitsrechte in der Verfassungsordnung, 2006, 122.

3 *Gellermann* (Fn. 2), 398.

4 Vgl. *Gellermann* (Fn. 2), 61f., 398.

II. Änderungsgesetzgebung

Praktisch weitaus bedeutsamer dürfte die Änderung bereits bestehender normprägender Regelungen sein[5]. Zu dieser ist der Gesetzgeber jederzeit berechtigt, weil die normgeprägten Grundrechte ihn verpflichten, eine Rechtslage vorzuhalten, die es den Grundrechtsträgern *dauerhaft* ermöglicht, die ihnen verbürgte Freiheit bzw. Leistung in Anspruch zu nehmen[6]. Denkbar sind hier sowohl Vorschriften, die zusätzlich zu einer schon existierenden einfachrechtlichen Norm erlassen werden (1.) als auch Regelungen, die bereits bestehendes einfaches Recht abändern (2.).

1. Ergänzende Normierung

Jedes normgeprägte Grundrecht verpflichtet den Gesetzgeber, die in ihm niedergelegten Ziele *unter den jeweils gegebenen Umständen* zu verwirklichen. Ändern sich diese tatsächlichen Verhältnisse, kann es notwendig werden, bereits existierendes Recht daran anzupassen[7]. Im Falle der ergänzenden Normierung geschieht jene Anpassung, indem zusätzliche Vorschriften an bestehende Normen bzw. Normenkomplexe „angebaut" werden[8]. Sie schließen Lücken oder befriedigen Bedarfe, die aufgrund der gewandelten Lage entstanden sind oder leisten schlicht einen Beitrag zur Präzisierung bereits vorhandener Regelungen. Einen anschaulichen Beleg hierfür bietet etwa die nachträglich in § 906 Abs. 1

---

5 *Gellermann* (Fn. 2), 398 bezeichnet sie gar als „eigentlichen Schwerpunkt der sich um die harmonische Beziehung zwischen Grundrechten und Gesetzgebung rankenden Probleme"; ähnlich *Lenz* (Fn. 2), 122.

6 In diesem Zusammenhang wird ausdrücklich betont, dass die Auftragsgehalte sich nicht darauf beschränken, unverzichtbare Mindeststandards zu fordern, sondern darüber hinaus gingen und auch nicht-essentielle Regelungen verlangten, *Gellermann* (Fn. 2), 422; ebenso *Gertrude Lübbe-Wolff*: Die Grundrechte als Eingriffsabwehrrechte. Struktur und Reichweite der Eingriffsdogmatik im Bereich staatlicher Leistungen, 1988, 135.

7 Vgl. *Gellermann* (Fn. 2), 399; zur Nachbesserungspflicht des Gesetzgebers auch BVerfGE 25, 1 (13); 50, 290 (335, 377f.); 56, 54 (78f.) sowie *Peter Badura*: Die verfassungsrechtliche Pflicht des gesetzgebenden Parlaments zur „Nachbesserung" von Gesetzen, in: Müller, Georg; Rhinow, René A.; Schmid, Gerhard; Wildhaber, Luzius (Hrsg.): Staatsorganisation und Staatsfunktionen im Wandel. Festschrift für Kurt Eichenberger zum 60. Geburtstag, 1982, 481ff.; *Alexandra Pietrzak*: Die Schutzpflicht im verfassungsrechtlichen Kontext. Überblick und neue Aspekte, JuS 1994, 748, 752.

8 Vgl. *Gellermann* (Fn. 2), 399.

S. 2 BGB (Eigentumsgarantie)[9] eingefügte Definition des Begriffs der wesentlichen Beeinträchtigung, weiter § 281 Abs. 1 S. 2 ZPO (Garantie des gesetzlichen Richters), der dem Kläger bei Zuständigkeit mehrerer Gerichte ein ursprünglich nicht vorhandenes Wahlrecht einräumt oder auch § 78 Abs. 2 ZPO (Rechtsschutzgarantie), der ebenfalls nachträglich eingeführt wurde und den Anwaltszwang für Behörden und juristische Personen des öffentlichen Rechts in bestimmten Situationen aufhebt. Ergänzend normiert wurden darüber hinaus zum Beispiel auch die §§ 105a, 1360a, b BGB (Vertragsfreiheit), § 1362 Abs. 1 S. 2 BGB (Ehefreiheit)[10] sowie die Gehörsrüge in § 321a ZPO (Garantie des rechtlichen Gehörs)[11], mit der eine neue Möglichkeit geschaffen wurde, ein nicht berufungsfähiges Urteil anzugreifen[12].

2. Umgestaltung normprägenden Rechts[13]

Wie im Bereich der ergänzenden Normierung greift der Gesetzgeber auch im Anwendungsfeld der sogenannten Umgestaltung auf bereits existierendes

---

9 Die nachfolgend hinter jedem Beispiel eingefügten Klammerzusätze bezeichnen jeweils das normgeprägte Grundrecht, in dessen Anwendungsbereich das Beispiel relevant wird.

10 §§ 105a, 1360a, b und § 1362 Abs. 1 S. 2 BGB sind in der Originalfassung des BGB vom 18. August 1896 (RGBl. S. 195) nicht enthalten.

11 § 321a ZPO ist in der Originalfassung des Normtextes (Civilprozessordnung vom 30. Januar 1877, RGBl. S. 83) ebenfalls nicht vorhanden.

12 Eingeführt durch Art. 2 Abs. 1 Nr. 49 des Gesetzes zur Reform des Zivilprozesses (Zivilprozessreformgesetz – ZPO-RG) vom 27. Juli 2001 (BGBl. I S. 1887). Zuvor blieb einer Partei, die sich in ihrem Grundrecht aus Art. 103 Abs. 1 GG verletzt wähnte, nur der Weg der Verfassungsbeschwerde. Aufgrund eines starken Anstiegs derartiger Verfahren wurde zur Entlastung des Bundesverfassungsgerichts eine gesetzliche Regelung unumgänglich. Die Gehörsrüge war zunächst ausdrücklich auf erstinstanzliche Urteile beschränkt (vgl. § 321a Abs. 1 ZPO in der Fassung des ZPO-RG vom 27. Juli 2001, s.o.), wurde später aber durch Art. 1 Nr. 1 des Gesetzes über die Rechtsbehelfe bei der Verletzung des Anspruchs auf rechtliches Gehör (Anhörungsrügengesetz) vom 9. Dezember 2004 (BGBl. I S. 3220) auf alle unanfechtbaren Entscheidungen ausgedehnt (vgl. *Hans-Joachim Musielak*, in: Krüger, Wolfgang; Rauscher, Thomas (Hrsg.): Münchener Kommentar zur Zivilprozessordnung mit Gerichtsverfassungsgesetz und Nebengesetzen, Band 1, 5. Aufl. 2016, § 321a Rn. 1 m.w.N.). Diese Änderung des § 321a ZPO ist wiederum ein Beispiel für eine gesetzgeberische Umgestaltung bestehenden Rechts, auf die sogleich (infra Teil 4, B.II.2.) zurückzukommen sein wird.

13 *Gellermann* (Fn. 2), 11 und passim, ausführlich 398ff.

Recht zu. Allerdings lässt er jene Normen hier nicht unberührt und ergänzt sie lediglich um zusätzliche Vorschriften, sondern er ändert deren Inhalt[14]. Da es ihm – solange er sich in dem von den grundrechtlichen Aufträgen vorgegebenen Rahmen bewegt – frei steht, den bisher gewählten Weg zu verlassen[15], kann er den einmal erreichten Standard der Grundrechtsverwirklichung erweitern – so etwa geschehen in § 104 BGB[16] (Vertragsfreiheit)[17], § 2229 Abs. 4 BGB (Erbrechtsgarantie)[18] und § 321a ZPO[19] (rechtliches Gehör). Er kann ein bereits erreichtes Niveau der Grundrechtsrealisierung ebenso aber auch wieder zurückbauen[20] – so beispielsweise geschehen in § 573 Abs. 1 S. 2

---

14 Vgl. *Gellermann* (Fn. 2), 400, 428; implizit auch *Hermann Butzer*: Verfassungsrechtliche Grundlagen zum Verhältnis zwischen Gesetzgebungshoheit und Tarifautonomie, RdA 1994, 375, 381; *Silke Ruck*: Zur Unterscheidung von Ausgestaltungs- und Schrankengesetzen im Bereich der Rundfunkfreiheit, AöR 117 (1992), 543, 550; *Jochen Rozek*: Die Unterscheidung von Eigentumsbindung und Enteignung, 1998, 58.

15 Vgl. *Gellermann* (Fn. 2), 423, 426, 428; vgl. auch *Helmuth Schulze-Fielitz*, in: Dreier, Horst (Hrsg.): Grundgesetz, Kommentar, Band 3, 3. Aufl. 2018, Art. 101 Rn. 43; BVerfG (K) NJW 2001, 2617 (Vereinigung); BVerfGE 58, 300 (351) (Eigentum); 50, 290 (368); 92, 365 (394) (Koalition).

16 In dessen ursprünglicher Fassung war nach Nr. 3 auch derjenige geschäftsunfähig, der wegen Geisteskrankheit entmündigt ist (vgl. Bürgerliches Gesetzbuch vom 18. August 1896 (RGBl., S. 195)). Diese Norm wurde abgeschafft und damit der Kreis geschäftsfähiger Personen, die die Vertragsfreiheit für sich in Anspruch nehmen können, erweitert.

17 Die nachfolgend hinter jedem Beispiel eingefügten Klammerzusätze bezeichnen jeweils das normgeprägte Grundrecht, in dessen Anwendungsbereich das Beispiel relevant wird.

18 Auch hier definierte der Gesetzgeber die potenziell bestehenden Befugnisse der Grundrechtsträger neu. Anfänglich konnten Personen, die wegen Verschwendung oder Trinksucht entmündigt waren, gemäß § 2229 Abs. 4 BGB kein Testament errichten (vgl. Bürgerliches Gesetzbuch vom 18. August 1896 (RGBl. S. 195)). Diese Alternative ist heute ebenfalls aufgehoben und damit der Kreis der Testierfähigen ausgeweitet.

19 Die Gehörsrüge war ursprünglich ausdrücklich auf erstinstanzliche Urteile beschränkt, supra Fn. 12. Diese Regelung genügte nicht den verfassungsrechtlichen Anforderungen an die Rechtsmittelklarheit, weshalb das Bundesverfassungsgericht dem Gesetzgeber mit Beschluß vom 30. April 2003 (BVerfGE 107, 395ff.) aufgab, Vorschriften zu schaffen, die sicherstellen, dass entscheidungserhebliche Verstöße gegen den Anspruch auf rechtliches Gehör auch bei unanfechtbaren Entscheidungen durch die Fachgerichte beseitigt werden können. Der Gesetzgeber kam dieser höchstrichterlichen Aufforderung mit dem Anhörungsrügengesetz (s. Fn. 12) nach.

20 Instruktiv zur Eigentumsgarantie BVerfGE 31, 275 (284ff.); 36, 281 (293); 42, 263 (294); 58, 300 (351); 83, 201 (212).

BGB[21], § 903 S. 2 BGB[22] (Eigentumsgarantie), § 54 GenG[23] (Vereinigungsfreiheit), § 93a Abs. 1 BVerfGG[24], §§ 348, 348a ZPO[25] (gesetzlicher Richter) und §§ 31 ff. EGGVG[26] (rechtliches Gehör)[27]. Denkbar ist ferner, die Bedingungen der Eheschließung (Ehefreiheit) enger zu fassen als bisher, etwa durch Einführung einer Zölibatsklausel im öffentlichen Dienstrecht[28] oder eines Eheverbots

---

21 Ausschluß der bis dahin vorhandenen Möglichkeit, Wohnraum zwecks Mieterhöhung zu kündigen, eingeführt durch und ehemals Art. 1 § 1 Abs. 4 WKSchG (Gesetz über den Kündigungsschutz für Mietverhältnisse über Wohnraum vom 25. November 1971 [BGBl. I S. 1839]).

22 Beachtung der Tierschutzvorschriften als Beschränkung der dem Eigentümer durch § 903 S. 1 BGB eingeräumten Befugnis, mit seinem Eigentum beliebig verfahren zu können. Diese Regelung ist im Originaltext des BGB von 1898 (RGBl. S. 195) nicht enthalten. Sie wurde eingeführt durch Art. 1 Nr. 4 des Gesetzes zur Verbesserung der Rechtsstellung des Tieres im bürgerlichen Recht vom 20. August 1990 (BGBl. I S. 1762).

23 Pflichtmitgliedschaft einer Genossenschaft in einem Prüfungsverband. Diese Regelung ist im Originaltext des GenG von 1889 (RGBl. S. 55) nicht enthalten. Sie wurde eingeführt durch Art. 1 Nr. 1 des Gesetzes zur Änderung des Genossenschaftsgesetzes vom 30. Oktober 1934 (RGBl. I S. 1077).

24 Obligatorisches Annahmeverfahren für Verfassungsbeschwerden, eingeführt durch Art. 1 Nr. 5a) des Dritten Gesetzes zur Änderung des Gesetzes über das Bundesverfassungsgericht vom 3. August 1963 (BGBl. I S. 589). Vorläufer: Vorprüfungsverfahren, § 91a BVerfGG a.F., eingeführt durch erstes Änderungsgesetz vom 21.7. 1956 (BGBl. I S. 662) (dazu *Karin Graßhof*, in: Maunz, Theodor; Schmidt-Bleibtreu, Bruno; Klein, Franz; Bethge, Herbert (Hrsg.): Bundesverfassungsgerichtsgesetz. Kommentar, Loseblatt, Stand des Gesamtwerkes: Februar 2016, Band 2, § 93a Rn. 5).

25 Regelungen zum Verfahren vor dem Einzelrichter, eingeführt durch Art. 2 Abs. 1 Nr. 54 des Gesetzes zur Reform des Zivilprozesses (Zivilprozessreformgesetz – ZPO-RG) vom 27. Juli 2001 (BGBl. I S. 1887), die die bisherige Rechtslage vom Grundsatz des Kammerprinzips in die grundsätzliche Zuständigkeit des Einzelrichters umgekehrt haben.

26 Kontaktsperreregelungen, eingeführt durch Art. 1 des Gesetzes zur Änderung des Einführungsgesetzes zum Gerichtsverfassungsgesetz vom 30. Juli 1977 (BGBl. I S. 1877).

27 Zu nahezu all den genannten Beispielen erneut infra Teil 4, C.II.2.c.aa.

28 Zu diesem Beispiel bereits supra Teil 2, Fn. 48 m.N., nochmals infra Teil 4, C.I.1.a., 1.b.(2)(a), 2.c.aa. Denkbar ist auch ein gesetzliches Gebot der Hausfrauenehe (vgl. *Christian von Coelln*, in: Sachs, Michael (Hrsg.): Grundgesetz. Kommentar, 8. Aufl. 2018, Art. 6 Rn. 24) oder die Heraufsetzung des Ehealters (derzeit grundsätzlich 18 Jahre, § 1303 Abs. 1 i.V.m. § 2 BGB) auf 30 Jahre oder die Herabsetzung auf 12 Jahre (*Matthias Cornils*: Die Ausgestaltung der Grundrechte. Untersuchungen zur Grundrechtsbindung des Ausgestaltungsgesetzgebers, 2005, 392).

wegen Fortpflanzungsunfähigkeit[29]. Gleichermaßen könnte der Gesetzgeber den Zeitpunkt des Eintritts der Volljährigkeit (derzeit mit Vollendung des 18. Lebensjahres, § 2 BGB) oder der Geschäftsfähigkeit (derzeit mit Vollendung des siebten Lebensjahres, § 104 Nr. 1 BGB) anheben und damit weitergreifende Vertragswirksamkeitshindernisse (Vertragsfreiheit) etablieren als derzeit. Er könnte auch bisher vorhandene Möglichkeiten des Zugangs zu Gericht versperren (Rechtsschutzgarantie), indem er den mehrstufigen Instanzenzug[30] oder die Prozesskostenhilfe, §§ 114ff. ZPO[31] abschafft oder einen Anwaltszwang auch für erstinstanzliche Verfahren einführt[32].

3. *Gemeinsamkeit der beiden Anwendungsfelder*

Die Berechtigung der Legislative zur ergänzenden Normierung wie auch zur Umgestaltung bereits bestehender Vorschriften ergibt sich aus den Regelungsaufträgen der normgeprägten Grundrechte. Diese halten den Gesetzgeber prinzipiell nicht an seiner einmal getroffenen Entscheidung fest. Solange er sich in dem von ihnen vorgegebenen Rahmen hält, bleibt er Herr seiner

---

29 *Cornils* (Fn. 28), 392.

30 Zu diesem Beispiel *Ulrich Ramsauer*, in: Denninger, Erhard; Hoffmann-Riem, Wolfgang; Schneider, Hans-Peter; Stein, Ekkehardt (Hrsg.): Kommentar zum Grundgesetz für die Bundesrepublik Deutschland (Reihe Alternativkommentare), Loseblatt, 3. Aufl. 2001f., Band 1, Art. 19 Abs. 4 Rn. 117.

31 Der Anknüpfungspunkt für die gesetzgeberische Pflicht, Vorkehrungen für die Gewährung von Prozesskostenhilfe zu treffen, ist umstritten: Das Bundesverfassungsgericht leitet diese Pflicht grundsätzlich aus Art. 3 Abs. 1 GG i.V.m. dem Rechtsstaatsprinzip ab (BVerfGE 35, 348 (355); 81, 347 (356); 92, 122 (124)). Jedenfalls für den Verwaltungsprozess wird auch auf Art. 19 Abs. 4 GG abgestellt (BVerwG NVwZ 2002, 992, 993; BVerfGE 81, 347 (356); 78, 88 (96); *Peter Michael Huber*, in: Mangoldt, Hermann; Klein, Friedrich; Starck, Christian (Hrsg.): Kommentar zum Grundgesetz, Band 1, 7. Aufl. 2018, Art. 19 Abs. 4 Rn. 463).

32 Ein weiteres Beispiel wäre die Einführung einer generellen Anhörungspflicht vor Gericht, die Art. 103 Abs. 1 GG berühren würde. Die Garantie des rechtlichen Gehörs gibt lediglich ein Äußerungsrecht, enthält aber keine Äußerungspflicht (vgl. exemplarisch *Eberhard Schmidt-Aßmann*, in: Maunz, Theodor†; Dürig, Günter†: Grundgesetz Kommentar, Loseblatt, Stand des Gesamtwerkes: Januar 2013, Band VI, Art. 103 Abs. 1 Rn. 81; *Helmuth Schulze-Fielitz*, in: Dreier, Horst (Hrsg.): Grundgesetz, Kommentar, Band 3, 3. Aufl. 2018, Art. 103 I Rn. 56, d.h. der Grundrechtsträger kann auch darauf verzichten, sich zu äußern. Diese bestehende Handlungsalternative würde durch die Einführung einer gesetzlichen Äußerungspflicht beschnitten.

Vorschriften und darf dementsprechend über den Bestand des vorhandenen Rechts disponieren.

III. Sonderfall gesetzgeberisches Unterlassen

Das (bewusste oder unbewusste) Unterlassen einer gesetzlichen Regelung trotz bestehender grundrechtlicher Normierungsverpflichtung ist streng genommen kein Unterfall legislatorischer Tätigkeit, sondern neben dem aktiven Handeln die zweite von insgesamt zwei möglichen Verhaltensalternativen des Gesetzgebers. Auch hier stellt sich die Frage des Eingriffs in den grundrechtlichen Schutzbereich, weshalb diese Konstellation nicht gänzlich unerwähnt bleiben soll. Zugleich sei aber ebenso explizit darauf hingewiesen, dass der Sonderfall des gesetzgeberischen Unterlassens (und seine Folgen) nicht Bestandteil der vorliegenden Untersuchung ist.

C. Reichweite der Bindung aus Sicht des verfassungsrechtlichen Schrifttums

I. Gemeinsamkeiten der beiden Strömungen

Wie bereits zu Beginn des vierten Teils ausgeführt, gelten die Strukturelemente und Regelungsaufträge der normgeprägten Grundrechte in der verfassungsrechtlichen Literatur und Rechtsprechung unstreitig als maßgeblicher Anknüpfungspunkt der grundrechtlichen Bindung[1].

Neben dieses Postulat treten weitere gemeinsame Grundannahmen der beiden Strömungen im Schrifttum zur Bewältigung normprägender gesetzgeberischer Aktivität: Zum einen ordnen sowohl die Befürworter der abwehrrechtlichen Modelle als auch die Vertreter der Exklusivitätsthese sämtliche Regelungsaufträge und ganz überwiegend auch sämtliche Strukturelemente[2] der sogenannten objektiven Grundrechtsseite zu[3]. Dies legt den Schluss nahe, dass beide Ansichten von der Mehrdimensionalität der Grundrechte[4] ausgehen.

---

1 Dazu m.umfangr.N. bereits supra Teil 1, D. sowie supra Teil 4, A.I.

2 Abweichend – sofern erkennbar – wohl lediglich *Matthias Cornils*: Die Ausgestaltung der Grundrechte. Untersuchungen zur Grundrechtsbindung des Ausgestaltungsgesetzgebers, 2005, 525, 666, der eine Vielzahl von Strukturelementen, darunter auch das zentrale Element der Selbstbestimmung der Grundrechtsträger, der subjektiven Grundrechtsseite zuordnet und zudem eine andere Terminologie verwendet: die subjektiv-abwehrrechtlichen Grundrechtsgehalte werden in seinem Konzept als Prinzipien oder primäre Vorgaben bezeichnet, die objektiv-rechtlichen Gehalte dagegen als nicht-prinzipielle oder sekundäre Anforderungen. Zum Ganzen ausführlich m.N. infra Teil 4, C.II.1.b.bb.

3 Vgl. exemplarisch für die abwehrrechtlichen Modelle *Gertrude Lübbe-Wolff*: Die Grundrechte als Eingriffsabwehrrechte. Struktur und Reichweite der Eingriffsdogmatik im Bereich staatlicher Leistungen, 1988, 127ff. und passim; *Cornils* (Fn. 2), 391f., 439f., 614ff., 643f.; für die Exklusivitätsthese *Martin Gellermann*: Grundrechte in einfachgesetzlichem Gewande. Untersuchung zur normativen Ausgestaltung der Freiheitsrechte, 2000, 270.

4 Begriffsprägend und grundlegend *Horst Dreier*: Dimensionen der Grundrechte. Von der Wertordnungsjudikatur zu den objektiv-rechtlichen Grundrechtsgehalten, 1993. Alternativ werden auch andere Begrifflichkeiten verwendet, so etwa Doppelcharakter (*Ernst-Wolfgang Böckenförde*: Grundrechte als Grundsatznormen. Zur gegenwärtigen Lage der Grundrechtsdogmatik, Der Staat 29 (1990), 1, 7; *Konrad Hesse*: Grundzüge des Verfassungsrechts der Bundesrepublik Deutschland, 20. Aufl. 1995, Neudruck 1999, Rn. 279; *Klaus Stern*: Idee und Elemente eines Systems der Grundrechte, in: Isensee, Josef; Kirchhof, Paul (Hrsg.): Handbuch des Staatsrechts der Bundesrepublik Deutschland, Band IX, 3. Aufl. 2011, § 185 Rn. 52; *Josef Aulehner*: Grundrechte und Gesetzgebung, 2011, 7); Doppelfunktion (*Friedhelm Hufen*: Staatsrecht

Danach erschöpfen sich die Grundrechte nicht in ihrem Abwehrgehalt, sondern enthalten weitere, sogenannte objektiv-rechtliche Funktionen (1.). Zum anderen wird auf beiden Seiten festgestellt, dass es an geeigneten Kriterien zur Abgrenzung von Eingriff und Ausgestaltung fehle (2.). Als einer der Gründe für die bestehenden Abgrenzungsschwierigkeiten wird grundrechtsübergreifend die Bipolarität einfachrechtlicher Regelungen angeführt (3.).

1. *Mehrdimensionalität der Grundrechte*

Nach klassisch liberalem Verständnis sind die Grundrechte unmittelbar geltende, vorrangige Normen, die ihrem Träger zur Verteidigung seiner Freiheitsbereiche gegen legislatorische und andere staatliche Übergriffe dienen[5]. Seit dem Lüth-Urteil des Bundesverfassungsgerichts[6] ist in Rechtsprechung und Literatur weithin anerkannt, dass die Grundrechte sich nicht auf diese *staatsabwehrende* oder auch subjektiv-rechtliche Dimension beschränken, sondern zusätzliche, *staatseinbeziehende*, also strukturell-inhaltlich andersartige Normwirkungen enthalten[7]. Sie entspringen einem den Grundrechten inhärenten objektiven

---

II. Grundrechte, 6. Aufl. 2017, § 5 Rn. 3), Binärcodierung der Grundrechtsdogmatik (*Matthias Jestaedt*: Grundrechtsentfaltung im Gesetz. Studien zur Interdependenz von Grundrechtsdogmatik und Rechtsgewinnungstheorie, 1999, 108); Multifunktionalität (*Niklas Luhmann*: Grundrechte als Institution. Ein Beitrag zur politischen Soziologie, 5. Aufl. 2009, 80, 134); *Dreier* (Fn. 4), 63; *Wolfram Cremer*: Freiheitsgrundrechte. Funktionen und Strukturen, 2003, 209; *Michael Sachs*, in: Sachs, Michael (Hrsg.): Grundgesetz. Kommentar, 8. Aufl. 2018, vor Art. 1 Rn. 69 m.w.N.; *Fritz Ossenbühl*: Grundsätze der Grundrechtsinterpretation, in: Merten, Detlef; Papier, Hans-Jürgen (Hrsg.): Handbuch der Grundrechte in Deutschland und Europa, Band I, 2004, § 15 Rn. 43) oder Multidimensionalität (*Dreier* (Fn. 4), 63).

5 Vgl. statt vieler *Thorsten Kingreen; Ralf Poscher*: Grundrechte. Staatsrecht II, 33. Aufl. 2017, Rn. 118; *Sachs* (Fn. 4), Rn. 42f.; *Hans D. Jarass*: Funktionen und Dimensionen der Grundrechte, in: Merten, Detlef; Papier, Hans-Jürgen (Hrsg.): Handbuch der Grundrechte in Deutschland und Europa, Band II, 2006 § 38 Rn. 15; *Robert Alexy*: Theorie der Grundrechte, 2. Aufl. 1994, 395; BVerfGE 7, 198 (204); 50, 290 (337); 68, 193 (205) – st. Rspr.; *Aulehner* (Fn. 4), 5.

6 BVerfGE 7, 198ff.

7 Vgl. *Hesse* (Fn. 4), Rn. 279ff.; *Dreier* (Fn. 4), 38, 41; *Hans D. Jarass*: Bausteine einer umfassenden Grundrechtsdogmatik, AöR 120 (1995), 345, 347ff.; *Klaus Stern*: Die Grundrechte und ihre Schranken, in: Badura, Peter; Dreier, Horst (Hrsg.): Festschrift 50 Jahre Bundesverfassungsgericht, Band 2, 2001, 1, 3ff.; *Hufen* (Fn. 4), § 5 Rn. 3; *Sachs* (Fn. 4), Rn. 29; *Konrad Hesse*: Bedeutung der Grundrechte, in: Benda, Ernst; Maihofer, Werner; Vogel, Hans-Jochen (Hrsg.): Handbuch des Verfassungsrechts der

Wert- und Ordnungssystem, welches deren Geltungskraft prinzipiell verstärkt, als verfassungsrechtliche Grundentscheidung für alle Bereiche des Rechts gilt und sowohl der Gesetzgebung wie auch der vollziehenden Gewalt und Rechtsprechung Richtlinien und Impulse vorgibt[8] (a.). Im Laufe der Jahre wurden nach und nach die einzelnen Gehalte dieser sogenannten objektiv(-rechtlich)en

---

Bundesrepublik Deutschland, 2. Aufl. 1994, § 5 Rn. 21; BVerfGE 7, 198 (204f.); 30, 173 (188); 50, 290 (337); 74, 297 (323); *Robert Alexy*: Grundrechte als subjektive Rechte und als objektive Normen, Der Staat 29 (1990), 49; *Alexy* (Fn. 5), 447, 477ff.; referierend *Aulehner* (Fn. 4), 416. Zuweilen wird die Herausbildung objektiver Grundrechtsgehalte aber auch für eine verfassungsinterpretatorische Fehlentwicklung gehalten, die die Gefahr der Entmachtung des Gesetzgebers in sich trüge und den Weg in den verfassungsgerichtlichen Jurisdiktionsstaat ebne (so etwa *Ernst-Wolfgang Böckenförde*: Zur Lage der Grundrechtsdogmatik nach 40 Jahren Grundgesetz, 1990, 63ff. sowie *Böckenförde* (Fn. 4), 1, 25ff.; in diese Richtung wohl auch *Bernhard Schlink*: Der Grundsatz der Verhältnismäßigkeit, in: Badura, Peter; Dreier, Horst (Hrsg.): Festschrift 50 Jahre Bundesverfassungsgericht, Band 2, 2001, 445, 461f.

8 BVerfGE 7, 198 (205). In dieser zentralen Aussage liegt, wie *Horst Dreier*, in: Dreier, Horst (Hrsg.): Grundgesetz, Kommentar, Band 1, 3. Aufl. 2013, Vorb. Rn. 94 zutreffend feststellt, nicht nur eine Funktionserweiterung der Grundrechte, sondern auch eine Steigerung ihrer Bedeutung, vgl. *Gellermann* (Fn. 3), 41. Ansätze für jene Wertordnungsjudikatur finden sich auch schon in einer dem Lüth-Urteil vorangehenden Entscheidung zur Ehegattenveranlagung (BVerfGE 6, 55ff.), vgl. *Hans D. Jarass*: Grundrechte als Wertentscheidungen bzw. objektivrechtliche Prinzipien in der Rechtsprechung des Bundesverfassungsgerichts, AöR 110 (1985), 363, 365. Bereits in BVerfGE 35, 79 (114) ist von „ständiger Rechtsprechung" die Rede. Was die Terminologie angeht, reagierte das Bundesverfassungsgericht auf die Kritik aus der Literatur und ersetzte die ursprünglich verwendete Begrifflichkeit der Wertordnung bzw. -entscheidung durch Begriffe wie etwa Elemente objektiver Ordnung, verfassungsrechtliche Grundentscheidungen oder objektive Prinzipien, vgl. dazu näher m.umfangr.N. *Gellermann* (Fn. 3), 37. Frühe Kritik an der Wertordnungsrechtsprechung übte bspw. *Ernst Forsthoff*: Die Umbildung des Verfassungsgesetzes, in: Barion, Hans; Forsthoff, Ernst; Weber, Werner (Hrsg.): Festschrift für Carl Schmitt zum 70. Geburtstag, 1959, 3. Aufl. 1994, 35ff. Kritisch in jüngerer Zeit etwa *Jestaedt* (Fn. 4), 108ff.; *Ossenbühl* (Fn. 4), Rn. 43f.; *Cornils* (Fn. 2), 21f., 559f., 547ff., 633. *Dreier* (Fn. 4), 11 Fn. 8 weist zutreffend darauf hin, dass die Wertordnungsrechtsprechung ihren Ursprung nicht – wie *Lübbe-Wolff* (Fn. 3), 283f. annimmt – im Elfes-Urteil (BVerfGE 6, 32ff.) hat. Dort ist zwar von Wertordnung die Rede; gleichwohl lag der Entscheidung ein klassischer

Grundrechtsdimension[9] entfaltet[10]. Hierzu zählen nach überwiegender Auffassung jedenfalls die Ausstrahlungs- oder auch Drittwirkung der Grundrechte[11], die Einrichtungsgarantien[12], die soziale Leistungs- und Teilhabefunktion[13], die

---

Fall der Eingriffsabwehr zugrunde, sodass der Hinweis auf die Wertordnung sich nicht entscheidungserheblich auswirken konnte.

9 Vgl. *Gellermann* (Fn. 3), 33 m.w.N.; kritisch zu den gewählten Begrifflichkeiten *Sachs* (Fn. 4), Rn. 29, 31. Nicht gemeint ist hier die Differenzierung zwischen der rechtsstaatlich subjektiv-defensiven und der demokratisch subjektiv-aktiven Stoßrichtung der Grundrechte, die objektive Geltung der Grundrechte sowie die grundsätzlich anzunehmende Beachtlichkeit der Grundrechte, vgl. *Gellermann* (Fn. 3), 33 mit weiterführenden Nachweisen.

10 Anhaltspunkte für die Existenz verschiedener objektiver Grundrechtsgehalte lassen sich dem Wortlaut des Grundgesetzes entnehmen. So werden etwa in Art. 1 Abs. 1 S. 2 GG und Art. 6 Abs. 1 GG die Schutzpflichten angesprochen (*Dreier* (Fn. 4), 55 m.w.N.; *Johannes Dietlein*: Die Lehre von den grundrechtlichen Schutzpflichten, 1992, 30; *Peter Unruh*: Zur Dogmatik der grundrechtlichen Schutzpflichten, 1996, 27f.); in Art. 5 Abs. 1 S. 2 GG wird (allgemeiner) ein Gewährleistungsauftrag erteilt (statt vieler *Wolfgang Hoffmann-Riem*: in: Denninger, Erhard; Hoffmann-Riem, Wolfgang; Schneider, Hans-Peter; Stein, Ekkehardt (Hrsg.): Kommentar zum Grundgesetz für die Bundesrepublik Deutschland (Reihe Alternativkommentare), Loseblatt, 3. Aufl. 2001f., Band 1, Art. 5 Abs. 1, 2 Rn. 175) und Art. 14 Abs. 1 GG und Art. 6 Abs. 1 GG enthalten Hinweise auf die Existenz von Einrichtungsgarantien (vgl. *Hufen* (Fn. 4), § 5 Rn. 17).

11 Dazu etwa *Matthias Ruffert*: Vorrang der Verfassung und Eigenständigkeit des Privatrechts. Eine verfassungsrechtliche Untersuchung zur Privatrechtswirkung des Grundgesetzes, 2001, 12ff., 61ff.; *Dreier* (Fn. 4), 43; *Jarass* (Fn. 8), 376ff.; *Klaus Stern*: Das Staatsrecht der Bundesrepublik Deutchland, Band III/1, 1988, 923ff.; überblicksartig *Aulehner* (Fn. 4), 9f.; *Lothar Michael; Martin Morlok*: Grundrechte, 6. Aufl. 2017, Rn. 478ff.; *Sachs* (Fn. 4), Rn. 32f.; BVerfGE 7, 198 (207); 35, 202 (219); 73, 261 (269).

12 Bspw. *Michael Kloepfer*: Einrichtungsgarantien, in: Merten, Detlef; Papier, Hans-Jürgen; (Hrsg.): Handbuch der Grundrechte in Deutschland und Europa, Band II, 2006, § 43 Rn. 2; *Ossenbühl* (Fn. 4), Rn. 46; *Sachs* (Fn. 4), Rn. 30; *Gellermann* (Fn. 3), 42; *Kingreen/Poscher* (Fn. 5), Rn. 103; *Ute Mager*: Einrichtungsgarantien. Entstehung, Wurzeln, Wandlungen und grundgesetzgemäße Neubestimmung einer dogmatischen Figur des Verfassungsrechts, 2003, 443; *Dreier* (Fn. 8), Rn. 107ff.; *Stern* (Fn. 11), 754; wohl als eigene Kategorie werden die Einrichtungsgarantien eingeordnet von *Jarass* (Fn. 5), Rn. 12 und *Gerrit Manssen*: Staatsrecht II. Grundrechte, 14. Aufl. 2017, Rn. 46ff. Zum Verhältnis der Einrichtungsgarantien zu weiteren objektiven Grundrechtsgehalten *Mager* (Fn. 12), 412ff.

13 Exemplarisch dazu *Cremer* (Fn. 4), 360ff.; *Alexy* (Fn. 5), 454ff.; *Dietrich Murswiek*: Grundrechte als Teilhaberechte, soziale Grundrechte, in: Isensee, Josef; Kirchhof, Paul (Hrsg.): Handbuch des Staatsrechts der Bundesrepublik Deutschland, Band IX, 2011, § 192; BVerfGE 1, 97 (104f.); 33, 303 (329ff.); 43, 291 (313f.); 35, 71 (115);

Schutzpflichtfunktion[14] und die Grundrechtssicherung durch Organisation und Verfahren[15]. Relevant in der Diskussion um die normgeprägten Grundrechte sind die Einrichtungsgarantien sowie die Grundrechtssicherung durch Organisation und Verfahren, weshalb sich der nachfolgende Überblick auf diese beiden Gehalte beschränkt (b.).

a. *Unterschiede zwischen subjektiv-rechtlicher und objektiv-rechtlicher Grundrechtsseite*

Die einzelnen objektiven Grundrechtsgehalte, die zusammen die objektiv-rechtliche Grundrechtsdimension bilden, weisen strukturelle Gemeinsamkeiten auf[16], die sie inhaltlich von der subjektiven Grundrechtsseite (Abwehrfunktion) unterscheiden und damit eine Differenzierung beider Grundrechtsdimensionen nahe legen[17].

aa. Abwehr gesetzgeberischer Handlungen vs. Verpflichtung des Gesetzgebers zum Handeln

In ihrer Abwehrfunktion sichern die Grundrechte die Freiheitssphäre des Individuums, indem sie den Staat verpflichten, Einschränkungen dieses Raumes privater Beliebigkeit zu unterlassen[18]. Als eine der drei Staatsgewalten ist damit auch der Gesetzgeber gehalten, diese grundrechtliche Verbotsaussage, mit der ein subjektives Recht des Bürgers auf Ausschluss entsprechender Beeinträchtigungen

---

überblicksartig *Aulehner* (Fn. 4), 5ff.; *Kingreen/Poscher* (Fn. 5), Rn. 154ff. Die soziale Leistungs- und Teilhabefunktion, Organisation und Verfahren sowie die Schutzfunktion werden häufig auch unter dem Sammelbegriff der Leistungsrechte bzw. -funktion im weiteren Sinne behandelt, vgl. etwa *Martin Borowski*: Grundrechtliche Leistungsrechte, JöR 2002, 301, 305f.; *Alexy* (Fn. 5), 395ff.; *Sachs* (Fn. 4), Rn. 46ff.; *Walter Krebs*: Rechtliche und reale Freiheit, in: Merten, Detlef; Papier, Hans-Jürgen (Hrsg.): Handbuch der Grundrechte in Deutschland und Europa, Band II, 2006, § 31 Rn. 55ff.

14 Vgl. dazu bereits die umfangreichen Nachweise supra Teil 3, B.II.2.b.aa.

15 Vgl. zum Ganzen *Cornils* (Fn. 2), 37ff. mit teilweise kritischen Akzenten; *Gellermann* (Fn. 3), 41f.; *Dreier* (Fn. 4), 41ff.; *Sachs* (Fn. 4), Rn. 34.

16 Explizit *Gellermann* (Fn. 3), 309ff.

17 Generell kritisch zu dieser Dichotomie und der daraus abgeleiteten Multidimensionalität der Grundrechte *Josef Franz Lindner*: Theorie der Grundrechtsdogmatik, 2005, 476. Er hält die objektiv-rechtliche Grundrechtsdimension jedenfalls als zentrale dogmatische Kategorie für entbehrlich und die aus ihr über die Jahre gewonnenen Einzelgehalte (supra Fn. 11-15) – mit Ausnahme der Schutzfunktion (supra Fn. 14) – für überflüssig.

18 Das Konzept dieses sog. status negativus findet sich bereits in der spätkonstitutionellen Staatstheorie (vgl. *Georg Jellinek*: System der subjektiven öffentlichen Rechte,

korrespondiert[19], zu beachten[20]. Als Abwehrrechte sind die Grundrechte also defensiv geprägt und darauf gerichtet, den Staat auszuschließen[21]. Sie stehen ihm als negative Kompetenznormen[22] gegenüber. Der Gesetzgeber erscheint hier, in diesem potenziell konfliktträchtigen Bereich, als Widersacher oder gar Feind der Grundrechte[23].

---

2. Neudruck der 2. Aufl. 1919, 1979, 87, 94ff.) und wird bis heute – freilich in abgeänderter Form – für die Grundrechte nutzbar gemacht, vgl. *Gellermann* (Fn. 3), 35 Fn. 25 m.w.N. Dem abwehrrechtlich verbotenen Eingriff korrespondiert also das Unterlassen der konkreten Eingriffshandlung, vgl. bspw. *Lübbe-Wolff* (Fn. 3), 40f.; differenzierter *Jestaedt* (Fn. 4), 114ff., der in der Sache von einem nur relativen Eingriffsverbot ausgeht; das Abwehrrecht verbiete nicht Eingriffe schlechthin, sondern nur solche, die verfassungsrechtlich nicht gerechtfertigt, vor allem nicht verhältnismäßig seien.

19 Jenes Recht, vom Staat „in Ruhe gelassen" zu werden (BVerfGE 27, 1 (6)), ist mit der Verfassungsbeschwerde nach Art. 93 Abs. 1 Nr. 4a GG durchsetzbar. Dabei ist die Verleihung subjektiver Rechte keineswegs auf die Abwehrdimension beschränkt. Vielmehr können auch aus objektiv-rechtlichen Grundrechtsgehalten subjektive Berechtigungen des Bürgers folgen. Jedenfalls für die Ausstrahlungswirkung der Grundrechte, für grundrechtliche Schutzpflichten sowie für Organisationspflichten ist dies überwiegend anerkannt, vgl. zum Ganzen näher *Gellermann* (Fn. 3), 40 m.w.N; *Alexy* (Fn. 7), 49ff. In der Diskussion um die dogmatische Figur der Ausgestaltung kommt es auf die (Re)Subjektivierung objektiv-rechtlicher Grundrechtsgehalte indes nicht an. Diese Frage ist eine andere und logisch nachgelagerte gegenüber jener, ob die objektiv-rechtliche Dimension der Grundrechte auf Ausgrenzung des Staates oder auf seine Aktivität zielt. Lediglich letzteres ist für die Beschreibung der Ausgestaltung von Belang, in dieser Deutlichkeit auch *Cornils* (Fn. 2), 21.

20 Vgl. *Gellermann* (Fn. 3), 35, 48; *Jörn Ipsen*: Staatsrecht II. Grundrechte, 20. Aufl. 2017, Rn. 53; *Hans D. Jarass*, in: Jarass, Hans D.; Pieroth, Bodo: Grundgesetz für die Bundesrepublik Deutschland, Kommentar, 14. Aufl. 2016, Vorb. vor Art. 1 Rn. 3; s. auch *Josef Isensee*: Verfassungsrecht als politisches Recht, in: Isensee, Josef; Kirchhof, Paul (Hrsg.): Handbuch des Staatsrechts der Bundesrepublik Deutschland, Band XII, 3. Aufl. 2014, § 268 Rn. 58; *Hufen* (Fn. 4), § 5 Rn. 4.

21 Dazu bereits die Nachweise in Fn. 18.

22 *Horst Ehmke*: Wirtschaft und Verfassung. Die Verfassungsrechtsprechung des Supreme Court zur Wirtschaftsregulierung, 1961, 30; *Kingreen/Poscher* (Fn. 5), Rn. 108ff.

23 *Peter Häberle*: Die Wesengehaltsgarantie des Art. 19 Abs. 2 Grundgesetz. Zugleich ein Beitrag zum institutionellen Verständnis der Grundrechte und zur Lehre vom Gesetzesvorbehalt, 3. Aufl. 1983, 163; *Dreier* (Fn. 4), 36f.; *Gellermann* (Fn. 3), 47f. Zum Ganzen auch *Josef Isensee*: Das Grundrecht als Abwehrrecht und staatliche Schutzpflicht, in: Isensee, Josef; Kirchhof, Paul (Hrsg.): Handbuch des Staatsrechts der Bundesrepublik Deutschland, Band IX, 3. Aufl. 2011, § 191 Rn. 2.

In ihrer objektiv-rechtlichen Dimension dagegen öffnen sich die Grundrechte dem Staat und entfalten ihre auf legislatorische Aktivität angelegte Gebotswirkung. Sie drängen auf Verwirklichung der in ihnen enthaltenen Vorstellungen und begründen damit staatliche Handlungspflichten. Sie fordern den Gesetzgeber[24] also offensiv auf, aktiv zu werden, indem sie an ihn gerichtete Aufträge unterschiedlichster Art aussprechen[25]. In dieser Situation eines eher harmonischen Miteinanders erscheint der Gesetzgeber nicht als Widerpart, sondern als Freund der Grundrechte[26].

bb. Hohe Präzision vs. geringe Präzision

Subjektiv-rechtliche und objektiv-rechtliche Grundrechtsgehalte unterscheiden sich darüber hinaus in ihrem Maß an Präzision[27].

In ihrer Abwehrfunktion untersagen die Grundrechte jedwedes grundrechtsverletzende Verhalten. Das dem Gesetzgeber verbotene Handeln ist also von der Verfassung, wenn auch in abstrakter Form, eindeutig festgelegt. Dieses Eingriffsverbot vollzieht sich zudem selbst, bedarf also keiner weiteren ausführenden Maßnahmen[28]. Neben der Rechtsfolge ist auch der Schutzbereich der Grundrechte als

---

24 Dieser und nicht etwa die Exekutive und/oder die Judikative ist vorrangiger Adressat objektiver Grundrechtsgehalte und maßgeblicher Gestalter einer den grundrechtlichen Anforderungen entsprechenden Rechtsordnung, vgl. *Gellermann* (Fn. 3), 77 m.w.N., 375, 382; vgl. auch *Peter Badura*: Kodifikatorische und rechtsgestaltende Wirkung von Grundrechten, in: Böttcher, Reinhard; Hueck, Götz; Jähnke, Burkhard (Hrsg.): Festschrift für Walter Odersky zum 65. Geburtstag am 17. Juli 1996, 1996, 161, 178; *Jarass* (Fn. 8), 395. In ihrer objektiven Dimension begründen die Grundrechte Staatsaufgaben, die von grundrechtswesentlicher Bedeutung sind und damit dem Vorbehalt des Gesetzes unterliegen. Insoweit ist es Aufgabe der Legislative, die einfachrechtliche Basis zur weiteren Entfaltung der Grundrechte zu schaffen und die insoweit grundlegenden Entscheidungen hinreichend genau und bestimmt selbst zu treffen, *Gellermann* (Fn. 3), 382.

25 Vgl. *Gellermann* (Fn. 3), 37, 48; *Jarass* (Fn. 20), Rn. 4 i.V.m. 6f.; in diese Richtung auch *Hufen* (Fn. 4), § 5 Rn. 3. Zu den grundrechtsspezifischen Einzelheiten der Regelungsaufträge supra Teil 4, A.II.

26 Vgl. zum Ganzen *Gellermann* (Fn. 3), 47f. Zur „janusköpfigen" Rolle des Gesetzgebers auch *Herbert Bethge*, in: Sachs, Michael (Hrsg.): Grundgesetz. Kommentar, 8. Aufl. 2018, Art. 5 Rn. 13; *Herbert Bethge*: Aktuelle Probleme der Grundrechtsdogmatik, Der Staat 24 (1985), 351, 365; *Stern* (Fn. 11), 1299.

27 Vgl. *Gellermann* (Fn. 3), 78f.; BVerfGE 88, 203 (254f.); BVerfG JZ 2013, 460 Rn. 45. In der Sache ebenso *Cornils* (Fn. 2), 576ff., 608ff., der statt von Präzision von Bestimmtheit spricht.

28 *Christoph Gusy*: Parlamentarischer Gesetzgeber und Bundesverfassungsgericht, 1985, 146; sich anschließend *Gellermann* (Fn. 3), 77.

Abwehrrecht äußerst präzise; er kann durch Interpretation erschlossen werden[29]. Die subjektive Grundrechtsseite zeichnet sich damit durch ein insgesamt hohes Maß an Präzision aus[30].

In ihrer objektiv-rechtlichen Ausprägung sind die Grundrechtsgehalte bedeutend heterogener, komplexer und zugleich von geringerer Determinationskraft[31]. Ihre Auslegung fördert nur relativ unscharfe Vorgaben zu Tage. Sie enthalten eher abstrakte, unbestimmte grundrechtliche Ordnungsziele, die sie dem Gesetzgeber zur Verwirklichung aufgeben, verhalten sich aber nicht zu der Frage, auf welche Art und Weise und mit welchen Mitteln das jeweilige Ziel im konkreten Fall tatsächlich umgesetzt werden kann. Diese Präzisierung wird vielmehr der Gestaltungsprärogative des Gesetzgebers überlassen[32].

cc. Handlungsbezogenheit vs. Ergebnisbezogenheit

Subjektiv-rechtliche und objektiv-rechtliche Grundrechtsgehalte weisen zudem inkongruente Handlungs- und Kontrollmaßstäbe auf.

Die Abwehrfunktion nimmt die einzelne gesetzgeberische Handlung in den Blick und ordnet klar an, welcher Maßnahmen sich die Legislative zu enthalten hat, wenn sie ihr selbst gesetztes Ziel verwirklicht.

---

29 Zum Ganzen vgl. *Gellermann* (Fn. 3), 77.

30 Vgl. *Cornils* (Fn. 2), 581, 583f., 585ff., 675, widersprüchlich aber 543; in der Sache ebenso *Lübbe-Wolff* (Fn. 3), 40; *Gellermann* (Fn. 3), 77f.; in diese Richtung auch *Martin Borowski*: Grundrechte als Prinzipien, 2. Aufl. 2007, 176; anders wohl aber *Cornils* (Fn. 2), 543; anders auch *Michael Holoubek*: Grundrechtliche Gewährleistungspflichten. Ein Beitrag zur allgemeinen Grundrechtsdogmatik, 1997, 158; zweifelnd auch *Jestaedt* (Fn. 4), 118ff.

31 Vgl. *Gellermann* (Fn. 3), 57, 309; allgemeiner *Claus Dieter Classen*: Die Ableitung von Schutzpflichten des Gesetzgebers aus den Freiheitsrechten. Ein Vergleich von deutschem und französischem Verfassungsrecht sowie der Europäischen Menschenrechtskonvention, JöR n.F. 36 (1987), 29, 42; vgl. weiter *Gusy* (Fn. 28), 148ff.; *Jarass* (Fn. 8), 366; *Thorsten Kingreen*: Die verfassungsrechtliche Stellung der nichtehelichen Lebensgemeinschaft im Spannungsfeld zwischen Freiheits- und Gleichheitsrechten, 1995, 165f.; *Stern* (Fn. 11), 921. Die geringere Bestimmtheit objektiver Grundrechtsgehalte erkennen grundsätzlich auch die Vertreter abwehrrechtlicher Modelle an (Nachweise supra Fn. 30).

32 *Gellermann* (Fn. 3), 45, 78, 425; vgl. auch *Cornils* (Fn. 2), 615, 662; *Alexy* (Fn. 5), 420f.; Dietlein (Fn. 10), 111; *Gusy* (Fn. 28), 150f.; *Kloepfer* (Fn. 12), Rn. 67; *Hans H. Klein*: Die grundrechtliche Schutzpflicht, DVBl. 1994, 489, 495; *Johannes Dietlein*: Das Untermaßverbot. Bestandsaufnahme und Entwicklungschancen einer neuen Rechtsfigur, ZG 10 (1995), 131, 140; *Badura* (Fn. 24), 181.

Dagegen bezieht sich die objektive Grundrechtsdimension auf das Ergebnis, das heißt auf das grundrechtlich vorgegebene Ziel und entscheidet, ob die vom Gesetzgeber zu dessen Verwirklichung getroffenen Vorkehrungen in ihrer Gesamtheit den grundrechtlichen Auftrag ordnungsgemäß erfüllen[33].

b. Ausgewählte objektive Grundrechtsgehalte

Sowohl die Anhänger der Exklusivitätsthese als auch der weit überwiegende Teil der Vertreter der abwehrrechtlichen Modelle nehmen an, dass sämtliche der in den normgeprägten Grundrechten enthaltenen Regelungsaufträge und Strukturelemente der objektiven Grundrechtsseite entspringen[34]. Hier kann differenziert werden zwischen den Einrichtungsgarantien (aa.) und der Verpflichtung zur Grundrechtssicherung durch Organisation und Verfahren (bb.)[35].

aa. Einrichtungsgarantien

(1) Funktion und Doppelcharakter

Einrichtungsgarantien gewährleisten Rechtsinstitute. Diese wiederum entstehen durch die Aufnahme von im gesellschaftlichen Umfeld meist seit langem tief verwurzelter, tatsächlicher – und teilweise auch schon einfachrechtlich (vor) geformter – Lebensverhältnisse (zum Beispiel die Ehe) oder Grundbedingungen gesellschaftlichen Miteinanders (Einrichtungen und Besitzstände, wie bspw. das Eigentum oder das Erbrecht) in ein Regelwerk[36], wie etwa das Grundgesetz[37].

---

33 *Gellermann* (Fn. 3), 79; vgl. auch BVerfGE 88, 203 (254); *Gusy* (Fn. 28), 150f.; *Dietlein* (Fn. 10), 112; *Borowski* (Fn. 30), 179; *Arno Scherzberg*: Grundrechtsschutz und „Eingriffsintensität". Das Ausmaß individueller Grundrechtsbetroffenheit als materiellrechtliche und kompetenzielle Determinante der verfassungsgerichtlichen Kontrolle der Fachgerichtsbarkeit im Rahmen der Urteilsverfassungsbeschwerde, 1989, 213f.; *Karl-Heinz Ladeur*: Methodische Überlegungen zur gesetzlichen „Ausgestaltung" der Koalitionsfreiheit. Zugleich ein Beitrag zu den Möglichkeiten und Grenzen der Flexibilisierung des Tarifvertragssystems, AöR 131 (2006), 643, 651; kritisch *Cornils* (Fn. 2), 581ff..

34 Dazu m.N.u.w.V. supra Teil 4, C.I. mit Fn. 3.

35 Dazu schon supra Teil 4, C.I.1.vor a.

36 Vgl. etwa *Gerrit Manssen*: Privatrechtsgestaltung durch Hoheitsakt. Verfassungsrechtliche und verwaltungsrechtliche Grundfragen, 1994, 162; *Kloepfer* (Fn. 12), Rn. 25 m.w.N.; *Ossenbühl* (Fn. 4), Rn. 46; *Stern* (Fn. 11), 791.

37 Ausgehend von diesem Verständnis wird das Rechtsinstitut als solches damit genau genommen nicht erst vom einfachen Gesetzgeber, sondern bereits vom Verfassunggeber geschaffen (in diese Richtung interpretierbar *Wolfgang Roth*: Faktische Eingriffe in Freiheit und Eigentum. Struktur und Dogmatik des Grundrechtstatbestandes und

Die Aufgabe der Einrichtungsgarantien besteht in der Sicherung des (Fort) Bestands der grundrechtlich geschützten Institute.

Dies geschieht einerseits durch die Verpflichtung des Gesetzgebers, jedenfalls all jene Regelungen vorzuhalten, die notwendig sind, um die grundrechtliche Freiheit ausüben zu können; kurz: ein funktionsfähiges Rechtsinstitut zu wahren (staatsaktivierendes Gebot)[38]. Dabei geben sie einige grundlegende Direktiven, nicht aber den genauen Inhalt der institutsbildenden Normen vor. Sie überlassen es dem Gesetzgeber, über die konkrete Gestalt der Regelungen zu befinden. Er muss das einfache Recht auf einem Stand halten, der sich jederzeit als ordnungsgemäße Erfüllung des der Einrichtungsgarantie entspringenden Regelungsauftrags erweist[39].

Andererseits untersagen die Einrichtungsgarantien dem Staat aber auch, den status quo in einer Weise zu verändern, die das Institut als solches beseitigen würde (staatsausgrenzendes Verbot)[40]. Damit wirkt auch die

---

der Eingriffsrechtfertigung, 1994, 435: „…gibt es Förderungsrechte auf Schaffung gewisser Rechtsinstitute, welche zur Sicherung eines Mindestmaßes rechtlicher Handlungsfähigkeit erforderlich und hierzu *vom Gesetzgeber* leitbildgerecht *„auszugestalten“* sind).

38 Soweit das Institut bei Aufnahme in das Grundgesetz bereits über einen (einfachrechtlichen) Normenkomplex verfügt(e), ist der Gesetzgeber in zweierlei Hinsicht verpflichtet: Er hat zum einen den (Fort)Bestand jener Normen zu sichern und zum anderen diesen normativen Rahmen weiter auszuformen; beides jedoch nicht durch Zementierung des status quo, sondern sinnvoll angepasst an die jeweils aktuellen Entwicklungen und Bedürfnisse in der modernen Gesellschaft (vgl. instruktiv bezogen auf das Institut der Ehe BVerfGE 105, 313 (345)). Soweit das Institut bei Aufnahme durch die Grundrechte dagegen über keinerlei oder lediglich über einen nur unzureichenden normativen Rahmen verfügt(e), hat der Gesetzgeber die entsprechenden Normenbestände zu schaffen und näher auszuformen, wiederum unter Beachtung des gesellschaftlichen Wandels, vgl. bspw. auch *Gellermann* (Fn. 3), 117ff.; vgl. etwa auch BVerfGE 50, 290 (368).

39 Vgl. zum Ganzen *Gellermann* (Fn. 3), 114, 270, 420, 423; *Kloepfer* (Fn. 12), Rn. 67; *Christian Bumke*: Ausgestaltung von Grundrechten. Grundlagen und Grundzüge einer Dogmatik der Grundrechtsausgestaltung unter besonderer Berücksichtigung der Vertragsfreiheit, 2009, 71, 74; *Ossenbühl* (Fn. 4), Rn. 46f.; *Mager* (Fn. 12), 481. Die institutsbildenden Normenkomplexe eröffnen dem Einzelnen Räume zur individuellen Entfaltung, vgl. zum Ganzen auch *Kloepfer* (Fn. 12), Rn. 25, 28, 30; *Michael Kemper*, in: Mangoldt, Hermann von; Klein, Friedrich; Starck, Christian: Kommentar zum Grundgesetz, Band 1, 7. Aufl. 2018, Art. 9 Abs. 1 Rn. 9 m.w.N.

40 Vgl. statt vieler *Kloepfer* (Fn. 12), Rn. 32; *Bumke* (Fn. 39), 3; *Gerd Morgenthaler*: Freiheit durch Gesetz. Der parlamentarische Gesetzgeber als Erstadressat der

Einrichtungsgarantie – ebenso wie das Grundrecht selbst – in mehrere Richtungen[41], wobei die den Staat in die Pflicht nehmende Funktion nur selten deutlich als solche benannt oder gar als die prägende herausgestellt wird[42]. Stattdessen wird sie verbreitet eher allgemein umschrieben, beispielsweise als grundrechtliche Garantie einfachgesetzlich geschaffener oder zu schaffender Regelungskomplexe[43], und das den Staat ausgrenzende Verbot als Kern der Einrichtungsgarantie herausgestellt[44].

(2) Einrichtungsgarantien als dogmatisch überholte Konstruktionen?[45]
Entwickelt wurde die Einrichtungsgarantie in der Zeit der Weimarer Reichsverfassung, in der die Bindung der Legislative an die Grundrechte noch nicht allgemein anerkannt war[46]. Um die Grundrechte nicht vollends leerlaufen zu lassen, sollte der Gesetzgeber über das dogmatische Konstrukt der Einrichtungsgarantie an sie gebunden sein[47].

Freiheitsgrundrechte, 1999, 249; BVerfGE 112, 332 (348ff.) (Erbrecht); 53, 224 (245) (Ehe); 8, 300 (339) (Eigentum).

41 In diese Richtung etwa *Morgenthaler* (Fn. 40), 244f.; vgl. auch *Christian Bumke*: Der Grundrechtsvorbehalt. Untersuchungen über die Begrenzung und Ausgestaltung der Grundrechte, 1998, 94ff. sowie *Bumke* (Fn. 39), 46, 71, der beides sowohl anerkennt als auch deutlich unterscheidet, allerdings aufgrund seines rein negatorischen Verständnisses der Einrichtungsgarantie lediglich die Unterlassungsverpflichtung des Gesetzgebers aus dieser herleitet. Die Pflicht des Gesetzgebers zur Schaffung und Erhaltung eines funktionsfähigen Rechtsinstituts sieht er dagegen als Ausfluss der von ihm eigens kreiierten, neuartigen Grundrechtswirkung der „Einrichtungspflicht".

42 Ausdrücklich aber bspw. *Gellermann* (Fn. 3), 120; in der Sache ähnlich deutlich *Bumke* (Fn. 39), 71, s. soeben Fn. 41.

43 Vgl. statt vieler *Dreier* (Fn. 8), Rn. 107; *Sachs* (Fn. 4), Rn. 30; ähnlich *Kloepfer* (Fn. 12), Rn. 28.

44 Exemplarisch *Kingreen/Poscher* (Fn. 5), Rn. 104; vgl. auch *Rudolf Wendt*: Eigentum und Gesetzgebung, 1985, 184f. Zum Ganzen m.w.N. *Gellermann* (Fn. 3), 118f.

45 Überschrift angelehnt an *Alexy* (Fn. 5), 444; ähnlich *Kay Waechter*: Einrichtungsgarantien als dogmatische Fossilien, Die Verwaltung 29 (1996), 47ff.; *Gellermann* (Fn. 3), 115.

46 Dazu *Katja Fröhlich*: Die Bindung des Gesetzgebers an die Grundrechte – Ein historischer Abriss vom Konstitutionalismus bis in die Gegenwart, GreifRecht 2014, 123ff. Ausführlich zur Geschichte der Einrichtungsgarantien *Mager* (Fn. 12), 6ff.

47 *Gellermann* (Fn. 3), 114 sowie *Dreier* (Fn. 8), Rn. 107, jeweils m.w.N. zur zeitgenössischen Literatur; vgl. auch *Kloepfer* (Fn. 12), Rn. 3ff.

Unter der Geltung des Grundgesetzes wurde die Lehre von den Einrichtungsgarantien weitgehend unbesehen übernommen, das heißt ohne die veränderten verfassungsrechtlichen Umstände in hinreichendem Maße zu berücksichtigen. Da nunmehr aber Art. 1 Abs. 3, Art. 20 Abs. 3, Art. 79 Abs. 3 und Art. 19 Abs. 2 GG die Grundrechte vor möglichen Übergriffen des Gesetzgebers sichern, ist die *staatsabwehrende* Funktion der Einrichtungsgarantien aus heutiger Sicht tatsächlich überflüssig geworden[48]. Die Einrichtungsgarantien deshalb für vollkommen bedeutungslose dogmatische Fossilien[49] zu halten, greift indes zu kurz, weil sie sich nicht in dieser negatorischen, staatsausgrenzenden Wirkung erschöpfen. Vielmehr enthalten sie auch das staatsaktivierende Gebot, funktionsfähige Rechtsinstitute zu schaffen[50]. Eben diese Verpflichtung ist in den genannten Verfassungsnormen aber gerade nicht verankert. Insbesondere die Wesensgehalts-[51] und die Ewigkeitsgarantie[52] sind deutlich abwehrrechtlicher Natur[53]. Ersterer

---

48 Vgl. ausführlich *Waechter* (Fn. 45), 47ff., insbes. 49f., 58; vgl. auch *Manssen* (Fn. 36), 164; *Jörn Ipsen*: Ehe und Familie, in: Isensee, Josef; Kirchhof, Paul (Hrsg.): Handbuch des Staatsrechts der Bundesrepublik Deutschland, Band VII, 3. Aufl. 2009, § 154 Rn. 49; auf Art. 19 Abs. 2 GG verweisend *Dreier* (Fn. 8), Rn. 108; nur auf Art. 1 Abs. 3 GG abstellend etwa *Hufen* (Fn. 4), § 5 Rn. 18; *Alexy* (Fn. 5), 442; *Michael Kemper*: Die Bestimmung des Schutzbereichs der Koalitionsfreiheit (Art. 9 Abs. 3 GG). Zugleich ein Beitrag zur Lehre von den Einrichtungsgarantien, 1990, 54; im Ergebnis ebenso, jedoch mit anderer Begründung *Ansgar Grochtmann*: Die Normgeprägtheit des Art. 14 GG. Konsequenzen für die Eigentumsdogmatik, 2. Aufl. 2010, 197; *Jan-Reinard Sieckmann*, in: Friauf, Karl Heinrich; Höfling, Wolfram (Hrsg.): Berliner Kommentar zum Grundgesetz, Loseblatt Stand des Gesamtwerkes: September 2017, Band 2, Art. 14 Rn. 85.

49 *Waechter* (Fn. 45), 47ff.; ähnlich *Alexy* (Fn. 5), 444.

50 S. bereits die Nachweise supra Fn. 39, 41 sowie *Gellermann* (Fn. 3), 118ff.; *Roth* (Fn. 37), 435; *Wendt* (Fn. 44), 184f.; *Borowski* (Fn. 30), 217.

51 Art. 19 Abs. 2 GG schützt den Wesensgehalt eines jeden Grundrechts vor staatlicher Einwirkung, vgl. statt vieler *Michael Sachs*, in: Sachs, Michael (Hrsg.): Grundgesetz. Kommentar, 8. Aufl. 2018, Art. 19 Rn. 33; BVerfGE 7, 377 (411). Zur Rolle der Wesensgehaltsgarantie im Rahmen der Bindung des normprägenden Gesetzgebers supra Teil 1, D.II. und III.2. sowie infra Teil 4, C.III.

52 Art. 79 Abs. 3 GG entzieht die Grundrechte zumindest partiell dem Zugriff des verfassungsändernden Gesetzgebers. Die Norm regelt damit den Vorrang von Verfassungsgrundentscheidungen vor verfassungsändernden Gesetzen und kann also die Einrichtungsgarantien nicht verdrängen, da diese auf der weniger speziellen Ebene des Verhältnisses von Verfassung und einfachem Gesetz angesiedelt sind, vgl. *Mager* (Fn. 12), 403 m.w.N.

53 Hinsichtlich Art. 19 Abs. 2 GG: *Kemper* (Fn. 48), 25f.; *Sachs* (Fn. 51), Rn. 9; hinsichtlich Art. 79 Abs. 3 GG vgl. *Matthias Herdegen*, in: Maunz, Theodor†; Dürig,

lassen sich zudem keinerlei Angaben zum Inhalt des jeweiligen Wesensgehalts entnehmen[54], sodass auch aus diesem Grund ein Anwendungsfeld für die Einrichtungsgarantien verbleibt[55]. Art. 1 Abs. 3 GG knüpft lediglich allgemein an die inhaltlichen Vorgaben der Grundrechte an und setzt damit (auch) die Einrichtungsgarantie als einer ihrer möglichen objektiven Gehalte voraus[56]. Entsprechendes gilt für Art. 20 Abs. 3 GG[57]. Vor diesem Hintergrund bleibt auch unter der Geltung des Grundgesetzes Raum für die dogmatische Figur der Einrichtungsgarantie.

An dieser Erkennntis vermag auch die zuweilen aufgestellte Behauptung, die Lehre von den Einrichtungsgarantien sei durch das Konstrukt der grundrechtlichen Schutzpflicht oder zumindest durch die generelle Anerkennung objektivrechtlicher Grundrechtsgehalte abgelöst worden[58], nichts zu ändern.

Die grundrechtliche Schutzpflicht enthält zwar durchaus eine an den Staat gerichtete, positive Anordnung in Form des Gebots, geeignete Vorkehrungen zum Schutz der Grundrechte vor Beeinträchtigungen aus der nicht-staatlichen Sphäre zu treffen. Jedoch ist damit etwas anderes gemeint als im Rahmen der Einrichtungsgarantie. Die Schutzpflicht bezieht sich nicht auf zu schaffende, sondern auf bereits vorhandene, natürliche grundrechtliche Güter, zu deren Entstehung sie selbst wiederum nichts beiträgt. Sie ordnet nicht die einfachgesetzliche Ausformung der grundrechtlichen Gewährleistung an, sondern ausschließlich die der einfachen Rechtsordnung, und zwar zum Schutz vor nicht-staatlichen Beeinträchtigungen. Die Schutzpflicht kann daher die Einrichtungsgarantie nicht ersetzen[59].

Schließlich ist gänzlich unerfindlich, aus welchem Grund die Einrichtungsgarantien durch die allgemeine Anerkennung objektiv-rechtlicher

---

Günter†: Grundgesetz. Kommentar, Loseblatt, Stand des Gesamtwerkes: Januar 2013, Band V, Art. 79 Rn. 61.

54 Supra Teil 1, D.III.2. m.N.

55 Vgl. *Mager* (Fn. 12), 402.

56 Vgl. *Gellermann* (Fn. 3), 120f.; in diese Richtung auch *Christiane Steinbeiß-Winkelmann*: Grundrechtliche Freiheit und staatliche Freiheitsordnung. Funktion und Regelungsgehalt verfassungsrechtlicher Freiheitsgarantien im Licht neuerer Grundrechtstheorien, 1986, 94f.; *Mager* (Fn. 12), 92, 400; *Manssen* (Fn. 36), 167.

57 Vgl. *Mager* (Fn. 12), 400. Auch Art. 20 Abs. 3 GG verweist für die inhaltlichen Vorgaben der gesetzgeberischen Bindung auf die verfassungsmäßige Ordnung, zu der sämtliche Normen des Grundgesetzes und damit auch die Grundrechte zählen.

58 *Waechter* (Fn. 45), 55f.; *Dreier* (Fn. 8), Rn. 108.

59 *Gellermann* (Fn. 3), 120f.; *Bumke* (Fn. 39), 46.

Grundrechtsgehalte ihre Funktion verloren haben sollen, wenn sie doch als einer von mehreren selbständigen Teilen dieser objektiven Gehalte[60] verstanden werden können[61].

Nach alledem ist die dogmatische Figur der Einrichtungsgarantie in einem modernen Sinn als den Gesetzgeber primär einbeziehende Garantie zu verstehen[62], die mit der traditionellen Sichtweise nicht viel mehr teilt als den Namen[63]. So verstanden gehören die Einrichtungsgarantien keineswegs zum „alten Eisen"[64].

(3) Einordnung der Referenzgrundrechte

In der verfassungsrechtlichen Literatur (und auch der Rechtsprechung) wird einer Vielzahl von Grundrechten zugeschrieben, eine Einrichtungsgarantie zu enthalten. Unter ihnen befinden sich (neben diversen sachgeprägten Gewährleistungen[65]) auch die normgeprägten Garantien des Eigentums[66], des Erbrechts[67]

60 Supra Teil 4, C.I.1. m.N. in Fn. 12.

61 *Gellermann* (Fn. 3), 121.

62 Vgl. *Gellermann* (Fn. 3), 118; *Kemper* (Fn. 48), 54.

63 *Gellermann* (Fn. 3), 118 m.w.N.

64 *Gellermann* (Fn. 3), 120; vgl. auch *Sachs* (Fn. 4), Rn. 30; im Ergebnis ebenso, wenn auch unter Verwendung einer anderen Begrifflichkeit *Bumke* (Fn. 39), 46, 71 (s. Fn. 41).

65 Privatschulfreiheit (Art. 7 Abs. 4 S. 1 GG): *Kingreen/Poscher* (Fn. 5), Rn. 104; BVerfGE 27, 195 (200); freie Presse (Art. 5 Abs. 1 S. 2 GG): *Christoph Degenhart*, in: Kahl, Wolfgang; Waldhoff, Christian; Walter; Christian (Hrsg.): Bonner Kommentar zum Grundgesetz, Loseblatt, Stand des Gesamtwerkes: Dezember 2017, Band 3, Art. 5 Abs. 1 und 2 Rn. 40, 68ff.; BVerfGE 20, 162 (175); 50, 234 (240); 85, 1 (13); Rundfunkfreiheit (Art. 5 Abs. 1 S. 2 GG): *Gellermann* (Fn. 3), 204ff.; BVerfGE 83, 238 (299); 97, 228 (268); Garantie der Familie (Art. 6 Abs. 1 GG): *Peter Badura*, in: Maunz, Theodor†; Dürig, Günter†: Grundgesetz. Kommentar, Loseblatt, Stand des Gesamtwerks: Januar 2013, Band II, Art. 6 Rn. 69; *Ingo Richter*, in: Denninger, Erhard; Hoffmann-Riem, Wolfgang; Schneider, Hans-Peter; Stein, Ekkehardt (Hrsg.): Kommentar zum Grundgesetz für die Bundesrepublik Deutschland (Reihe Alternativkommentare), Loseblatt, 3. Aufl. 2001f., Band 1, Art. 6 Rn. 11; *Kingreen/Poscher* (Fn. 5), Rn. 104; BVerfGE 6, 55 (72); 80, 81 (92).

66 Vgl. statt vieler *Joachim Wieland*, in: Dreier, Horst (Hrsg.): Grundgesetz, Kommentar, Band 1, 3. Aufl. 2013, Art. 14 Rn. 143; *Mager* (Fn. 12), 176ff.; *Kingreen/Poscher* (Fn. 5), Rn. 104; *Rudolf Wendt*, in: Sachs, Michael (Hrsg.): Grundgesetz. Kommentar, 8. Aufl 2018, Art. 14 Rn. 10, 54, 60f.; BVerfGE 58, 300 (339, 348) – st. Rspr.

67 *Mager* (Fn. 12), 188ff.; BVerfGE 67, 329 (340); 91, 346 (358); 112, 332 (348) – st. Rspr.; *Wendt* (Fn. 66), Rn. 195, 200; *Michael/Morlok* (Fn. 11), Rn. 44.

und der Ehe[68], zuweilen auch jene des Rechtsschutzes[69] sowie die der Vertrags[70]-, Vereinigungs[71]- und Koalitionsfreiheit[72]. Ob tatsächlich jede dieser und darüber hinaus die Garantien des gesetzlichen Richters und des rechtlichen Gehörs als Einrichtungsgarantien charakterisiert werden können[73], soll im Folgenden untersucht werden.

(a) Ehe, Eigentum und Erbrecht als klassische Rechtsinstitute

Art. 6 Abs. 1 und Art. 14 Abs. 1 GG benennen ausdrücklich die Ehe, das Eigentum und das Erbrecht als Gewährleistungsgegenstände. Angesichts dieses klaren Wortlauts ist mit der – soweit erkennbar einhelligen – verfassungsrechtlichen Literatur (und Rechtsprechung) von der Aufnahme dieser Institute in die genannten Grundgesetzartikel auszugehen. Die grundrechtlichen Garantien der Ehe, des Eigentums und des Erbrechts verpflichten den Gesetzgeber zur Schaffung einer rechtlichen Ordnung, die den Gebrauch der in ihnen verbürgten Institute ermöglicht, sie enthalten mithin eine Einrichtungsgarantie[74].

---

68 *Cornils* (Fn. 2), 339f.; *Mager* (Fn. 12), 199; *Arnulf Schmitt-Kammler*, in: Sachs, Michael (Hrsg.): Grundgesetz. Kommentar, 8. Aufl. 2018, Art. 6 Rn. 31; *Ipsen* (Fn. 48), Rn. 47; BVerfGE 31, 58 (69); 62, 323 (330); 105, 313 (345); 115, 1 (18f.).

69 *Eberhard Schmidt-Aßmann*, in: Maunz, Theodor†; Dürig, Günter†: Grundgesetz. Kommentar, Loseblatt, Stand des Gesamtwerkes: Januar 2013, Band III, Art. 19 Abs. 4 Rn. 14; *Martin Ibler*, in: Friauf, Karl Heinrich; Höfling, Wolfram (Hrsg.): Berliner Kommentar zum Grundgesetz, Loseblatt, Stand des Gesamtwerks: September 2017, Band 2, Art. 19 IV Rn. 19f.

70 *Wolfram Höfling*: Vertragsfreiheit. Eine grundrechtsdogmatische Studie, 1991, 22, 28f. m.w.N.; *Gellermann* (Fn. 3), 149; *Ruffert* (Fn. 11), 304ff.; in der Sache ebenso *Bumke* (Fn. 41), 96 und *Bumke* (Fn. 39), 71 (dazu Fn. 41).

71 *Ingo von Münch*, in: Kahl, Wolfgang; Waldhoff, Christian; Walter; Christian (Hrsg.): Bonner Kommentar zum Grundgesetz, Loseblatt, Stand des Gesamtwerkes: Dezember 2017, Band 4, Art. 9 (Zweitbearbeitung) Rn. 18.

72 *Peter Badura*: Staatsrecht. Systematische Erläuterung des Grundgesetzes für die Bundesrepublik Deutschland, 6. Aufl. 2015, C 98; im Hinblick auf die Tarifautonomie *Kemper* (Fn. 48), 94ff. Das Bundesverfassungsgericht hat in seinen Entscheidungen in der Regel die Verwendung von Begriffen wie Einrichtungs-, Institutsgarantie o.ä. vermieden, vgl. Stern (Fn. 11), 850 m.w.N. zur Rspr.

73 Pauschal gegen die Annahme von Einrichtungsgarantien im Bereich der normgeprägten Grundrechte *Cremer* (Fn. 4), 135.

74 Dazu bereits die Nachweise in Fn. 66-68.

(b) Vertragsfreiheit

Anders als die vorbenannten Grundrechte wird die Vertragsfreiheit in der verfassungsrechtlichen Literatur nicht einhellig als Einrichtungsgarantie charakterisiert[75].

Für die Einordnung der Vertragsfreiheit als Einrichtungsgarantie spricht ihre historische Entwicklung. Schon in der Zeit der Weimarer Reichsverfassung galt sie neben dem Eigentum, dem Erbrecht und der Ehe als einer der Stützpfeiler der hergebrachten Privatrechtsordnung, die allesamt als Rechtsinstitute in der Verfassung garantiert waren[76]; die Vertragsfreiheit konkret in Art. 152 Abs. 1 WRV. Hinsichtlich des Eigentums, des Erbrechts und der Ehe hat sich dieses Verständnis mit Inkrafttreten des Grundgesetzes bis heute nicht geändert[77] und es ist nicht ersichtlich, warum für die Vertragsfreiheit etwas anderes gelten sollte[78]. Zwar ist sie – anders als zur Weimarer Zeit und im Unterschied zu den drei anderen Stützpfeilern – nicht mehr ausdrücklich im Verfassungstext normiert. Dies ist aber auch nicht erforderlich, um den Vertrag als Rechtsinstitut und damit die Vertragsfreiheit als Einrichtungsgarantie einordnen zu können. Denn Rechtsinstitute entstehen, indem Einrichtungen, Besitzstände oder ähnliches in einem Regelwerk *tatsächlich* rezipiert werden. Der (bloß) formale Akt der expliziten Erwähnung des jeweiligen Instituts im Text des Grundgesetzes hat nur deklaratorischen Charakter, das heißt er kann zusätzlich erfolgen (so geschehen im Falle der Ehe, des Eigentums und des Erbrechts), ist aber nicht Voraussetzung für die Entstehung des Rechtsinstituts[79].

Die Vertragsfreiheit wird entweder in speziellen Grundrechten oder (subsidiär) im Auffanggrundrecht der allgemeinen Handlungsfreiheit (Art. 2 Abs. 1 GG) verortet[80], sodass auf jeden Fall von einer Aufnahme des Instituts ‚Vertrag'

---

75 Dafür etwa *Lübbe-Wolff* (Fn. 3), 81; *Roth* (Fn. 37), 435; weitere Nachweise supra Fn. 70. Dagegen exemplarisch *Mager* (Fn. 12), 231; wohl auch *Manssen* (Fn. 36), 169f. Auch das Bundesverfassungsgericht bezeichnet sie – soweit ersichtlich – nicht ausdrücklich als solche; jedoch ist gerade in seinen jüngeren Entscheidungen durchaus eine Tendenz hin zu einem institutionellen Verständnis erkennbar (vgl. z.B. BVerfGE 89, 214 (231); 114, 1 (34); 114, 73 (89); BVerfG NJW 1994, 2749, 2750; BVerfG NJW 1996, 2021.).

76 Vgl. zum Ganzen m.N. zur zeitgenössischen Literatur *Gellermann* (Fn. 3), 131.

77 Soeben supra Teil 4, C.I.1.b.aa.(3)(a).

78 Vgl. zum Ganzen *Gellermann* (Fn. 3), 131.

79 A.A. wohl *Manssen* (Fn. 36), 169; auch schon *Werner Flume*: Rechtsgeschäft und Privatautonomie, in: Hundert Jahre deutsches Rechtsleben. Festschrift zum hunderjährigen Bestehen des Deutschen Juristentages 1860-1960, Band I, 1960, 135, 139.

80 Dazu m.N. bereits supra Teil 1, Fn. 12.

in das Grundgesetz auszugehen ist. Das ungeschriebene Grundrecht der Vertragsfreiheit ist damit ebenfalls als Einrichtungsgarantie zu qualifizieren; einer ausdrücklichen Erwähnung des Rechtsinstituts ‚Vertrag' im Wortlaut eines speziellen Grundrechts oder in Art. 2 Abs. 1 GG bedarf es hierfür nicht. Gegenstand der Einrichtungsgarantie sind dabei jene Regelungen, die die natürliche Handlung *gegenseitiges Versprechen* zur Rechtshandlung *Vertragsschluss* werden lassen[81] und damit das normgeprägte Grundrecht der Vertragsfreiheit real erst ausübbar machen.

(c) Vereinigungs- und Koalitionsfreiheit

Wie schon bei der Vertragsfreiheit ist das verfassungsrechtliche Schrifttum uneinig, was die Einordnung der Vereinigungs- und der Koalitionsfreiheit als Einrichtungsgarantie angeht[82].

(aa) Vereinigungsfreiheit

Der – im Schrifttum relativ verbreiteten – Annahme, die Vereinigungsfreiheit enthielte keine Einrichtungsgarantie[83], ist entgegenzutreten. Der Wortlaut des Art. 9 Abs. 1 GG nimmt auf bestimmte Vereinigungstypen (Vereine und Gesellschaften) explizit Bezug und erhebt damit das Institut ‚Vereinigung' zum verfassungsrechtlichen Leitbild. An dieses Rechtsinstitut knüpft wiederum die Einrichtungsgarantie an und verpflichtet den Gesetzgeber, Regelungen zur

---

81 Vgl. *Alexy* (Fn. 5), 215; *Höfling* (Fn. 70), 29.

82 Für eine Einrichtungsgarantie i.R.d. Art. 9 Abs. 1 GG etwa *Gellermann* (Fn. 3), 176; *Roth* (Fn. 37), 435; weiterer Nachweis supra Fn. 71. Dagegen *Kloepfer* (Fn. 12), Rn. 89; *Stern* (Fn. 11), 847; *Kemper* (Fn. 39), Rn. 10f.; *Rupert Scholz*, in: Maunz, Theodor†; Dürig, Günter†: Grundgesetz. Kommentar, Loseblatt, Stand des Gesamtwerkes: Januar 2013, Band II, Art. 9 Abs. 1 Rn. 26; *Mager* (Fn. 12), 461; *Hartmut Bauer*, in: Dreier, Horst (Hrsg.): Grundgesetz, Kommentar, Band 1, 3. Aufl. 2013, Art. 9 Rn. 65; unklar *Wolfgang Löwer*, in: *Münch, Ingo von; Kunig, Philip (Hrsg.)*: Grundgesetz Kommentar, Band 1, 6. Aufl. 2012, Art. 9 Rn. 30. Für eine Einrichtungsgarantie i.R.d. Art. 9 Abs. 3 GG (jdf. im Hinblick auf die Tarifautonomie) *Kloepfer* (Fn. 12), Rn. 92; *Mager* (Fn. 12), 465; *Kemper* (Fn. 39), Rn. 95, 138; *Stern* (Fn. 11), 851f. spricht mit Blick auf die Koalitionsfreiheit zumindest von einem Schutz, „der dem der Einrichtungsgarantien gleichartig ist"; gegen die Einrichtungsgarantie i.R.d. Koalitionsfreiheit: *Bauer* (Fn. 82), Rn. 102. Das Bundesverfassungsgericht spricht zwar nicht ausdrücklich von einer Einrichtungsgarantie, lässt in seinen Entscheidungen aber auch hier institutionelle Deutungsmuster erkennen (etwa, indem es die Ausgestaltungsbedürftigkeit betont, vgl. bspw. BVerfGE 17, 319 (333); 50, 290 (354f., 368); 84, 212 (228); 84, 372 (378); 94, 268 (284)), was zumindest als Indiz für das Vorliegen von Einrichtungsgarantien im Anwendungsbereich des Art. 9 GG gewertet werden kann.

83 Supra Fn. 82.

Gründung von und zur Betätigung in Vereinen und Gesellschaften bereit zu halten; erst dann kann die Vereinigungsfreiheit überhaupt ausgeübt werden[84].

(bb) Koalitionsfreiheit

Anders als bei der Vereinigungsfreiheit wird das Vorliegen einer Einrichtungsgarantie im Rahmen der Koalitionsfreiheit nur vereinzelt bestritten[85]. Auch dieser Behauptung ist entgegenzutreten. Ähnlich wie Art. 9 Abs. 1 GG nimmt auch Art. 9 Abs. 3 GG einen ganz bestimmten Vereinigungstypus, nämlich die Vereinigung zur Wahrung und Förderung der Arbeits- und Wirtschaftsbedingungen (Koalition)[86] in sich auf. Art. 9 Abs. 3 GG enthält also ebenfalls ein Rechtsinstitut. Damit notwendig verbunden ist die Einrichtungsgarantie, das heißt der grundrechtliche Auftrag an den Gesetzgeber, die Normen bereitzustellen, die zur Ausübung der Koalitionsfreiheit unerlässlich sind. Für derart erforderlich gehalten wird jedenfalls die Regelung der Voraussetzungen, Gehalte und Verbindlichkeit von selbstbestimmten Vereinbarungen zwischen Arbeitgebern und Arbeitnehmern (Tarifvertragssystem) und von Arbeitskampfmaßnahmen (Arbeitskampfsystem)[87]. Art. 9 Abs. 3 GG schützt also zumindest den Tarifvertrag und den Arbeitskampf als Rechtsinstitut[88] und enthält insofern auch eine Einrichtungsgarantie.

(d) Prozessgrundrechte

Im Gegensatz zu den bisher betrachteten Grundrechten werden die Prozessgrundrechte kaum als Einrichtungsgarantien, vielmehr ganz überwiegend als verselbständigte Erscheinungsform des allen Grundrechten immanenten objektiv-rechtlichen Gehalts der Grundrechtssicherung durch Organisation und Verfahren qualifiziert[89].

---

84 Dazu m.N. supra Teil 3, D.II.1. Vgl. außerdem *Gellermann* (Fn. 3), 176; *Roth* (Fn. 37), 435. In der Sache ebenso *Detlef Merten*: Vereinsfreiheit, in: Isensee, Josef; Kirchhof, Paul (Hrsg.): Handbuch des Staatsrechts der Bundesrepublik Deutschland, Band VII, 3. Aufl. 2009, § 165 Rn. 18, der lediglich den Begriff der Einrichtungsgarantie ablehnt und stattdessen von einer Pflicht zur institutionellen Ausgestaltung spricht.

85 Strikt dagegen aber *Scholz* (Fn. 82), Rn. 173; weiterer Nachweis supra Fn. 82.

86 Vgl. statt vieler *Wolfram Höfling*, in: Sachs, Michael (Hrsg.): Grundgesetz. Kommentar, 8. Aufl. 2018, Art. 9 Rn. 56f.

87 Vgl. dazu bereits die Nachweise supra Teil 3, D.II.2.

88 *Mager* (Fn. 12), 465 (Tarifvertrag); *Andreas Engels*: Verfassung und Arbeitskampfrecht. Verfassungsrechtliche Grenzen arbeitsgerichtlicher Arbeitskampfjudikatur, 2008, 270ff. (Arbeitskampf). Differenzierter *Kemper* (Fn. 48), 65, 67, der eine Einrichtungsgarantie bezüglich des Arbeitskampfes ablehnt, im Hinblick auf das Tarifvertragssystem aber annimmt.

89 Vgl. statt vieler *Helmuth Schulze-Fielitz*, in: Dreier, Horst (Hrsg.): Grundgesetz, Kommentar, Band 1, 3. Aufl. 2013, Art. 19 IV Rn. 41; *Christian Starck*, in: Mangoldt,

(aa) Rechtsschutzgarantie

Am ehesten wird noch Art. 19 Abs. 4 S. 1 GG als institutionelle Garantie der Gerichtsbarkeit eingeordnet[90]. Dies erscheint zumindest auf den ersten Blick auch einleuchtend, denn Rechtsschutz kann überhaupt nur wirksam gewährt und geltend gemacht werden, wenn Gerichte sowie prozessrechtliche Regelungen existieren. Indes ist die Existenz von Gerichten mit sachlich und persönlich unabhängigen Richtern bereits in Art. 92, 97, 98 GG gesichert[91]; die Existenz der Rechtsprechung als Gesamtheit ist in Art. 20 Abs. 2 S. 2 GG – gemäß Art. 79 Abs. 3 GG sogar änderungsfest – garantiert[92]. Eines Rückgriffs auf die dogmatische Figur der Einrichtungsgarantie bedarf es daher insoweit nicht[93]. Gleiches

---

Hermann von; Klein, Friedrich; Starck, Christian: Kommentar zum Grundgesetz, Band 1, 7. Aufl. 2018, Art. 1 Abs. 3 Rn. 199; *Klaus Stern*: Qualität und Bedeutung der Prozeßgrundrechte für die Grundrechtsbindung der Rechtsprechung, in: Blümel, Willi; Merten, Detlef; Quaritsch, Helmut (Hrsg.): Verwaltung im Rechtsstaat. Festschrift für Carl Hermann Ule zum 80. Geburtstag am 26. Februar 1987, 1987, 359, 370; *Hinrich Rüping*, in: Kahl, Wolfgang; Waldhoff, Christian; Walter; Christian (Hrsg.): Bonner Kommentar zum Grundgesetz, Loseblatt, Stand des Gesamtwerkes: Dezember 2017, Band 19, Art. 103 Abs. 1 Rn. 38ff.; *Uwe Kischel*: Die Begründung. Zur Erläuterung staatlicher Entscheidungen gegenüber dem Bürger, 2003, 124 (zu Art. 103 Abs. 1 und 101 Abs. 1 S. 2 GG); BVerfGE 21, 362 (373); 40, 356 (361).

90 Vgl. *Schmidt-Aßmann* (Fn. 69), Rn. 14; *Schulze-Fielitz* (Fn. 89), Rn. 42; *Peter Michael Huber*, in: Mangoldt, Hermann von; Klein, Friedrich; Starck, Christian: Kommentar zum Grundgesetz, Band 1, 7. Aufl. 2018, Art. 19 Abs. 4 Rn. 380; *Ibler* (Fn. 69), Rn. 19; *Helge Sodan*, in: Sodan, Helge (Hrsg.): Grundgesetz. Kompakt-Kommentar, 3. Aufl. 2015, Art. 19 Rn. 27; *Hans-Jürgen Papier*: Rechtsschutzgarantie gegen die öffentliche Gewalt, in: Isensee, Josef; Kirchhof, Paul (Hrsg.): Handbuch des Staatsrechts der Bundesrepublik Deutschland, Band VIII, 3. Aufl. 2010, § 177 Rn. 3. *Ulrich Ramsauer*, in: Denninger, Erhard; Hoffmann-Riem, Wolfgang; Schneider, Hans-Peter; Stein, Ekkehardt (Hrsg.): Kommentar zum Grundgesetz für die Bundesrepublik Deutschland (Reihe Alternativkommentare), Loseblatt, 3. Aufl. 2001f., Band 1, Art. 19 Abs. 4 Rn. 36 dagegen meint, die institutionelle Garantie der Gerichtsbarkeit folge bereits aus der im allgemeinen Rechtsstaatsprinzip enthaltenen Justizgewährleistung. Gegen eine Einrichtungsgarantie auch *Kloepfer* (Fn. 12), Rn. 84; *Hartmut Maurer*: Rechtsstaatliches Prozessrecht, in: Badura, Peter; Dreier, Horst (Hrsg.): Festschrift 50 Jahre Bundesverfassungsgericht, Band 2, 2001, 467, 476f.

91 *Maurer* (Fn. 90), 477; sich anschließend *Mager* (Fn. 12), 323; *Kloepfer* (Fn. 12), Rn. 84 sowie *Wolf-Rüdiger Schenke*, in: Kahl, Wolfgang; Waldhoff, Christian; Walter; Christian (Hrsg.): Bonner Kommentar zum Grundgesetz, Loseblatt, Stand des Gesamtwerkes: Dezember 2017, Band 6, Art. 19 Abs. 4 Rn. 39.

92 *Mager* (Fn. 12), 323; ihr folgend *Kloepfer* (Fn. 12), Rn. 84.

93 *Schenke* (Fn. 91), Rn. 39; *Mager* (Fn. 12), 323.

gilt für die Herleitung der gesetzgeberischen Pflicht zur Schaffung des für einen wirksamen Rechtsschutz notwendigen Prozessrechts. Diese Verpflichtung ergibt sich bereits aus dem Charakter des Art. 19 Abs. 4 S. 1 GG als Leistungsrecht[94] zur Grundrechtssicherung durch Organisation und Verfahren[95].

(bb) Gesetzlicher Richter und rechtliches Gehör

Vereinzelt werden auch die grundrechtlichen Garantien des gesetzlichen Richters (Art. 101 Abs. 1 S. 2 GG) und des rechtlichen Gehörs (Art. 103 Abs. 1 GG) als Einrichtungsgarantien qualifiziert[96].

Da beide Normen ähnlich strukturiert sind wie die Rechtsschutzgarantie[97], ist eine Institutionalisierung jedoch auch hier nicht nötig[98]. Wie Art. 19 Abs. 4 S. 1 GG setzt sowohl Art. 101 Abs. 1 S. 2 GG als auch Art. 103 Abs. 1 GG die Existenz von Gerichten voraus[99]; diese wiederum ist bereits durch andere

---

94 *Schenke* (Fn. 91), Rn. 39; *Mager* (Fn. 12), 323.

95 Vgl. *Schulze-Fielitz* (Fn. 89), Rn. 41; *Stern* (Fn. 89), 370; *Starck* (Fn. 89), Rn. 199 (für alle Prozessgrundrechte). Zum objektiven Gehalt der Grundrechtssicherung durch Organisation und Verfahren speziell im Zusammenhang mit den Prozessgrundrechten sogleich infra Teil 4, C.I.1.b.bb.(2). Zur Unterscheidung zum verfahrens- und organisationsrechtlichen Gehalt materieller Grundrechte sogleich infra Teil 4, C.I.1.b.bb.(3). Zur Verbindung zwischen Organisation und Verfahren und dem Leistungsgehalt der Grundrechte allgemein *Gellermann* (Fn. 3), 42 m.w.N. und speziell der Prozessgrundrechte *Cornils* (Fn. 2), 443f. m.w.N.

96 Für Art. 101 Abs. 1 S. 2 GG etwa *Klaus Stern*: Das Staatsrecht der Bundesrepublik Deutschland, Band II, 1980, 916; *Theodor Maunz*, in: Maunz, Theodor†; Dürig, Günter†: Grundgesetz. Kommentar, Loseblatt, Stand des Gesamtwerkes: Januar 2013, Band VI, Art. 101 Abs. 1 Rn. 5; *Klaus Grupp*, in: Stern, Klaus; Becker, Florian (Hrsg.): Grundrechte-Kommentar, 2. Aufl. 2016, Art. 101 Rn. 3; *Hans-Detlef Horn*: Verbot von Ausnahmegerichten und Anspruch auf gesetzlichen Richter, in: Merten, Detlef; Papier, Hans-Jürgen (Hrsg.): Handbuch der Grundrechte in Deutschland und Europa, Band V, 2013, § 132 Rn. 26ff. Im Bereich des Art. 103 Abs. 1 GG scheint – soweit ersichtlich – allein *Eberhard Schmidt-Aßmann*, in: Maunz, Theodor†; Dürig, Günter†: Grundgesetz Kommentar, Loseblatt, Stand des Gesamtwerkes: Januar 2013, Band VI, Art. 103 Abs. 1 Rn. 15, bereit, zumindest vom Vorliegen „institutioneller Elemente" auszugehen.

97 *Bodo Pieroth*, in: Jarass, Hans D.; Pieroth, Bodo: Grundgesetz für die Bundesrepublik Deutschland, Kommentar, 14. Aufl. 2016, Art. 101 Rn. 1; *Helmuth Schulze-Fielitz*, in: Dreier, Horst (Hrsg.): Grundgesetz, Kommentar, Band 3, 3. Aufl. 2018, Art. 103 I Rn. 27.

98 Explizit hinsichtlich Art. 101 Abs. 1 S. 2 GG *Pieroth* (Fn. 97), Rn. 1; *Mager* (Fn. 12), 369; *Thomas Roth*: Das Grundrecht auf den gesetzlichen Richter, 2000, 73ff.

99 Im Hinblick auf Art. 101 Abs. 1 S. 2 GG vgl. bspw. *Roth* (Fn. 98), 76; *Grupp* (Fn. 96), Rn. 17; hinsichtlich Art. 103 Abs. 1 GG exemplarisch *Wolfram Höfling; Christian*

Verfassungsnormen (Art. 92, 97, 98 und 20 Abs. 2 S. 2 GG)[100] garantiert[101]. Der an die Legislative gerichtete Auftrag zur Regelung der Zuständigkeiten der Gerichtsbarkeit, der Gerichte und der entscheidungsbefugten Spruchkörper (Art. 101 Abs. 1 S. 2 GG)[102] sowie jener zur Regelung der Modalitäten der Gehörsausübung (Art. 103 Abs. 1 GG)[103] ergibt sich auch hier unmittelbar aus dem Charakter der Art. 101 Abs. 1 S. 2, 103 Abs. 1 GG als Leistungsrechte zur Grundrechtssicherung durch Organisation und Verfahren[104].

(e) Zwischenergebnis

Mit Ausnahme der Prozessgrundrechte enthalten sämtliche Referenzgrundrechte eine Einrichtungsgarantie.

(4) Institutsgarantien und institutionelle Garantien

Sind die Einrichtungsgarantien auch in ihrer Bedeutung, ihrem Inhalt und Umfang umstritten, so hat sich bis heute zumindest auf begrifflicher Ebene die bereits in der Zeit der Weimarer Reichsverfassung von *Carl Schmitt* entwickelte Unterscheidung in institutionelle Garantien und Institutsgarantien[105] erhalten. Erstere gewährleisten öffentlich-rechtliche Einrichtungen, etwa die

---

Burkiczak, in: Friauf, Karl Heinrich; Höfling, Wolfram (Hrsg.): Berliner Kommentar zum Grundgesetz, Loseblatt, Stand des Gesamtwerkes: September 2017, Band 5, Art. 103 Rn. 30; *Franz-Ludwig Knemeyer*: Rechtliches Gehör im Gerichtsverfahren, in: Isensee, Josef; Kirchhof, Paul (Hrsg.): Handbuch des Staatsrechts der Bundesrepublik Deutschland, Band VIII, 3. Aufl. 2010, § 178 Rn. 25.

100 Supra soeben Teil 4, C.I.b.aa.(3)(d)(aa) mit Fn. 91f.

101 Vgl. *Mager* (Fn. 12), 369 m.w.N.

102 Statt vieler *Hufen* (Fn. 4), § 21 Rn. 24; *Roth* (Fn. 98), 63; *Christoph Degenhart*, in: Sachs, Michael (Hrsg.): Grundgesetz. Kommentar, 8. Aufl. 2018, Art. 101 Rn. 5; *Helge Sodan*, in: Sodan, Helge (Hrsg.): Grundgesetz. Kompakt-Kommentar, 3. Aufl. 2015, Art. 101 Rn. 6; vgl. auch *Pieroth* (Fn. 97), Rn. 9ff.; *Claus Dieter Classen*, in: Mangoldt, Hermann von; Klein, Friedrich; Starck, Christian: Kommentar zum Grundgesetz, Band 3, 7. Aufl. 2018, Art. 101 Abs. 1 Rn. 16f.; *Helmuth Schulze-Fielitz*, in: Dreier, Horst (Hrsg.): Grundgesetz, Kommentar, Band 3, 3. Aufl. 2018, Art. 101 Rn. 38; BVerfGE 9, 223 (226); 17, 294 (298f.); 95, 322, (327f.).

103 Vgl. dazu bereits die Nachweise supra Teil 3, D.I.1.

104 Für Art. 101 Abs. 1 S. 2 GG *Christoph Degenhart*: Gerichtsorganisation, in: Isensee, Josef; Kirchhof, Paul (Hrsg.): Handbuch des Staatsrechts der Bundesrepublik Deutschland, Band V, 3. Aufl. 2007, § 114 Rn. 7, 33; *Schulze-Fielitz* (Fn. 102), Rn. 15; vgl. auch BVerfGE 40, 356 (361). Für Art. 103 Abs. 1 GG *Schulze-Fielitz* (Fn. 97), Rn. 14; BVerfGE 21, 362 (373). Zur Verbindung zwischen Organisation und Verfahren und dem Leistungsgehalt der Grundrechte supra Fn. 95 mit Nachweisen.

105 *Carl Schmitt*: Freiheitsrechte und institutionelle Garantien der Reichsverfassung (1931), in: Schmitt, Carl (Hrsg.): Verfassungsrechtliche Aufsätze aus den Jahren 1924-1954.

gemeindliche Selbstverwaltung (Art. 28 Abs. 2 S. 1 GG) oder die hergebrachten Grundsätze des Berufsbeamtentums (Art. 33 Abs. 5 GG)[106]. Institutsgarantien dagegen gewährleisten privatrechtliche Lebensbereiche. Klassische Beispiele hierfür sind die bereits erwähnten Garantien der Ehe, des Privateigentums und des Erbrechts.

bb. Grundrechtssicherung durch Organisation und Verfahren

Die Grundrechtssicherung durch Organisation und Verfahren erfolgt entweder auf der Grundlage der Verfahrens- und/oder Organisationskomponente materieller Grundrechte ((1)) oder aber mittels formeller Grundrechte ((2)).

(1) Verfahrens- und organisationsrechtlicher Gehalt materieller Grundrechte

Allgemein anerkannt ist, dass eine Reihe von Grundrechten instrumentale Vollzugshilfe benötigt und deshalb den Gesetzgeber verpflichtet, entsprechende organisatorische Voraussetzungen und/oder Verfahren bereitzustellen. Dies gilt beispielsweise für die Wissenschaftsfreiheit (Art. 5 Abs. 3 GG), das Asylgrundrecht (Art. 16a Abs. 1 GG), die Rundfunkfreiheit (Art. 5 Abs. 1 S. 2 GG) sowie für das Recht zur Verweigerung des Kriegsdienstes (Art. 4 Abs. 3 S. 1 GG)[107].

(2) Formelle Grundrechte (Prozessgrundrechte)

Darüber hinaus ist anerkannt, dass auch und vor allem die Prozessgrundrechte (Art. 19 Abs. 4, 101 Abs. 1, 103 Abs. 1 GG) verfahrens- und organisationsrechtliche Anforderungen an den Gesetzgeber enthalten[108].

Die Prozessgrundrechte setzen die materiellen Grundrechte sowie die einfachgesetzlich geschaffenen Rechte voraus und gewährleisten deren Verwirklichung und Durchsetzung im gerichtlichen Verfahren[109]. Anders als bei Grundrechten, deren (ungeschriebene) verfahrens-/organisationsrechtlichen Anforderungen aus ihrem jeweiligen materiellen Gehalt abgeleitet werden, existieren die Verfahrensgehalte der Prozessgrundrechte nicht erst und nur in Abhängigkeit

---

Materialien zu einer Verfassungslehre, 3. Aufl. 1985, 140ff.; *Carl Schmitt*: Grundrechte und Grundpflichten, in: Schmitt, Carl (Hrsg.): Verfassungsrechtliche Aufsätze aus den Jahren 1924-1954. Materialien zu einer Verfassungslehre, 3. Aufl. 1985, 181, 213ff.

106 Selbstverwaltung: *Mager* (Fn. 12), 328ff.; BVerfGE 50, 50 (50); 79, 127 (143); 86, 90 (107); 103, 332 (366); Beamtentum: *Mager* (Fn. 12), 349ff.; BVerfGE 8, 332 (343); 58, 68 (76f.); 83, 89 (98); 117, 330 (344); 119, 247 (260).

107 Zum Ganzen m.N. bereits supra Teil 3, B.II.2.b.bb.

108 Statt vieler *Aulehner* (Fn. 4), 10; *Gellermann* (Fn. 3), 256. S. auch schon die Nachweise supra Fn. 89.

109 Vgl. *Kingreen/Poscher* (Fn. 5), Rn. 1157 (speziell für Art. 19 Abs. 4 GG); *Stern* (Fn. 89), 371.

materieller Schutzgüter. Vielmehr bilden sie selbst – ausschließlich, ausdrücklich und unmittelbar – den Gegenstand der grundrechtlichen Gewährleistungen[110]. Die Prozessgrundrechte sind damit grundrechtlich verselbständigte Erscheinungsformen der *Grundrechtssicherung durch Organisation und Verfahren*, die als objektiv-rechtlicher Gehalt allen Grundrechten akzessorisch innewohnt[111].

Im Unterschied zu den *Einrichtungsgarantien* geht es hier nicht um das Bereitstellen und Aufrechterhalten funktionsfähiger Rechtsinstitute, sondern darum, anderweitig zuerkannte Rechte mit staatlichen Mitteln durchzusetzen[112].

cc. Zwischenergebnis

Die Regelungsaufträge der vorliegend in den Blick genommenen normgeprägten Grundrechte entspringen sämtlich (unterschiedlichen) objektiven Grundrechtsgehalten. Die Vertrags-, Ehe-, Vereinigungs- und Koalitionsfreiheit sowie die grundrechtlichen Garantien des Eigentums und des Erbrechts enthalten Aufträge in Form von Einrichtungsgarantien. Sie verpflichten den Gesetzgeber, die jeweiligen Rechtsinstitute bereitzustellen und aufrecht zu erhalten, durch die die individuelle Entfaltungsfreiheit der Grundrechtsträger freigesetzt und abgeschirmt werden soll[113]. Die grundrechtlichen Garantien des gesetzlichen Richters, des rechtlichen Gehörs und des Rechtsschutzes (Prozessgrundrechte) dagegen verpflichten die

---

110 Vgl. *Peter Lerche*: Grundrechtlicher Schutzbereich, Grundrechtsprägung und Grundrechtseingriff, in: Isensee, Josef; Kirchhof, Paul (Hrsg.): Handbuch des Staatsrechts der Bundesrepublik Deutschland, Band V, 2. Aufl. 2000, § 121 Rn. 34; *Cremer* (Fn. 4), 405f.; *Erhard Denninger*: Staatliche Hilfe zur Grundrechtsausübung durch Verfahren, Organisation und Finanzierung, in: Isensee, Josef; Kirchhof, Paul (Hrsg.): Handbuch des Staatsrechts der Bundesrepublik Deutschland, Band IX, 3. Aufl. 2011, § 193 Rn. 26; *Eberhard Schmidt-Aßmann*: Grundrechte als Organisations- und Verfahrensgarantien, in: Merten, Detlef; Papier, Hans-Jürgen (Hrsg.): Handbuch der Grundrechte in Deutschland und Europa, Band II, 2006, § 45 Rn. 2, 4. Zum Verhältnis formeller Grundrechte zur Verfahrens- und Organisationskomponente materieller Grundrechte vgl. auch *Nicole Voßen*: Die Rechtsprechung des Bundesverfassungsgerichts zur Rechtsweggarantie des Art. 19 Abs. 4 GG, den Verfahrensgarantien nach 101 Abs. 1 Satz 2 GG, Art. 103 Abs. 1 GG und zum Prozeßrecht der Fachgerichte, 2002, 11ff.; *Detlef Harries-Lehmann*: Rechtsweggarantie, Rechtsschutzanspruch und richterliche Prozessleitung im Verwaltungsprozeß, 2004, 248ff.; *Dreier* (Fn. 8), Rn. 78, 105; *Albert von Mutius*: Die besondere Entscheidung. Der Mühlheim-Kärlich-Beschluß des BVerfG: Grundrechtsschutz durch Verfahren, Jura 1984, 529, 535. S. auch Fn. 94f.

111 Dazu bereits supra Teil 4, C.I.1.b.aa.(3)(d).

112 Vgl. *Cornils* (Fn. 2), 443f. m.w.N.

113 Vgl. *Cornils* (Fn. 2), 443.

Legislative, für die Verwirklichung und Durchsetzung materieller (Grund)Rechte im gerichtlichen Verfahren Sorge zu tragen und enthalten dementsprechend Aufträge zur Grundrechtssicherung durch Organisation und Verfahren.

2. *Fehlen geeigneter Kriterien zur Abgrenzung von Eingriff und Ausgestaltung*

Kriterien zur Abgrenzung von Eingriff und Ausgestaltung sind insbesondere innerhalb der Bereichsdogmatik des Art. 14 Abs. 1 S. 2 GG entwickelt worden. Die Mehrheit der Vertreter der abwehrrechtlichen Modelle wie auch der Anhänger der Exklusivitätsthese hält diese Unterscheidungsversuche sämtlich für untauglich[114] (a.). Als zum treffsicheren Separieren ungeeignet erweisen sich darüber hinaus auch die Kriterien „unterschiedliche Formulierung der Gesetzesvorbehalte" und „Tradition" (b.).[115]

a. *Unmöglichkeit der Trennung von Inhalts- und Schrankenbestimmungen im Bereich der Eigentums- und Erbrechtsgarantie*

Überwiegend unterscheidet das verfassungsrechtliche Schrifttum nicht zwischen Inhalts- und Schrankenbestimmungen des Eigentums und des Erbrechts[116], sondern begreift sie als einheitliches Ganzes[117]. Dementsprechend

---

114 Exemplarisch für die abwehrrechtlichen Lösungen *Cornils* (Fn. 2), 329 mit Fn. 310; 337; beispielhaft für die Exklusivitätsthese *Gellermann* (Fn. 3), 278.

115 Allgemein kritisch zur Möglichkeit der Abgrenzung von Eingriff und Ausgestaltung etwa *Aulehner* (Fn. 4), 412. Allein dieser Umstand genügt einigen Kritikern bereits für die Ablehnung der Ausgestaltung, vgl. etwa *Kemper* (Fn. 48), 83ff.; kritisch auch *Hans Hugo Klein*: Diskussionsbeitrag zu Bethge, Herbert: Der Grundrechtseingriff, VVDStRL 57 (1998), 7ff., VVDStRL 57 (1998), 114, 114f.; drastischer *Stephan Rixen*: Sozialrecht als öffentliches Wirtschaftsrecht am Beispiel des Leistungserbringerrechts der gesetzlichen Krankenversicherung, 2005, 244ff.

116 Wenn im Folgendem von Eigentum, Eigentumsgarantie o.ä. die Rede ist, gelten die Ausführungen entsprechend auch für die – strukturell identische – Erbrechtsgarantie.

117 *Hans D. Jarass*, in: Jarass, Hans D.; Pieroth, Bodo: Grundgesetz für die Bundesrepublik Deutschland, Kommentar, 14. Aufl. 2016, Art. 14 Rn. 33; *Hans-Jürgen Papier*, in: Maunz, Theodor†; Dürig, Günter†: Grundgesetz Kommentar, Loseblatt, Stand des Gesamtwerkes: Januar 2013, Band II, Art. 14 Rn. 27f.; *Helmut Rittstieg*, in: Denninger, Erhard; Hoffmann-Riem, Wolfgang; Schneider, Hans-Peter; Stein, Ekkehardt (Hrsg.): Kommentar zum Grundgesetz für die Bundesrepublik Deutschland (Reihe Alternativkommentare), Loseblatt, 3. Aufl. 2001f., Band 1, Art. 14/15 Rn. 166; *Jochen Rozek*: Die Unterscheidung von Eigentumsbindung und Enteignung. Eine Bestandsaufnahme zur dogmatischen Struktur des Art. 14 GG nach 15 Jahren „Naßauskiesung", 1998, 61; *Cornils* (Fn. 2), 378 mit Fn. 310; *Gellermann* (Fn. 3), 278; *Wieland* (Fn. 66),

werden inhalts- und schrankenbestimmende Normen *insgesamt* entweder als Ausgestaltungen[118] (Exklusivitätsthese) oder aber als Eingriffe in die Eigentums- und Erbrechtsgarantie[119] (abwehrrechtliche Lösung)[120] qualifiziert[121]. Davon abweichend befürwortet ein Teil der Literatur eine Trennung von Inhalts- und Schrankenbestimmungen[122]. Nur die den Inhalt des Eigentums und/oder des Erbrechts bestimmenden einfachrechtlichen Vorschriften seien von ausgestaltender Natur, während Schrankenbestimmungen sich begrenzend auf einen bereits vorgegebenen Eigentums-/Erbrechtsinhalt auswirkten und damit als Eingriffe zu qualifizieren seien. Abgegrenzt wird entweder anhand der Unterscheidung befugniszuteilender und konfliktlösender Regelungen (aa.), in zeitlicher Hinsicht (bb.) oder aber nach der Rechtsnatur der Vorschrift (cc.).

Rn. 92; *Otto Kimminich*, in: Kahl, Wolfgang; Waldhoff, Christian; Walter; Christian (Hrsg.): Bonner Kommentar zum Grundgesetz, Loseblatt, Stand des Gesamtwerkes: Dezember 2017, Band 5, Art. 14 Rn. 135; *Brun-Otto Bryde*, in: von Münch, Ingo; Kunig, Philip (Hrsg.): Grundgesetz Kommentar, Band 1, 6. Aufl. 2012, Art. 14 Rn. 48; *Otto Depenheuer; Judith Froese*, in: Mangoldt, Hermann von; Klein, Friedrich; Starck, Christian: Kommentar zum Grundgesetz, Band 1, 7. Aufl. 2018, Art. 14 Rn. 206; *Michael/Morlok* (Fn. 11), Rn. 397; *Daniel Riedel*: Eigentum, Enteignung und das Wohl der Allgemeinheit. Zur Ausgestaltungsgarantie der Eigentumsgewährleistung, zum Enteignungsbegriff und zur Gemeinwohlbindung der Enteignung, 2012, 22f. m.w.N.; *Oliver Lepsius*: Besitz und Sachherrschaft im öffentlichen Recht, 2002, 60f. A.A. aber bspw. *Jörn Ipsen*: Grundrechte als Gewährleistungen von Handlungsmöglichkeiten, in: Sachs, Michael; Siekmann, Helmut (Hrsg.): Der grundrechtsgeprägte Verfassungsstaat. Festschrift für Klaus Stern zum 80. Geburtstag, 2012, 369, 376.

118 Exemplarisch *Gellermann* (Fn. 3), 278; *Wieland* (Fn. 66), Rn. 90.

119 Statt vieler *Cornils* (Fn. 2), 329 Fn. 310, 337.

120 *Sieckmann* (Fn. 48), Rn. 104.

121 Ebenso verfährt das Bundesverfassungsgericht. Auch wenn es diese Thematik – soweit erkennbar – bis heute nie explizit angesprochen hat, lassen seine Ausführungen in den einschlägigen Entscheidungen doch deutlich darauf schließen, dass es Inhalts- und Schrankenbestimmungen als eine Einheit betrachtet, vgl. bspw. BVerfGE 14, 273 (278); 24, 367 (389); 58, 300 (330); 78, 58 (75); 86, 59 (63); 89, 1 (5); 122, 151 (180). Dies konstatieren auch *Kimminich* (Fn. 117), Rn. 133 m.w.N.; *Jarass* (Fn. 117), Rn. 33; *Gellermann* (Fn. 3), 274; *Rittstieg* (Fn. 117), Rn. 155; *Sieckmann* (Fn. 48), Rn. 103.

122 *Wendt* (Fn. 66), Rn. 55 m.w.N.; s. auch *Reinhard Lutz*: Eigentumsschutz bei „störender" Nutzung gewerblicher Anlagen, 1983, 165; *Florian Becker*, in: Stern, Klaus; Becker, Florian: Grundrechte-Kommentar, 2. Aufl. 2016, Art. 14 Rn. 30ff.; *Roman Herzog*: Grundrechte aus der Hand des Gesetzgebers, in: Fürst, Walther; Herzog, Roman; Umbach, Dieter C. (Hrsg.): Festschrift für Wolfgang Zeidler, Band 2, 1987, 1415, 1421f.; prinzipiell zustimmend *Jürgen Schwabe*: Facetten des Eigentums, Der Staat 27 (1988), 93, 97f., 100; *Jürgen Eschenbach*: Der verfassungsrechtliche Schutz des

Gemeinsam ist beiden Positionen die Trennung zwischen Inhalts- und Schrankenbestimmungen einerseits und Enteignungen andererseits[123], wobei übereinstimmend angenommen wird, dass letztere in den Schutzbereich der Eigentumsgarantie eingreifen[124].

aa. Funktionsbereich

Teilweise wird die Unterscheidung von Inhalts- und Schrankenbestimmungen anhand ihres Funktionsbereichs vorgenommen. Erstere legten die Rechtsstellung des Eigentümers generell und pflichtenneutral fest und seien damit befugniszuteilend. Letztere dagegen regelten die Auseinandersetzungen unter Privaten sowie die Staat-Bürger-Konflikte, die sich aus dem Innehaben oder der Ausübung der durch Inhaltsbestimmungen zuerkannten Eigentümerrechte ergäben, indem sie entsprechende Handlungs-, Duldungs- und Unterlassungspflichten auferlegten[125]. Nach diesen Grundsätzen wären etwa die Regelungen in § 2229 Abs. 1 und Abs. 4 BGB als befugniszuteilende Normen einzuordnen. Sie bestimmen den Inhalt der grundrechtlichen Erbrechtsgarantie, indem sie in einer vom einzelnen Grundrechtsträger abstrahierenden Weise generell und pflichtenneutral festlegen, dass die Testierfähigkeit erst mit Vollendung des 16. Lebensjahres eintritt und in welchen Fällen die geistige Testierfähigkeit ausgeschlossen ist. Vor dem Hintergrund dieses Beispiels scheint eine Trennung von Inhalts- und Schrankenbestimmungen anhand des Kriteriums unterschiedlicher Funktionsbereiche mühelos zu gelingen. Werden weitere Vorschriften, beispielsweise die §§ 903, 906 BGB in den Blick genommen, bestätigt sich dieser Eindruck jedoch nicht. Zwar kann § 906 BGB

Eigentums, 1996, 680; *Ansgar Grochtmann*: Art. 14 GG. Rechtsfragen der Eigentumsdogmatik, 2000, 280ff.; *Klaus Stern*: Das Staatsrecht der Bundesrepublik Deutschland, Band III/2, 1994, 405ff.; *Manssen* (Fn. 36), 254, 256f.; *Ipsen* (Fn. 20), Rn. 741; *Ulrich Ramsauer*: Über den Unterschied von Inhaltsbestimmung und Schrankenbestimmung des Eigentums, DVBl. 1980, 539ff.; für das Erbrecht exemplarisch *Walter Leisner*: Erbrecht, in: Isensee, Josef; Kirchhof, Paul (Hrsg.): Handbuch des Staatsrechts der Bundesrepublik Deutschland, Band VIII, 3. Aufl. 2010, § 174 Rn. 24; *Wendt* (Fn. 66), Rn. 199.

123 Vgl. exemplarisch *Wieland* (Fn. 66), Rn. 100; *Jarass* (Fn. 117), Rn. 33; *Rozek* (Fn. 117), Titel, 61f.; *Walter Leisner*: Eigentum, in: Isensee, Josef; Kirchhof, Paul (Hrsg.): Handbuch des Staatsrechts der Bundesrepublik Deutschland, Band VIII, 3. Aufl. 2010, § 173 Rn. 214; *Ipsen* (Fn. 20), Rn. 754f.; *Becker* (Fn. 122), Rn. 161ff.; BVerfGE 58, 300 (330); 72, 66 (76); 104, 1 (9f.).

124 Stellvertretend für die Anhänger abwehrrechtlicher Lösungen *Cornils* (Fn. 2), 249; exemplarisch für die Vertreter der Exklusivitätsthese *Gellermann* (Fn. 3), 27 (speziell zu Legalenteignungen nochmals infra Teil 4, C.II.2.c.bb.(1)).

125 *Wendt* (Fn. 66), Rn. 55; *Wendt* (Fn. 44), 147ff., 157; ihm folgend *Becker* (Fn. 122), 33f.

als Norm eingeordnet werden, die die durch § 903 S. 1 BGB begründeten Eigentümerbefugnisse beschränkt[126]. § 903 S. 1 BGB aber ist aufgrund des in ihm enthaltenen Vorbehalts zugunsten des Gesetzes und der Rechte Dritter keine reine Befugnisnorm[127]. Und auch § 573 Abs. 1 S. 2 BGB[128] trägt sowohl befugniszuteilende als auch konfliktlösende Elemente in sich und kann daher ebenfalls weder ausschließlich als Inhalts- noch als reine Schrankenbestimmung des Eigentums eingeordnet werden. Die Regelung untersagt dem Vermieter eine Kündigung von Wohnraummietverhältnissen zwecks Erhöhung des Mietzinses. Damit wird einerseits abstrakt-generell die Reichweite der Verfügungsbefugnis des Eigentümers über die vermögenswerte Rechtsposition Wohnungseigentum bestimmt (befugniszuteilendes und damit inhaltsbestimmendes Element), andererseits zugleich aber auch der potenzielle Konflikt zwischen dem Vermieter und dem Mieter geregelt, indem ersterem eine Unterlassungspflicht auferlegt wird (konfliktlösendes und damit schrankenziehendes Element). §§ 573 Abs. 1 S. 2, 903 S. 1 BGB erweisen sich damit sowohl als Inhalts- als auch als Schrankenbestimmung.

Hinzu treten weitere Einwände: Erstens räumen auch die Befürworter der These, Inhalts- und Schrankenbestimmungen anhand des Funktionsbereichs der Regelung trennen zu können, ein, dass dies in bestimmten Konstellationen doch nicht zu bewerkstelligen sei[129] und führen ihren eigenen Ansatz insofern ad absurdum. Zweitens lässt die Definition der konfliktlösenden Schrankenbestimmung erkennen, dass hier zunächst eine Inhaltsbestimmung durch einfaches Recht vorausgesetzt wird, die den Schutzbereich der Eigentumsgarantie konstituiert, der nachrangig eine Schrankenbestimmung folgt, die dann das grundrechtlich gewährleistete Eigentum beeinträchtigt[130]. Jene Vorstellung, die Schrankenziehung baue auf der Inhaltsbestimmung auf[131], widerspricht aber dem Wortlaut des Art. 14 Abs. 1 S. 2 GG, der Inhalt *und* Schranken gleichgeordnet nebeneinander erwähnt[132]. Darüber hinaus spaltet sie die grundrechtliche Anordnung in Art. 14 Abs. 1 S. 2

126 *Gellermann* (Fn. 3), 275; *Wendt* (Fn. 44), 152.

127 *Gellermann* (Fn. 3), 275; vgl. auch *Rozek* (Fn. 117), 58f. und *Dirk Ehlers*: Eigentumsschutz, Sozialbindung und Enteignung bei der Nutzung von Boden und Umwelt, VVDStRL 51 (1992), 211, 225. Gleiches gilt für § 903 S. 2 BGB.

128 Zu diesem Beispiel bereits supra Teil 2, Fn. 48 m.N., sogleich infra Teil 4, C.I.2.a.bb., cc. und 3.a. sowie infra Teil 4, C.II.1.a., b.aa., bb.(2)(a), 2.c.aa., bb.(2)(a).

129 *Wendt* (Fn. 66), Rn. 56; *Wendt* (Fn. 44), 157f.; *Becker* (Fn. 122), Rn. 35.

130 Vgl. *Gellermann* (Fn. 3), 276f.; vgl. darstellend auch *Wieland* (Fn. 66), Rn. 92.

131 So etwa auch *Bernhard Kempen*: Der Eingriff des Staates in das Eigentum. Voraussetzung, Ausgleich und Abwehr durch den Bürger, 1991, Rn. 115.

132 *Michael/Morlok* (Fn. 11), Rn. 397; *Eschenbach* (Fn. 122), 167; *Gellermann* (Fn. 3), 277; ablehnend auch *Wieland* (Fn. 66), Rn. 92; *Bryde* (Fn. 117), Rn. 48.

GG künstlich in zwei unterschiedlich intensive Vorgaben. Lediglich bezogen auf Inhaltsbestimmungen enthielte die Eigentumsgarantie ein den Gesetzgeber strikt verpflichtendes Gebot zur Schaffung des zur Wahrnehmung des Grundrechts notwendigen gesetzlichen Unterbaus. In Bezug auf Schrankenregelungen hingegen wäre Art. 14 Abs. 1 S. 2 GG nicht mehr als eine bloße Ermächtigungsnorm, was ebenfalls mit dem auf Gleichordnung gerichteten Wortlaut der Norm nicht zu vereinbaren ist[133]. Weiter scheint sich mit dem Vorschlag der Abgrenzung nach dem jeweiligen Funktionsbereich der Regelung auch die Vorstellung zu verbinden, dem Eigentümer würden vom Gesetzgeber im ersten Schritt weitreichende Rechte und Befugnisse eröffnet, die ihm im zweiten Schritt mittels weiterer Vorschriften zumindest teilweise wieder genommen würden. Ein solches Vorgehen des Gesetzgebers ist zwar denkbar, aber nicht dessen einzige Möglichkeit. Ebenso kann er die Rechte und Befugnisse des Eigentümers von vornherein in engen Grenzen halten[134]. Damit hängt die Einordnung eigentumsrelevanter Vorschriften als inhaltsbestimmend, also ausgestaltend oder aber als schrankenbestimmend, also eingreifend, letztlich von der vom Gesetzgeber gewählten Regelungstechnik ab. Das birgt die Gefahr, dass die Legislative durch gezielte Wahl der Regelungstechnik selbst über Art und Maß ihrer grundrechtlichen Bindung entscheidet[135], was mit der Vorgabe des Art. 1 Abs. 3 GG unvereinbar ist.

bb. Zeitmoment

Andere grenzen inhalts- und schrankenbestimmende Normen in zeitlicher Hinsicht ab. Eine Inhaltsbestimmung läge immer dann vor, wenn die in Rede stehende Vorschrift die Stellung des Eigentümers für die Zukunft regele[136], während eine Schrankenbestimmung in jeder Norm zu erblicken sei, die sich auf bereits bestehende Eigentumsrechte und die mit ihnen verbundenen Befugnisse verkürzend auswirke[137]. Auch wenn dieser Ansatz den Kreis potenziell ausgestaltender Normen deutlich verengt, indem er ihn auf Konstellationen reduziert,

---

133 *Gellermann* (Fn. 3), 277, dort allerdings ausschließlich als Argument gegen die Abgrenzung in zeitlicher Hinsicht (sogleich infra Teil 4, C.I.2.a.bb.); a.A. *Herbert Krüger*: Die Bestimmung des Eigentumsinhaltes (Art. 14 Abs. I S. 2 GG), in: Ipsen, Hans Peter (Hrsg.): Hamburger Festschrift für Friedrich Schack zu seinem 80. Geburtstag am 1. Oktober 1966, 1966, 71, 72.

134 Vgl. in diese Richtung auch BVerfGE 58, 300 (336).

135 Vgl. zum Ganzen *Gellermann* (Fn. 3), 276. Sich pauschal anschließend *Cornils* (Fn. 2), 329 Fn. 310.

136 *Jarass* (Fn. 117), Rn. 33.

137 *Ehlers* (Fn. 127), 225; wohl auch *Kingreen/Poscher* (Fn. 5), Rn. 1051. Zum Ganzen *Rozek* (Fn. 117), 59f.; anders *Wendt* (Fn. 66), Rn. 56, der zumindest in derartigen

in denen eine nach bisherigem Recht unbekannte Position geschaffen wird[138], vermag er letztlich nicht zu überzeugen. Eine Schrankenregelung liegt nach diesem Verständnis immer nur dann vor, wenn Altrechte gemindert werden. Damit wird notwendig ein Bestand an Eigentumspositionen i.S.d. Art. 14 S. 1 S. 1 GG vorausgesetzt, also ebenso wie bei dem Versuch der Unterscheidung anhand des Funktionsbereichs der Vorschrift angenommen, die Schrankenbestimmung baue auf der Inhaltsbestimmung auf, was mit dem Wortlaut des Art. 14 Abs. 1 S. 2 GG nicht zu vereinbaren ist[139]. Darüber hinaus spaltet auch dieser Vorschlag die Anordnung in Art. 14 Abs. 1 S. 2 GG entgegen dem insofern eindeutigen Wortlaut künstlich in zwei unterschiedlich intensive Vorgaben[140]. Und schließlich greift auch gegen die Abgrenzung in zeitlicher Hinsicht der schon gegen das Kriterium „Funktionsbereich" angeführte Gedanke, dass einfachrechtliche Normen im Bereich der Eigentums- und Erbrechtsgarantie stets sowohl inhalts- als auch schrankenbestimmende Elemente in sich tragen. Dies zeigt erneut die Betrachtung der §§ 573 Abs. 1 S. 2, 906 BGB: Der Ausschluss der Änderungskündigung zwecks Mieterhöhung, § 573 Abs. 1 S. 2 BGB nimmt Eigentümerbefugnisse zurück, die zuvor etabliert waren[141]. Die Vorschrift regelt damit zum einen die Eigentumszuordnung für die Zukunft neu und formt insofern den Schutzbereich des Art. 14 Abs. 1 S. 1 GG. Aus Sicht der Alteigentümer aber beschneidet eine solche Norm ihre bis dahin weitreichenderen Gestaltungsmöglichkeiten[142] und damit womöglich auch den Schutzbereich des Art. 14 Abs. 1 GG. Gleiches gilt für § 906 BGB, der die Freiheit des Eigentümers insofern beeinträchtigt, als er ihm die Duldung potentieller Einwirkungen auf sein Grundeigentum durch Dritte auferlegt. Die Einwirkenden dagegen beschränkt § 906 BGB nicht, sondern eröffnet ihnen vielmehr Handlungsmöglichkeiten[143].

Konstellationen von einer „zugleich schrankenziehenden Wirkung" der Regelung ausgeht und damit der herrschenden Ansicht folgt, die eine Trennung von Inhalts- und Schrankenbestimmungen gerade nicht vornimmt.

138 Vgl. *Gellermann* (Fn. 3), 276.

139 Soeben supra Teil 4, C.I.2.a.aa. m.N. in Fn. 131f.

140 Soeben supra Teil 4, C.I.2.a.aa. m.N. in Fn. 133.

141 Eingeführt durch und ehemals Art. 1 § 1 Abs. 4 WKSchG (Gesetz über den Kündigungsschutz für Mietverhältnisse über Wohnraum vom 25. November 1971 [BGBl. I S. 1839]). Weitere Verweise zu diesem Bsp. supra Fn. 128.

142 Vgl. *Wendt* (Fn. 66), Rn. 56; ihm folgend *Becker* (Fn. 122), Rn. 27.

143 Zu diesen Beispielen bereits soeben supra Teil 4, C.I.2.a.aa. m.N.u.w.V. Noch weiter geht das – vor allem in neuerer Zeit diskutierte – multipolare Grundrechtsverständnis. Danach drohen Grundrechtsbeeinträchtigungen nicht nur durch den Staat und sie beschränken sich auch nicht auf einzelne Bürger; vielmehr wird die Beeinträchtigung eines für die konkrete Situation neu entwickelten Gesamtgrundrechts geprüft, das sich

Die angesprochenen Normen bestimmen damit zugleich den Inhalt und die Schranken des Eigentums/Erbrechts[144].

cc. Rechtsnatur

Schließlich wird versucht, inhalts- und schrankenbestimmende Normen anhand ihrer Rechtsnatur voneinander abzugrenzen. Zivilrechtliche Vorschriften bestimmten den Eigentumsinhalt, öffentlich-rechtliche Regelungen dagegen dessen Schranken[145]. Eine trennscharfe Differenzierung wird aber hiermit ebenfalls nicht erreicht. Denn privatrechtliche Normen können die Befugnisse des Eigentümers durchaus auch begrenzen, ebenso wie öffentlich-rechtliche Vorschriften imstande sind, jene Befugnisse zu erweitern[146]. § 906 BGB beispielsweise kann als Regelung eingeordnet werden, die die durch § 903 S. 1 BGB eingeräumten Eigentümerbefugnisse beschränkt[147]. Ebenso verhält es sich etwa mit § 573 Abs. 1 S. 2 BGB, der die Kündigung zum Zwecke der Mieterhöhung ausschließt und damit die Befugnisse des Eigentümers einschränkt[148]. Umgekehrt werden öffentlich-rechtliche Rechtspositionen eben gerade nicht durch zivilrechtliche Normen, sondern zwangsläufig durch solche des öffentlichen Rechts konstituiert[149] und damit also deren Inhalt bestimmt. Mit dem Bundesverfassungsgericht ist demnach davon auszugehen, dass „bei der Bestimmung der verfassungsrechtlichen Rechtsstellung des Eigentümers

---

aus dem Zusammenwirken aller betroffenen Grundrechte aller beteiligten Grundrechtsträger ergibt, vgl. *Aulehner* (Fn. 4), 417; zur Diskussion der Wettbewerbsfreiheit als Gesamtgrundrecht *Matthias Bäcker*: Wettbewerbsfreiheit als normgeprägtes Grundrecht. Eine dogmatische Neubestimmung am Beispiel des Abwehrrechts des Konkurrenten gegen eine Subvention, 2007, 149ff.

144 Pauschal gegen eine Unterscheidung in zeitlicher Hinsicht auch *Lepsius* (Fn. 117), 61.

145 *Volker Epping*: Grundrechte, 7. Aufl. 2017, Rn. 436; *Sebastian Lenz*: Vorbehaltlose Freiheitsrechte. Stellung und Funktion vorbehaltloser Freiheitsrechte in der Verfassungsordnung, 2006, 133; *Peter Kutschera*: Bestandsschutz im öffentlichen Recht. Zugleich ein Beitrag zur Dogmatik des Art. 14 GG, 1990, 76; *Joachim Chlosta*: Der Wesensgehalt der Eigentumsgewährleistung. Unter besonderer Berücksichtigung der Mitbestimmungsproblematik, 1975, 32; *Charlotte Timm*: Eigentumsgarantie und Zeitablauf, 1977, 48. Verallgemeinernd gesprochen ist Privatrecht im Bereich der normgeprägten Grundrechte also stets als ausgestaltend und öffentliches Recht immer als eingreifend einzuordnen (so ausdrücklich *Lenz* (Fn. 145), 131, 137).

146 Vgl. *Rittstieg* (Fn. 117), Rn. 156; *Gellermann* (Fn. 3), 275; ablehnend auch *Rozek* (Fn. 117), 58f.; *Cornils* (Fn. 2), 329 Fn. 310.

147 Supra Teil 4, C.I.2.a.aa. m.N.

148 Supra Teil 4, C.I.2.a.bb. m.N.

149 *Eschenbach* (Fn. 122), 163.

bürgerliches Recht *und* öffentlich-rechtliche Gesetze gleichrangig zusammen"[wirken][150].

b. Weitere untaugliche Abgrenzungskriterien

aa. Unterschiedliche Formulierung der Grundrechtsvorbehalte

Gelegentlich werden eingreifende und ausgestaltende Vorschriften auch unter Rückgriff auf die unterschiedlich formulierten Gesetzesvorbehalte abzugrenzen versucht[151]. Dieser Ansatz erweist sich für eine grundrechtsübergreifende Dogmatik jedoch als untauglich, da nicht jedes normgeprägte Grundrecht über einen solchen geschriebenen Vorbehalt verfügt[152].

bb. Tradition

Vereinzelt wird die Abgrenzung von Eingriff und Ausgestaltung auch unter Verweis auf die Entwicklungsgeschichte des in Rede stehenden Grundrechts vorgenommen. Eine Regelung, die mit der Tradition breche, greife in dessen Schutzbereich ein[153]. Dieser Ansatz begünstigt gesetzgeberische Zurückhaltung. Kann die Legislative das einmal Gewährte nur unter den engen abwehrrechtlichen Voraussetzungen ändern, wird sie eher zögern, das traditionelle Verständnis des Grundrechts zu hinterfragen und das bestehende Recht an die – sich stets ändernden – Gegebenheiten der modernen Massengesellschaft anzupassen. Gerade zu Letzterem verpflichtet aber der grundrechtliche Regelungsauftrag, sodass der Gesetzgeber, wenn er sich zurückhält, grundrechtswidrig agiert. Der Hinweis auf den historischen Sinn als maßgebliche grundrechtliche Vorgabe trägt also die Gefahr der Versteinerung der einfachen Rechtsordnung in sich und ist damit abzulehnen[154].

---

150 BVerfGE 50, 300 (336). Im Ergebnis ebenso *Manssen* (Fn. 36), 259, der überdies betont, dass die Rechtsnatur einer Regelung keine Konsequenzen für das verfassungsrechtliche Anforderungsprofil haben kann.

151 So vor allem *Peter Lerche*: Übermaß und Verfassungsrecht. Zur Bindung des Gesetzgebers an die Grundsätze der Verhältnismäßigkeit und der Erforderlichkeit, 1961, 2. Aufl. 1999, 98ff., 106ff. m.w.N.

152 Vgl. *Gellermann* (Fn. 3), 87, weitere Gegenargumente 85f. Vorbehaltlos gewährleistet sind die Ehefreiheit, Art. 6 Abs. 1 GG, die Koalitionsfreiheit, Art. 9 Abs. 3 GG, die Rechtsschutzgarantie, Art. 19 Abs. 4 S. 1 GG sowie die Garantie rechtlichen Gehörs, Art. 103 Abs. 1 GG (dazu m.N. bereits supra Teil 2, Fn. 67).

153 *Kingreen/Poscher* (Fn. 5), Rn. 270.

154 Ablehnend auch *Christian Burkiczak*: Grundgesetz und Deregulierung des Tarifvertragsrechts, 2006, 161. Allgemein kritisch *Ladeur* (Fn. 33), 655 sowie *Lepsius* (Fn. 117), 61.

c. Zwischenergebnis

Am Ende erweisen sich sämtliche der vorgeschlagenen Kriterien – freilich aus unterschiedlichen Gründen – als ungeeignet, eine einfachrechtliche Regelung im Bereich der normgeprägten Grundrechte treffsicher entweder als in den Schutzbereich eingreifend oder aber als diesen Schutzbereich ausgestaltend einordnen zu können.

3. Bipolarität einfachrechtlicher Regelungen

Ein Einwand gegen die Aufspaltung in Inhaltsbestimmungen und in Schrankenbestimmungen, nämlich der Gedanke der Bipolarität einfachrechtlicher Regelungen, trifft sämtliche der im Rahmen des Art. 14 Abs. 1 S. 2 GG vorgeschlagenen Abgrenzungskriterien (a.). Da er zudem auf alle verbleibenden normgeprägten Grundrechte übertragen werden kann (b.), soll er nun näher betrachtet werden.

a. Ausgangspunkt Art. 14 Abs. 1 S. 2 GG

Die Mehrheit der Vertreter der abwehrrechtlichen Modelle und der Anhänger der Exklusivitätsthese lehnt die Abgrenzungskriterien „Funktionsbereich", „Zeitmoment" und „Rechtsnatur" unter anderem mit dem Argument ab, dass gesetzgeberische Regelungen im Bereich der Eigentums- und Erbrechtsgarantie stets sowohl inhaltsbestimmende (ausgestaltende) als auch schrankenziehende (eingreifende) Elemente aufweisen[155]. Das bedeutet, es wird beiderseitig angenommen, dass Inhalts- und Schrankenbestimmungen fließend ineinander übergehen. Der Gesetzgeber erkennt mit jeder Inhaltsbestimmung nicht nur eine Eigentumsposition an, sondern bestimmt zugleich über die Reichweite und den Umfang der sich mit ihr verbindenden Befugnisse und legt damit auch ihre Schranken fest. Vice versa bestimmt jede Begrenzung des Eigentums gleichzeitig dessen Inhalt neu[156] (sogenannte Bipolariät einfachrechtlicher Regelungen).

Insbesondere das Beispiel des § 906 BGB[157] verdeutlicht, dass das Ineinandergreifen von Inhalts- und Schrankenbestimmung allgemein im Wesen der Eigentumsgarantie begründet liegt. Damit ist es keineswegs auf Fälle beschränkt, in denen eine neue Regelung die Eigentumszuordnung für die Zukunft ändert, zugleich aber auch bestehende Befugnisse zurück nimmt[158] (so etwa § 573 Abs. 1 S. 2 BGB[159]). Die von Art. 14 Abs. 1 S. 1 GG geschützten Eigentumspositionen

155 Supra Teil 4, C.I.2.a.aa.-cc. m.N. und Beispielen.

156 *Gellermann* (Fn. 3), 277; *Wieland* (Fn. 66), Rn. 92; *Rozek* (Fn. 117), 60; *Lerche* (Fn. 151), 144 Fn. 140; deutlich auch schon *Häberle* (Fn. 23), 131, 179, 185.

157 Supra Teil 4, C.I.2.a.aa., bb.

158 So aber *Wendt* (Fn. 66), Rn. 56.

159 Zu diesem Beispiel bereits supra Teil 4, C.I.2.a.aa., bb.

sind das Ergebnis eines Ausgleichs zwischen den Interessen des (zukünftigen) Eigentümers und den zumeist gegenläufigen, jedenfalls aber anders gelagerten Belangen Dritter und der Allgemeinheit[160]. Dieser Gedanke ist freilich jedem (Freiheits)Grundrecht inhärent. Anders als bei den Grundrechten, die natürlichen Freiheiten entspringen, legt der Gesetzgeber mit seiner Regelung im Bereich der Eigentums- und Erbrechtsgarantie aber nicht nur deren Grenzen fest, sondern ermöglicht gleichzeitig überhaupt erst deren Ausübung, indem er dem in Art. 14 Abs. 1 S. 1 GG abstrakt verbürgten Schutzgut der Eigentums- und Erbrechtsfreiheit zu konkreter, praktisch handhabbarer Gestalt verhilft. Die Stellung des Eigentümers trägt also von vornherein jene Beschränkungen, Art. 14 Abs. 1 S. 2 GG, in sich, die im Interesse anderer Belange aus gesetzgeberischer Sicht geboten sind[161]: Im Falle des § 573 Abs. 1 S. 2 BGB ist dies das Interesse des Mieters an der Nutzung der Wohnung, dessen er zu seiner Freiheitssicherung und verantwortlichen Lebensgestaltung bedarf[162]; im Falle des § 906 BGB sind es die Belange der auf das Grundeigentum einwirkenden Dritten; im Falle des § 2229 Abs. 1 und Abs. 4 BGB[163] ist es der Schutz der Rechtssicherheit[164]. Inhalts- und Schrankenbestimmungen wie die §§ 573 Abs. 1 S. 2, 906, 2229 Abs. 1, 4 BGB sind demnach als einheitliches Ganzes zu verstehen, das sowohl grundrechtsverwirklichende (freiheitsgewährende) als auch -gefährdende (freiheitsbeschränkende) Elemente in sich trägt[165] und *insgesamt* entweder als Eingriff in das Grundrecht (so im Ergebnis die abwehrrechtlichen Schutzmodelle) oder aber als „etwas Anderes", namentlich als Ausgestaltung des Grundrechts (so die Exklusivitätsthese) eingeordnet werden muss[166].

160 Zum Ganzen *Gellermann* (Fn. 3), 278; allgemein in diese Richtung bspw. *Morgenthaler* (Fn. 40), 255; in der Sache ebenso *Cornils* (Fn. 2), 643; BVerfGE 50, 290 (340f.); 53, 257 (292f.); 70, 191 (201); 95, 64 (84); 100, 226 (240); 102, 1 (16f.); 112, 93 (109); 122, 374 (391).

161 *Gellermann* (Fn. 3), 278.

162 *Jarass* (Fn. 117), Rn. 42. Das Besitzrecht des Mieters an der gemieteten Wohnung ist nach Ansicht des Bundesverfassungsgerichts eine Eigentumsposition i.S.d. Art. 14 Abs. 1 S. 1 GG, BVerfGE 89, 1 (5ff.); dagegen *Otto Depenheuer*: Der Mieter als Eigentümer? Anmerkungen zum Beschluss des BVerfG vom 26.5.1993, NJW 1993, 2035, NJW 1993, 2561ff.; *Depenheuer* (Fn. 117), Rn. 54; *Gerd Roellecke*: Mietwohnungsbesitz als Eigentum. Eine Folgenabschätzung, JZ 1995, 74.

163 Zu diesem Beispiel bereits supra Teil 4, C.I.2.a.aa.

164 BVerfGE 99, 341 (352).

165 Allgemein *Gellermann* (Fn. 3), 278; vgl. ebenso *Cornils* (Fn. 2), 329 mit Fn. 310. Weitere Nachweise supra Fn. 117f.

166 Nachweise zu beiden Ansichten supra Teil 4, C.I.2.a.

b. Übertragbarkeit des Bipolaritätsgedankens auf die verbleibenden normgeprägten Grundrechte

aa. Vertragsfreiheit, Ehefreiheit und Prozessgrundrechte

Der Gedanke der Bipolarität einfachen Rechts kann auf die Vertragsfreiheit, die Ehefreiheit, die Rechtsschutzgarantie sowie die Garantien des gesetzlichen Richters und des rechtlichen Gehörs übertragen werden, da sie ebenso wie die Eigentums- und Erbrechtsgarantie vollständig normgeprägt sind. Erst das einfache Recht schafft die Voraussetzungen für deren Wahrnehmung[167]. Sie fordern den Gesetzgeber auf, tätig zu werden und geben ihm in Form allgemeiner Handlungsanweisungen zugleich die Bahnen vor, innerhalb derer er sie eigenverantwortlich und frei in der Wahl seiner Wege und Mittel näher ausformen und mit Leben füllen darf[168]. Die Legislative ist also verfassungsrechtlich ermächtigt, Inhalt *und* Reichweite (auch) dieser Grundrechte zu bestimmen. Sie schafft den Rahmen, innerhalb dessen das Verhalten der Grundrechtsträger frei sein (Vertrags- und Ehefreiheit) bzw. ihnen die grundrechtliche Leistung (Prozessgrundrechte) zur Verfügung stehen soll und entscheidet damit notwendig auch über die der Grundrechtsausübung gezogenen Grenzen, die sich aus den andersartigen, zuweilen gar widerstreitenden Interessen der den Grundrechtsträgern gegenüberstehenden Dritten oder der Allgemeinheit ergeben. Dies sei an einigen Beispielen verdeutlicht: Die §§ 104ff. BGB treffen Aussagen über die Fähigkeit zum Abschluss rechtswirksamer Verträge. Dabei statuieren sie keineswegs eine unbegrenzte Geschäftsfähigkeit für jedermann, sondern etablieren ein nach Lebensalter abgestuftes System geschäftsunfähiger, beschränkt geschäftsfähiger und voll geschäftsfähiger Personen. Sie formen damit einerseits den Inhalt der Vertragsfreiheit, die als normgeprägtes Grundrecht diese Geschäftsfähigkeit selbst nicht zu verleihen vermag[169]. Gleichzeitig bestimmen jene Regelungen aber auch die Reichweite der Befugnisse der Vertragspartner. Die Stellung der Grundrechtsberechtigten ist von vornherein limitiert durch gegenläufige Interessen, die der Gesetzgeber in seinen Regelungen ebenfalls berücksichtigt hat, hier konkret die Belange von Gläubigern und Minderjährigen sowie der Allgemeinwohlbelang der Rechtssicherheit[170].

---

167 Dazu ausführlich m.N. supra Teil 3, D.I.1.-3.

168 Vgl. *Gellermann* (Fn. 3), 416, 425. Zu diesen Gemeinsamkeiten der je nach Einzelgrundrecht inhaltlich unterschiedlichen Regelungsaufträge bereits supra Teil 1, D.I. m.N.

169 Zur Normgeprägtheit der Vertragsfreiheit ausführlich supra Teil 3, D.I.3. m.N.

170 *Jochem Schmitt*, in: Säcker, Franz Jürgen; Rixecker, Roland; Oetker, Hartmut; Limperg, Bettina (Hrsg.): Münchener Kommentar zum BGB, Band 1, 7. Aufl. 2015, Vorbem. § 104 Rn. 2, 6, 9.

Auch die privatrechtlichen Generalklauseln (§§ 138, 242 BGB) leisten einen Beitrag zur Konkretisierung der abstrakten Verbürgungen der Vertragsfreiheit und ermöglichen damit den Grundrechtsgebrauch. Indem sie bestimmte Arten der Vertragsgestaltung allgemein untersagen, tragen sie auch dem allgemeinen Belang der Schutzbedürftigkeit elementarer Grundwertungen der Rechtsordnung[171] Rechnung und bestimmen damit zugleich die Grenze des Interesses der Vertragspartner an einer grundsätzlich freien, selbstbestimmten Gestaltung ihrer Verträge. Entsprechendes gilt etwa für die Regelung in § 1357 Abs. 1 BGB, wonach bei zusammenlebenden Ehegatten jeder befugt ist, Geschäfte zur angemessenen Deckung des Lebensbedarfs mit Wirkung für und gegen den anderen Ehegatten zu besorgen (sog. Schlüsselgewalt). Auch diese Vorschrift formt den Inhalt des Art. 6 Abs. 1 GG näher aus, bestimmt gleichzeitig aber auch die Grenzen der Grundrechtsausübung. § 1357 Abs. 1 BGB ist das Ergebnis eines Ausgleichs der Interessen beider Ehepartner an der gänzlich eigenverantwortlichen Gestaltung ihrer Lebensgemeinschaft mit den Belangen potenzieller Vertragspartner von Geschäften im Rahmen der Schlüsselgewalt (Gläubigerschutz) sowie dem Interesse des haushaltsführenden Ehegatten, jene Aufgabe angemessen wahrnehmen zu können[172]. Und schließlich verhelfen gesetzliche Rechtsbehelfsfristen (zum Beispiel §§ 70 Abs. 1, 74, 124a Abs. 2, 139 Abs. 1, 147 Abs. 1 VwGO) oder der beispielsweise in § 78 ZPO statuierte partielle Anwaltszwang der abstrakten Verbürgung des Art. 19 Abs. 4 S. 1 GG nicht nur überhaupt erst zu konkreter Gestalt und tragen damit dem Interesse des Grundrechtsträgers an der Möglichkeit der Inanspruchnahme von Rechtsschutz Rechnung. Indem sie die Zugänglichkeit des Rechtsweges von bestimmten Bedingungen, namentlich der fristgerechten Einreichung der Klage und der fachkundigen Vertretung vor Gericht abhängig machen, berücksichtigen sie zugleich die Belange der Rechtssicherheit, Rechtsklarheit[173] und der geordneten Rechtspflege[174].

---

171 Vgl. *Christian Armbrüster*, in: Säcker, Franz Jürgen; Rixecker, Roland Oetker, Hartmut; Limperg, Bettina (Hrsg.): Münchener Kommentar zum BGB, Band 1, 7. Aufl. 2015, § 138 Rn. 1.

172 BVerfG NJW 1990, 175 (175); vgl. auch *Kingreen* (Fn. 31), 239f.

173 Exemplarisch *Max-Emanuel Geis*, in: Sodan, Helge; Ziekow, Jan (Hrsg.): Verwaltungsgerichtsordnung. Großkommentar, 4. Aufl. 2014, § 70 Rn. 2; *Michael Brenner*, in: Sodan, Helge; Ziekow, Jan (Hrsg.): Verwaltungsgerichtsordnung. Großkommentar, 4. Aufl. 2014, § 74 Rn. 4.

174 *Guido Toussaint*, in: Krüger, Wolfgang; Rauscher; Thomas (Hrsg.): Münchener Kommentar zur Zivilprozessordnung mit Gerichstverfassungsgesetz und Nebengesetzen, Band 1, 5. Aufl. 2016, § 78 Rn. 2; BGH NJW-RR 2008, 1290 (1290).

Wegen dieser jeweils festen Verzahnung von Inhaltsbestimmung und Beschränkung ist deren Unterscheidung auch im Rahmen der Vertrags- und Ehefreiheit sowie der Prozessgrundrechte letztlich nicht möglich. Es ist schlichtweg nicht separierbar, „was als eingeschränktes Geben und was als Nehmen nach vorherigem Geben“[175] anzusehen ist[176].

bb. Vereinigungs- und Koalitionsfreiheit

Im Unterschied zu den bisher angesprochenen Grundrechten kommt für die Vereinigungs- und die Koalitionsfreiheit eine Übertragung der für die Eigentums- und Erbrechtsgarantie gewonnenen Einsichten nur soweit in Betracht, als Art. 9 Abs. 1 und Abs. 3 GG auf einfachgesetzliche „Schützenhilfe“ angewiesen sind[177].

Die Vereinigungsfreiheit ist insofern normgeprägt, als es um das Gebilde der „Vereinigung“ geht. Ohne einfaches Recht könnte diese im Rechtsverkehr nicht agieren und Art. 9 Abs. 1 GG nicht wahrnehmen[178]. Die Koalitionsfreiheit (Art. 9 Abs. 3 GG) ist normgeprägt in ihren Teilgehalten der Tarifautonomie und der Arbeitskampffreiheit[179]. Gesetze, die Regelungen zu bestimmten Vereinigungstypen enthalten, wie beispielsweise § 54 GenG[180] sowie Vorschriften, die Inhalt und Reichweite tarifvertraglicher Gestaltungsbefugnisse regeln, wie etwa §§ 3, 97 BPersVG[181], oder die Zulässigkeit von Arbeitskämpfen zum Gegenstand haben, betreffen diese normgeprägten Bereiche des Art. 9 GG. § 54 GenG verpflichtet Genossenschaften zur Mitgliedschaft in einem Prüfungsverband. Diese Norm – die nicht den Vorgang des Sich-Vereinigens (nicht normgeprägter Bereich des Art. 9 Abs. 1 GG) tangiert – formt den Inhalt der Vereinigungsfreiheit in Bezug auf den Vereinigungstyp Genossenschaft näher aus und bestimmt gleichzeitig über die Reichweite der genossenschaftlichen Befugnisse. Sie ist das Ergebnis eines aus gesetzgeberischer Sicht sachgerechten Ausgleichs zwischen dem Recht der Genossenschaft, ihre eigenen Angelegenheiten frei von äußeren Einflüssen regeln zu können und den Belangen Dritter, namentlich der

---

175 *Manssen* (Fn. 36), 258.

176 Zum Ganzen *Gellermann* (Fn. 3), 279; sich pauschal anschließend *Cornils* (Fn. 2), 329 mit Fn. 310.

177 *Gellermann* (Fn. 3), 280.

178 Supra Teil 3, D.II.1.

179 Supra Teil 3, D.II.2.

180 Zu diesem Beispiel bereits supra Teil 2 A.II.2. m.N.

181 Bundespersonalvertretungsgesetz vom 15. März 1974 (BGBl. I S. 693), zuletzt geändert durch Art. 7 des Gesetzes vom 17. Juli 2017 (BGBl. I S. 2581).

Genossenschaftsmitglieder, der Gläubiger und der Allgemeinheit[182]. Entsprechendes gilt für die §§ 3, 97 BPersVG, die eine von den gesetzlichen Vorschriften abweichende Regelung des Personalvertretungsrechts durch Tarifvertrag ausschließen[183] sowie im Hinblick auf die Arbeitskampffreiheit für eine gesetzliche Regelung, die die Arbeitskampfparteien zu vorheriger Ankündigung einer Arbeitskampfmaßnahme mit einer Frist von drei Tagen verpflichtet[184]. Die Stellung der Genossenschaften bzw. Koalitionen trägt damit von vornherein jene Beschränkungen in sich, die im Interesse anderer Belange aus gesetzgeberischer Sicht geboten sind[185].

Was die natürlich vorgegebenen Bereiche der Vereinigungs- und Koalitionsfreiheit betrifft (wie beispielsweise das „Sich-Vereinigen“ als solches), stellt sich die Frage nach der Möglichkeit und den Grenzen gesetzgeberischer Ausgestaltung und damit auch die sich anschließende Frage nach der Bipolarität einfachen Rechts von vornherein nicht. Die Ausgestaltung ist ein spezifisches Phänomen der normgeprägten Grundrechte. Einfachgesetzlichen Vorschriften, die zum Beispiel die Vereins- oder Koalitionsgründung erschweren oder den Beitritt behindern, kann von vornherein kein ausgestaltender Charakter attestiert werden[186]. Hier verbleibt nur die Frage nach einem Eingriff in den Schutzbereich des Art. 9 GG.

c. *Fazit*

Mit der Mehrheit sowohl der Verfechter der abwehrrechtlichen Lösung als auch der Befürworter der Exklusivitätsthese ist davon auszugehen, dass gesetzliche Regelungen im Bereich der normgeprägten Grundrechte nicht nur grundrechts*erweiternde*/-ausformende, sondern stets – mehr oder weniger ausgeprägt – auch grundrechts*beschränkende* Elemente in sich tragen[187]. Diese im

---

182 BVerfG (K), NJW 2001, 2617, 2618. Allgemein zu dieser Ausgleichspflicht des Gesetzgebers im Rahmen der Vereinigungsfreiheit BVerfGE 50, 290 (355).

183 Vgl. *Ladeur* (Fn. 33), 654.

184 *Roland Schwarze*: Die verfassungsrechtliche Garantie des Arbeitskampfes – BVerfGE 84, 212, JuS 1994, 653, 658.

185 Allgemein zum Erfordernis des schonenden Ausgleichs der gegensätzlichen Arbeitnehmer- und Arbeitgeberinteressen vgl. etwa BVerfGE 88, 103 (115).

186 Vgl. *Gellermann* (Fn. 3), 280.

187 Vgl. *Gellermann* (Fn. 3), 55, ausführlich herleitend 277ff.; s. auch *Ipsen* (Fn. 20), Rn. 164; *Jarass* (Fn. 8), 390ff.; *Christoph Degenhart*: Grundrechtsausgestaltung und Grundrechtsbeschränkung, in: Merten, Detlef; Papier, Hans-Jürgen (Hrsg.): Handbuch der Grundrechte in Deutschland und Europa, Band III, 2009, § 61 Rn. 14; *Cornils*

Wesen der normgeprägten Grundrechte angelegte Besonderheit[188] erschwert die Einordnung einer einfachrechtlichen Norm entweder als den grundrechtlichen Schutzbereich *insgesamt* ausgestaltend oder aber als in selbigen *im Ganzen* eingreifend[189].

(Fn. 2), 329 Fn. 310, 666ff., insbes. 669ff.; in diese Richtung auch *Matthias Herdegen*, in: Maunz, Theodor†; Dürig, Günter†: Grundgesetz. Kommentar, Loseblatt, Stand des Gesamtwerkes: Januar 2013, Band I, Art. 1 Abs. 3 Rn. 41). Speziell für die Rundfunkfreiheit (die vorliegend allerdings nicht für normgeprägt gehalten wird, supra Teil 3, D.III.1.) *Hubertus Gersdorf*: Grundzüge des Rundfunkrechts. Nationaler und europäischer Rechtsrahmen, 2003, Rn. 87.

188 Explizit für das Eigentum und implizit für die verbleibenden normgeprägten Grundrechte *Gellermann* (Fn. 3), 278ff., in diese Richtung auch *Herdegen* (Fn. 187), Rn. 41. Speziell für die Rundfunkfreiheit (die vorliegend allerdings nicht für normgeprägt gehalten wird, supra Teil 3, D.III.1.) *Gersdorf* (Fn. 187), Rn. 87.

189 Statt vieler für die Exklusivitätsthese *Gellermann* (Fn. 3), 270ff. (insbes. 273, 278), s. auch 55f., 369; *Ipsen* (Fn. 20), Rn. 164; exemplarisch für die Vertreter abwehrrechtlicher Modelle *Cornils* (Fn. 2), 666ff., insbes. 669, 676, der die exklusive Unterscheidung von Ausgestaltung und Eingriff für unmöglich hält (weitere Nachweise dazu supra Fn. 115 sowie Fn. 117f.).

II. Normprägende Regelungen als Eingriffe in die oder bloße Ausgestaltungen der grundrechtlichen Schutzbereiche?

Sowohl die Vertreter der abwehrrechtlichen Modelle als auch die Anhänger der Exklusivitätsthese gehen unter anderem von der Mehrdimensionalität der Grundrechte[1] und der Bipolarität normprägender Vorschriften[2] aus, interpretieren diese gemeinsamen Basisannahmen aber gegenläufig.

Die Vertreter der abwehrrechtlichen Modelle proklamieren eine klare *Dominanz der subjektiven Grundrechtsdimension*[3]. Das heißt zunächst, dass sie im Abwehrrecht die zentrale Funktion der Grundrechte erblicken, ohne dabei jedoch die Existenz der objektiven Grundrechtsseite zu verleugnen[4]. Aufgrund dieser Dominanz strahlten die abwehrrechtlichen Wirkungen auf *sämtliche* zusätzlichen Grundrechtsgehalte und damit auch auf die im Rahmen der normgeprägten Grundrechte relevanten objektiven Gehalte *Einrichtungsgarantien*

---

1 Die Grundrechte erschöpfen sich nicht in ihrer staatsabwehrenden Funktion, sondern tragen weitere Gehalte in sich, ausführlich m.N. supra Teil 4, C.I.1.

2 Einfachrechtliche Normen tragen stets sowohl grundrechtserweiternde als auch -beschränkende Elemente in sich, ausführlich m.N. supra Teil 4, C.I.3.

3 Plakativ etwa *Robert Alexy*: Theorie der Grundrechte, 2. Aufl. 1994, 546 („Primat des Subjektiven"), 443f.

4 Exemplarisch *Matthias Cornils*: Die Ausgestaltung der Grundrechte. Untersuchungen zur Grundrechtsbindung des Ausgestaltungsgesetzgebers, 2005, 39, 368f., 644f., 246ff. Die Grundrechte *allein* auf die Abwehrfunktion reduzieren dagegen nachdrücklich *Ernst-Wolfgang Böckenförde*: Grundrechte als Grundsatznormen. Zur gegenwärtigen Lage der Grundrechtsdogmatik, Der Staat 29 (1990), 1, 28; *Ralf Poscher*: Grundrechte als Abwehrrechte, 2003, 141, 419f., weniger absolut 96ff.; *Bernhard Schlink*: Freiheit durch Eingriffsabwehr – Rekonstruktion der klassischen Grundrechtsfunktion, EuGRZ 1984, 457ff.; wohl auch *Josef Franz Lindner*: Theorie der Grundrechtsdogmatik, 2005, 296ff. Deutlich gegen eine rein abwehrrechtliche Grundrechtssicht aber auch *Horst Dreier*: Dimensionen der Grundrechte. Von der Wertordnungsjudikatur zu den objektiv-rechtlichen Grundrechtsgehalten, 1993, 53ff.; *Dieter Grimm*: Die Zukunft der Verfassung, 2. Aufl. 1994, 235ff.; *Peter Unruh*: Zur Dogmatik der grundrechtlichen Schutzpflichten, 1996, 54ff.; *Rüdiger Breuer*: Staatsrecht und Gerechtigkeit. Antworten auf juristische Herausforderungen in existentiellen Grenzsituationen, in: Bender, Bernd; Breuer, Rüdiger; Ossenbühl, Fritz; Sendler, Horst (Hrsg.): Rechtsstaat zwischen Sozialgestaltung und Rechtsschutz. Festschrift für Konrad Redeker zum 70. Geburtstag, 1993, 50ff., insbes. 52; *Christian Bumke*: Ausgestaltung von Grundrechten. Grundlagen und Grundzüge einer Dogmatik der Grundrechtsausgestaltung unter besonderer Berücksichtigung der Vertragsfreiheit, 2009, 10.

sowie *verfahrens- und organisationsrechtliche Anforderungen* aus[5]. Zugleich betonen die Anhänger der abwehrrechtlichen Lösung die die Grundrechtsausübung beschränkenden Elemente einfachgesetzlicher Regelungen. Zusammen betrachtet führen diese Gedanken geradewegs in die Annahme, dass normprägendes Recht stets – und grundsätzlich auch ausschließlich[6] – geeignet ist, in die grundrechtlichen Schutzbereiche einzugreifen. Dementsprechend werden einfachgesetzliche Regelungen im Bereich der normgeprägten Grundrechte (bei Vorliegen der entsprechenden Voraussetzungen[7]) grundsätzlich und unabhängig vom Anwendungsfeld gesetzgeberischer Tätigkeit[8] auch als Eingriffe[9] oder eingriffsgleiche Aktivitäten[10] qualifiziert. Damit ist die Unterscheidung von

---

5 Vgl. *Poscher* (Fn. 4), 141; *Gertrude Lübbe-Wolff*: Die Grundrechte als Eingriffsabwehrrechte. Struktur und Reichweite der Eingriffsdogmatik im Bereich staatlicher Leistungen, 1988, 75ff., 125ff.; in der Sache ebenso *Cornils* (Fn. 4), 39f., 247f., 217 und passim. Für eine abwehrrechtliche Behandlung der grundrechtlichen Schutzpflichten etwa *Dietrich Murswiek*: Die staatliche Verantwortung für die Risiken der Technik. Verfassungsrechtliche Grundlagen und immissionsschutzrechtliche Ausformung, 1985, 88ff.; *Jürgen Schwabe*: Probleme der Grundrechtsdogmatik, 2. Aufl. 1997, 213ff.

6 Zu der Ausnahmekonstellation, dass neben dem Eingriff zugleich auch eine Ausgestaltung vorliegen kann infra Teil 4, C.II.1.b.bb.(3).

7 Diese variieren je nach Unteransicht: Während bspw. die Vertreter der sog. Normbestandsschutzlehre die Verkürzung eines Bestands an Rechten fordern (näher infra Teil 4, C.II.1.a.), sprechen die Anhänger prinzipientheoretisch fundierter Modelle von einem Zurückbleiben hinter einem grundrechtlichem Prinzip (näher infra Teil 4, C.II.1.b.); *Christian Hillgruber*: Grundrechtlicher Schutzbereich, Grundrechtsausgestaltung und Grundrechtseingriff, in: Isensee, Josef; Kirchhof, Paul (Hrsg.): Handbuch des Staatsrechts der Bundesrepublik Deutschland, Band IX, 3. Aufl. 2011, § 200 Rn. 62 verlangt die „Minderung der Grundrechtssubstanz."

8 Zu den verschiedenen Anwendungsfeldern gesetzgeberischer Tätigkeit im Bereich der normgeprägten Grundrechte supra Teil 4, B.

9 Deutlich auch *Robert Alexy*: Jörn Ipsens Konstruktion der Grundrechte, Der Staat 52 (2013), 87, 97 Fn. 65 unter Verweis auf *Alexy* (Fn. 3), 300ff.; *Cornils* (Fn. 4), 676; *Martin Ibler*, in: Friauf, Karl Heinrich; Höfling, Wolfram (Hrsg.): Berliner Kommentar zum Grundgesetz, Loseblatt, Stand des Gesamtwerkes: September 2017, Band 2, Art. 19 IV Rn. 309. Vgl. ergänzend die Nachweise supra Teil 2, A.II.1.a.

10 Vgl. *Lübbe-Wolff* (Fn. 5), 60, 62 und passim; *Cornils* (Fn. 4) 190ff., 247 (Vertrag), 363, 372, 379f. (Ehe), 337 (Eigentum), 418f. (Vereinigung und Koalition), 518ff., 666f., 676 (allgemein); *Schlink* (Fn. 4), 462ff.; *Poscher* (Fn. 4), 141; *Wolfram Höfling*: Vertragsfreiheit. Eine grundrechtsdogmatische Studie, 1991, 32ff.; *Alexy* (Fn. 3), 304f.; *Lothar*

Ausgestaltung und Eingriff hier allenfalls von theoretischem Interesse, hat aber keinerlei praktische Auswirkungen[11] (1.).

Auch die Vertreter der Exklusivitätsthese gehen davon aus, dass die subjektive Grundrechtsseite darauf gerichtet ist, staatliche Eingriffe abzuwehren. Anders als die Anhänger der abwehrrechtlichen Modelle nehmen sie zudem jedoch an, dass die *objektive Dimension* der Grundrechte aufgrund ihrer strukturell-inhaltlich anderen Art[12] *notwendig* von der subjektiven Seite *zu unterscheiden* und nicht etwa als untergeordneter Teil selbiger zu begreifen sei[13]. Infolgedessen

---

Michael; Martin Morlok: Grundrechte, 6. Aufl. 2017, Rn. 43; *Bodo Pieroth*: Koalitionsfreiheit, Tarifautonomie und Mitbestimmung, in: Badura, Peter; Dreier, Horst (Hrsg.): Festschrift 50 Jahre Bundesverfassungsgericht, Band 2, 2001, 293, 306f.; *Jürgen Eschenbach; Frank Niebaum*: Von der mittelbaren Drittwirkung unmittelbar zur staatlichen Bevormundung, NVwZ 1994, 1079, 1080; in diese Richtung wohl auch *Michael Holoubek*: Bauelemente eines grundrechtsdogmatischen Argumentationsschemas, in: Grabenwarter, Christoph; Hammer, Stefan; Pelzl, Alexander; Schulev-Steindl, Eva; Wiederin, Ewald (Hrsg.): Allgemeinheit der Grundrechte und Vielfalt der Gesellschaft. 34. Tagung der wissenschaftlichen Mitarbeiterinnen und Mitarbeiter der Fachrichtung „Öffentliches Recht", 1994, 61, 74; *Josef Aulehner*: Grundrechte und Gesetzgebung, 2011, 412; *Lindner* (Fn. 4), 300f., 329. *Hans Hugo Klein*: Diskussionsbeitrag zu Bethge, Herbert: Der Grundrechtseingriff, VVDStRL 57 (1998), 7ff., VVDStRL 57 (1998), 114, 115, redet von *gestaltenden Eingriffen*.

11 Feststellend *Martin Gellermann*: Grundrechte in einfachgesetzlichem Gewande. Untersuchung zur normativen Ausgestaltung der Freiheitsrechte, 2000, 64.

12 Die objektive Grundrechtsdimension ist insbesondere *nicht* auf Eingriffsabwehr gerichtet, sondern auf normative Umsetzung der in ihr enthaltenen Aufträge und Vorgaben angelegt. Diese wie auch die weiteren Unterschiede zur subjektiven Grundrechtsseite (im Einzelnen supra Teil 4, C.I.1.a.) erkennen auch die Vertreter abwehrrechtlicher Modelle (an); sie ziehen daraus aber nicht die Konsequenz der Notwendigkeit der strikten Trennung der beiden Grundrechtsseiten, supra vorangehender Absatz.

13 Vgl. *Gellermann* (Fn. 11), 77ff., 267, andeutend auch schon 46f., implizit 90ff.; vgl. auch *Helge Rossen*: Grundrechte als Regeln und Prinzipien, in: Grabenwarter, Christoph; Hammer, Stefan; Pelzl, Alexander; Schulev-Steindl, Eva; Wiederin, Ewald (Hrsg.): Allgemeinheit der Grundrechte und Vielfalt der Gesellschaft. 34. Tagung der wissenschaftlichen Mitarbeiterinnen und Mitarbeiter der Fachrichtung „Öffentliches Recht", 1994, 41 (50): Grundrechtsgefährdung und -verwirklichung vereinten sich in ein- und demselben Grundrecht, müssten aber aufgrund ihrer Gegensätzlichkeit strikt auseinandergehalten werden. Ausdrücklich dagegen *Christoph Degenhart*: Grundrechtsausgestaltung und Grundrechtsbeschränkung, in: Merten, Detlef; Papier, Hans-Jürgen (Hrsg.): Handbuch der Grundrechte in Deutschland und Europa, Band III, 2009, § 61 Rn. 14 Fn. 69.

könne einfaches Recht, das der objektiven Seite der Grundrechte entspringe, grundsätzlich nicht deren subjektiv-(abwehr)rechtliche Dimension aktivieren und damit auch nicht als Eingriff in den grundrechtlichen Schutzbereich apostrophiert werden[14]. In Reaktion auf diesen Befund wird der objektiven Grundrechtsdimension mit der sogenannten Ausgestaltung eine eigenständige dogmatische Figur zugeordnet[15] und der des Grundrechtseingriffs gegenübergestellt[16]. Speziell im Bereich der normgeprägten Grundrechte wird unter Verweis auf deren spezifische Abhängigkeit vom einfachen Recht zum einen die objektive Dimension als zentrale Grundrechtsfunktion herausgearbeitet, mit anderen Worten deren besondere Bedeutung hervorgehoben[17]; zum anderen werden nicht die die Grundrechtsausübung beschränkenden, sondern die sie *begünstigenden* Elemente normprägender Regelungen betont (Ermöglichung der Grundrechtsausübung überhaupt erst durch einfachgesetzliche Unterfütterung)[18]. Basierend auf dieser Interpretation der Mehrdimensionalität der Grundrechte und der Bipolarität einfachen Rechts erscheinen

---

14 Vgl. *Gellermann* (Fn. 11), 90f.

15 *Gellermann* (Fn. 11), 53f., 267.

16 *Gellermann* (Fn. 11), 49ff., 79; vgl. zum Ganzen bspw. auch *Karl-Heinz Ladeur*: Methodische Überlegungen zur gesetzlichen „Ausgestaltung" der Koalitionsfreiheit. Zugleich ein Beitrag zu den Möglichkeiten und Grenzen der Flexibilisierung des Tarifvertragssystems, AöR 131 (2006), 643, 651. Näher zur damit verbundenen impermeablen Membran infra Teil 4, C.II.2.a.aa.

17 Vgl. statt vieler *Gellermann* (Fn. 11), 91 und passim, andeutend auch schon 46f. (dort aber nur zur Rundfunkfreiheit, die nach hiesiger Ansicht zwar durchaus ausgestaltungsbedürftig, aber nicht normgeprägt ist).

18 Vgl. *Gellermann* (Fn. 11), 271ff. (271f., 286), 428; *Matthias Herdegen*, in: Maunz, Theodor†; Dürig, Günter†: Grundgesetz Kommentar, Loseblatt, Stand des Gesamtwerks: Januar 2013, Band I, Art. 1 Abs. 3 Rn. 41; *Peter Lerche*: Grundrechtlicher Schutzbereich, Grundrechtsprägung und Grundrechtseingriff, in: Isensee, Josef; Kirchhof, Paul (Hrsg.): Handbuch des Staatsrechts der Bundesrepublik Deutschland, Band V, 2. Aufl. 1992, § 121 Rn. 38ff.; *Wolfgang Roth*: Faktische Eingriffe in Freiheit und Eigentum. Struktur und Dogmatik des Grundrechtstatbestandes und der Eingriffsrechtfertigung, 1994, 167ff.; implizit *Hermann Butzer*: Verfassungsrechtliche Grundlagen zum Verhältnis zwischen Gesetzgebungshoheit und Tarifautonomie, RdA 1994, 375, 381; *Silke Ruck*: Zur Unterscheidung von Ausgestaltungs- und Schrankengesetzen im Bereich der Rundfunkfreiheit, AöR 117 (1992), 543, 547; *Christian Bumke*: Der Grundrechtsvorbehalt. Untersuchungen über die Begrenzung und Ausgestaltung der Grundrechte, 1998, 107; vgl. auch *Herbert Bethge*: Mittelbare Grundrechtsbeeinträchtigungen, in: Merten, Detlef; Papier, Hans-Jürgen (Hrsg.): Handbuch der Grundrechte in Deutschland und Europa, Band III, 2009, § 58 Rn. 92; *Jörn Ipsen*: Staatsrecht II.

einfachgesetzliche Vorschriften im Bereich der normgeprägten Grundrechte – prinzipiell und unabhängig vom Anwendungsfeld gesetzgeberischer Tätigkeit[19] – nicht geeignet, in die grundrechtlichen Schutzbereiche einzugreifen. Sie werden demgemäß (wiederum bei Vorliegen der entsprechenden Voraussetzungen[20]) als in deren Vorfeld verbleibende[21] Ausgestaltungen eingeordnet[22] (2.)[23].

1. *Abwehrrechtliche Lösungsansätze – einfaches Recht als Eingriff bzw. eingriffsgleiche Aktivität*

Für einen dogmatischen Sonderweg der Ausgestaltung bleibt in abwehrrechtlichen Konzepten keinerlei Raum[24], weil hier normprägende Regelungen letztlich stets als Eingriffe in den grundrechtlichen Schutzbereich qualifiziert werden. Zur näheren Erläuterung dieser Auffassung werden die beiden am häufigsten

---

Grundrechte, 20. Auf. 2017, Rn. 162ff.; *Konrad Hesse*: Grundzüge des Verfassungsrechts der Bundesrepublik Deutschland, 20. Aufl. 1995, Neudruck 1999, Rn. 304; *Christian Burkiczak*: Grundgesetz und Deregulierung des Tarifvertragsrechts. Gebietet Art. 9 Abs. 3 GG die zwingende Wirkung von Tarifverträgen (§ 4 Abs. 1 und 3 TVG) und den Tarifvorrang (§ 77 Abs. 3 BetrVG)? Zugleich ein Beitrag zur Grundrechtsdogmatik, 2006, 155; *Matthias Ruffert*: Vorrang der Verfassung und Eigenständigkeit des Privatrechts. Eine verfassungsrechtliche Untersuchung zur Privatrechtswirkung des Grundgesetzes, 2001, 107, 117, 552; *Höfling* (Fn. 10), 34f.; *Sebastian Lenz*: Vorbehaltlose Freiheitsrechte. Stellung und Funktion vorbehaltloser Freiheitsrechte in der Verfassungsordnung, 2006, 102; referierend und kritisch *Hans D. Jarass*: Bausteine einer umfassenden Grundrechtsdogmatik, AöR 120 (1990), 345, 367f. Näher zum Ganzen m.N. infra Teil 4, C.II.2.b.

19 Supra Fn. 8.

20 Rückführbarkeit auf die in den Einrichtungsgarantien und dem Gebot der Grundrechtssicherung durch Organisation und Verfahren enthaltenen grundrechtlichen Regelungsaufträge.

21 Formulierung in Anlehnung an *Gellermann* (Fn. 11), 427.

22 Exemplarisch *Gellermann* (Fn. 11), 90ff., 269ff.

23 Vgl. zum Ganzen bspw. auch die Darstellung von *Hubertus Gersdorf*: Rundfunkfreiheit ohne Ausgestaltungsvorbehalt. Verfassungs- und gemeinschaftsrechtliche Voraussetzungen für die Einführung neuer Kommunikationsdienste am Beispiel reiner Teleshoppingkanäle. Rechtsgutachten im Auftrag der Bayrischen Landeszentrale für neue Medien (BLM), 1996, 21; ähnlich *Hubertus Gersdorf*: Grundzüge des Rundfunkrechts. Nationaler und europäischer Rechtsrahmen, 2003, Rn. 65ff., insbes. Rn. 69.

24 Vgl. dazu bereits den Nachweis supra Teil 4, C.II. Fn. 11; ebenso *Cornils* (Fn. 4), 22f., 500; *Poscher* (Fn. 4), 135f.

diskutierten Vorschläge, die sogenannte Normbestandsschutzlehre (a.) sowie die prinzipientheoretisch fundierten Modelle (b.), exemplarisch herausgegriffen. Bei der Darstellung letzterer liegt der Fokus auf der Konzeption von *Matthias Cornils*, da sie die umfassendsten und auch die ausdifferenziertesten Überlegungen enthält[25].

a. *Normbestandsschutzlehre*

Die Anhänger der Normbestandsschutzlehre gehen davon aus, dass die in den Grundrechten enthaltenen und an den Gesetzgeber gerichteten Ausgestaltungsanordnungen von ihm vielfach bereits umgesetzt sind. Dies gelte unter anderem für die den Einrichtungsgarantien zu entnehmenden Regelungsaufträge[26], welche im Rahmen der normgeprägten Grundrechte der Vertrags, Ehe-, Vereinigungs-, Koalitions-, Eigentums- und Erbrechtsfreiheit von zentraler Bedeutung sind[27]. Die in Erfüllung jener verfassungsrechtlichen Gesetzgebungspflichten geschaffenen Normen seien abwehr(grund)rechtlich geschützt, wenn die Änderung einer solchen Vorschrift hinter der bisherigen Erfüllung zurück bleibe und damit den vorhandenen Bestand an rechtlichen Handlungsmöglichkeiten des Grundrechtsträgers verkürze[28]. Jede vertrags-, ehe-, vereins-, koalitions-, eigentums- und erbrechtsausformende einfachgesetzliche Regelung genießt damit einen durch die Einrichtungsgarantie begründeten negatorischen Schutz gegenüber restriktiven Umformungen[29]. Dieser grundrechtliche Bestandsschutz

---

25 Zu diesem Umstand bereits supra Teil 2, A.II.1.

26 *Lübbe-Wolff* (Fn. 5), 127ff.

27 Dazu bereits supra Teil 4, C.I.1.b. m.V. Die ebenfalls normgeprägten Prozessgrundrechte (Rechtsschutzgarantie, gesetzlicher Richter und rechtliches Gehör) enthalten zwar keine Einrichtungsgarantien, sind aber verselbständigte Erscheinungsformen des – allen Grundrechten immanenten und ebenso objektiven Gehalts der Grundrechtssicherung durch Organisation und Verfahren, supra Teil 4, C.I.1.b.bb. Die Grundsätze, die die Vertreter der Normbestandsschutzlehre für die Einrichtungsgarantien entwickelt haben, können angesichts seiner gleichartigen Struktur auf diesen Verfahrensgehalt übertragen werden, dazu sogleich im Text.

28 *Lübbe-Wolff* (Fn. 5), 119, 127ff., 146, 149ff. Ihr dem Grunde nach folgend *Gerrit Manssen*: Privatrechtsgestaltung durch Hoheitsakt. Verfassungsrechtliche und verwaltungsrechtliche Grundfragen, 1994, 170ff. (Vertrag), 213ff. (Vereinigung und Koalition), 260 (Eigentum); ähnlich *Poscher* (Fn. 4), 133f., 141; vgl. auch *Bumke* (Fn. 4), 2f. mit Fn. 10; *Peter Michael Huber*, in: Mangoldt, Hermann von; Klein, Friedrich; Starck, Christian (Hrsg.): Grundgesetz, Kommentar, Band 1, 7. Aufl. 2018, Art. 19 Abs. 4 Rn. 373.

29 Vgl. *Lübbe-Wolff* (Fn. 5), 134.

beschränkt sich dabei nicht nur auf einen Kernbereich institutsbildender Vorschriften[30], sondern erfasst darüber hinaus gerade auch den weiteren Bereich nicht-essentieller institutsausformender Normbestände[31]. Er wird entweder als allgemeines und objektives, das heißt von individueller Betroffenheit unabhängiges Änderungsverbot verstanden[32] oder aber auf solche Regelungen reduziert, hinsichtlich deren Bestand bereits konkret Vertrauen entwickelt wurde[33].

Die genannten Postulate können auf die – ebenfalls normgeprägte – Garantie des Rechtsschutzes, des gesetzlichen Richters und des rechtlichen Gehörs (Prozessgrundrechte) übertragen werden. Zwar enthalten sie keine Einrichtungsgarantien, sondern statuieren organisations- und verfahrensrechtliche Anforderungen[34], die sich aber strukturell nicht von den den Einrichtungsgarantien entspringenden Regelungsaufträgen unterscheiden. Sie alle verpflichten die Legislative zu ihrer Aktualisierung und erteilen grundlegende Handlungsanweisungen, geben also einen Rahmen vor, belassen es im übrigen aber der eigenverantwortlichen Entscheidung des Gesetzgebers, mit

30 Nach diesem konventionellen Verständnis der Einrichtungsgarantie als negatorischer Kernbereichsschutz (überblicksartig statt vieler *Michael Kloepfer*: Einrichtungsgarantien, in: Merten, Detlef; Papier, Hans-Jürgen (Hrsg.): Handbuch der Grundrechte in Deutschland und Europa, Band II, 2006, § 43 Rn. 31ff.; *Gellermann* (Fn. 11), 417f.; ausführlich *Klaus Stern*: Das Staatsrecht der Bundesrepublik Deutschland, Band III/1, 1988, 868ff. m.w.N.) sind dem gesetzgeberischen Zugriff allein die strukturbildenden Merkmale entzogen, die dem jeweiligen Institut sein charakteristisches Gepräge geben, vgl. *Stern* (Fn. 30), 869 m.w.N. Änderungen des grundrechtskonstituierenden Normbestands sind also zulässig, soweit das Institut als solches nicht abgeschafft oder ausgehöhlt wird, *Gellermann* (Fn. 11), 147 m.w.N.; *Ute Mager*: Einrichtungsgarantien. Entstehung, Wurzeln, Wandlungen und grundgesetzgemäße Neubestimmung einer dogmatischen Figur des Verfassungsrechts, 2003, 428. Kritisch zu dieser sogenannten Kernbereichslehre, die hier nicht weiter thematisiert werden soll *Cornils* (Fn. 4), 534; *Gellermann* (Fn. 11), 422f.

31 Vgl. *Lübbe-Wolff* (Fn. 5), 135. In der Sache ebenso *Gellermann* (Fn. 11), 422 (dazu infra Teil 4, C.II.2.b.bb.(2) sowie C.III.2.b.aa.(3)(b)).

32 *Lübbe-Wolff* (Fn. 5), 127.

33 *Manssen* (Fn. 28), 182. Hintergrund dieser Einschränkung ist die – von *Lübbe-Wolff* (Fn. 5), 125ff. nicht geteilte – Annahme, der Vertrauensschutzgedanke bilde den tragenden Grund des Normbestandsschutzes. In der Sache ebenso *Gellermann* (Fn. 11), 426ff., der als Vertreter der Exklusivitätsthese allerdings auch solche Vorschriften primär als grundrechts*ausgestaltend* einordnet, d.h. den Eingriffscharakter nur nachrangig attestiert, vgl. dazu ausführlich infra Teil 4, C.II.2.b.bb.(2) sowie C.III.2.b.aa.(3)(b).

34 S. Fn. 27.

welchen Mitteln und auf welchen Wegen er seinem Auftrag nachkommt[35]. Zusammenfassend lässt sich also festhalten: Die Normbestandsschutzlehre ordnet einfachrechtliche Regelungen, die normgeprägte Grundrechte ausformen, dem Schutzbereich des jeweiligen Grundrechts zu mit der Folge, dass sämtliche gesetzgeberischen Umgestaltungen, die als „Rückschritte auf dem einmal gewählten Weg" oder „Änderungen der Trassenführung" erscheinen, als Eingriffe einzuordnen sind[36]. Nach diesen Grundsätzen wäre beispielsweise die in § 54 GenG angeordnete Pflichtmitgliedschaft einer Genossenschaft in einem Prüfungsverband als Eingriff in die Vereinigungsfreiheit[37], der Ausschluss der Kündigung eines Wohnraummietvertrages zwecks Mieterhöhung in § 573 Abs. 1 S. 2 BGB als Eingriff in das Eigentumsgrundrecht, die Einführung einer Zölibatsklausel im öffentlichen Dienstrecht als Eingriff in die Ehefreiheit[38] und die Abschaffung des mehrstufigen Instanzenzuges als Eingriff in die Rechtsschutzgarantie zu bewerten[39], weil diese gesetzgeberischen Entscheidungen jeweils früher bestehende Möglichkeiten (namentlich die freie Entscheidung für oder gegen eine Mitgliedschaft in einem genossenschaftlichen Prüfungsverband, die Kündigung zum Zwecke der Mieterhöhung, die Eheschließung unter Angehörigen des öffentlichen Dienstes und die Inanspruchnahme gerichtlichen Rechtsschutzes in mehreren Instanzen) beseitigen[40].

b. Prinzipientheoretisch fundierte Ansichten

Für einen dogmatischen Sonderweg der Ausgestaltung bleibt auch kein Raum, wenn entweder *sämtliche* Grundrecht(sgehalt)e als auf Optimierung drängende

---

35 Vgl. *Gellermann* (Fn. 11), 326, 416, 425; *Alexy* (Fn. 3), 420f.; *Hans D. Jarass*: Grundrechte als Wertentscheidungen bzw. objektivrechtliche Prinzipien in der Rechtsprechung des Bundesverfassungsgerichts, AöR 110 (1985), 363, 396; speziell zur Rechtsschutzgarantie BVerfGE 101, 106 (123); *Cornils* (Fn. 4), 467; weitere Nachweise supra Teil 1, D.I. sowie Teil 4, C.I.1.a., dort auch zu den im Text genannten Gemeinsamkeiten objektiver Grundrechtsgehalte.

36 *Lübbe-Wolff* (Fn. 5), 146, 150; vgl. auch *Manssen* (Fn. 28), 171.

37 Wohl auch BVerfG (K) NJW 2001, 2617 (2617ff.).

38 BVerwGE 14, 21 (27).

39 Zu all den genannten Beispielen bereits supra Teil 4, B.II.2.

40 § 54 GenG und § 573 Abs. 1 S. 2 BGB sind jeweils in der ursprünglichen Fassung der Gesetzestexte nicht enthalten, sondern wurden nachträglich eingeführt (dazu m.N. bereits supra Teil 4, B.II.2. mit Fn. 23 und 21). Die Zölibatsklausel sowie die Abschaffung des mehrstufigen Instanzenzuges sind Beispiele für hypothetisch mögliche Regelungen, die eine nach derzeit geltender Rechtslage bestehende Handlungsalternative mindern würden (auch dazu schon supra Teil 4, B.II.2. mit Fn. 28 und 30).

Prinzipien begriffen werden[41] (aa.) oder jedenfalls von der Dominanz prinzipieller Grundrecht(sgehalt)e ausgegangen wird[42] (bb.).

aa. Universalistisches Modell

Im universalistischen abwehrrechtlichen Modell[43] wird nicht zwischen sach- und normgeprägten Grundrechten[44] unterschieden. Vielmehr werden *alle* Grundrechte und innerhalb eines Grundrechts *sämtliche* seiner Gehalte und damit auch die jeweiligen Strukturelemente und Regelungsaufträge der normgeprägten Grundrechte pauschal als auf Optimierung gerichtete Prinzipien klassifiziert[45]. Dieses globale Verständnis basiert auf der Unterscheidung zwischen Regeln und Prinzipien, die vor allem von *Alexy* in der deutschen verfassungsrechtlichen Diskussion etabliert wurde[46]. Regeln sind danach Normen, die stets nur entweder erfüllt oder nicht

---

41 Wegweisend *Alexy* (Fn. 3), 71ff., 304ff.; ihm folgend *Martin Borowski*: Grundrechte als Prinzipien, 2. Aufl. 2007, 95, 134, 290, 293ff.; *Huber* (Fn. 28), Rn. 375; explizit für die Eigentumsgarantie *Daniel Riedel*: Eigentum, Enteignung und das Wohl der Allgemeinheit. Zur Ausgestaltungsgarantie der Eigentumsgewährleistung, zum Enteignungsbegriff und zur Gemeinwohlbindung der Enteignung, 2012, 28ff. m.w.N.

42 *Cornils* (Fn. 4), 19, 22f., 47ff., insbes. 51, der nicht *sämtliche* Grundrechte und deren Gehalte als auf Optimierung gerichtete Prinzipien einordnet, sondern zwischen prinzipiellen und nicht-prinzipiellen Grundrechtsgehalten differenziert, vgl. 588ff., insbes. 605, 665.

43 Begriff angelehnt an die von *Cornils* (Fn. 4), 603, 605 verwendete Begrifflichkeit des universalistischen Prinzipienmodells.

44 Zu dieser (und weiteren) Differenzierung(en) eingehend m.N. supra Teil 3, A., B.

45 Vgl. *Alexy* (Fn. 3), 71ff., 304ff.; ihm folgend *Borowski* (Fn. 41), 95, 134, 175ff., 290, 293ff. Darstellend und im Ergebnis ablehnend *Cornils* (Fn. 4), 536ff., 590ff., 603, 605.

46 Vgl. *Uwe Kischel*: Die Begründung. Zur Erläuterung staatlicher Entscheidungen gegenüber dem Bürger, 2003, 171; vgl. auch *Gellermann* (Fn. 11), 66. Zum Regel-Prinzipien-Modell von *Alexy* überblicksartig statt vieler *Eibe Riedel*: Rechtliche Optimierungsgebote oder Rahmensetzungen für das Verwaltungshandeln?, VVDStRL 58 (1999), 180ff.; aus jüngerer Zeit *Daniel Couzinet*: Die Prinzipientheorie der Grundrechte – Einführung, Strukturhinweise, Anwendung in der Fallbearbeitung, JuS 2009, 603ff.; kritisch *Poscher* (Fn. 4), 75ff.; *Gellermann* (Fn. 11), 39, 70ff.; *Friederike Valerie Lange*: Grundrechtsbindung des Gesetzgebers. Eine rechtsvergleichende Studie zu Deutschland, Frankreich und den USA, 2010, 233; *Aulehner* (Fn. 10), 77; generelle Kritik an verschiedenen Aspekten der Prinzipientheorie bei *Ralf Poscher*: Einsichten, Irrtümer und Selbstmissverständnis der Prinzipientheorie, in: Sieckmann, Jan-Reinard (Hrsg.): Die Prinzipientheorie der Grundrechte. Studien zur Grundrechtstheorie Robert Alexys, 2007, 59ff.; *Matthias Jestaedt*: Grundrechtsentfaltung im Gesetz. Studien zur Interdependenz von Grundrechtsdogmatik und Rechtsgewinnungstheorie, 1999, 212ff.

erfüllt sein können[47]. Prinzipien sind dagegen Normen, die verlangen, dass etwas in einem relativ zu den rechtlichen wie tatsächlichen Möglichkeiten möglichst hohen Maße realisiert wird. Sie sind damit Optimierungsgebote, die in verschiedenen Graden erfüllt werden können[48]. Dieser strukturelle Unterschied zwischen Regeln und Prinzipien wird besonders deutlich in ihrem Kollisionsverhalten. Während der „Alles-oder-Nichts"-Charakter der Regeln in Konfliktfällen dazu führt, dass entweder Ausnahmen in eine der Regeln eingefügt werden oder sie für ungültig erklärt wird[49], bleibt die Geltung von Prinzipien im Kollisionsfall aufgrund ihres „Mehr-oder-Weniger"-Charakters unberührt; Konflikte zwischen widersprechenden Prinzipien werden vielmehr durch einzelfallbezogene Abwägung gelöst, es wird also festgestellt, welcher der abstrakt gleichrangigen Belange unter den konkreten Umständen höher zu gewichten ist[50]. Dieses Abwägungsgebot ist einer der Teilgehalte des Verhältnismäßigkeitsgrundsatzes (sogenannte Verhältnismäßigkeit im engeren Sinne oder auch Angemessenheit[51]). Es folgt im Regel-Prinzipien-Modell aus der Relativierung des Prinzips auf die rechtlichen Möglichkeiten, während die Teilgehalte der Geeignetheit und Erforderlichkeit die optimale Realisierung des Prinzips in Relation auf die tatsächlichen Gegebenheiten sichern. Damit impliziert der Verhältnismäßigkeitsgrundsatz den Prinzipiencharakter all jener Normen, in deren Bereich er angewendet wird; umgekehrt ist der Verhältnismäßigkeitsgrundsatz logisch aus dem Prinzipiencharakter der Norm deduzierbar. Da gesetzgeberische Aktivitäten im Grundrechtsbereich üblicherweise anhand des Verhältnismäßigkeitsgrundsatzes auf ihre Verfassungsmäßigkeit hin überprüft werden, folge daraus logisch die Einordnung der Grundrechte als Prinzipien[52]. Aus dieser Sicht sind auch objektive Grundrechtsgehalte prinzipienhaft[53]

---

47 *Alexy* (Fn. 3), 76.

48 *Alexy* (Fn. 3), 75f.; dagegen *Jan-Reinard Sieckmann*: Grundrechte als Prinzipien, in: Sieckmann, Jan-Reinard (Hrsg.): Die Prinzipientheorie der Grundrechte. Studien zur Grundrechtstheorie Robert Alexys, 2007, 17, 37, der zwar ebenfalls eine Trennung von Regeln und Prinzipien befürwortet, allerdings auf der Grundlage anderer Unterscheidungskriterien. Prinzipien sind aus *Sieckmanns* Sicht keine Optimierungsgebote, sondern normative Argumente; s. auch schon *Jan-Reinard Sieckmann*: Regelmodelle und Prinzipienmodelle des Rechtssystems, 1990, 63ff.; *Poscher* (Fn. 46), 65.

49 *Alexy* (Fn. 3), 77.

50 *Alexy* (Fn. 3), 78ff., 142ff.; vgl. zum Ganzen auch *Robert Alexy*: Grundrechte als subjektive Rechte und als objektive Normen, Der Staat 29 (1990), 49, 54.

51 Dazu bereits supra Teil 2, A.II.1.a.aa. m.N.

52 Vgl. *Alexy* (Fn. 3), 100f.; *Alexy* (Fn. 50), 54f.; ebenso *Cornils* (Fn. 4), 47ff., 589; *Borowski* (Fn. 41), 95.

53 *Alexy* (Fn. 3), 477ff., 469ff. Deutlich auch *Hans H. Klein*: Die grundrechtliche Schutzpflicht, DVBl. 1994, 489; s. auch *Borowski* (Fn. 41), 175ff.; *Cornils* (Fn. 4), 22.

und damit auch die den normgeprägten Grundrechten entspringenden Aufträge an den Gesetzgeber, dem Einzelnen Handlungsmöglichkeiten einzuräumen, die nur und erst durch einfaches Recht vermittelt werden können[54]. Mit der Charakterisierung als Optimierungsgebot steht also fest, dass sich das Zurückbleiben des Gesetzgebers hinter dem an sich grundrechtlich Gebotenen am Maßstab der Verhältnismäßigkeit messen lassen muss[55] und damit verfassungsrechtliche Rechtfertigungs- und Argumentationszwänge ausgelöst werden, die aus der Eingriffsabwehr bekannt sind[56]. Die nicht optimale Verwirklichung des grundrechtlichen Auftrags kann vor diesem Hintergrund als Eingriff oder zumindest als eingriffsgleiche gesetzgeberische Aktivität begriffen werden[57], was eine Abgrenzung zur Ausgestaltung erübrigt. Mit anderen Worten: Verwirklicht der Gesetzgeber mit seiner Regelung nicht das vom normgeprägten Grundrecht Geforderte in höchstmöglichem Maße, sondern hemmt das Prinzip oder drängt es ein stückweit zurück, greift er nach der universalistischen Ansicht in dessen Schutzbereich ein[58]. Verdeutlicht werden kann dieser Gedankengang am bereits erwähnten Ausschluss der Änderungskündigung zwecks Mieterhöhung, § 573 Abs. 1 S. 2 BGB[59]. Das grundrechtliche Prinzip des Privateigentums fordert wie alle Prinzipien ein möglichst hohes Maß an Realisierung. Wird die Änderungskündigung ausgeschlossen, wird vom Privateigentum, genauer: von dessen Unterprinzipien der Privatnützigkeit und Verfügungsbefugnis, ein geringeres Maß verwirklicht als bei deren Beibehaltung. Aus prinzipientheoretischer Sicht drängt der gesetzliche Ausschluss der Änderungskündigung das grundrechtliche Prinzip des Privateigentums also ein Stück zurück und schränkt damit die Eigentumsgarantie, Art. 14 Abs. 1 S. 1 GG ein[60]. Ebenso realisiert auch die in § 54 GenG angeordnete Pflichtmitgliedschaft einer Genossenschaft in einem Prüfungsverband die Prinzipien freier Assoziation

54 Vgl. *Alexy* (Fn. 3), 304f.; *Höfling* (Fn. 10), 36ff.; *Cornils* (Fn. 4), 589.

55 *Alexy* (Fn. 3), 100f.; *Höfling* (Fn. 10), 40. *Arno Scherzberg*: Grundrechtsschutz und „Eingriffsintensität". Das Ausmaß individueller Grundrechtsbetroffenheit als materiellrechtliche und kompetenzielle Determinante der verfassungsgerichtlichen Kontrolle der Fachgerichtsbarkeit im Rahmen der Urteilsverfassungsbeschwerde, 1989, 173f., befürchtet, dass damit jeglicher gesetzgeberische Entscheidungsspielraum verloren geht.

56 *Gellermann* (Fn. 11), 68f. Nochmals infra Teil 4, C.III.1.a.

57 Dazu bereits die Nachweise supra Fn. 9f. sowie *Martin Borowski*: Grundrechtliche Leistungsrechte, JöR n.F. 50 (2002), 301, 326f.

58 Deutlich *Alexy* (Fn. 9), 97 Fn. 65 unter Verweis auf *Alexy* (Fn. 3), 300ff.; ihm folgend *Borowski* (Fn. 41), 244.

59 Zu diesem Beispiel schon supra Teil 4, C.II.1.a. m.w.V.

60 *Alexy* (Fn. 3), 304ff.

und Selbstbestimmung der Vereinigung nicht in optimaler Weise, sondern in geringerem Maße als vom Grundrecht verlangt und greift damit aus universalistischer Sicht in die Vereinigungsfreiheit, Art. 9 Abs. 1 GG ein[61].

bb. Nicht-universalistisches Modell

Eine differenziertere Betrachtung scheint das – ebenfalls prinzipientheoretisch fundierte – nicht-universalistische abwehrrechtliche Konzept von *Cornils* zu ermöglichen. Anders als im universalistischen Modell werden hier nicht *sämtliche*, sondern nur *einige* Vorgaben des jeweiligen normgeprägten Grundrechts als auf Optimierung drängende Prinzipien eingeordnet (sogenannte primäre Vorgaben[62]); die verbleibenden Grundrechtsgehalte werden demgegenüber als nicht-prinzipiell qualifiziert (sogenannte sekundäre Vorgaben[63])[64]. Diese Abschichtung erfolgt anhand des Kriteriums der Bestimmtheit ((1)). Auf der Basis dieser Unterscheidung wird jede einfachgesetzliche Regelung, die hinter einer grundrechtlichen Optimierungsvorstellung zurückbleibt, als Eingriff in den Schutzbereich des betroffenen Grundrechts gewertet; insofern entspricht das nicht-universalistische abwehrrechtliche Modell dem universalistischen Konzept ((2)). Betrifft oder berührt eine einfachrechtliche Vorschrift dagegen *ausschließlich* eine nicht-prinzipielle Vorgabe, wird darin ein unterhalb der Eingriffsschwelle gelegenes gesetzgeberisches Handeln erblickt ((3)).

(1) Unterscheidung zwischen prinzipiellen Grundrechtsgehalten und nicht-prinzipiellen Vorgaben

Es ist das konkrete Maß an Bestimmtheit und Finalität des einzelnen Grundrechtsgehalts, das über dessen Einordnung als Prinzip oder als nicht-prinzipielle Vorgabe entscheidet[65].

(a) Bestimmtheit und Finalität als Abgrenzungskriterium

Grundrechtsgehalte, die den Gesetzgeber strikt verpflichten, das heißt solche mit eindeutigem, also bestimmtem oder eindeutig bestimmbarem und damit finalem Festsetzungsgehalt, werden als starke, auf Optimierung ausgerichtete, abwägungsfähige Prinzipien eingeordnet ((b)). Grundrechtliche Vorgaben hingegen, die inhaltlich offen, ausfüllungsbedürftig und komplex, also mehrdeutig

61 Zu diesem Beispiel ebenfalls bereits supra Teil 4, C.II.1.a. m.w.V.

62 Dazu bereits supra Teil 4, C.I. Fn. 2.

63 Dazu bereits supra Teil 4, C.I. Fn. 2.

64 *Cornils* (Fn. 4), 588ff., insbes. 590, 602, 614. Zu den Begriffen primärer und sekundärer Ausgestaltungsgesetzgebung *Cornils* (Fn. 4), 643, 665.

65 *Cornils* (Fn. 4), 576ff., 608ff.

und damit weniger bestimmt oder bestimmbar sind, werden als nicht-prinzipiell qualifiziert. Sie seien nicht in gleicher Weise und in gleichem Maße wie Prinzipien abwägungsfähig[66] ((c)).

(b) Primäre Vorgaben durch Prinzipien (Optimierungsgebote)[67]

Welche Gehalte normgeprägter Grundrechte auf Optimierung angelegt sind, hat *Cornils* jedenfalls für die Vertrags-, die Ehe-, die Vereinigungs- und Koalitionsfreiheit sowie die Eigentums- und die Rechtsschutzgarantie[68] herausgearbeitet. Nicht untersucht wurden dagegen die Garantien des Erbrechts, des gesetzlichen Richters und des rechtlichen Gehörs. Mit Hilfe des Bestimmtheits-/Finalitätskriteriums gelingt es aber auch bei diesen normgeprägten Grundrechten, prinzipielle Vorgaben zu identifizieren.

(aa) Strukturelement der Selbstbestimmung als zentrales Prinzip der normgeprägten Freiheitsgrundrechte

Im nicht-universalistischen abwehrrechtlichen Modell bildet die Selbstbestimmung das zentrale Prinzip aller (normgeprägten) Grundrechte, die Verhaltensfreiheit gewährleisten[69]. Zu diesen zählen die Vertrags[70]-, die Ehe[71]-, die

66 Vgl. *Cornils* (Fn. 4), 608f., 610f., vgl. auch 385 (Ehe), 423 (Vereinigung und Koalition), 447 (Rechtsschutz). Da die nicht-prinzipiellen Grundrechtsgehalte einen tendenziell geringeren Festsetzungsgehalt als Prinzipien aufwiesen, seien sie auch keine Regeln, s. *Cornils* (Fn. 4), 608 Fn. 181.

67 Vgl. *Cornils* (Fn. 4), 643, 665.

68 Auf der Untersuchung jener normgeprägten Grundrechte basieren die einzelgrundrechtsübergreifenden Annahmen im nicht-universalistischen abwehrrechtlichen Modell, s. bereits supra Teil 2, A.II.1.

69 *Cornils* (Fn. 4), 525, vgl. auch 665. Zur Autonomie als Kernprinzip vgl. *Cornils* (Fn. 4), 169, 224, 216, 639 (Vertrag), 360ff., 639 (Ehe), 427ff., 431f., 441 (Vereinigung und Koalition), 321, 325, 329f., 639 (Eigentum).

70 Vgl. *Thorsten Kingreen; Ralf Poscher*: Grundrechte. Staatsrecht II, 33. Aufl. 2017, Rn. 269; implizit *Christian Starck*, in: Mangoldt, Hermann von; Klein, Friedrich; Starck, Christian (Hrsg.): Grundgesetz, Kommentar, Band 1, 7. Aufl. 2018, Art. 2 Abs. 1 Rn. 145; BVerfGE 95, 267 (303f.). Zur Struktur der Vertragsfreiheit als Freiheitsrecht auch BVerfGE 8, 274 (328); 88, 384 (403); 89, 48 (61); 128, 157 (176) – st. Rspr.; *Josef Isensee*: Privatautonomie, in: Isensee, Josef; Kirchhof, Paul (Hrsg.): Handbuch des Staatsrechts der Bundesrepublik Deutschland, Band VII, 3. Aufl. 2009, § 150 Rn. 90ff.; *Lübbe-Wolff* (Fn. 5), 80f.; *Cornils* (Fn. 4), 173; *Hans D. Jarass*, in: Jarass, Hans D.; Pieroth, Bodo: Grundgesetz für die Bundesrepublik Deutschland, Kommentar, 14. Aufl. 2016, Art. 2 Rn. 22f.

71 *Björn Klein*: Das neue Eheverbot der bestehenden Eingetragenen Lebenspartnerschaft gemäß § 1306 BGB am Maßstab des Art. 6 Abs. 1 GG, 2008, 32; *Lenz* (Fn. 18),

Vereinigungs[72]- und die Koalitionsfreiheit[73] sowie die Eigentums- und Erbrechtsgarantie[74] ((bb)), nicht aber die Prozessgrundrechte[75] ((cc)).

(bb) Ausprägungen des Autonomieprinzips und weitere prinzipielle Gehalte normgeprägter Freiheitsgrundrechte

α. Vertragsfreiheit (Art. 2 Abs. 1 GG)

Das zentrale Strukturelement der Vertragsfreiheit, die rechtsgeschäftliche Autonomie der Vertragspartner[76], wird von *Cornils* als auf Optimierung gerichtetes Prinzip qualifiziert[77], da es den Staat und damit auch den Gesetzgeber strikt verpflichte, die individuelle Entscheidung und den Willen der Vertragsparteien zu

---

39; *Kingreen/Poscher* (Fn. 70), Rn. 746; BVerfGE 6, 55 (71); 31, 58 (67); 76, 1 (42); 105, 313 (342) – st. Rspr.; vgl. auch *Cornils* (Fn. 4), 343ff.; *Frauke Brosius-Gersdorf*, in: Dreier, Horst (Hrsg.): Grundgesetz, Kommentar, Band 1, 3. Aufl. 2013, Art. 6 Rn. 75; *Gerhard Robbers*, in: Mangoldt, Hermann von; Klein, Friedrich; Starck, Christian (Hrsg.): Grundgesetz, Kommentar, Band 1, 7. Aufl. 2018, Art. 6 Abs. 1 Rn. 8 m.w.N.

72 *Kingreen/Poscher* (Fn. 70), Rn. 838; BVerfGE 50, 290 (354); 84, 372 (378); *Detlef Merten*: Vereinsfreiheit, in: Isensee, Josef; Kirchhof, Paul (Hrsg.): Handbuch des Staatsrechts der Bundesrepublik Deutschland, Band VII, 3. Aufl. 2009, § 165 Rn. 6; *Wolfram Höfling*, in: Sachs, Michael (Hrsg.): Grundgesetz. Kommentar, 8. Aufl. 2018, Art. 9 Rn. 3; *Jan Merzrath*: Die Vereinigungsfreiheit des Grundgesetzes als Maßstab der Steuergesetzgebung, 2007, 39 und passim; vgl. auch *Matthias Cornils*, in: Epping, Volker; Hillgruber, Christian (Hrsg.): Beck`scher Online-Kommentar Grundgesetz, Stand: Oktober 2017, Art. 9 Rn. 1.

73 *Kingreen/Poscher* (Fn. 70), Rn. 838; *Höfling* (Fn. 72), Rn. 54; BVerfGE 50, 290 (367); 73, 261 (270); 84, 212 (224); 94, 268 (282); 100, 271 (282).

74 Exemplarisch für das Eigentum *Lübbe-Wolff* (Fn. 5), 80f.; *Ansgar Grochtmann*: Die Normgeprägtheit des Art. 14 GG. Konsequenzen für die Eigentumsdogmatik, 2. Aufl. 2010, 171, 176; *Cornils* (Fn. 4), 264; *Peter Axer*, in: Epping, Volker; Hillgruber, Christian (Hrsg.): Beck`scher Online-Kommentar Grundgesetz, Stand: Oktober 2017, Art. 14 Rn. 1; BVerfGE 24, 367 (389); 104, 1 (8f.); 115, 97 (110) – st. Rspr. Beispielhaft für das Erbrecht *Friedhelm Hufen*: Staatsrecht II. Grundrechte, 6. Aufl. 2017, § 38 Rn. 59f.; *Rudolf Wendt*, in: Sachs, Michael (Hrsg.): Grundgesetz. Kommentar, 8. Aufl. 2018, Art. 14 Rn. 193f.; *Inge Kroppenberg*: Privatautonomie von Todes wegen. Verfassungs- und zivilrechtliche Grundlagen der Testierfreiheit im Vergleich zur Vertragsfreiheit unter Lebenden, 2008, 2; *Walter Leisner*: Erbrecht, in: Isensee, Josef; Kirchhof, Paul (Hrsg.): Handbuch des Staatsrechts der Bundesrepublik Deutschland, Band VIII, 3. Aufl. 2010, § 174 Rn. 1; BVerfGE 97, 1 (6); 112, 332 (348f.).

75 Die Prozessgrundrechte zählen zur Gruppe der sogenannten Leistungsgrundrechte. Dazu näher m.N. sogleich infra Teil 4, C.II.1.b.bb.(1)(b)(cc); auch schon supra Teil 4, C.I.1.b.aa.(3)(d).

76 Supra Teil 4, A.II.1. m.N.

77 *Cornils* (Fn. 4), 169, 216, 246, 639.

respektieren. Insbesondere habe der Gesetzgeber die Vertragspartnerwahl, die Entscheidung zum Vertragsabschluss oder zu seiner Beendigung sowie die von den Parteien individuell bestimmten Vertragsinhalte anzuerkennen[78]. Einfachgesetzliche Regelungen hätten inhaltlich dem selbstbestimmten, gemeinsamen Willen der Vertragspartner zu folgen und nicht umgekehrt werde die rechtsgeschäftliche Selbstbestimmung nur im Rahmen staatlicher Anerkennung garantiert[79]. Vertragsansprüche und -sanktionen müssten durch einfaches Recht grundsätzlich klagbar gestellt werden, außerdem müssten sie durchsetzbar sein[80].

β. Ehefreiheit (Art. 6 Abs. 1 GG)

Im Bereich der Ehefreiheit weisen nach den Grundsätzen des nicht-universalistischen abwehrrechtlichen Modells die Strukturelemente der Verschiedengeschlechtlichkeit, der Monogamie und der Ehegattenautonomie ein hohes Maß an Eindeutigkeit und Bestimmtheit auf und werden aufgrund dessen als Prinzipien eingeordnet[81]. Art. 6 Abs. 1 GG verbiete dem Gesetzgeber strikt, die Ehe für bi- oder gar polygame oder gleichgeschlechtliche Verhältnisse zu öffnen und enthalte umgekehrt das Gebot, das Institut für verschiedengeschlechtliche Partner zu erhalten[82]. Das Prinzip der Lebensgemeinschaft in autonomer Gestaltung verpflichte die Legislative darüber hinaus definitiv, die individuelle Entscheidung und den Willen der Ehegatten zur Eheschließung (Eheschließungsfreiheit) und zur eigenverantwortlichen und beliebigen Bestimmung der Inhalte der ehelichen Lebensgemeinschaft (Inhaltsbestimmungsfreiheit) anzuerkennen[83] und enthalte zudem ein prinzipielles Benachteiligungsverbot[84].

γ. Vereinigungs- und Koalitionsfreiheit (Art. 9 Abs. 1, 3 GG)

Die Vereinigungs- und die Koalitionsfreiheit werden von *Cornils* als spezielle Ausprägungen der Vertragsfreiheit behandelt. Dementsprechend bildet auch hier die Autonomie der grundrechtsberechtigten Einzelmitglieder, Vereinigungen und Koalitionen das zentrale Strukturelement[85]. Es wird aufgrund seiner

---

78 Vgl. *Cornils* (Fn. 4), 206, 216f., 246, 610 Fn. 185, 665.

79 Vgl. *Cornils* (Fn. 4), 216, 207.

80 Vgl. *Cornils* (Fn. 4), 218f., 233ff., 614.

81 *Cornils* (Fn. 4), 390 (Monogamie und Verschiedengeschlechtlichkeit), 360f., 363ff., 639, 665 (Autonomie).

82 *Cornils* (Fn. 4), 390f., der damit die Verschiedengeschlechtlichkeit auch als konstitutives Merkmal des verfassungsrechtlichen Ehebegriffs betrachtet. Vgl. zu dieser, wie auch zur Gegenansicht bereits die Nachweise supra Teil 3, D.I.2.

83 Vgl. *Cornils* (Fn. 4), 665, 610 Fn. 185, 394.

84 Verbot relativer Schlechterstellung, vgl. *Cornils* (Fn. 4), 386ff.

85 Dazu m.N. supra Teil 4, A.II.3.

eindeutig bestimmbaren Aussagen als Prinzip charakterisiert[86], das den Gesetzgeber zur umfassenden Anerkennung gesellschaftsrechtlicher Privatautonomie verpflichtet[87]. Insbesondere habe er die Entscheidung der Grundrechtsberechtigten, sich zur Verfolgung frei gewählter Zwecke beziehungsweise zum Zwecke der Wahrung und Förderung der Arbeits- und Wirtschaftsbedingungen beliebig zusammenzuschließen (Gründungsautonomie), zu respektieren und die individuelle Willensbildung und Bestimmung der Vertragsinhalte, das heißt die Verfassung der Vereinigung beziehungsweise Koalition (Willensbildungs- und Satzungsautonomie) anzuerkennen[88].

δ. *Eigentumsgarantie (Art. 14 Abs. 1 GG)*

Im Bereich des Eigentumsgarantie werden sämtliche Strukturelemente, also einerseits die Selbstbestimmung des Eigentümers mit ihren Ausprägungen der Privatnützigkeit, Verfügungsbefugnis und Exklusivität der Zuordnung (Art. 14 Abs. 1 S. 1 GG) und andererseits die Sozialbindung (Art. 14 Abs. 2 GG)[89], als Prinzipien charakterisiert[90]. Dies ergebe sich aus dem Wortlaut des Art. 14 Abs. 1 S. 2 und Abs. 2 GG, dem klar entnommen werden könne, dass das Grundrecht den Gesetzgeber auffordere, die Rechte des Eigentümers in Abwägung mit gegenläufigen Prinzipien, die die Interessen und Rechtsgüter Dritter und der Allgemeinheit schützen, zur Geltung zu bringen[91]. Überdies seien auch die Eigentumsfähigkeit aller vermögenswerten Gegenstände sowie die eigene Leistung und privatautonome Zuordnung prinzipielle Gehalte des Art. 14 Abs. 1 S. 2 GG[92]. Die Legislative habe jede privatautonom oder nach Maßgabe eigener Leistung erworbene Eigentümerposition, jede selbstbestimmt gestaltete Einteilung und Abgrenzung von Eigentumsgegenständen sowie jede denkbare Nutzungsmöglichkeit als rechtmäßig anzuerkennen[93]. Dieses Prinzip verbiete dem Gesetzgeber definitiv, die umfassende Handlungsfreiheit des Eigentümers zu beschränken und gebiete ihm zugleich ebenso klar und final, Dritten Verhaltensweisen zu verbieten, die die Eigentümerfreiheit beeinträchtigen. Die Grenze jenes Prinzips der Eigentümerautonomie bilde das gegenläufige Prinzip der Sozialpflichtigkeit, das Einschränkungen der grundsätzlich umfassenden

86 Vgl. zum Ganzen *Cornils* (Fn. 4), 427ff., 435, 441.
87 *Cornils* (Fn. 4), 429, 441.
88 Vgl. *Cornils* (Fn. 4), 431, 434f., 439.
89 Zu diesen Strukturelementen m.N. supra Teil 4, A.II.4.
90 *Cornils* (Fn. 4), 297, 321, 333f., 325, 328ff., 337, 536, 643.
91 *Cornils* (Fn. 4), 290f.
92 *Cornils* (Fn. 4), 337, 333f.
93 *Cornils* (Fn. 4), 323, 332, 337, 610 Fn. 185.

Eigentümerfreiheit rechtfertigen könne. Die Sozialbindung gebiete dem Gesetzgeber ebenso unmissverständlich und strikt, bei der Festlegung konkreter Eigentumsnutzungs- und Verfügungsbefugnisse und deren Reichweite kollidierende Interessen Dritter und/oder der Allgemeinheit zu berücksichtigen und sie als Gegengründe in seine Abwägung einzubeziehen. Zusammen besehen verpflichteten die gegenläufigen Prinzipien der Eigentümerautonomie und der Sozialbindung zu einer engmaschigen, die kollidierenden Prinzipien zu einem optimalen Ausgleich führenden Eigentumsgesetzgebung[94].

ε. *Erbrechtsgarantie (Art. 14 Abs. 1 GG)*

Aufgrund der strukturellen Gleichheit von Eigentums- und Erbrechtsgarantie (die Erbrechtsgarantie gewährleistet Eigentum auch über den Tod hinaus[95]) können die von *Cornils* zur Eigentumsfreiheit entwickelten Grundsätze hier entsprechend angewendet und damit auch sämtliche Strukturelemente der Erbrechtsgarantie, das heißt die Selbstbestimmung mit ihren Ausprägungen der Testierfreiheit (Verfügungsbefugnis über den Tod hinaus) und Privaterbfolge[96] als Prinzipien charakterisiert werden.

(cc) Prinzipielle Gehalte normgeprägter Leistungsgrundrechte

Die Rechtsschutzgarantie (Art. 19 Abs. 4 S. 1 GG) sowie die Garantien des gesetzlichen Richters (Art. 101 Abs. 1 S. 2 GG) und des rechtlichen Gehörs (Art. 103 Abs. 1 GG) sind anerkanntermaßen anders strukturiert als die bislang behandelten normgeprägten Freiheitsgrundrechte. Sie werden gemeinhin als sogenannte Leistungsgrundrechte eingeordnet[97]. Im Gegensatz zu den Freiheitsgrundrechten

94 Vgl. zum Ganzen *Cornils* (Fn. 4), 329, 643.

95 Vgl. nur BVerfGE 112, 332 (348); *Joachim Wieland*, in: Dreier, Horst (Hrsg.): Grundgesetz, Kommentar, Band 1, 3. Aufl. 2013, Art. 14 Rn. 78; weitere Nachweise supra Teil 3, D.I.5. sowie supra Teil 4, A.II.4.

96 Dazu m.N. supra Teil 4, A.I.4.

97 Vgl. *Borowski* (Fn. 57), 303; *Fritz Ossenbühl*: Grundsätze der Grundrechtsinterpretation, in: Merten, Detlef; Papier, Hans-Jürgen (Hrsg.): Handbuch der Grundrechte in Deutschland und Europa, Band I, 2004, § 15 Rn. 58; *Walter Krebs*: Rechtliche und reale Freiheit, in: Merten, Detlef; Papier, Hans-Jürgen (Hrsg.): Handbuch der Grundrechte in Deutschland und Europa, Band II, 2006, § 31 Rn. 55; *Hans D. Jarass*: Die Grundrechte: Abwehrrechte und objektive Grundsatznormen. Objektive Grundrechtsgehalte, insbes. Schutzpflichten und privatrechtsgestaltende Wirkung, in: Badura, Peter; Dreier, Horst (Hrsg.): Festschrift 50 Jahre Bundesverfassungsgericht, Band 2, 2001, 34, 51ff. m.w.N.; *Jarass* (Fn. 18), 354f.; *Michael Sachs*, in: Sachs, Michael (Hrsg.): Grundgesetz. Kommentar, 8. Aufl. 2018, vor Art. 1 Rn. 49; *Gellermann* (Fn. 11), 10 Fn. 58; *Cornils* (Fn. 4), 443. Dazu m.N.u.w.V. auch schon supra Teil 4, C.I.1.b.aa.(3)(d).

geben diese dem Gesetzgeber gerade nicht auf, Einrichtungen und Rechtsformen bereitzustellen, um die Selbstbestimmung der Grundrechtsträger zu entfalten und zu sichern. Vielmehr sind sie gerichtet auf staatliche Leistung von Rechtsschutz[98] und rechtlichem Gehör[99] vor dem gesetzlichen Richter[100], um anderweitig bereits zuerkannte materielle Grund- und einfache Rechte mit hoheitlichen

98 Vgl. *Michael/Morlok* (Fn. 10), Rn. 885; *Eberhard Schmidt-Aßmann*: Grundrechte als Organisations- und Verfahrensgarantien, in: Merten, Detlef; Papier, Hans-Jürgen (Hrsg.): Handbuch der Grundrechte in Deutschland und Europa, Band II, 2006, § 45 Rn. 2; *Cornils* (Fn. 4), 443, 445; *Huber* (Fn. 28), Rn. 370; *Helmuth Schulze-Fielitz*, in: Dreier, Horst (Hrsg.): Grundgesetz, Kommentar, Band 1, 3. Aufl. 2013, Art. 19 IV Rn. 84; *Christoph Enders*, in: Epping, Volker; Hillgruber, Christian (Hrsg.): Beck`scher Online-Kommentar Grundgesetz, Stand: Oktober 2017, Art. 19 Rn. 51f.; BVerfGE 101, 106 (123); 110, 339 (342); 118, 168 (207). Ob die Rechtsschutzgarantie darüber hinaus überhaupt abwehrrechtliche Gehalte in sich trägt, wird nicht einheitlich beantwortet, dafür etwa *Schulze-Fielitz* (Fn. 98), Rn. 84; dagegen *Hartmut Maurer*: Rechtsstaatliches Prozessrecht, in: Badura, Peter; Dreier, Horst (Hrsg.): Festschrift 50 Jahre Bundesverfassungsgericht, Band 2, 2001, 467, 474f.; *Christoph Brüning*, in: Stern, Klaus; Becker, Florian (Hrsg.): Grundrechte-Kommentar, 2. Aufl. 2016, Art. 19 Rn. 102, 119; *Michael Sachs*, in: Sachs, Michael (Hrsg.): Grundgesetz. Kommentar, 8. Aufl. 2018, Art. 19 Rn. 12.

99 Art. 103 Abs. 1 GG wehrt nicht in erster Linie staatliche Übergriffe in Gerichtsverfahren ab, sondern gewährt dem Bürger in selbigen das Recht auf Information, das Recht auf Äußerung und das Recht auf Berücksichtigung seines Vorbringens und statuiert damit ebenfalls eine an den Staat gerichtete Leistungsverpflichtung (*Kingreen/Poscher* (Fn. 70), Rn. 1241 m.w.N.; *Helmuth Schulze-Fielitz*, in: Dreier, Horst (Hrsg.): Grundgesetz, Kommentar, Band 3, 3. Aufl. 2018, Art. 103 I Rn. 27; *Michael/Morlok* (Fn. 10), 898ff.; BVerfGE 63, 80 (85); 69, 145 (148); 86, 133 (144); 89, 28 (35); 107, 395 (409); vgl. auch *Nicole Voßen*: Die Rechtsprechung des Bundesverfassungsgerichts zur Rechtsweggarantie des Art. 19 Abs. 4 GG, den Verfahrensgarantien nach 101 Abs. 1 Satz 2 GG, Art. 103 Abs. 1 GG und zum Prozeßrecht der Fachgerichte, 2002, 253; *Cornils* (Fn. 4), 444, 447). Dazu auch schon supra Teil 3, D.I.1. m.N.

100 Art. 101 Abs. 1 S. 2 GG verlangt vom Gesetzgeber, dass er die Zuständigkeiten von Gerichtsbarkeit, Gericht und entscheidungsbefugten Spruchkörpern abstrakt-generell im Voraus festlegt (statt vieler *Hufen* (Fn. 74), § 21 Rn. 24; *Thomas Roth*: Das Grundrecht auf den gesetzlichen Richter, 2000, 63; *Christoph Degenhart*, in: Sachs, Michael (Hrsg.): Grundgesetz. Kommentar, 8. Aufl. 2018, Art. 101 Rn. 5; vgl. auch *Bodo Pieroth*, in: Jarass, Hans D.; Pieroth, Bodo: Grundgesetz für die Bundesrepublik Deutschland, Kommentar, 14. Aufl. 2016, Art. 101 Rn. 1, 9ff.; *Claus Dieter Classen*, in: Mangoldt, Hermann von; Klein, Friedrich; Starck, Christian (Hrsg.): Grundgesetz, Kommentar, Band 3, 7. Aufl. 2018, Art. 101 Abs. 1 Rn. 16f.; *Helmuth Schulze-Fielitz*, in: Dreier, Horst (Hrsg.): Grundgesetz, Kommentar, Band 3, 3. Aufl. 2018, Art. 101 Rn. 38; BVerfGE 9, 223 (226); 17, 294 (298f.); 95, 322, (327f.). Damit wird sichergestellt,

Mitteln durchzusetzen; letzteren soll also mit Hilfe des gerichtlichen Verfahrens zu tatsächlicher Wirksamkeit verholfen werden[101].

Mit anderen Worten spielt das – hier als *zentrales* Prinzip aller Freiheitsgrundrechte herausgearbeitete – Strukturelement der Autonomie[102] im Rahmen der Leistungsgrundrechte keine Rolle und wird deshalb auch weder als prinzipieller noch als nicht-prinzipieller Grundrechtsgehalt in Betracht gezogen[103]. Dies bedeutet jedoch nicht zugleich, dass den Leistungsgrundrechten keinerlei prinzipielle Gehalte entnommen werden (können). Im Gegenteil: Mit Hilfe des Bestimmtheits- bzw. Finalitätskriteriums gelingt es auch hier, Prinzipien zu identifizieren. *Cornils* demonstriert dies am Beispiel der Rechtsschutzgarantie[104] (α.). Die dort angestellten Überlegungen können auf die Garantien des gesetzlichen Richters und des rechtlichen Gehörs übertragen werden, da es sich ebenfalls um (prozessuale) Leistungsgrundrechte handelt, sie also vergleichbar strukturiert sind wie Art. 19 Abs. 4 S. 1 GG (β.).

α. Rechtsschutzgarantie (Art. 19 Abs. 4 S. 1 GG)

Als auf Optimierung angelegtes Prinzip wird das in der Rechtsschutzgarantie enthaltene Effektivitätspostulat eingeordnet, soweit es fordere, dass lückenlos *jede* mutmaßlich eingreifende Verwaltungsentscheidung wenigstens einmal durch ein staatliches Gericht (Gebot lückenlosen Rechtsschutzes in der Breite) vollumfänglich in tatsächlicher und rechtlicher Hinsicht nachgeprüft werden können muss (Gebot lückenlosen Rechtsschutzes in der Tiefe)[105]. Jenes Lückenlosigkeitspostulat verpflichte den Gesetzgeber quasi-definitiv[106], *überhaupt* Rechtsschutz verfügbar zu halten beziehungsweise den Zugang zu Gericht zu gewähren[107] und weise damit sogar einen noch höheren Festsetzungsgehalt auf

---

dass nur der gesetzlich bestimmte und nicht ein anderweitig bestimmter Richter Recht spricht. Zum Ganzen auch schon supra Teil 3, D.I.1. m.N.

101 Vgl. explizit zur Rechtsschutzgarantie und unter pauschalem Verweis auf Art. 101 und 103 GG *Cornils* (Fn. 4), 443f., zu Art. 19 Abs. 4 S. 1 GG nochmals 474f., 465; vgl. auch *Kingreen/Poscher* (Fn. 70), Rn. 1157; *Huber* (Fn. 28), Rn. 370 m.w.N.

102 Supra Teil 4, C.II.1.b.bb.(1)(b)(aa) m.N.

103 Vgl. *Cornils* (Fn. 4), 474 im Hinblick auf die Rechtsschutzgarantie.

104 Zum Ganzen *Cornils* (Fn. 4), 443ff.

105 *Cornils* (Fn. 4), 485, 639, 649. Das Lückenlosigkeitspostulat ist nach Ansicht von *Cornils* (Fn. 4), 642 ein Beispiel einer Verdichtung des nicht-prinzipiellen Gehalts der Funktionsadäquanz (dazu sogleich infra Teil 4, C.II. 1.b.bb.(1)(c)(aa) α.) zu einer verselbständigten Prinzipiennorm.

106 *Cornils* (Fn. 4), 485.

107 *Cornils* (Fn. 4), 467, 473.

als die prinzipiellen Gehalte der Freiheitsgrundrechte. Als (absolut strikte, nicht relativierbare) Regel sei jene Handlungsvorgabe gleichwohl nicht einzuordnen, vielmehr als starkes, das heißt theoretisch jedenfalls abwägungsfähiges, aber unter normalen Umständen kaum einschränkbares Prinzip[108]. Dieses verbiete dem Gesetzgeber strikt jedwede Regelung, die geeignet ist, die gerichtliche Kontrolle von Verwaltungsentscheidungen aus nicht dem Rechtsschutzsuchenden zurechenbaren Gründen schlechthin zu vereiteln[109].

Weitere prinzipielle Gehalte ließen sich Art. 19 Abs. 4 S. 1 GG nicht entnehmen, insbesondere keinerlei konkrete Handlungsvorgaben zur Ausformung des Rechtsschutzes, beispielsweise im Hinblick auf die verbleibenden Effektivitätsstandards[110] oder die Gerichtsorganisation und das –verfahren (Prozessrecht)[111].

β. Garantien des gesetzlichen Richters (Art. 101 Abs. 1 S. 2 GG) und des rechtlichen Gehörs (Art. 103 Abs. 1 GG)

Neben Art. 19 Abs. 4 S. 1 GG zählen auch die Garantien des gesetzlichen Richters und des rechtlichen Gehörs zu den auf staatliche Leistung zielenden Prozessgrundrechten. Während die Rechtsschutzgarantie das Recht *auf* gerichtlichen Rechtsschutz verbürgt, gewährleisten Art. 101 Abs. 1 S. 2 GG und Art. 103 Abs. 1 GG Rechte *im* gerichtlichen Verfahren[112]. Wie die Rechtsschutzgarantie enthalten auch die Garantien des gesetzlichen Richters und des rechtlichen Gehörs quasi-definitive Handlungsvorgaben, die nach den *Cornils*`schen Grundsätzen als starke Prinzipien einzuordnen sind: Art. 101 Abs. 1 S. 2 GG verbietet strikt jedwede Regelung, die geeignet ist, den gesetzlichen Richter zu entziehen und verpflichtet den Gesetzgeber mithin jedenfalls, *überhaupt* Zugang zum Richter zu gewähren. Ein hohes Maß an Bestimmtheit und Finalität weist auch die in Art. 103 Abs. 1 GG enthaltene und an die Legislative gerichtete Forderung auf, Regelungen zu schaffen und vorzuhalten, die den Beteiligten die Äußerung im gerichtlichen Verfahren vor der Entscheidung *überhaupt* ermöglichen[113]. Sie wäre in Anwendung der Grundsätze

---

108 Vgl. zum Ganzen *Cornils* (Fn. 4), 452f. unter Verweis auf BVerfGE 107, 395 (407), nochmals 649.

109 Vgl. *Cornils* (Fn. 4), 484f., implizit auch 448; in der Sache ähnlich BVerfGE 101, 397 (407f.).

110 Qualität, Rechtssicherheit, Rechtzeitigkeit und wirtschaftliche Günstigkeit, sogleich infra Teil 4, C.II.1.b.bb.(1)(c)(cc).

111 Vgl. *Cornils* (Fn. 4), 467, 470, 472. Zu diesen nicht-prinzipiellen Gehalten infra Teil 4, C.II.1.b.bb.(1)(c)(aa) ζ. und η. m.N.

112 Dazu m.N. supra Teil 4, A.II.5.-7.

113 Zu diesem Strukturelement m.N. supra Teil 4, A.II.7.

des nicht-universalistischen abwehrrechtlichen Modells damit ebenfalls als Prinzip zu qualifizieren.

Darüber hinausreichende, starke prinzipielle Gehalte im Sinne detaillierter Handlungsanweisungen für die konkrete Ausformung des Gerichtsorganisations- und Verfahrensrechts, zum Beispiel bezüglich etwaiger Zuständigkeitsregelungen oder einzelner Modalitäten der Gehörsgewährung lassen sich Art. 101 Abs. 2 S. 1 GG und Art. 103 Abs. 1 GG indes nicht entnehmen.

(c) Sekundäre Vorgaben durch nicht-prinzipielle Grundrechtsgehalte[114]

Die verbleibenden Gehalte normgeprägter Grundrechte werden im nicht-universalistischen abwehrrechtlichen Modell als sekundäre, das heißt nicht-prinzipielle Vorgaben eingeordnet. Es handelt sich hierbei um die Regelungs- und Organisationsaufträge der Vertrags-, Ehe-, Vereinigungs-, Koalitions- und Eigentumsfreiheit sowie der Rechtsschutzgarantie[115] ((aa)), daneben um die Strukturelemente der Öffentlichkeit, grundsätzlichen Unauflöslichkeit und Freiwilligkeit im Rahmen der Ehefreiheit[116] ((bb)) sowie um die aus dem Strukturmerkmal der Rechtsschutzeffektivität fließenden Aspekte der Rechtssicherheit, der Qualität, der Rechtzeitigkeit und der wirtschaftlichen Günstigkeit des Rechtsschutzes ((cc)). All diese Gehalte forderten vom Gesetzgeber nicht ihre maximale Verwirklichung, sondern verpflichteten ihn lediglich, für einen grundrechtlich nur punktuell, aber nicht vollständig definierten Sollzustand rechtlicher und faktischer Voraussetzungen der Wahrnehmung des Grundrechts zu sorgen[117]. Mit anderen Worten enthalten sekundäre Vorgaben kein bis ins einzelne gehendes Gesetzgebungsprogramm[118], sondern lediglich grundlegende Handlungsanweisungen, die einige Mindestanforderungen[119] statuieren, nicht aber en detail den genauen Inhalt der einfachrechtlichen Normen bestimmen.

---

114 Vgl. *Cornils* (Fn. 4), 643, 665.

115 Vgl. *Cornils* (Fn. 4), 391f. (Ehe), 439f. (Vereinigung und Koalition), 614ff. (Vertrag, Rechtsschutz, Eigentum), 643f. (Eigentum).

116 *Cornils* (Fn. 4), 391f.

117 *Cornils* (Fn. 4), 633, vgl. auch 211, 224, 226f., 230 (Vertrag), 392 (Ehe), 440ff. (Vereinigung und Koalition), 476ff. (Rechtsschutz), 590, 597, 611, 615 (Vertrag, Eigentum, Rechtsschutz), 653f.

118 *Cornils* (Fn. 4), 222.

119 Vgl. *Cornils* (Fn. 4), 637, 223ff. (Vertrag), 440 (Vereinigung und Koalition), 471ff. (Rechtsschutz). Die Vorstellung von grundrechtlichen Mindeststandards findet sich insbesondere auch im Konzept von *Gellermann*. Dazu eingehend m.N. infra Teil 4, C.III.2.b.aa.(1). Speziell zu den Unterschieden der *Cornils*`schen und der *Gellermann*`schen Vorstellung vom Mindeststandard nochmals infra Teil 4, C.V.3.

Letzteres wird vielmehr dem Gesetzgeber überlassen. Er allein befindet über die konkrete Gestalt seiner Regelungen. Welches Konzept er wählt, ist letztlich ihm anheimgestellt[120].

Diese charakteristisch inhaltliche Unschärfe[121], die eine hinreichend sichere Bestimmung der idealen Zeitpunkte des Sollens (Optima) unmöglich mache[122], tragen nach der *Cornils'*schen Vorstellung *sämtliche* grundrechtlichen Regelungs- und Organisationsaufträge in sich, das heißt neben den bereits genannten auch die der – von *Cornils* nicht untersuchten – Erbfreiheit ((aa)ε.) sowie der Garantien des gesetzlichen Richters und des rechtlichen Gehörs[123] ((aa)η.). Gleiches gilt für einige der im Rahmen der Vertragsfreiheit relevanten Strukturelemente ((dd)). Auch all jene grundrechtlichen Vorgaben sind daher in Anwendung der Grundsätze des nicht-universalistischen abwehrrechtlichen Konzepts als nicht-prinzipielle Gehalte einzuordnen.

(aa) Regelungs- und Organisationsaufträge normgeprägter Grundrechte

α. Funktionsadäquanz als einzelgrundrechtsübergreifende Mindestbedingung

Als zentrale Mindestbedingung aller normgeprägten Grundrechte arbeitet *Cornils* die Funktionsadäquanz oder auch Praktikabilität gesetzlicher Regelungen[124] heraus. Deren konkreter Inhalt variiert von Grundrecht zu Grundrecht und soll im Folgenden näher dargestellt werden:

---

120 Vgl. *Cornils* (Fn. 4), 226f., 230 (Vertrag), 388f., 392 (Ehe), 440, 442 (Vereinigung und Koalition), 470 (Rechtsschutz).

121 *Cornils* (Fn. 4), 615.

122 Vgl. *Cornils* (Fn. 4), 609 (einzelgrundrechtsübergreifend), 247 (Vertrag), 233 (Vertrag und Rechtsschutz).

123 Supra Teil 4, A.II.4., 6., 7. m.N.

124 *Cornils* (Fn. 4), 615, 635 (einzelgrundrechtsübergreifend), vgl. auch 223, 247, 634f. (Vertrag), 388ff., 391f. (Ehe), 440, 442 (Vereinigung und Koalition), 337, 665 (Eigentum), 635 (Rechtsschutz). Da *Cornils* weder die Erbfreiheit noch die Garantien des gesetzlichen Richters und des rechtlichen Gehörs untersucht, finden sich bezüglich dieser Grundrechte keinerlei Ausführungen zu eventuellen Mindestbedingungen. Aufgrund der identischen Struktur von Eigentums- und Erbfreiheit sowie der Prozessgrundrechte (Normgeprägtheit) kann die Rede von der Funktionsadäquanz jedoch auch auf letztere übertragen werden. Zur Funktionsfähigkeit im Rahmen der Vereinigungsfreiheit bspw. auch BVerfGE 50, 290 (355).

β. Vertragsfreiheit (Art. 2 Abs. 1 GG)

Aus Sicht des nicht-universalistischen abwehrrechtlichen Modells beauftragt die Vertragsfreiheit den Gesetzgeber nicht, möglichst strikte und effiziente einfachrechtliche Normen(komplexe) zu erlassen, sondern verpflichtet ihn lediglich, eine *funktionsadäquate*, das heißt eine wesentlich dem Selbstbestimmungsprinzip dienende und an ihm orientierte Vertragsrechtsordnung[125] bereit zu stellen[126]. Dieser Forderung komme die Legislative nach, wenn sie eine Absprache als rechtens ausweise und dispositive[127], vertragsergänzende, typischerweise interessengerechte Entlastungs- und Sanktionsvorschriften, kurz: Regelungen zur Stabilisierung und Verwirklichung vertraglicher Ansprüche auf der Ebene des materiellen Rechts, des gerichtlichen Erkenntnis- sowie des Vollstreckungsverfahrens schaffe und vorhalte[128].

Für den Bereich des materiellen Rechts gebe Art. 2 Abs. 1 GG der Legislative auf, die Privatautonomie als Leitprinzip zu beachten und mit Blick auf den Grundsatz *pacta sunt servanda* ein vernünftiges Haftungsrecht für Vertragsverletzungen, also einen dispositiven Normenkomplex, der im Falle von Leistungsstörungen sinnvolle und akzeptable Lösungsmöglichkeiten anbietet, zu etablieren (Mindestbedingung materielles Sanktionsrecht)[129]. Innerhalb dieses Rahmens könne der Gesetzgeber frei entscheiden, welche konkrete Gestalt er der

---

125 Vgl. *Cornils* (Fn. 4), 224, 227, 231, 235, 642. Dagegen versteht *Bumke* (Fn. 4), 69 unter einer funktionsfähigen Vertragsrechtsordnung ein legitimes, angemessenes und gerechtes Gefüge von Rechten und Pflichten.

126 Vgl. *Cornils* (Fn. 4), 615, vgl. auch 223f., 226, 235, 247, 634f.

127 Dem Selbstbestimmungsprinzip werde in erster Linie durch einfachrechtliche Vorschriften Rechnung getragen, über die die Vertragsparteien disponieren und an ihrer Stelle eigene Regelungen treffen können, *Cornils* (Fn. 4), 228. Zwingende Gesetze dagegen missachteten das grundrechtliche Selbstbestimmungsprinzip, griffen damit in die Vertragsfreiheit ein und seien abwehrrechtlich rechtfertigungsbedürftig, *Cornils* (Fn. 4), 230. Zu den Folgen dieser Einschätzung für die Bindung des Gesetzgebers infra Teil 4, C.III.1.b.aa., cc.

128 Vgl. *Cornils* (Fn. 4), 218f., 220, 230, 232ff., 245, 247. Im nicht-universalistischen abwehrrechtlichen Modell umfasst der Schutzbereich der Vertragsfreiheit nicht nur die Freiheit zur Begründung materiell-rechtlicher Pflichten, sondern auch deren Erzwingbarkeit und Durchsetzbarkeit, da es bei der Justizgewährung gerade um Inhalt und Ausmaß der rechtlichen Sanktionierung von Verträgen und damit um eine für die Entfaltung der Vertragsfreiheit essentielle Frage gehe. Dieser Aspekt werde regelmäßig – auch vom Bundesverfassungsgericht – übersehen, *Cornils* (Fn. 4), 232, 235ff. m.V. auf BVerfGE 89, 214 (231f.).

129 Vgl. *Cornils* (Fn. 4), 221ff.

Regelung verleihe[130]; das Grundrecht gebe diesbezüglich weder Maß noch Inhalt vor, sondern lasse unterschiedliche Konzeptionen zu[131]. Das geltende Leistungsstörungsrecht (zu denken wäre hier beispielsweise an die Regelungen zum Schadenersatz wegen Pflichtverletzungen, §§ 280ff. BGB oder die Vorschriften zur Vertragsstrafe, §§ 339ff. BGB) entspreche diesen grundrechtlichen Vorgaben[132].

Auf der Ebene des gerichtlichen Erkenntnisverfahrens enthalte Art. 2 Abs. 1 GG die Mindestanforderung, vertragliche Ansprüche klagbar zu stellen und die Interessen der Vertragsparteien ausgewogen zu berücksichtigen[133].

Auf der Vollstreckungsebene[134] schließlich verpflichte die Vertragsfreiheit den Gesetzgeber, einen funktionsfähigen Vollstreckungsmechanismus einzurichten, das heißt effektive, rechtsförmige Verfahren und hoheitliche Zwangsmittel zur Durchsetzung vertraglicher Ansprüche verfügbar zu halten[135]. Nähere Vorgaben zu den institutionellen, materiell- und verfahrensrechtlichen Voraussetzungen der justiziellen Feststellung und Durchsetzung berge die Vertragsfreiheit indes nicht[136].

---

130 Die schließlich tatsächlich gewählte Gestalt beruhe meist auf historischen Zufälligkeiten und tradierten Vorstellungen, *Cornils* (Fn. 4), 222f. m.w.N.

131 *Cornils* (Fn. 4), 223, 226. Dies gelte sowohl für die grundsätzliche Frage, ob Leistungsstörungsregelungen detailliert oder generalklauselartig und unbestimmt werden sollten, wie auch für die mannigfaltigen inhaltlichen Einzelfragen, die mit der Ausformung jener Vorschriften verbunden seien, *Cornils* (Fn. 4), 226.

132 Vgl. *Cornils* (Fn. 4), 229 m.w.N.

133 *Cornils* (Fn. 4), 235, andeutend 219.

134 Aufgrund des staatlichen Zwangsmonopols (statt vieler *Rolf Lackmann*, in: Musielak, Hans-Joachim; Voit, Wolfgang (Hrsg.): Zivilprozessordnung mit Gerichtsverfassungsgesetz, 14. Aufl. 2017, Vorb. § 704 Rn. 1) – welches Gläubigern verwehrt, ihre Ansprüche im Wege der Selbsthilfe zu vollstrecken (BVerfGE 61, 126 (136), vgl. zum Selbsthilfeverbot im Zusammenhang mit der Eigentumsgarantie auch die Ausführungen supra Teil 3, D.I.4.b. m.N.) – sei die Durchsetzbarkeit vertraglicher Ansprüche eine ebenso wesentliche Funktionsvoraussetzung der Vertragsfreiheit wie deren Erzwingbarkeit, *Cornils* (Fn. 4), 232, 235ff. (vgl. auch supra Fn. 128). Zwischen materieller Vertragsfreiheit und staatlichen Durchsetzungsmechanismen bestehe ein funktionaler Zusammenhang: Ohne die Gewissheit, Ansprüche notfalls auch gegen den Willen des Vertragspartners mit staatlicher Hilfe vollstrecken zu können, wäre der Vertrag als Instrument gemeinsamer Zielverwirklichung und Freiheitsentfaltung für beide Parteien überwiegend sinnlos, vgl. *Cornils* (Fn. 4), 236f.

135 *Cornils* (Fn. 4), 235, 239, 241, 245.

136 Vgl. *Cornils* (Fn. 4), 233, 234, 235, 614.

γ. *Ehefreiheit (Art. 6 Abs. 1 GG)*

Als wertentscheidende Grundsatznorm enthält die Ehefreiheit (Art. 6 Abs. 1 GG) einen Förder- und Schutzauftrag[137]. Ersterer verpflichte den Gesetzgeber, die faktischen Bedingungen für das Leben in der Ehe zu verbessern. Gefordert seien hier ebenfalls vernünftige, *funktionale* Regelungen, die auch andere Belange berücksichtigen. Tiefergehende Anweisungen zu Inhalt und Ausmaß jener Normen enthalte dieser Förderauftrag wiederum nicht und sei deshalb als nicht-prinzipiell einzuordnen[138]. Gleiches wird für den Schutzauftrag angenommen[139].

δ. *Vereinigungs- und Koalitionsfreiheit (Art. 9 Abs. 1, 3 GG)*

Ganz ähnlich wie die Vertragsfreiheit enthalte auch Art. 9 GG lediglich die inhaltlich nicht vollständig festgelegte, relativ unbestimmte und damit nicht-prinzipielle Vorgabe, eine *funktionsadäquate* Gesellschaftsrechtsordnung bereit zu halten. Der Gesetzgeber sei verpflichtet, statusergänzende und -entlastende dispositive Vorschriften zu erlassen, die die gesellschaftsvertragliche Privatautonomie der berechtigten Einzelnen, Vereinigungen und Koalitionen sinnvoll abstützten und deren Ausübung erleichterten, indem sie einen typischerweise angemessenen Ausgleich der Interessen der Vereinigungs-/Koalitionsmitglieder vorsähen (Mindestbedingung der Bereitstellung eines gesellschaftsrechtlichen Normenkomplexes)[140].

ε. *Eigentums- und Erbfreiheit (Art. 14 Abs. 1 GG)*

Die Eigentumsfreiheit schließlich verpflichte den Gesetzgeber zu nicht mehr als zur Einrichtung einer *funktionsadäquaten*, praktikablen Eigentumsordnung. Auch dieser Auftrag sei wegen seiner weitgehenden Unbestimmtheit als nicht-prinzipiell zu qualifizieren. Art. 14 Abs. 1 S. 2 GG gebe nicht etwa den konkreten

---

137 BVerfGE 6, 55 (76); 82, 60 (81); 87, 1 (35) – st. Rspr.; aus der Literatur exemplarisch *Volker Epping*: Grundrechte, 7. Aufl. 2017, Rn. 508; *Arnd Uhle*, in: Epping, Volker; Hillgruber, Christian (Hrsg.): Beck`scher Online-Kommentar Grundgesetz, Stand: Oktober 2017, Art. 6 Rn. 33.

138 Vgl. *Cornils* (Fn. 4), 388f. unter Verweis auf BVerwGE 91, 130 (134).

139 *Cornils* (Fn. 4), 389f.

140 Vgl. *Cornils* (Fn. 4), 440, 442, auch 403. In ganz ähnlicher Weise spricht das Bundesverfassungsgericht im Mitbestimmungsurteil von der Verpflichtung des Gesetzgebers, eine „hinreichende Vielfalt von Rechtsformen zur Verfügung zu stellen, die den verschiedenen Typen von Vereinigungen angemessen und deren Wahl deshalb zumutbar ist. Er hat die Grundlagen für das Leben in diesen Rechtsformen so zu gestalten, dass seine Regelung die Funktionsfähigkeit der Vereinigungen, im besonderen ihrer Organe gewährleistet“, BVerfGE 50, 290 (355).

Inhalt des einfachen Rechts vor, sondern fordere den Gesetzgeber lediglich ganz allgemein dazu auf, einen einfachrechtlichen Normenkomplex, der die Eigentumsrechte der Berechtigten im Verhältnis zueinander und gegenüber Dritten sichere, sie vor Störungen und ungerechtfertigten Anfechtungen schütze und sie praktisch handhabbar mache, bereit zu halten[141]. Entsprechendes kann für die Erbrechtsgarantie als über den Tod hinausreichende Eigentumsfreiheit[142] angenommen werden.

ζ. *Rechtsschutzgarantie (Art. 19 Abs. 4 S. 1 GG)*

Ähnlich wie schon für die Vertrags- und die Ehefreiheit sowie für Art. 9 und Art. 14 Abs. 1 GG wird auch im Rahmen der Rechtsschutzgarantie angenommen, dass der Gesetzgeber lediglich zur Schaffung und Erhaltung einer *funktionsadäquaten* einfachrechtlichen (Gerichtsorganisations- und Verfahrens) Ordnung verpflichtet sei. Dies sei eine Vorgabe, die nurmehr die Grundzüge gesetzgeberischer Regelungen (Mindeststandards) beinhalte[143] und damit als nicht-prinzipiell einzuordnen. So müsse die Legislative jedenfalls überhaupt eine Gerichtsverfassung etablieren, indem sie beispielsweise (staatliche) Spruchkörper schafft, sowie Rechtswege bereit halten[144]. Nicht verlangt würden dagegen ganz bestimmte Ausgestaltungen, wie etwa ein mehrstufiger Instanzenzug[145]. Denkbar seien vielmehr diverse Möglichkeiten der Konkretisierung von Art, Organisation und verfahrensrechtlicher Gestaltung des Gerichtsrechtsschutzes (beispielsweise je nach den Arten von Entscheidungsgegenständen unterschiedliche Formen und Strukturierungen von Rechtswegen, insbesondere von Verfahrensarten und -grundsätzen, Entscheidungsarten und –wirkungen[146]), nicht sei eine zwingend geboten[147].

η. *Garantie des gesetzlichen Richters und des rechtlichen Gehörs (Art. 101 Abs. 1 S. 2, 103 Abs. 1 GG)*

Die im Rahmen des Art. 19 Abs. 4 S. 1 GG angestellten Überlegungen zu nichtprinzipiellen Gehalten können auf die Garantien des gesetzlichen Richters und des rechtlichen Gehörs übertragen werden, da es sich ebenfalls um (prozessuale) Leistungsgrundrechte handelt, sie also eine der Rechtsschutzgarantie

---

141 Vgl. *Cornils* (Fn. 4), 337, 325f., 590, 597, 615, 643, 665.

142 Dazu bereits die Nachweise supra Teil 4, A.II.4.

143 Vgl. *Cornils* (Fn. 4), 467f., 470; in der Sache ebenso BVerfGE 101, 106 (123).

144 Vgl. *Cornils* (Fn. 4), 470, 472.

145 Vgl. *Cornils* (Fn. 4), 455 unter Verweis auf BVerfGE 78, 88 (99); 107, 395 (402ff.).

146 BVerfGE 60, 253 (268).

147 Vgl. *Cornils* (Fn. 4), 456, 467f., 470.

vergleichbare Struktur aufweisen[148]. Wie Art. 19 Abs. 4 S. 1 GG verpflichten auch Art. 101 Abs. 1 S. 2 und Art. 103 Abs. 1 GG die Legislative, eine praktikable Gerichtsorganisations- und Verfahrensordnung bereit zu halten. Die Garantie des gesetzlichen Richters verlangt eine eindeutige, jede Manipulation ausschließende, abstrakt-generelle Vorausbestimmung des zur Entscheidung im Einzelfall berufenen Richters i.S.d. Art. 92, 97 GG. Gefordert sind hier jedenfalls Vorschriften, die festlegen, welche Gerichte mit welchen Spruchkörpern für welche Verfahren sachlich, örtlich und instanziell zuständig sind[149]. Art. 103 Abs. 1 GG beauftragt den Gesetzgeber, die einzelnen Modalitäten der Gehörsgewährung im gerichtlichen Verfahren näher zu regeln. Erforderlich sind hier jedenfalls Vorschriften zur Informationspflicht der Gerichte über die Sach- und Rechtslage, zu den Äußerungsmöglichkeiten der Prozessbeteiligten im Verfahren sowie zur Pflicht der Gerichte, die Stellungnahme der Prozessbeteiligten vor der Entscheidung zu berücksichtigen[150]. Detailliertere Anweisungen zum konkreten Inhalt der jeweiligen einfachrechtlichen Normen, beispielsweise hinsichtlich der Spruchkörperbesetzung oder der gerichtlichen Informations- und Berücksichtigungspflichten, können Art. 101 Abs. 1 S. 2 und Art. 103 Abs. 1 GG nicht entnommen werden. Hier sind verschiedene Ausgestaltungsvarianten denkbar (etwa das Einzelrichter- oder das Kammerprinzip oder – wie gegenwärtig beispielsweise in der Zivilprozessordnung und der Verwaltungsgerichtsordnung realisiert – eine Kombination aus beidem, §§ 348f., 526 ZPO, § 6 VwGO[151]), nicht ist eine zwingend geboten[152]. Zusammengefasst handelt es sich bei den Regelungsaufträgen der Art. 101 Abs. 1 S. 2 und 103 Abs. 1 GG also um inhaltlich weitgehend offene Vorgaben, die dem Gesetzgeber lediglich grundlegende Richtlinien in Form von Mindestbedingungen vorgeben, innerhalb derer er frei über die konkrete Gestalt seiner Regelungen befinden kann[153]. Sie enthalten keine finalen, eindeutig bestimmbaren Handlungsanweisungen und können somit nach den Grundsätzen des nicht-universalistischen abwehrrechtlichen

148 Vgl. bereits supra Teil 4, C.II.1.b.bb.(1)(b)(cc) m.w.V.

149 Dazu m.N. bereits supra Teil 4, A.I.6.

150 Vgl. zu den verschiedenen Stadien der Gehörsgewährung m.N. supra Teil 4, A.I.7.

151 Zu §§ 348ff. ZPO bereits supra Teil 4, B.II.2. mit Fn. 25. Auch die beispielsweise in § 265 Abs. 1, 2 StPO statuierte strafgerichtliche Hinweispflicht gegenüber dem Angeklagten ist lediglich eine von mehreren möglichen Varianten der einfachrechtlichen Umsetzung der Informationspflicht der Gerichte.

152 Vgl. *Cornils* (Fn. 4), 478 zur Rechtsschutzgarantie.

153 Dazu bspw. allgemein m.N. supra Teil 1, D.I.

Modells nicht als auf maximale Verwirklichung drängende Optimierungsgebote, sondern lediglich als nicht-prinzipielle Grundrechtsgehalte begriffen werden.

(bb) Strukturelemente der Öffentlichkeit, grundsätzlichen Unauflösbarkeit und Freiwilligkeit der Ehe

Im Bereich des Art. 6 Abs. 1 GG werden neben dem Förder- und Schutzauftrag[154] auch die Strukturelemente der Freiwilligkeit und freien Zugänglichkeit, der grundsätzlichen Unauflöslichkeit bis zum Tode sowie der Öffentlichkeit der Ehe als nicht-prinzipiell qualifiziert[155]. Wie die Legislative diese konkretisiere und sichere, also das Eheschließungs- und auflösungsrecht ausgestalte, sei grundrechtlich nicht bis ins Einzelne vorgegeben[156]. Die Ehefreiheit enthalte diesbezüglich lediglich einige Mindestanforderungen: Zum einen müsse die Möglichkeit der Eheauflösung gesetzlich eingeräumt werden und zweitens dürften die einfachrechtlichen Normen die genannten Strukturelemente nicht schlechthin preisgeben[157].

(cc) Qualität, Rechtzeitigkeit, Rechtssicherheit und wirtschaftliche Günstigkeit des Rechtsschutzes

Im Rahmen des Art. 19 Abs. 4 S. 1 GG werden neben der an den Gesetzgeber gerichteten Forderung nach einem funktionsadäquaten Gerichtsorganisations- und Verfahrensrecht[158] auch sämtliche Wirksamkeitsstandards jenseits des Lückenlosigkeitspostulats, das heißt die Qualität, die Rechtzeitigkeit, die Rechtssicherheit und die wirtschaftliche Günstigkeit des Rechtsschutzes als nicht-prinzipielle Gehalte eingeordnet. All diese Einzelanforderungen zeichneten sich durch eine Unschärfe aus, die es unmöglich mache, jeweils eine *eindeutige*, auf maximale Verwirklichung (Optimierung) drängende Zielvorgabe zu definieren[159]. So sei die Qualität des Rechtsschutzes beispielsweise keine objektiv messbare Größe und damit als Optimierungsgegenstand nicht präzise beschreibbar[160]. Gleiches könne für die Rechtssicherheit angenommen werden. Auch fordere Art. 19 Abs. 4 S. 1 GG zwar vorläufigen und wirtschaftlich zumutbaren Rechtsschutz (Aspekte der Rechtzeitigkeit und wirtschaftlichen Günstigkeit),

---

154 Supra Teil 4, C.II.1.b.bb.(1)(c)(aa) γ.

155 *Cornils* (Fn. 4), 391f.

156 Art. 6 Abs. 1 GG schreibe beispielsweise nicht vor, in welcher Form und in welchem Verfahren der Ehestatus zu erlangen sein muss, *Cornils* (Fn. 4), 392.

157 *Cornils* (Fn. 4), 391f.

158 Supra Teil 4, C.II.1.b.bb.(1)(c)(aa) ζ.

159 Vgl. zum Ganzen *Cornils* (Fn. 4), 457, 476, 478, 485.

160 *Cornils* (Fn. 4), 471.

schreibe aber keine bestimmte Ausformung vor[161]. Zudem würde beispielsweise ein Verständnis des Aspektes der Rechtzeitigkeit als partielles Maximalgebot das Normziel des wirksamen Rechtsschutzes ad absurdum führen: Rechtzeitigkeit meine eben gerade nicht größtmögliche Schnelligkeit, nicht „kurzen Prozess", sondern Rechtsschutz innerhalb angemessener Zeit[162].

Überdies bezögen sich die einzelnen Zielvorgaben des Effektivitätspostulats zwar aufeinander, liefen zugleich aber – jedenfalls teilweise – in unterschiedliche Richtungen[163] und zielten damit auch insgesamt betrachtet nicht auf einen maximalen (bestmöglichen), sondern lediglich auf einen *ausgewogenen* Rechtsschutz[164]. Dies sei eine strukturell andere Situation als bei Prinzipien: Ausgewogenheit als Normziel bezeichne das Abwägungs*ergebnis* und könne daher nicht eine in die Abwägung einzuführende Position sein[165]. Qualität, Rechtzeitigkeit, Rechtssicherheit und wirtschaftliche Günstigkeit seien lediglich Rahmensetzungen für die Gewährung eines im Ergebnis angemessenen und ausgewogenen Rechtsschutzes, nicht aber Gebote, die die Legislative auf verfassungsrechtlich vorgezeichnete optimale Kollisionslösungen verpflichten[166].

(dd) Strukturelemente der Vertragsgerechtigkeit und des Vertrauensschutzes

Schließlich sind nach den Grundsätzen des nicht-universalistischen abwehrrechtlichen Modells auch die Strukturmerkmale der formellen Vertragsgerechtigkeit

161 Vgl. *Cornils* (Fn. 4), 467 Fn. 123.

162 *Cornils* (Fn. 4), 477.

163 So soll der Rechtsschutz beispielsweise einerseits gründlich sein (Qualität), zugleich aber auch schnell (Rechtzeitigkeit) und wirtschaftlich (Günstigkeit).

164 Vgl. *Cornils* (Fn. 4), 457, 462f., 473ff., 485; ebenso *Huber* (Fn. 28), Rn. 375f.; ähnlich auch *Hans-Jürgen Papier*: Rechtsschutzgarantie gegen die öffentliche Gewalt, in: Isensee, Josef; Kirchhof, Paul (Hrsg.): Handbuch des Staatsrechts der Bundesrepublik Deutschland, Band VIII, 3. Aufl. 2010, § 177 Rn. 12. Ausgewogenheit bedeutet, dass innerhalb des Grundrechts verschiedene Effektivitätspostulate miteinander abgewogen werden müssen. In jeder einfachrechtlichen Regelung darf nicht nur das Interesse des/der Rechtsschutzsuchenden an einem möglichst wirksamen Rechtsschutz zum Tragen kommen, sondern müssen auch die andersartigen, zuweilen gar kollidierenden Belange Dritter (beispielsweise die Rechtsschutzerwartungen anderer Prozessbeteiligter) und/oder der Allgemeinheit (etwa die Rechtssicherheit, die Rechtsklarheit, die Qualität des Rechtsschutzes, der Rechtsfrieden oder die Effektivität des Verwaltungshandelns) berücksichtigt und zu einem Ausgleich gebracht werden, vgl. *Huber* (Fn. 28), Rn. 376.

165 *Cornils* (Fn. 4), 475.

166 *Cornils* (Fn. 4), 485, vgl. auch 457.

und des Vertrauensschutzes als nicht-prinzipiell einzuordnen, da auch sie als inhaltlich offen und damit wenig bestimmt erscheinen[167].

(d) Zwischenergebnis

Im nicht-universalistischen abwehrrechtlichen Modell wird mit Hilfe der Kriterien der Bestimmtheit und Finalität innerhalb eines jeden Grundrechts zwischen prinzipiellen (primären) und nicht-prinzipiellen (sekundären) Vorgaben unterschieden. Diese Abgrenzung wird – ebenso wie die Pauschalisierung im universalistischen Konzept – gleichermaßen im Bereich der Freiheits- wie auch der Leistungsgrundrechte vorgenommen und gilt damit unabhängig von der Grundrechtsart.

Als zentrales Prinzip der Freiheitsgrundrechte wird das Element der Autonomie der jeweiligen Grundrechtsträger herausgearbeitet[168]; als bestimmender nicht-prinzipieller Grundrechtsgehalt erweist sich die aus den Regelungs- und Organisationsaufträgen extrahierte grundrechtsübergreifende Mindestanforderung der Praktikabilität oder auch Funktionsadäquanz, deren konkreter Inhalt von Grundrecht zu Grundrecht variiert[169].

Mit Blick auf die ausgewählten Referenzgrundrechte erweisen sich fast alle Strukturelemente der Vertrags-, Ehe-, Vereinigungs- und Koalitionsfreiheit sowie der Eigentums- und Erbrechtsgarantie (Freiheitsgrundrechte) sowie die zentralen Strukturmerkmale der Prozessgrundrechte (Leistungsgrundrechte) als prinzipiell[170]. Als nicht-prinzipiell qualifiziert werden dagegen lediglich

---

167 Vgl. *Bumke* (Fn. 4), 74, 66ff., der die formale Vertragsgerechtigkeit als Teil des Autonomiegedankens einordnet und letzterem – konträr zu *Cornils* – eine ebenso große Unbestimmtheit attestiert wie den Regelungsaufträgen der Vertragsfreiheit und dem Merkmal des Vertrauensschutzes.

168 Supra Teil 4, C.II.1.b.bb.(1)(b)(aa). Im Rahmen der Leistungsgrundrechte dagegen spielt das Autonomieprinzip keine Rolle. Gleichwohl können auch hier prinzipielle Gehalte identifiziert werden, sogleich Fn. 170.

169 Supra Teil 4, C.II.1.b.bb(1)(c)(aa) α.

170 Im Hinblick auf die erwähnten Freiheitsgrundrechte wird der überwiegende Teil der bereichsspezifischen Strukturelemente auf das zentrale Merkmal der Selbstbestimmung der Grundrechtsträger zurückgeführt. Anders gewendet werden sämtliche Ausprägungen der Autonomie der Vertragspartner, Ehegatten, Eigentümer, Erblasser und Erben sowie der Vereinigungen und Koalitionen und ihrer Mitglieder als auf Optimierung drängende Prinzipien eingeordnet. Darüber hinaus werden im Rahmen der Ehefreiheit, Art. 6 Abs. 1 GG, auch die – nicht auf die Selbstbestimmung rückführbaren – Strukturelemente der Verschiedengeschlechtlichkeit und der Einehe als prinzipielle Gehalte identifiziert. Im Rahmen der Prozessgrundrechte spielt das Strukturmerkmal der Autonomie dagegen überhaupt keine Rolle, da es sich um Leistungsgrundrechte handelt. Dessen ungeachtet können auch ihnen prinzipielle

deren Regelungs- und Organisationsaufträge sowie einige wenige Strukturelemente einzelner Gewährleistungen[171]. Insgesamt betrachtet kann daher konstatiert werden, dass nach den von *Cornils* aufgestellten Grundsätzen die meisten Inhalte der normgeprägten Grundrechte als Prinzipien eingeordnet werden (können)[172].

(2) Gesetzgeberisches Zurückbleiben hinter dem Optimum als Eingriff

(a) Vertrags-, Ehe-, Vereinigungs-, Koalitions-, Eigentums- und Erbfreiheit

Zentrales Strukturelement und zugleich prinzipieller Gehalt der Vertrags-, Ehe-, Vereinigungs-, Koalitions-, Eigentums- und Erbfreiheit (normgeprägte Freiheitsgrundrechte) ist die Selbstbestimmung[173]. Jede zwingende, nicht abdingbare gesetzliche Regelung, die die individuelle Entscheidung und den Willen der Vertrags- oder Ehepartner, der Vereinigungen, Koalitionen und ihrer Mitglieder, des Eigentümers, des Erblassers und des Erben ganz oder teilweise nicht anerkennt, greift nach den Grundsätzen des nicht-universalistischen abwehrrechtlichen Modells in das jeweilige Autonomieprinzip ein. Dies gelte beispielsweise für Regelungen, die die Wirksamkeit des Vertrages verhindern[174] – wie etwa § 138 BGB (Sittenwidrigkeit und Wucher) oder §§ 104ff. BGB[175]

Gehalte entnommen werden. Im Rahmen des Art. 19 Abs. 4 S. 1 GG ist dies die dem zentralen Strukturelement der Effektivität des Rechtsschutzes inhärente Kernforderung nach lückenlosem Rechtsschutz. Als Prinzipien eingeordnet werden können darüber hinaus die in Art. 101 Abs. 1 S. 2 GG enthaltene Forderung, überhaupt Zugang zum gesetzlichen Richters zu gewähren sowie die Art. 103 Abs. 1 GG zu entnehmende Anordnung, den Beteiligten die Äußerung im Gerichtsverfahren vor der Entscheidung zu ermöglichen. Ausführlich zum Ganzen supra Teil 4, C.II.1.b.bb.(1)(b). Prinzipien im Rahmen der Freiheitsrechte bezeichnet *Cornils* als materielle Prinzipien, solche innerhalb der Leistungsgrundrechte als instrumentelle Prinzipien (*Cornils* (Fn. 4), 642).

171 So die Öffentlichkeit, grundsätzliche Unauflöslichkeit und Freiwilligkeit der Ehe, die Vertragsgerechtigkeit und der Vertrauensschutz (Vertragsfreiheit) und schließlich die Aspekte der Rechtssicherheit, der Qualität, der Rechtzeitigkeit und der wirtschaftlichen Günstigkeit des Rechtsschutzes. Ausführlich zum Ganzen supra Teil 4, C.II.1.b.bb.(1)(c).

172 Deutlich in diese Richtung auch die Ausführungen von *Cornils* (Fn. 4), 665, vgl. auch 673.

173 Supra Teil 4, C.II.1.b.bb.(1)(b)(aa) m.N.

174 *Cornils* (Fn. 4), 217.

175 Zu §§ 104 ff. BGB *Cornils* (Fn. 4), 210ff.; *Claus-Wilhelm Canaris*: Verstöße gegen das verfassungsrechtliche Übermaßverbot im Recht der Geschäftsfähigkeit und im Schadenersatzrecht, JZ 1987, 993, 996; *Stern* (Fn. 30), 1069.

(Geschäftsfähigkeitsbegrenzungen). Die rechtsgeschäftliche Selbstbestimmung beschränkten auch Vorschriften, die zu einem Vertragsschluss zwingen, der nicht oder so nicht beiderseitig gewollt ist[176] – wie § 5 Abs. 2 PflVG[177], der jeden Kraftfahrzeughalter verpflichtet, einen Vertrag mit einem inländischen Versicherungsanbieter abzuschließen und den Anbieter verpflichtet, entsprechende Vertragsanträge anzunehmen[178]. Regelungen zu wirtschaftlichen Angelegenheiten und Fragen persönlicher Lebensgestaltung – wie beispielsweise § 1357 Abs. 1 BGB (sog. Schlüsselgewalt)[179] – beschränkten die Autonomie der Ehegatten und griffen damit in den Schutzbereich der Ehefreiheit ein[180]. Entsprechendes gelte für Normen, die die Eheschließung an bestimmte Voraussetzungen, wie etwa die Ehefähigkeit oder Ehehindernisse, knüpften – wie die in § 1303 BGB statuierte Ehemündigkeit. In den Bereich der Ehehindernisse fiele ein gesetzliches Eheverbot wegen Fortpflanzungsunfähigkeit[181] sowie die Einführung einer Zölibatsklausel im öffentlichen Dienstrecht[182]. Die Selbstbestimmung der Vereinigungen würde begrenzt durch zwingende gesetzliche Rechtsformzuweisungen – wie beispielsweise in §§ 105 Abs. 1, 161 Abs. 1 HGB (OHG und KG) – und inhaltliche Vorgaben für die Vertragsgestaltung[183]. Ein entsprechend eingreifender Charakter könne auch für gesetzlich angeordnete Zwangsmitgliedschaften (vgl. etwa § 54 GenG) angenommen werden[184]. Die einfachrechtliche Bestimmung unzulässiger Tätigkeiten der Koalitionen im Bereich des Personalvertretungswesens, §§ 3, 97 BPersVG beschränke die Tarifautonomie und greife damit in die Koalitionsfreiheit ein[185]. Als rechtfertigungsbedürftige Eingriffe in die Eigentümerautonomie gelten beispielsweise zwingende Übertragungsregeln, Typenzwänge

---

176 *Cornils* (Fn. 4), 206, 217.

177 Pflichtversicherungsgesetz vom 5. April 1965 (BGBl. I S. 213), zuletzt geändert durch Art. 1 der Verordnung vom 6. Februar 2017 (BGBl. I S. 147).

178 Zu weiteren Beispielen im Bereich der Vertragsfreiheit *Cornils* (Fn. 4), 224f. (Sanktionsrecht), 230ff. (Naturalobligationen), 242ff. (Vollstreckungsrecht).

179 Supra Teil 4, C.I.3.b.aa. m.N. sowie infra Teil 4, C.II.2.c.aa. m.N. zur Gegenansicht.

180 Vgl. *Cornils* (Fn. 4), 360ff., insbes. 363f., 366f., 372.

181 Zum Ganzen *Cornils* (Fn. 4), 392ff.

182 Zu diesem Beispiel m.N. supra Teil 4, C.II.1.a. sowie infra Teil 4, C.II.2.c. m.N. zur Gegenansicht.

183 Vgl. *Cornils* (Fn. 4), 431.

184 *Cornils* (Fn. 4), 431; zu diesem Beispiel m.N. supra Teil 4, C.II.1.a., b.aa. m.w.V. sowie infra Teil 4, C.II.2.c.aa. m.N. zur Gegenansicht.

185 Vgl. allgemeiner *Cornils* (Fn. 4), 433. Zu diesem Beispiel nochmals infra Teil 4, C.II.2.c.aa. m.N. zur Gegenansicht.

und gesetzliche Verfügungsbeschränkungen[186], wie etwa der in § 573 Abs. 1 S. 2 GG statuierte Ausschluss der Änderungskündigung zwecks Mieterhöhung oder §§ 903, 906 BGB[187]. Gleiches gilt, wenn Normen – wie etwa § 93f. BGB – räumliche oder ideelle Einzelteile zwingend zu einer Sache im eigentumsrechtlichen Sinn zusammenfassen[188] oder wenn durch Gesetz schlechthin ausgeschlossen wird, an an sich eigentumsfähigen Gegenständen Eigentumsrechte zu begründen[189] – so beispielsweise hinsichtlich der Hochwasserschutzanlagen in Hamburg (§ 4a HWG[190]). Die Grundsätze des nicht-universalistischen abwehrrechtlichen Modells angewendet auf die Erbrechtsgarantie, beschränken etwa die Regelungen zur Testierfähigkeit (§ 2229 Abs. 1 und Abs. 4 BGB[191]) die Autonomie des Erblassers.

(b) Prozessgrundrechte

Gegen das aus dem Strukturelement der Rechtsschutzeffektivität fließende prinzipielle Verbot der Rechtswegvereitelung verstießen laut *Cornils* gesetzliche Regelungen, die den Rechtsweg schlechthin ausschlössen und damit eine lückenlose und umfassende gerichtliche Kontrolle von Verwaltungsentscheidungen unmöglich machten[192]. Derartige Regelungen würden auch das Prinzip, überhaupt rechtliches Gehör zu gewähren und den gesetzlichen Richter nicht zu entziehen, beschränken und griffen damit zugleich in die Schutzbereiche der Art. 101 Abs. 1 S. 2, 103 Abs. 1 GG ein. Gleiches gilt für Vorschriften, die wie ein Ausschluss wirken. Zu denken wäre hier beispielsweise an die generelle Abschaffung der Prozesskostenhilfe; Unbemittelte hätten aufgrund ihrer fehlenden finanziellen Leistungsfähigkeit keine Möglichkeit mehr, Rechtsschutz und rechtliches Gehör zu erlangen; der gesetzliche Richter wäre ihnen ebenso entzogen. Jedenfalls als Beschränkung des Prinzips, überhaupt rechtliches Gehör zu gewähren, erweisen sich auch Vorschriften zum Versäumnisverfahren, §§ 330 f. ZPO (Durchführung der Verhandlung gegen Abwesende). Dagegen ist

186 *Cornils* (Fn. 4), 330.

187 Zu diesen Beispielen nochmals infra Teil 4, C.II.2.c.aa. m.N. zur Gegenansicht.

188 *Cornils* (Fn. 4), 322.

189 *Cornils* (Fn. 4), 318f.

190 Hamburgisches Wassergesetz in der Fassung vom 29. März 2005 (GVBl. Nr. 11 vom 8. April 2005, S. 97), zuletzt geändert durch Artikel 12 des Gesetzes vom 4. Dezember 2012 (GVBl. HH S. 510ff.). Vgl. zum „öffentlichen" Eigentum an hamburgischen Hochwasserschutzanlagen BVerfGE 24, 367 (384ff.).

191 Zu diesem Beispiel infra Teil 4, C.II.2.c.aa. m.N. zur Gegenansicht.

192 Vgl. *Cornils* (Fn. 4), 448, 483f., vgl. auch BVerfGE 101, 397 (407f.).

die Regelung der Gehörsrüge in § 321a ZPO[193] Ausdruck der gesetzgeberischen Anerkennung eben jenes Prinzips.

(3) Gesetzgeberische Umsetzung nicht-prinzipieller Vorgaben als unterhalb der Eingriffsschwelle liegende Ausformung grundrechtlicher Schutzbereiche?

Nach den Grundsätzen des nicht-universalistischen abwehrrechtlichen Modells sind einfachrechtliche Vorschriften generell immer (nur) dann geeignet, in den Schutzbereich eines normgeprägten Grundrechts einzugreifen, wenn und soweit sie einen *prinzipiellen* (primären) Grundrechtsgehalt berühren und hinter dessen Optimierungsvorstellung zurück bleiben[194]. Aus dieser Annahme ergibt sich im Umkehrschluss, dass einfachrechtliche Regelungen, die *ausschließlich nicht-prinzipielle* (sekundäre) Vorgaben der normgeprägten Grundrechte betreffen und umsetzen, unterhalb der Eingriffsschwelle liegen müssen[195]. Dabei darf allerdings nicht übersehen werden, dass der Anwendungsbereich dieser Fallgruppe äußerst gering ist, da *Cornils* zum einen davon ausgeht, dass ausnahmslos *jede* einfachrechtliche Regelung auch grundrechtsbeschränkende – und damit zum Schutzbereichseingriff potenziell geeignete – Elemente in sich trägt (Bipolarität einfachen Rechts)[196] und er zum anderen die meisten grundrechtlichen Inhalte als Prinzipien qualifiziert[197], deren Mindererfüllung er wiederum als Eingriff wertet[198]. Vor diesem Hintergrund hat auch die gesetzgeberische Umsetzung eines *nicht-prinzipiellen* Grundrechtsgehalts – etwa durch Regelungen, die die Wahrnehmung der grundrechtlich verbürgten Freiheit beziehungsweise Leistung faktisch oder rechtlich sichern oder unterstützen(d verbessern)[199] – immer dann das Potenzial zum Eingriff in den Schutzbereich des normgeprägten Grundrechts, wenn die konkret in Rede stehende einfachrechtliche

193 Zu diesem Beispiel bereits supra Teil 4, A.II.1.

194 Dazu m.N. supra Teil 4, C.II.1.b.bb.(2).

195 Dieser Schluss wird – soweit erkennbar – von *Cornils* (Fn. 4) zwar derart pointiert nicht gezogen; er ergibt sich aber mittelbar als argumentum e contrario aus seinen Ausführungen auf S. 673ff., insbes. 676 (einzelgrundrechtsübergreifend), s. auch 247f. (Vertrag), 441f. (Vereinigung und Koalition), 336f. i.Vm. 326 (Eigentum), 392f. (Ehe), 485 (Rechtsschutz).

196 Dazu bereits ausführlich m.N. supra Teil 4, C.I.3.

197 Supra Teil 4, C.II.1.b.bb.(1)(d) m.w.V.

198 Vgl. zum Ganzen *Cornils* (Fn. 4), 665, 673; auch schon supra Teil 4, C.II.1.b.bb.(2).

199 Vgl. *Cornils* (Fn. 4), 665 (grundrechtsübergreifend), 219, 221f. (Vertrag), 326, 643 (Eigentum), 388 (Ehe), 440, 442 (Vereinigung und Koalition), 485 (Rechtsschutz).

Vorschrift *zugleich* ein grundrechtliches Prinzip[200] berührt und hinter dessen Optimierungsvorstellung zurückbleibt[201]. Diese Fallkonstellation bildet nach Ansicht von *Cornils* speziell und gerade bei den normgeprägten Grundrechten den Regelfall[202] und träfe beispielsweise auf §§ 93f. BGB zu. Solche *zwingenden* gesetzlichen Zusammenfassungen von räumlichen oder ideellen Teilen zu einer Sache im Sinne des Eigentumsrechts könnten zwar ein zweckmäßiges und gerechtfertigtes Mittel zur Vereinfachung und Stabilisierung der Zuordnungsverhältnisse sein; sie beschränkten zugleich aber die Möglichkeiten privatautonomer Abgrenzung von Eigentumsgegenständen[203]. In ähnlicher Weise seien *zwingende* gesetzliche Sanktionen für Vertragsbruch durchaus geeignet, die vertragliche Bindung zu effektuieren; aufgrund ihrer Unabdingbarkeit beschnitten solcherlei Vorschriften jedoch im selben Augenblick auch die Autonomie der Parteien[204]. Im Bereich der normgeprägten Freiheitsgrundrechte sind damit lediglich dispositive Vorschriften, wie etwa solche zu Fragen der Verjährung[205] und des Leistungsstörungsrechts[206] oder auch § 890 BGB[207], als unterhalb der Eingriffsschwelle liegend einzuordnen[208]. Sie setzen die nicht-prinzipiellen Regelungs- und Organisationsaufträge jener Grundrechte um, mindererfüllen jedoch aufgrund ihrer Abdingbarkeit kein grundrechtliches Prinzip[209]. Unterhalb der Eingriffsschwelle lägen darüber hinaus auch diejenigen Teile des

200 Entweder das Selbstbestimmungsprinzip oder einen anderen prinzipiellen Gehalt der Freiheitsrechte (ausführlich supra Teil 4, C.II.1.b.bb.(1)(b)(aa) und (bb)) oder aber eines der (leistungsrechtlichen) Prinzipien der Prozessgrundrechte, etwa das Lückenlosigkeitspostulat des Art. 19 Abs. 4 S. 1 GG (ausführlich supra Teil 4, C.II.1.b.bb.(1)(b)(cc)).

201 Vgl. *Cornils* (Fn. 4), 676, 651 (grundrechtsübergreifend), s. auch 337, 326 (Eigentum), 247f. (Vertrag), 392f. (Ehe), 441f. (Vereinigung und Koalition), 485 (Rechtsschutz).

202 Sogleich infra Teil 4, C.II.1.b.cc. m.N.u.w.V. Nochmals infra Teil 4, C.III.1.b.cc.(1) m.N.u.w.V.

203 *Cornils* (Fn. 4), 322 mit weiteren Beispielen zu Art. 14 Abs. 1 GG.

204 Vgl. *Cornils* (Fn. 4), 248, weitere Beispiele zur Vertragsfreiheit auf S. 239f., zur Ehe auf S. 392.

205 Diese entlasten die Vertragsparteien, während zwingende Verjährungsvorschriften das Selbstbestimmungsprinzip beschränken, weil sie den Vertragsparteien die Freiheit nehmen, über die zeitliche Dimension der Klagbarkeit selbst zu bestimmen, *Cornils* (Fn. 4), 233f.

206 *Cornils* (Fn. 4), 221ff., insbes. 228.

207 *Cornils* (Fn. 4), 322.

208 Vgl. *Cornils* (Fn. 4), 233, 247f. (Vertrag), 440, 442 (Vereinigung und Koalition).

209 Vgl. etwa *Cornils* (Fn. 4), 440, 442 (Vereinigung und Koalition).

Gerichtsorganisations- und Verfahrensrechts, die sich außerhalb der Reichweite des in Art. 19 Abs. 4 S. 1 GG verbrieften Effektivitätsprinzips befänden[210].

cc. Zusammenfassung

Im universalistischen abwehrrechtlichen Modell werden ausnahmslos alle Gehalte normgeprägter Grundrechte als auf Optimierung drängende Prinzipien begriffen. Diese pauschale Klassifizierung bedeutet zunächst, dass jede einfachgesetzliche Regelung zwangsläufig ein grundrechtliches Prinzip berührt. Sobald eine einfachrechtliche Vorschrift das jeweils prinzipiell Geforderte nicht in höchstmöglichem Maße verwirklicht, sondern das Prinzip hemmt oder es ein stückweit zurückdrängt (Zurückbleiben hinter der Optimierungsvorstellung), liegt nach den Grundsätzen dieses Konzepts ein Eingriff in den grundrechtlichen Schutzbereich vor[211].

Im nicht-universalistischen abwehrrechtlichen Modell dagegen wird innerhalb eines jeden Grundrechts zwischen prinzipiellen (primären) und nicht-prinzipiellen (sekundären) Gehalten unterschieden[212]. Das bedeutet, dass einfachgesetzliche Regelungen nicht gleichsam automatisch ein grundrechtliches Prinzip berühren. Tun sie es aber und bleiben hinter der jeweiligen Optimierungsvorstellung zurück, wird dies – ebenso wie im universalistischen Konzept – als Eingriff in den grundrechtlichen Schutzbereich gewertet. Eine einfachrechtliche Norm, die dagegen *ausschließlich* einen nicht-prinzipiellen Gehalt betrifft, ist nach den nicht-universalistischen Grundsätzen als unterhalb der Eingriffsschwelle liegende gesetzgeberische Umsetzung des grundrechtlichen Auftrags zu qualifizieren[213]. Damit scheint ein gravierender Unterschied zu den Annahmen und Folgerungen im universalistischen Modell zu bestehen. Diese Vermutung bestätigt sich bei näherem Hinsehen jedoch nicht: Die Fälle, in denen *ausschließlich* eine sekundäre grundrechtliche Vorgabe betroffen ist, sind äußerst selten. Den Regelfall speziell im Bereich der normgeprägten Grundrechte bildet nämlich die Konstellation der *gleichzeitigen* Betroffenheit eines prinzipiellen und eines nicht-prinzipiellen Grundrechtsgehalts[214]. Denn *Cornils* nimmt zum einen an, dass ausnahmslos *jede* einfachrechtliche Norm auch grundrechtsbeschränkende – und damit zum Schutzbereichseingriff potenziell

210 *Cornils* (Fn. 4), 470f.
211 Zum Ganzen ausführlich supra Teil 4, C.II.1.b.aa.
212 Supra Teil 4, C.II.1.b.bb.(1).
213 Supra Teil 4, C.II.1.b.bb.(3).
214 Infra Teil 4, C.III.1.b.cc.(1).

geeignete – Elemente in sich trägt (Bipolarität einfachen Rechts)[215]. Zum anderen qualifiziert er die weit überwiegende Anzahl der grundrechtlichen Inhalte als Prinzipien, deren Mindererfüllung er wiederum als Eingriff wertet. Deshalb liegt auch in der gesetzgeberischen Umsetzung eines *nicht-prinzipiellen* Grundrechtsgehalts schon immer dann ein Schutzbereichseingriff, wenn die konkret in Rede stehende einfachrechtliche Norm *zugleich* hinter der Optimierungsvorstellung eines grundrechtlichen Prinzips zurückbleibt[216].

Nach diesen Maßgaben mag die Abgrenzung von primären und sekundären grundrechtlichen Vorgaben eine differenziertere Betrachtung der einzelnen Gehalte normgeprägter Grundrechte ermöglichen als dies im universalistischen Modell der Fall ist[217]. Keine Unterschiede ergeben sich indes bei der Beantwortung der Frage, ob und unter welchen Voraussetzungen einfachgesetzliche Regelungen im Bereich normgeprägter Grundrechte als eingreifend zu qualifizieren sind. Sowohl *Alexy* als auch *Cornils* werten sie als Schutzbereichseingriffe, sobald sie ein Prinzip mindererfüllen. Jedenfalls keine signifikanten, oder genauer: keine praktisch relevanten Unterschiede ergeben sich überdies bei der Beantwortung der Frage, ob und unter welchen Voraussetzungen einfache Normen eine unterhalb der Eingriffsschwelle liegende gesetzgeberische Handlung darstellen. Für diesen Gedanken bleibt zwar ausschließlich im nicht-universalistischen Konzept Raum, dort aber aus den bereits genannten Gründen überhaupt nur in wenigen Ausnahmefällen.

c. *Unterschiede zwischen den prinzipientheoretisch fundierten abwehrrechtlichen Modellen und der Normbestandsschutzlehre*

In den *prinzipientheoretisch fundierten Konzepten* erweisen sich sämtliche (zwingenden) Vorschriften, die (auch) beschränkende Elemente enthalten, als Mindererfüllung des grundrechtlich gebotenen Optimums und folglich als Eingriffe. Damit ist zugleich offenbart, dass jene Modelle das gesamte Spektrum gesetzgeberischen Verhaltens erfassen, also die Untätigkeit ebenso wie die erstmalige Verwirklichung und auch die wiederholte Realisierung grundrechtlicher Auftragsgehalte[218].

Dagegen erschöpft sich die *Normbestandsschutzlehre* in der Beurteilung der letztgenannten Konstellation. Kommt der Gesetzgeber seiner Pflicht zur

215 Supra Teil 4, C.II. mit Fn. 2 (dort w.V.).

216 Zum Ganzen supra Teil 4, C.II. 1.b.bb.(1)(d), (3) m.N.

217 Dazu bereits supra Teil 4, C.II.1.b.bb.

218 Zu diesen Anwendungsfeldern im Einzelnen supra Teil 4, B.

Verwirklichung grundrechtlicher Aufträge erneut nach und verkürzt dabei einen Bestand an (Alt)Rechten, liegt ein Eingriff vor. Darüber hinaus aber thematisiert die Normbestandsschutzlehre weder die Frage, welche Natur erstmaligen und auch ergänzenden einfachrechtlichen Regelungen zukommt noch die Frage, wie gesetzgeberische Untätigkeit im Bereich der normgeprägten Grundrechte zu bewerten ist[219].

2. *Exklusivitätsthese – einfaches Recht als im Vorfeld des Eingriffs verbleibende Ausgestaltung*

Für einen dogmatischen Sonderweg der Ausgestaltung bleibt Raum, wenn den Anhängern der Exklusivitätsthese gefolgt wird. Diese gehen davon aus, dass einfachrechtliche Regelungen im Bereich der normgeprägten Grundrechte *grundsätzlich* nicht geeignet sind, in deren Schutzbereiche einzugreifen. Sie werden dementsprechend als Ausgestaltungen selbiger eingeordnet[220] (a.-c.).

---

219 Zu dieser Lückenhaftigkeit der Normbestandsschutzlehre nochmals infra Teil 4, C.II.3.a.bb.

220 *Gellermann* (Fn. 11), 90ff., 96, 368 und passim; vgl. exemplarisch auch *Ladeur* (Fn. 16), 651; *Peter Badura*: Mitbestimmung und Gesellschaftsrecht. Verfassungsrechtliches Korollarium zur Rolle des Privatrechts in der Rechtsordnung, in: Löwisch, Manfred; Schmidt-Leithoff, Christian; Schmiedel, Burkhard† (Hrsg.): Beiträge zum Handels- und Wirtschaftsrecht. Festschrift für Fritz Rittner zum 70. Geburtstag, 1991, 1, 3; *Peter Badura*: Die Verfassung im Ganzen der Rechtsordnung und die Verfassungskonkretisierung durch Gesetz, in: Isensee, Josef; Kirchhof, Paul (Hrsg.): Handbuch des Staatsrechts der Bundesrepublik Deutschland, Band XII, 3. Aufl. 2014, § 265 Rn. 25; *Konrad Hesse*: Bedeutung der Grundrechte, in: Benda, Ernst; Maihofer, Werner; Vogel, Hans-Jochen (Hrsg.): Handbuch des Verfassungsrechts der Bundesrepublik Deutschland, 2. Aufl. 1994, § 5 Rn. 62ff.; *Thomas Vesting*: Von der liberalen Grundrechtstheorie zum Grundrechtspluralismus – Elemente und Perspektiven einer pluralen Theorie der Grundrechte, in: Grabenwarter, Christoph; Hammer, Stefan; Pelzl, Alexander; Schulev-Steindl, Eva; Wiederin, Ewald (Hrsg.): Allgemeinheit der Grundrechte und Vielfalt der Gesellschaft, 34. Tagung der Wissenschaftlichen Mitarbeiterinnen und Mitarbeiter der Fachrichtung „Öffentliches Recht", 1994, 9, 16; *Jörn Ipsen*: Gesetzliche Einwirkungen auf grundrechtlich geschützte Rechtsgüter, JZ 1997, 473, 479; *Ipsen* (Fn. 18), Rn. 162; plakativ auch *Merten* (Fn. 72), Rn. 74; vgl. weiter *Wieland* (Fn. 95), Rn. 90; in diese Richtung auch *Bumke* (Fn. 4), 46f. Denkbar sind Eingriffe lediglich im Anwendungsfeld der Umgestaltung (supra Teil 4, B.II.2.), dort jedoch auch nur in einer bestimmten Konstellation (infra Teil 4 C.II.2.c.bb.(2)(a)) sowie im Rahmen der teilweise normgeprägten Vereinigungs- und Koalitionsfreiheit, soweit deren nicht normgeprägter Bereich betroffen ist (infra Teil 4, C.II.2.c.bb.(1)). Ausdrücklich dagegen *Cornils* (Fn. 4), 634.

Zur näheren Erläuterung jener Ansicht wird vor allem das Konzept von *Martin Gellermann* herangezogen, da es – verglichen mit den Äußerungen anderer Vertreter der Exklusivitätsthese – die umfassendsten und auch die ausdifferenziertesten Überlegungen enthält[221].

a. Basisannahmen

Nach Ansicht der Vertreter der Exklusivitätsthese kann eine einfachrechtliche Regelung im Grundrechtsbereich grundsätzlich nur *entweder* eingreifenden *oder* ausgestaltenden Charakter besitzen[222]. Diese Kernaussage (aa.) ist jedoch nicht absolut in dem Sinne, dass von vornherein die Möglichkeit etwaiger Ausnahmen kategorisch ausgeschlossen wird. Vielmehr ist anerkannt, dass der Grundsatz der strengen Exklusivität in bestimmten Konstellationen durchbrochen werden kann[223] (bb.).

aa. Strenge Exklusivität von Eingriff und Ausgestaltung

Die Vertreter der Exklusivitätsthese proklamieren ein Verhältnis grundsätzlich strenger Exklusivität von Schutzbereichseingriffen und –ausgestaltungen durch einfaches Recht[224]. Diese Annahme fußt auf der strikten Trennung der subjektiven, eingriffsabwehrrechtlichen von der objektiven Grundrechtsseite (impermeable Membran). Einfachrechtliche Regelungen sind nach dieser Ansicht nur dann geeignet, in den Schutzbereich eines Grundrechts einzugreifen (und müssen sich dementsprechend an abwehrrechtlichen Direktiven messen lassen), wenn sie dessen *subjektive Dimension* betreffen, sich also über das grundrechtliche Verbot der Beschränkung des Schutzbereichs hinwegsetzen. Dies sei bei Vorschriften, die in Reaktion auf eine der *objektiven Dimension* zu entnehmende Verpflichtung zur Entfaltung grundrechtlicher Gehalte (Regelungsauftrag) ergehen, indes nicht der Fall, da hier der grundrechtliche Schutzbereich gerade nicht ‚von außen her' eingeengt werde. Vielmehr würde er ‚von innen heraus' verdeutlicht[225], indem die Grundrechtsausübung überhaupt erst ermöglicht oder gefördert oder mit zusätzlichen Sicherungen versehen würde. Solche Vorschriften

221 Zu diesem Umstand bereits supra Teil 2, A.II.1.
222 Exemplarisch *Gellermann* (Fn. 11), 54f.
223 Vgl. *Gellermann* (Fn. 11), 55f.
224 *Gellermann* (Fn. 11), 54ff., 90f. jeweils m.w.N. Weitere Nachweise supra Fn. 220.
225 Plakativ *Merten* (Fn. 72), Rn. 74; in der Sache ebenso *Gellermann* (Fn. 11), 427.

hätten *grundsätzlich* keinerlei abwehrrechtliche Relevanz, sondern unterlägen ausschließlich den Anforderungen der objektiven Grundrechtsseite[226].

Ob im konkreten Fall ein Eingriff oder aber eine Ausgestaltung anzunehmen ist, hängt mit anderen Worten also davon ab, welcher Grundrechtsdimension die Norm zugeordnet werden kann. Die Antwort auf diese Frage wird wiederum beeinflusst von der Struktur des Grundrechts (sachgeprägt oder normgeprägt) ebenso wie von der Beschaffenheit der einfachrechtlichen Regelung (angelegt auf Beschränkung oder aber Erweiterung des grundrechtlichen Schutzbereichs).

bb. Verflechtungs- und Überschneidungszonen[227]

Ein starres Festhalten am Grundsatz der strengen Exklusivität von Eingriff und Ausgestaltung in jeder denkbaren Konstellation wird nach Ansicht der Vertreter der Exklusivitätsthese der Vielgestaltigkeit der Beziehungen zwischen Grundrechten und einfachen Gesetzen nicht gerecht und verbiete sich daher[228]. Über Ausnahmen sei vor allem nachzudenken, wenn das ausgestaltende einfache Recht eingriffsgleiche Wirkungen zeitige. Eine solche Situation läge insbesondere dann vor, wenn der Gesetzgeber einen vorhandenen Bestand ausgestaltender Normen ändert und damit eine Rechtsposition des Grundrechtsträgers mindert, die dieser auf der Basis des bisherigen Rechts bereits *konkret* begründet hatte[229].

b. Hervorgehobene Bedeutung der objektiven Dimension im Bereich der normgeprägten Grundrechte

Ausgehend von diesen allgemeinen, sämtliche Grundrechte betreffenden Erwägungen zum Verhältnis von subjektiver Grundrechtsdimension (Eingriffen) und objektiver Grundrechtsseite (Ausgestaltungen) wird speziell im Bereich der normgeprägten Grundrechte zusätzlich und unter Verweis auf deren *totales* Abhängigkeitsverhältnis vom einfachen Recht[230] die objektive Dimension als dominierende Grundrechtsseite herausgearbeitet.

---

226 In dieser Deutlichkeit etwa *Gellermann* (Fn. 11), 54 m.w.N., vgl. auch 96, 124, 176, 368, 427 und passim; vgl. bspw. auch *Ladeur* (Fn. 16), 651; zurückhaltender *Bumke* (Fn. 4), 46ff.; dagegen etwa *Degenhart* (Fn. 13), Rn. 14 Fn. 69. Zu den Einzelheiten der objektiv-rechtlichen Vorgaben ausführlich infra Teil 4, C.III.2.b.aa.(1).

227 Überschrift in Anlehnung an *Gellermann* (Fn. 11), 55.

228 *Gellermann* (Fn. 11), 55.

229 *Gellermann* (Fn. 11), 55f. Ausführlich dazu infra Teil 4, C.II.2.c.bb.(2)(a).

230 Explizit *Gellermann* (Fn. 11), 124.

Die Rede von der totalen Abhängigkeit bezeichnet die – in der verfassungsrechtlichen Literatur verbreitete – Annahme, dass normgeprägte Grundrechte ohne einfachgesetzliche Unterfütterung gar nicht ausgeübt werden können. Weil ihre Schutzgegenstände nicht natürlicher Art seien und dem Staat daher auch nicht voraus lägen, bedürften sie zwingend der normativen Vermittlung, um von den Grundrechtsträgern überhaupt in Anspruch genommen werden zu können[231]. Seinen Ausdruck finde dieses spezifische Abhängigkeitsverhältnis in den Regelungsaufträgen (Einrichtungsgarantien[232] sowie Organisations- und Verfahrenskomponente[233]) der normgeprägten Grundrechte, die wiederum der objektiven Grundrechtsseite zuzuordnen seien[234]. Anders gewendet versteht sich die hervorgehobene Bedeutung der objektiven Grundrechtsdimension als notwendiges Korrelat der „totalen" Abhängigkeit der normgeprägten Grundrechte vom einfachen Recht; solange und soweit der Gesetzgeber seiner Pflicht zur normativen Umsetzung der in den Regelungsaufträgen enthaltenen Vorgaben nicht oder nur unzureichend nachkommt und damit nicht die notwendige Infrastruktur schafft, auf deren Basis sich die grundrechtlich verbürgte individuelle Freiheit (Vertrag, Ehe, Vereinigung, Koalition, Eigentum, Erbrecht) beziehungsweise Leistung (Prozessgrundrechte)[235] zu entfalten vermag, können die normgeprägten Grundrechte nicht ausgeübt werden[236].

c. *Einordnung normprägender Vorschriften*

Zusammen genommen führt das Postulat der strengen Exklusivität von subjektiv-eingriffsabwehrrechtlicher und objektiver, zur Ausgestaltung verpflichtender Grundrechtsseite und jenes von der Dominanz der objektiven Grundrechtsdimension[237] geradewegs zu folgender Erkenntnis: Einfachrechtliche Regelungen

---

231 Damit ist es überhaupt erst der Gesetz- und nicht schon der Verfassunggeber, der den Grundrechtsträgern mit seinen Regelungen die Möglichkeit eröffnet, von den normgeprägten Grundrechten Gebrauch zu machen (vgl. *Gellermann* (Fn. 11), 90). Dazu bereits ausführlich m.umfangr.N. supra Teil 1, A.

232 Im Rahmen der Vertrags-, Ehe-, Vereinigungs- und Koalitionsfreiheit sowie der Eigentums- und Erbrechtsgarantie, ausführlich supra Teil 4, A.II. 1.-4. sowie supra Teil 4, C.I.1.b.aa.(3)(a)-(c).

233 Im Rahmen der Prozessgrundrechte, ausführlich supra Teil 4, A.II.5.-7. sowie supra Teil 4, C.I.1.b.bb.(2).

234 Vgl. exemplarisch *Gellermann* (Fn. 11), 91 (allgemein), 124 (Eigentum) und passim.

235 Zur Differenzierung zwischen den grundrechtlichen Verbürgungen Freiheit und Leistung supra Teil 4, C.II.1.b.bb.(1)(b)(aa)-(cc) m.N.u.w.V.

236 Vgl. exemplarisch zur Eigentumsgarantie *Gellermann* (Fn. 11), 124.

237 Supra Teil 4, C.II.2.a.

im Bereich der normgeprägten Grundrechte sind hier grundsätzlich nicht als Eingriffe, sondern als Ausgestaltungen zu qualifizieren (aa.). Insgesamt betrachtet verbleibt damit von vornherein wenig Raum für Eingriffe; konkret sind sie in zwei Konstellationen denkbar: Zum einen ist eine normprägende Vorschrift auch nach den Regeln der Exklusivitätsthese – genauer: entsprechend dem Postulat von der grundsätzlich strengen Exklusivität zwischen Eingriff und Ausgestaltung – *ausschließlich* als in den Schutzbereich eingreifend und nicht als diesen ausgestaltend zu qualifizieren, wenn sie einzig die subjektive Grundrechtsseite betrifft, also nicht auf einen objektiven Regelungsauftrag zurückgeführt werden kann (bb.(1)). Zum anderen wird – entsprechend der Annahme von der Möglichkeit der Durchbrechung des strengen Exklusivitätsgrundsatzes[238] – ein Eingriff in den Schutzbereich des normgeprägten Grundrechts auch dann angenommen, wenn die Vorschrift zwar auf einen objektiven Regelungsauftrag rückführbar ist, die Prüfung des Einzelfalles allerdings ergibt, dass der Gesetzgeber Altrechte verkürzt, die ein Grundrechtsträger bereits *konkret* in Anspruch genommen hat. Im Unterschied zur ersten Fallgruppe liegt der Eingriff hier jedoch *nicht ausschließlich* vor, vielmehr wird einer grundsätzlich als ausgestaltend eingeordneten Regelung *zugleich* Eingriffscharakter beigemessen (bb.(2)).

aa. Grundsatz: gesetzgeberische Regelungen als Ausgestaltungen

Nach Ansicht der Vertreter der Exklusivitätsthese kann überhaupt nur in etwas bereits Vorhandenes, in einen tatbestandlich fixierten Schutzbereich, eingegriffen werden[239]. Gerade jene eingriffsfähige Substanz aber fehle den normgeprägten Grundrechten[240] *in der Regel* wegen ihrer totalen Abhängigkeit vom einfachen

---

238 Supra Teil 4, C.II.2.a.bb.

239 *Ipsen* (Fn. 18), Rn. 162f.; *Ipsen* (Fn. 220), 479; plakativ auch *Ruffert* (Fn. 18), 117; *Gellermann* (Fn. 11), 273, 90 m.V. auf *Lerche* (Fn. 18), Rn. 45.

240 Dieser Gedankengang will recht verstanden sein. Auch die Vertreter der Exklusivitätsthese gehen davon aus, dass die normgeprägten Grundrechte nicht völlig inhaltsleer sind, sondern durchaus über einen eigenständigen, vom einfachen Recht unabhängigen Gehalt verfügen. Er wird in deren, der objektiven Grundrechtsdimension entspringenden Regelungsaufträgen und Strukturelementen erblickt (supra Teil 1, D.I., Teil 4, A.I.), in die die Legislative aber nicht eingreifen kann, weil sie nicht selbst Gegenstand des abwehrrechtlichen Schutzes sind; als an den Gesetzgeber gerichtete Handlungsanweisungen liegen die Regelungsaufträge nicht innerhalb des Schutzbereichs, sondern verbleiben in dessen Vorfeld (aus einfachrechtlicher Perspektive formuliert *Gellermann* (Fn. 11), 427).

Recht[241]. Vor diesem Hintergrund werden einfachgesetzliche Vorschriften – ganz gleich, ob es sich im konkreten Einzelfall um erstmalige, um ergänzende oder aber um Normierungen handelt, die bereits bestehendes Recht umgestalten[242] – grundsätzlich als Ausgestaltungen der grundrechtlichen Schutzbereiche identifiziert. An dieser Einschätzung ändert sich prinzipiell auch dann nichts, wenn jene Vorschriften die Grundrechtsausübung beschränken, indem sie beispielsweise denkbare Betätigungsmöglichkeiten nicht vorsehen, ausdrücklich versagen oder an die Erfüllung bestimmter Bedingungen binden[243]. Denn den Grundrechtsträgern würden keine ihnen bereits zustehenden Alternativen der Inanspruchnahme grundrechtlicher Freiheit bzw. Leistung genommen, sondern lediglich potenziell denkbare Befugnisse vorenthalten, die ihnen aber nur das staatliche Recht vermitteln könne[244].

Einen anschaulichen Beleg für die praktische Umsetzung dieses Konzepts bieten etwa die Regelungen zur Geschäftsfähigkeit, §§ 104ff. BGB[245], die unter Verweis auf die Normgeprägtheit der Vertragsfreiheit als deren Ausgestaltung qualifiziert werden. Aufgrund ihrer Abhängigkeit vom einfachen Recht verleihe nicht schon die Vertragsfreiheit selbst die Fähigkeit zum Abschluss rechtswirksamer Verträge, sondern erst der einfachgesetzliche Unterbau[246]. Den Geschäftsunfähigen treffe damit kein staatliches Verbot, Verträge zu schließen; er sei hierzu schlichtweg nicht in der Lage, weil das einfache Recht von ihm getroffene Vereinbarungen nicht anerkenne und ihnen damit die rechtliche Wirksamkeit, die zu vermitteln nur die gesetzliche Regelung in der Lage ist, absprechе[247]. Auch eine Zölibatsklausel im öffentlichen Dienstrecht oder

241 Vgl. *Gellermann* (Fn. 11), 273, 368; *Ipsen* (Fn. 18), Rn. 162; ebenso bereits *Peter Lerche*: Übermaß und Verfassungsrecht. Zur Bindung des Gesetzgebers an die Grundsätze der Verhältnismäßigkeit und der Erforderlichkeit, 1961, 2. Aufl. 1999, 107ff., 140ff.; ihm folgend *Christine Steinbeiß-Winkelmann*: Grundrechtliche Freiheit und staatliche Freiheitsordnung. Funktion und Regelungsgehalt verfassungsrechtlicher Freiheitsgarantien im Licht neuerer Grundrechtstheorien, 1986, 110, 641.

242 Zu all diesen einzelnen Anwendungsfeldern gesetzgeberischer Tätigkeit supra Teil 4, B.

243 Vgl. zum Ganzen *Gellermann* (Fn. 11), 90f., 269ff., insbes. 271, 273, 286, 397, 399f., 425f.

244 *Gellermann* (Fn. 11), 368.

245 Zu § 104 BGB bereits supra Teil 4, B.II.2.

246 Die Fähigkeit, rechtlich verbindliche Geschäfte zu tätigen, besteht also erst und nur unter den einfachgesetzlich hierfür näher umschriebenen Voraussetzungen.

247 Zum Ganzen m.w.N. *Gellermann* (Fn. 11), 139, 279; anders *Cornils* (Fn. 4), 247, der als Anhänger der Prinzipientheorie grundsätzlich von einer abwehrrechtlichen

ein Eheverbot wegen Fortpflanzungsunfähigkeit[248] wäre nach den Grundsätzen der Exklusivitätsthese als eine die individuelle Eheschließungsfreiheit näher ausformende und nicht als eingreifende Regelung zu verstehen. Zwar würden derlei Vorschriften den freien Zugang zur Ehe behindern; diesen hat der Grundrechtsträger wegen der Normgeprägtheit des Art. 6 Abs. 1 GG aber überhaupt erst in dem Augenblick, in dem er ihm durch das einfache Recht eröffnet wird. Die individuell ausübbare Eheschließungsfreiheit besteht damit von vornherein nur unter den Voraussetzungen, von deren Vorliegen das einfache Recht den Zugang zur Ehe abhängig macht[249]. Gleiches gilt beispielsweise für Regelungen, die die Testierfähigkeit oder denkbare Arten und Varianten der Eigentumsnutzung beschränken (§ 2229 Abs. 1, 4 BGB; §§ 573 Abs. 1 S. 2, 903 S. 2 BGB)[250]. Als ausgestaltend eingeordnet werden darüber hinaus auch solche Vorschriften, die gewisse Arten der Vertragsgestaltung generell untersagen (§§ 138, 242 BGB[251]), den Koalitionen bestimmte Möglichkeiten tarifvertraglicher Regelung im Felde der Arbeits- und Wirtschaftsbedingungen explizit absprechen[252] (§§ 3, 97 BPersVG), die freie und eigenverantwortliche Gestaltung der ehelichen Lebensgemeinschaft begrenzen (§ 1357 Abs. 1 BGB)[253], sowie die Betätigung von Vereinigungen oder die Zugänglichkeit des Rechtsweges von der Erfüllung bestimmter Bedingungen abhängig machen (§ 54 GenG[254]; Rechtsbehelfsfristen

---

Behandlung schöpferisch-gestaltender Regelungen ausgeht. Kritisch zur Verwendung des Eingriffsbegriffs durch das Bundesverfassungsgericht im Bereich der Vertragsfreiheit *Claus Dieter Classen*: Die Drittwirkung der Grundrechte in der Rechtsprechung des Bundesverfassungsgerichts, AöR 122 (1997), 65, 79f. unter Verweis auf BVerfGE 8, 274 (328); 60, 329 (339); 65, 196 (215); 81, 242 (255). Zur Gegenansicht supra Teil 4, C.II.1.b.bb.(2)(a).

248 Zu diesen Beispielen bereits supra Teil 4, B.II.2. sowie supra Teil 4, C.II.1.a.b.bb.(2)(a) m.N. zur Gegenansicht.

249 Vgl. zum Ganzen *Gellermann* (Fn. 11), 128; zur Gegenansicht supra Teil 4, C.II.1.a. m.N. und b.bb.(2)(a) m.N.

250 Zu diesen Beispielen bereits supra Teil 4, B.II.2.; zur Gegenansicht supra Teil 4, C.II.1.a., b.aa. (nur § 573 Abs. 1 S. 2 BGB) sowie Teil 4, C.II.1.b.bb.(2)(a).

251 *Gellermann* (Fn. 11), 141, 272f., 279. Zur Gegenansicht supra Teil 4, C.II.1.b.bb.(2)(a) (nur § 138 BGB).

252 Vgl. *Ladeur* (Fn. 16), 654. Zur Gegenansicht supra Teil 4, C.II.1.b.bb.(2)(a).

253 Vgl. *Gellermann* (Fn. 11), 130 m.w.N., 279. Zur Gegenansicht supra Teil 4, C.II.1.b.bb.(2)(a).

254 So etwa BVerfG (K), NJW 2001, 2617, 2818. Zu diesem Beispiel bereits supra Teil 4, B.II.2. Zur Gegenansicht supra Teil 4, C.II.1.a., b.aa., bb.(2)(a).

und [partieller] Anwaltszwang[255]). Schließlich wären nach den Grundsätzen der Exklusivitätsthese trotz ihrer Beschränkungseffekte auch die Vorschriften zum obligatorischen Annahmeverfahren für Verfassungsbeschwerden (§ 93a Abs. 1 BVerfGG) und zum Verfahren vor dem Einzelrichter (§§ 348, 348a ZPO) sowie die in §§ 31ff. EGGVG niedergelegten Kontaktsperreregelungen[256] als ausgestaltend zu qualifizieren.

Die genannten Vorschriften weisen zwei Gemeinsamkeiten auf: Zum einen legen sie das jeweilige grundrechtliche Potenzial abstrakt-generell fest[257], das heißt sie zeigen die allen Grundrechtsträgern gleichermaßen offen stehenden Möglichkeiten des Grundrechtsgebrauchs auf und bemessen ihn näher, umschreiben also allgemein, was den Gegenstand der Vertrags-, Ehe-, Vereinigungs- und Koalitionsfreiheit, der Eigentums- und Erbrechtsgarantie sowie der Prozessgrundrechte ausmacht[258]. Zum anderen zielen all jene Regelungen nach ihrem objektiven Sinn und Zweck auf Entfaltung des jeweiligen Grundrechts[259]. Damit können sie auf den der objektiven Dimension entspringenden Regelungsauftrag des jeweiligen normgeprägten Grundrechts zurückgeführt werden[260].

---

255 Vgl. *Huber* (Fn. 28), Rn. 478 (Fristen); *Wolf-Rüdiger Schenke*, in: Kahl, Wolfgang; Waldhoff, Christian; Walter; Christian (Hrsg.): Bonner Kommentar zum Grundgesetz, Loseblatt, Stand des Gesamtwerkes: Dezember 2017, Band 6, Art. 19 Abs. 4 Rn. 168 (Anwaltszwang), 182 (Fristen); *Ulrich Ramsauer*, in: Denninger, Erhard; Hoffmann-Riem, Wolfgang; Schneider, Hans-Peter; Stein, Ekkehardt (Hrsg.): Kommentar zum Grundgesetz für die Bundesrepublik Deutschland (Reihe Alternativkommentare), Loseblatt, 3. Aufl. 2001f., Band 1, Art. 19 Abs. 4 Rn. 89 (Anwaltszwang), *Eberhard Schmidt-Aßmann*, in: Maunz, Theodor†; Dürig, Günter†: Grundgesetz. Kommentar, Loseblatt, Stand des Gesamtwerkes: Januar 2013, Band III, Art. 19 Abs. 4 Rn. 235 (Fristen), 243 (Anwaltszwang).

256 All dies sind Beispiele für einen Rückbau der den Grundrechtsträgern ursprünglich eröffneten Möglichkeiten der Grundrechtsverwirklichung, dazu bereits supra Teil 4, B.II.2.

257 Zu diesem Merkmal normprägenden Rechts *Gellermann* (Fn. 11), 269f.

258 Vgl. *Gellermann* (Fn. 11), 270; ähnlich *Gerd Morgenthaler*: Freiheit durch Gesetz. Der parlamentarische Gesetzgeber als Erstadressat der Freiheitsgrundrechte, 1999, 245f.

259 Zu diesem weiteren Merkmal normprägenden Rechts sowie zur Unbeachtlichkeit der Absicht des Gesetzgebers *Gellermann* (Fn. 11), 271f.; vgl. auch *Ruffert* (Fn. 18), 316; a.A. – in allgemeinerem Kontext – *Jestaedt* (Fn. 46), 332ff. Dagegen mit zutreffenden Argumenten *Gellermann* (Fn. 11), 271f. Umfänglich zur Bedeutung des gesetzgeberischen Willens *Kischel* (Fn. 46), 267ff.

260 Vgl. *Gellermann* (Fn. 11), 270f.

bb. Ausnahmen

Nach den Regeln der Exklusivitätsthese wird das Postulat, dass einfaches Recht *grundsätzlich und ausschließlich* von ausgestaltender und nicht von eingreifender Natur ist, in all jenen Konstellationen durchbrochen, in denen die normgeprägten Grundrechte ausnahmsweise über eine eingriffsfähige Substanz verfügen. Das ist zum einen der Fall, wenn einfachrechtliche Regelungen entweder *einzig* die subjektiv-abwehrrechtliche Grundrechtsdimension tangieren ((1)). Das ist zum anderen der Fall, wenn der Gesetzgeber einen vorhandenen Bestand an ausgestaltenden Vorschriften zum Nachteil des Grundrechtsträgers abändert ((2)). Während in der ersten Konstellation einfachgesetzliche Normen entsprechend dem Grundsatz der strengen Exklusivität zwischen subjektiv-eingriffsabwehrrechtlicher und objektiver, zur Ausgestaltung verpflichtender Grundrechtsdimension *ausschließlich als eingreifend* qualifiziert werden, wird in der zweiten Konstellation der Grundsatz der strengen Exklusivität modifiziert, indem der ausgestaltenden Norm *zugleich Eingriffs*qualität attestiert wird[261].

(1) Eingriff *statt* Ausgestaltung

Einfachrechtliche Vorschriften, die sich *einzig* über das grundrechtliche Verbot der Beschränkung des Schutzbereichs hinwegsetzen, *ohne* dabei auf einen objektiven Regelungsauftrag zurückführbar zu sein, sind nach dem Grundsatz der strengen Exklusivität als eingreifend zu qualifizieren.

Ein Beispiel für diese Fallgruppe bilden Legalenteignungen im Sinne des Art. 14 Abs. 3 S. 1, S. 2 Alt. 1 GG. Diese werden (auch) von den Anhängern der Exklusivitätsthese als Eingriffe in den und nicht etwa als Ausgestaltungen des Schutzbereichs des Art. 14 Abs. 1 GG gewertet, weil sie von vornherein nicht der Entfaltung des grundrechtlichen Freiheitsraumes dienten, sondern allein auf den Entzug eigentumsgeschützter Rechtspositionen (die freilich auf der Grundlage inhalts- und schrankenbestimmender Regelungen begründet wurden) abzielten[262].

---

261 Auf diesen Unterschied wurde bereits supra Teil 4, C.II.2.c. m.V. in Fn. 238 hingewiesen.

262 Vgl. *Hans D. Jarass*, in: Jarass, Hans D.; Pieroth, Bodo: Grundgesetz für die Bundesrepublik Deutschland, Kommentar, 14. Aufl. 2016, Art. 14 Rn. 74, 84f.; *Roth* (Fn. 18), 173; *Walter Leisner*: Eigentum, in: Isensee, Josef; Kirchhof, Paul (Hrsg.): Handbuch des Staatsrechts der Bundesrepublik Deutschland, Band VIII, 3. Aufl. 2010, § 173 Rn. 214; *Ipsen* (Fn. 18), Rn. 754ff.; vgl. auch *Florian Becker*, in: Stern, Klaus; Becker, Florian (Hrsg.): Grundrechte-Kommentar, 2. Aufl. 2016, Art. 14 Rn. 149ff.

Als ausschließlich eingreifend charakterisiert werden überdies diejenigen einfachgesetzlichen Vorschriften, die sich bei nur teilweise normgeprägten Grundrechten[263], wie beispielsweise die Vereinigungs- und die Koalitionsfreiheit (Art. 9 Abs. 1, 3 GG), mindernd auf deren nicht normgeprägten Teile auswirken[264] und damit ebenfalls ausschließlich die subjektiv-abwehrrechtliche Grundrechtsdimension tangieren. Dies treffe etwa zu auf Regelungen, die die Vereins- oder Koalitionsgründung erschweren, den Beitritt verhindern oder die Mitgliederwerbung reglementieren. Sie allesamt beträfen den *tatsächlichen* Zusammenschluss mehrerer Personen (in den verschiedenen Stadien der Bildung, der Betätigung und des Verbleibs in einer Vereinigung beziehungsweise Koalition), der keiner normativen Vermittlung bedürfe, sondern jedem Grundrechtsräger „von Natur aus" möglich sei[265].

(2) Ausgestaltung und *zusätzlich* Eingriff (sogenannte eingreifende Ausgestaltung)

Im Konzept der Exklusivitätsthese ist eine gesetzgeberische Regelung grundsätzlich auch dann von ausgestaltender und nicht von eingreifender Natur, wenn sie einfachgesetzlich eröffnete Möglichkeiten der Grundrechtsbetätigung wieder zurücknimmt[266], wie etwa die §§ 138, 242 BGB (Vertragsfreiheit)[267], § 1357 Abs. 1 BGB (Ehefreiheit), § 54 GenG (Vereinigungsfreiheit), §§ 573 Abs. 1 S. 2 BGB, 903 S. 2 BGB (Eigentumsgarantie), § 93a Abs. 1 BVerfGG, §§ 348, 348a ZPO, §§ 31ff. GVG (Prozessgrundrechte)[268]. Fraglos beeinträchtigen solcherlei Absenkungen bisher bestehender Befugnisse oder Leistungen den/die betroffenen Grundrechtsträger. Gleichwohl qualifizieren die Vertreter der

263 Also solchen, die nicht in jeder Hinsicht auf normative Unterfütterung angewiesen sind.

264 Gemeint sind hier jene Elemente, deren Inanspruchnahme vom Vorhandensein eines normativen Unterbaus unabhängig ist und die damit auch nicht von einem objektiven Regelungsauftrag flankiert werden, *Gellermann* (Fn. 11), 280.

265 Exemplarisch *Gellermann* (Fn. 11), 280.

266 Vgl. *Gellermann* (Fn. 11), 423, 428; *Roth* (Fn. 18), 167; bloß pauschal andeutend *Ruck* (Fn. 18), 550f. Der Rückbau bisher bestehender Möglichkeiten zur Grundrechtsverwirklichung ist eine von mehreren Spielarten der sogenannten Umgestaltung, dem praktisch bedeutsamsten Anwendungsfeld gesetzgeberischer Tätigkeit im Bereich der normgeprägten Grundrechte. Dazu bereits supra Teil 4, B.II.2.

267 Die nachfolgend hinter jedem Beispiel eingefügten Klammerzusätze bezeichnen jeweils dasjenige normgeprägte Grundrecht, in dessen Anwendungsbereich das Beispiel relevant wird.

268 Zu diesen Beispielen m.N.u.w.V. bereits supra Teil 4, C.II.2.c.aa.

Exklusivitätsthese sie nicht als Schutzbereichseingriffe, da es sich um abstrakt-generelle Neudefinitionen der grundrechtlich potenziell verbürgten Handlungsalternativen und Leistungen durch einfaches Recht auf der Grundlage objektiver Regelungsaufträge, die dem Grundrechtsträger die Wahrnehmung des Grundrechts überhaupt erst ermöglichen, handele[269]. Die Annahme eines Schutzbereichseingriffs sei in diesen Fällen darüber hinaus schon deshalb ausgeschlossen, weil hier ausschließlich der einfachrechtliche Schutzwall reduziert würde, der das Grundrecht umhege und seinen Inhalt konkretisiere, aber nicht selbst dessen Schutzgegenstand bilde[270]. Dieser Grundsatz wird von *Gellermann* allerdings gelockert, wenn die ändernde Regelung eine Position des Grundrechtsträgers mindert, die er durch tatsächlichen Gebrauch der bisher vorhandenen Möglichkeiten bereits verfestigt hat und die damit von einer abstrakten Position aller Grundrechtsträger zu einer *konkreten* Rechtsposition dieses einzelnen Grundrechtsträgers erstarkt ist. Die Verkürzung einer solchen Rechtsstellung sei nicht mehr allein Neubestimmung der im normgeprägten Grundrecht angelegten und allen Grundrechtsträgern gleichermaßen zu Gebote stehenden Handlungs- und Leistungsalternativen, sondern entfalte auch eingriffsähnliche Wirkungen, die einen Doppelcharakter der Regelung als ausgestaltend und *zugleich* eingreifend begründeten[271] ((a)). Die Vorschrift wandelt sich also nicht von einer ausgestaltenden in eine eingreifende Norm; vielmehr bleibt sie eine Ausgestaltung, die *zusätzlich* Anforderungen unterliegt, die der abwehrrechtlichen Grundrechtsseite entspringen[272] und hier als eingreifende Ausgestaltung bezeichnet werden soll. In jener Annahme liegt zugleich ein Unterschied zu den abwehrrechtlichen Modellen, in denen entsprechende Vorschriften stets und *ausschließlich* als Eingriffe qualifiziert werden[273] ((b)).

---

269 Vgl. *Gellermann* (Fn. 11), 428; *Roth* (Fn. 18), 167ff.

270 Statt vieler *Gellermann* (Fn. 11), 413f.; in der Sache ebenso BVerfG (K) NJW 2001, 2617 (dort wird postuliert, dass „bestehende Ausgestaltungen...keinen Verfassungsrang" haben) und *Cornils* (Fn. 4), 489f., der als Vertreter der Gegenansicht allerdings einen Eingriff annimmt.

271 Vgl. zum Ganzen *Gellermann* (Fn. 11), 369, 426ff., 435, allgemein andeutend auch schon 55f.; ebenso schon *Ruck* (Fn. 18), 550; ähnlich *Bumke* (Fn. 18), 190; ablehnend *Lenz* (Fn. 18), 125ff., allerdings ohne eine Alternative zu entwickeln.

272 Vgl. *Gellermann* (Fn. 11), 442.

273 Vgl. dazu bereits supra Teil 4, C.II.1. m.N.

(a) *Überwiegen der belastenden Elemente einer bipolaren Regelung bei Minderung konkreter Rechtspositionen*

Eine an sich ausgestaltende Regelung ist nach der Vorstellung von *Gellermann* geeignet, in den Schutzbereich eines normgeprägten Grundrechts einzugreifen, wenn die Prüfung des Einzelfalles ergibt, dass die in Rede stehende Vorschrift bestehende Rechte verkürzt, die ihr Inhaber auf der Basis bisher geltender Regelungen rechtmäßig erworben und auch schon ausgeübt hat[274]. In dieser ganz speziellen Fallkonstellation, die nach dem *Gellermann*`schen Verständnis wohlgemerkt eher die Ausnahme als die Regel bildet[275], manifestiere sich das Vertrauen des einzelnen Grundrechtsträgers in die Fortgeltung der ursprünglichen Regelung, was wiederum einen Bestandsschutz für die *konkrete* Rechtsposition auslöse[276] (Rückwirkungsverbot[277]). Jene Einlassungen gleichen in der Sache denen von *Manssen* im Rahmen der Normbestandsschutzlehre[278] und im Ergebnis auch jenen der Vertreter der

---

274 Vgl. *Gellermann* (Fn. 11), 369, 426ff.; ebenso restriktiv in Bezug auf die Eigentumsgarantie BVerfGE 45, 297 (332); 52, 1 (28); 58, 300 (338); 78, 58 (75) – st. Rspr.; *Gunther Schwerdtfeger*: Die dogmatische Struktur der Eigentumsgarantie, 1983, 21f. Speziell im Bereich der Eigentumsgarantie sollen ausnahmsweise auch noch nicht beanspruchte Nutzungsmöglichkeiten geschützt sein, wenn sie sich nach Lage der Dinge objektiv anbieten (BGHZ 87, 66 (72); BVerwGE 84, 361 (371)) oder nach der Verkehrsauffassung aufdrängen (BVerwGE 67, 84 (92)), *Gellermann* (Fn. 11), 433.

275 *Gellermann* (Fn. 11), 445.

276 *Gellermann* (Fn. 11), 435; in diese Richtung auch *Bumke* (Fn. 18), 106f.; *Roth* (Fn. 18), 168f.; *Lenz* (Fn. 18), 126f. dagegen sieht den Vertrauensschutzgedanken nicht als Merkmal der Eingriffsabwehr, sondern als aus den objektiven Grundrechtsgehalten fließenden Bindungsmaßstab.

277 Der Vertrauensschutzgedanke ist Teil des allgemeinen Rechtsstaatsprinzips, Art. 20 Abs. 3 GG, vgl. statt vieler *Michael Sachs*, in: Sachs, Michael (Hrsg.): Grundgesetz. Kommentar, 8. Aufl. 2018, Art. 20 Rn. 78; BVerfGE 13, 261 (271); 95, 64 (82); 103, 392 (403); 109, 133 (171f.), hängt aber auch eng mit den Grundrechten zusammen (vgl. *Philip Kunig*: Rechtsstaatliches Rückwirkungsverbot, in: Merten, Detlef; Papier, Hans-Jürgen (Hrsg.): Handbuch der Grundrechte in Deutschland und Europa, Band III, 2009, § 69 Rn. 15, 38 m.w.N.). Jedenfalls im Bereich der unechten Rückwirkung wird der Vertrauensschutz häufig direkt auf die Grundrechte gestützt (vgl. exemplarisch *Hartmut Maurer*: Kontinuitätsgewähr und Vertrauensschutz, in: Isensee, Josef; Kirchhof, Paul (Hrsg.): Handbuch des Staatsrechts der Bundesrepublik Deutschland, Band IV, 3. Aufl. 2006, § 79 Rn. 41f., 62 m.w.N.; grundsätzlich auch BVerfGE 72, 200 (242f.)), ggf. auch i.V.m. Art. 20 Abs. 3 GG (so etwa BVerfGE 96, 330 (340); 103, 271 (287).

278 Supra Teil 4, C.II.1.a. mit Fn. 33, dort auch zu der weitergehenderen Auffassung von *Lübbe-Wolff* (Fn. 5), die einen abstrakten Normbestandsschutz fordert (Fn. 32).

prinzipientheoretisch fundierten abwehrrechtlichen Modelle[279], die zusammengenommen den Gegenpol zur Exklusivitätsthese bilden. Damit ist die Frage aufgeworfen, ob und worin sich das Konzept der Exklusivitätsthese in den Fällen der nachteiligen Umgestaltung *konkreter* Rechtspositionen von den genannten abwehrrechtlichen Entwürfen unterscheidet. Vor allem, was das Ergebnis angeht, ist (zumindest) auf den ersten Blick kein Unterschied erkennbar, da beide Ansichten in dieser speziellen Konstellation von einem Eingriff ausgehen. Bevor jener Frage vertieft nachgespürt wird (sogleich (b)), sei zunächst noch auf zweierlei hingewiesen:

Gellermann stellt bei der Beurteilung der Nachteiligkeit der einfachrechtlichen Regelung auf die Sicht des individuell betroffenen Grundrechtsträgers ab, da die Grundrechte vor allem als subjektive Rechte des Einzelnen konzipiert[280] seien[281].

Den maßgeblichen Anknüpfungspunkt für den vorzunehmenden Vergleich zwischen Vergangenheit und Zukunft kann nur der Abschluss des Gesetzgebungsverfahrens, also die Verkündung der geänderten Regelung bilden und nicht erst deren Inkrafttreten, da letzeres – im Gegensatz zur Verkündung – Teil des Inhalts der Vorschrift ist, über den die Legislative selbst bestimmt (vgl. Art. 82 Abs. 2 S. 1 GG[282]). Nach diesen Grundsätzen griffe das die Eigentumsgarantie grundsätzlich ausgestaltende und im Jahr 1971 nachträglich eingeführte Verbot der Kündigung von Wohnraum zwecks Mieterhöhung (§ 573 Abs. 1 S. 2 BGB[283]) nur in solchen Fällen auch in den Schutzbereich der Eigentumsgarantie des Vermieters ein, in denen dieser die Änderungskündigung gegenüber dem Mieter vor Verkündung der Regelung am 25. November 1971[284] bereits ausgesprochen hatte. In Fällen, in denen erst nach Verkündung der Norm zum Zwecke der Mieterhöhung gekündigt oder gar das Mietverhältnis erst später

---

279 Supra Teil 4, C.II.1.b.

280 Statt vieler *Kingreen/Poscher* (Fn. 70), Rn. 45, 259; *Sachs* (Fn. 97), Rn. 40; *Josef Isensee*: Positivität und Überpositivität der Grundrechte, in: Merten, Detlef; Papier, Hans-Jürgen (Hrsg.): Handbuch der Grundrechte in Deutschland und Europa, Band II, 2006, § 26 Rn. 9 m.w.N.; BVerfGE 6, 386 (387).

281 *Gellermann* (Fn. 11), 84; auch schon *Michael Kemper*: Die Bestimmung des Schutzbereichs der Koalitionsfreiheit (Art. 9 Abs. 3 GG). Zugleich ein Beitrag zur Lehre von den Einrichtungsgarantien, 1990, 88.

282 S. *Maurer* (Fn. 277), Rn. 18; BVerfGE 34, 9 (23); 87, 48 (60); vgl. auch BVerfGE 63, 343 (353f.); 72, 200 (241).

283 Eingeführt durch und ehemals Art. 1 § 1 Abs. 4 WKSchG (BGBl. I S. 1839f.).

284 Vgl. BGBl. I S. 1840.

begründet wurde, bleibt § 573 Abs. 1 S. 2 BGB dagegen eine die Eigentumsgarantie rein ausgestaltende Regelung[285]. Entsprechend griff § 54 GenG nur in die Vereinigungsfreiheit solcher Genossenschaften ein, die vor dem Zeitpunkt seiner Verkündung am 30. Oktober 1934 nicht Mitglied in einem Prüfungsverband waren[286]. Die Frage eines Eingriffs in die Garantie des gesetzlichen Richters schließlich stellte sich im Hinblick auf § 93a Abs. 1 BVerfGG nur für solche Grundrechtsträger, die eine Verfassungsbeschwerde vor dem 3. August 1963[287] beim Bundesverfassungsgericht eingereicht hatten. Würde heute ein gesetzliches Eheverbot wegen Fortpflanzungsunfähigkeit im Bundesgesetzblatt verkündet, griffe diese Norm nur in die Ehefreiheit derjenigen Frauen und Männer ein, die von ihrem – bisher in dieser Hinsicht unbeschränkten – Recht auf freie Wahl des Ehepartners bereits Gebrauch gemacht und entweder – als selbst nicht fortpflanzungsfähig – eine/n Fortpflanzungsfähige/n oder – als selbst fortpflanzungsfähig – eine/n Fortpflanzungsunfähige/n geheiratet haben. Im Hinblick auf zukünftig zu schließende Ehen erwiese sich dieses Verbot dagegen als (reine) Ausgestaltung der Ehefreiheit. Entsprechend wäre ein Eingriff in den Schutzbereich der Rechtsschutzgarantie durch Regelungen, die mit Verkündung vom heutigen Tage den Anwaltszwang abweichend von §§ 78 Abs. 1 ZPO, § 67 Abs. 4 S. 1 VwGO auch auf die erste Instanz ausdehnen oder die Revisionsinstanz im Straf- und Zivilprozess abweichend von § 333 StPO, § 542 ZPO abschaffen, jeweils nur in solchen Fällen zu diskutieren, in denen die Rechtsschutzsuchenden bis gestern bereits nicht anwaltlich vertreten Klage beim Amtsgericht erhoben oder beispielsweise Revision beim zuständigen Gericht eingelegt haben. Im Hinblick auf zukünftige Fälle erweisen sich auch jene Vorschriften als (reine) Ausgestaltungsakte.

---

285 Ebenso greift § 903 S. 2 BGB (eingefügt durch Art. 1 Nr. 4 des Gesetzes zur Verbesserung der Rechtsstellung des Tieres im bürgerlichen Recht 1990 eingefügte, BGBl. I S. 1762) nur in die Eigentumsgarantie jener Tierhalter ein, die ihr Tier vor dem 20. August 1990 (Zeitpunkt der Verkündung der Norm, vgl. BGBl. I S. 1763) nicht tierschutzgerecht gehalten haben. Für spätere Fälle liegt wiederum eine bloß ausgestaltende Regelung vor. Vgl. allgemein zum Eigentum auch *Gellermann* (Fn. 11), 369.

286 § 54 GenG eingeführt durch Art. 1 Nr. 1 des Gesetzes zur Änderung des Genossenschaftsgesetzes vom 30. Oktober 1934 (RGBl. I S. 1077), verkündet am 30. Oktober 1934, RGBl. I S. 1082.

287 Verkündung der Norm, eingeführt durch Art. 1 Nr. 5a) des Dritten Gesetzes zur Änderung des Gesetzes über das Bundesverfassungsgericht vom 3. August 1963 (BGBl. I S. 589f.).

(b) Unterschied zu den abwehrrechtlichen Modellen

Nach Ansicht von *Gellermann* genießt nicht alles, was der Gesetzgeber den Grundrechtsträgern theoretisch an Möglichkeiten eröffnet, abwehrrechtlichen Schutz, sondern nur jene Befugnisse, die der Einzelne bereits *konkret* in Anspruch genommen hat. Damit wird der Einführung eines *umfassenden* Normbestandsschutzes, wie er von *Lübbe-Wolff* gefordert wird[288], eine deutliche Absage erteilt[289]. Zugleich aber nähert sich *Gellermann* mit diesem Postulat der von *Manssen* vertretenen Normbestandsschutzkonzeption und im Ergebnis auch den verbleibenden prinzipientheoretisch fundierten abwehrrechtlichen Modellen an, indem auch er in den Fällen der nachteiligen Verkürzung konkreter Altrechte aus Vertrauensschutzgesichtspunkten einen Eingriff für möglich hält. Damit scheint der Unterschied zwischen den abwehrrechtlichen Lösungen auf der einen und der Exklusivitätsthese auf der anderen Seite im Anwendungsfeld der Umgestaltung und damit gerade in jenem Anwendungsfeld gesetzgeberischer Tätigkeit eingeebnet, das praktisch am bedeutsamsten ist[290]. Allerdings bestätigt sich dieser Befund bei näherem Hinsehen nicht. Denn anders als die Verfechter der abwehrrechtlichen Modelle qualifiziert *Gellermann* Regelungen, die Grundrechtsträgern Rechte nehmen, die ihnen die bisher geltenden Vorschriften einräumten und von denen sie auch bereits Gebrauch gemacht haben, nicht *ausschließlich* als Eingriffe[291], sondern ordnet sie primär als gesetzliche Ausgestaltungen ein, die lediglich *zusätzlich und ergänzend* einer klassischen Verhältnismäßigkeitsprüfung zu unterziehen sind und damit der zentralen Anforderung zu entsprechen haben, der auch Eingriffe genügen müssen. Nur auf diese Weise könne eine Überbetonung der Abwehrfunktion der Grundrechte vermieden und der damit verbundenen Gefahr der Verfehlung der verfassungsrechtlichen Maßstäbe begegnet werden[292].

d. Zusammenfassung

Ganz gleich, ob eine einfachgesetzliche Vorschrift einen Sachverhalt erstmalig oder ergänzend regelt oder aber bereits vorhandenes Recht modifiziert, gilt Folgendes: Sobald sie auf einen (der) objektiven (Grundrechtsdimension entspringenden) Regelungsauftrag zurückgeführt werden kann, ist sie nach Ansicht

---

288 Supra Teil 4, C.II.1.a. (mit Fn. 32).
289 *Gellermann* (Fn. 11), 428f., 432; ebenso deutlich *Lenz* (Fn. 18), 122.
290 Dazu bereits supra Teil 4, B.II. m.N. in Fn. 5.
291 Supra Teil 4, C.II.2.c.bb.(2) m.N.
292 *Gellermann* (Fn. 11), 442, 444f.

der Vertreter der Exklusivitätshese von ausgestaltender und nicht etwa von eingreifender Natur. Im Bereich der normgeprägten Grundrechte erfüllten die allermeisten Vorschriften diese Voraussetzung. Der Gesetzgeber reagiere hier üblicherweise auf die objektiven Regelungsaufträge, die ihn aufforderten, das grundrechtliche Potenzial abstrakt-generell festzulegen und zu entfalten, damit es vom jeweiligen Grundrechtsträger überhaupt ausgeübt werden kann. Aufgrund jener in den Regelungsaufträgen zum Ausdruck kommenden spezifischen Abhängigkeit der normgeprägten Grundrechte vom einfachen Recht sei dieses eben für gewöhnlich nicht geeignet, die auf legislatorisches Unterlassen gerichtete subjektiv-abwehrrechtliche Grundrechtsseite zu aktivieren, also in den grundrechtlichen Schutzbereich einzugreifen (impermeable Membran zwischen subjektiver und objektiver Grundrechtsdimension). Die Anhänger der Exklusivitätsthese qualifizieren normprägende Vorschriften demgemäß grundsätzlich als Ausgestaltungen[293].

An der ausgestaltenden Natur der jeweiligen Vorschrift ändert sich selbst dann nichts, wenn sie neben begünstigenden auch belastende Elemente enthält. Solche Begrenzungen der Grundrechtsausübung werden prinzipiell als bloße, im Wesen der normgeprägten Grundrechte angelegte Begleiterscheinung der gesetzgeberischen Entfaltung des grundrechtlichen Potenzials begriffen[294]. Überwiegen derlei Beschränkungseffekte im konkreten Fall, kann sich die in Rede stehende Regelung ausnahmsweise aber doch (auch) als Eingriff in den grundrechtlichen Schutzbereich erweisen. Eine solche Ausnahmekonstellation liegt allerdings nur vor, wenn der Gesetzgeber schon vorhandene und bereits konkret in Anspruch genommene Altrechte verkürzt. Damit scheint gerade im praktisch bedeutsamsten Anwendungsfeld gesetzgeberischer Tätigkeit, der sogenannten Umgestaltung, ein Ergebnis erzielt zu werden, das dem der abwehrrechtlichen Modelle sehr nahe kommt. Diese Vermutung bestätigt sich bei näherem Hinsehen jedoch nicht. Im Gegensatz zu den Befürwortern abwehrrechtlicher Lösungen gehen die Vertreter der Exklusivitätsthese in der beschriebenen Konstellation nämlich nicht *ausschließlich* vom Vorliegen eines Eingriffs aus. Vielmehr wird auch eine Regelung, die konkrete Altrechte verkürzt, grundsätzlich als Ausgestaltung qualifiziert; der *Eingriff tritt* hier lediglich *ergänzend hinzu* (sogenannte eingreifende Ausgestaltung)[295].

---

293 Zum Ganzen supra Teil 4, C.II.2.a.-c.aa.

294 Ausführlich m.N. supra Teil 4, C.II.2.c.aa.

295 Zum Ganzen m.N.u.w.V. supra Teil 4, C.II.2.c.bb.(2).

Als in den Schutzbereich eines normgeprägten Grundrechts *ausschließlich eingreifend* qualifiziert werden (können) dagegen lediglich solche Vorschriften, die keinerlei begünstigende, sondern *einzig belastende* Elemente enthalten und dementsprechend allein die *subjektive* Grundrechtsdimension aktivieren. Dies kommt nach Ansicht der Verfechter der Exklusivitätsthese wegen der Angewiesenheit der normgeprägten Grundrechte auf einfachgesetzliche Unterfütterung selten vor; denkbar ist eine solche Situation vor allem bei nur teilweise normgeprägten Grundrechten[296].

Abschließend lässt sich damit festhalten: Im Hinblick auf die vollständig normgeprägten Grundrechte der Vertrags-, Ehe-, Eigentums- und Erbfreiheit, der Rechtsschutzgarantie, der Garantie des gesetzlichen Richters und des rechtlichen Gehörs sind nach der Exklusivitätsthese Eingriffe in deren Schutzbereiche durch gesetzgeberische Regelungen nahezu unmöglich; bei den teilweise normgeprägten Grundrechten der Vereinigungs- und Koalitionsfreiheit sind Eingriffe zumindest denkbar in deren nicht normgeprägten Bereichen.

3. *Würdigung*

Die Vertreter der abwehrrechtlichen Modelle und der Exklusivitätsthese gehen einhellig von der Mehrdimensionalität der Grundrechte und der Bipolarität normprägender einfacher Gesetze aus, interpretieren diese beiden Basisannahmen jedoch gegensätzlich[297] und gelangen damit auch zu konträren Ergebnissen bei der Einordnung einfachrechtlicher Regelungen im Bereich der normgeprägten Grundrechte. Während die Anhänger abwehrrechtlicher Konzepte hier ebenso wie bei den verbleibenden Grundrechten (bei Vorliegen der entsprechenden Voraussetzungen) von einem Schutzbereichseingriff ausgehen[298], halten die Verfechter der Exklusivitätsthese das Gros der normprägenden Vorschriften demgegenüber für nicht geeignet, in die jeweiligen

---

296 Zum Ganzen m.N. supra Teil 4, C.II.2.c.bb.(1), dort auch zu dem weiteren Beispiel der Legalenteignung.

297 Ausführlich supra Teil 4, C.II. m.N.u.w.V. in Fn. 1f.

298 Supra Teil 4, C.II.1.b.cc. und c. m.w.V. Eine Ausnahme wird überhaupt nur vom Vertreter des nicht-universalistischen abwehrrechtlichen Modells, *Matthias Cornils* (Fn. 4), zugelassen. Allerdings erweist sich diese bei Lichte betrachtet als weitgehend hypothetisch, vgl. dazu m.N.u.w.V. supra Teil 4, C.II.1.b.cc.

grundrechtlichen Schutzbereiche einzugreifen und qualifizieren sie deshalb für gewöhnlich als Ausgestaltungen[299].

Sowohl für die abwehrrechtlichen Modelle als auch für die Exklusivitätsthese können gewichtige Argumente angeführt werden. Ebenso wecken beide aber auch Bedenken (a., b.).

a. Kritik an den abwehrrechtlichen Modellen

Der Vorteil abwehrrechtlicher Modelle liegt in ihrem Vereinfachungspotenzial. Die vorgeschlagene Deutung normprägender gesetzgeberischer Aktivitäten als abwehrrechtlich relevante Grundrechtsbeschränkungen entlastet von der Aufgabe, näher bestimmen zu müssen, was das jeweilige normgeprägte Grundrecht konkret vom Gesetzgeber fordert und eröffnet auch in diesem dogmatisch eher unklaren Bereich die Möglichkeit der Anwendung des bekannten und bewährten Schutzbereich-Eingriff-Schranken-Schemas[300]. Gleichwohl vermag der abwehrrechtliche Ansatz aus verschiedenen Gründen nicht vollends zu überzeugen, wobei einige Einwände sämtliche Ausprägungen dieser Strömung in gleicher Weise treffen (aa.). Darüber hinaus bestehen weitere Bedenken speziell gegen die Normbestandsschutzlehre einerseits (bb.) und gegen die prinzipientheoretisch fundierten Lösungen andererseits (cc.).

aa. Kritik, die sämtliche Lösungsansätze trifft

(1) Aus grundrechtlicher Sicht

Die Möglichkeit des Individuums, seine Freiheit zu verwirklichen, kann nicht einfach als vorhanden unterstellt werden, sondern ist abhängig von diversen gesellschaftlichen und staatlichen Bedingungen. Es liegt in der Verantwortung des Staates, für die Wahrung dieser Bedingungen zu sorgen[301]. Die Abwehrfunktion

---

299 Nur in zwei Konstellationen werden einfachrechtliche Vorschriften (zusätzlich auch) als Eingriffe eingeordnet, vgl. speziell dazu supra Teil 4, C.II.2.c.bb. Zum Ganzen ausführlich m.N. supra Teil 4, C.II.2.

300 Vgl. *Cornils* (Fn. 4), 519; *Gellermann* (Fn. 11), 59, 410.

301 Vgl. *Gellermann* (Fn. 11), 37f.; *Alexy* (Fn. 3), 202ff., inbes. 208f.; BVerfGE 4, 7 (15f.); vgl. auch *Dreier* (Fn. 4), 36; *Krebs* (Fn. 97), 1ff., 65ff., 97ff.; *Morgenthaler* (Fn. 258), 19, 21, 54ff., 153ff.; *Aulehner* (Fn. 10), 152, 155, 157ff.; *Cornils* (Fn. 4), 507, 508f. Dieser Umstand wird auch von Vertretern einer ausschließlich negatorischen Grundrechtssicht anerkannt, vgl. etwa *Poscher* (Fn. 4), 115ff.; vgl. auch *Schlink* (Fn. 4), 465; *Ernst-Wolfgang Böckenförde*: Grundrechte und Grundrechtsinterpretation, NJW 1974, 1529, 1538.

der Grundrechte ist hierfür aber ein ungeeigneter Anknüpfungspunkt. Sie schützt zwar grundsätzlich die Möglichkeit individueller Freiheitsbetätigung, indem sie staatliche Beeinträchtigungen grundrechtlicher Freiheit verbietet[302], schafft und wahrt aber nicht die Bedingungen für diese Freiheitsausübung. Objektive Grundrechtsgehalte dagegen sind eben darauf gerichtet. Sie intendieren, die „abwehrrechtlich geschützte Möglichkeit freiheitlicher Betätigung auch unter den Gegebenheiten der modernen Massengesellschaft Wirklichkeit werden zu lassen und Freiheit real ausübbar zu halten“[303]. All jene Gegebenheiten erkennen (auch) die Verfechter abwehrrechtlicher Lösungen. Allerdings tragen sie ihnen nur unzureichend Rechnung, indem sie die Existenz der objektiven Grundrechtsdimension zwar nicht per se leugnen, ihre einzelnen Gehalte aber nicht als *gleichberechtigt neben* der Abwehrfunktion stehend anerkennen. Vielmehr wird grundsätzlich von einem absoluten Vorrang der Abwehrfunktion ausgegangen und demzufolge sämtliche objektiv-rechtlichen Grundrechtsgehalte aus dieser deduziert[304]. Eine solche Überbetonung der Abwehrseite[305] birgt die Gefahr, die aus den objektiven Grundrechtsgehalten fließenden Regelungsaufträge allzu schnell aus dem Blick zu verlieren beziehungsweise jedenfalls nicht immer adäquat erfassen zu können[306]. Mit anderen Worten steht zu befürchten, dass die schlichte Übertragung der Regeln, denen sich Eingriffe zu fügen haben, die Besonderheiten der normgeprägten Grundrechte nicht hinreichend berücksichtigt oder gar unberücksichtigt lässt. Sie kann daher und insbesondere mit Blick auf den Umstand, dass zwischen der negatorischen Grundrechtsseite und den objektiven Grundrechtsgehalten signifikante Unterschiede bestehen[307], kaum „der dogmatischen Weisheit letzter Schluss“[308] sein.

---

302 Dazu bereits supra Teil 4, C.I.1.a.aa. m.N.

303 Deutlich *Gellermann* (Fn. 11), 38, vgl. auch *Herbert Bethge*: Aktuelle Probleme der Grundrechtsdogmatik, Der Staat 24 (1985), 351, 376. Kritisch *Cornils* (Fn. 4), 21f., der in das zitierte Postulat eine überhöhte Erwartung an die objektiv-rechtliche Grundrechtsdimension hineinliest. Dieser Einwurf ist schon deshalb fragwürdig, weil er sich in der pauschalen Behauptung einer angeblichen Überhöhung erschöpft; worin diese konkret bestehen soll oder zumindest könnte, wird nicht aufgezeigt.

304 Supra Teil 4, C.II. m.N. in Fn. 5.

305 Vgl. *Gellermann* (Fn. 11), 442, 444.

306 Vgl. in diese Richtung *Ruffert* (Fn. 18), 107; *Lenz* (Fn. 18), 139 Fn. 171.

307 Dazu m.N. supra Teil 4, C.I.1.a.

308 *Gellermann* (Fn. 11), 9.

(2) Aus einfachrechtlicher Perspektive

Normprägende, also schöpferisch-ausformende Regelungen sind nicht darauf gerichtet, grundrechtliche Freiheits- bzw. Gewährleistungsbereiche einzuengen, sondern erweitern bzw. eröffnen sie vielmehr. Selbst wenn solche Vorschriften hinter der bisherigen Erfüllung des grundrechtlichen Gesetzgebungsauftrags bzw. hinter dem grundrechtlich geforderten Optimum zurückbleiben, ist ihnen aufgrund dieser anderen Zielrichtung mit einem abwehrrechtlichen Unterlassungsanspruch nicht beizukommen[309]. Dies erkennen durchaus auch einige Vertreter abwehrrechtlicher Modelle[310]. Ihnen kann insofern Inkonsequenz vorgeworfen werden.

Neben der fehlenden Passgenauigkeit trägt die Einordnung normprägender Vorschriften als Grundrechtseingriffe zudem die Gefahr einer weiteren Aufweichung des ohnehin bereits weitgehend konturlosen Eingriffsbegriffs[311] in sich und ist geeignet, ihn endgültig seiner dogmatischen Funktion zu berauben[312].

Und schließlich löst eine solche „Ausweichstrategie"[313] das Problem der Abgrenzung nicht etwa, sondern verlagert es lediglich von der zweiten auf die dritte Stufe der Grundrechtsprüfung. Spätestens hier, im Rahmen der verfassungsrechtlichen Rechtfertigung[314], muss dann nämlich bestimmt werden, welchen konkreten Bindungen der ausgestaltende Gesetzgeber im Einzelfall unterliegt und ob und inwieweit die von der Eingriffsprüfung bekannten Maßstäbe angewendet werden können oder modifiziert werden müssen[315].

---

309 Vgl. etwa *Wendt* (Fn. 74), Rn. 55; mit etwas anderem Akzent, im Ergebnis aber ebenso *Gellermann* (Fn. 11), 62, 417ff.; *Bumke* (Fn. 4), 3, 74.

310 Etwa *Cornils* (Fn. 4), 444, 465f.; ähnlich *Poscher* (Fn. 4), 133.

311 Deutlich etwa *Herbert Bethge*: Der Grundrechtseingriff, VVDStRL 57 (1998), 7, 38 i.V.m. 40f. sowie *Herbert Bethge*: Diskussionsbeitrag zu Bethge, Herbert: Der Grundrechtseingriff, VVDStRL 57 (1998), 7ff., VVDStRL 57 (1998), 123, 126. Zum erweiterten Eingriffsverständnis vgl. etwa *Ipsen* (Fn. 220), 478ff.; *Marion Albers*: Faktische Grundrechtsbeeinträchtigungen als Schutzbereichsproblem, DVBl. 1996, 233, 235ff.; *Michael Sachs*: Die relevanten Grundrechtsbeeinträchtigungen, JuS 1995, 303ff.

312 *Gellermann* (Fn.), 8, 65f., 142; vgl. auch *Ruffert* (Fn. 18), 107 m.w.N.; *Aulehner* (Fn. 10), 413; ähnlich *Ipsen* (Fn. 220), 478.

313 *Bumke* (Fn. 4), 2 Fn. 10.

314 Ausführlich dazu sogleich infra Teil 4, C.III.

315 Vgl. *Gellermann* (Fn. 11), 59f.; ähnlich kritisch *Bumke* (Fn. 4), 19, 75; weitere Gegenargumente bei *Gellermann* (Fn. 11), 65f. Eine Modifikation jedenfalls der Verhältnismäßigkeitsprüfung (freilich in sehr engen Grenzen) befürwortet etwa *Cornils* (Fn. 4), 650ff. als Anhänger der abwehrrechtlichen Lösung. Zum Ganzen ausführlich infra Teil 4, C.III.1.b.

bb. Kritik an der Normbestandsschutzlehre

Speziell die Lehre vom Normbestandsschutz vermag aus verschiedenen zusätzlichen Gründen nicht überzeugen.

So knüpft sie beispielsweise an die negatorische, staatsabwehrende Funktion der Einrichtungsgarantien an. Dieses traditionelle Verständnis der Einrichtungsgarantien ist jedoch seit Inkrafttreten des Grundgesetzes verzichtbar[316]. Der Normbestandsschutzlehre fehlt damit die Basis.

Hinzu tritt, dass dieses Konzept von vornherein auf Konstellationen beschränkt ist, in denen der Gesetzgeber auf von ihm in der Vergangenheit *bereits geschaffenes* einfaches Recht zugreift (sogenannte Umgestaltung) und es nachteilig abändert. Nicht berücksichtigt werden dagegen erstmalige einfachgesetzliche Regelungen, ergänzende Normierungen und die legislatorische Untätigkeit, mit der Folge, dass diese Anwendungsfelder gesetzgeberischer Tätigkeit[317] gar nicht thematisiert werden können[318]. Die Normbestandsschutzlehre erweist sich damit als unvollständige Lösung, die nicht in der Lage ist, die gesetzgeberische Tätigkeit im Bereich der normgeprägten Grundrechte adäquat zu erfassen[319].

Darüber hinaus benachteiligt der negatorische Normbestandsschutz in verfassungsrechtlich nicht begründbarer Weise den aktiven gegenüber dem untätigen Gesetzgeber. Während ersterer sich für die Absenkung bestimmter bestehender einfachrechtlicher Schutz- und Leistungsstandards auf ein niedrigeres Niveau nach den strengen abwehrrechtlichen Kautelen rechtfertigen muss[320], treffen letzteren keinerlei Rechtfertigungszwänge hinsichtlich der Nichteinführung grundrechtlich geforderter Regelungen[321]. Der aktive Gesetzgeber, der seiner Pflicht zur Erfüllung des grundrechtlichen Auftrags nachkommt, wird also schlechter gestellt als der inaktive, der eben jene Pflicht verletzt. Dieser

---

316 *Grochtmann* (Fn. 74), 197. Dazu m.w.N. schon supra Teil 4, C.I.1.b.aa.(2).

317 Zu den Einzelheiten all jener Anwendungsfelder legislatorischer Aktivität ausführlich supra Teil 4, B.

318 *Gellermann* (Fn. 11), 61f.; vgl. auch *Borowski* (Fn. 41), 174f.

319 Dazu bereits supra Teil 4, C.II.1.c.

320 Gelingt ihm dies nicht, weil er sein Änderungsanliegen nicht auf hinreichend gewichtige Gründe von Verfassungsrang stützen kann, muss er sich an seiner zuvor getroffenen Regelung festhalten lassen.

321 Vgl. zum Ganzen *Gellermann* (Fn. 11), 411, ähnlich 420; *Cornils* (Fn. 4), 198, 542; im Ansatz auch *Roth* (Fn. 18), 169.

Mechanismus begünstigt zum einen legislatorische Zurückhaltung[322] und trägt damit die Gefahr der Verfestigung eines einmal geschaffenen Bestands an einfachem Recht in sich[323]. Kann der Gesetzgeber das einmal Gewährte nur unter den engen abwehrrechtlichen Voraussetzungen zurücknehmen, wird er tendenziell zögern, Regelungen zu erlassen, die bestehende Handlungsmöglichkeiten und Befugnisse der Träger normgeprägter Grundrechte verkürzen. Zum anderen wird der politische Gestaltungsspielraum des Gesetzgebers in erheblichem Maße verengt[324], indem ihm die Möglichkeit genommen wird, eine einmal getroffene Entscheidung aufgrund bloßer politischer Opportunitätserwägungen wieder abzuändern, was aber den Auftragsgehalten der normgeprägten Grundrechte widerspricht, die ihm diese Option gerade zugestehen[325].

Weitere Bedenken resultieren schließlich aus dem Umstand, dass im Konzept des negatorischen Normbestandsschutzes sämtliche einfachrechtlichen Vorschriften, die in Erfüllung eines objektiven Grundrechtsauftrags erlassen wurden oder einen Beitrag zu seiner Verwirklichung leisten, dem Schutzbereich des jeweiligen normgeprägten Grundrechts zugeordnet werden[326]. In der Sache wird damit das einfache Gesetz in den Rang materiellen Verfassungsrechts erhoben[327] mit der Folge, dass Grundrechtsschutz überhaupt nur nach vorheriger gesetzgeberischer Tätigkeit möglich ist und die Legislative ihren eigenen Bindungsmaßstab kreiert[328]. Das widerspricht Art. 1 Abs. 3 GG und dem darin zum Ausdruck kommenden Prinzip der strikten Trennung zwischen vorrangigen

322 *Cornils* (Fn. 4), 198; vgl. auch *Manssen* (Fn. 28), 173; *Gerhard Robbers*: Buchbesprechung von: Gertrude Lübbe-Wolff: Die Grundrechte als Eingriffsabwehrrechte, 1988, DÖV 1989, 687, 688.

323 Vgl. *Gellermann* (Fn. 11), 411, ähnlich 420; vgl. auch *Manssen* (Fn. 28), 173; drastischer *Werner Heun*: Funktionell-rechtliche Schranken der Verfassungsgerichtsbarkeit. Reichweite und Grenzen einer dogmatischen Argumentationsfigur, 1992, 72 (Versteinerung) sowie *Robbers* (Fn. 322), 688 (Erstarrung).

324 Vgl. *Roth* (Fn. 18), 169; *Cornils* (Fn. 4), 198, 542; *Gellermann* (Fn. 11), 10, 421; vgl. auch *Aulehner* (Fn. 10), 413.

325 Vgl. *Gellermann* (Fn. 11), 421. Dazu bereits supra Teil 4, B.II.2.; vgl. auch Teil 4, C.II.2.c.bb.(2).

326 Supra Teil Teil 4, C.II.1.a. m.N.

327 Vgl. *Cornils* (Fn. 4), 198, 541. Diesem Einwand kann auch nicht mit der Behauptung begegnet werden, das einfache Gesetz erhielte lediglich *verfassungsrechtlichen Schutz* (so aber *Manssen* (Fn. 28), 172), da es durch die Verweisung auf das einfache Gesetzesrecht unvermeidlich zu einer *Maßstabswirkung* desselben kommt (*Cornils* (Fn. 4), 541). Vorsichtiger *Heun* (Fn. 323), 72, der von einer „Zwischenebene“ spricht.

328 *Cornils* (Fn. 4), 198.

Verfassungsnormen und nachgeordnetem einfachem Recht[329]. Normgeprägte Grundrechte sind zwar auf gesetzgeberische Schützenhilfe angewiesen, weil erst das einfache Recht ihnen zu realer Wirksamkeit verhelfen kann. Diese Besonderheit führt jedoch nicht dazu, dass die zu ihrer Entfaltung erlassenen Gesetze ebenfalls in Verfassungsrang erwachsen[330]. Dieser bleibt vielmehr allein dem jeweiligen Grundrecht und dessen Regelungsaufträgen und Strukturelementen vorbehalten. Die sich daraus ergebenden Direktiven bilden den höherrangigen Maßstab, an dem sich die einfachrechtlichen Bestimmungen messen lassen müssen, nicht umgekehrt. Auch wenn es also die Legislative ist, die die normgeprägten Grundrechte näher ausformt, bleibt sie dabei stets an deren Vorgaben gebunden[331].

cc. Vorzugswürdigkeit der prinzipientheoretisch fundierten Konzepte

Anders als die Normbestandsschutzlehre sind die prinzipientheoretisch fundierten Modelle sehr wohl in der Lage, sämtliche Anwendungsfelder gesetzgeberischer Tätigkeit im Bereich normgeprägter Grundrechte zu erfassen[332]. Dennoch sieht sich auch dieser Lösungsansatz einer Reihe von Einwänden ausgesetzt: Grundrechte oder jedenfalls grundrechtliche Teilgehalte werden hier als Prinzipien eingeordnet, das heißt als Normen, die unter den jeweils gegebenen rechtlichen und tatsächlichen Umständen auf höchstmögliche Verwirklichung drängen[333]. Jene Fixierung auf das Optimum trägt nicht nur die Gefahr der inhaltlichen Überfrachtung der Grundrechte durch die „Überzeichnung der Aussage- und Bindungskraft grundrechtlicher Aufträge“[334] sowie der

---

329 Dazu bereits supra Teil 1, B.I.2.b. m.N.

330 Deutlich BVerfG (K) NJW 2001, 2617; exemplarisch aus der verfassungsrechtlichen Literatur *Gellermann* (Fn. 11), 413f.; *Cornils* (Fn. 4), 489f. S. schon supra Teil 4, C.II.2.c.bb.(2).

331 Vgl. zum Ganzen *Gellermann* (Fn. 11), 405, 421; *Borowski* (Fn. 41), 174; *Erhard Denninger*: Staatliche Hilfe zur Grundrechtsausübung durch Verfahren, Organisation und Finanzierung, in: Isensee, Josef; Kirchhof, Paul (Hrsg.): Handbuch des Staatsrechts der Bundesrepublik Deutschland, Band IX, 3. Aufl. 2011, § 193 Rn. 80. Deutlich – wenn auch in jeweils anderen Kontexten – auch schon *Herbert Bethge*: Die verfassungsrechtliche Problematik der Grundpflichten, JA 1985, 249, 257; *Rainer Wahl*: Verwaltungsverfahren zwischen Verwaltungseffizienz und Rechtsschutzauftrag, VVDStRL 41 (1983), 151, 169; *Kay Waechter*: Forschungsfreiheit und Fortschrittsvertrauen, Der Staat 30 (1991), 19, 29.

332 Dazu bereits supra Teil 4, C.II.1.c.

333 Dazu m.N. supra Teil 4, C.II.1.b.aa. und bb.

334 *Gellermann* (Fn.), 313.

Konstitutionalisierung der Rechtsordnung in sich[335]. Vor allem raubt sie dem Gesetzgeber – ebenso wie der negatorische Normbestandsschutz – weite Teile seiner politischen Gestaltungsfreiheit[336], obwohl ihm diese doch von den normgeprägten Grundrechten gerade zugestanden wird[337]. Diese Tendenz zu weitreichender gesetzgeberischer Bindung beeinflusst das Verhältnis von Legislative und Judikative. Konsequent zu Ende gedacht führt sie letztlich zu einer Verlagerung der an sich dem Gesetzgeber zustehenden Entscheidungen auf das Bundesverfassungsgericht[338].

Davon abgesehen ist das *Höchsterreichbare* ein bloß fiktiver Idealzustand, der praktisch nie erreicht werden kann. Selbst wenn die Legislative handelt und sogar umfassende Regelungen schafft, wäre sie stets dem Einwand ausgesetzt, noch nicht genug getan zu haben, denn ein *Mehr* ist doch immer noch denkbar. Vor diesem Hintergrund ist es nicht sinnvoll, einen Grundrechtseingriff in jeder Situation anzunehmen, in der ein hypothetischer Optimalzustand nicht erreicht wird. Dies verkehrt das in den Grundrechten angelegte Regel-Ausnahme-Verhältnis von Freiheit und Beschränkung[339] in sein Gegenteil; es lässt den Eingriff zum Normalfall werden, den der Gesetzgeber nicht vermeiden kann, so sehr er sich auch bemüht[340].

Ein weiterer Einwand ergibt sich schließlich aus folgender Überlegung: Die Qualifizierung der Grundrechte als Prinzipien erfolgt unter Hinweis auf den Verhältnismäßigkeitsgrundsatz, der im Bereich der Grundrechte üblicherweise angewendet werde und damit deren Prinzipiencharakter impliziere. Zugleich wird umgekehrt konstatiert, der Grundsatz der Verhältnismäßigkeit folge aus

335 Vgl. *Gellermann* (Fn. 11), 73; *Poscher* (Fn. 4), 82f.; *Böckenförde* (Fn. 4), 29; *Aulehner* (Fn. 10), 77; *Matthias Jestaedt*: Die Abwägungslehre – ihre Stärken und ihre Schwächen, in: Depenheuer, Otto; Heintzen, Markus, Jestaedt, Matthias; Axer, Peter (Hrsg.): Staat im Wort. Festschrift für Josef Isensee, 2007, 253, 269ff.

336 Vgl. *Gellermann* (Fn. 11), 70f., allgemein auch 8, 10; *Poscher* (Fn. 4), 83f.; *Böckenförde* (Fn. 4), 29f.; *Scherzberg* (Fn. 55), 174 und *Aulehner* (Fn. 10), 413; vorsichtiger *Lange* (Fn. 46), 233.

337 Dazu soeben supra Fn. 325 m.N.u.w.V.

338 *Gellermann* (Fn.), 71f.

339 Zu diesem Regel-Ausnahme-Verhältnis *Gellermann* (Fn. 11), 341 m.w.N.

340 Zum Ganzen *Lenz* (Fn. 18), 120f.; ähnlich *Peter Lerche*: Die Verfassung als Quelle von Optimierungsgeboten?, in: Burmeister, Joachim (Hrsg.); Nierhaus, Michael; Püttner, Günter; Sachs, Michael; Siekmann, Helmut; Tettinger, Peter J. (Mitwirkende): Verfassungsstaatlichkeit. Festschrift für Klaus Stern zum 65. Geburtstag, 1997, 206, 208. Kritisch im Rahmen der Diskussion des *Alexy*`schen Modells am Beispiel der Rechtsschutzgarantie auch *Cornils* (Fn. 4), 597f.

der Eigenart der Grundrechte als Prinzipien[341]. Birgt aber der Prinzipiencharakter den Verhältnismäßigkeitsgrundsatz in sich, wie auch dieser jenen enthält, bleibt die eigentliche Begründung für die Einordnung der Grundrechte als Prinzipien im Dunkeln[342].

Trotz aller angeführten Bedenken ist auf Seiten der abwehrrechtlichen Modelle dennoch den prinzipientheoretisch fundierten Konzepten der Vorzug vor der Normbestandsschutzlehre einzuräumen. Dies vor allem aus zwei Gründen: Zum einen sind allein die prinzipientheoretisch fundierten Lösungsansätze geeignet, die gesetzgeberische Tätigkeit im Bereich der normgeprägten Grundrechte in all ihren Facetten zu erfassen. Die Normbestandsschutzlehre hat sich dagegen als bloß bruchstückhaftes Konzept erwiesen, das sich noch dazu auf ein veraltetes Verständnis der Einrichtungsgarantien stützt. Zum anderen birgt die Normbestandsschutzlehre ganz erhebliche Gefahren für den Rechtssetzungsfreiraum (Verengung) und die Bindung des Gesetzgebers (Nivellierung des Vorrangs der Verfassung) in sich[343]. Derart fundamentale Einwände bestehen gegen die prinzipientheoretisch fundierten Lösungsansätze dagegen nicht.

b. Vorzugswürdigkeit der Exklusivitätsthese?

Auch die Exklusivitätsthese erfasst sämtliche Erscheinungsformen gesetzgeberischer Tätigkeit[344]. Die vorgeschlagene Deutung normprägender gesetzgeberischer Aktivitäten als Grundrechtsausgestaltungen statt -eingriffe trägt den Unterschieden zwischen subjektiv-abwehrrechtlicher und objektiver Grundrechtsdimension[345] Rechnung und markiert damit einen der maßgeblichen Unterschiede zu den prinzipientheoretisch fundierten abwehrrechtlichen Modellen, die eben jene Differenzierung – wenn auch nicht ausdrücklich, so aber doch – in der Sache negieren, indem sie normprägendes einfaches Recht stets als Grundrechtseingriffe qualifizieren. Die Exklusivitätsthese leistet dagegen einen Beitrag zur Wahrung der Eigenständigkeit der objektiven Grundrechtsgehalte

---

341 Dazu m.N. supra Teil 4, C.II.1.b.aa.

342 *Gellermann* (Fn. 11), 70. Weitere allgemeine Argumente gegen die Prinzipientheorie etwa bei *Jestaedt* (Fn. 46), 214ff.; *Gellermann* (Fn. 11), 72f.; *Poscher* (Fn. 4), 75ff.

343 Zu diesen und weiteren Argumenten gegen die Normbestandsschutzlehre soeben supra Teil 4, C.II.3.bb.

344 Supra Teil 4, C.II.2.d.

345 Dazu ausführlich supra Teil 4, C.I.1.a. m.N.

und zur Berücksichtigung der Besonderheiten der normgeprägten Grundrechte[346].

Gleichwohl ist auch diese Theorie nicht vollkommen frei von Einwänden. Gegen den vorgeschlagenen Sonderweg lässt sich beispielsweise vortragen, dass die Einführung der Kategorie der Ausgestaltung die Grundrechtsdogmatik insgesamt betrachtet verkompliziert und damit zu Unsicherheiten in der Anwendung führt. Dies vor allem deshalb, weil sie im Bereich der normgeprägten Grundrechte nach dem Willen ihres Hauptvertreters *Gellermann* lediglich prinzipiell an die Stelle der hergebrachten Eingriffsprüfung, ausnahmsweise aber auch neben diese tritt.

Gelegentlich wird auch befürchtet, dass mit der Verlagerung allen gesetzgeberischen Handelns auf die Ausgestaltungsseite die systematisierende und rechtsbewahrende Trennung von Schutzbereich und Eingriff beseitigt werde. Zudem verlören einfachrechtliche Vorschriften ihren einschränkenden Charakter nicht schon dann, wenn sie der Ausgestaltung eines Rechtes dienen sollen[347].

Noch weiter geht der Einwand, die Beschreitung des Sonderwegs diene allein der Umgehung der engen Grenzen der Eingriffsabwehr[348] und sei insofern gefährlich, als sie dem Gesetzgeber unter ihrem harmlos erscheinenden Etikett Zugang zum Kernbereich der Grundrechte verschaffe[349]. Diese Kritik greift indes nicht durch, da der Gesetzgeber bei Ausgestaltungen ebensowenig von grundrechtlichen Bindungen befreit ist wie bei Eingriffen[350]. Mit anderen Worten kann er auch im Auftragsbereich der Grundrechte nicht völlig frei agieren, sondern ist gemäß Art. 1 Abs. 3 GG an deren Vorgaben gebunden[351]. Ob jene Vorgaben tatsächlich (signifikant) von denen für Eingriffsgesetze abweichen[352], erscheint allerdings alles andere als ausgemacht[353].

---

346 Spezifische Abhängigkeit vom einfachen Recht (und damit einhergehend herausgehobene Bedeutung der objektiven Grundrechtsseite), vgl. supra Teil 4, C.II.2.b. m.N.u.w.V.

347 Zum Ganzen *Ruffert* (Fn. 18), 107, jeweils m.w.N.

348 Vgl. *Cornils* (Fn. 4), 370 (Ehe), 431 (Vereinigung und Koalition), 664 (allgemein), auch schon 21.

349 Vgl. paradigmatisch *Hillgruber* (Fn. 7), Rn. 64. Zu Vorsicht und Zurückhaltung mahnt auch der Ausgestaltungen grundsätzlich anerkennende *Hans D. Jarass*, in: Jarass, Hans D.; Pieroth, Bodo: Grundgesetz für die Bundesrepublik Deutschland, Kommentar, 14. Aufl. 2016, Vorb. vor Art. 1 Rn. 34a.

350 Insofern irrt *Lindner* (Fn. 4), 301 mit seiner Annahme, Ausgestaltungen seien „grundrechtsirrelevant".

351 Dazu m.N. schon supra Teil 1, D.I. und Teil 4, A.I. Vgl. auch *Ladeur* (Fn. 16), 564.

352 Bejahend etwa *Ladeur* (Fn. 16), 564.

353 Supra Teil 2, A.II.3. Eingehende Untersuchung dieser Frage infra Teil 4, C.III. und V.

c. Zwischenergebnis

Die vorstehenden Ausführungen verdeutlichen, dass sowohl für als auch gegen die verbliebenen Konzepte (prinzipientheoretisch fundierte abwehrrechtliche Modelle und Exklusivitätsthese) jeweils zahlreiche und gewichtige Argumente ins Feld geführt werden können. Eine endgültige Bewertung jener Sichtweisen, gegebenenfalls verbunden mit der Entscheidung in die eine oder aber in die andere Richtung kann und soll aber nicht bereits an dieser Stelle, sondern erst vorgenommen werden, nachdem untersucht wurde, inwiefern die unterschiedliche Einordnung einfachrechtlicher Regelungen als Eingriff oder aber als Ausgestaltung tatsächlich auch zu einer unterschiedlich weitreichenden Grundrechtsbindung des Gesetzgebers führt. Dieser Frage widmen sich die Ausführungen im folgenden Abschnitt.

III. Anforderungen an die verfassungsrechtliche Rechtfertigung normprägender Regelungen

Nach Ansicht der Vertreter der abwehrrechtlichen Modelle[1] greift der Gesetzgeber grundsätzlich auch dann in die Schutzbereiche der normgeprägten Grundrechte ein, wenn er sie ausgestaltet. Diese Annahme eröffnet die Möglichkeit, die aus der Eingriffsdogmatik bekannten Rechtfertigungsanforderungen, insbesondere die klassische Verhältnismäßigkeitsprüfung (gegebenenfalls modifiziert) auch auf normprägende legislatorische Aktivitäten anzuwenden. Die so entworfene Bindung des Gesetzgebers an und durch die normgeprägten Grundrechte unterscheidet sich damit in ihrer Reichweite gar nicht oder allenfalls marginal von seiner Bindung an und durch die sachgeprägten Grundrechte[2] (1.).

Ein breiterer Rechtsetzungsfreiraum und damit eine weniger weitreichende Bindung des Gesetzgebers ergibt sich möglicherweise aus Sicht der Exklusivitätsthese. Deren Vertreter ordnen normprägende Regelungen grundsätzlich nicht als Eingriffe, sondern als davon zu unterscheidende Ausgestaltungen ein[3]. Sie proklamieren ganz überwiegend, dass sich deren verfassungsrechtliche Rechtfertigung wegen ihrer Andersartigkeit prinzipiell nicht nach den strengen

---

1 Beleuchtet werden im Folgenden nur noch die prinzipientheoretisch fundierten Vorschläge, da der Normbestandsschutzlehre bereits eine endgültige Absage erteilt wurde (supra Teil 4, C.II.3.a.). Bei der Darstellung der verbleibenden Lösungsansätze liegt der Fokus wiederum auf der Auseinandersetzung mit der nicht-universalistischen Konzeption von *Matthias Cornils*: Die Ausgestaltung der Grundrechte. Untersuchungen zur Grundrechtsbindung des Ausgestaltungsgesetzgebers, 2005, die im Bereich der abwehrrechtlichen Modelle die mit Abstand umfangreichsten und detailliertesten Ausführungen zu den Einzelheiten der gesetzgeberischen Bindung enthält (dazu bereits supra Teil 4, C.II.1. m.w.V. in Fn. 25). Im vorliegenden Teil geht es vor allem darum, die Unterschiede zum universalistischen Modell von *Robert Alexy*: Theorie der Grundrechte, 2. Aufl. 1994 und zur Gegenansicht der Exklusivitätsthese (Hauptvertreter *Martin Gellermann*: Grundrechte in einfachgesetzlichem Gewande. Untersuchung zur normativen Ausgestaltung der Freiheitsrechte, 2000, dazu näher infra Teil 4, C.III.2.b.aa.) herauszuarbeiten.

2 Überblicksartig zum Ganzen bereits supra Teil 2, A.II.1.a. m.N. sowie supra Teil 4, A. m.V. in Fn. 8; ausführlich zur Einordnung als Eingriff m.umfangr.N. supra Teil 4, C.II.1.b.; ausführlich zu den einzelnen Bindungspostulaten in den verschiedenen Unteransichten der abwehrrechtlichen Modelle infra Teil 4, C.III.1.a. und b.

3 Überblicksartig dazu bereits supra Teil 2, A.II.1.b. m.N. sowie supra Teil 4, A. m.V. in Fn. 9; ausführlich m.umfangr.N. supra Teil 4, C.II.2.

Kautelen der Eingriffsabwehr richte, sondern weniger strikten Maßstäben folge; insbesondere sei die Verhältnismäßigkeitsprüfung zu modifizieren[4] (2.).

In beiden Lagern werden Defizite sichtbar, sobald die Ausführungen zur Anwendbarkeit oder Unanwendbarkeit einzelner Bindungspostulate genauer in den Blick genommen werden. So zeigen sich beispielsweise Inkonsistenzen im Umgang mit dem Verhältnismäßigkeitsgrundsatz[5] (1.a., b.bb.(1), cc.(2), 2.a., b.aa.(1),(3)). Ausführungen zu sonstigen Bindungspostulaten, wie etwa dem Gesetzesvorbehalt (sofern das jeweilige Grundrecht über einen solchen verfügt), der Wesensgehaltsgarantie, dem Einzelfallverbot, dem Zitiergebot sowie dem Bestimmtheitsgebot finden sich jeweils nur vereinzelt und sind zudem oft lediglich von überblicksartiger Natur, sodass die Reichweite der Bindung des Gesetzgebers letztlich – zumindest teilweise – unklar bleibt[6] (1.a., b.bb.(2), cc.(3), 2.a., b.aa.(2), bb.).

1. Abwehrrechtliche Modelle – Anwendung der hergebrachten Eingriffsdogmatik

Eine Anwendung *sämtlicher* (eingriffs)abwehrrechtlicher Kautelen liegt nahe, sobald jedes einzelne Strukturelement und jeder einzelne Regelungsauftrag eines jeden normgeprägten Grundrechts als auf Optimierung drängendes Prinzip begriffen und jede Mindererfüllung dieser Optima als Eingriff in das jeweilige Grundrecht qualifiziert wird (universalistisches Modell). Damit ist die Bindung des Gesetzgebers ebenso weitreichend wie jene an und durch die sachgeprägten Gewährleistungen, sein Rechtsetzungsfreiraum also eng[7] (a.). Eine

---

4 Vgl. exemplarisch *Gellermann* (Fn. 1), 6f., 19ff., insbes. 20 Fn. 44f., 62ff., 74ff., 90 und passim, 331ff. In der Sache anders aber *Jörn Ipsen*: Staatsrecht II. Grundrechte, 20. Aufl. 2017, Rn. 171ff., nach dem eine Prüfung nahezu aller abwehrrechtlicher Kautelen zu erfolgen hat (dazu bereits supra Teil 2, A.II.1.b.bb.(1); ausführlich infra Teil 4, C.III.2.a.)

5 Nicht sämtliche Anhänger der abwehrrechtlichen Modelle unterziehen normprägende Regelungen stets einer klassischen Verhältnismäßigkeitsprüfung (so etwa *Cornils*, dazu m.N. infra Teil 4, C.III.1.b.bb.,cc.). Umgekehrt wird unter den Vertretern der Exklusivitätsthese vereinzelt dafür plädiert, die Verhältnismäßigkeitskontrolle nicht zu modifizieren (so etwa *Ipsen*, dazu m.N. supra Teil 4, C.III.2.a.), obwohl die Einordnung normprägender Regelungen als vom Eingriff strikt zu unterscheidender und unterhalb seiner Schwelle liegender Ausgestaltungen gerade gegen die Anwendung des klassischen Verhältnismäßigkeitsmaßstabs spricht.

6 Zum Ganzen bereits supra Teil 2, A.II.1.a.aa.(3), b.bb.(3), jeweils m.N.u.w.V.

7 Überblicksartig bereits supra Teil 4, A. m.V. in Fn. 8.

differenziertere Betrachtung erscheint möglich, wenn innerhalb eines Grundrechts zwischen Gehalten, die auf Optimierung angelegt sind (Prinzipien) und Vorgaben nicht-prinzipieller Art unterschieden wird (nicht-universalistisches Modell). Betrifft die einfachrechtliche Regelung *ausschließlich* ein Prinzip und bleibt hinter dessen Optimierungsvorstellung zurück, wird dies – ebenso wie im universalistischen Konzept – als Eingriff gewertet. Damit liegt auch hier die Anwendung *sämtlicher* aus der Eingriffsabwehr bekannter Rechtfertigungsanforderungen nahe (b.aa.). Betrifft eine einfachrechtliche Regelung dagegen (auch) einen nicht-prinzipiellen Gehalt, soll die Bindung der Legislative weniger weit reichen. Bei *ausschließlicher* Betroffenheit eines nicht-prinzipiellen Gehalts wird vorgeschlagen, die Prüfung der Verhältnismäßigkeit durch die strukturell anders gelagerte und weniger intensive sogenannte Entsprechungsprüfung zu ersetzen[8] (b.bb.). In Fällen, in denen die normprägende Vorschrift einen nicht-prinzipiellen Grundrechtsgehalt umsetzt und dabei *zugleich* hinter der Optimierungsvorstellung eines Prinzips zurück bleibt, wird die konventionelle Verhältnismäßigkeitsprüfung zum einen wohl insofern modifiziert, als auf das Erfordernis der Geeignetheit der Regelung verzichtet wird. Zum anderen wird gefordert, die hinter dem jeweiligen nicht-prinzipiellen Gehalt stehenden Ziele und Argumente in der Prüfung der Verhältnismäßigkeit im engeren Sinne (Angemessenheit) zur berücksichtigen (b.cc.).

Insgesamt betrachtet ergibt sich damit im Vergleich zum universalistischen Modell jedenfalls teilweise ein weiterer Rechtsetzungsfreiraum für den Gesetzgeber. Seine Bindung an und durch die normgeprägten Grundrechte bleibt insgesamt besehen aufgrund der lediglich partiellen und geringfügigen Modifikationen der Eingriffsdogmatik jedoch vergleichsweise stark.

a. Universalistisches Modell – Anwendung sämtlicher Kautelen der Eingriffsabwehr

Das pauschale Verständnis der Grundrechte als Prinzipien und die damit einhergehende Einordnung *jeder* einfachrechtlichen Regelung als Eingriff impliziert die Anwendung *sämtlicher* aus der Eingriffsdogmatik bekannter Rechtfertigungsanforderungen[9]. Diese umfassende Schlussfolgerung wird zwar im

8 Zum Ganzen vgl. *Cornils* (Fn. 1), 586ff., 633ff., 650ff., 676, speziell zur Entsprechungsprüfung auch 388ff. (Ehe), 478, 485 (Rechtsschutz).

9 Vgl. *Gellermann* (Fn. 1), 68f.; deutlich in diese Richtung *Cornils* (Fn. 1), 217, 247 (Vertrag), 337 (Eigentum); *Wolfram Höfling*: Vertragsfreiheit. Eine grundrechtsdogmatische Studie, 1991, 38, 40; *Hans Hugo Klein*: Diskussionsbeitrag zu Bethge, Herbert: Der Grundrechtseingriff, VVDStRL 57 (1998), 7ff., VVDStRL 57 (1998),

universalistischen Modell nicht ausdrücklich getroffen[10], sie ergibt sich jedoch zwangsläufig aus der dort vorherrschenden pauschalen Einordnung aller einfachrechtlichen Vorschriften als Grundrechtseingriffe. Zu prüfen sind also die Gesetzesvorbehalte[11] bzw. verfassungsimmanenten Schranken im Rahmen der vorbehaltlos gewährleisteten normgeprägten Grundrechte[12], die im universalistischen Konzept insofern Bedeutung erlangen, als erst sie überhaupt die Möglichkeit eröffnen, im Interesse entgegenstehender Positionen das grundrechtlich Gebotene einzuschränken[13]. Normprägende Regelungen sind zudem an allen Teilelementen des Verhältnismäßigkeitsgrundsatzes (Geeignetheit, Erforderlichkeit und Angemessenheit)[14] sowie an den sonstigen eingriffsabwehrrechtlichen Kautelen (sog. Verfassungsmäßigkeit im Übrigen, insbesondere Einzelfallverbot [Art. 19 Abs. 1 S. 1 GG][15], Zitiergebot [Art. 19 Abs. 1 S. 2 GG][16],

---

114f.; allgemein darstellend *Christian Bumke*: Ausgestaltung von Grundrechten. Grundlagen und Grundzüge einer Dogmatik der Grundrechtsausgestaltung unter besonderer Berücksichtigung der Vertragsfreiheit, 2009, 18.

10 Vgl. *Alexy* (Fn. 1), 304ff. i.V.m. 100ff., der lediglich das Kernstück der gesetzgeberischen Bindung, die Verhältnismäßigkeitsprüfung, explizit und umfänglich behandelt.

11 In der Sache ebenso *Gertrude Lübbe-Wolff*: Die Grundrechte als Eingriffsabwehrrechte. Struktur und Reichweite der Eingriffsdogmatik im Bereich staatlicher Leistungen, 62f., 133; *Lothar Michael; Martin Morlok*: Grundrechte, 6. Aufl. 2017, Rn. 397; *Klein* (Fn. 9), 115.

12 Es sind dies die Ehe-, Vereinigungs- und Koalitionsfreiheit sowie die Prozessgrundrechte, supra Teil 2, Fn. 67 m.N.

13 Vgl. *Gellermann* (Fn. 1), 69; *Georg Hermes*: Das Grundrecht auf Schutz von Leben und Gesundheit. Schutzpflicht und Schutzanspruch aus Art. 2 Abs. 2 S. 1 GG, 1987, 258.

14 Ausführlich zur Notwendigkeit der Prüfung des klassischen Verhältnismäßigkeitsgrundsatzes supra Teil 4, C.II.1.b.aa. Nach *Gellermann* (Fn. 1), 361 m.N. unterscheidet sich die Angemessenheitsprüfung in Optimierungsmodellen „deutlich von der Angemessenheit als dritter Stufe der klassischen Verhältnismäßigkeit“, da es nicht um die Abwehr bloßer Unangemessenheiten ginge, sondern um die Herstellung einer angemessenen Ausgleichsrelation.

15 Vgl. *Joachim Lege*: Verbot des Einzelfallgesetzes, in: Merten, Detlef; Papier, Hans-Jürgen (Hrsg.): Handbuch der Grundrechte in Deutschland und Europa, Band III, 2009, § 66 Rn. 119ff.; *Barbara Remmert*, in: Maunz, Theodor†; Dürig, Günter†: Grundgesetz. Kommentar, Loseblatt, Stand des Gesamtwerkes: Januar 2013, Band III, Art. 19 Rn. 56.

16 In der Sache ebenso *Peter Axer*: Zitiergebot, in: Merten, Detlef; Papier, Hans-Jürgen (Hrsg.): Handbuch der Grundrechte in Deutschland und Europa, Band III, 2009,

Wesensgehaltsgarantie [Art. 19 Abs. 2 GG][17], Bestimmtheitsgrundsatz und Rückwirkungsverbot)[18] zu messen[19].

b. Nicht-universalistisches Modell

Anders als *Alexy* ordnet *Cornils* nicht *sämtliche*, sondern nur *einige* Vorgaben des jeweiligen normgeprägten Grundrechts als auf Optimierung drängende Prinzipien ein und bezeichnet sie (auch) als primäre Vorgaben. Die (wenigen) verbleibenden Grundrechtsgehalte qualifiziert er demgegenüber als nicht-prinzipielle oder auch sekundäre Vorgaben[20]. Diese Abschichtung ermöglicht, ein- und demselben Grundrecht abhängig vom konkret betroffenen Gehalt unterschiedlich weit reichende Bindungsmaßstäbe zu entnehmen (aa.-cc.).

Die Basis dieses Konzepts abgestufter Reichweite der Bindung bildet die Untersuchung einer Reihe von Grundrechten, unter anderem der Vertrags-, Ehe-, Vereinigungs- und Koalitionsfreiheit sowie der Eigentums- und der Rechtsschutzgarantie[21].

aa. Weitreichende Bindung durch Prinzipien – Anwendung sämtlicher eingriffsabwehrrechtlicher Kautelen

Soweit die grundrechtlichen Gehalte auch im nicht-universalistischen Modell als auf maximale Verwirklichung gerichtete Prinzipien qualifiziert werden, entspricht es dem universalistischen Konzept: jede einfachrechtliche Regelung, die hinter dem Optimum zurückbleibt, wird als Eingriff in den Schutzbereich des

---

§ 67 Rn. 25f., 28; wohl auch *Horst Dreier*, in: Dreier, Horst (Hrsg.): Grundgesetz, Kommentar, Band 1, 3. Aufl. 2013, Art. 19 I Rn. 11f.; *Johannes Dietlein*: Die Lehre von den grundrechtlichen Schutzpflichten, 1992, 116; differenzierter *Michael Sachs*, in: Sachs, Michael (Hrsg.): Grundgesetz. Kommentar, 8. Aufl. 2018, Art. 19 Rn. 27ff.; *Remmert* (Fn. 15), Rn. 56.

17 Die Prüfung der Wesensgehaltsgarantie wird im universalistischen Modell bereits im Rahmen der Verhältnismäßigkeitskontrolle (Angemessenheit) vorgenommen, s. *Alexy* (Fn. 1), 272. Dazu ausführlich m.w.N. bereits supra Teil 2, A.II.1.a.aa.(3) Fn. 84.

18 Zu all diesen Rechtfertigungsanforderungen m.N. bereits supra Teil 2, A.II.1.a.aa.

19 Derart pauschal bspw. *Thomas Wülfing*: Grundrechtliche Gesetzesvorbehalte und Grundrechtsschranken, 1981, 35.

20 Supra Teil 4, C.II.1.b.bb. m.N.

21 Vgl. *Cornils* (Fn. 1), 165ff., 338ff., 396ff., 249ff., 443ff. Darüber hinaus untersucht *Cornils* (Fn. 1), 54ff. auch die Rundfunkfreiheit. Da diese vorliegend als (zwar ausgestaltungsbedürftig, aber) nicht normgeprägt eingeordnet wurde (supra Teil 3, D.III.1.), bleibt sie im Folgenden außer Betracht.

betroffenen Grundrechts gewertet. Daraus folgt zwangsläufig, dass bei der sich anschließenden Frage nach der verfassungsrechtlichen Rechtfertigung auf der dritten Stufe des grundrechtlichen Prüfungsschemas *all jene* Anforderungen zur Anwendung gelangen (müssen), denen eingreifende Gesetze zu genügen haben[22]. Wie im universalistischen Modell wird diese Konsequenz auch hier expressis verbis und grundrechtsübergreifend zwar nur für den klassischen Verhältnismäßigkeitsgrundsatz gezogen[23]; die Anwendung der verbleibenden eingriffsabwehrrechtlichen Kautelen[24] ergibt sich jedoch denknotwendig aus der Einordnung nicht optimaler Regelungen als Eingriffe[25]. Als solche gelten beispielsweise sämtliche *zwingenden* Vorschriften im Bereich der normgeprägten Freiheitsrechte, wie etwa § 138 BGB oder § 1357 Abs. 1 BGB, da sie den Willen der jeweiligen Grundrechtsträger, also der Vertragspartner, Eheleute, (Mitglieder der) Vereinigungen und Koalitionen sowie der Eigentümer und der Erben, zur freien Gestaltung ihrer (rechtlichen) Beziehungen und damit das jeweilige Autonomieprinzip beschnitten[26]. Im Bereich der prozessualen (Leistungs)grundrechte etwa würde eine Regelung, die den Ausschluss des Rechtswegs anordnet oder ihm in ihrer faktischen Wirkung gleichkommt, hinter dem Optimum des prinzipiellen Gebots des effektiven, hier in Form des lückenlosen Rechtsschutzes[27] zurückbleiben und nach den Grundsätzen des nicht-universalistischen Modells in Art. 19 Abs. 4 S. 1 GG eingreifen[28].

---

22 Deutlich in diese Richtung *Cornils* (Fn. 1), 217 (Vertrag) und 337 (Eigentum), allerdings ohne weitere Einzelheiten der „abwehrrechtlichen Prüfstruktur“ zu benennen. Zum Ganzen bereits soeben supra Teil 4, C.III.1.a.

23 Vgl. *Cornils* (Fn. 1), 211, 228, 235, 247 (Vertrag), 381, 387, 392 (Ehe), 431 (Vereinigung), 433, 442 (Koalition), 284, 294f. (Eigentum), 449, 473f., 478, vgl. auch 483f. (Rechtsschutz), 676 (allgemein). Die Anwendung des Verhältnismäßigkeitsgrundsatzes im Rahmen der Rechtsschutzgarantie empfiehlt schon *Karl August Bettermann*: Die Rechtsweggarantie des Art. 19 Abs. 4 GG in der Rechtsprechung des Bundesverfassungsgerichts, AöR 96 (1971), 528, 558. Gelegentlich thematisiert wird in diesem Zusammenhang auch der Gesetzesvorbehalt (*Cornils* (Fn. 1), 442 (Vereinigung und Koalition) bzw. der Vorbehalt verfassungsimmanenter Schranken (*Cornils* (Fn. 1), 380f. (Ehe)).

24 Dazu sogleich im Text m.w.V.

25 Supra Teil 4, C.III.1.a. m.N.

26 Supra Teil 4, C.II.1.b.bb.(2) m.N. und Beispielen zu den untersuchten Referenzgrundrechten.

27 Zur Einordnung dieses Postulats als Prinzip supra Teil 4, C.II.1.b.bb.(1)(b)(cc) α.

28 Vgl. *Cornils* (Fn. 1), 448 mit Verweis auf BVerfGE 101, 397 (408).

Mit dem Grundgesetz vereinbar sind derlei Regelungen nur, wenn sie erstens den Vorgaben des jeweiligen Gesetzesvorbehalts bzw. bei den vorbehaltlos gewährleisteten Grundrechten des Vorbehalts verfassungsimmanenter Schranken[29] genügen, zweitens geeignet, erforderlich und angemessen sind, das verfolgte Ziel zu erreichen (klassische Verhältnismäßigkeitsprüfung)[30] und drittens auch im Übrigen mit der Verfassung übereinstimmen (im Wesentlichen Einzelfallverbot, Zitiergebot, Wesensgehaltsgarantie, Bestimmtheitsgrundsatz und Rückwirkungsverbot)[31].

bb. Weniger weitreichende Bindung durch nicht-prinzipielle Gehalte – Modifikation der hergebrachten Eingriffsdogmatik

Nach *Cornils*` Vorstellung enthalten die Grundrechte neben den auf maximale Realisierung drängenden Optimierungsgeboten (Prinzipien) auch nicht-prinzipielle Vorgaben. Hierzu zählen speziell im Bereich der normgeprägten Grundrechte deren jeweilige Regelungs- und Organisationsaufträge sowie einige einzelgrundrechtliche Strukturelemente. All jene Gehalte enthielten keine finalen, detailliert ausdifferenzierten Anweisungen an den Gesetzgeber, sondern setzten lediglich einen punktuellen Rahmen in Form von Mindestanforderungen, innerhalb dessen die Legislative frei über die konkrete Gestalt ihrer Vorschriften befinden könne[32]. Der Spielraum erscheint hier insgesamt also weiter als im Bereich prinzipieller Vorgaben[33]. Das bedeutet, dass Gesetze, die nicht-prinzipielle Gehalte betreffen, insbesondere also grundrechtliche Regelungsaufträge umsetzen, nach den Grundsätzen des nicht-universalistischen Konzepts weniger strengen Rechtfertigungsanforderungen unterliegen. Insbesondere wird hier vorgeschlagen, die klassische, dreistufige Verhältnismäßigkeitsprüfung durch die „bloße", das heißt weniger intensive und strukturell auch anders gelagerte Entsprechungsprüfung zu ersetzen ((1)). Zu weiteren (aus der

---

29 Supra Fn. 12.

30 Für unverhältnismäßig gehalten wird bspw. ein gesetzliches Eheverbot wegen Fortpflanzungsunfähigkeit. Die Ehe dürfe nicht denjenigen vorenthalten oder wieder entzogen werden, die zur Zeugung von Nachkommen entweder nicht willens oder nicht fähig sind, weil die Fortpflanzung zwar möglicherweise nach wie vor Funktionserwartung an die Ehe sei, jedoch nicht von Verfassungs wegen ihre Bedingung ist, vgl. m.N. *Cornils* (Fn. 1), 392f.

31 Zu all diesen Bindungspostulaten supra Teil 4, C.III.1.a. m.w.N.u.V.

32 Zum Ganzen supra Teil 4, C.II.1.b.bb.(1), dort auch zu den jeweiligen Mindestanforderungen innerhalb der einzelnen normgeprägten Grundrechte.

33 In diese Richtung *Cornils* (Fn. 1), 390ff., 440.

Eingriffsdogmatik bekannten) Bindungspostulaten werden keinerlei oder lediglich vereinzelt Aussagen getroffen[34] ((2)). Sobald die in Rede stehende Vorschrift aber *zugleich* ein grundrechtliches Prinzip berühre und hinter dessen Optimierungsvorstellungen zurück bleibe, läge wiederum ein Eingriff vor und die bloße Entsprechungsprüfung „verdichtet sich“[35] zur strengeren, klassischen Verhältnismäßigkeitsprüfung[36] (cc.).

(1) „Entsprechungs-Verhältnismäßigkeit“[37] statt klassischer Verhältnismäßigkeit

Betrifft eine gesetzgeberische Regelung *ausschließlich* einen nicht-prinzipiellen Grundrechtsgehalt – wie dies beispielsweise bei *dispositiven* Vorschriften der Fall sein könne[38] – soll statt der klassischen Verhältnismäßigkeitskontrolle eine sogenannte Entsprechungsprüfung durchgeführt werden. Auch die nicht-prinzipiellen grundrechtlichen Gehalte werden also von *Cornils* als abwägungsfähige Postulate begriffen; allerdings unterscheiden sich die Maßstäbe dieser Abwägung von jenen, die die Prinzipien implizieren[39].

Verhältnismäßigkeit im konventionellen Sinne meine das Inbeziehungsetzen zweier (oder mehrerer) kollidierender Zwecke, Interessen oder Rechtsgüter. Es werde beurteilt, ob eines oder mehrere Mittel zur Erreichung des einen unter Beschränkung des anderen geeignet, erforderlich und angemessen sei(en). Im Bereich der nicht-prinzipiellen Grundrechtsgehalte spiele jene charakteristische Zweck-Mittel-Relation aber keine Rolle. Es stelle sich hier nicht die Frage, ob

---

34 Gar nicht angesprochen werden – soweit ersichtlich – das Einzelfallverbot, das Zitiergebot, die Wesensgehaltsgarantie, der Bestimmtheitsgrundsatz und das Rückwirkungsverbot sowie die – soweit vorhanden – Gesetzesvorbehalte. Diskutiert wird allein die Anwendbarkeit des Vorbehalts verfassungsimmanenter Schranken auf Regelungen, die die Ehe augestalten, vgl. *Cornils* (Fn. 1), 380ff.

35 *Cornils* (Fn. 1), 676.

36 Vgl. *Cornils* (Fn. 1), 651, 673ff., insbes. 676 (einzelgrundrechtsübergreifend), 247f., (Vertrag), 441f. (Vereinigung und Koalition), 336f. i.V.m. 326 (Eigentum), 392f. (Ehe), 485 (Rechtsschutz).

37 *Cornils* (Fn. 1), 655.

38 Dispositive Vorschriften setzen die Regelungs- und Organisationsaufträge der normgeprägten Grundrechte um, mindererfüllen dabei aufgrund ihrer Abdingbarkeit aber kein Prinzip, vgl. etwa *Cornils* (Fn. 1), 234. Auch schon supra m.N. Teil 4, C.II.1.b.bb.(1)(c)(aa) β. und δ. sowie supra Teil 4, C.II.1.b.bb.(3).

39 Kritisch dazu *Sebastian Lenz*: Vorbehaltlose Freiheitsrechte. Stellung und Funktion vorbehaltloser Freiheitsrechte in der Verfassungsordnung, 2006, 139 Fn. 171. Zu dieser Kritik nochmals infra Teil 4, C.V.4.

das Zurückbleiben einfachrechtlicher Regelungen hinter einer hypothetisch maximalen Funktionalität durch hinreichend gewichtige Gründe gerechtfertigt werden könne und damit verhältnismäßig sei, sondern ob die gesetzliche Ausgestaltung die grundrechtlich aufgetragene Funktion in einer begründbaren und somit akzeptablen Weise erfülle. Mit anderen Worten geht es nicht um die Bewertung einer „externen" Kollision des mit dem geprüften Mittel verfolgten außergrundrechtlichen Zwecks mit einem anderen Zweck, sondern um die „interne" Angemessenheit (Entsprechung) einer Handlung in Bezug auf einen grundrechtlich gesetzten Maßstab. Dies zeige sich sehr deutlich etwa im Rahmen der Rechtsschutzgarantie und der Vertragsfreiheit (interner Abgleich verschiedener Aspekte eines insgesamt ausgewogenen Rechtsschutzes bzw. einer funktionsfähigen Vertragsrechtsordnung)[40].

Eine gesetzliche Regelung *entspreche* dem (nicht-prinzipiellen) grundrechtlichen Auftrag nur dann nicht, wenn sie *evident unvernünftig*, das meint überhaupt nicht mehr plausibel begründbar oder schlechthin dysfunktional sei, allgemeiner ausgedrückt die Zielvorstellung des jeweiligen nicht-prinzipiellen Grundrechtsgehalts gänzlich verfehlt. Derlei Vorschriften unterschritten das grundrechtliche Untermaßverbot, was wiederum zu einer Verletzung des Grundrechts führte[41]. Dies sei etwa mit Blick auf das Ziel eines wirksamen, also ausgewogenen Rechtsschutzes (Art. 19 Abs. 4 S. 1 GG) der Fall bei einfachrechtlichen Normen, die einzelnen Aspekten des Effektivitätspostulats überhaupt nicht gerecht würden oder diese ohne ersichtlichen Grund im Verhältnis

---

40 Zum Ganzen *Cornils* (Fn. 1), 653f. im Anschluss an *Stefan Huster*: Rechte und Ziele, 1993, 142: Das jeweilige Mittel werde „nicht mit seinem Zweck ins Verhältnis gesetzt, sondern es wird gefragt, ob es einem Maßstab entspricht, der bei der Zweckverfolgung zu beachten ist."; vgl. auch *Cornils* (Fn. 1), 651 m.w.N. sowie *Cornils* (Fn. 1), 485: „weicher Angemessenheitsmaßstab". Von einer Änderung der Funktion des Übermaßverbotes spricht *Josef Isensee*: Grundrechtsvoraussetzungen und Verfassungserwartungen an die Grundrechtsausübung, in: Isensee, Josef; Kirchhof, Paul (Hrsg.): Handbuch des Staatsrechts der Bundesrepublik Deutschland, Band IX, 3. Aufl. 2011, § 190 Rn. 64.

41 Vgl. zum Ganzen *Cornils* (Fn. 1), 660ff., insbes. 660, 664f., zur Dysfunktionalität auch 234 (Vertrag), 470, 472, 477 (Rechtsschutz), zum Vernünftigkeitsmaßstab auch 388 mit Verweis auf BVerfGE 87, 1 (35); 97, 332 (349). Damit schließt sich *Cornils* den gängigen, vagen Formeln zur Beschreibung der grundrechtlichen Untermaßgrenze an, s. sogleich im Text. Überzeugend kritisch zu dieser „inhaltsleeren" Grenze *Gellermann* (Fn. 1), 347ff.

zu anderen einseitig vernachlässigten[42], beispielsweise eine Spruchkörperbesetzung mit 50 Richtern[43] (dies würde zugleich auch den Zweck der Garantien des gesetzlichen Richters [Art. 101 Abs. 1 S. 2 GG] und des rechtlichen Gehörs [Art. 103 Abs. 1 GG] verfehlen) oder eine viel zu kurze Rechtsmittelfrist[44]. Im Hinblick auf das grundrechtliche Ziel der Schaffung und Erhaltung einer funktionsadäquaten, praktikablen Vertragsrechtsordnung (Art. 2 Abs. 1 GG) evident unvernünftig wäre beispielsweise eine Regelung, die bereits sechsjährige Kinder für voll geschäftsfähig erklären würde[45] oder eine gesetzliche, abdingbare Verjährungsfrist von bloß einer Woche[46]. Dagegen sind aus Sicht des Art. 14 Abs. 1

---

42 *Cornils* (Fn. 1), 485 mit pauschalem Verweis auf die verfassungsgerichtliche Rechtsprechung. Ein Blick in die einschlägigen Entscheidungen offenbart allerdings, dass das Bundesverfassungsgericht anders akzentuiert. Soweit ersichtlich ist nirgends von evidenter Unvernunft, sondern von Zweckgerichtetheit, Sachangemessenheit u.ä. und vor allem von Zumutbarkeit die Rede, vgl. exemplarisch BVerfGE 60, 253 (269); 101, 397 (408). Das wiederum entspricht in der Sache wohl eher dem *Gellermann*`schen Angemessenheitsmaßstab (Erträglichkeitsgrenze, infra Teil 4, C.III.2.b.aa.(1)(c)(bb)).

43 *Cornils* (Fn. 1), 470 mit Fn. 130, dort auch ein weiteres Beispiel zu Art. 19 Abs. 4 S. 1 GG.

44 Vgl. *Cornils* (Fn. 1), 450. Grundsätzlich aber hielten sich gesetzliche Rechtsbehelfsfristen (etwa §§ 70 Abs. 1, 74, 124a Abs. 2, 139 Abs. 1, 147 Abs. 1 VwGO), der in § 78 ZPO statuierte partielle Anwaltszwang und auch sonstige formale Anforderungen an die Einlegung von Rechtsbehelfen an die Zielvorstellung des ausgewogenen Rechtsschutzes, da Art. 19 Abs. 4 S. 1 GG nicht den völlig bedingungslosen, sondern lediglich den möglichst ungehinderten Zugang zu Gericht fordere, vgl. *Cornils* (Fn. 1), 477.

45 Diese viel zu früh angesetzte Geschäftsfähigkeitsgrenze ist nicht plausibel begründbar.

46 Eine solch extrem kurze Verjährungsfrist könnte praktisch häufig nicht eingehalten werden und erwiese sich damit als Quasi-Ausschluß der Klagbarkeit. Sie wäre schlechthin dysfunktional, weil sie die Vertragsparteien zu einer von der gesetzlichen Regelung abweichenden Vereinbarung nötigte und sie damit nicht entlaste, vgl. *Cornils* (Fn. 1), 234. Schlösse eine solche Verjährungsvorschrift zudem eine Dispositionsmöglichkeit der Vertragsparteien aus, wie dies etwa § 202 BGB tue, beschränkte sie das Autonomieprinzip (§ 202 Abs. 2 BGB verbietet die Vereinbarung einer Verjährungsfrist von über 30 Jahren und nimmt den Vertragsparteien damit nach den Grundsätzen des nicht-universalistischen Konzepts im Interesse des Gegenprinzips der Rechtssicherheit die Freiheit, über die zeitliche Dimension der Klagbarkeit zu bestimmen. Entsprechendes gilt für § 202 Abs. 1 BGB, der zugunsten des Sanktionsinteresses des Schwächeren die Vereinbarung einer kürzeren Verjährung bei Haftungsansprüchen wegen Vorsatz verböte. Solche Normen werden als Eingriff in die

GG beispielsweise Grundbuchvorschriften keineswegs evident unvernünftig, da sie die praktische Handhabbarkeit von inhaltlich bereits bestimmten, definitiven Eigentumsrechten sichern[47].

Zusammen genommen liegt eine Grundrechtsverletzung nach den Richtlinien des nicht-universalistischen Modells also nur vor, wenn die Abwägung ergibt, dass die einfachgesetzliche Vorschrift das - sämtlichen Regelungsaufträgen der normgeprägten Grundrechte inhärente - Ziel der Funktionsadäquanz[48] gänzlich verfehlt. Die Funktionsadäquanz bildet damit die (Unter)Grenze des gesetzgeberischen Ausgestaltungsspielraums, den Rahmen, den die Legislative nicht durchbrechen, innerhalb dessen sie sich aber vergleichsweise frei bewegen darf.

(2) Sonstige Bindungspostulate

Als grundrechtsübergreifendes Bindungspostulat nicht-prinzipieller Gehalte wird allein das Erfordernis der Verhältnismäßigkeit thematisiert und zur „Entsprechungs-Verhältnismäßigkeit" abgeschwächt. Offen bleibt dagegen die Frage, ob einfachrechtliche Normen darüber hinaus noch weiteren Anforderungen zu genügen haben, um verfassungsrechtlich gerechtfertigt zu sein. Überhaupt nicht angesprochen werden - soweit ersichtlich - die aus der Eingriffsdogmatik bekannten Maßstäbe des Einzelfallverbots (Art. 19 Abs. 1 S. 1 GG), des Zitiergebots (Art. 19 Abs. 1 S. 2 GG), der Wesensgehaltsgarantie (Art. 19 Abs. 2 GG), des Bestimmheitsgebots und des Rückwirkungsverbots[49]. Einzig im Rahmen der Ehefreiheit wird die Frage nach der Anwendbarkeit des Vorbehalts verfassungsimmanenter Schranken aufgeworfen und im Ergebnis abgelehnt[50]. Diese Gegebenheiten lassen vermuten, dass nach dem Willen von *Cornils* neben die Entsprechungsprüfung gar keine weiteren Bindungspostulate treten sollen. Das erscheint konsequent und leuchtet auch und vor allem deshalb ein, weil gesetzliche Regelungen im Anwendungsbereich nicht-prinzipieller Gehalte - um die allein es hier ja geht - gerade nicht als Eingriffe qualifiziert werden[51].

Vertragsfreiheit qualifiziert und am Grundsatz der Verhältnismäßigkeit gemessen, vgl. zum Ganzen *Cornils* (Fn. 1), 233, 235). Weitere Beispiele für Beschränkungen des Prinzips der Selbstbestimmung der Vertragsparteien bei *Cornils* (Fn. 1), 230ff. (Naturalobligationen), 242ff. (Vollstreckungsverträge).

47 Vgl. *Cornils* (Fn. 1), 643.

48 Ausführlich supra Teil 4, C.II.1.b.bb.(1)(c)(aa) α.

49 Zu diesen Anforderungen an die verfassungsrechtliche Rechtfertigung von Eingriffen bereits supra Teil 4, C.III.1.a. m.w.V.

50 *Cornils* (Fn. 1), 380ff.

51 Ein Eingriff liegt nur vor, wenn die gesetzliche Regelung ein grundrechliches Prinzip berührt, supra Teil 4, C.III.b.aa. sowie supra Teil 4, C.II.1.b.bb.(2) m.N.

cc. Bindung mittlerer Reichweite im Falle des Zusammentreffens von prinzipiellen und nicht-prinzipiellen Grundrechtsgehalten[52]

Setzt die zu prüfende einfachgesetzliche Vorschrift einen nicht-prinzipiellen Grundrechtsgehalt um und bleibt dabei *zugleich* hinter der Optimierungsvorstellung eines Prinzips zurück, das eben jenem Grundrecht innewohnt[53] – wie beispielsweise § 93f. BGB mit Blick auf die Eigentumsgarantie des Art. 14 Abs. 1 GG[54] –, liegt nach den Grundsätzen des nicht-universalistischen Konzepts wiederum ein Eingriff vor. Demzufolge treffen die Entsprechungs- und die klassische Verhältnismäßigkeitsprüfung aufeinander[55]. Konkretere Aussagen zum Verhältnis dieser beiden Abwägungsmaßstäbe werden trotz der Erkenntnis, dass es sich hier um das schwierige Problem von Relationen und Abwägungen zwischen Zwecksetzungen nicht-prinzipieller Ausgestaltungsaufträge einerseits und Prinzipien andererseits handelt[56], kaum getroffen ((2)); soweit ersichtlich gar nicht erst thematisiert wird die Frage, welche sonstigen Bindungspostulate zur Anwendung gelangen (sollen) ((3)). Mit Blick auf die normgeprägten Grundrechte wiegen diese Defizite besonders schwer, da die legislatorische Umsetzung nicht-prinzipieller Auftragsgehalte bei gleichzeitiger Mindererfüllung eines Prinzips hier den Regelfall bildet ((1)).

(1) Regelfall im Bereich der normgeprägten Grundrechte

Nach den Vorstellungen von *Cornils* enthalten alle und damit (auch) die normgeprägten Grundrechte prinzipielle und nicht-prinzipielle Vorgaben. Als nicht-prinzipiell eingeordnet – und häufig als Ausgestaltungsgebote/-aufträge bezeichnet[57] – werden vor allem deren Regelungs- und Organisationsaufträge, in denen sich die Abhängigkeit der normgeprägten Grundrechte vom einfachen Recht spiegelt[58]. Da eben jene Angewiesenheit auf legislatorische Aktivität dem Grunde nach nicht bestritten wird[59] und für alle normgeprägten Grundrechte

52 Überschrift in Anlehnung an *Cornils* (Fn. 1), 673.

53 Entweder das Selbstbestimmungsprinzip (bei normgeprägten Freiheitsgrundrechten) oder eines der (leistungsrechtlichen) Prinzipien der Prozessgrundrechte, etwa das Lückenlosigkeitspostulat des Art. 19 Abs. 4 S. 1 GG, ausführlich supra Teil 4, C.II.1.b.bb.(1)(b)(aa), (cc).

54 *Cornils* (Fn. 1), 322. Zu diesem und weiteren Beispielen (auch zu anderen normgeprägten Grundrechten) m.N. supra Teil 4, C.II.1.b.bb.(2)(a).

55 Vgl. *Cornils* (Fn. 1), 676.

56 *Cornils* (Fn. 1), 651 Fn. 65, vgl. auch 673.

57 Bspw. *Cornils* (Fn. 1), 673f.

58 Vgl. zum Ganzen supra Teil 4, C.II.1.b.bb.(1)(d). m.N. sowie supra Teil 4, C.III.1.b.bb.

59 *Cornils* lehnt zwar das in der Literatur verbreitete, strikte oder auch „totale" Substanz- und Konstituierungsdenken (supra Teil 1, A.I. m.N., insbes. Fn. 31) ab, geht

in gleichem Maße und Umfang gilt, kann gesetzgeberische Tätigkeit in diesem Bereich stets als Handeln in Erfüllung der erwähnten nicht-prinzipiellen Ausgestaltungsgebote beschrieben werden. Zugleich ist jedoch die Wahrscheinlichkeit, dass solcherlei Regelungen ein Prinzip berühren, sehr hoch, weil die meisten der (neben den Regelungs- und Organisationsaufträgen) verbleibenden Inhalte der normgeprägten Grundrechte als Prinzipien qualifiziert werden[60]. Vor diesem Hintergrund setzen einfachrechtliche Vorschriften in der Regel weder *ausschließlich* einen nicht-prinzipiellen Auftrag um, noch berühren und mindererfüllen sie *ausschließlich* ein Prinzip und lösen damit das abwehrrechtliche Eingriffsverbot aus, sondern sie tun *beides zugleich*. Die Kollision von nicht-prinzipiellem Ausgestaltungsgebot und prinzipiellem Eingriffsverbot ist daher die praktisch am häufigsten anzutreffende Fallkonstellation im Bereich der normgeprägten Grundrechte. Nichts anderes ist in der Sache gemeint, wenn im nicht-universalistischen Konzept nach der Analyse diverser Einzelgrundrechte zusammenfassend konstatiert wird, dass nicht nur einige wenige, sondern die meisten Regelungen im Bereich der normgeprägten Grundrechte sowohl grundrechtsfördernd, als auch grundrechtsbeschränkend wirken (Bipolarität einfachen Rechts)[61]. Der Unterschied zur vorangehenden Formulierung ist nicht inhaltlicher Art, sondern liegt lediglich im Blickwinkel: Während es sich bei ersterer um die grundrechtliche Sicht handelt, beleuchtet die Bipolaritätsformulierung den Sachverhalt aus einfachrechtlicher Perspektive.

(2) Struktur der Abwägung

Diese Situation der gesetzgeberischen Umsetzung eines grundrechtlichen Auftrags bei gleichzeitiger Berührung und Mindererfüllung eines Prinzips wirft die schwierige Frage nach der Struktur der Abwägung zwischen dem nicht-prinzipiellem Ausgestaltungsgebot und dem prinzipiellen Eingriffsverbot auf. Insbesondere stellt sich die Frage, ob und in welcher Weise hier der Verhältnismäßigkeitsgrundsatz angewendet werden kann[62] ((b), (c)) und wie er sich zur

---

aber gleichwohl davon aus, dass normgeprägte Grundrechte „in besonderer Weise auf gesetzliche Regulierung" angewiesen sind, *Cornils* (Fn. 1), 666 und passim. Auch die Verwendung der Wörter Ausgestaltungsgebot/-auftrag (*Cornils* (Fn. 1), 673f.) als Synonym für den Begriff „Regelungs- und Organisationsauftrag" deutet auf eine grundsätzliche Anerkennung der Ausgestaltungsbedürftigkeit normgeprägter Grundrechte hin.

60 Supra Teil 4, C.II.1.b.bb.(1)(d); ausdrücklich *Cornils* (Fn. 1), 665, vgl. auch 673.

61 *Cornils* (Fn. 1), 665, 673. Zur Bipolarität ausführlich supra Teil 4, C.I.3. m.N.

62 Vgl. dazu bereits den Nachweis supra Fn. 56 sowie *Cornils* (Fn. 1), 674.

Entsprechungsprüfung verhält ((a)). Diese Fragen werden von *Cornils* allerdings lediglich am Rande[63] und ausdrücklich auch nicht abschließend behandelt[64]. Die wenigen vorhandenen Äußerungen weisen noch dazu in verschiedene, teilweise sogar gegenläufige Richtungen.

(a) Beziehung von Entsprechungs- und Verhältnismäßigkeitsprüfung
Der letzte Absatz der *Cornils*'schen Monographie enthält einerseits Formulierungen, die darauf hindeuten, dass nach seinem Willen der aus der Eingriffsdogmatik bekannte *klassische* Verhältnismäßigkeitsgrundsatz *an die Stelle* der – von ihm eigens für die Überprüfung von Ausgestaltungsgesetzen eingeführten – Entsprechungsprüfung treten, diese also *ersetzen* soll[65]. Im unmittelbaren Anschluss daran findet sich aber eine Formulierung, die die Annahme nahelegt, dass die konventionelle Verhältnismäßigkeitskontrolle gleichberechtigt *neben* der Entsprechungsprüfung stehen soll[66].

(b) Wegfall des Erfordernisses der Geeignetheit?
Im folgenden Satz wird schließlich statt von „Verhältnismäßigkeit" von „Erforderlichkeits- und Abwägungsgebot" gesprochen[67], was wiederum Zweifel an der Anwendbarkeit des *klassischen* Verhältnismäßigkeitsgrundsatzes, der neben den genannten Teilelementen auch das Eignungskriterium enthält[68], aufkommen lässt. Die Wortwahl „Erforderlichkeits- und Abwägungsgebot" könnte bedeuten, dass *Cornils* eine um das Geeignetheitskriterium reduzierte und insofern also *modifizierte* Verhältnismäßigkeitsprüfung durchzuführen gedenkt. Ein weiteres Indiz für diese Annahme ist der Umstand, dass *Cornils* die Eignung als

---

63 *Cornils* widmet ihr nur 5 ½ Seiten (651, 672-676) seiner insgesamt 676 Seiten umfassenden Habilitation.

64 *Cornils* (Fn. 1), 674.

65 „Ausgestaltungsgesetze, die sich auf einen grundrechtlichen Ausgestaltungsauftrag bzw. -vorbehalt stützen können, sind, sofern sie die durch grundrechtliche Prinzipien gewährleistete negative Freiheit beschränken, auch als Eingriffe in das jeweilige Grundrechtsprinzip anzusehen und unterliegen [...] den *Anforderungen der Verhältnismäßigkeit*", *Cornils* (Fn. 1), 676 letzter Absatz.

66 „[...] wird die relativ schwache positive Grundrechtsbindung des Ausgestaltungsgesetzgebers durch die negatorische prima-facie-Bindung *ergänzt*, [...]", *Cornils* (Fn. 1), 676 letzter Absatz.

67 „*verdichtet* sich der verfassungsrechtliche Maßstab einer bloßen Entsprechungs-Verhältnismäßigkeit [...] zu einem Erforderlichkeits- und Abwägungsgebot.", *Cornils* (Fn. 1), 676 letzter Absatz.

68 Zu den einzelnen Teilelementen des klassischen Verhältnismäßigkeitsgrundsatzes s. bereits die Nachweise supra Teil 2, A.II.1.a.aa.

Prüfkriterium in den inhaltlich einschlägigen Passagen überhaupt nicht thematisiert[69].

(c) Nicht-prinzipielle Ausgestaltungsaufträge als Berücksichtigungsgebote in der Abwägung

Deutlich äußert er sich dagegen zum verbleibenden Teilelement des Verhältnismäßigkeitsgrundsatzes, der Angemessenheitsprüfung. In deren Rahmen findet nach allgemeiner Ansicht eine Abwägung zwischen dem Mittel (Grundrechtseingriff) und den damit verfolgten Zwecken statt[70], die von deren jeweiliger Bewertung abhängt. Diese Bewertung wiederum enthält abstrakte und konkrete Kriterien[71].

Cornils plädiert dafür, auch die hinter dem jeweiligen nicht-prinzipiellen grundrechtlichen Ausgestaltungsauftrag stehenden Ziele und Argumente in die Zweck-Mittel-Relation einzubeziehen, sie also als eines von mehreren Kriterien im Rahmen der Prüfung der Angemessenheit der jeweils untersuchten einfachrechtlichen Regelung zu *berücksichtigen*. Es solle eine substantielle Bewertung vorgenommen werden, weshalb das Interesse (des betroffenen Grundrechtsträgers), von der sich beschränkend auswirkenden Ausgestaltungsregelung verschont zu bleiben, höher zu gewichten sei als das Interesse (des Gesetzgebers bzw. eines Dritten) an der durch sie bewirkten Förderung der Grundrechtsausübung[72]. Anhand welcher normativen Kategorien die Bewertung des Mittels und der Zwecke vorgenommen werden soll[73], erläutert *Cornils* dagegen nicht. Ebenso fehlen Beispiele, die seine Vorstellung von der Angemessenheitsprüfung in dieser speziellen Konstellation veranschaulichen und konkretisieren. Die *Cornils*`sche Argumentationsstruktur innerhalb der Verhältnismäßigkeit im engeren Sinne bleibt daher insgesamt betrachtet weitgehend im Dunkeln[74]. Anders

---

69 S. *Cornils* (Fn. 1), 673 unten ab Gliederungspunkt „b) Kollision von Ausgestaltungsgebot und Eingriffsverbot" – 676.

70 Alternativ wird daher auch von Zweck-Mittel-Relation oder von Proportionalität gesprochen, vgl. *Michael/Morlok* (Fn. 11), Rn. 623. *Cornils* verwendet die Begriffe Abwägung(sgebot) und Proportionalität, vgl. exemplarisch *Cornils* (Fn. 1), 675f., 650.

71 Zum Ganzen statt vieler *Michael/Morlok* (Fn. 11), Rn. 623. Ausführlich zur Angemessenheitsprüfung und den anderen Teilelementen des Verhältnismäßigkeitsgrundsatzes etwa *Detlef Merten*: Verhältnismäßigkeitsgrundsatz, in: Merten, Detlef; Papier, Hans-Jürgen (Hrsg.): Handbuch der Grundrechte in Deutschland und Europa, Band III, 2009, § 68.

72 Zum Ganzen *Cornils* (Fn. 1), 675.

73 Zu diesem Erfordernis *Michael/Morlok* (Fn. 11), Rn. 624f.

74 Vgl. *Lenz* (Fn. 39), 139 Fn. 171 m.V. auf das Fazit von *Cornils* (Fn. 1), 664ff.

gewendet gelingt es *Cornils* nicht, die Parameter der Abwägung auch nur annähernd zu bestimmen.

(d) Zwischenergebnis

Setzt eine einfachrechtliche Vorschrift nicht-prinzipielle Gehalte eines normgeprägten Grundrechts um und bleibt dabei *zugleich* hinter der Optimierungsvorstellung eines Prinzips zurück, das eben jenem Grundrecht innewohnt, liegt nach den Grundsätzen des nicht-universalistischen Modells eine Kollision von Ausgestaltungsgebot und Eingriffsverbot vor. Aufgrund der wenigen, gelegentlich sogar widersprüchlichen Äußerungen zur Frage des genauen Kollisionsverhaltens ist allenfalls bruchstückhaft erkennbar, wie *Cornils* sich die Abwägung zwischen den beiden grundrechtlichen Vorgaben im Einzelnen konkret vorstellt. Sicher erscheint zum einen lediglich, dass die in Rede stehende, bipolare einfachrechtliche Regelung nach seinem Willen am Verhältnismäßigkeitsgrundsatz zu messen ist. Allerdings spricht einiges dafür, dass dieser nicht in seiner klassischen Ausprägung zur Anwendung gelangen soll, sondern nur in *abgeschwächter Form*, indem auf die Prüfung des Merkmals der Geeignetheit verzichtet wird. Zweifelsfrei angenommen werden kann dies allerdings nicht, da eine derartige Modifikation nicht ausdrücklich angesprochen wird. Gesichert ist zum anderen, dass nach *Cornils*` Vorstellung die hinter dem jeweiligen nicht-prinzipiellen Ausgestaltungsauftrag stehenden Ziele und Argumente in die Zweck-Mittel-Relation einzubeziehen, also bei der Prüfung der Verhältnismäßigkeit im engeren Sinne zu berücksichtigen sind. Die konkrete Argumentationsstruktur innerhalb dieses Prüfungspunktes bleibt jedoch wiederum im Wesentlichen undeutlich. Gänzlich offen ist schließlich das Schicksal der Entsprechungsprüfung und damit auch ihrer Beziehung zum Verhältnismäßigkeitsgrundsatz[75]. Dass *Cornils* gerade auf diese Frage keine Antwort bereit hält, ist insofern bemerkenswert, als der Entsprechungs-Maßstab eigens für die Überprüfung von Gesetzen, die nicht-prinzipielle Ausgestaltungsaufträge umsetzen, etabliert wurde[76].

(3) Sonstige Bindungspostulate

Wie schon bei der Fallgruppe der *ausschließlichen* Betroffenheit eines nicht-prinzipiellen Gehalts durch eine einfachrechtliche Vorschrift werden auch im Rahmen der Erläuterung der Bindungsanforderungen in der Konstellation der

---

75 Zum Ganzen m.N. supra Teil 4, C.III.1.b.cc.(2)(a)-(c). Was das Verhältnis von Entsprechungs- und Verhältnismäßigkeitsprüfung angeht, ist hier die Frage angesprochen, ob die Verhältnismäßigkeitskontrolle die Entsprechungsprüfung ersetzen, also an deren Stelle oder gleichberechtigt neben sie treten oder aber ganz wegfallen soll.

76 Nochmals kritisch infra Teil 4, C.V.4.

gesetzgeberischen Umsetzung eines grundrechtlichen Regelungs-/Organisationsauftrags bei *gleichzeitiger* Berührung eines Prinzips sonstige Bindungspostulate nicht thematisiert[77].

dd. Zusammenfassung

Cornils unterscheidet in seinem Konzept drei Stufen der Grundrechtsbindung des Gesetzgebers.

Von einer weitreichenden Bindung ist auszugehen, wenn die im konkreten Einzelfall zu prüfende einfachrechtliche Norm *ausschließlich* einen *prinzipiellen* grundrechtlichen Gehalt betrifft und hinter dessen Optimierungsvorstellung zurück bleibt. Dies wird als Eingriff in den Schutzbereich des Grundrechts gewertet. Jene Einordnung eröffnet die Möglichkeit, die in Rede stehende Vorschrift an *sämtlichen* aus der Eingriffsdogmatik bekannten Rechtfertigungsanforderungen, insbesondere an sämtlichen Teilelementen des Verhältnismäßigkeitsgrundsatzes (Ziel, Geeignetheit, Erforderlichkeit, Angemessenheit) zu messen. Bei Vorliegen all dieser Voraussetzungen ist die Regelung verfassungsgemäß, ansonsten verfassungswidrig. Aufgrund dieses engen Netzes an Anforderungen ist der Gestaltungsspielraum des Gesetzgebers also knapp bemessen[78].

Weniger weitreichende Rechtfertigungszwänge lösen dagegen die – dem Grunde nach ebenfalls abwägungsfähigen – nicht-prinzipiellen Grundrechtsgehalte aus. Einfachrechtliche Regelungen, die *ausschließlich* solche Vorgaben betreffen, liegen in der Vorstellung von *Cornils* unterhalb der Eingriffsschwelle. Die hergebrachten eingriffsabwehrrechtlichen Kautelen werden deshalb auf derlei Regelungen entweder gar nicht oder nur in modifizierter Form angewendet[79]. Ersteres gilt speziell im Hinblick auf die klassische Verhältnismäßigkeitsprüfung. Hier wird vorgeschlagen, sie durch die weniger intensive und strukturell auch anders gelagerte sogenannte Entsprechungsprüfung zu ersetzen: Einfaches Recht, das kein Prinzip berühre, sei nicht auf seine Geeignetheit, Erforderlichkeit und Angemessenheit im Hinblick auf das verfolgte Ziel, sondern lediglich daraufhin zu untersuchen, ob es dem grundrechtlichen Organisations-/Regelungsauftrag beziehungsweise den Vorgaben des jeweiligen nicht-prinzipiellen Strukturelements entspreche. Dies sei lediglich dann nicht der Fall, wenn es sich um eine evident unvernünftige Vorschrift, also eine schlechthin nicht

77 Supra Teil 4, C.III.1.b.bb.(2). Dort auch zu den einzelnen in Betracht kommenden Postulaten m.w.V.

78 Zum Ganzen supra Teil 4, C.III.1.b.aa. m.N.u.w.V.

79 Zum Ganzen supra Teil 4, C.III.1.b.bb. m.N.u.w.V.

mehr begründbare oder dysfunktionale Regelung handele, wie beispielsweise eine Spruchkörperbesetzung mit 50 Richtern. Mit Blick auf die normgeprägten Grundrechte unterschreitet damit also nur eine vollständige Verfehlung des – ihren Regelungsaufträgen inhärenten – Zieles der Funktionsadäquanz[80] das grundrechtliche Untermaßverbot, was wiederum unmittelbar eine Grundrechtsverletzung nach sich zieht. Umgekehrt betrachtet ist eine gesetzliche Regelung, die *ausschließlich* nicht-prinzipielle Gehalte betrifft, schon dann grundrechtsgemäß, wenn sie sich nicht schlechterdings als unpraktikabel erweist[81].

Eine Bindung mittlerer Reichweite ist schließlich wohl anzunehmen, wenn es sich um eine einfachrechtliche Norm handelt, die einen nicht-prinzipiellen Ausgestaltungsauftrag umsetzt, *zugleich* ein Prinzip berührt und hinter dessen Optimierungsvorstellung zurück bleibt. Aufgrund der nur bruchstückhaften diesbezüglichen Ausführungen sind exaktere Aussagen zur Reichweite der Bindung in diesem speziellen Fall aber kaum möglich. Dieses Defizit wiegt mit Blick auf die normgeprägten Grundrechte besonders schwer, da die beschriebene Konstellation hier den Regelfall bildet[82]. Eindeutig erkennbar sind lediglich zwei Vorgaben: zum einen soll der Verhältnismäßigkeitsgrundsatz auch in dieser Konstellation angewendet werden; zum anderen sollen die Ziele des nicht-prinzipiellen Regelungsauftrags (Förderung der Grundrechtsausübung) in die Zweck-Mittel-Relation einbezogen, also im Rahmen der Prüfung der Verhältnismäßigkeit im engeren Sinne als eines von mehreren Kriterien berücksichtigt werden. Einiges spricht darüber hinaus dafür, dass der Verhältnismäßigkeitsgrundsatz zu modifizieren, genauer: um die Prüfung des Eignungskriteriums zu reduzieren ist. Zweifelsfrei festgestellt werden kann dies jedoch nicht, da sich *Cornils* hierzu nicht äußert. Gleiches gilt für die Frage, ob die Entsprechungsprüfung in der modifizierten Angemessenheitskontrolle aufgeht (und ihre separate Durchführung damit entfällt) oder nicht (und sie damit zusätzlich durchzuführen ist) und ob und welche sonstigen Bindungspostulate anwendbar sind[83]. Insgesamt betrachtet scheint die Grundrechtsbindung des Gesetzgebers in dieser dritten Konstellation also etwas weiter zu reichen als in der Fallgruppe der ausschließlichen Betroffenheit eines nicht-prinzipiellen grundrechtlichen Gehalts, ohne jedoch in die Nähe der Reichweite der Bindung zu gelangen, die für die

80 Zur Funktionsadäquanz als einzelgrundrechtsübergreifende Mindestanforderung supra Teil 4, C.II.1.b.bb.(1)(c)(aa) α.

81 Zum Ganzen supra Teil 4, C.III.1.b.bb.(1), dort auch weitere Beispiele.

82 Supra Teil 4, C.III.1.b.cc.(1).

83 Zum Ganzen ausführlich supra Teil 4, C.III.1.b.cc.(2), (3).

Konstellation der ausschließlichen Mindererfüllung eines Prinzips angenommen wird.

c. *Würdigung*

Neben den Gegenargumenten, die alle prinzipientheoretisch fundierten abwehrrechtlichen Modelle gleichermaßen treffen[84], können speziell gegen das universalistische Konzept weitere Einwände erhoben werden.

Die jener Lösung zugrunde liegende umfassende Optimierungsvorstellung zwingt zur einheitlichen Qualifizierung *aller* Grundrechte und *sämtlicher* ihrer Gehalte (*alle* Strukturelemente und Regelungsaufträge) als Optimierungsgebote[85]. Damit wird auch den Gehalten der normgeprägten Grundrechte ausnahmslos ein hohes Maß an Bestimmtheit und Finalität zugeschrieben, welches insbesondere deren Regelungsaufträgen nachweislich aber gerade nicht zukommt[86]. Zudem handelt es sich um eine quantitative Optimierungsvorstellung, da davon ausgegangen wird, die Grundrechte gäben dem Gesetzgeber ein Maximum an Realisierung auf[87]. Ein solches „Je mehr, desto besser" an Vertrags-, Ehe-, Vereinigungs-, Koalitions-, Eigentums- und Erbrechtsregelungen sowie an Vorschriften zur Verwirklichung der in Art. 19 Abs. 4 S. 1, Art. 101 Abs. 1 S. 2 und Art. 103 Abs. 1 GG verbürgten Garantien fordern die entsprechenden normgeprägten Referenzgrundrechte aber gerade nicht. Vielmehr gebieten sie ausgewogene Gesetze, die verschiedene Interessen (die der Grundrechtsträger, Dritter, der Allgemeinheit) und Aspekte (etwa Funktionsfähigkeit) gleichermaßen berücksichtigen[88] und damit allenfalls ein qualitatives Maximum. Vor diesem Hintergrund erweist sich die im universalistischen Modell vorgenommene pauschale Gleichbehandlung aller Grundrechte als zu undifferenziert[89]. Sie

---

84 Supra Teil 4, C.II.3.a.aa.(1) m.N.

85 So auch *Cornils* (Fn. 1), 605.

86 Vgl. *Cornils* (Fn. 1), 585 m.w.N.

87 Vgl. *Lenz* (Fn. 39), 121; *Cornils* (Fn. 1), 597f.

88 Supra Teil 4, C.III.1.b.bb.(1) und infra Teil 4, C.III.2.b.aa.(1)(c)(aa). Vgl. auch *Cornils* (Fn. 1), 597.

89 Vgl. *Cornils* (Fn. 1), 606, deutlich auch 472f. in Bezug auf die Rechtsschutzgarantie; ebenso *Matthias Ruffert*: Vorrang der Verfassung und Eigenständigkeit des Privatrechts. Eine verfassungsrechtliche Untersuchung zur Privatrechtswirkung des Grundgesetzes, 2001, 117; in diese Richtung auch *Matthias Jestaedt*: Grundrechtsentfaltung im Gesetz. Studien zur Interdependenz von Grundrechtsdogmatik und Rechtsgewinnungstheorie, 1999, 216, 218; ebenfalls kritisch *Ralf Poscher*: Grundrechte als Abwehrrechte, 2003, 80f.

berücksichtigt die Andersartigkeit der normgeprägten Grundrechte, also ihre spezifische Abhängigkeit vom einfachen Recht[90] nicht in hinreichendem Maße[91] und ebnet damit die strukturellen Unterschiede zu den sachgeprägten Gewährleistungen um der dogmatischen Vereinfachung willen in unzulässiger Weise ein. Gegen die Anwendung dieses Regel-Prinzipien-Modells spricht zudem der Umstand, dass sich hieraus keinerlei Maßstäbe zur binnengrundrechtlichen Kollisionslösung ergeben[92].

Insgesamt betrachtet erscheint demnach das differenziertere, nicht-universalistische Konzept vorzugswürdig. Es verbleibt damit zugleich als letztes der abwehrrechtlich orientierten Lösungskonzepte[93]. Ob es sich auch gegen seinen Widersacher, die Exklusivitätsthese, durchzusetzen vermag, wird an späterer Stelle eingehend untersucht[94].

2. *Exklusivitätsthese*

Nach Ansicht der Vertreter der Exklusivitätsthese binden die Grundrechte den ausgestaltenden, also allen voran den die normgeprägten Schutzbereiche ausformenden[95] Gesetzgeber insgesamt betrachtet tendenziell weniger weitreichend als den eingreifenden[96]. Um die Konkretisierung dieses so lediglich grob umrissenen Bindungsmaßstabs ist es allerdings bis heute nicht zum Besten bestellt[97]. Mit Abstand am häufigsten thematisiert und grundsätzlich für anwendbar gehalten wird der Verhältnismäßigkeitsgrundsatz. Nicht konsentiert ist allerdings, an welchen seiner Teilelemente normprägende Regelungen zu messen sind[98]. Ebenfalls noch nicht allgemeingültig bestimmt sind darüber hinausgehende Rechtfertigungsanforderungen. Diese Frage stellen sich längst nicht alle Vertreter der Exklusivitätsthese. Diejenigen, die das Thema überhaupt aufwerfen, besprechen – soweit ersichtlich – ausschließlich Bindungspostulate, die – ebenso wie der schon angesprochene Verhältnismäßigkeitsgrundsatz – der etablierten

---

90 Supra Teil 1, A. und Teil 3, A.I., jeweils m.umfangr.N.

91 Vgl. *Cornils* (Fn. 1), 639, ähnlich auch 472, 585, 592.

92 *Ruffert* (Fn. 89), 117.

93 Die Normbestandsschutzlehre(n) wurde(n) bereits supra Teil 4, C.II.3.a. abgelehnt.

94 Infra Teil 4, C.V.

95 Zur Normprägung als kleinster gemeinsamer Nenner aller Ausgestaltungstheorien supra Teil 2, A.II.1.b.aa. m.N.

96 Supra Teil 4, C.III. m.w.V. in Fn. 3f.

97 Vgl. *Gellermann* (Fn. 1), 291f. Dazu auch schon supra Teil 2, A.II.1.b., cc. m.N.u.w.V.

98 Zu den verschiedenen Vorschlägen überblicksartig supra Teil 2, A.II.1.b.bb. (1),(2) m.N.

Eingriffsdogmatik entstammen. Dabei wird in der Regel nur eine einzelne weitere Rechtfertigungsanforderung behandelt, teilweise sogar nur als Randnotiz[99]. Die Darstellung aller (Einzel)Meinungen zu diesem Themenkomplex verspricht auf der Suche nach Gemeinsamkeiten für ein übergreifendes Schema wenig Erkenntnisgewinn und würde aufgrund der kaum überschaubaren Vielzahl an Äußerungen auch den Rahmen dieser Arbeit sprengen. Die nachfolgenden Betrachtungen beschränken sich deshalb im Wesentlichen auf die Ausführungen von *Jörn Ipsen* (a.), *Martin Gellermann* (b.aa.) und *Christian Bumke* (b.bb.) und damit auf jene drei Autoren, die jeweils eine ganze Reihe von Rechtfertigungsanforderungen (teilweise durchaus auch eingehender) besprechen und demgemäß ein – mehr oder weniger umfassenderes – Gesamtkonzept der Bindung des Gesetzgebers an und durch die normgeprägten Grundrechte entwickelt haben. Schon die Auseinandersetzung mit den Vorschlägen dieser drei Ideengeber verschafft einen veritablen Überblick über die Spannbreite der zur Reichweite der gesetzgeberischen Bindung im Wesentlichen vertretenen Ansichten innerhalb der Exklusivitätsthese.

a. Anwendung eingriffsabwehrrechtlicher Kautelen?

Wie sämtliche Vertreter der Exklusivitätsthese erblickt auch *Ipsen* in der Grundrechtsausgestaltung etwas vom Grundrechtseingriff zu Unterscheidendes; im selben Augenblick begreift er beide zudem als zwei von insgesamt vier gleichwertigen Unterfällen sogenannter *Einwirkungen* auf grundrechtliche Schutzgüter[100].

Im Rahmen der Prüfung der verfassungsrechtlichen Rechtfertigung schlägt *Ipsen* vor, an ausgestaltende Regelungen nahezu den gleichen (strengen) Maßstab anzulegen wie an eingreifende Vorschriften[101]. Gebunden sein soll der Gesetzgeber insbesondere an die (soweit vorhanden) Gesetzesvorbehalte, an den klassischen Verhältnismäßigkeitsgrundsatz und an die Wesensgehaltsgarantie[102]. Ob darüber hinaus auch das Einzelfallverbot sowie das Zitiergebot gelten, lässt sich den Ausführungen *Ipsens* nicht zweifelsfrei entnehmen[103]. Dies kann

---

99 Supra Teil 2, A.II.1.b.bb.(3) m.N.

100 Vgl. *Ipsen* (Fn. 4), Rn. 136ff.; *Jörn Ipsen*: Grundzüge einer Grundrechtsdogmatik, Der Staat 52 (2013), 266, 281ff.

101 Supra Teil 2, A.II.1.b.bb.(1) m.N. Allgemein kritisch zur Grundrechtsdogmatik Ipsens *Robert Alexy*: Jörn Ipsens Konstruktion der Grundrechte, Der Staat 52 (2013), 87, 87ff., insbes. 97.

102 *Ipsen* (Fn. 4), Rn. 172, 182ff., 219; undifferenzierter *Ipsen* (Fn. 100), 284.

103 *Ipsen* (Fn. 4), Rn. 171, 196ff. In Rn. 171 wird festgestellt, dass Einwirkungen (zu denen er u.a. die gesetzgeberische Ausgestaltung zählt) rechtfertigungsbedürftig

letztlich aber dahinstehen. Denn selbst wenn unterstellt wird, dass die beiden letztgenannten Postulate nicht gelten sollen, ergibt eine Gesamtbetrachtung des *Ipsen*'schen Konzepts, dass er ausgestaltende Vorschriften jedenfalls fast den gleichen Rechtfertigungsanforderungen unterwirft, denen auch eingreifende Regelungen zu genügen haben. Damit gelangt er letztlich zu einer Bindung des Gesetzgebers an und durch die normgeprägten Grundrechte, die der der abwehrrechtlichen Modelle sehr ähnlich, nämlich eher weitreichend ist (relativ geringer Spielraum für die Legislative).

b. Anwendung anderer Kriterien

Die weit überwiegende Anzahl der Vertreter der Exklusivitätsthese lehnt eine solch strenge, eingriffsähnliche Bindung des die normgeprägten Grundrechte ausgestaltenden Gesetzgebers ab und gesteht ihm stattdessen einen breiteren Spielraum zu. Dessen Grenzen werden allerdings häufig nur punktuell konturiert, indem entweder die (modifizierte) Anwendung des Verhältnismäßigkeitsgrundsatzes und/oder einer weiteren, aus der Eingriffsdogmatik bekannten Rechtfertigungsanforderung postuliert wird[104]. Ansätze eines mehrere Bindungspostulate übergreifenden Gesamtkonzeptes sind vor allem bei *Gellermann* (aa.), aber auch bei *Bumke* (bb.) erkennbar.

aa. Konzept von *Martin Gellermann*

Nach Ansicht von *Gellermann*[105] müssen sich nur solche gesetzlichen Regelungen an eingriffsabwehrrechtlichen Direktiven messen lassen, die die grundrechtlichen Schutzbereiche einschränken. Das treffe auf einfachrechtliche

---

sind. Unter dieser Überschrift werden an späterer Stelle auch das Einzelfallverbot und das Zitiergebot behandelt (Rn. 196ff.). Dies lässt zunächst darauf schließen, dass *Ipsen* von der Anwendbarkeit der beiden Grundsätze (auch) auf ausgestaltende Regelungen ausgeht. Im Rahmen der konkreten Erörterungen zu Art. 19 Abs. 1, 2 GG aber ist dann nicht mehr allgemein von Einwirkungen, sondern nur noch von grundrechtseinschränkenden Gesetzen (bspw. Rn. 196) die Rede, was wiederum darauf hindeutet, dass das Einzelfallverbot und das Zitiergebot nach dem Verständnis von *Ipsen* bei der Prüfung grundrechtsausgestaltender Vorschriften keine Rolle spielen.

104 Supra Teil 4, C.III.2. m.w.V. in Fn. 96ff.

105 Seine „Untersuchung zur normativen Ausgestaltung der Freiheitsrechte" (*Gellermann* (Fn. 1), Untertitel) ist maßgeblich inspiriert von den Gedanken *Häberles* und *Lerches* aus den 1960er Jahren. Speziell das Konzept von *Lerche* entwickelt

Vorschriften im Bereich der normgeprägten Grundrechte in der Regel nicht zu, da diese für gewöhnlich auf einen objektiven Regelungsauftrag rückführbar seien und damit die Ausübung der grundrechtlich garantierten Freiheiten/Leistungen überhaupt erst ermöglichten. Derlei ausgestaltende Normen unterlägen daher nur den Vorgaben der auf normative Entfaltung angelegten objektiven Grundrechtsseite[106] ((1)) sowie jenen Bindungspostulaten aus anderen Verfassungsnormen, die nicht (nur) auf die Eingriffssituation abzielen[107] ((2)). Diese Prämisse gilt grundsätzlich für sämtliche Anwendungsfelder der gesetzgeberischen Tätigkeit[108] mit zwei Ausnahmen: Ist die zu prüfende Vorschrift nicht auf einen objektiven Regelungsauftrag rückführbar und berührt damit allein die subjektiv-abwehrrechtliche Seite des normgeprägten Grundrechts, wird sie als in den Schutzbereich eingreifend und nicht als ausgestaltend qualifiziert[109] mit der Folge, dass sie an sämtlichen aus der Eingriffsdogmatik bekannten Direktiven zu messen ist. Aufgrund der spezifischen Abhängigkeit der normgeprägten

---

Gellermann in seiner Monographie fort (Zum Ganzen m.N. supra Teil 2, A.I. Fn. 25). Dem *Gellermann*'schen Ansatz folgen – freilich mit (mehr oder weniger bedeutenden) Abweichungen in den Einzelheiten und in unterschiedlichen Detaillierungsgraden – bspw. *Lenz* (Fn. 39), 119ff., 137ff.; *Ruffert* (Fn. 89), 117f.; *Christoph Degenhart*: Grundrechtsausgestaltung und Grundrechtsbeschränkung, in: Merten, Detlef; Papier, Hans-Jürgen (Hrsg.): Handbuch der Grundrechte in Deutschland und Europa, Band III, 2009, § 61 Rn. 51ff.; vgl. auch *Gerd Morgenthaler*: Freiheit durch Gesetz. Der parlamentarische Gesetzgeber als Erstadressat der Freiheitsrechte, 1999, XXII-XXV, 248, 268ff., 296ff., 305f. Einen recht ähnlichen Vorschlag zur Grundrechtsbindung außerhalb des Abwehrrechts macht auch schon *Christine Steinbeiß-Winkelmann*: Grundrechtliche Freiheit und staatliche Freiheitsordnung. Funktion und Regelungsgehalt verfassungsrechtlicher Freiheitsgarantien im Licht neuerer Grundrechtstheorien, 1986, 109f., 639ff. Generell gegen die Exklusivitätsthese im Allgemeinen und das *Gellermann*'sche Modell im Besonderen *Cornils* (Fn. 1), 634, 676.

106 Zum Ganzen *Gellermann* (Fn. 1), 54 m.w.N. und passim, bspw. 288, 308.

107 Unter der Überschrift „Grundfragen der Ausgestaltungsdogmatik“ und dem Unterpunkt „Formelle Schranken“ behandelt *Gellermann* (Fn. 1), 301ff. bspw. die Frage nach der Anwendbarkeit des Einzelfallverbots und des Zitiergebots (Art. 19 Abs. 1 GG). Unter derselben Überschrift thematisiert er darüber hinaus – jeweils unter verschiedenen Unterpunkten – die Wesensgehaltsgarantie (Art. 19 Abs. 2 GG) sowie die – soweit vorhanden – Gesetzesvorbehalte und den Bestimmtheitsgrundsatz, *Gellermann* (Fn. 1), 292ff.

108 Ausführlich zu diesen supra Teil 4, B.

109 Dazu mit Nachweisen und Beispielen supra Teil 4, C.II.2.c.bb.(1).

Grundrechte vom einfachen Recht[110] kommt diese Situation praktisch allerdings nicht häufig vor ((3)(a)). Selten ist auch die zweite Situation, in der der Gesetzgeber schon vorhandene und bereits *konkret* in Anspruch genommene Altrechte verkürzt (Konstellation der eingreifenden Ausgestaltung). Hierin wird nicht nur eine Ausgestaltung des, sondern *zusätzlich* ein Eingriff in den Schutzbereich des normgeprägten Grundrechts erblickt und demzufolge eine Bindung auch an – zumindest einige – Kautelen der Eingriffsabwehr in Betracht gezogen[111] ((3)(b)).

(1) Bindung an die Vorgaben der objektiven Grundrechtsseite

Die inhaltlichen Vorgaben der objektiven Grundrechtsseite sind je nach Einzelgrundrecht unterschiedlich geartet; sie divergieren zudem in ihrer Aussagekraft[112]. Ungeachtet dieser Besonderheiten ermöglicht es die einheitliche Struktur, Funktion und Wirkungsweise der objektiven Grundrechtsgehalte[113] – sie dirigieren das Verhalten des Gesetzgebers, determinieren es dabei aber nur in begrenztem Umfang[114] – ein Grundmuster der Anforderungen zu entwickeln, die sie an legislatorische Ausgestaltungen stellen[115].

(a) Zwei-Ebenen-Theorie[116]

Cornils unterscheidet zwischen der weitreichenden Bindung des Gesetzgebers an und durch grundrechtliche Prinzipien und der weniger weitreichenden Bindung an und durch nicht-prinzipielle Grundrechtsgehalte[117]. In ganz ähnlicher Weise

---

110 Angewiesenheit auf einfachgesetzliche Unterfütterung und Ausformung, supra Teil 4, C.II.2.b. m.w.V.

111 Ausführlich dazu bereits supra Teil 4, C.II.2.c.bb.(2) mit Nachweisen und Beispielen.

112 Durchaus griffige Vorgaben sind etwa Art. 14 Abs. 1 GG (Eigentum) oder auch Art. 6 Abs. 1 (Ehe) zu entnehmen, als weniger gehaltvoll erweist sich bspw. die Vertragsfreiheit, vgl. zum Ganzen *Gellermann* (Fn. 1), 308.

113 Sie sind zum einen heterogener, komplexer und weniger präzise als die Abwehrseite (dazu bereits supra Teil 4, C.I.1.a. m.N.). Zum anderen sollen sie die rechtlichen wie tatsächlichen Bedingungen der Freiheit sichern und die Grundrechte im gesellschaftlichen Leben funktionsfähig halten (Freiheitsrechte) bzw. anderweitig zuerkannte Rechte mit staatlichen Mitteln verwirklichen/durchsetzen (Prozessgrundrechte) (supra Teil 4, C.I.1.b. m.N.).

114 Explizit *Gellermann* (Fn. 1), 310, vgl. auch 326, 328, 91. Dazu m.N. schon supra Teil 4, C.I.1.a.bb.

115 Zum Ganzen *Gellermann* (Fn. 1), 309 m.N., 311, vgl. auch 319.

116 Begriff in Anlehnung an *Gellermann* (Fn. 1), 313 und passim. Alternativ spricht er auch vom Kernbereichs- und Schalenmodell, vgl. *Gellermann* (Fn. 1), 317.

117 Supra Teil 4, C.III.1.b.

macht auch *Gellermann* zunächst zwei unterschiedliche Ebenen der legislatorischen Bindung aus, indem er zwischen der – weitreichenden – Bindung an und durch den jeweiligen grundrechtlichen Ordnungskern ((b)) und jener – weniger weitreichenden – an und durch die diesem Kern vorgelagerte Zone differenziert[118] ((c))[119]. Am Ende gehen beide Autoren von einer *dreifach* abgestuften Reichweite der Bindung des Gesetzgebers an und durch die normgeprägten Grundrechte aus[120]. Abgesehen von der Verwendung andersartiger Begrifflichkeiten besteht eine der wesentlichen inhaltlichen Differenzen zwischen den beiden Vorschlägen darin, dass *Gellermann* die verschieden weit reichenden Bindungsmaßstäbe der objektiven Grundrechtsseite entnimmt, während *Cornils* sie aus der subjektiven, eingriffsabwehrrechtlichen Dimension extrahiert[121]. Der Frage, ob dieser konträre Anknüpfungspunkt auch zu signifikant abweichenden Schlussfolgerungen führt, die sich auf die praktische Handhabung gesetzgeberischer Tätigkeit im Bereich normgeprägter Grundrechte auswirken, wird an späterer Stelle nachgegangen[122].

---

118 *Gellermann* (Fn. 1), 313, 363; *Lenz* (Fn. 39), 138ff.; *Klaus Stern*: Das Staatsrecht der Bundesrepublik Deutschland, Band III/1, 1988, 868 (Kern und Schale); in der Sache ebenso auch *Steinbeiß-Winkelmann* (Fn. 105), 109f.; *Morgenthaler* (Fn. 105), XXII-XXV, 268ff.; *Ruffert* (Fn. 89), 117f.; *Degenhart* (Fn. 105), Rn. 49ff.; mit kritischem Akzent *Ute Mager*: Einrichtungsgarantien. Entstehung, Wurzeln, Wandlungen und grundgesetzgemäße Neubestimmung einer dogmatischen Figur des Verfassungsrechts, 2003, 432ff.

119 Auf diese Weise sollen die dem gestalterischen Zugriff der Legislative offenstehenden Bereiche identifiziert werden, ohne deren Bindung der Bedeutungslosigkeit anheim zu geben, *Gellermann* (Fn. 1), 313.

120 Aus der *Cornils*`schen Annahme ergeben sich insgesamt drei Kombinationsmöglichkeiten (supra Teil C.III.1.b.aa.-cc.) und damit letztlich drei Fallgruppen legislatorischer Bindung mit unterschiedlicher Reichweite (supra Teil 4, C.III.1.b.dd.). *Gellermann* wendet das von ihm entworfene zweistufige Schema ebenfalls auf insgesamt drei von ihm herausgearbeitete Fallkonstellationen an (infra Teil 3, C.III.2.b.aa. (1), (3)), was am Ende ebenfalls zu einer dreifach abgestuften Reichweite der Bindung führt. Zum Ganzen nochmals ausführlich infra Teil 4, C.V.

121 Supra soeben Teil 4, C.III.2.b.aa. m.N. in Fn. 106 (*Gellermann*) sowie supra Teil 4, C.II. m.N. in Fn. 55 (*Cornils*).

122 Infra Teil 4, C.V.

(b) *Weitreichende Bindung durch den Ordnungskern – Wahrung unantastbarer Mindestbedingungen*

Die erste Ebene der gesetzgeberischen Bindung bilden laut *Gellermann* die den Einrichtungsgarantien der normgeprägten Freiheitsgrundrechte, also der Vertrags-, Ehe-, Vereinigungs- und Koalitionsfreiheit sowie der Eigentums- und Erbrechtsgarantie[123] entspringenden Strukturelemente[124]. Was die Einrichtungsgarantie für die genannten Gewährleistungen, ist der objektive Gehalt der Grundrechtssicherung durch Organisation und Verfahren für die – ebenfalls normgeprägten und in vorliegender Arbeit zusätzlich, von *Gellermann* dagegen nicht untersuchten[125] – Prozessgrundrechte (Rechtsschutzgarantie, Garantien des gesetzlichen Richters und des rechtlichen Gehörs)[126]. In Anwendung der *Gellermann*'schen Grundsätze sind die jenen Gehalten entspringenden Strukturelemente ebenfalls auf der ersten Stufe zu verorten[127].

Die Strukturelemente sind zwar je nach Thematik der grundrechtlichen Gewährleistung und des Inhalts des Gebots (Einrichtungsgarantie oder Gebot zur Grundrechtssicherung durch Organisation und Verfahren) verschieden[128]. Ungeachtet dessen tragen sie jedoch allesamt gewisse Ordnungsmerkmale in sich[129], die nach Ansicht von *Gellermann* stets den Kern(bereich) des jeweiligen Grundrechts formen[130] und damit Mindestanforderungen

---

123 *Gellermann* (Fn. 1), 319ff. Er selbst beschränkt seine Untersuchung auf die Vertrags-, Ehe- und Koalitionsfreiheit sowie die Eigentumsgarantie (supra Teil 2, A.II.1.). Da es sich bei den in der vorliegenden Arbeit zusätzlich untersuchten Grundrechten der Vereinigungsfreiheit und der Erbrechtsgarantie ebenfalls um normgeprägte Freiheitsgrundrechte handelt (supra m.N. Teil 3, D.I.5., II.1.), gilt das *Gellermann*`sche Postulat hier entsprechend. Zu den Einzelheiten der jeweiligen Einrichtungsgarantien ausführlich supra Teil 4, A.II. sowie C.I.1.b.aa.(3).

124 Die Strukturelemente der normgeprägten Grundrechte sind – wie bereits mehrfach betont – nicht nur im *Gellermann*`schen Konzept, sondern auch in den abwehrrechtlichen Entwürfen der Anknüpfungspunkt der sachlich-inhaltlichen Bindung des Gesetzgebers, supra Teil 4, A.I. m.N.u.w.V.

125 Dazu bereits supra Teil 2, A.II.1. m.N.

126 Supra Teil 4, C.I.1.b.bb. m.N.

127 Ebenso *Gellermann* (Fn. 1), 323 im Hinblick auf die den materiellen Grundrechten innewohnende Verfahrenskomponente (dazu supra Teil 4, C.I.1.b.bb.(1) m.N.).

128 Soeben supra Teil 4, C.III.2.b.aa.(1).

129 *Gellermann* (Fn. 1), 319. Auch schon supra Teil 4, C.I.1.a.bb. m.w.N.u.V.

130 Vgl. *Gellermann* (Fn. 1), 319f.; in der Sache ebenso *Steinbeiß-Winkelmann* (Fn. 105), 109f.; vgl. auch *Morgenthaler* (Fn. 105), 248; *Ruffert* (Fn. 89), 118, 304, 399, 393;

enthalten[131], die die Legislative umzusetzen habe und die sie unter keinen Umständen unterschreiten dürfe (unverzichtbare Essentilia)[132]. Gelinge

---

Degenhart (Fn. 105), Rn. 59; *Stern* (Fn. 118), 868f. *Gellermann* lehnt sich mit seinem Postulat vom Ordnungskern nach eigenem Bekunden an die sogenannte Kernbereichsrechtsprechung des Bundesverfassungsgerichts an, vgl. *Gellermann* (Fn. 1), 314 mit diversen Verweisen auf dessen Entscheidungen zur Ehe-, Vereinigungs- und Koalitionsfreiheit sowie zur Eigentumsgarantie. Kritisch zur Kernbereichslehre bspw. *Cornils* (Fn. 1), 534; *Wolfram Höfling*, in: Sachs, Michael (Hrsg.): Grundgesetz. Kommentar, 8. Aufl. 2018, Art. 9 Rn. 74ff.

131 Alternativ werden bspw. auch die Begriffe Mindeststandard, -bedingung (*Gellermann* (Fn. 1), 314f.; *Lenz* (Fn. 39), 138; *Otto Depenheuer; Judith Froese*, in: Mangoldt, Hermann von; Klein, Friedrich; Starck, Christian (Hrsg.): Grundgesetz, Kommentar, Band 1, 7. Aufl. 2018, Art. 14 Rn. 92; *Martin Ibler*, in: Friauf, Karl Heinrich; Höfling, Wolfram (Hrsg.): Berliner Kommentar zum Grundgesetz, Loseblatt, Stand des Gesamtwerkes: September 2017, Band 2, Art. 19 IV Rn. 320), Mindestausstattung (*Höfling* (Fn. 130), Rn. 38), Minimalstandard (*Gellermann* (Fn. 1), 315), Schutzminimum (*Gellermann* (Fn. 1), 315; *Hans-Uwe Erichsen*: Grundrechtliche Schutzpflichten in der Rechtsprechung des Bundesverfassungsgerichts, Jura 1997, 85, 88) o.ä. verwendet.

132 Vgl. *Gellermann* (Fn. 1), 316, 320f., 328, 363 (allgemein), 320ff. (Ehe, Vereinigung und Koalition, Eigentum). Ihm folgend *Lenz* (Fn. 39), 138f.; *Helmuth Schulze-Fielitz*, in: Dreier, Horst (Hrsg.): Grundgesetz, Kommentar, Band 3, 3. Aufl. 2018, Art. 103 I Rn. 27; *Stern* (Fn. 118), 869; vgl. auch *Degenhart* (Fn. 105), Rn. 54ff., 59; in der Sache auch schon *Steinbeiß-Winkelmann* (Fn. 105), 109f. Speziell für die Erbrechtsgarantie *Ruffert* (Fn. 89), 392ff.; *Depenheuer* (Fn. 131), Rn. 514, 523; für die Ehe *Ruffert* (Fn. 89), 399f.; *Gerhard Robbers*, in: Mangoldt, Hermann von; Klein, Friedrich; Starck, Christian (Hrsg.): Grundgesetz, Kommentar, Band 1, 7. Aufl. 2018, Art. 6 Abs. 1 Rn. 32; für die Vereinigungs- und/oder Koalitionsfreiheit *Mager* (Fn. 118), 464f. mit Fn. 65; *Höfling* (Fn. 130), Rn. 80ff.; für das Eigentum *Michael Kloepfer*: Einrichtungsgarantien, in: Merten, Detlef; Papier, Hans-Jürgen; (Hrsg.): Handbuch der Grundrechte in Deutschland und Europa, Band II, 2006, § 43 Rn. 79; für die Rechtsschutzgarantie *Ulrich Ramsauer*, in: Denninger, Erhard; Hoffmann-Riem, Wolfgang; Schneider, Hans-Peter; Stein, Ekkehardt (Hrsg.): Kommentar zum Grundgesetz für die Bundesrepublik Deutschland (Reihe Alternativkommentare), Loseblatt, 3. Aufl. 2001f., Band 1, Art. 19 Abs. 4 Rn. 77 und für das rechtliche Gehör *Eberhard Schmidt-Aßmann*, in: Maunz, Theodor†; Dürig, Günter†: Grundgesetz. Kommentar, Loseblatt, Stand des Gesamtwerkes: Januar 2013, Band VI, Art. 103 I Rn. 25ff.; *Georg Nolte; Helmut Philipp Aust*, in: Mangoldt, Hermann von; Klein, Friedrich; Starck, Christian (Hrsg.): Grundgesetz, Kommentar, Band 3, 7. Aufl. 2018, Art. 103 Abs. 1 Rn. 8, 10.

ihr dies nicht, sei die gesetzliche Ausgestaltung verfassungswidrig[133]; ein Umschlagen in einen Eingriff sei nicht möglich[134].

Die Strukturelemente der normgeprägten Grundrechte bilden also die für den Gesetzgeber strikt beachtliche[135], unantastbare Substanz, die absolute Untergrenze[136] seines Gestaltungsspielraums[137]. Sie bewahren den Selbstand des jeweiligen Grundrechts gegenüber dem einfachen Gesetz[138]. Die Einhaltung jener Untergrenze sei dem Gesetzgeber – so *Gellermann* – wegen ihrer Niederschwelligkeit in der Regel mühelos möglich; erst wenn er die vom jeweiligen Grundrecht vorgegebenen Essentialia mit der Gesamtheit der von ihm

---

133 *Gellermann* (Fn. 1), 315, 326, 367ff.; ihm folgend *Lenz* (Fn. 39), 138; s. auch *Christian Burkiczak*: Grundgesetz und Deregulierung des Tarifvertragsrechts. Gebietet Art. 9 Abs. 3 GG die zwingende Wirkung von Tarifverträgen (§ 4 Abs. 1 und 3 TVG) und den Tarifvorrang (§ 77 Abs. 3 BetrVG)? Zugleich ein Beitrag zur Grundrechtsdogmatik, 2006, 157; *Hermann Butzer*: Verfassungsrechtliche Grundlagen zum Verhältnis zwischen Gesetzgebungshoheit und Tarifautonomie, RdA 1994, 375, 381; *Helmuth Schulze-Fielitz*, in: Dreier, Horst (Hrsg.): Grundgesetz, Kommentar, Band 3, 3. Aufl. 2018, Art. 101 Rn. 64. So auch schon *Steinbeiß-Winkelmann* (Fn. 105), 109f. Implizit *Christian Bumke*: Publikumsinformation. Erscheinungsformen, Funktionen und verfassungsrechtlicher Rahmen einer Handlungsform des Gewährleistungsstaates, Die Verwaltung 37 (2004), 3, 25.

134 *Gellermann* (Fn. 1), 364ff., 371; ebenso *Volker Epping*: Grundrechte, 7. Aufl. 2017, Rn. 441; mit abweichender Begründung *Lenz* (Fn. 39), 145. A.A. die Vertreter sog. Umschlagtheorien, bspw. *Thorsten Kingreen; Ralf Poscher*: Grundrechte. Staatsrecht II, 33. Aufl. 2017, Rn. 270f.; *Herbert Bethge*: Der Grundrechtseingriff, VVDStRL 57 (1998), 7, 30.

135 Die strikte Bindungswirkung ist Folge der Anordnung in Art. 1 Abs. 3 GG, s. dazu ausführlich supra Teil 1, B.I.1. m.N.u.w.V.

136 Von diesem Verständnis des Kernbereichs als *absoluter* Größe, der mit Hilfe der sogenannten Unerlässlichkeitsformel bestimmt wird (so bspw. BVerfGE 57, 220 (246) (Koalition)), zu unterscheiden ist jenes des Kernbereichs als *variable* Figur. Dessen Reichweite kann nur durch Einbeziehung gegenläufiger Belange ermittelt werden (Abwägungsformel). Er umfasst nicht mehr nur das aus grundrechtlicher Sicht unbedingt zu gewährleistende Minimum, sondern kennzeichnet die Gesamtheit der Grenzen, die dem Gestaltungsspielraum der Legislative von der Verfassung gesetzt sind (*Gellermann* (Fn. 1), 316 m.V. auf BVerfGE 92, 352 (359)). Reinen Abwägungsmodellen erteilt *Gellermann* (Fn. 1), 318f. eine Absage (u.a. unter Verweis auf die Gefahr der Verfehlung des grundrechtlichen Auftragsgehalts) und entscheidet sich stattdessen für ein zweistufiges Modell mit einem *abwägungsfesten* Ordnungskern und einer um diesen gelagerten Schale (zu den Einzelheiten letzterer infra Teil 4, C.III.2.b.aa.(1)(c) m.N.).

137 Kritisch gegenüber derartigen „Minimalschutzthesen", die ihren Anspruch als „harte" Regelungsaufträge nicht einlösen könnten *Cornils* (Fn. 1), 646ff.

138 Zum Aspekt des Selbstandes der Grundrechte bereits supra Teil 1, D.I. m.N.

geschaffenen Vorschriften[139] nicht (mehr) wahre, könnten seine Regelungen auch nicht (mehr) als gesetzgeberischer Versuch der Erfüllung des grundrechtlichen Auftrags begriffen werden[140]. In der Sache erfasst diese Untergrenze also lediglich sehr deutliche Verfehlungen des grundrechtlichen Auftragsgehalts[141]. Im Bereich des Art. 14 Abs. 1 GG beispielsweise wäre ein Verstoß gegen das Kernpostulat der Privatnützigkeit[142] erst denkbar, wenn die Betrachtung der gesamten einfachrechtlichen Eigentumsordnung ergäbe, dass keinerlei substanzielle Möglichkeiten einer rechtlich zulässigen Verwendung vermögenswerter Rechte zu eigenem Nutzen und Ertrag eröffnet werden[143]. In ähnlicher Weise widerspräche auch eine Regelung, die die jederzeitige Auflösung einer Ehe ermöglichte, nur dann dem in Art. 6 Abs. 1 GG enthaltenen zentrale Strukturelement der grundsätzlichen Unauflöslichkeit der ehelichen Gemeinschaft[144] und unterschritte damit die absolute Untergrenze einer ordnungsgemäßen Gestaltung der Ehefreiheit, wenn auch in den verbleibenden einfachrechtlichen Ehevorschriften keinerlei eheerhaltende Elemente erkennbar wären. Und schließlich wäre nach den *Gellermann*`schen Grundsätzen eine Verfehlung der Forderung nach einem möglichst effektiven, wirksamen Rechtsschutz[145] erst vorstellbar, wenn die Betrachtung sämtlicher im Bereich des Art. 19 Abs. 4 S. 1 GG erlassenen einfachrechtlichen Vorschriften ergäbe, dass der Zugang zu den Gerichten scheitert oder sogar aktiv verhindert würde[146]. Solche und ähnliche Extremfälle dürften in der Praxis kaum vorkommen. Trotz dieser insgesamt eher geringen praktischen Relevanz der grundrechtlichen Mindeststandards leisten sie gleichwohl einen Beitrag, die in Art. 1 Abs. 3 GG positivierte Forderung nach Bindung des Gesetzgebers im Felde objektiver Grundrechtswirkungen einzulösen[147].

---

139 Nach Ansicht von *Gellermann* muss die Legislative dem grundrechtlichen Auftrag nicht mit jeder Einzelbestimmung, sondern nur mit der Gesamtheit der Normen nachkommen, *Gellermann* (Fn. 1), 328.

140 Vgl. *Gellermann* (Fn. 1), 326, 328.

141 *Gellermann* (Fn. 1), 326.

142 Supra Teil 4, A.II.4. m.N.

143 *Gellermann* (Fn. 1), 327 m.w.N., vgl. auch 321; in der Sache ebenso *Kloepfer* (Fn. 132), Rn. 78 mit Verweis auf BVerfGE 31, 229 (241); 81, 208 (220).

144 Supra Teil 4, A.II.2. m.N.; auch schon Teil 3, D.I.2. m.N.

145 Zu diesem zentralen Strukturmerkmal des Art. 19 Abs. 4 S. 1 GG supra Teil 4, A.II.5. m.N.u.w.V.

146 In diese Richtung wohl auch *Peter Michael Huber*, in: Mangoldt, Hermann von; Klein, Friedrich; Starck, Christian (Hrsg.): Grundgesetz, Kommentar, Band 1, 7. Aufl. 2018, Art. 19 Abs. 4 Rn. 461.

147 Zum Ganzen *Gellermann* (Fn. 1), 327f. m.w.N.

(c) *Weniger weitreichende Bindung in der dem Ordnungskern vorgelagerten Zone – Schaffung und Erhaltung angemessener Regelungen*

(aa) Allgemeine Charakteristika der zweiten Bindungsebene

Diesen soeben beschriebenen „Kern verfassungsfester Unverzichtbarkeiten“[148] umgibt nach dem Willen von *Gellermann* eine zweite, weniger weitreichende Ebene der Bindung des Gesetzgebers an und durch die normgeprägten Grundrechte. Hier sei der Einfluss der Grundrechte zwar (auch noch) spürbar, sie entfalteten aber eine deutlich geringere Direktionskraft als auf der ersten Ebene, weil sie sich zum einfachen Recht hin öffneten und damit dem Gesetzgeber Raum für eigenschöpferische Gestaltung[149] verschafften[150]. Die Erweiterung des Spielraums erfolge aber nicht in dem Maße, dass die Legislative nun vollständig nach ihrem Belieben vorgehen könne. Vielmehr seien ihr auch hier Grenzen gesetzt[151]. Dabei handele es sich allerdings nicht um absolute, sondern lediglich um relative Begrenzungen des legislatorischen Handelns. Konkret verpflichteten die normgeprägten Grundrechte den Gesetzgeber, ihre Impulse in einer den tatsächlichen Gegebenheiten angepassten Weise „zu Ende zu denken“, also sach-, realitäts- und interessengerechte, ausgewogene Regelungen zu erlassen. Im Bereich der Vertrags-, Ehe-, Vereinigungs- und Koalitionsfreiheit, der Eigentums- und Erbrechtsgarantie sowie der Prozessgrundrechte muss damit jeweils ein rechtlicher Rahmen geschaffen werden, der den Gebrauch des einzelnen Grundrechts entsprechend seines jeweiligen Zweckes ermöglicht und dabei

---

148 Zitat: *Cornils* (Fn. 1), 463; ebenso *Eberhard Schmidt-Aßmann*, in: Maunz, Theodor†; Dürig, Günter†: Grundgesetz. Kommentar, Loseblatt, Stand des Gesamtwerkes: Januar 2013, Band III, Art. 19 Abs. 4 Rn. 5 unter Verweis auf BVerfGE 60, 253 (269) und BVerfGE 101, 106 (124f.).

149 Dieser Aspekt spielt auf der ersten Ebene keinerlei Rolle. Dort gehe es allein um die Identifikation dessen, was mit Blick auf den jeweiligen grundrechtlichen Auftrag von der Verfassung vorentschieden sei, *Gellermann* (Fn. 1), 313.

150 Vgl. *Gellermann* (Fn. 1), 328.

151 Vgl. *Gellermann* (Fn. 1), 90, 288ff., 329, 331; *Lenz* (Fn. 39), 139; *Ruffert* (Fn. 89), 108; *Degenhart* (Fn. 105), Rn. 49; *Kingreen/Poscher* (Fn. 134), Rn. 270; *Hans-Jürgen Papier*, in: Maunz, Theodor†; Dürig, Günter†: Grundgesetz. Kommentar, Loseblatt, Stand des Gesamtwerkes: Januar 2013, Band II, Art. 14 Rn. 308; *Morgenthaler* (Fn. 105), 246; *Karl-Heinz Ladeur*: Methodische Überlegungen zur gesetzlichen „Ausgestaltung“ der Koalitionsfreiheit. Zugleich ein Beitrag zu den Möglichkeiten und Grenzen der Flexibilisierung des Tarifvertragssystems, AöR 131 (2006), 643, 667; s. auch BVerfGE 91, 294 (308); 101, 239 (259).

zugleich die schutzwürdigen Interessen Dritter und der Allgemeinheit berücksichtigt[152]. So verpflichte beispielsweise Art. 6 Abs. 1 GG zur Schaffung und Erhaltung einer einfachrechtlichen Eheordnung, die den Ehepartnern einerseits die Freiheit zur eigenverantwortlichen Entscheidung ihrer Angelegenheiten belässt, andererseits aber deren nicht stets gleich gelagerten Interessen (etwa im Falle einer Scheidung) sowie den Belangen Dritter Rechnung trägt. In ganz ähnlicher Manier verlange die Vertragsfreiheit ein Regelwerk, das es auf der einen Seite den Beteiligten erlaubt, rechtsverbindlich, eigenverantwortlich und selbstbestimmt über den Ausgleich ihrer wechselseitigen Interessen zu entscheiden, auf der anderen Seite aber auch einseitiger Fremdbestimmung entgegenwirkt[153].

(bb) Angemessenheit im Sinne einer Erträglichkeitsgrenze

Von einer die Interessenlagen aller Beteiligten und der Allgemeinheit berücksichtigenden sowie den tatsächlichen Gegebenheiten Rechnung tragenden und ihnen angepassten Lösung wird ausgegangen, wenn sich die einfachrechtliche Regelung als *angemessene* Umsetzung des grundrechtlichen Regelungsauftrags erweist[154]. Angemessenheit in diesem Zusammenhang meine letztlich, die Verhältnisse maßvoll ins Gleichgewicht zu bringen[155]. Damit sei in der Sache eine Abwägung aller einschlägigen Anforderungen vorzunehmen[156], die keine nennenswerten Unterschiede zu jener aufweise, die als letztes Teilelement im Rahmen

---

152 Vgl. zum Ganzen *Gellermann* (Fn. 1), 329, 331, 350; sehr ähnlich *Lenz* (Fn. 39), 139ff.; ähnlich bspw. auch *Schmidt-Aßmann* (Fn. 148), Rn. 5; *Christian von Coelln*, in: Sachs, Michael (Hrsg.): Grundgesetz. Kommentar, 8. Aufl. 2018, Art. 6 Rn. 31; *Wolfgang Löwer*, in: Münch, Ingo von; Kunig, Philip (Hrsg.): Grundgesetz Kommentar, Band 1, 6. Aufl. 2012, Art. 9 Rn. 56.

153 Zu diesen und weiteren Beispielen jeweils m.N. *Gellermann* (Fn. 1), 329f.

154 *Gellermann* (Fn. 1), 350ff., ebenso *Degenhart* (Fn. 105), Rn. 51 mit Fn. 235; vgl. auch *Ruffert* (Fn. 89), 117f., der in diesem Zusammenhang allerdings nicht explizit von Angemessenheit, sondern von einer weniger intensiven Verhältnismäßigkeitsprüfung spricht, ohne dies jedoch näher zu spezifizieren. Anders akzentuiert auch *Lenz* (Fn. 39), 140f., 144f., der die „Pflicht zum schonenden Ausgleich kollidierender Interessen" als erfüllt ansieht, sobald sich die einfachrechtliche Vorschrift als „vertretbare" Ausgestaltung erweist. Dazu sogleich infra Teil 4, C.III.2.b.aa.(1)(c)(cc).

155 *Gellermann* (Fn. 1), 334, 350 m.w.N. Ähnlich, aber durchaus mit kritischem Unterton der – so *Gellermann* (Fn. 1), 360 – Entdecker der „Angemessenheits-Verhältnismäßigkeit" bei objektiven Grundrechtsgehalten, *Ernst-Wolfgang Böckenförde*: Grundrechte als Grundsatznormen. Zur gegenwärtigen Lage der Grundrechtsdogmatik, Der Staat 29 (1990), 1, 20f.

156 *Gellermann* (Fn. 1), 352.

der klassischen Verhältnismäßigkeitsprüfung – dort ebenfalls unter dem Stichwort Angemessenheit oder alternativ als Verhältnismäßigkeit im engeren Sinne, Proportionalität oder Zumutbarkeit bezeichnet[157] – vorgenommen werde[158]. Die sonstigen Schritte der konventionellen Verhältnismäßigkeitsprüfung seien dagegen bei der Betrachtung ausgestaltender einfachrechtlicher Vorschriften nicht durchzuführen[159]. Die Grenze zur Unangemessenheit sei erst dann überschritten, wenn der Gesetzgeber einzelnen Interessen gar keinen oder jedenfalls nicht den ihnen angesichts ihrer objektiven Gewichtigkeit gebührenden Respekt erweise, seine Regelungen also einzelne Belange benachteiligen, die zu den mit ihnen einhergehenden Vorteilen in einem Missverhältnis stehen und den jeweils betroffenen Grundrechtsträgern nicht zumutbar sind (Erträglichkeitsgrenze)[160].

---

157 Vgl. statt vieler *Klaus Stern*: Das Staatsrecht der Bundesrepublik Deutschland, Band III/2, 1994, 782; *Kingreen/Poscher* (Fn. 134), Rn. 340; vgl. auch *Michael/Morlok* (Fn. 11), Rn. 623.

158 *Gellermann* (Fn. 1), 362, andeutend bereits 351, 361 m.N.; pointiert referierend auch *Friederike Valerie Lange*: Grundrechtsbindung des Gesetzgebers. Eine rechtsvergleichende Studie zu Deutschland, Frankreich und den USA, 307; a.A. *Böckenförde* (Fn. 155), 20f. und *Fritz Ossenbühl*: Maßhalten mit dem Übermaßverbot, in: Badura, Peter; Scholz, Rupert (Hrsg.): Wege und Verfahren des Verfassungslebens. Festschrift für Peter Lerche zum 65. Geburtstag, 1993, 151, 160, die beide propagieren, dass der für den ausgestaltenden Gesetzgeber maßgebliche Aspekt der Angemessenheit inhaltlich nicht identisch ist mit der dritten Stufe der klassischen Verhältnismäßigkeitsprüfung. Diese Ansicht lehnt *Gellermann* (Fn. 1), 361f. mit überzeugenden Argumenten ab. A.A. auch *Lenz* (Fn. 39), 140ff. (dazu näher sogleich infra Teil 4, C.III.2.b.aa.(1)(c)(cc)). Unklar *Dieter Medicus*: Der Grundsatz der Verhältnismäßigkeit im Privatrecht, AcP 192 (1992), 35, 52f., der in diesem Zusammenhang – ebenso wie *Lenz* – den Begriff der Untermaßverbotes gebraucht, ohne klarzustellen, was genau er damit meint. Allgemein kritisch zu der von *Gellermann* vorgeschlagenen Angemessenheitskontrolle *Cornils* (Fn. 1), 657ff.

159 *Gellermann* (Fn. 1), 334ff. Gegen eine klassische Verhältnismäßigkeitsprüfung auch *Degenhart* (Fn. 105), Rn. 52, *Ruffert* (Fn. 89), 118, 314, 405 und *Steinbeiß-Winkelmann* (Fn. 105), 611f., 641, allerdings ohne jeweils konkrete Modifikationen zu benennen. Weitergehend *Lenz* (Fn. 39), 140ff., dazu näher sogleich infra Teil 4, C.III.2.b.aa.(1)(c)(cc).

160 *Gellermann* (Fn. 1), 362. In der Sache ähnlich, wenn auch unter Verwendung anderer Begrifflichkeiten wohl *Lenz* (Fn. 39), 141, 144f. (dazu näher sogleich infra Teil 4, C.III.2.b.aa.(1)(c)(cc) sowie infra Teil 4, C.III.2.c.).

(cc) Vertretbarkeitskontrolle statt Angemessenheitsprüfung *(Sebastian Lenz)*

Lenz folgt im Wesentlichen dem *Gellermann*`schen Konzept[161], insbesondere geht er unter ausdrücklichem Verweis auf *Gellermann* ebenso wie dieser davon aus, dass den Gesetzgeber eine Abwägungspflicht treffe. Er müsse mit seinen Regelungen auf einen maßvollen und schonenden Ausgleich kollidierender Interessen hinwirken[162]. Anders als *Gellermann* spricht er sich aber unter Verweis auf die Eingriffsbezogenheit des Verhältnismäßigkeitsgrundsatzes generell gegen dessen Anwendung im Felde der Ausgestaltung[163] und damit auch gegen die von *Gellermann* vorgeschlagene Angemessenheitsprüfung aus. Stattdessen kreiiert er mit der sogenannten Vertretbarkeitskontrolle eine eigene Bindungsanforderung, die er zuweilen als Untermaßverbot bezeichnet[164]. Die inhaltliche Kontrolle einfachrechtlicher Ausformungen normgeprägter Grundrechte beschränke sich darauf, zu untersuchen, ob der Gesetzgeber die grundrechtlich vorgegebenen Belange gesehen und in seine Entscheidungsfindung einbezogen habe, ob er sie vertretbar gewichtet habe und schließlich, ob er eine im Ergebnis vertretbare Entscheidung getroffen habe[165]. Damit etabliert *Lenz* letztlich nichts anderes als einen Beurteilungsspielraum der Legislative, der nur begrenzt gerichtlich überprüfbar ist. Seiner Pflicht zum schonenden Ausgleich kollidierender Interessen[166] komme der Gesetzgeber erst dann nicht mehr nach, wenn er einzelne konkurrierende Belange so weit zurückdränge, dass von einem Ausgleich nicht mehr die Rede sein könne oder aber bestimmte Belange gar nicht berücksichtigt würden, obwohl dies verfassungsrechtlich geboten sei[167].

---

161 Vgl. dazu bereits die Nachweise in den Fn. 118, 131f., 133, 151f. Im Unterschied zu *Gellermann* nimmt *Lenz* die Abgrenzung von Eingriff und Ausgestaltung allerdings aufgrund der Rechtsnatur der Regelung vor [156] und beschränkt seine Untersuchungen zudem auf die vorbehaltlosen Freiheitsgrundrechte [s. Titel]).

162 *Lenz* (Fn. 39), 140.

163 Explizit *Lenz* (Fn. 39), 142f., 145; ebenso *Epping* (Fn. 134), Rn. 439.

164 *Lenz* (Fn. 39), 144. Die Rechtsfigur des Untermaßverbotes wird eigenständig aus den Grundrechten gewonnen (deutlich bspw. *Merten* (Fn. 71), Rn. 82) und vor allem zur Konturierung der den grundrechtlichen Schutzpflichten entspringenden Mindestschutzanforderungen herangezogen, ist hierauf allerdings nicht beschränkt (zum Ganzen *Gellermann* (Fn. 1), 342f. m.w.N.). Auf das Untermaßverbot verweist – zumindest in einer speziellen Fallkonstellation – auch *Cornils*, verknüpft damit aber eine Entsprechungsprüfung nach *Huster*`schem Vorbild (Evidenzkontrolle), vgl. supra Teil 4, C.III.1.b.bb.(1) m.N. Zum Untermaßverbot nochmals infra Fn. 203.

165 *Lenz* (Fn. 39), 141, 144f.

166 Supra Fn. 162.

167 *Lenz* (Fn. 39), 144.

Andere (aus der Eingriffsdogmatik bekannte) Bindungspostulate thematisiert *Lenz* nicht.

(2) Sonstige Bindungspostulate

Gellermann dagegen zieht neben dem Verhältnismäßigkeitsgrundsatz durchaus noch weitere Bindungspostulate für den die normgeprägten Grundrechte ausformenden Gesetzgeber in Betracht, namentlich die (soweit vorhanden) Gesetzesvorbehalte[168], das Einzelfallverbot (Art. 19 Abs. 1 S. 1 GG), das Zitiergebot (Art. 19 Abs. 1 S. 2 GG) und die Wesensgehaltsgarantie (Art. 19 Abs. 2 GG)[169]. Im Ergebnis hält er sie allesamt für unanwendbar, da sie jeweils und ausschließlich auf die Eingriffssituation zugeschnitten seien[170]. Etwas anderes gelte lediglich für den Bestimmtheitsgrundsatz[171]. Speziell gegen die Anwendung des Art. 19 Abs. 2

---

168 Bei den vorbehaltlos gewährleisteten normgeprägten Grundrechten (Prozessgrundrechte sowie Ehe-, Vereinigungs- und Koalitionsfreiheit) wäre nach den verfassungsimmanenten Schranken zu fragen, supra Fn. 12 m.w.V.

169 S. bereits supra Fn. 107.

170 *Gellermann* (Fn. 1), 297f., 300 (Gesetzesvorbehalte), 301 i.V.m. 306f. (Einzelfallverbot und Zitiergebot), 293 (Wesensgehalt). Die Anwendbarkeit der Gesetzesvorbehalte ebenfalls ablehnend *Stern* (Fn. 157), 390f.; *Bumke* (Fn. 9), 49; a.A. *Ipsen* (Fn. 4), Rn. 172; undifferenzierter *Ipsen* (Fn. 100), 284). Gegen die Anwendung des Einzelfallverbotes und des Zitiergebotes bspw. auch *Bumke* (Fn. 9), 50; *Peter Lerche*: Grundrechtsschranken, in: Isensee, Josef; Kirchhof, Paul (Hrsg.): Handbuch des Staatsrechts der Bundesrepublik Deutschland, Band V, 2. Aufl. 2000, § 122 Rn. 34, 43; *Hans D. Jarass*, in: Jarass, Hans D.; Pieroth, Bodo: Grundgesetz für die Bundesrepublik Deutschland, Kommentar, 14. Aufl. 2016, Art. 19 Rn. 3ff.; gegen die Anwendung des Zitiergebotes – allerdings mit anderer Begründung – auch *Höfling* (Fn. 9), 43; unklar *Ipsen* (Fn. 4), Rn. 171, 196ff. (supra Fn. 103). Gegen die Anwendung der Wesensgehaltsgarantie auch *Wolfgang Roth*: Faktische Eingriffe in Freiheit und Eigentum. Struktur und Dogmatik des Grundrechtstatbestandes und der Eingriffsrechtfertigung, 1994, 435 Fn. 136; *Rudolf Wendt*: Eigentum und Gesetzgebung, 1985, 277f.; *Gunther Schwerdtfeger*: Die dogmatische Struktur der Eigentumsgarantie, 1983, 20; *Sachs* (Fn. 16), Rn. 35; a.A. *Ipsen* (Fn. 4), Rn. 219; *Ruffert* (Fn. 89), 108f.; *Arno Scherzberg*: Grundrechtsschutz und „Eingriffsintensität". Das Ausmaß individueller Grundrechtsbetroffenheit als materiellrechtliche und kompetenzielle Determinante der verfassungsgerichtlichen Kontrolle der Fachgerichtsbarkeit im Rahmen der Urteilsverfassungsbeschwerde, 1989, 209ff.; a.A. wohl auch *Hans D. Jarass* (Fn. 170), Rn. 8 m.w.N. Die Anwendung sämtlicher eingriffsabwehrrechtlicher Kautelen pauschal ablehnend *Steinbeiß-Winkelmann* (Fn. 105), 109, vorsichtiger 611f., 641.

171 *Gellermann* (Fn. 1), 307; ebenso *Hubertus Gersdorf*: Grundzüge des Rundfunkrechts. Nationaler und europäischer Rechtsrahmen, 2003, Rn. 80; *Morgenthaler* (Fn. 105), 259. Zum engen Zusammenhang zwischen dem Bestimmtheitsgrundsatz und dem

GG wird zusätzlich angeführt, die Forderung, den Wesensgehalt des jeweiligen Grundrechts zur Geltung zu bringen, ergäbe sich bereits aus dem Grundrecht selbst, genauer: aus seinen objektiven Gehalten (eine der genuinen Vorgaben)[172].

(3) Rückgriff auf die Direktiven der Eingriffsabwehr?

Die vorstehend beschriebenen Leitlinien der Bindung des Gesetzgebers an und durch die normgeprägten Grundrechte gelten in allen Anwendungsfeldern gesetzgeberischer Tätigkeit[173]. Eine Verschärfung der Anforderungen zieht *Gellermann* nur ausnahmsweise in Betracht, nämlich zum einen in Fällen, in denen *statt* einer gesetzgeberischen Ausgestaltung ein Eingriff vorliegt ((a)) und zum anderen in der Konstellation der eingreifenden Ausgestaltung ((b)). Beide Situationen sind jedoch im Feld der normgeprägten Grundrechte eher selten[174], sodass der Anwendungsbereich des strengeren Rechtfertigungsmaßstabes von vornherein sehr klein ist[175].

(a) Anwendung sämtlicher *Kautelen der Eingriffsabwehr bei Vorliegen eines Eingriffs (Eingriff* statt *Ausgestaltung)*

Einfachrechtliche Vorschriften im Bereich der normgeprägten Grundrechte werden auch von *Gellermann* nicht als ausgestaltend, sondern *ausschließlich* als eingreifend qualifiziert, wenn sie *einzig* die subjektiv-abwehrrechtliche Seite des Grundrechts betreffen[176]. Solcherlei Regelungen sind stets und ausnahmslos an *sämtlichen* aus der Eingriffsdogmatik bekannten Rechtfertigungsanforderungen und nicht etwa an den für ausgestaltende Normen entwickelten Kriterien zu messen[177].

Vorbehalt des Gesetzes (und nicht etwa dem grundrechtlichen Gesetzesvorbehalt) erhellend *Michael Sachs*, in: Sachs, Michael (Hrsg.): Grundgesetz. Kommentar, 8. Aufl. 2018, Art. 20 Rn. 113, 128.

172 *Gellermann* (Fn. 1), 294; so auch schon *Lerche* (Fn. 170), Rn. 31; ebenso *Wendt* (Fn. 170), 279; *Schwerdtfeger* (Fn. 170), 20. Dazu m.N. auch schon supra Teil 1, D.II.

173 Supra Fn. 108.

174 Supra Fn. 109f. m.w.V. Explizit für die eingreifende Ausgestaltung *Gellermann* (Fn. 1), 445.

175 Vgl. dazu bereits supra Teil 4, C.II.2.c.

176 Dazu m.N. und Beispielen supra Teil 4, C.II.2.c.bb.(1).

177 Diese Schlussfolgerung findet sich in *Gellermanns* Ausführungen – soweit ersichtlich – zwar nirgends derart klar; sie ergibt sich jedoch denknotwendig immer dann, wenn einfaches Recht als ausschließlich eingreifend eingeordnet wird.

(b) Klassischer Verhältnismäßigkeitsgrundsatz als zusätzliche *Bindungsanforderung in Fällen der eingreifenden Ausgestaltung*

Etwas anders liegen die Dinge in der Konstellation der eingreifenden Ausgestaltung. Hier verändert der Gesetzgeber auf der Grundlage des objektiven Regelungsauftrags eines normgeprägten Grundrechts bereits vorhandenes einfaches Recht (Unterfall des Anwendungsfeldes der Umgestaltung) dergestalt, dass er Altrechte verkürzt, die der Grundrechtsträger bereits *konkret* in Anspruch genommen hat. Solche Minderungen *konkreter* Rechtspositionen seien nicht mehr allein Neubestimmung der im normgeprägten Grundrecht angelegten und allen Grundrechtsträgern gleichermaßen zu Gebote stehenden Handlungs- und Leistungsalternativen, sondern entfalteten durchaus auch eingriffsähnliche Wirkungen, die wiederum eine Einordnung der Vorschrift als ausgestaltend und eingreifend erforderten. Die Qualifizierung als Eingriff trete jedoch lediglich *ergänzend* hinzu. Das bedeutet, die Regelung behält insgesamt ihren ausgestaltenden Charakter und verwandelt sich nicht in eine *ausschließlich* eingreifende[178] Norm[179]. Aufgrund dieses Zusammentreffens von Ausgestaltung und Eingriff seien die Bindungsanforderungen zu modifizieren; im Ergebnis sehe sich der Gesetzgeber höheren Legitimationszwängen ausgesetzt als bei Vorliegen einer rein ausgestaltenden Regelung[180]: Da die ändernde Vorschrift *zuvorderst* eine Ausgestaltung sei, müsse sie in einem ersten Schritt stets insbesondere daraufhin überprüft werden, ob sie den zugrundeliegenden objektiven Auftragsgehalt des normgeprägten Grundrechts korrekt umsetze, indem sie die grundrechtlichen Strukturelemente beachtet (Ebene 1) und sich als angemessen erweist (Ebene 2)[181]. Tue sie dies nicht, verfehle sie den Regelungsauftrag und sei schon aus diesem Grunde verfassungswidrig[182]. Die nachrangige Frage, ob im Hinblick auf Altfälle darüber hinaus ein Eingriff vorliegen könnte, erübrige sich damit[183]. Verwirkliche

---

178 Auch in dieser Hinsicht ist also das Umschlagen einer Ausgestaltung in einen Eingriff unmöglich, s. dazu schon – allerdings in anderem Zusammenhang (Frage nach der Möglichkeit des Umschlagens einer *verfassungswidrigen* Ausgestaltung in einen Eingriff) – supra Teil 4, C.III.2.b.aa.(1)(b).

179 Zum Ganzen m.N. ausführlich bereits supra Teil 4, C.II.2.c.bb.(2), dort u.a. auch zur Ablehnung der von *Lübbe-Wolff* und *Manssen* propagierten (abwehrrechtlichen) Normbestandsschutzkonzepte.

180 Vgl. *Gellermann* (Fn. 1), 426, 442f., 446, 449.

181 Zusätzlich muss das allgemeine rechtsstaatliche Bestimmtheitsgebot eingehalten werden, vgl. supra Teil 4, C.III.2.b.aa.(2) m.N.

182 Vgl. *Gellermann* (Fn. 1), 424, in der Sache auch 443; ebenso *Lenz* (Fn. 39), 138.

183 Vgl. *Gellermann* (Fn. 1), 369.

die neue Bestimmung dagegen in angemessener Weise jene den Einrichtungsgarantien (Vertrags-, Ehe-, Vereinigungs-, Koalitionsfreiheit, Eigentums- und Erbrechtsgarantie) beziehungsweise der Verfahrenskomponente (Rechtsschutzgarantie, gesetzlicher Richter, rechtliches Gehör) entspringenden Vorgaben[184], sei sie verfassungsgemäß. Aufgrund der Doppelnatur der Regelung als gleichzeitig eingreifend sei aber in einem zweiten Schritt zu prüfen, ob sie *daneben* auch der klassischen Verhältnismäßigkeitsprüfung[185] und damit der zentralen Anforderung der abwehrrechtlichen Grundrechtsseite standhalte[186]. Andere eingriffsabwehrrechtliche Kautelen, wie etwa die (soweit vorhanden) Gesetzesvorbehalte, das Zitiergebot (Art. 19 Abs. 1 S. 2 GG) oder die Wesensgehaltsgarantie (Art. 19 Abs. 2 GG) seien indes nicht zu beachten[187].

Dieses ergänzende Hinzutreten des klassischen Verhältnismäßigkeitsgrundsatzes und die damit einhergehende Verschärfung der Bindungsanforderungen kommt nach Überzeugung von *Gellermann* allerdings selten vor, da die Konstellation der eingreifenden Ausgestaltung nicht den Regel-, sondern den Ausnahmefall der Umgestaltung normprägenden Rechts bildet[188].

bb. Konzept von *Christian Bumke*

Auch in dem von *Bumke* vorgeschlagenen und am Beispiel der (normgeprägten) Vertragsfreiheit entwickelten Modell der verfassungsrechtlichen Bindung des Gesetzgebers spielen die Strukturelemente der Grundrechte – von ihm als gewährleistungsspezifische, ausgestaltungsdirigierende Vorgaben bezeichnet[189] – eine zentrale Rolle. Anders als *Gellermann* unterscheidet *Bumke* jedoch nicht zwischen zwei verschieden weit reichenden Bindungsebenen und weist jenen Strukturelementen daher auch nicht den Status unantastbarer Kernelemente zu. Stattdessen schlägt er vor, sie bei der Angemessenheitskontrolle im Rahmen der Verhältnismäßigkeitsprüfung zu berücksichtigen[190]. Damit ist zugleich noch ein weiterer signifikanter Unterschied zum *Gellermann*`schen Konzept angesprochen: *Bumke* beschränkt sich nicht auf die Durchführung dieser modifizierten

184 Zudem muss das Bestimmtheitsgebot beachtet werden, s. soeben Fn. 181 m.w.V.

185 Vgl. *Gellermann* (Fn. 1), 445.

186 Zum Ganzen *Gellermann* (Fn. 1), 442f., 445f.; vgl. auch *Schwerdtfeger* (Fn. 170), 17.

187 *Gellermann* (Fn. 1), 446f., unklar bezüglich des Einzelfallverbots.

188 *Gellermann* (Fn. 1), 445. Ohne vorgreifen zu wollen, sei bereits hier darauf hingewiesen, dass in dieser Annahme einer der Unterschiede zum abwehrrechtlichen Konzept von *Cornils* liegt (näher dazu infra Teil 4, C.V.3).

189 *Bumke* (Fn. 9), 52f., 56f., 75.

190 *Bumke* (Fn. 9), 52f., 55.

Angemessenheitskontrolle, sondern möchte darüber hinaus auch die verbleibenden Teilelemente des Verhältnismäßigkeitsmäßigkeitsgrundsatzes geprüft wissen[191]. Von den sonstigen, aus der Eingriffsdogmatik bekannten Bindungspostulaten thematisiert er die Gesetzesvorbehalte sowie das Einzelfallverbot und das Zitiergebot (Art. 19 Abs. 1 GG), hält aber – mit unterschiedlicher Begründung – keine dieser Anforderungen für bedeutsam im Bereich der Grundrechtsausgestaltung[192].

c. *Würdigung*

Anders als *Gellermann* und *Bumke* schlägt *Ipsen* vor, ausgestaltende und damit insbesondere solche Vorschriften, die die Schutzbereiche normgeprägter Grundrechte ausformen, an nahezu den gleichen (strengen) Rechtfertigungsanforderungen zu messen wie eingreifende Regelungen. Genügen müssen die Ausgestaltungen vor allem dem Verhältnismäßigkeitsgrundsatz in seiner klassischen Ausprägung; zu beachten sind darüber hinaus jedenfalls die (soweit vorhanden) Gesetzesvorbehalte und die Wesensgehaltsgarantie. Damit wird die auf der zweiten Stufe der Grundrechtsprüfung zunächst vorgenommene strikte Unterscheidung von Ausgestaltung und Eingriff[193] auf der sich anschließenden dritten Stufe wieder vollständig aufgegeben. Dies legt den Schluss nahe, dass es auf jene Unterscheidung im Rahmen der Prüfung der verfassungsrechtlichen Rechtfertigung einfachen Rechts überhaupt nicht ankommt, was wiederum die Frage aufwirft, aus welchem Grund *Ipsen* sie überhaupt vornimmt. Der von ihm selbst betonte dogmatische Mehrwert speziell seines (Ausgestaltungs) Konzepts[194] erschließt sich schon vor diesem Hintergrund nicht[195]. Er erscheint darüber hinaus auch deshalb fraglich, weil *Ipsen* in der Sache zumindest zu einem sehr ähnlichen Ergebnis gelangt wie die abwehrrechtlichen Lösungen[196] und damit – wenn auch nicht begrifflich, so aber doch inhaltlich – eben jenen

---

191 *Bumke* (Fn. 9), 50ff. unter ausdrücklicher Aufgabe seiner früher vertretenen Auffassung, auf die Erforderlichkeitsprüfung zu verzichten (so noch *Christian Bumke*: Der Grundrechtsvorbehalt. Untersuchungen über die Begrenzung und Ausgestaltung der Grundrechte, 1998, 97f.).

192 *Bumke* (Fn. 9), 49f.

193 Zum Ganzen supra Teil 4, C.III.2.a. m.N.

194 *Ipsen* (Fn. 4), Rn. 143ff., insbes. 147.

195 In diese Richtung vgl. auch *Alexy* (Fn. 101), 97.

196 Die normprägende Regelungen als Eingriffe qualifizieren und demgemäß grundsätzlich auch den strengen Direktiven der Eingriffsabwehr unterwerfen (supra Teil 4, C.II.1., III.1. m.N.u.w.V.).

Modellen näher steht als beispielsweise der Ausgestaltungskonzeption von *Gellermann*[197]. Zudem führt die (annähernd) gleiche Behandlung von ausgestaltender und eingreifender Rechtsetzung auf der Rechtfertigungsebene dazu, dass die Besonderheit der normgeprägten Grundrechte, namentlich deren spezifische Abhängigkeit vom einfachen Recht[198], nicht, jedenfalls aber nicht in hinreichendem Maße berücksichtigt und damit die Unterscheidung zwischen norm- und sachgeprägten Grundrechten[199] faktisch aufgegeben wird.

Gerade um jene strikte Differenzierung bemüht sich aber *Gellermann* mit seinem Vorschlag, einfachrechtliche Regelungen im Bereich der normgeprägten Grundrechte grundsätzlich nur an den Vorgaben der objektiven Grundrechtsseite und dem allgemeinen rechtsstaatlichen Bestimmtheitsgebot, nicht aber an klassischen eingriffsabwehrrechtlichen Kautelen zu messen. Die angesprochene objektive Grundrechtsdimension verpflichtet den Gesetzgeber nach seiner Überzeugung zur strikten Beachtung der Strukturelemente des jeweiligen normgeprägten Grundrechts, darüber hinaus ist eine modifizierte Verhältnismäßigkeitsprüfung in Form der Angemessenheitskontrolle durchzuführen. Eine Abweichung von diesem Grundsatz kommt nur in zwei Ausnahmefällen in Betracht, namentlich in den praktisch selten vorkommenden Konstellationen, in denen auch *Gellermann statt* einer Ausgestaltung einen Eingriff annimmt oder aber vom Vorliegen einer Mischform, der sogenannten eingreifenden Ausgestaltung, ausgeht. In der ersten Fallgruppe besteht kein Unterschied zu den abwehrrechtlichen Lösungsansätzen; die einfachrechtliche Regelung wird aufgrund ihres eindeutigen und ausschließlichen Eingriffscharakters an sämtlichen aus der Eingriffsdogmatik bekannten Rechtfertigungsanforderungen gemessen. In der zweiten Konstellation dagegen soll, nachdem geprüft und festgestellt wurde, dass die Direktiven der objektiven Grundrechtsseite in hinreichendem Maße beachtet worden sind, zusätzlich noch eine klassische Verhältnismäßigkeitskontrolle erfolgen[200]. Damit kommt es letztlich zu einer Doppelung der Angemessenheitsprüfung. Diese dogmatische Unsauberkeit erscheint allerdings vernachlässigbar, da sie aufgrund des Ausnahmecharakters der Fallgruppe äußerst selten auftritt.

Lenz schließt sich der zentralen Aussage *Gellermanns* von der ausschließlichen Gebundenheit des normprägenden Gesetzgebers an die Vorgaben der objektiven Grundrechtsseite an und wurde deshalb auch nicht als eigenständiger Vorschlag dargestellt. Im Unterschied zu *Gellermann* lässt er jedoch keinerlei

197 Dazu näher sogleich im Text.
198 Supra Fn. 110 m.w.V.
199 Zu dieser Unterscheidung ausführlich m.N. supra Teil 3, A.
200 Zum Ganzen supra Teil 4, C.III.2.b.aa. m.N.u.w.V.

Durchbrechungen dieses Grundsatzes zu, insbesondere darf/dürfen nach seinem Dafürhalten weder der klassische Verhältnismäßigkeitsgrundsatz in Gänze noch einzelne seiner Teilelemente zur Anwendung gelangen. Folgerichtig lehnt *Lenz* auch die von *Gellermann* geforderte Angemessenheitsprüfung strikt ab und plädiert stattdessen für eine sogenannte Vertretbarkeitskontrolle[201]. Abgesehen davon, dass insbesondere die synonyme Verwendung der Begriffes „Untermaßverbot"[202] in mehrfacher Hinsicht unglücklich erscheint[203], vermag der *Lenz*`sche Entwurf aus zwei Gründen nicht zu überzeugen: Zum einen nimmt er die Abgrenzung von Ausgestaltung und Eingriff auf der Basis der Unterscheidung von Privatrecht und Öffentlichem Recht[204] und damit anhand eines untauglichen Kriteriums vor[205]. Zum anderen verfängt auch seine ablehnende

201 Supra Teil 4, C.III.2.b.aa.(1)(c)(cc) m.N.u.w.V.

202 *Lenz* (Fn. 39), 144 (dazu schon supra Fn. 164).

203 Unglücklich erscheint der *Lenz*`sche Rückgriff auf diese Rechtsfigur zum einen, weil mit ihr vielfach eine (bloße) Evidenzkontrolle verbunden wird (explizit *Christian Callies*: Die grundrechtliche Schutzpflicht im mehrpoligen Verfassungsrechtsverhältnis, JZ 2006, 321, 330; *Cornils* (Fn. 1), 660ff. (dazu bereits supra Fn. 164 m.w.V.); auch *Hans D. Jarass*, in: Jarass, Hans D.; Pieroth, Bodo: Grundgesetz für die Bundesrepublik Deutschland, Kommentar, 14. Aufl. 2016, Vorb vor Art. 1 Rn. 55 und *Christian Callies; Axel Kallmeyer*: Der praktische Fall – Öffentliches Recht – Abwehrrechte und Schutzpflichten aus Grundrechten, JuS 1999, 785, 790), *Lenz* stattdessen aber für eine Vertretbarkeitsprüfung eintritt. Zudem ist die Beziehung des Untermaßverbotes zum Übermaßverbot, also zum Verhältnismäßigkeitsgrundsatz (beide Begriffe werden synonym verwendet, *Merten* (Fn. 71), Rn. 81), dessen Anwendung *Lenz* ja gerade strikt ablehnt (supra Fn. 163), bis heute umstritten. So gibt es durchaus Stimmen, die behaupten, die beiden Postulate seien identisch (sogenannte Kongruenzthese, vgl. bspw. *Karl-Eberhard Hain*: Der Gesetzgeber in der Klemme zwischen Übermaß- und Untermaßverbot, DVBl. 1993, 982, 983f.; *Peter Unruh*: Zur Dogmatik der grundrechtlichen Schutzpflichten, 1996, 84ff.). Andere dagegen gehen unter Verweis auf die unterschiedliche dogmatische Funktion davon aus, dass das Über- und das Untermaßverbot inhaltlich verschieden konzipiert sind, sich in ihrer Prüfstruktur aber durchaus ähneln (bspw. *Christian Callies*: Schutzpflichten, in: Merten, Detlef; Papier, Hans-Jürgen (Hrsg.): Handbuch der Grundrechte in Deutschland und Europa, Band II, 2006, § 44 Rn. 30 m.w.N.; *Jarass* (Fn. 203), Rn. 55 m.w.N.). Vor diesem Hintergrund droht mit der Anwendung des Untermaßverbotes im Ergebnis jedenfalls eine unberechtigte Verengung des dem ausgestaltenden Gesetzgeber gebührenden Entscheidungsspielraums (vgl. *Gellermann* (Fn. 1), 350; in diese Richtung wohl auch *Jarass* (Fn. 203), Rn. 55). Ausführlich zum Untermaßverbot aus jüngerer Zeit *Lars Peter Störring*: Das Untermaßverbot in der Diskussion. Untersuchung einer umstrittenen Rechtsfigur, 2009.

204 *Lenz* (Fn. 39), 131, 137.

205 Zur Untauglichkeit des Kriteriums der Rechtsnatur der Vorschrift supra Teil 4, C.I.2.a.cc. m.N.

Haltung gegenüber dem von *Gellermann* entwickelten, konkreten Normbestandsschutzgedanken nicht. Denn entgegen der *Lenz*` schen Annahme versteht *Gellermann* nicht „*jegliche* staatliche Veränderung einer konkreten Grundrechtsposition als Grundrechtseingriff"[206], sondern nur solche einfachgesetzlichen Regelungen, die konkrete Rechtspositionen *verkürzen*[207]. Der *Gellermann*`sche Normbestandsschutzgedanke geht daher keineswegs zu weit[208]. Zudem erweist sich der in diesem Zusammenhang unterbreitete Vorschlag, Vertrauensschutzaspekte nicht nur als Merkmal der Eingriffsabwehr zu begreifen, sondern sie *auch* „im Rahmen der leistungsrechtlichen Bindungen zu berücksichtigen"[209] gerade nicht – wie allerdings suggeriert wird – als Alternative zum *Gellermann*`schen Konzept. Vielmehr wird damit nur wiederholt, was *Gellermann* in seinen Ausführungen zur Fallgruppe der eingreifenden Ausgestaltung bereits propagiert, nämlich die Berücksichtigung des Vertrauensschutzes bei der Bestimmung der Bindungsanforderungen, denen der *ausgestaltende* Gesetzgeber zu genügen hat[210]. Insgesamt betrachtet erscheinen die *Lenz*`schen Überlegungen damit unausgereifter als jene von *Gellermann*. Sie sind daher, jedenfalls soweit sie dem *Gellermann*`schen Konzept widersprechen, abzulehnen.

Zwischen den Modellen von *Ipsen* und *Gellermann* liegt *Bumke* mit seinem Vorschlag, die Strukturelemente der normgeprägten Grundrechte im Rahmen der Verhältnismäßigkeitsprüfung und dort bei der Angemessenheitskontrolle zu berücksichtigen. Dem *Ipsen*`schen Modell gleicht der *Bumke*`sche Entwurf insofern, als er wie dieser eine klassische Verhältnismäßigkeitsprüfung für zwingend erforderlich hält. Anders als *Ipsen* und in Übereinstimmung mit *Gellermann* ist *Bumke* allerdings davon überzeugt, dass weitere aus der hergebrachten Eingriffsdogmatik bekannte Rechtfertigungsanforderungen nicht anwendbar sind. Weitere Übereinstimmungen mit dem *Gellermann*`schen Konzept sind allerdings nicht erkennbar, vielmehr bestehen zwei entscheidende Unterschiede. Der erste betrifft die Handhabung des Verhältnismäßigkeitsgrundsatzes. *Gellermann* verzichtet auf die Prüfung der Teilelemente der Geeignetheit und Erforderlichkeit, beschränkt sich also auf eine Angemessenheitskontrolle, die er nach klassischem Vorbild durchführt[211]. *Bumke* dagegen prüft neben den Teilelementen der Geeignetheit und Erforderlichkeit auch die Angemessenheit, letztere allerdings nicht nach klassischem Vorbild, sondern

---

206 *Lenz* (Fn. 39), 126.
207 Supra Teil 4, C.II.2.c.bb.(1) m.N.
208 So aber *Lenz* (Fn. 39), 126. Zum Ganzen nochmals infra Teil 4, C.V.4.
209 *Lenz* (Fn. 39), 127.
210 Supra Teil 4, C.III.2.b.aa.(3)(b).
211 Supra m.N. Teil 4, C.III.2.b.aa.(1)(c)(bb).

in abgewandelter Form, indem er dort die Strukturelemente der normgeprägten Grundrechte berücksichtigt wissen möchte[212]. *Bumke* geht also von der Abwägungsfähigkeit der Strukturelemente aus. *Gellermann* dagegen qualifiziert sie als abwägungsfeste Mindestanforderungen, die der Gesetzgeber strikt zu beachten und deren Unterschreitung automatisch die Verfassungswidrigkeit der einfachen Vorschrift zur Folge hat[213]. Die von *Bumke* (und auch von *Cornils*) präferierte Alternative schwächt die Normativität, also die bindende Kraft/verpflichtende Wirkung der den Einrichtungsgarantien (Vertrags-, Ehe-, Vereinigungs- und Koalitionsfreiheit sowie Eigentums- und Erbrechtsgarantie) sowie der Organisations- und Verfahrenskomponente (Prozessgrundrechte) entspringenden Strukturelemente und erscheint damit geeignet, den objektiven Grundrechtsgehalten die praktische Wirksamkeit zu rauben[214]. Hinzu tritt, dass *Bumke* Schwierigkeiten hat, konkrete Parameter der Abwägung zu bestimmen[215].

Insgesamt betrachtet kommt der von *Bumke* aufgezeigte Weg ebenso wie jener von *Ipsen* inhaltlich eher als abwehrrechtliche Lösung im Gewand einer Ausgestaltungskonzeption daher, die aus den jeweils genannten Gründen im Ergebnis nicht zu überzeugen vermag.

---

212 Das erinnert stark an die von *Cornils* als abwehrrechtlich orientiertem Autor geäußerte Forderung, die Ziele und Argumente der grundrechtlichen Ausgestaltungsaufträge in die Zweck-Mittel-Relation einzubeziehen (supra m.N. Teil 4, C.III.1.b.cc.(2)(c)). Zum Ganzen supra Teil 4, C.III.2.b.bb. m.N.

213 Supra m.N. Teil 4, C.III.2.b.aa.(1)(b).

214 Vgl. *Lenz* (Fn. 39), 139 Fn. 171.

215 *Bumke* (Fn. 9), 53, 55. Auch *Cornils* gelingt dies nicht, vgl. dazu m.N. bereits supra Teil 4, C.III.1.b.cc.(2)(c); nochmals infra Teil 4, C.V.4.

IV. Zusammenfassung

Den Kern der Diskussion um die normgeprägten Grundrechte bildet die bis heute umstrittene Frage, ob und in welchem Umfang sich die Bindung des Gesetzgebers von jener unterscheidet, die die sonstigen Grundrechte vorgeben[1]. In der verfassungsrechtlichen Literatur haben sich diesbezüglich mit den abwehrrechtlichen Lösungsansätzen und der Exklusivitätsthese zwei Strömungen etabliert, welche sich wiederum in diverse Unteransichten auffächern. Von diesen wurden vorliegend die jeweils verbreitetsten eingehend untersucht. Hierzu zählen auf Seiten der abwehrrechtlichen Modelle die von *Lübbe-Wolff* und *Manssen* propagierte Normbestandsschutzlehre sowie die prinzipientheoretisch fundierten Modelle von *Alexy* und *Cornils* und auf Seiten der Exklusivitätsthese vor allem die Konzepte von *Gellermann*, *Ipsen* und *Bumke*.

Sämtliche der genannten Entwürfe weisen eine Reihe gleichlautender Annahmen auf, die wiederum den jeweiligen Lösungsvorschlägen als Grundlage dienen. So wird einhellig von der Mehrdimensionalität der Grundrechte[2] und der Bipolarität einfachen Rechts[3] sowie davon ausgegangen, dass die Strukturelemente und Regelungsaufträge der normgeprägten Grundrechte den Anknüpfungspunkt der gesetzgeberischen Bindung bilden[4]. Um eben jene Bindung dogmatisch zu erfassen und abzubilden, werden darüber hinaus nicht etwa gänzlich neue Prüfungsschemata entwickelt. Vielmehr bedienen sich alle Autoren des hergebrachten dreistufigen Grobrasters *Schutzbereich – Eingriff – verfassungsrechtliche Rechtfertigung*[5].

Zur näheren Bestimmung der Reichweite der Bindung wird (erstmals) auf der zweiten Stufe des genannten Schemas aus einfachrechtlicher Perspektive gefragt, ob eine gesetzliche Regelung im Bereich der normgeprägten Grundrechte einen Eingriff in den jeweils in Rede stehenden Schutzbereich darstellen kann[6]. Von hier an hat es mit dem gemeinsamen Weg der beiden Strömungen allerdings auch sein Bewenden. Anders als die Vertreter der abwehrrechtlichen Lösung, die

1 Vgl. supra Teil 4, vor A. Überblicksartig auch schon supra Teil 2, A. vor I.
2 Supra Teil 4, C.I.1.
3 Supra Teil 4, C.I.3.
4 Sogenannter verfassungsrechtlicher Begriff der Grundrechts, der vom einfachgesetzlich geschaffenen Inhalt eben jenes Grundrechts getrennt wird, supra Teil 4, A. m.w.V. in Fn. 12f.
5 Supra Teil 2, A.II.1.a.aa., b.cc.
6 Dabei wird u.a. festgestellt, dass es an geeigneten Kriterien zur Abgrenzung von Eingriffen und andersartigen gesetzgeberischen Maßnahmen fehle (dazu ausführlich supra Teil 4, C.I.2.)

gesetzgeberische Aktivitäten im Bereich der normgeprägten Grundrechte potentiell für geeignet halten, in deren Schutzbereiche einzugreifen[7], qualifizieren die Anhänger der Exklusivitätsthese sie grundsätzlich als unterhalb der Eingriffsschwelle liegende Ausgestaltungen[8] und ändern die zweite Stufe des erwähnten Prüfungsschemas dementsprechend (auch) sprachlich ab[9].

Zumindest auf den ersten Blick, namentlich wenn die Konzepte von *Lübbe-Wolff*, *Manssen* und *Alexy* (abwehrrechtlich orientierte Lösungen) mit jenem von *Gellermann* (Exklusivitätsthese) verglichen werden, wirkt diese signifikant unterschiedliche Einordnung normprägender Regelungen auf der dritten Stufe eben jenes Prüfungsrasters fort[10]. Hier geht es um die Frage, welche konkreten Anforderungen einfachgesetzliche Vorschriften zu erfüllen haben, um verfassungsrechtlich gerechtfertigt zu sein. *Lübbe-Wolff*, *Manssen* und *Alexy* nehmen – freilich mit unterschiedlicher Begründung – an, dass *jedwede* gesetzgeberische Aktivität im Bereich der normgeprägten Grundrechte *ausnahmslos* in deren Schutzbereiche eingreift[11]. Mit dieser Qualifizierung ist zugleich beschlossen, dass normprägende Vorschriften an *sämtlichen* aus der Eingriffsabwehr bekannten Kautelen zu messen sind und ihnen genügen müssen, um verfassungskonform zu sein[12]. Die so entworfene Bindung des Gesetzgebers gleicht jener, die die

---

7 Überblicksartig supra Teil 4, vor A.; ausführlich supra Teil 4, C.II.1.

8 Überblicksartig supra Teil 4, vor A.; ausführlich supra Teil 4, C.II.2.

9 Supra Teil 2, A.II.1.b.cc.

10 Sie geht unter anderem zurück auf den Umstand, dass insbesondere die Mehrdimensionalität der Grundrechte und die Bipolarität einfacher Normen von den beiden Strömungen jeweils anders akzentuiert werden, dazu explizit bereits supra Teil 4, C.II. vor 1.

11 Den tragenden Grund der Normbestandsschutzlehren bildet der Vertrauensschutzgedanke, entweder in abstrakter Form (*Lübbe-Wolff*) oder in konkreter Gestalt (*Manssen*). Beide Autoren qualifizieren jeden Zugriff der Legislative auf institutsbildende Vorschriften oder institutsausformende Normenkomplexe als Eingriff (supra Teil 4, C.II.1.a.). *Alexy* kommt zum gleichen Ergebnis, indem er sämtliche Grundrechtsgehalte pauschal als auf Optimierung drängende Prinzipien begreift und in deren Mindererfüllung durch den Gesetzgeber eine Beschränkung des grundrechtlichen Schutzbereichs erblickt (supra Teil 4, C.II.1.b.aa.).

12 Gesetzgeberische Eingriffe in grundrechtliche Schutzbereiche werden stets anhand einer Reihe feststehender, abwehrrechtlicher Kriterien (allen voran der Verhältnismäßigkeitsgrundsatz) überprüft (zu den Einzelheiten supra Teil 4, C.III.1.a. m.w.V.). Völlig ohne Belang ist in diesem Zusammenhang, ob das betroffene Grundrecht über einen natürlichen Schutzgegenstand verfügt (sachgeprägte Gewährleistung) oder nicht (normgeprägte Gewährleistung).

sonstigen Grundrechte – also solche, die im Gegensatz zu den normgeprägten Gewährleistungen über einen natürlichen Schutzgegenstand verfügen – statuieren; sie ist aufgrund der Fülle an Rechtfertigungsanforderungen als weit ausgreifend zu bezeichnen[13].

Ein erkennbar breiterer Rechtsetzungsfreiraum und damit eine deutlich weniger weitreichende Bindung der Legislative ergibt sich im Konzept von *Gellermann*. Als Anhänger der Exklusivitätsthese qualifiziert er grundsätzlich *jedwede* normprägende gesetzgeberische Aktivität nicht als Eingriff in die, sondern als davon zu unterscheidende Ausgestaltung der grundrechtlichen Schutzbereiche. Unter Verweis auf die Andersartigkeit ausgestaltender Regelungen etabliert er in der Folge auf der dritten Stufe des Prüfungsschemas weniger und auch andere Kriterien zu deren Überprüfung. Nach seiner Überzeugung ist eine Vorschrift, die normgeprägte Grundrechte ausgestaltet, schon dann verfassungsrechtlich gerechtfertigt, wenn sie das rechtsstaatliche Bestimmtheitsgebot und die Vorgaben der objektiven Grundrechtsdimension beachtet. Letzteres bedeutet, dass der Gesetzgeber die Strukturelemente des Grundrechts unangetastet lässt und den grundrechtlichen Regelungsauftrag ordnungsgemäß umsetzt, das heißt angemessen erfüllt. Einen (noch) weniger strengen Maßstab statuiert *Lenz*, der *Gellermann* im Wesentlichen folgt, im Rahmen der Abwägung aber lediglich eine Vertretbarkeitskontrolle vornimmt[14].

Dieser erste Eindruck *deutlich gegensätzlicher* Standpunkte bezüglich der Reichweite der Bindung der Legislative an und durch die normgeprägten Grundrechte relativiert sich allerdings bei näherem Hinsehen.

Zum einen gerät er durch die Erkenntnis ins Wanken, dass *Manssen* auf der einen und *Gellermann* auf der anderen Seite im praktisch wichtigsten Anwendungsfeld normprägender gesetzgeberischer Tätigkeit, der sogenannten Umgestaltung, zum gleichen Ergebnis, nämlich zu einem auf *konkreten* Vertrauensschutzerwägungen basierenden Normbestandsschutz gelangen. Auch wenn sich die beiden Vorschläge in den Details durchaus noch unterscheiden, kann jedenfalls von *deutlicher Gegensätzlichkeit* insofern nicht mehr gesprochen werden[15].

Der Eindruck, dass die beiden im Schrifttum etablierten Strömungen zur Reichweite der Bindung des normprägenden Gesetzgebers grundlegend

---

13 Supra Teil 4, C.III. vor 1. m.w.V.

14 Zum Ganzen supra Teil 4, C.III.2.b.aa.(1) und (2) m.w.V.

15 Dagegen ist der von *Lübbe-Wolff* eingeforderte Normbestandsschutz *abstrakter* Natur und unterscheidet sich damit tatsächlich signifikant vom *Gellermann*´schen. Zum Ganzen supra Teil 2, C.II.2.c.bb.(2)(a), (b).

Konträres vertreten, gerät vor allem aber ins Wanken, wenn die noch verbliebenen Unteransichten der abwehrrechtlichen Lösungsansätze (*Cornils*) und der Exklusivitätsthese (*Ipsen* und *Bumke*) ebenfalls in die Betrachtung einbezogen werden. Die eingehende Analyse der genannten Vorschläge hat auf beiden Seiten Tendenzen in Richtung der jeweils anderen Ansicht zu Tage gefördert. So qualifizieren beispielsweise *Ipsen* und *Bumke* normprägende Vorschriften zwar als Schutzbereichsausgestaltungen und wurden aufgrund dessen (zunächst) auch als Anhänger der Exklusivitätsthese eingeordnet. Im Rahmen der verfassungsrechtlichen Rechtfertigung unterwerfen sie normprägende Regelungen dann aber wiederum den aus der Eingriffsdogmatik bekannten Anforderungen und nähern sich damit inhaltlich stark den abwehrrechtlichen Lösungsansätzen an[16]. Umgekehrt plädiert *Cornils* in seinem Konzept beispielsweise dafür, die klassische Verhältnismäßigkeitsprüfung abzuwandeln. Solche Vorschläge zur Modifikation des Verhältnismäßigkeitsmaßstabes finden sich sonst nur im Rahmen der Konzepte von *Gellermann* und *Lenz* als Anhängern der Exklusivitätsthese[17].

Vor diesem Hintergrund bleibt die Frage, ob sich die abwehrrechtlichen Lösungsansätze und die Exklusivitätsthese hinsichtlich der dogmatischen Erfassung und Abbildung der Reichweite der Bindung des normprägenden Gesetzgebers überhaupt in wesentlichen *inhaltlichen* Punkten oder doch nur auf begrifflicher Ebene unterscheiden. Insbesondere gilt es, herauszuarbeiten, ob normprägende Vorschriften in der Sache (nahezu) identischen Rechtfertigungsanforderungen unterworfen werden und noch dazu jenen, denen auch Regelungen im Bereich der sonstigen (sachgeprägten) Grundrechte genügen müssen. Träfe dies zu, wäre die Diskussion um die Reichweite der Bindung des Gesetzgebers lediglich theoretischer Natur, zeitigte also keinerlei Auswirkungen auf die praktische Handhabung gesetzgeberischer Tätigkeit im Bereich der normgeprägten Grundrechte[18].

Jener Frage soll im Folgenden anhand eines genaueren Vergleichs der Konzepte von *Cornils* und *Gellermann* nachgegangen werden. Dies zum einen, weil es sich um die umfassendsten Lösungsvorschläge innerhalb der jeweiligen Strömung handelt[19]. Zum anderen aber auch und vor allem, weil sie jeweils

---

16 Supra Teil 4, C.III.2.c. m.w.V.

17 Supra Teil 4, C.III.1.b.bb. m.w.V. sowie C.III.2.b.aa.(1) (c) m.w.V.

18 Andeutend supra Teil 4, C.II.3.c., C.III.1.c. und C.III.2.b.aa.(1)(a).

19 Beide Modelle werden als die umfassendsten betrachtet, weil *Cornils* und *Gellermann* im Unterschied zu allen anderen Autoren, die eingehender beleuchtet wurden, jeweils eine ganze Reihe normgeprägter Grundrechte untersuchen, vgl. supra Teil 2, A.II.1.

die detailliertesten Ausführungen enthalten und basierend auf der Analyse der Einzelgrundrechte ein übergreifendes Gesamtkonzept für die Handhabung gesetzgeberischer Tätigkeit im Bereich der normgeprägten Grundrechte entwerfen[20]. Aufgrund ihrer Ausdifferenziertheit enthalten die Modelle von *Cornils* und *Gellermann* zudem die wesentlichen Gedanken all jener Autoren, die ebenfalls eingehend beleuchtet, letztlich aber einem kritischen Blick nicht standhalten konnten[21]. Ein prominentes Beispiel sind die Überlegungen zum Normbestandsschutz, die sich nicht nur in den Ausführungen von *Lübbe-Wolff* und *Manssen*, sondern auch in jenen von *Gellermann* finden[22]. Der *Cornils*'sche Entwurf basiert auf dem von *Alexy* entwickelten Regel-Prinzipien-Modell. Die Ausführungen von *Ipsen* und *Bumke* schließlich kehren – je nachdem, ob sie sich den abwehrrechtlichen Lösungsansätzen annähern oder eher exklusivitätstheoretisch geprägt sind – sowohl im *Cornils*'schen als auch im *Gellermann*'schen Konzept wieder[23].

---

20 Supra Teil 4, C.II.1. m.w.V. in Fn. 25 (*Cornils*) und supra Teil 4, C.II.2. m.w.V. in Fn. 221 (*Gellermann*).

21 Normbestandsschutzlehre (*Lübbe-Wolff* und *Manssen*): supra Teil 4, C.II.3.a.,aa. und bb. prinzipientheoretisch fundiertes abwehrrechtliches Modell (*Alexy*): supra Teil 4, C.III.1.c. m.w.V.; Konzepte von *Ipsen* und *Bumke*: supra Teil 4, C.III.2.c.

22 Supra Teil 4, C.II.c.bb.(2).

23 Supra Teil 4, C.III.2.c.

V. Würdigung

Von den untersuchten abwehrrechtlichen und exklusivitätstheoretischen Lösungsansätzen überzeugten bis hierher lediglich die Konzepte von *Cornils* und *Gellermann*. Ein abschließender Vergleich dieser beiden Vorschläge soll Aufschluss darüber geben, ob und welches Modell die bessere „normativ gehaltvolle Anleitung für den praktischen Umgang" mit dem Phänomen der normgeprägten Grundrechte[1] bereit hält und damit den Vorzug verdient[2].

Für den Vergleich ist es notwendig, die Gemeinsamkeiten und vor allem die Unterschiede der beiden Entwürfe (noch einmal gebündelt) zusammenzutragen[3]. Einige von ihnen sind schon mittels eines Blicks auf die jeweilige Gesamtkonzeption erkennbar (1.). Weitere zeigen sich bei der Betrachtung der Einzelheiten (2., 3.)

1. *Gesamtbetrachtender Vergleich der Konzepte von* Cornils *und* Gellermann

a. Werden die angesprochenen Modelle in ihrer Gesamtheit betrachtet, so fällt zunächst auf, dass es sich beidseits um Vorschläge handelt, die alle Anwendungsfelder gesetzgeberischer Tätigkeit im Bereich der normgeprägten Grundrechte erfassen[4].
b. Zudem machen beide Autoren jeweils drei Szenarien mit je unterschiedlich weit reichender gesetzgeberischer Bindung aus und entwickeln dementsprechend abgestufte Konzepte[5].

---

1 Vgl. *Christian Bumke*: Ausgestaltung von Grundrechten. Grundlagen und Grundzüge einer Dogmatik der Grundrechtsausgestaltung unter besonderer Berücksichtigung der Vertragsfreiheit, 2009, 75.

2 Darauf könnte nur verzichtet werden, wenn der Vergleich keine *signifikanten* inhaltlichen Unterschiede zu Tage fördert, *Cornils* mit seinem Vorschlag also nicht zu einer spürbar anders gelagerten Behandlung normprägender gesetzgeberischer Aktivität gelangt als *Gellermann* und vice versa; wenn sich also die jeweils entwickelte Dogmatik im Ergebnis zwar begrifflich, nicht aber in der Sache unterscheidet.

3 Angesprochen sind damit vor allem jene Gemeinsamkeiten und Unterschiede, die über die in Teil 4, C.I. bereits herausgearbeiteten und in Teil 4, C.IV. nochmals zusammengefassten hinausgehen. Um Wiederholungen zu vermeiden, wird zudem auf die erneute Darstellung solcher Einwände, die sich allgemein gegen die prinzipientheoretisch fundierten Lösungsansätze und die Exklusivitätsthese richten, verzichtet (dazu ausführlich supra Teil 4, C.II.3.a.aa., cc., b. sowie C.III.1.c., jeweils m.N.).

4 Supra Teil 4, C.II.3.a.cc. m.w.V. (prinzipientheoretisch fundierte abwehrrechtliche Modelle) sowie supra Teil 4, C.II.3.b. m.w.V. (Exklusivitätsthese).

5 Dazu bereits supra Teil 4, C.III.2.b.aa.(1)(a) Fn. 120.

aa. *Cornils* wählt ein reines Abwägungsmodell und unterscheidet folgende Fallgruppen ausgestaltender gesetzgeberischer Tätigkeit: einfaches Recht mindererfüllt *ausschließlich* ein grundrechtliches Prinzip (Konstellation 1) bzw. einen nicht-prinzipiellen Grundrechtsgehalt (Konstellation 2) oder beides gleichzeitig (Konstellation 3)[6].

bb. In ganz ähnlicher Weise identifiziert auch *Gellermann* drei Fallgruppen grundrechtsrelevanter legislativer Aktivität, indem er einfaches Recht als schutzbereichsausgestaltend statt -eingreifend (Konstellation 2) oder umgekehrt (Konstellation 1) qualifiziert oder aber (ebenfalls) eine Mischform, die sogenannte eingreifende Ausgestaltung (Konstellation 3) bildet[7]. Zur Ermittlung der Reichweite der jeweiligen Bindung bedient sich *Gellermann*, der reine Abwägungsmodelle ablehnt[8], stets desselben zweigliedrigen Schemas aus einem abwägungsfesten grundrechtlichen Ordnungskern und einer um diesen herum gelagerten, der Abwägung zugänglichen Schale[9].

cc. Nach dem Willen beider Autoren bindet die jeweils erste Konstellation die Legislative am weitreichendsten, gefolgt von der dritten und schließlich der zweiten[10].

c. Als Verfechter eines abwehrrechtlichen Lösungsansatzes entnimmt *Cornils* sämtliche Einzelheiten der dreifach gestuften Bindung der subjektiv-abwehrrechtlichen Grundrechtsdimension, während *Gellermann* diese als Anhänger der Exklusivitätsthese aus der objektiven Grundrechtsseite ableitet[11].

2. *Fallgruppen – Vergleich von Bindungsreichweite und Häufigkeit*

Der Blick auf die postulierten Einzelheiten zur Reichweite der Bindung in den jeweils gebildeten drei Konstellationen sowie auf die Aussagen zur Häufigkeit des Erscheinens dieser Fallgruppen (a.-c.) wird zeigen, ob die Positionen von

---

6 Zu den Einzelheiten sogleich infra Teil 4, C.V.2.a.-c. m.w.V.

7 Zu den Einzelheiten sogleich infra Teil 4, C.V.2.a.-c. m.w.V.

8 *Martin Gellermann*: Grundrechte in einfachgesetzlichem Gewande. Untersuchung zur normativen Ausgestaltung der Freiheitsrechte, 2000, 318f. (dazu bereits supra Teil 4, C.III.2.b.aa.(1)(b)).

9 Supra Teil 4, C.III.2.b.aa.(1). Referierend *Matthias Cornils*: Die Ausgestaltung der Grundrechte. Untersuchungen zur Grundrechtsbindung des Ausgestaltungsgesetzgebers, 2005, 29.

10 Supra Teil 4, C.III.1.b.dd. (*Cornils*) sowie supra Teil 4, C.III.2.b.aa. (1)-(3) (*Gellermann*).

11 Supra Teil 4, C.II.1.b. m.N. (*Cornils*) sowie supra Teil 4, C.III.2.b.aa. m.N.u.w.V. (*Gellermann*).

Cornils und *Gellermann* in der Sache tatsächlich derart voneinander abweichen, dass im Ergebnis von zwei grundverschiedenen, vielleicht sogar gegensätzlichen dogmatischen Konzepten zur Bewältigung normprägender gesetzgeberischer Aktivität auszugehen ist.

a. *Konstellation 1 – Einfaches Recht als Grundrechtseingriff*

aa. *Cornils* unterscheidet Prinzipien, also grundrechtliche Vorgaben, die auf maximale Realisierung (Optimierung) drängen, und nicht-prinzipielle Grundrechtsgehalte. Letzere gäben der Legislative lediglich einen punktuellen Rahmen in Form von Mindestanforderungen vor, innerhalb dessen sie sich frei bewegen dürfe. Speziell im Bereich der normgeprägten Gewährleistungen zählt er zu ersteren das Gros der jeweiligen Strukturelemente und zu letzteren die einzelgrundrechtlichen Regelungs- und Organisationsaufträge sowie die verbliebenen wenigen Strukturmerkmale[12].

Betrifft die zu untersuchende einfachrechtliche Regelung *ausschließlich* ein Prinzip und bleibt hinter dessen Optimierungsvorstellung zurück, wird dies als Eingriff gewertet, dessen verfassungsrechtliche Rechtfertigung sich nach den aus der abwehrrechtlichen Dogmatik bekannten Anforderungen richtet. Zu prüfen sind also insbesondere alle Teilelemente des (klassischen) Verhältnismäßigkeitsgrundsatzes sowie darüber hinaus der Gesetzesvorbehalt beziehungsweise der Vorbehalt verfassungsimmanenter Schranken und die Verfassungsmäßigkeit im Übrigen (im Wesentlichen Einzelfallverbot, Zitiergebot, Wesensgehaltsgarantie, Bestimmtheitsgrundsatz und Rückwirkungsverbot)[13]. Bei Einhaltung all jener Parameter ist die Vorschrift verfassungsgemäß, ansonsten verfassungswidrig. Damit ergibt sich eine Bindung, die sich in keiner Weise von jener an und durch die sonstigen Grundrechte unterscheidet und die aufgrund der Fülle an Anforderungen als weitreichend bezeichnet werden kann[14].

Diese erste Konstellation ist nach *Cornils* im Bereich der normgeprägten Grundrechte aber äußerst selten anzutreffen, da einfachgesetzliche Vorschriften hier in der Regel sowohl einen nicht-prinzipiellen grundrechtlichen Gehalt umsetzen und dabei zugleich ein grundrechtliches Prinzip mindererfüllen[15].

---

12 Zum Ganzen supra Teil 4, C.II.1.b.bb.(1)(a), (c) und (d) m.w.V.

13 Vgl. supra Teil 4, C.III.1.a., b.aa.

14 Supra Teil 4, C.III.1. vor a. sowie Teil 4, C.III.1.b.dd.

15 Supra Teil 4, C.III.1.b.cc.(1) m.N. Diese Regelfallgruppe wird sogleich infra Teil 4, C.V.2.c., 3. näher betrachtet.

bb. In einer Ausnahmesituation hält auch *Gellermann* einfaches Recht für geeignet, in die Schutzbereiche normgeprägter Grundrechte einzugreifen und weicht damit von seinem Grundsatz ab, jegliche normprägende Vorschriften als unterhalb der Eingriffsschwelle liegende Schutzbereichsausgestaltungen zu qualifizieren. Ein solcher Fall liegt nach seiner Auffassung vor, wenn die einfachgesetzliche Regelung *einzig* die subjektiv-abwehrrechtliche Grundrechtsdimension betrifft[16]. Hinsichtlich der dogmatischen Folgen und der Reichweite der Bindung gilt das soeben zu *Cornils* Ausgeführte entsprechend.

cc. Was diese erste Fallgruppe angeht, unterscheiden sich die Konzepte von *Cornils* und *Gellermann* demnach in keinerlei Hinsicht. Die Bindung ist jeweils weit reichend und gleicht jener an und durch die sonstigen Grundrechte. Zudem bildet jene Konstellation nach Ansicht beider Autoren (jedenfalls) mit Blick auf die normgeprägten Grundrechte den Ausnahmefall, das heißt sie hat nur einen geringen Anwendungsbereich und ist daher von untergeordneter praktischer Relevanz.

b. Konstellation 2 – Einfaches Recht als unterhalb der Eingriffsschwelle liegende gesetzgeberische Aktivität

aa. Die zweite Fallgruppe bilden im *Cornils*'schen Modell diejenigen einfachrechtlichen Vorschriften, die *ausschließlich* einen nicht-prinzipiellen Grundrechtsgehalt betreffen. Derlei Regelungen rangierten unterhalb der Eingriffsschwelle und unterlägen – aufgrund der Natur der nicht-prinzipiellen Vorgaben als bloßer abwägungsfähiger Mindestbedingungen – weniger strengen Rechtfertigungszwängen als solche, die ein Prinzip mindern. Konkret werden die aus der Eingriffsdogmatik bekannten Kautelen in dieser Konstellation nicht angewendet. Das gilt auch und vor allem für den (klassischen) Verhältnismäßigkeitsgrundsatz, der durch die strukturell anders gelagerte Entsprechungsprüfung ersetzt wird. Bei dieser geht es – wie schon die Begrifflichkeit nahe legt – um die Frage, ob die zu untersuchende einfachgesetzliche Vorschrift dem grundrechtlichen Organisations-/Regelungsauftrag entspricht[17] beziehungsweise das – soweit vorhanden – nicht-prinzipielle Strukturelement beachtet[18]. Bei

---

16 Supra Teil 4, C.III.2.b.aa.(3)(a).

17 Zum Verständnis dieser Entsprechungsprüfung als Evidenzgrenze infra Teil 4, C.V.2.b.cc. m.w.V.

18 Nach dem *Cornils*'schen Verständnis sind neben den grundrechtlichen Organisations-/Regelungsaufträgen auch einige wenige Strukturelemente vereinzelter normgeprägter Grundrechte nicht-prinzipieller Natur (supra Teil 4, C.V.2.a.aa. m.w.V.).

Einhaltung dieser Anforderung ist die Vorschrift verfassungsgemäß, ansonsten verfassungswidrig. Damit besteht im Ergebnis eine Bindung, die sich erkennbar von jener an und durch die sonstigen Grundrechte und damit auch von jener in der ersten Fallgruppe abhebt[19].

bb. Anders als *Cornils* hält *Gellermann* gesetzgeberische Aktivität im Bereich der normgeprägten Grundrechte in der Regel für nicht geeignet, in deren Schutzbereiche einzugreifen und qualifiziert sie – von wenigen Ausnahmen[20] abgesehen – dementsprechend als unterhalb der Eingriffsschwelle liegende Ausgestaltungen. Diese werden nicht an den klassischen abwehrrechtlichen Rechtfertigungsanforderungen gemessen, sondern lediglich am allgemeinen rechtsstaatlichen Bestimmtheitsgebot[21] sowie an den zweistufigen Vorgaben der objektiven Grundrechtsdimension, wobei letztere das Herzstück der Untersuchung bilden. Hier wird in einem ersten Schritt geprüft, ob die einfachgesetzliche Vorschrift die Strukturelemente und damit die Mindestbedingungen – oder kurz: den Ordnungskern – des konkret in Rede stehenden normgeprägten Grundrechts unangetastet lässt. Sollte dies nicht der Fall sein, ist die Regelung wegen Unterschreitens der grundrechtlichen Mindeststandards verfassungswidrig; ein Umschlagen in einen Eingriff ist aufgrund der impermeablen Membran zwischen den beiden dogmatischen Figuren weder an dieser noch an späterer Stelle[22] möglich[23]. Anderenfalls ist die normprägende Vorschrift jedenfalls bis dahin nicht zu beanstanden. Sie wird deshalb nun in einem zweiten Schritt daraufhin untersucht, ob sie sich auch als *angemessene* Umsetzung des grundrechtlichen Regelungsauftrags erweist, also eine an die Interessenlagen aller Beteiligten und der Allgemeinheit sowie die tatsächlichen Gegebenheiten angepasste Lösung präsentiert[24]. Bei Einhaltung auch dieser Bedingung

---

Soweit im konkreten Fall (auch) ein solches Strukturelement betroffen ist, ist die Entsprechungsprüfung auf dieses zu erstrecken.

19 Zum Ganzen supra Teil 4, C.III.1.b.dd. m.w.V.

20 Dazu die Ausführungen zu Konstellation 1 (supra Teil 4, C.V.2.a.bb.) sowie Konstellation 3 (infra Teil 4, C.V. 2.c.bb.).

21 *Gellermann* hält diese Anforderung für eine nicht spezifisch auf die Eingriffssituation zugeschnittene, der daher jedwede gesetzgeberische Aktivität im Grundrechtsbereich genügen muss, supra Teil 4, C.III.2.b.aa.(2).

22 Dazu nochmals sogleich im Text.

23 Supra Teil 4, C.III.2.b.aa.(1)(b) m.N. Nicht nötig ist in diesem Falle auch der zweite Schritt (Prüfung der Angemessenheit der Regelung), dazu sogleich im Text.

24 Supra Teil 4, C.III.2.b.aa.(1)(a)-(c) m.N.u.w.V. *Gellermann* versteht die Angemessenheit im Sinne einer *Erträglichkeitsgrenze*, sogleich infra Teil 4, C.V.2.b.cc. m.w.V.

sowie des bereits erwähnten Bestimmtheitsgebots ist die Vorschrift insgesamt verfassungsgemäß, ansonsten verfassungswidrig; ein Umschlagen in einen Eingriff ist ausgeschlossen[25]. Hinsichtlich der Bindung gilt das soeben unter aa. zu *Cornils* Ausgeführte entsprechend.

cc. Was die zweite Fallgruppe angeht, reduzieren *Cornils* und *Gellermann* die Anforderungen an die verfassungsrechtliche Rechtfertigung normprägender Regelungen jeweils deutlich und gelangen daher im Ergebnis zu einer spürbar weniger weitreichenden Bindung als in der ersten Konstellation. Eine weitere Gemeinsamkeit zeigt sich in den Einzelheiten des jeweils konstruierten Maßstabs: Beide Autoren ersetzen die klassische Verhältnismäßigkeitsprüfung durch eine strukturell anders gelagerte Kontrolle. *Cornils* wählt dafür den Begriff der Entsprechungsprüfung; *Gellermann* jenen der Angemessenheitskontrolle, wobei er damit die aus der klassischen Verhältnismäßigkeitsprüfung bekannte Untersuchung der Verhältnismäßigkeit im engeren Sinne meint[26]. Die Kernfrage, die *in der Sache* hinter diesen unterschiedlichen Begrifflichkeiten steht, ist jene nach der ordnungsgemäßen Erfüllung des Regelungsauftrags des normgeprägten Grundrechts. Das wird erst dann verneint, wenn es sich entweder um eine evident unvernünftige[27] (*Cornils*) oder aber um eine unzumutbare/unerträgliche[28] (*Gellermann*) Vorschrift handelt. Beidseits wird hier also ein recht niederschwelliger Maßstab etabliert, der lediglich deutliche Verfehlungen des grundrechtlichen Auftragsgehalts erfasst und inhaltlich keine signifikanten Divergenzen aufweist.

dd. Abgesehen von den beschriebenen Gemeinsamkeiten sind aber durchaus auch Unterschiede zwischen beiden Konzepten feststellbar.

So beschränkt sich *Cornils* mit der Entsprechungsprüfung auf ein einziges Rechtfertigungskriterium, während *Gellermann* deren drei etabliert (Bestimmtheitsgebot, Wahrung unantastbarer Mindeststandards und Angemessenheitskontrolle). Im Ergebnis ist die von *Cornils* entworfene Bindung also weniger umfangreich als die *Gellermann*`sche.

Die einzelgrundrechtlichen Regelungsaufträge entspringen entweder den Einrichtungsgarantien (Vertrags-, Ehe-, Vereinigungs- und Koalitionsfreiheit sowie Eigentums- und Erbrechtsgarantie) oder dem Gebot der Grundrechtssicherung durch Organisation und Verfahren (Prozessgrundrechte), supra m.N.u.w.V. Teil 4, C.II.2.b.

25 Supra soeben im Text mit Fn. 22.

26 Supra Teil 4, C.III.2.b.aa.(1)(c)(bb) m.N.

27 Supra Teil 4, C.III.1.b.bb.(1) m.N.

28 Supra Teil 4, C.III.2.b.aa.(1)(c)(bb) m.N.

Darüber hinaus nimmt *Cornils* mit der Entsprechungsprüfung eine reine Abwägungskontrolle vor, während *Gellermann* zunächst die Beachtung abwägungsfester Mindestbedingungen untersucht, indem er der Frage nachgeht, ob die normprägende Regelung die Strukturelemente und damit den Ordnungskern des jeweils in Rede stehenden normgeprägten Grundrechts unangetastet lässt. Ist das nicht der Fall, ist die einfachrechtliche Regelung verfassungswidrig und die Prüfung hiermit beendet, das heißt sie tritt nicht mehr in die zweite Phase der Abwägung in Form der Angemessenheitskontrolle ein. Die Frage, ob dieser Unterschied tatsächlich auch zu anderslautenden Ergebnissen führt, kann jedoch dahinstehen, weil *Cornils* auch die zweite Fallgruppe – wie schon die erste und mit gleicher Begründung – als Ausnahme kennzeichnet und ihr damit nur einen sehr geringen Anwendungsbereich attestiert[29]. Überschneidungen mit dem *Gellermann*'schen Konzept, in dem die zweite Konstellation die Regel bildet[30], kommen daher äußerst selten vor. Jedenfalls im direkten Vergleich der von *Cornils* und *Gellermann* jeweils entwickelten *zweiten* Fallgruppe sind die aufgezeigten Unterschiede damit praktisch irrelevant.

c. *Konstellation 3 – einfaches Recht als Grundrechtseingriff und zugleich -ausgestaltung*

aa. Die dritte Konstellation bildet im *Cornils*'schen Konzept eine Mischform aus der ersten und der zweiten Fallgruppe, namentlich das Zusammentreffen von einfachem Recht, grundrechtlichem Prinzip (das Gros der Strukturelemente der normgeprägten Gewährleistungen) und nicht-prinzipiellem Grundrechtsgehalt (die grundrechtlichen Regelungs-/Organisationsaufträge sowie einige wenige Strukturelemente vereinzelter normgeprägter Gewährleistungen). Nicht nur, aber auch und vor allem in dieser Konstellation hält *Cornils* einfachgesetzliche Vorschriften für potentiell geeignet, in den Schutzbereich des jeweils in Rede stehenden normgeprägten Grundrechts einzugreifen und qualifiziert sie – insofern folgerichtig und wie in der ersten Fallgruppe – als Eingriffe, wenn sie den nicht-prinzipiellen grundrechtlichen Gehalt umsetzen und dabei *zugleich* hinter der Optimierungsvorstellung eines dem Grundrecht innewohnenden Prinzips zurückbleiben. Das hat jedenfalls zur Folge, dass der Verhältnismäßigkeitsgrundsatz (wieder) anwendbar ist. Aussagen zu weiteren Einzelheiten der Bindung – etwa zum Schicksal der aus der zweiten Konstellation bekannten

29 Supra Teil 4, C.V.2.a.aa. mit Fn. 15.
30 Supra soeben Teil 4, C.V.2.b.bb.

Entsprechungsprüfung und weiterer Rechtfertigungsanforderungen – sind aufgrund der nur bruchstückhaften Ausführungen von *Cornils* allerdings kaum möglich. Eindeutig erkennbar ist lediglich, dass die Verhältnismäßigkeitsprüfung insofern modifiziert wird, als die Ziele des nicht-prinzipiellen Gehalts des normgeprägten Grundrechts, das heißt die in ihm – üblicherweise in Form des jeweiligen Regelungs-/Organisationsauftrags – enthaltenen Mindestbedingungen in die Zweck-Mittel-Relation einbezogen, also im Rahmen der Untersuchung der Angemessenheit der Regelung als eines von mehreren Kriterien berücksichtigt werden. Ob damit die Entsprechungsprüfung in der Angemessenheitskontrolle aufgeht, als weiterer Schritt separat durchzuführen ist (also neben die Verhältnismäßigkeits- bzw. Angemessenheitsprüfung tritt) oder aber sogar ganz entfällt, kann nicht zweifelsfrei festgestellt werden, da *Cornils* sich hierzu nicht ausdrücklich äußert. Gleiches gilt für die Frage, ob und welche sonstigen Rechtfertigungsanforderungen (zusätzlich) einzuhalten sind. Schließlich spricht einiges dafür, dass *Cornils* die klassische Verhältnismäßigkeitsprüfung (noch) weiter abwandelt, indem er (auch) auf die Untersuchung der Geeignetheit der einfachrechtlichen Regelung verzichtet. Letztlich aber ist auch diese Annahme spekulativ und nicht mehr als eine bloße Vermutung, da *Cornils* zum Schicksal des Geeignetheitskriteriums ebenfalls nicht explizit Stellung bezieht[31]. Dieses Defizit der nur fragmentarischen Ausführungen zu den Einzelheiten der Bindung des Gesetzgebers wiegt besonders schwer, weil die dritte Konstellation nach Auffassung von *Cornils* im Bereich der normgeprägten Grundrechte am häufigsten vorkommt, also den Regelfall bildet[32].

Abgeleitet werden kann aus diesem unvollständigen Bild aber zumindest allgemein, dass die Bindung des Gesetzgebers insgesamt betrachtet doch etwas weiter greift als in der zweiten Fallgruppe (in der ausschließlich eine Entsprechungsprüfung durchgeführt wird), ohne jedoch die Reichweite der Bindung in der ersten Fallgruppe (in der sämtliche Kautelen der Eingriffsabwehr untersucht werden) zu erlangen[33].

bb. Wiederum ähnlich wie *Cornils* identifiziert auch *Gellermann* als dritte Konstellation eine Mischform, die hier als eingreifende Ausgestaltung bezeichnet wird. In diesen Fällen verändert der Gesetzgeber basierend auf dem objektiven Regelungsauftrag eines normgeprägten Grundrechts bereits vorhandenes einfaches Recht dergestalt, dass er Altrechte verkürzt, die der Grundrechtsträger

31 Zum Ganzen supra Teil 4, C.III.1.b.dd. m.N.u.w.V.

32 Supra Teil 4, C.III.1.b.cc.(1) m.N.

33 Supra Teil 4, C.III.1.b.dd. m.w.V.

bereits *konkret* in Anspruch genommen hat. Solche Minderungen *konkreter* Rechtspositionen weisen nach der Vorstellung *Gellermanns* neben grundrechtsrealisierenden Elementen durchaus auch eingriffsähnliche Wirkungen auf und werden deshalb als ausgestaltend *und* eingreifend eingeordnet, wobei die Qualifizierung als Eingriff allerdings nur *ergänzend* hinzu tritt. Das bedeutet, die Regelung behält insgesamt ihren ausgestaltenden Charakter und verwandelt sich nicht in eine *ausschließlich* eingreifende Norm. Die Prüfung der verfassungsrechtlichen Rechtfertigung der ändernden Vorschrift erfolgt in zwei Schritten: Aufgrund ihres zuvorderst ausgestaltenden Charakters ist sie zunächst an den Bindungsanforderungen der zweiten Fallgruppe zu messen[34]. Geht die Regelung hier fehl, ist sie verfassungswidrig. Die nachrangige Frage, ob im Hinblick auf Altfälle darüber hinaus ein Eingriff vorliegen könnte, erübrigt sich damit. Erfüllt die ändernde Vorschrift dagegen die genannten Bindungsanforderungen, ist sie bis dahin nicht zu beanstanden. Aufgrund ihrer Doppelnatur als *zugleich* eingreifend ist sodann in einem zweiten Schritt zu untersuchen, ob sie auch der klassischen Verhältnismäßigkeitsprüfung und damit der zentralen Anforderung der abwehrrechtlichen Grundrechtsseite standhält. Andere (eingriffsabwehrrechtliche) Kautelen, wie etwa die (soweit vorhanden) Gesetzesvorbehalte, das Zitiergebot (Art. 19 Abs. 1 S. 2 GG) oder die Wesensgehaltsgarantie (Art. 19 Abs. 2 GG) sind darüber hinaus aber nicht zu beachten[35].

Die gesetzgeberische Bindung reicht daher auch hier etwas weiter als in der zweiten Fallgruppe (in der ausschließlich die Einhaltung der Vorgaben der objektiven Grundrechtsseite sowie des allgemeinen rechtsstaatlichen Bestimmtheitsgebots überprüft wird), ohne jedoch an die Reichweite der Bindung in der ersten Fallgruppe (in der wiederum alle aus der Eingriffsdogmatik bekannten Anforderungen untersucht werden) zu gelangen.

cc. Sowohl im *Cornils'* schen wie auch im *Gellermann*`schen Konzept bildet die dritte Fallgruppe eine Mischform aus der ersten und der zweiten Konstellation[36]. Beide attestieren ihr dementsprechend eine Bindung mittlerer Reichweite.

dd. Im direkten Vergleich unterscheidet sich auch diese Bindung – wie schon jene in der zweiten Fallgruppe – hinsichtlich Umfang und Inhalt.

---

34 Zu den Einzelheiten supra Teil 4, C.V.2.b.bb.

35 Zum Ganzen supra Teil 4, C.III.2.b.aa.(3)(b) m.N.

36 Die Basis ihrer Entwicklung bildet dabei jeweils die Annahme der Bipolarität einfachen Rechts, ausführlich dazu supra Teil 4, C.I.3.

(1) Analog zur zweiten Fallgruppe beschränkt *Cornils* sich auch im Rahmen der dritten Konstellation auf die Prüfung eines einzelnen Rechtfertigungskriteriums, nämlich die Verhältnismäßigkeit. Dabei spricht vieles dafür, dass er das Geeignetheitskriterium für verzichtbar hält und damit nicht klassisch alle vier Teilelemente des Grundsatzes gleichermaßen betrachtet. Anders gewendet untersucht er die normprägende Regelung darauf, ob sie zur Erreichung des verfolgten Zieles erforderlich und angemessen ist. Die Prüfung der Angemessenheit verändert er insofern, als er hier unter anderem auch die Ziele des nicht-prinzipiellen grundrechtlichen Auftrags in die Zweck-Mittel-Relation einbezieht[37]. *Gellermann* dagegen etabliert mit der Wahrung unantastbarer Mindestbedingungen, der aus der klassischen Verhältnismäßigkeitsprüfung übernommenen Angemessenheitskontrolle (Vorgaben der objektiven Grundrechtsseite) sowie dem allgemeinen rechtsstaatlichen Bestimmtheitsgebot wiederum insgesamt drei Rechtfertigungsanforderungen. Hält die normprägende Regelung diesen Kriterien stand, tritt als viertes Bindungspostulat die klassische Verhältnismäßigkeitsprüfung hinzu[38].

(2) Wie schon in der zweiten Fallgruppe greift die von *Cornils* entworfene Bindung im Ergebnis also auch in der dritten Konstellation weniger weit als die *Gellermann*´sche, wobei der direkte Vergleich der Einzelheiten beider Modelle deutlichere inhaltliche Unterschiede zu Tage fördert. Diese Divergenzen sind im Ergebnis jedoch wiederum unbedeutend, da beide Autoren der dritten Konstellation ebenfalls eine höchst unterschiedliche praktische Relevanz attestieren. Vice versa zur zweiten Fallgruppe kennzeichnet *Cornils* die dritte nun als Regelfall, während *Gellermann* in ihr lediglich eine Ausnahme erblickt und ihr damit nur einen sehr geringen Anwendungsbereich zugesteht[39]. Überschneidungen mit dem *Cornils*´schen Modell sind daher auch hier sehr selten; die aufgezeigten Unterschiede in der Reichweite der Bindung – selbst wenn sie für bedeutsam gehalten würden – demzufolge wiederum weitgehend praktisch irrelevant.

3. (Abschließende) Gegenüberstellung der jeweils identifizierten Regelfälle

Die bisherigen Vergleiche der Aussagen von *Cornils* und *Gellermann* in den jeweils identischen Fallgruppen haben zu der Erkenntnis geführt, dass sich beide Konzepte

---

37 Supra Teil 4, C.V.2.c.aa. m.w.V.

38 Zum Ganzen soeben supra Teil 4, C.V.2.c.bb. m.w.V.

39 Supra Teil 4, C.III.1.b.cc.(1) m.N. (*Cornils*) sowie supra Teil 4, C.III. 2.b.aa.(3)(b) m.N.u.w.V.; supra Teil 4, C.III.2.c. m.w.V. (*Gellermann*).

entweder gar nicht unterscheiden (erste Konstellation) oder zwar (marginale) Divergenzen aufweisen, welche sich aber aufgrund der jeweils geringen Überschneidungsbereiche (zweite und dritte Konstellation) praktisch nicht auswirken.

Interferenzen sind dagegen häufig, wenn die jeweils benannten Regelfälle aufeinander treffen. Abschließend wird daher der Blick auf die beiden Konzepte entsprechend neu justiert und nunmehr die dritte Konstellation des *Cornils*`schen Vorschlags[40] direkt mit der zweiten des *Gellermann*´schen Modells[41] verglichen. Der Fokus liegt dabei auf der Frage, ob sich dabei signifikante inhaltliche Unterschiede zeigen.

a. Der unmittelbare Vergleich der von *Cornils* und *Gellermann* jeweils identifizierten Regelfälle ergibt aus hiesiger Sicht zunächst eine Reihe von Gemeinsamkeiten.
So prüfen beide Autoren als zentrale Rechtfertigungsanforderung die aus der klassischen Verhältnismäßigkeitsprüfung bekannte Angemessenheit (der einfachgesetzlichen Vorschrift). Inhaltlich geht es hier wie dort um die Beantwortung der Frage nach der ordnungsgemäßen Erfüllung des jeweils in Rede stehenden Regelungsauftrags des normgeprägten Grundrechts[42]. Die Untersuchung des grundrechtlichen Auftrags an dieser Stelle ist konsequent und logisch nachvollziehbar, da sowohl *Cornils* als auch *Gellermann* ihn für abwägungsfähig halten[43].
Daneben etablieren beide Autoren eine Reihe weiterer Bindungspostulate, die ihrer jeweiligen Grundeinstellung eines abwehrrechtlichen (*Cornils*) oder aber eines exklusivitätstheoretischen Lösungsansatzes (*Gellermann*)

40 Legislative Umsetzung eines grundrechtlichen Regelungs-/Organisationsauftrags bei gleichzeitiger Mindererfüllung eines grundrechtlichen Strukturelements oder auch Zusammentreffen von einfachem Recht, nicht-prinzipiellem und prinzipiellem Grundrechtsgehalt, supra Teil 4, C.V.2.c.aa.

41 Einfaches Recht als vom Eingriff zu unterscheidende Ausgestaltung der Schutzbereiche normgeprägter Grundrechte, supra Teil 4, C.V.2.b.bb.

42 Supra Teil 4, C.V.2.c.aa., b.aa., cc. (*Cornils*) und supra Teil 4, C.V.2.b.bb., cc. (*Gellermann*), jeweils m.w.V.

43 *Cornils* als Verfechter eines reinen Abwägungsmodells ordnet die grundrechtlichen Regelungs-/Organisationsaufträge als nicht-prinzipielle Vorgaben ein, die abwägungsfähige Mindestbedingungen enthalten (supra Teil 4, C.V.1.b.aa., 2.a.aa. und 2.b.aa.); *Gellermann* qualifiziert sie ebenfalls als abwägungsfähige Vorgaben, die den nicht abwägungsfähigen Ordnungskern, d.h. die Strukturelemente des jeweiligen normgeprägten Grundrechts als Schale umschließen (supra Teil 4, C.V.1.b.bb., 2.b.bb.).

entsprechen und demgemäß inhaltlich divergieren. So prüft *Cornils* neben der Angemessenheit weitere Teilelemente des aus der Eingriffsdogmatik bekannten Verhältnismäßigkeitsgrundsatzes, indem er fragt, ob die normprägende Regelung zur Erreichung des mit ihr verfolgten Zieles auch erforderlich ist[44]. *Gellermann* untersucht zusätzlich zur Angemessenheit den allgemeinen rechtsstaatlichen Bestimmtheitsgrundsatz und davor in einem ersten Schritt stets die Frage, ob die einfachgesetzliche Vorschrift die Strukturelemente des konkret in Rede stehenden normgeprägten Grundrechts unangetastet lässt[45]. In jener Voraussetzung liegt zugleich ein erheblicher Unterschied zum *Cornils*'schen Konzept:

b. Während *Gellermann* die Strukturelemente der normgeprägten Grundrechte als nicht abwägungsfähige, strikt beachtliche Mindestbedingungen betrachtet, klassifiziert *Cornils* sie demgegenüber als abwägungsfähige grundrechtliche Vorgaben[46]. Diese diametral entgegengesetzte Beurteilung der Natur der Strukturelemente ist nicht bloß von theoretischem Interesse, sondern wirkt sich ganz konkret auf die Prüfung der Verfassungsmäßigkeit normprägender Regelungen und deren Ergebnis aus:
   - aa. Missachtet der Gesetzgeber mit seiner Vorschrift die Strukturelemente des einschlägigen normgeprägten Grundrechts, führt dies nach den *Gellermann*'schen Grundsätzen zur sofortigen Verfassungswidrigkeit der Regelung. Deren Überprüfung ist damit an dieser Stelle beendet, das bedeutet die Untersuchung der Angemessenheit der Norm sowie der Einhaltung des allgemeinen rechtsstaatlichen Bestimmtheitsgrundsatzes entfällt. Die verfassungswidrige Ausgestaltung kann auch nicht in einen Eingriff umschlagen aufgrund der impermeablen Membran zwischen beiden dogmatischen Figuren[47].
   - bb. Im *Cornils*'schen Modell dagegen zieht die Missachtung grundrechtlicher Strukturelemente keineswegs automatisch die Verfassungswidrigkeit der normprägenden Regelung nach sich. Vielmehr wird in diesen Fällen von der Verletzung abwägbarer Grundrechtsgehalte und damit von einem rechtfertigungsfähigen und -bedürftigen Grundrechtseingriff ausgegangen. Das bedeutet vor allem auch, dass die Überprüfung des einfachen Rechts an dieser Stelle nicht – wie nach dem *Gellermann*'schen Verständnis – beendet

44 Supra Teil 4, C.V.2.c.aa.

45 Supra Teil 4, C.V.2.b.bb.

46 Supra Teil 4, C.V.1.b.bb., 2.b.bb. (*Gellermann*) sowie Teil 4, C.V.1.b.aa., 2.a.aa. (*Cornils*), jeweils m.N.u.w.V.

47 Supra Teil 4, C.V.2.b.bb. m.w.V.

ist, sondern erst beginnt, und zwar mit einer modifizierten Verhältnismäßigkeitskontrolle, sofern im konkreten Fall ein Strukturelement betroffen ist, das Prinzipiencharakter aufweist und mit einer Entsprechungsprüfung, sofern die Vorschrift eines der wenigen nicht-prinzipiellen Strukturelemente tangiert. Erst wenn sich die einfachgesetzliche Norm als nicht erforderlich zur Erreichung des mit ihr verfolgten Zieles erweist oder sich im Rahmen der Zweck-Mittel-Abwägung als unangemessen herausstellt (Verhältnismäßigkeitskontrolle) oder aber evident unvernünftig erscheint (Entsprechungsprüfung), ist sie nicht verfassungsgemäß[48].

c. Die abweichende Einordnung der Strukturelemente normgeprägter Grundrechte entweder als abwägungsfeste Mindestbedingungen (*Gellermann*) oder aber als abwägbare Vorgaben (*Cornils*) führt damit zu unterschiedlichen Prüfungsmaßstäben und zu divergierenden Ergebnissen hinsichtlich des Zeitpunkts des Eintritts der Verfassungswidrigkeit der normprägenden Regelung. Diese liegt nach den Vorstellungen *Gellermanns* bereits dann vor, wenn das einfache Recht eines oder mehrere Strukturelemente eines normgeprägten Grundrechts antastet. Nach dem *Cornils*´schen Verständnis dagegen ist die Regelung allein aufgrund dieses Umstandes noch nicht per se verfassungswidrig, sondern erst dann, wenn es den weiteren Anforderungen, insbesondere der Abwägung (Angemessenheitsprüfung) nicht standhält. Im Ergebnis ist die Bindung des Gesetzgebers an und durch die normgeprägten Grundrechte im *Gellermann*`schen Modell strenger als im *Cornils*´schen Entwurf.

4. *Ergebnis*

Der gesamtbetrachtende, der fallgruppenorientierte und der fallgruppenübergreifende Blick auf die Konzepte von *Cornils* und *Gellermann* hat gezeigt, dass die Positionen der beiden Autoren an einigen Stellen durchaus voneinander abweichen[49]. Allerdings überschreiten allein diejenigen Unterschiede, die der direkte Vergleich der jeweils identifizierten Regelkonstellation offenbart hat, die Schwelle des Marginalen und sind damit beachtlich[50]. Insgesamt betrachtet können die beiden Vorschläge zur Bewältigung gesetzgeberischer Aktivität im Bereich normgeprägter Grundrechte deshalb zwar wohl nicht als konträr, jedenfalls aber als im wesentlichen Punkt anders gelagert bezeichnet werden.

48 Supra Teil 4, C.V.2.c.aa., b.aa. m.w.V.
49 Supra Teil 4, C.V.1.-3.
50 Supra Teil 4, C.V.3.b., c.

Aufgrund dieser Verschiedenartigkeit empfiehlt sich wiederum eine Entscheidung für oder gegen den einen oder den anderen Weg. Hier lässt insbesondere der erneute Blick auf die jeweiligen Regelfallgruppen erkennen, dass es *Cornils* gerade in der praktisch bedeutsamsten Konstellation signifikant schlechter gelingt als *Gellermann*, die Reichweite der Bindung des Gesetzgebers durch die Etablierung präziser Rechtfertigungsanforderungen für normprägende Vorschriften klar zu umreißen (a.-c.).

a. Die *Cornils*`sche Regelkonstellation[51] wirft die schwierige dogmatische Frage auf, wie die Abwägung zwischen dem nicht-prinzipiellen Ausgestaltungsgebot und dem prinzipiellen Eingriffsverbot im Einzelnen zu strukturieren ist. Anders gewendet sollte hier also vor allem geklärt werden, ob und inwiefern der Verhältnismäßigkeitsgrundsatz angewendet werden kann und wie er sich zur Entsprechungsprüfung verhält. Gerade diesem herausfordernden und praktisch äußerst relevanten Themenkomplex widmet *Cornils* jedoch lediglich fünfeinhalb seiner insgesamt fast 700 Seiten umfassenden Monographie. In der Kürze ist es – wie er selbst einräumt[52] – schlicht unmöglich, ein in sich stimmiges Konglomerat an klaren dogmatischen Leitlinien zur Überprüfung normprägender Vorschriften zu entwickeln. Und so verwundert es nicht, dass die angestellten Überlegungen das Stadium des Oberflächlichen und Rudimentären nicht verlassen, teilweise noch dazu widersprüchlich sind und damit obige Fragen am Ende größtenteils unbeantwortet bleiben[53]. Insbesondere gelingt es *Cornils* nicht, die Parameter der Abwägung präzise zu bestimmen[54]; seine Ausführungen hierzu[55] bleiben – abgesehen von dem Vorschlag, die Ziele des nicht-prinzipiellen Auftrags als eines von mehreren Kriterien in der Angemessenheitskontrolle zu berücksichtigen – durchweg vage[56].

---

51 Supra Fn. 39 m.w.V.

52 Vgl. *Cornils* (Fn. 9), 674.

53 Zu den einzelnen Defiziten supra Teil 4, C.V.2.c.aa. m.w.V.

54 Dazu bereits ausführlich supra Teil 4, C.III.1.b.cc.(2)(c). Ebenso *Sebastian Lenz*: Vorbehaltlose Freiheitsrechte. Stellung und Funktion vorbehaltloser Freiheitsrechte in der Verfassungsordnung, 2006, 139 Fn. 171.

55 *Cornils* (Fn. 9), 673ff.

56 Als Folge dieses Umstandes bleibt vor allem unklar, wie sich die Verhältnismäßigkeitskontrolle zur Entsprechungsprüfung verhält und welche Teilelemente des Verhältnismäßigkeitsgrundsatzes überhaupt (ggf. in modifizierter Form) zu beachten sind. Darüber hinaus bleibt im Dunkeln, ob und welche sonstigen Rechtfertigungsanforderungen bei der Untersuchung normprägender Regelungen zur Anwendung gelangen. Zum Ganzen zuletzt supra Teil 4, C.V.2.c.aa. m.w.V.

b. *Gellermann* hingegen entwickelt eine detaillierte Struktur der Abwägung[57] und legt darüber hinaus weitere konkrete Rechtfertigungsanforderungen fest[58]. Der Rechtsanwenderin/dem Rechtsanwender wird so ein ausdifferenziertes Prüfungsschema an die Hand gegeben, mit Hilfe dessen sie/er normprägende Regelungen auf ihre Verfassungsmäßigkeit untersuchen und damit die Reichweite der Bindung des Gesetzgebers an und durch die normgeprägten Grundrechte jederzeit exakt bestimmen kann. Damit wird allein das *Gellermann'* sche Modell der grundrechtsdogmatischen wie praktischen Bedeutung der Fragen, die sich regelmäßig im Zusammenhang mit normprägender gesetzgeberischer Aktivität stellen, gerecht. Es ist daher dem insofern unausgereiften *Cornils'* schen Konzept vorzuziehen.

c. Neben den genannten gibt es eine Reihe weiterer Kritikpunkte vor allem am *Cornils'* schen Modell (aa.). Sie manifestieren das soeben gefundene Ergebnis, da sie – im Gegensatz zu den Argumenten, die gegen den *Gellermann'* schen Entwurf vorgetragen werden (bb.) – durchgreifen.

   aa. Die von *Cornils* befürwortete Fokussierung, ja Überbetonung der (eingriffs)abwehrrechtlichen Grundrechtsdimension führt zunächst zur Marginalisierung der objektiven Grundrechtsseite. Damit verbunden ist die Gefahr, die objektiv-grundrechtlichen Vorgaben allzu schnell aus dem Blick zu verlieren und dementsprechend die gerade in ihnen zum Ausdruck kommenden Besonderheiten der normgeprägten Grundrechte nicht adäquat zu berücksichtigen[59]. Speziell das Ansinnen, die Vorgaben der einschlägigen objektiven Grundrechtsgehalte stets mittels einer Abwägung zu bestimmen, leistet der Auflösung der Normativität jener Gehalte Vorschub und ist geeignet, sie wirkungslos werden zu lassen[60].

   Auch die von *Cornils* verwendete Figur der Entsprechungsprüfung[61] ist aus verschiedenen Gründen bedenklich.

---

57 *Gellermann* (Fn. 8), 350ff., insbes. 354ff. (dazu auch supra Teil 4, C.V.2.b.bb. m.w.V.) Das von *Lenz* (Fn. 54), 144 Fn. 191 hiergegen vorgetragene Argument, die Annahme eines staatlichen Gestaltungsspielraums sei mit einer Angemessenheitsprüfung nicht vereinbar, geht fehl. Dem Gesetzgeber verbleibt durchaus ein solcher Freiraum, der erst mit einer unerträglichen Regelung, also einer solchen, die einzelne Interessen gar nicht oder jedenfalls nicht adäquat berücksichtigt (supra Teil 4, C.V.2.b.cc. m.w.V.), überschritten ist.

58 Supra Teil 4, C.V.2.b.bb. m.w.V.

59 Dazu m.N. bereits supra Teil 4, C.II.3.a.aa.(2).

60 Vgl. *Lenz* (Fn. 54), 139 Fn. 171.

61 Supra Teil 4, C.V.2.b.aa. m.w.V.

Zum einen bedient er sich hier eines Konstrukts, das für den Bereich der Gleichheitsrechte entwickelt wurde[62]. Eine Übertragung auf die normgeprägten Grundrechte drängt sich damit zunächst gerade nicht auf, da es sich hierbei entweder um Freiheits- oder aber um Leistungsrechte, also um Grundrechtsarten, die anders strukturiert sind, handelt[63]. Diesen Aspekt lässt *Cornils* unerwähnt und damit unberücksichtigt, was erste Zweifel an der – insofern unreflektierten – Übertragung aufkommen lässt. Jene Bedenken manifestieren sich bei näherem Hinsehen: Die Etablierung der Entsprechungsprüfung als Untermaßgrenze bei den sekundären (nicht-prinzipiellen) Vorgaben wird im Wesentlichen damit begründet, dass es hier nicht um die „Bewertung einer ‚externen' Kollision des mit dem geprüften Mittel verfolgten Zwecks mit einem anderen Zweck, sondern die ‚interne' Angemessenheit (‚Entsprechung') der Handlung in Bezug auf einen gesetzten Maßstab" ginge[64]. Unterstellt, diese Aussage träfe zu, leuchtet nicht ein, warum gerade im Fall des Aufeinandertreffens von einfachem Recht, prinzipiellem und nicht-prinzipiellem Grundrechtsgehalt (dritte Konstellation und Regelfall im Bereich der normgeprägten Grundrechte) diese anders gelagerte Entsprechungsprüfung aufgegeben und zu einer klassischen Verhältnismäßigkeitsprüfung übergegangen wird. Denn an der tatsächlichen Situation hat sich doch insofern nichts geändert, als auch in dieser Konstellation die nicht-prinzipiellen Vorgaben eine Rolle spielen und damit zu beachten sind. Anders gewendet erscheint es widersprüchlich, zunächst die Evidenzgrenze zur Überprüfung der Einhaltung nicht-prinzipieller grundrechtlicher Vorgaben einzuführen, sie im Falle der *gleichzeitigen* Mindererfüllung eines Prinzips aber ohne jegliche Begründung doch nicht anzuwenden.

Darüber hinaus schließt *Cornils* sich mit seiner Definition der Entsprechungsprüfung[65] den gängigen, vagen Formeln zur Beschreibung der grundrechtlichen Untermaßgrenze an und etabliert damit eine praktisch nur schwer handhabbare Rechtfertigungsanforderung[66]. Diese Schwäche

62 Dazu bereits supra Teil 2, A.II.1.a.aa.(2) Fn. 79.

63 Zur Einordnung der normgeprägten Referenzgrundrechte entweder als Freiheits- oder Leistungsrechte supra Teil 4, C.II.1.b.bb.(1)(b)(aa) (Freiheitsgrundrechte), supra Teil 4, C.II.1.b.bb.(1)(b)(cc) (Leistungsgrundrechte) sowie supra Teil 4, C.II.1.b.bb.(1)(d) (Freiheits- und Leistungsgrundrechte), jeweils m.N.u.w.V.

64 *Cornils* (Fn. 9), 653.

65 Supra Teil 4, C.V.2.b.aa. Fn. 17 sowie supra Teil 4, C.V.2.b.cc., jeweils m.w.V.

66 Supra Teil 4, C.III.1.b.bb. (1) Fn. 41 m.N. zur überzeugenden Kritik von *Gellermann*.

erkennt er durchaus[67], hält es aber unter Verweis auf den Umstand, dass die meisten Grundrechtsgehalte prinzipieller Art seien und damit nur ein geringer Anwendungsbereich für die nicht-prinzipiellen Vorgaben verbleibe, nicht für angezeigt, „sich auf die Suche nach terminologisch“ präziseren „Umschreibungen dieser Evidenzgrenze zu begeben […]“, zumal diese keine „Rationalitätsgewinne“ mit sich brächten[68].

bb. Die gegen den *Gellermann*'schen Ansatz gelegentlich vorgebrachten Argumente können indes nicht überzeugen. Dies gilt zunächst für die von *Cornils* ins Feld geführten Bedenken[69]. Die ausführliche Darstellung der Einzelheiten der *Gellermann*'schen Konzeption hat gezeigt, dass es auch mit der Beschränkung „negatorischer Grundrechtswirkungen auf das […] Eingriffsabwehrrecht […]“ möglich ist, „objektive Bindungen des Gesetzgebers in der Vorstellung der Schrankenrechtfertigung zu erfassen“[70]. Den „Gefahren für den Selbstand der Grundrechte im Verhältnis zum Gesetz“, die durch das „Zusammendenken von ‚ausgestaltungsbedürftigem‘ Grundrecht und einfachgesetzlicher Rechtsordnung“ entstehen[71], begegnet *Gellermann*, indem er die Normebenen trennt und zwischen dem verfassungsrechtlich vorgegebenen und dem vom Gesetzgeber erst geschaffenen Inhalt des normgeprägten Grundrechts differenziert[72]. Schließlich verkennt *Gellermann* auch keineswegs die „komplexere[n] Strukturen grundrechtlicher Gewährleistungen“ noch fallen in seinem Konzept „für den Freiheitsschutz elementare Schutzfunktionen der Grundrechte einer schablonenhaften Kategoriebildung“ zum Opfer[73]. Vielmehr ist das Gegenteil der Fall. *Gellermann* weist ausdrücklich darauf hin, dass ein starres Festhalten am Grundsatz der strengen Exklusivität von Eingriff und Ausgestaltung in jeder nur denkbaren Konstellation der Vielgestaltigkeit der Beziehungen zwischen Grundrechten und einfachen Gesetzen nicht gerecht werde und sich

67 Vgl. *Cornils* (Fn. 9), 660f.
68 *Cornils* (Fn. 9), 664f.
69 *Cornils* (Fn. 9), 21ff.
70 S. erste und dritte Fallgruppe (bei letzterer insbesondere auch der Normbestandsschutzgedanke) supra Teil 4, C.V.2.a.bb. sowie supra Teil 4, C.V.2.c.bb., jeweils m.w.V., anders *Cornils* (Fn. 9), 21.
71 *Cornils* (Fn. 9), 22.
72 Dazu ausführlich bereits supra Teil 1, D.I. m.N.
73 So aber *Cornils* (Fn. 9), 23.

daher verbiete[74]. Basierend auf dieser Prämisse entwickelt er ein (Grund) Schema zur Überprüfung gesetzgeberischer Tätigkeit im Bereich der normgeprägten Grundrechte[75], das einerseits allgemeingültig ist, also auf alle drei von *Gellermann* gebildeten Konstellationen gleichermaßen angewendet wird[76]. Andererseits ist jene Schablone aber auch flexibel genug, um auf die konkreten Besonderheiten jeder einzelnen Fallgruppe eingehen zu können. Insgesamt betrachtet ermöglicht gerade das *Gellermann*´sche Konzept also differenzierte, die Spezifika der normgeprägten Grundrechte berücksichtigende Lösungen.
Gegen das *Gellermann*`sche Modell könnte allenfalls (noch) angeführt werden, dass der in der dritten Fallgruppe ausnahmsweise befürwortete Normbestandsschutz ein typisch abwehrrechtlicher Gedanke ist[77], der in einem Modell, das grundsätzlich als Gegenentwurf zu den abwehrrechtlichen Lösungsansätzen angelegt ist, als Fremdkörper erscheint. Allerdings trägt *Gellermann* mit diesem Vorschlag der – unstreitig vorhandenen – Bipolarität einfachen Rechts[78] Rechnung, was insgesamt betrachtet wiederum gerade pauschale Aussagen vermeidet und einzelfallbezogene und -gerechte Lösungen ermöglicht. Schließlich geht *Gellermanns* Normbestandsschutz auch nicht zu weit, weil er eben nicht „*jegliche* staatliche Veränderung einer konkreten Grundrechtsposition als Grundrechtseingriff begreift"[79], sondern lediglich einfachgesetzliche Vorschriften, die konkrete Rechtspositionen *verkürzen*[80].

74 Supra Teil 4, C.II.2.a.bb. m.N.
75 Die Legislative muss sich zum einen an die Vorgaben der objektiven Grundrechtsdimension, die mit dem grundrechtlichen Ordnungskern und der diesem vorgelagerten Zone zwei unterschiedlich weit reichende Ebenen der Bindung des Gesetzgebers aufzeigt, halten (supra Teil 4, C.V.1.b.). Zum anderen muss sie das allgemeine rechtsstaatliche Bestimmtheitsgebot beachten (supra Teil 4, C.V.2.b.bb., c.bb., cc., jeweils m.w.V.).
76 Supra Teil 4, C.V.1.b.bb.
77 Zur abwehrrechtlichen Normbestandsschutzlehre ausführlich supra Teil 4, C.II.1.a. m.N.
78 Ausführlich supra Teil 4, C.I.3. m.N.
79 So aber die Annahme von *Lenz* (Fn. 54) 126.
80 Supra Teil 4, C.V.2.c.bb. m.w.V.

D. Reichweite der Bindung – ambivalente Rechtsprechung des Bundesverfassungsgerichts

Wie bereits im zweiten Teil der vorliegenden Arbeit nachgewiesen werden konnte, ist der Umgang des Bundesverfassungsgerichts mit einfachrechtlichen Regelungen im Bereich der normgeprägten Grundrechte uneinheitlich. Dies gilt sowohl bezüglich der Frage, ob derartige Vorschriften als Schutzbereichseingriffe oder aber als Schutzbereichsausgestaltungen einzuordnen sind (I.) als auch im Hinblick auf die sich anschließende Frage nach den konkreten Anforderungen an die verfassungsrechtliche Rechtfertigung normprägender Regelungen (II.).

I. Normprägende Regelungen als Schutzbereichseingriffe oder -ausgestaltungen?

In verschiedenen Entscheidungen qualifiziert das Bundesverfassungsgericht normprägende Vorschriften als Ausgestaltungen und prüft sodann *ausschließlich*, ob die in Rede stehende Regelung den *objektiv-rechtlichen* Vorgaben des normgeprägten Grundrechts genügt; subjektiv-(abwehr)rechtliche Gesichtspunkte werden dagegen überhaupt nicht thematisiert, insbesondere wird in keiner Weise eine Eingriffsprüfung vorgenommen. Gelegentlich wird sogar explizit darauf hingewiesen, dass ausgestaltende gesetzgeberische Tätigkeit nicht geeignet sei, in den Schutzbereich eines normgeprägten Grundrechts einzugreifen.

All dies vermittelt den Eindruck, die Rechtsprechung habe sich den Vertretern der Exklusivitätsthese angeschlossen[1].

In anderen Entscheidungen wiederum bezeichnet das Bundesverfassungsgericht normprägende Regelungen ausdrücklich entweder als Eingriff oder als beschränkende/begrenzende Vorschriften[2]. Gelegentlich werden normprägende Regelungen auch „Ausgestaltung(en)“ genannt; innerhalb der Prüfung der *objektiv-grundrechtlichen* Vorgaben wird sodann allerdings eine klassische Verhältnismäßigkeitskontrolle vorgenommen und/oder es wird auf (weitere) Gesichtspunkte eingegangen, die aus der Eingriffsdogmatik bekannt sind[3]. Schließlich gibt es auch Entscheidungen, in denen die Ausgestaltung entweder gar nicht (mehr) oder nur noch am Rande erwähnt wird[4]. All diese Umstände legen wiederum die Annahme nahe, das Bundesverfassungsgericht präferiere die abwehrrechtliche Lösung.

---

1 Ausführlich mit Beispielen und Nachweisen supra Teil 2, A.II.2., zweiter Absatz.
2 Ausführlich mit Beispielen und Nachweisen supra Teil 2, A.II.2., dritter Absatz.
3 Ausführlich mit Beispielen und Nachweisen supra Teil 2, A.II.2., vierter Absatz.
4 Ausführlich mit Beispielen und Nachweisen supra Teil 2, A.II.2., fünfter Absatz.

II. Konkrete Anforderungen an die verfassungsrechtliche Rechtfertigung normprägender Vorschriften

Diese Unentschiedenheit bezüglich der Frage nach der Einordnung einfachgesetzlicher Regelungen als Eingriffe in die oder aber lediglich als Ausgestaltungen der Schutzbereiche normgeprägter Grundrechte setzt sich fort bei der sich anschließenden Frage nach den einzelnen Anforderungen, denen normprägende Vorschriften zu genügen haben, um verfassungsrechtlich gerechtfertigt zu sein. Insbesondere gelingt es dem Bundesverfassungsgericht nicht, klar herauszuarbeiten, welche Teilelemente des Verhältnismäßigkeitsgrundsatzes und welche konkreten Rechtfertigungsanforderungen darüber hinaus zu prüfen sind.

Mit Abstand am häufigsten thematisiert wird der Verhältnismäßigkeitsgrundsatz. In einigen Entscheidungen spricht das Bundesverfassungsgericht sämtliche seiner Teilelemente an[5], was auf eine Anwendung der herkömmlichen Eingriffsdogmatik hindeutet. In anderen Entscheidungen werden dagegen lediglich bestimmte Teilelemente des Verhältnismäßigkeitsprinzips untersucht[6], dieses also modifiziert, was wiederum die Entwicklung einer speziell auf die normgeprägten Grundrechte zugeschnittenen gesonderten (Ausgestaltungs) Dogmatik nahe legt. Für letztere Annahme spricht zudem der Umstand, dass das Bundesverfassungsgericht regelmäßig den weiten Spielraum des ausgestaltenden Gesetzgebers betont. Allerdings qualifiziert es in einigen dieser Entscheidungen die in Rede stehende Regelung dann wiederum nicht konsequent als ausgestaltend, sondern als eingreifend, was erneut auf ein (eingriffs)abwehrrechtliches Verständnis schließen lässt[7]. Weitere Rechtfertigungsanforderungen, beispielsweise das Bestimmtheitsgebot, werden – soweit erkennbar – nur vereinzelt thematisiert[8].

---

5 Etwa BVerfGE 60, 329 (339ff.) (Vertrag); 94, 268 (285ff.) (Koalition); 99, 341 (352f.) (Erbrecht); 88, 118 (124f.); 101, 106 (127ff.); 116, 135 (150, 155) (Rechtsschutz); 50, 290 (350f.); 122, 151 (182ff.) (Eigentum).

6 BVerfGE 92, 365 (394) (Koalition; Geeignetheit); 60, 253 (269) (Rechtsschutz; zweckgerichtet, geeignet, angemessen); 89, 1 (5, 8ff.) (Eigentum; nur Angemessenheitsprüfung).

7 Zum Ganzen m.N. supra Teil 2, A.II.2., vierter Absatz.

8 Supra m.N. Teil 2, A.II.2., vierter Absatz.

III. Ergebnis

Was die Handhabung einfachrechtlicher Regelungen im Bereich normgeprägter Grundrechte angeht, hat sich das Bundesverfassungsgericht weder konsequent für den von den abwehrrechtlichen Modellen vorgeschlagenen Weg noch für die (gegenläufige) Konzeption der Exklusivitätsthese, aber auch nicht für eine eigen(ständig)e Lösung entschieden[9].

Aufgrund dieser Unentschlossenheit vermag die verfassungsgerichtliche Rechtsprechung zum einen nichts zur Präzisierung der Bindungsanforderungen, die die normgeprägten Grundrechte an den Gesetzgeber richten, beizutragen. Zum anderen ist sie deshalb auch nicht geeignet, den Streit zwischen den beiden Strömungen im verfassungsrechtlichen Schrifttum zu entscheiden.

---

9 Vgl. supra Teil 2, A.II. m.N. in Fn. 52.

Literaturverzeichnis[1]

Albers, Marion: Faktische Grundrechtsbeeinträchtigungen als Schutzbereichsproblem, DVBl. 1996, 233–242

Alexy, Robert: Jörn Ipsens Konstruktion der Grundrechte, Der Staat 52 (2013), 87–98

- Verfassungsrecht und einfaches Recht – Verfassungsgerichtsbarkeit und Fachgerichtsbarkeit, VVDStRL 61 (2002), 7–33
- Theorie der Grundrechte, 2. Aufl. 1994
- Grundrechte als subjektive Rechte und als objektive Normen, Der Staat 29 (1990), 49–68

Appel, Markus: Entstehungsschwäche und Bestandsstärke des verfassungsrechtlichen Eigentums. Eine Untersuchung des Spannungsverhältnisses zwischen Art. 14 Abs. 1 S. 1 GG und Art. 14 Abs. 1 S. 2 GG auf Basis der Eigentumsrechtsprechung des Bundesverfassungsgerichts, 2004

Aulehner, Josef: Grundrechte und Gesetzgebung, 2011

Axer, Peter: Zitiergebot, in: Merten, Detlef; Papier, Hans-Jürgen (Hrsg.): Handbuch der Grundrechte in Deutschland und Europa, Band III – Grundrechte in Deutschland. Allgemeine Lehren II, 2009, § 67 (S. 493–516)

Badura, Peter: Staatsrecht. Systematische Erläuterung des Grundgesetzes für die Bundesrepublik Deutschland, 6. Aufl. 2015

- Die Verfassung im Ganzen der Rechtsordnung und die Verfassungskonkretisierung durch Gesetz, in: Isensee, Josef; Kirchhof, Paul (Hrsg.): Handbuch des Staatsrechts der Bundesrepublik Deutschland, Band XII – Normativität und Schutz der Verfassung, 3. Aufl. 2014, § 265 (S. 383–414)
- Kodifikatorische und rechtsgestaltende Wirkung von Grundrechten, in: Böttcher, Reinhard; Hueck, Götz; Jähnke, Burkhard (Hrsg.): Festschrift für Walter Odersky zum 65. Geburtstag am 17. Juli 1996, 1996, 161–181
- Mitbestimmung und Gesellschaftsrecht. Verfassungsrechtliches Korollarium zur Rolle des Privatrechts in der Rechtsordnung, in: Löwisch, Manfred; Schmidt-Leithoff, Christian; Schmiedel, Burkhard† (Hrsg.): Beiträge zum Handels- und Wirtschaftsrecht. Festschrift für Fritz Rittner zum 70. Geburtstag, 1991, 1–16

---

1 Bei Kommentaren wurde auf die separate Auflistung aller zitierten Einzelbeiträge unter dem Namen ihres jeweiligen Autors verzichtet.

- Die verfassungsrechtliche Pflicht des gesetzgebenden Parlaments zur „Nachbesserung“ von Gesetzen, in: Müller, Georg; Rhinow, René A.; Schmid, Gerhard; Wildhaber, Luzius (Hrsg.): Staatsorganisation und Staatsfunktionen im Wandel. Festschrift für Kurt Eichenberger zum 60. Geburtstag, 1982, 481–492

Bäcker, Matthias: Wettbewerbsfreiheit als normgeprägtes Grundrecht. Eine dogmatische Neubestimmung am Beispiel des Abwehrrechts des Konkurrenten gegen eine Subvention, 2007

Bäuerle; Michael: Vertragsfreiheit und Grundgesetz. Normativität und Faktizität individueller Vertragsfreiheit in verfassungsrechtlicher Perspektive, 2001

Bartone, Roberto: Gedanken zu den Grundsätzen der Normenklarheit und der Normenbestimmtheit als Ausprägungen des Rechtsstaatsprinzips, in: Rensen, Hartmut; Brink, Stefan (Hrsg.): Linien der Rechtsprechung des Bundesverfassungsgerichts – erörtert von den wissenschaftlichen Mitarbeitern, 2009, 305–328

Battis, Ullrich: Zur Bestimmung von Inhalt und Schranken des Eigentums durch Gesetzgeber und Gerichte, in: Isensee, Josef; Lecheler, Helmut (Hrsg.): Freiheit und Eigentum. Festschrift für Walter Leisner zum 70. Geburtstag, 1999, 679–688

Baur, Fritz: Die „Naßauskiesung“ – oder wohin treibt der Eigentumsschutz, NJW 1982, 1734–1736

Behrend, Jürgen: Untersuchungen zur Stufenbaulehre Adolf Merkls und Hans Kelsens, 1977

Berens, Petra: Der Grundrechtsschutz der Familie unter besonderer Berücksichtigung der kinderreichen Familie, 2004

Bethge, Herbert: Mittelbare Grundrechtsbeeinträchtigungen, in: Merten, Detlef; Papier, Hans-Jürgen (Hrsg.): Handbuch der Grundrechte in Deutschland und Europa, Band III – Grundrechte in Deutschland. Allgemeine Lehren II, 2009, § 58 (S. 113–160)

- Die Freiheit des privaten Rundfunks. Eine Bestandsaufnahme, DÖV 2002, 673–681
- Der Grundrechtseingriff, VVDStRL 57 (1998), 7–56
- Diskussionsbeitrag zu Bethge, Herbert: Der Grundrechtseingriff, VVDStRL 57 (1998), 7–56, VVDStRL 57 (1998), 123–126
- Die verfassungsrechtliche Problematik der Grundpflichten, JA 1985, 249–259
- Aktuelle Probleme der Grundrechtsdogmatik, Der Staat 24 (1985), 351–382
- Freiheit und Gebundenheit der Massenmedien, DVBl. 1983, 369–377

- Grundrechtsverwirklichung und Grundrechtssicherung durch Organisation und Verfahren, NJW 1982, 1–7

Bettermann, Karl August: Die Rechtsweggarantie des Art. 19 Abs. 4 GG in der Rechtsprechung des Bundesverfassungsgerichts, AöR 96 (1971), 528–567

Böckenförde, Ernst-Wolfgang: Schutzbereich, Eingriff, verfassungsimmanente Schranken. Zur Kritik gegenwärtiger Grundrechtsdogmatik, Der Staat 42 (2003), 165–192

- Zur Lage der Grundrechtsdogmatik nach 40 Jahren Grundgesetz, 1990
- Grundrechte als Grundsatznormen. Zur gegenwärtigen Lage der Grundrechtsdogmatik, Der Staat 29 (1990), 1–31
- Grundrechtstheorie und Grundrechtsinterpretation, NJW 1974, 1529–1538

Borowski, Martin: Grundrechte als Prinzipien, 2. Aufl. 2007

- Grundrechtliche Leistungsrechte, JöR 2002, 301–329

Brenner, Michael: Vertrags- und Wettbewerbsfreiheit, in: Merten, Detlef; Papier, Hans-Jürgen (Hrsg.): Handbuch der Grundrechte in Deutschland und Europa, Band V – Grundrechte in Deutschland. Einzelgrundrechte II, 2013, § 115 (S. 313–338)

Breuer, Rüdiger: Staatsrecht und Gerechtigkeit. Antworten auf juristische Herausforderungen in existentiellen Grenzsituationen, in: Bender, Bernd; Breuer, Rüdiger; Ossenbühl, Fritz; Sendler, Horst (Hrsg.): Rechtsstaat zwischen Sozialgestaltung und Rechtsschutz. Festschrift für Konrad Redeker zum 70. Geburtstag, 1993, 11–54

Britz, Gabriele: Das Grundrecht auf den gesetzlichen Richter in der Rechtsprechung des BVerfG, JA 2001, 573–578

Brugger, Winfried: Rundfunkfreiheit und Verfassungsinterpretation, 1991

Bruns, Anja: Prozessgrundrechte im System des Grundgesetzes, 2002

Buermeyer, Volker: Rechtsschutzgarantie und Gerichtsverfahrensrecht. Zur Vereinbarkeit rechtlicher und faktischer Erschwernisse in den verwaltungsgerichtlichen Verfahrensordnungen mit Art. 19 Abs. 4 S. 1 GG, 1975

Bullinger, Martin: Freiheit und Gleichheit in den Medien – Zur Rechtsprechung der Verfassungsgerichte, JZ 1987, 257–265

Bumke, Christian: Ausgestaltung von Grundrechten. Grundlagen und Grundzüge einer Dogmatik der Grundrechtsausgestaltung unter besonderer Berücksichtigung der Vertragsfreiheit, 2009

- Publikumsinformation. Erscheinungsformen, Funktionen und verfassungsrechtlicher Rahmen einer Handlungsform des Gewährleistungsstaates, Die Verwaltung 37 (2004), 3–33

- Der Grundrechtsvorbehalt. Untersuchungen über die Begrenzung und Ausgestaltung der Grundrechte, 1998

Bumke, Christian; *Voßkuhle, Andreas*: Casebook Verfassungsrecht, 7. Aufl. 2015

Burgi, Martin: Das Grundrecht der freien Persönlichkeitsentfaltung durch einfaches Gesetz, ZG 1994, 341–366

Burkiczak, Christian: Grundgesetz und Deregulierung des Tarifvertragsrechts. Gebietet Art. 9 Abs. 3 GG die zwingende Wirkung von Tarifverträgen (§ 4 Abs. 1 und 3 TVG) und den Tarifvorrang (§ 77 Abs. 3 BetrVG)? Zugleich ein Beitrag zur Grundrechtsdogmatik, 2006

Burmeister, Joachim: Marktpreis und Menschenwürde. Betrachtungen über die freiheitsgefährdende Tendenz des technischen Fortschritts, in: Ziemske, Burkhardt; Langheid, Theo; Wilms, Heinrich; Haverkate, Görg (Hrsg.): Staatsphilosophie und Rechtspolitik. Festschrift für Martin Kriele zum 65. Geburtstag, 1997, 85–104

- „Dienende" Freiheitsgewährleistungen – Struktur und Gehalt eines besonderen Grundrechtstypus, in: Burmeister, Joachim; Nierhaus, Michael; Püttner, Günter; Sachs, Michael; Siekmann, Helmut; Tettinger, Peter J. (Hrsg.): Verfassungsstaatlichkeit. Festschrift für Klaus Stern zum 65. Geburtstag, 1997, 835–873

Butzer, Hermann: Verfassungsrechtliche Grundlagen zum Verhältnis zwischen Gesetzgebungshoheit und Tarifautonomie, RdA 1994, 375–385

Callies, Christian: Die grundrechtliche Schutzpflicht im mehrpoligen Verfassungsrechtsverhältnis, JZ 2006, 321–330

- Schutzpflichten, in: Merten, Detlef; Papier, Hans-Jürgen (Hrsg.): Handbuch der Grundrechte in Deutschland und Europa, Band II – Grundrechte in Deutschland. Allgemeine Lehren I, 2006, § 44 (S. 963–992)

Callies, Christian; *Kallmeyer, Axel*: Der praktische Fall – Öffentliches Recht – Abwehrrechte und Schutzpflichten aus Grundrechten, JuS 1999, 785–791

Canaris, Claus-Wilhelm: Verstöße gegen das verfassungsrechtliche Übermaßverbot im Recht der Geschäftsfähigkeit und im Schadenersatzrecht, JZ 1987, 993–1004

Chlosta, Joachim: Der Wesensgehalt der Eigentumsgewährleistung. Unter besonderer Berücksichtigung der Mitbestimmungsproblematik, 1975

Classen, Claus Dieter: Die Drittwirkung der Grundrechte in der Rechtsprechung des Bundesverfassungsgerichts, AöR 122 (1997), 65–107

- Die Ableitung von Schutzpflichten des Gesetzgebers aus den Freiheitsrechten. Ein Vergleich von deutschem und französischem Verfassungsrecht sowie der Europäischen Menschenrechtskonvention, JöR n.F. 36 (1987), 29–48

Cornils, Matthias: Die Ausgestaltung der Grundrechte. Untersuchungen zur Grundrechtsbindung des Ausgestaltungsgesetzgebers, 2005

Couzinet, Daniel: Die Prinzipientheorie der Grundrechte – Einführung, Strukturhinweise, Anwendung in der Fallbearbeitung, JuS 2009, 603–608

Cremer, Wolfram: Freiheitsgrundrechte. Funktionen und Strukturen, 2003

Danwitz, Thomas von: Koalitionsfreiheit, in: Merten, Detlef; Papier, Hans-Jürgen (Hrsg.): Handbuch der Grundrechte in Deutschland und Europa, Band V – Grundrechte in Deutschland. Einzelgrundrechte II, 2013, § 116, (S. 339–387)

Degenhart, Christoph: Grundrechtsausgestaltung und Grundrechtsbeschränkung, in: Merten, Detlef; Papier, Hans-Jürgen (Hrsg.): Handbuch der Grundrechte in Deutschland und Europa, Band III – Grundrechte in Deutschland. Allgemeine Lehren II, 2009, § 61 (S. 257–299)

- Gerichtsorganisation, in: Isensee, Josef; Kirchhof, Paul (Hrsg.): Handbuch des Staatsrechts der Bundesrepublik Deutschland, Band V – Rechtsquellen, Organisation, Finanzen, 3. Aufl. 2007, § 114 (S. 725–760)

- Rundfunkfreiheit in gesetzgeberischer Beliebigkeit? Zum 6. Rundfunkurteil des Bundesverfassungsgerichts – WDR-Gesetz und Landesrundfunkgesetz Nordrhein-Westfalen, DVBl. 1991, 510–521

Denninger, Erhard: Staatliche Hilfe zur Grundrechtsausübung durch Verfahren, Organisation und Finanzierung, in: Isensee, Josef; Kirchhof, Paul (Hrsg.): Handbuch des Staatsrechts der Bundesrepublik Deutschland, Band IX – Allgemeine Grundrechtslehren, 3. Aufl. 2011, § 193 (S. 621–663)

Denninger, Erhard; *Hoffmann-Riem, Wolfgang*; *Schneider, Hans-Peter*; *Stein, Ekkehardt* (Hrsg.): Kommentar zum Grundgesetz für die Bundesrepublik Deutschland (Reihe Alternativkommentare), Loseblatt, 3. Aufl. 2001f.

Depenheuer, Otto: Eigentum, in: Merten, Detlef; Papier, Hans-Jürgen (Hrsg.): Handbuch der Grundrechte in Deutschland und Europa, Band V – Grundrechte in Deutschland. Einzelgrundrechte II, 2013, § 111, (S. 3–44)

- Zwischen Verfassung und Gesetz. Die rechtsstaatliche Struktur der grundgesetzlichen Eigentumsgarantie, in: Isensee, Josef; Lecheler, Helmut (Hrsg.): Freiheit und Eigentum. Festschrift für Walter Leisner zum 70. Geburtstag, 1999, 277–300

- Der Mieter als Eigentümer? Anmerkungen zum Beschluß des BVerfG vom 26.5.1993, NJW 1993, 2035, NJW 1993, 2561–2564

Dietlein, Johannes: Das Untermaßverbot. Bestandsaufnahme und Entwicklungschancen einer neuen Rechtsfigur, ZG 10 (1995), 131–141

- Die Lehre von den grundrechtlichen Schutzpflichten, 1992

Dietz, Martin: Verfassungsgerichtliche Unvereinbarerklärungen: Zulässigkeit, Voraussetzungen und Rechtsfolgen, 2011

Dolderer, Michael: Objektive Grundrechtsgehalte, 2000

Dreier, Horst (Hrsg.): Grundgesetz, Kommentar, Band 1 (Präambel, Art. 1 – 19), 2. Aufl. 2004 und 3. Aufl. 2013, Band 3 (Art. 83 – 146), 3. Aufl. 2018

- Grenzen demokratischer Freiheit im Verfassungsstaat, JZ 1994, 741–752
- Dimensionen der Grundrechte. Von der Wertordnungsjudikatur zu den objektiv-rechtlichen Grundrechtsgehalten, 1993

Drews, Claudia: Die Wesensgehaltsgarantie des Art. 19 II GG, 2005

Duncker, Arne: Gleichheit und Ungleichheit in der Ehe. Persönliche Stellung von Frau und Mann im Recht der ehelichen Lebensgemeinschaft 1700-1914, 2003

Eberle, Carl-Eugen: Rundfunkübertragung. Rechtsfragen der Nutzung terrestrischer Rundfunkfrequenzen, 1989

Eckhoff, Rolf: Der Grundrechtseingriff, 1992

Ehlers, Dirk: Eigentumsschutz, Sozialbindung und Enteignung bei der Nutzung von Boden und Umwelt, VVDStRL 51 (1992), 211–247

Ehmke, Horst: Wirtschaft und Verfassung. Die Verfassungsrechtsprechung des Supreme Court zur Wirtschaftsregulierung, 1961

Engel, Christoph: Eigentumsschutz für Unternehmen, AöR 118 (1993), 169–236

Engel, Sven: Tariftreue kraft Gesetzes. Eine verfassungsrechtliche Bewertung von konstitutiven Tariftreueverpflichtungen unter besonderer Berücksichtigung der Koalitionsfreiheit und der Zulässigkeit dynamischer Verweisungen auf Tarifverträge, 2009

Engels, Andreas: Verfassung und Arbeitskampfrecht. Verfassungsrechtliche Grenzen arbeitsgerichtlicher Arbeitskampfjudikatur, 2008

Enseleit, Volker: Die Vereinigungsfreiheit in Deutschland und Frankreich. Ein verfassungsrechtlicher Vergleich, 2007

Epping, Volker: Grundrechte, 7. Aufl. 2017

Epping, Volker; *Hillgruber, Christian* (Hrsg.): Beck`scher Online-Kommentar Grundgesetz, Stand: Oktober 2017

Erichsen, Hans-Uwe: Allgemeine Handlungsfreiheit, in: Isensee, Josef; Kirchhof, Paul (Hrsg.): Handbuch des Staatsrechts der Bundesrepublik Deutschland, Band VI – Freiheitsrechte, 2. Aufl. 2001, § 152 (S. 1185–1220)

- Grundrechtliche Schutzpflichten in der Rechtsprechung des Bundesverfassungsgerichts, Jura 1997, 85–89

Eschenbach, Jürgen: Der verfassungsrechtliche Schutz des Eigentums, 1996

Eschenbach, Jürgen; *Niebaum, Frank*: Von der mittelbaren Drittwirkung unmittelbar zur staatlichen Bevormundung, NVwZ 1994, 1079–1082

Fechner, Frank: Geistiges Eigentum und Verfassung: Schöpferische Leistungen unter dem Schutz des Grundgesetzes, 1999

Flume, Werner: Allgemeiner Teil des Bürgerlichen Rechts, Band 2: Das Rechtsgeschäft, 4. Aufl. 1992

- Rechtsgeschäft und Privatautonomie, in: Caemmerer, Ernst von; Friesenhahn, Ernst; Lange, Richard (Hrsg.): Hundert Jahre Deutsches Rechtsleben. Festschrift zum hundertjährigen Bestehen des deutschen Juristentages 1860-1960, Band I, 1960, 135–238

Forsthoff, Ernst: Die Umbildung des Verfassungsgesetzes, in: Barion, Hans; Forsthoff, Ernst; Weber, Werner (Hrsg.): Festschrift für Carl Schmitt zum 70. Geburtstag, 1959, 3. Aufl. 1994, 35ff.

- Zur Problematik der Verfassungsauslegung, 1961
- Rechtsstaat im Wandel. Verfassungsrechtliche Abhandlungen, 1950-1964

Friauf, Karl Heinrich; *Höfling, Wolfram* (Hrsg.): Berliner Kommentar zum Grundgesetz, Loseblatt, Stand des Gesamtwerkes: September 2017, Band 1 (Art. 1-12a), 2 (Art. 13-22) und 5 (Art. 92-146)

Fröhlich, Katja: Die Bindung des Gesetzgebers an die Grundrechte – Ein historischer Abriss vom Konstitutionalismus bis in die Gegenwart, GreifRecht 2014, 123–128

Gassner, Ulrich M.: Gesetzgebung und Bestimmtheitsgrundsatz, ZG 1996, 37–56

Geis, Max-Emanuel: Buchbesprechung von: Gerd Morgenthaler: Freiheit durch Gesetz, 1999, Der Staat (2002), 644–648

Gellermann, Martin: Grundrechte in einfachgesetzlichem Gewande. Untersuchung zur normativen Ausgestaltung der Freiheitsrechte, 2000

Gersdorf, Hubertus: Die Ehe für alle steht auf dem Boden des Grundgesetzes, Beitrag auf https://community.beck.de vom 3.7.2017, abgerufen am 9.3.2018

- Anreizregulierung zu Lasten Dritter? (Verfassungs-)Rechtliche Bewertung einer anreizorientierten Regulierung des privaten Rundfunks zu Lasten der Kabelnetzbetreiber, MMR-Beilage 6/2012, 1ff.
- Grundzüge des Rundfunkrechts. Nationaler und europäischer Regulierungsrahmen, 2003
- Rundfunkfreiheit ohne Ausgestaltungsvorbehalt. Verfassungs- und gemeinschaftsrechtliche Voraussetzungen für die Einführung neuer Kommunikationsdienste am Beispiel reiner Teleshoppingkanäle. Rechtsgutachten im Auftrag der Bayrischen Landeszentrale für neue Medien (BLM), 1996

Glöckner, Stefan: Eigentumsrechtlicher Schutz von Unternehmen. Eine rechtsvergleichende Studie zum deutschen Recht, zum Recht der EMRK und zum Europarecht, 2005

Graßhof, Karin: Rechtliches Gehör, in: Merten, Detlef; Papier, Hans-Jürgen (Hrsg.): Handbuch der Grundrechte in Deutschland und Europa, Band V – Grundrechte in Deutschland. Einzelgrundrechte II, 2013, § 133 (S. 1325–1372)

Grimm; Dieter: Die Zukunft der Verfassung, 2. Aufl. 1994, 235ff.

- Verfahrensfehler als Grundrechtsverstöße, NVwZ 1985, 865–872

Grochtmann, Ansgar: Die Normgeprägtheit des Art. 14 GG. Konsequenzen für die Eigentumsdogmatik, 2. Aufl. 2010

- Art. 14 GG. Rechtsfragen der Eigentumsdogmatik, 2000

Gusy, Chistoph: Parlamentarischer Gesetzgeber und Bundesverfassungsgericht, 1985

Häberle, Peter: Die Wesensgehaltsgarantie des Art. 19 Abs. 2 Grundgesetz. Zugleich ein Beitrag zum institutionellen Verständnis der Grundrechte und zur Lehre vom Gesetzesvorbehalt, 3. Aufl. 1983

Hain, Karl-Eberhard: Der Gesetzgeber in der Klemme zwischen Übermaß- und Untermaßverbot, DVBl. 1993, 982–984

- Rundfunkfreiheit und Rundfunkordnung, 1993

Harries-Lehmann, Detlef: Rechtsweggarantie, Rechtsschutzanspruch und richterliche Prozessleitung im Verwaltungsprozeß, 2004

Hartmann, Bernd J.: Dienende Freiheit – notwendige Verstärkung oder widersprüchliche Beschränkung subjektiver Rechte, JZ 2016, 18–26

Haverkate, Görg: Rechtsfragen des Leistungsstaats. Verhältnismäßigkeitsgebot und Freiheitsschutz im leistenden Staatshandeln, 1983

Hermes, Georg: Das Grundrecht auf Schutz von Leben und Gesundheit. Schutzpflicht und Schutzanspruch aus Art. 2 Abs. 2 Satz 1 GG, 1987

Herzog, Roman: Grundrechte aus der Hand des Gesetzgebers, in: Fürst, Walther; Herzog, Roman; Umbach, Dieter C. (Hrsg.): Festschrift für Wolfgang Zeidler, Band 2, 1987, 1415–1428

Hesse, Konrad: Grundzüge des Verfassungsrechts der Bundesrepublik Deutschland, 20. Aufl. 1995, Neudruck 1999

- Bedeutung der Grundrechte, in: Benda, Ernst; Maihofer, Werner; Vogel, Hans-Jochen (Hrsg.): Handbuch des Verfassungsrechts der Bundesrepublik Deutschland, 2. Aufl. 1994, § 5 (S. 127–160)

- Die verfassungsrechtliche Stellung der politischen Parteien im modernen Staat, VVDStRL 17 (1959), 11–47

Heun, Werner: Funktionell-rechtliche Schranken der Verfassungsgerichtsbarkeit. Reichweite und Grenzen einer dogmatischen Argumentationsfigur, 1992

Hillgruber, Christian: Grundrechtlicher Schutzbereich, Grundrechtsausgestaltung und Grundrechtseingriff, in: Isensee, Josef; Kirchhof, Paul (Hrsg.): Handbuch des Staatsrechts der Bundesrepublik Deutschland, Band IX – Allgemeine Grundrechtslehren, 3. Aufl. 2011, § 200 (S. 981–1031)

Hirschberg, Lothar: Der Grundsatz der Verhältnismäßigkeit, 1981

Höfling, Wolfram: Kopernikanische Wende rückwärts? Zur neueren Grundrechtsjudikatur des Bundesverfassungsgerichts, in: Muckel, Stefan (Hrsg.): Kirche und Religion im sozialen Rechtsstaat. Festschrift für Wolfgang Rüfner zum 70. Geburtstag, 2003, 329–340

- Vertragsfreiheit. Eine grundrechtsdogmatische Studie, 1991

Hösch, Ulrich: Eigentum und Freiheit. Ein Beitrag zur inhaltlichen Bestimmung der Gewährleistung des Eigentums nach Art. 14 Abs. 1 S. 1 GG, 2000

Hoffmann-Riem, Wolfgang: Grundrechtsanwendung unter Rationalitätsanspruch. Eine Erwiderung auf Kahls Kritik an neueren Ansätzen in der Grundrechtsdogmatik, Der Staat 43 (2004), 203–233

- Rundfunkrecht neben Wirtschaftsrecht. Zur Anwendbarkeit des GWB und des EWG-V auf das Wettbewerbsverhalten öffentlich-rechtlichen Rundfunks in der dualen Rundfunkordnung, 1991

Holoubek, Michael: Grundrechtliche Gewährleistungspflichten. Ein Beitrag zur allgemeinen Grundrechtsdogmatik, 1997

- Bauelemente eines grundrechtsdogmatischen Argumentationsschemas: Schutzbereich – Eingriff – Schranken, in: Grabenwarter, Christoph; Hammer, Stefan; Pelzl, Alexander; Schulev-Steindl, Eva; Wiederin, Ewald (Hrsg.): Allgemeinheit der Grundrechte und Vielfalt der Gesellschaft, 34. Tagung der Wissenschaftlichen Mitarbeiterinnen und Mitarbeiter der Fachrichtung „Öffentliches Recht“, 1994, 61–81

Horn, Hans-Detlef: Verbot von Ausnahmegerichten und Anspruch auf den gesetzlichen Richter, in: Merten, Detlef; Papier, Hans-Jürgen (Hrsg.): Handbuch der Grundrechte in Deutschland und Europa. Band V – Grundrechte in Deutschland. Einzelgrundrechte II, 2013, § 132 (S. 1271–1323)

Huber, Hans: Die Bedeutung der Grundrechte für die sozialen Beziehungen unter den Rechtsgenossen, in: Eichenberger, Kurt; Bäumlin, Richard; Müller, Jörg P. (Hrsg.): Hans Huber. Rechtstheorie, Verfassungsrecht, Völkerrecht. Ausgewählte Aufsätze, 1950-1970. Zum 70. Geburtstag des Verfassers, 1971, 139–165

- Die verfassungsrechtliche Bedeutung der Vertragsfreiheit, 1966

Hufen, Friedhelm: Staatsrecht II. Grundrechte, 6. Aufl. 2017

Huster, Stefan: Rechte und Ziele, 1993

Ibler, Martin: Die Eigentumsdogmatik und die Inhalts- und Schrankenbestimmungen i.S.v. Art. 14 Abs. 1 S. 2 GG im Mietrecht, AcP 197 (1997), 565–588

Ipsen, Jörn: Gleichstellung und Grundgesetz. Die „Ehe für alle" ist verfassungswidrig, https://causa.tagesspiegel.de/gesellschaft/ist-die-ehe-fuer-alle-mit-dem-grundgesetz-vereinbar/die-ehe-fuer-alle-ist-verfassungswidrig.html, abgerufen am 9.3.2018

- Staatsrecht II. Grundrechte, 20. Aufl. 2017
- Grundzüge einer Grundrechtsdogmatik, Der Staat 52 (2013), 266–293
- Grundrechte als Gewährleistungen von Handlungsmöglichkeiten, in: Sachs, Michael; Siekmann, Helmut (Hrsg.): Der grundrechtsgeprägte Verfassungsstaat. Festschrift für Klaus Stern zum 80. Geburtstag, 2012, 369–380
- Ehe und Familie, in: Isensee, Josef; Kirchhof, Paul (Hrsg.): Handbuch des Staatsrechts der Bundesrepublik Deutschland, Band VII – Freiheitsrechte, 3. Aufl. 2009, § 154 (S. 431–475)
- Gesetzliche Einwirkungen auf grundrechtlich geschützte Rechtsgüter, JZ 1997, 473–480

Isensee, Josef: Verfassungsrecht als „politisches Recht", in: Isensee, Josef; Kirchhof, Paul (Hrsg.): Handbuch des Staatsrechts für die Bundesrepublik Deutschland, Band XII – Normativität und Schutz der Verfassung, 3. Aufl. 2014, § 268 (S. 483–555)

- Grundrechtsvoraussetzungen und Verfassungserwartungen an die Grundrechtsausübung, in: Isensee, Josef; Kirchhof, Paul (Hrsg.): Handbuch des Staatsrechts für die Bundesrepublik Deutschland, Band IX – Allgemeine Grundrechtslehren, 3. Aufl. 2011, § 190 (S. 265–411)
- Das Grundrecht als Abwehrrecht und staatliche Schutzpflicht, in: Isensee, Josef; Kirchhof, Paul (Hrsg.): Handbuch des Staatsrechts der Bundesrepublik Deutschland, Band IX – Allgemeine Grundrechtslehren, 3. Aufl. 2011, § 191 (S. 413–568)
- Privatautonomie, in: Isensee, Josef; Kirchhof, Paul (Hrsg.): Handbuch des Staatsrechts der Bundesrepublik Deutschland, Band VII – Freiheitsrechte, 3. Aufl. 2009, § 150 (S. 207–280)
- Positivität und Überpositivität der Grundrechte, in: Merten, Detlef; Papier, Hans-Jürgen (Hrsg.): Handbuch der Grundrechte in Deutschland und Europa, Band II – Grundrechte in Deutschland. Allgemeine Lehren I, 2006, § 26 (S. 41–110)
- Vorbehalt der Verfassung. Das Grundgesetz als abschließende und offene Norm, in: Isensee, Josef; Lecheler, Helmut (Hrsg.): Freiheit und Eigentum. Festschrift für Walter Leisner zum 70. Geburtstag, 1999, 359–399

Jarass, Hans D.: Funktionen und Dimensionen der Grundrechte, in: Merten, Detlef; Papier, Hans-Jürgen (Hrsg.): Handbuch der Grundrechte in Deutschland und Europa, Band II – Grundrechte in Deutschland. Allgemeine Lehren I, 2006, § 38 (S. 625–654)

- Die Grundrechte: Abwehrrechte und objektive Grundsatznormen. Objektive Grundrechtsgehalte, insbes. Schutzpflichten und privatrechtsgestaltende Wirkung, in: Badura, Peter; Dreier, Horst (Hrsg.): Festschrift 50 Jahre Bundesverfassungsgericht, Band 2 – Klärung und Fortbildung des Verfassungsrechts, 2001, 35–53
- Bausteine einer umfassenden Grundrechtsdogmatik, AöR 120 (1995), 345–381
- Grundrechte als Wertentscheidungen bzw. objektivrechtliche Prinzipien in der Rechtsprechung des Bundesverfassungsgerichts, AöR 110 (1985), 363–397

Jarass, Hans D.; *Pieroth, Bodo*: Grundgesetz für die Bundesrepublik Deutschland, Kommentar, 14. Aufl. 2016

Jellinek, Georg: System der subjektiven öffentlichen Rechte, 2. Neudruck der 2. Aufl. 1919, 1979

Jestaedt, Matthias: Ehe für alle? Gastbeitrag in der FAZ vom 5.7.2017, http://www.faz.net/aktuell/politik/staat-und-recht/ehe-fuer-alle-gastbeitrag-ehe-fuer-alle-15092764.html, abgerufen am 9.3.2018

- Die Abwägungslehre – ihre Stärken und ihre Schwächen, in: Depenheuer, Otto; Heintzen, Markus; Jestaedt, Matthias; Axer, Peter (Hrsg.): Staat im Wort. Festschrift für Josef Isensee, 2007, 253–275
- Grundrechtsentfaltung im Gesetz. Studien zur Interdependenz von Grundrechtsdogmatik und Rechtsgewinnungstheorie, 1999

Kahl, Wolfgang: Neuere Entwicklungslinien der Grundrechtsdogmatik. Von Modifikationen und Erosionen des grundrechtlichen Freiheitsparadigmas, AöR 131 (2006), 579–620

- Vom weiten Schutzbereich zum engen Gewährleistungsgehalt. Kritik einer neuen Richtung der deutschen Grundrechtsdogmatik, Der Staat 43 (2004), 167–202

Kahl, Wolfgang; *Waldhoff, Christian*; *Walter, Christian* (Hrsg.): Bonner Kommentar zum Grundgesetz, Loseblatt, Stand des Gesamtwerkes: Dezember 2017, Band 2 (Art. 4–6 III), 3 (Art. 6 IV - 14), 4 (Art. 15 - 19 IV) und 13 (Art. 90 - 104)

Kaufhold, Ann-Kathrin: Wissenschaftsfreiheit als ausgestaltungsbedürftiges Grundrecht?, NJW 2010, 3276–3279

Kelsen, Hans: Reine Rechtslehre, 1934, 2. Aufl. 1960

Kempen, Bernhard: Der Eingriff des Staates in das Eigentum. Voraussetzung, Ausgleich und Abwehr durch den Bürger, 1991

Kemper, Michael: Die Bestimmung des Schutzbereichs der Koalitionsfreiheit (Art. 9 Abs. 3 GG). Zugleich ein Beitrag zur Lehre von den Einrichtungsgarantien, 1990

Kilic, Ali: Die dogmatischen Fehlentwicklungen zur Eigentumsfreiheit – was bleibt von der Eigentumsfreiheit noch übrig?, ZJS 2011, 479–481

Kingreen, Thorsten: Das Grundrecht von Ehe und Familie (Art. 6 I GG), Jura 1997, 401–408

- Die verfassungsrechtliche Stellung der nichtehelichen Lebensgemeinschaft im Spannungsfeld zwischen Freiheits- und Gleichheitsrechten, 1995

Kingreen, Thorsten; *Poscher, Ralf*: Grundrechte. Staatsrecht II, 33. Aufl. 2017

Kirchhof, Gregor: Der besondere Schutz der Familie in Art. 6 Abs. 1 des Grundgesetzes. Abwehrrecht, Einrichtungsgarantie, Benachteiligungsverbot, staatliche Schutz- und Förderpflicht, AöR 129 (2004), 542–583

Kischel, Uwe: Die Begründung. Zur Erläuterung staatlicher Entscheidungen gegenüber dem Bürger, 2003

Kleffmann, Gunnar: Ehe und andere Lebensgemeinschaften nach Landes- und Bundesverfassungsrecht, 2000

Klein, Björn: Das neue Eheverbot der bestehenden Eingetragenen Lebenspartnerschaft gemäß § 1306 BGB am Maßstab des Art. 6 Abs. 1 GG. Unter besonderer Berücksichtigung der Stellung der Ehe und der Eingetragenen Lebenspartnerschaft im Gefüge des Grundgesetzes, 2008

Klein, Eckart: Stufen der Verfassungsverletzung?, in: Depenheuer, Otto; Heintzen, Markus; Jestaedt, Matthias; Axer, Peter (Hrsg.): Staat im Wort. Festschrift für Josef Isensee, 2007, 169–182

- Grundrechtliche Schutzpflicht des Staates, NJW 1989, 1633–1640

Klein, Hans Hugo: Parteien-Presse-Rundfunk, in: Geis, Max-Emanuel; Lorenz, Dieter (Hrsg.): Staat, Kirche, Verwaltung. Festschrift für Hartmut Maurer zum 70. Geburtstag, 2001, 193–204

- Diskussionsbeitrag zu Bethge, Herbert: Der Grundrechtseingriff, VVDStRL 57 (1998), 7ff., VVDStRL 57 (1998), 114–115
- Die grundrechtliche Schutzpflicht, DVBl. 1994, 489–497
- Rundfunkrecht und Rundfunkfreiheit, Der Staat 20 (1981), 177–200
- Die Rundfunkfreiheit, 1978
- Die Grundrechte im demokratischen Rechtsstaat, 1974

Klein, Stefanie: Recht zu erben – Pflicht zu teilen. Das Grundrecht Angehöriger auf Nachlaßteilhabe. Zugleich ein Beitrag zur Dogmatik des Verfassungserbrechts, 2006

Kloepfer, Michael: Einrichtungsgarantien, in: Merten, Detlef; Papier, Hans-Jürgen; (Hrsg.): Handbuch der Grundrechte in Deutschland und Europa, Band II - Grundrechte in Deutschland. Allgemeine Lehren I, 2006, § 43 (S. 921–961)

Knemeyer, Franz-Ludwig: Rechtliches Gehör im Gerichtsverfahren, in: Isensee, Josef; Kirchhof, Paul (Hrsg.): Handbuch des Staatsrechts der Bundesrepublik Deutschland, Band VIII - Grundrechte: Wirtschaft, Verfahren, Gleichheit, 3. Aufl. 2010, § 178 (S. 555–585)

Korinek, Karl: Gedanken zur Lehre vom Gesetzesvorbehalt bei Grundrechten, in: Imboden, Max; Koja, Friedrich; Marcic, René; Ringhofer, Kurt; Walter, Robert (Hrsg.): Festschrift für Adolf J. Merkl zum 80. Geburtstag, 1970

Krebs, Walter: Rechtliche und reale Freiheit, in: Merten, Detlef; Papier, Hans-Jürgen (Hrsg.): Handbuch der Grundrechte in Deutschland und Europa, Band II - Grundrechte in Deutschland. Allgemeine Lehren I, 2006, § 31 (S. 291–340)

Kroppenberg, Inge: Privatautonomie von Todes wegen. Verfassungs- und zivilrechtliche Grundlagen der Testierfreiheit im Vergleich zur Vertragsfreiheit unter Lebenden, 2008

Krüger, Herbert: Die Bestimmung des Eigentumsinhaltes (Art. 14 Abs. 1 S. 2 GG), in: Ipsen, Hans Peter (Hrsg.): Hamburger Festschrift für Friedrich Schack zu seinem 80. Geburtstag am 1. Oktober 1966, 1966, 71–84

Krüger, Wolfgang; *Rauscher, Thomas* (Hrsg.): Münchener Kommentar zur Zivilprozessordnung mit Gerichtsverfassungsgesetz und Nebengesetzen, Band 1 (§§1-354), 5. Aufl. 2016

Kühling, Jürgen: Arbeitsrecht in der Rechtsprechung des Bundesverfassungsgerichts, ArbuR 1994, 126–132

Kunig, Philip: Rechtsstaatliches Rückwirkungsverbot, in: Merten, Detlef; Papier, Hans-Jürgen (Hrsg.): Handbuch der Grundrechte in Deutschland und Europa, Band III – Grundrechte in Deutschland. Allgemeine Lehren II, 2009, § 69 (S. 569–589)

Kutschera, Peter: Bestandsschutz im öffentlichen Recht. Zugleich ein Beitrag zur Dogmatik des Art. 14 GG, 1990

Ladeur, Karl-Heinz: Methodische Überlegungen zur gesetzlichen „Ausgestaltung" der Koalitionsfreiheit. Zugleich ein Beitrag zu den Möglichkeiten und Grenzen der Flexibilisierung des Tarifvertragssystems, AöR 131 (2006), 643–667

Lang, Frank: Vertragsfreiheit bei Eheverträgen, 2009

Lange, Friederike Valerie: Grundrechtsbindung des Gesetzgebers. Eine rechtsvergleichende Studie zu Deutschland, Frankreich und den USA, 2010

Lecheler, Helmut: Schutz von Ehe und Familie, in: Isensee, Josef; Kirchhof, Paul (Hrsg.): Handbuch des Staatsrechts der Bundesrepublik Deutschland, Band VI – Freiheitsrechte, 2. Aufl. 2001, § 133 (S. 211–264)

- Vorrang der Verfassung?, in: Bickel, Dietrich; Hadding, Walther; Jahnke, Volker†; Lüke, Gerhard: Recht und Rechtserkenntnis. Festschrift für Ernst Wolf, 1985, 361–371

Lege, Joachim: Art. 14 GG für Fortgeschrittene. 45 Fragen zum Eigentum, die Sie nicht überall finden. Unter besonderer Berücksichtigung des Baurechts, ZJS 2012, 44–53

- 30 Jahre Nassauskiesung. Wie das BVerfG die Dogmatik zum Eigentumsgrundrecht aus Art. 14 GG revolutioniert hat, JZ 2011, 1084–1091
- Verbot des Einzelfallgesetzes, in: Merten, Detlef; Papier, Hans-Jürgen (Hrsg.): Handbuch der Grundrechte in Deutschland und Europa, Band III – Grundrechte in Deutschland. Allgemeine Lehren II, 2009, § 66 (S. 439–492)
- Das Verfassungsrecht zwischen normativem Anspruch und politischer Wirklichkeit. Einige Fußnoten zu Konrad Hesse, DVBl. 2007, 1053–1064

Leisner, Walter: Eigentum, in: Isensee, Josef; Kirchhof, Paul (Hrsg.): Handbuch des Staatsrechts der Bundesrepublik Deutschland, Band VIII – Grundrechte: Wirtschaft, Verfahren, Gleichheit, 3. Aufl. 2010, § 173 (S. 301–392)

- Erbrecht, in: Isensee, Josef; Kirchhof, Paul (Hrsg.): Handbuch des Staatsrechts der Bundesrepublik Deutschland, Band VIII – Grundrechte: Wirtschaft, Verfahren, Gleichheit, 3. Aufl. 2010, § 174 (S. 393–408)
- Eigentum, in: Isensee, Josef; Kirchhof, Paul (Hrsg.): Handbuch des Staatsrechts der Bundesrepublik Deutschland, Band VI – Freiheitsrechte, 2. Aufl. 2001, § 149 (S. 1023–1098)
- Eigentum, in: Isensee, Josef; Kirchhof, Paul (Hrsg.): Handbuch des Staatsrechts der Bundesrepublik Deutschland, Band VI – Freiheitsrechte, 1989, § 149 (S. 1023–1098)
- Eigentumswende? Liegt der Grundwasserentscheidung des Bundesverfassungsgerichts ein neues Eigentumsverständnis zugrunde?, DVBl. 1983, 61–67
- Von der Verfassungsmäßigkeit der Gesetze zur Gesetzmäßigkeit der Verfassung. Betrachtungen zur möglichen selbständigen Begrifflichkeit im Verfassungsrecht, 1964
- Die Gesetzmäßigkeit der Verfassung, JZ 1964, 201–206

Leisner-Egensperger, Anna: Wesensgehaltsgarantie, in: Merten, Detlef; Papier, Hans-Jürgen (Hrsg.): Handbuch der Grundrechte in Deutschland und Europa, Band III – Grundrechte in Deutschland. Allgemeine Lehren II, 2009, § 70 (S. 591–632)

Lenz, Sebastian: Vorbehaltlose Freiheitsrechte. Stellung und Funktion vorbehaltloser Freiheitsrechte in der Verfassungsordnung, 2006

Lepsius, Oliver: Besitz und Sachherrschaft im öffentlichen Recht, 2002

Lerche, Peter: Grundrechtlicher Schutzbereich, Grundrechtsprägung und Grundrechtseingriff, in: Isensee, Josef; Kirchhof, Paul (Hrsg.): Handbuch des Staatsrechts der Bundesrepublik Deutschland, Band V – Allgemeine Grundrechtslehren, 2. Aufl. 2000, § 121 (S. 739–773)

- Grundrechtsschranken, in: Isensee, Josef; Kirchhof, Paul (Hrsg.): Handbuch des Staatsrechts der Bundesrepublik Deutschland, Band V – Allgemeine Grundrechtslehren, 2. Aufl. 2000, § 122 (S. 775–804)

- Übermaß und Verfassungsrecht. Zur Bindung des Gesetzgebers an die Grundsätze der Verhältnismäßigkeit und der Erforderlichkeit, 1961, 2. Aufl. 1999

- Facetten der „Konkretisierung“ von Verfassungsrecht, in: Koller, Ingo; Hager, Johannes; Junker, Michael; Singer, Reinhard; Neuner, Jörg (Hrsg.): Einheit und Folgerichtigkeit im Juristischen Denken. Symposion zu Ehren von Herrn Professor Dr. Dr. h.c. mult. Claus-Wilhelm Canaris, 1998, 7–26

- Die Verfassung als Quelle von Optimierungsgeboten?, in: Burmeister, Joachim (Hrsg.); Nierhaus, Michael; Püttner, Günter; Sachs, Michael; Siekmann, Helmut; Tettinger, Peter J. (Mitwirkende): Verfassungsstaatlichkeit. Festschrift für Klaus Stern zum 65. Geburtstag, 1997, 197–209

- Grundrechtswirkungen im Privatrecht, Einheit der Rechtsordnung und materielle Verfassung, in: Böttcher, Reinhard; Hueck, Götz; Jähnke, Burkhard (Hrsg): Festschrift für Walter Odersky zum 65. Geburtstag am 17. Juli 1996, 1996, 215–232

Lindner, Josef Franz: Theorie der Grundrechtsdogmatik, 2005

Lorenz, Dieter: Die verfassungsrechtlichen Vorgaben des Art. 19 Abs. 4 GG für das Verwaltungsprozeßrecht, in: Erichsen, Hans-Uwe; Hoppe, Werner; Mutius, Albert von (Hrsg.): System des verwaltungsgerichtlichen Rechtsschutzes. Festschrift für Christian-Friedrich Menger zum 70. Geburtstag, 1985, 143–159

Lübbe-Wolff, Gertrude: Die Grundrechte als Eingriffsabwehrrechte. Struktur und Reichweite der Eingriffsdogmatik im Bereich staatlicher Leistungen, 1988

Luhmann, Niklas: Grundrechte als Institution. Ein Beitrag zur politischen Soziologie, 5. Aufl. 2009

Lutz, Reinhardt: Eigentumsschutz bei „störender" Nutzung gewerblicher Anlagen, 1983

Mager, Ute: Freiheit von Forschung und Lehre, in: Isensee, Josef; Kirchhof, Paul (Hrsg.): Handbuch des Staatsrechts der Bundesrepublik Deutschland, Band VII – Freiheitsrechte, 3. Aufl. 2009, § 166 (S. 1075–1111)

- Einrichtungsgarantien. Entstehung, Wurzeln, Wandlungen und grundgesetzgemäße Neubestimmung einer dogmatischen Figur des Verfassungsrechts, 2003

Majewski, Otto: Auslegung der Grundrechte durch einfaches Gesetzesrecht? Zur Problematik der sogenannten Gesetzmäßigkeit der Verfassung, 1970

Mampel, Dietmar: Art. 14 GG fordert sein Recht. Aufbruch zu einem verfassungsdirigierten öffentlichen Baurecht, NJW 1999, 975–981

Mangoldt, Hermann von; *Klein, Friedrich*; *Starck, Christian* (Hrsg.): Kommentar zum Grundgesetz, 7. Aufl. 2018, Band 1 (Präambel, Art. 1-19), Band 3 (Art. 83–146)

Manssen, Gerrit: Staatsrecht II. Grundrechte, 14. Aufl. 2017

- Privatrechtsgestaltung durch Hoheitsakt. Verfassungsrechtliche und verwaltungsrechtliche Grundfragen, 1994

Martins, Renata: Grundrechtsdogmatik im Gewährleistungsstaat: Rationalisierung der Grundrechtsanwendung?, DÖV 2007, 456–464

Maunz, Theodor†; Dürig, Günter†: Grundgesetz. Kommentar, Loseblatt, Stand des Gesamtwerkes: Januar 2013, Band I (Texte-Art. 5), Band II (Art. 6-15), Band III (Art. 16-22), Band V (Art. 68-87) und Band VI (Art. 87a-106b)

Maunz, Theodor; *Schmidt-Bleibtreu, Bruno*; *Klein, Franz*; *Bethge, Herbert* (Hrsg.): Bundesverfassungsgerichtsgesetz. Kommentar, Loseblatt, Stand des Gesamtwerkes: Mai 2017, Band 2

Maurer, Hartmut: Kontinuitätsgewähr und Vertrauensschutz, in: Isensee, Josef; Kirchhof, Paul (Hrsg.): Handbuch des Staatsrechts der Bundesrepublik Deutschland, Band IV – Aufgaben des Staates, 3. Aufl. 2006, § 79 (S. 395–475)

- Rechtsstaatliches Prozessrecht, in: Badura, Peter; Dreier, Horst (Hrsg.): Festschrift 50 Jahre Bundesverfassungsgericht, Band 2 – Klärung und Fortbildung des Verfassungsrechts, 2001, 467–503

Medicus, Dieter: Der Grundsatz der Verhältnismäßigkeit im Privatrecht, AcP 192 (1992), 35–70

Merkl, Adolf Julius: Prolegomena einer Theorie des rechtlichen Stufenbaues, in: Mayer-Maly, Dorothea; Schambeck, Herbert; Grussmann, Wolf-Dietrich (Hrsg.): Adolf Julius Merkl. Gesammelte Schriften, Bd. 1 Teilbd. 1, 1993, 437–492

Merten, Detlef: Vereinsfreiheit, in: Isensee, Josef; Kirchhof, Paul (Hrsg.): Handbuch des Staatsrechts der Bundesrepublik Deutschland, Band VII – Freiheitsrechte, 3. Aufl. 2009, § 165 (S. 1035–1073)

- Verhältnismäßigkeitsgrundsatz, in: Merten, Detlef; Papier, Hans-Jürgen (Hrsg.): Handbuch der Grundrechte in Deutschland und Europa, Band III – Grundrechte in Deutschland. Allgemeine Lehren II, 2009, § 68 (S. 517–567)

Merzrath, Jan: Die Vereinigungsfreiheit des Grundgesetzes als Maßstab der Steuergesetzgebung, 2007

Michael, Lothar; *Morlok, Martin*: Grundrechte, 6. Aufl. 2017

Morgenthaler, Gerd: Freiheit durch Gesetz. Der parlamentarische Gesetzgeber als Erstadressat der Freiheitsgrundrechte, 1999

Müller, Friedrich; *Christensen, Ralph*: Juristische Methodik, Band I – Grundlegung für die Arbeitsmethoden der Rechtspraxis, 11. Aufl. 2013

Münch, Ingo von; *Kunig, Philip* (Hrsg.): Grundgesetz Kommentar, Band 1 (Präambel-Art. 69), 6. Aufl. 2012

Murswiek, Dietrich: Grundrechte als Teilhaberechte, soziale Grundrechte, in: Isensee, Josef; Kirchhof, Paul (Hrsg.): Handbuch des Staatsrechts der Bundesrepublik Deutschland, Band IX – Allgemeine Grundrechtslehren, 3. Aufl. 2011, § 192 (S. 569–620)

- Grundrechtsdogmatik am Wendepunkt?, Der Staat 45 (2006), 473–500
- Grundfälle zur Vereinigungsfreiheit – Art. 9 I, II GG, JuS 1992, 116–122
- Die staatliche Verantwortung für die Risiken der Technik. Verfassungsrechtliche Grundlagen und immissionsschutzrechtliche Ausformung, 1985

Musielak, Hans-Joachim; *Voit, Wolfgang (Hrsg.)*: Zivilprozessordnung mit Gerichtsverfassungsgesetz, Kommentar, 14. Aufl. 2017

Mutius, Albert von: Die besondere Entscheidung. Der Mühlheim-Kärlich-Beschluß des BVerfG: Grundrechtsschutz durch Verfahren, Jura 1984, 529–536

Nesselrode, Friederike: Das Spannungsverhältnis zwischen Ehe und Familie in Artikel 6 des Grundgesetzes, 2007

Niepalla, Peter: Die Grundversorgung durch die öffentlich-rechtlichen Rundfunkanstalten, 1990

Nierhaus, Michael: Grundrechte aus der Hand des Gesetzgebers? – Ein Beitrag zur Dogmatik des Art. 1 Abs. 3 GG, AöR 116 (1991), 72–111

Ossenbühl, Fritz: Grundsätze der Grundrechtsinterpretation, in: Merten, Detlef; Papier, Hans-Jürgen (Hrsg.): Handbuch der Grundrechte in Deutschland und Europa, Band I – Entwicklung und Grundlagen, 2004, § 15 (S. 595–630)

- Abwägung im Verfassungsrecht, in: Erbguth, Wilfried; Oebbecke, Janbernd; Rengeling, Hans-Werner; Schulte, Martin (Hrsg.): Abwägung im Recht.

Symposium und Verabschiedung von Werner Hoppe am 30. Juni 1995 in Münster aus Anlaß seiner Emeritierung, 1996, 25–41

- Maßhalten mit dem Übermaßverbot, in: Badura, Peter; Scholz, Rupert (Hrsg.): Wege und Verfahren des Verfassungslebens. Festschrift für Peter Lerche zum 65. Geburtstag, 1993, 151–164
- Grundrechtsschutz im und durch Verfahrensrecht, in: Müller, Georg (Hrsg.): Staatsorganisation und Staatsfunktionen im Wandel. Festschrift für Kurt Eichenberger zum 60. Geburtstag, 1982, 183–195
- Versammlungsfreiheit und Spontandemonstration, Der Staat 10 (1971), 53–83

Otto, Hansjörg: Tarifautonomie unter Gesetzes- oder Verfassungsvorbehalt. Gedanken zur Funktionsgarantie des Art. 9 Abs. 3 GG, in: Bettermann, Karl August; Löwisch, Manfred; Otto, Hansjörg; Schmidt, Karsten (Hrsg.): Festschrift für Albrecht Zeuner zum siebzigsten Geburtstag, 1994, 121–145

Papier, Hans-Jürgen: Rechtsschutzgarantie gegen die öffentliche Gewalt, in: Isensee, Josef; Kirchhof, Paul (Hrsg.): Handbuch des Staatsrechts der Bundesrepublik Deutschland, Band VIII – Grundrechte: Wirtschaft, Verfahren, Gleichheit, 3. Aufl. 2010, § 177 (S. 507–552)

- Vorbehaltlos gewährleistete Grundrechte, in: Merten, Detlef; Papier, Hans-Jürgen (Hrsg.): Handbuch der Grundrechte in Deutschland und Europa, Band III – Grundrechte in Deutschland. Allgemeine Lehren II, 2009, § 64 (S. 365–404)
- Ehe und Familie in der neueren Rechtsprechung des BVerfG, NJW 2002, 2129–2133

Papier, Hans-Jürgen; *Möller, Johannes*: Das Bestimmtheitsgebot und seine Durchsetzung, AöR 122 (1997), 177–211

Paul, Nadja: Die Rundfunkbeteiligungen politischer Parteien. Eine Untersuchung aus verfassungsrechtlicher Sicht, 2010

Pieroth, Bodo: Koalitionsfreiheit, Tarifautonomie und Mitbestimmung, in: Badura, Peter; Dreier, Horst (Hrsg.): Festschrift 50 Jahre Bundesverfassungsgericht, Band 2 – Klärung und Fortbildung des Verfassungsrechts, 2001, 293–317

Pietrzak, Alexandra: Die Schutzpflicht im verfassungsrechtlichen Kontext. Überblick und neue Aspekte, JuS 1994, 748–753

Poscher, Ralf: Einsichten, Irrtümer und Selbstmissverständnis der Prinzipientheorie, in: Sieckmann, Jan-Reinard (Hrsg.): Die Prinzipientheorie der Grundrechte. Studien zur Grundrechtstheorie Robert Alexys, 2007, 59–79

- Grundrechte als Abwehrrechte, 2003

Quebe, Jutta: Die Erbrechtsgarantie. Inhalt und Schranken, 1993

Ramsauer, Ulrich: Über den Unterschied von Inhaltsbestimmung und Schrankenbestimmung des Eigentums, DVBl. 1980, 539–542

Randelzhofer, Albrecht: Asylrecht, in: Isensee, Josef; Kirchhof, Paul (Hrsg.): Handbuch des Staatsrechts der Bundesrepublik Deutschland, Band VII – Freiheitsrechte, 3. Aufl. 2009, § 153 (S. 369–429)

Remus, Dieter: Präsidialverfassung und gesetzlicher Richter. Zur Entwicklung des Begriffs des gesetzlichen Richters und seiner Bedeutung für die Präsidialverfassung des Gerichtsverfassungsgesetzes, 2008

Riedel, Daniel: Eigentum, Enteignung und das Wohl der Allgemeinheit. Zur Ausgestaltungsgarantie der Eigentumsgewährleistung, zum Enteignungsbegriff und zur Gemeinwohlbindung der Enteignung, 2012

Riedel, Eibe: Rechtliche Optimierungsgebote oder Rahmensetzungen für das Verwaltungshandeln?, VVDStRL 58 (1999), 180–216

Rixen, Stephan: Sozialrecht als öffentliches Wirtschaftsrecht am Beispiel des Leistungserbringerrechts der gesetzlichen Krankenversicherung, 2005

Robbers, Gerhard: Buchbesprechung von: Gertrude Lübbe-Wolff: Die Grundrechte als Eingriffsabwehrrechte, 1988, DÖV 1989, 687–688

Roellecke, Gerd: Mietwohnungsbesitz als Eigentum. Eine Folgenabschätzung, JZ 1995, 74–77

Rossen, Helge: Grundrechte als Regeln und Prinzipien, in: Grabenwarter, Christoph; Hammer, Stefan; Pelzl, Alexander; Schulev-Steindl, Eva; Wiederin, Ewald (Hrsg.): Allgemeinheit der Grundrechte und Vielfalt der Gesellschaft. 34. Tagung der wissenschaftlichen Mitarbeiterinnen und Mitarbeiter der Fachrichtung „Öffentliches Recht“, 1994, 41–60

Roth, Thomas: Das Grundrecht auf den gesetzlichen Richter, 2000

Roth, Wolfgang: Faktische Eingriffe in Freiheit und Eigentum. Struktur und Dogmatik des Grundrechtstatbestandes und der Eingriffsrechtfertigung, 1994

Rozek, Jochen: Die Unterscheidung von Eigentumsbindung und Enteignung. Eine Bestandsaufnahme zur dogmatischen Struktur des Art. 14 GG nach 15 Jahren „Naßauskiesung“, 1998

Ruck, Silke: Zur Unterscheidung von Ausgestaltungs- und Schrankengesetzen im Bereich der Rundfunkfreiheit, AöR 117 (1992), 543–566

Rüthers, Bernd: Streik und Verfassung, 1960

Ruffert, Matthias: Buchbesprechung von: Matthias Jestaedt: Grundrechtsentfaltung im Gesetz. Studien zur Interdependenz von Grundrechtsdogmatik und Rechtsgewinnungstheorie, 1999, AöR 127 (2002), 480–483

- Vorrang der Verfassung und Eigenständigkeit des Privatrechts. Eine verfassungsrechtliche Untersuchung zur Privatrechtswirkung des Grundgesetzes, 2001

Rupp, Hans Heinrich: Die Unterscheidung von Staat und Gesellschaft, in: Isensee, Josef; Kirchhof, Paul (Hrsg.): Handbuch des Staatsrechts der Bundesrepublik Deutschland, Band II – Verfassungsstaat, 3. Aufl. 2004, § 31 (S. 879–927)

Sachs, Michael (Hrsg.): Grundgesetz. Kommentar, 8. Aufl. 2018

- Die Grundrechte in der gesetzlichen Rechtsordnung, in: Kment, Martin (Hrsg.): Das Zusammenwirken von deutschem und europäischem Öffentlichen Recht. Festschrift für Hans D. Jarass zum 70. Geburtstag, 2015, 235–246
- Die relevanten Grundrechtsbeeinträchtigungen, JuS 1995, 303–307

Savigny, Friedrich Carl von: System des heutigen Römischen Rechts, Band 1, 1840

Säcker, Franz Jürgen; *Rixecker, Roland*; *Oetker, Hartmut*; *Limperg, Bettina* (Hrsg.): Münchener Kommentar zum BGB, Band (Allgemeiner Teil, §§ 1–240, ProstG, AGG) 1, 7. Aufl. 2015

Scherzberg, Arno: Grundrechtsschutz und „Eingriffsintensität". Das Ausmaß individueller Grundrechtsbetroffenheit als materiellrechtliche und kompetenzielle Determinante der verfassungsgerichtlichen Kontrolle der Fachgerichtsbarkeit im Rahmen der Urteilsverfassungsbeschwerde, 1989

Schilling, Theodor: Rang und Geltung von Normen in gestuften Rechtsordnungen, 1994

Schlaich, Klaus; *Korioth, Stefan*: Das Bundesverfassungsgericht. Stellung, Verfahren, Entscheidungen, 10. Aufl. 2015

Schlink, Bernhard: Freiheit durch Eingriffsabwehr – Rekonstruktion der klassischen Grundrechtsfunktion, EuGRZ 1984, 457–468

Schmidt, Christopher: „Ehe für alle" – Ende der Diskriminierung oder Verfassungsbruch?, NJW 2017, 2225–2228

Schmidt, Walter: Die Freiheit vor dem Gesetz. Zur Auslegung des Art. 2Abs. 1 des Grundgesetzes, AöR 91 (1966), 42–85

Schmidt-Aßmann, Eberhard: Grundrechte als Organisations- und Verfahrensgarantien, in: Merten, Detlef; Papier, Hans-Jürgen (Hrsg.): Handbuch der Grundrechte in Deutschland und Europa, Band II – Grundrechte in Deutschland. Allgemeine Lehren I, 2006, § 45 (S. 993–1030)

Schmitt, Carl: Freiheitsrechte und institutionelle Garantien der Reichsverfassung (1931), in: Schmitt, Carl (Hrsg.): Verfassungsrechtliche Aufsätze aus den Jahren 1924-1954. Materialien zu einer Verfassungslehre, 3. Aufl. 1985, 140–173

- Grundrechte und Grundpflichten (1932), in: Schmitt, Carl (Hrsg.): Verfassungsrechtliche Aufsätze aus den Jahren 1924-1954. Materialien zu einer Verfassungslehre, 3. Aufl. 1985, 181–231

Schmitt-Rolfes, Günter: Schuss nach hinten?, Arbeit und Arbeitsrecht 2010, 503

Scholz, Rupert: Koalitionsfreiheit, in: Isensee, Josef; Kirchhof, Paul (Hrsg.): Handbuch des Staatsrechts der Bundesrepublik Deutschland, Band VI – Freiheitsrechte, 2. Aufl. 2001, § 151 (S. 1115–1183)

Schüffner, Marc: Eheschutz und Lebenspartnerschaft. Eine verfassungsrechtliche Untersuchung des Lebenspartnerschaftsrechts im Lichte des Art. 6 GG, 2007

Schwabe, Jürgen: Probleme der Grundrechtsdogmatik, 2. Aufl. 1997

- Facetten des Eigentums, Der Staat 27 (1988), 93–109

Schwarze, Roland: Die verfassungsrechtliche Garantie des Arbeitskampfes – BVerfGE 84, 212, JuS 1994, 653–659

Schwerdtfeger, Gunther: Die dogmatische Struktur der Eigentumsgarantie, 1983

Sieckmann, Jan-Reinard: Grundrechte als Prinzipien, in: Sieckmann, Jan-Reinard (Hrsg.): Die Prinzipientheorie der Grundrechte. Studien zur Grundrechtstheorie Robert Alexys, 2007, 17–38

- Modelle des Eigentumsschutzes. Eine Untersuchung der Eigentumsgarantie des Art. 14 GG, 1998
- Regelmodelle und Prinzipienmodelle des Rechtssystems, 1990

Smend, Rudolf: Verfassung und Verfassungsrecht, in: Smend, Rudolf: Staatsrechtliche Abhandlungen und andere Aufsätze, 3. Aufl. 1994, 119–276

Sodan, Helge (Hrsg.): Grundgesetz. Kompakt-Kommentar, 3. Aufl. 2015

Sodan, Helge; *Ziekow, Jan* (Hrsg.): Verwaltungsgerichtsordnung. Großkommentar, 4. Aufl. 2014

Starck, Christian: Diskussionsbeitrag zu Bethge, Herbert: Der Grundrechtseingriff, VVDStRL 57 (1998), 7ff., VVDStRL 57 (1998), 103–104

Steinbeiß-Winkelmann, Christine: Grundrechtliche Freiheit und staatliche Freiheitsordnung. Funktion und Regelungsgehalt verfassungsrechtlicher Freiheitsgarantien im Licht neuerer Grundrechtstheorien, 1986

Stern, Klaus: Idee und Elemente eines Systems der Grundrechte, in: Isensee, Josef; Kirchhof, Paul (Hrsg.): Handbuch des Staatsrechts der Bundesrepublik Deutschland, Band IX – Allgemeine Grundrechtslehren, 3. Aufl. 2011, § 185 (S. 57–119)

- Die Grundrechte und ihre Schranken, in: Badura, Peter; Dreier, Horst (Hrsg.): Festschrift 50 Jahre Bundesverfassungsgericht, Band 2 – Klärung und Fortbildung des Verfassungsrechts, 2001, 1–34
- Das Staatsrecht der Bundesrepublik Deutschland, Band I – Grundbegriffe, und Grundlagen des Staatsrechts, Strukturprinzipien der Verfassung, 2. Aufl. 1984 Band II –Staatsorgane, Staatsfunktionen, Finanz- und Haushaltsverfassung, Notstandsverfassung, 1980 Band III/1 – Allgemeine Lehren der

Grundrechte, 1988 Band III/2 – Allgemeine Lehren der Grundrechte, 1994 Band IV/1 – Die einzelnen Grundrechte, 2006

- Qualität und Bedeutung der Prozeßgrundrechte für die Grundrechtsbindung der Rechtsprechung, in: Blümel, Willi; Merten, Detlef; Quaritsch, Helmut (Hrsg.): Verwaltung im Rechtsstaat. Festschrift für Carl Hermann Ule zum 80. Geburtstag am 26. Februar 1987, 1987, 359–374
- Neue Medien – neue Aufgaben des Rechts. Verfassungsrechtliche Grundfragen, DVBl. 1982, 1109–1118
- Zur Grundlegung einer Lehre des öffentlich-rechtlichen Vertrages, VerwArch 49 (1958), 106–157

Stern, Klaus; *Becker, Florian* (Hrsg.): Grundrechte-Kommentar. Die Grundrechte des Grundgesetzes mit ihren europäischen Bezügen, 2. Aufl. 2016

Störring, Lars Peter: Das Untermaßverbot in der Diskussion. Untersuchung einer umstrittenen Rechtsfigur, 2009

Teubel, Alexander: Geboren und Weggegeben. Rechtliche Analyse der Babyklappen und anonymen Geburt, 2009

Thum, Kai: Einfachgesetzliche Präzisierung des verfassungsrechtlichen Funktionsauftrags des öffentlich-rechtlichen Rundfunks. Zugleich ein Beitrag zur Dogmatik der Rundfunkfreiheit, 2007

Timm, Charlotte: Eigentumsgarantie und Zeitablauf, 1977

Tünnemann, Margit: Der verfassungsrechtliche Schutz der Familie und die Förderung der Kindererziehung im Rahmen des staatlichen Kinderlastenausgleichs, 2002

Uhle, Arnd: Rechtsstaatliche Prozessgrundrechte und -grundsätze, in: Merten, Detlef; Papier, Hans-Jürgen (Hrsg.): Handbuch der Grundrechte in Deutschland und Europa, Band V – Grundrechte in Deutschland. Einzelgrundrechte II, 2013, § 129 (S. 1087–1160)

Unruh, Peter: Der Verfassungsbegriff des Grundgesetzes. Eine verfassungstheoretische Rekonstruktion, 2001

- Zur Dogmatik der grundrechtlichen Schutzpflichten, 1996

Vesting, Thomas: Von der liberalen Grundrechtstheorie zum Grundrechtspluralismus – Elemente und Perspektiven einer pluralen Theorie der Grundrechte, in: Grabenwarter, Christoph; Hammer, Stefan; Pelzl, Alexander; Schulev-Steindl, Eva; Wiederin, Ewald (Hrsg.): Allgemeinheit der Grundrechte und Vielfalt der Gesellschaft, 34. Tagung der Wissenschaftlichen Mitarbeiterinnen und Mitarbeiter der Fachrichtung „Öffentliches Recht", 1994, 9–24

Volkmann, Uwe: Veränderungen der Grundrechtsdogmatik, JZ 2005, 261–271

Voßen, Nicole: Die Rechtsprechung des Bundesverfassungsgerichts zur Rechtsweggarantie des Art. 19 Abs. 4 GG, den Verfahrensgarantien nach 101 Abs. 1 Satz 2 GG, Art. 103 Abs. 1 GG und zum Prozeßrecht der Fachgerichte, 2002

Waechter, Kay: Einrichtungsgarantien als dogmatische Fossilien, Die Verwaltung 29 (1996), 47–72

- Forschungsfreiheit und Fortschrittsvertrauen, Der Staat 30 (1991), 19–49

Wahl, Rainer: Der Vorrang der Verfassung und die Selbständigkeit des Gesetzesrechts, NVwZ 1984, 401–409

- Verwaltungsverfahren zwischen Verwaltungseffizienz und Rechtsschutzauftrag, VVDStRL 41 (1983), 151–186
- Der Vorrang der Verfassung, Der Staat 20 (1981), 485–516

Waldner, Wolfram: Der Anspruch auf rechtliches Gehör, 2. Aufl. 2000

Wapler, Friederike: Die Frage der Verfassungsmäßigkeit der Öffnung der Ehe für gleichgeschlechtliche Paare. Gutachten für die Friedrich-Ebert-Stiftung, 2015

Wendt, Rudolf: Eigentum und Gesetzgebung, 1985

Wirth, Christian: Art. 6 Abs. 1 des Grundgesetzes und die demografische Entwicklung in Deutschland. Zugleich ein Beitrag zur Frage nach Gehalt und Reichweite des besonderen Schutzes von Ehe und Familie, 2008

Wolff, Heinrich Amadeus: Ungeschriebenes Verfassungsrecht unter dem Grundgesetz, 2000

Wülfing, Thomas: Grundrechtliche Gesetzesvorbehalte und Grundrechtsschranken, 1981

Zuck, Rüdiger: Die verfassungsrechtliche Gewährleistung der Ehe im Wandel des Zeitgeistes, NJW 2009, 1449–1454

Stichwortverzeichnis

Schriften zum deutschen und europäischen öffentlichen Recht

Herausgegeben von Prof. Dr. Steffen Detterbeck

Band 1 Henry Roth: Berufs- und Erwerbsunfähigkeit. Renten- und Versorgungsansprüche nach geltendem und reformiertem Recht. 2000.

Band 2 Astrid Lediger: Die Entschädigung der Bundestagsabgeordneten. 2001.

Band 3 Uwe Chojetzki: Der kirchliche Dienst in der Sozialversicherung. 2001.

Band 4 Christopher Breith: Die Fernsehschutzliste. Übertragung von Großereignissen nach § 5a RfStV. 2002.

Band 5 Lars-Henrik Rode: § 40 VwVfG und die deutsche Ermessenslehre. 2003.

Band 6 Steffen Detterbeck / Martin Will: Die Handwerksinnungen in der staatlichen dualen Ordnung des Handwerks. Zur Frage einer Innungspflichtmitgliedschaft und eines Kammerbeitrags-Bonussystems für Innungsmitglieder. 2003.

Band 7 Christiane Vesting: Die vertragliche und außervertragliche Haftung der EG nach Art. 288 EGV. Unter Berücksichtigung der prozessualen Durchsetzungsmöglichkeiten. 2003.

Band 8 Christian Hanf: Rechtsschutz gegen Inhalts- und Nebenbestimmungen zu Verwaltungsakten. 2003.

Band 9 Guido H. Friedrich: Der vorhabenbezogene Bebauungsplan gemäß § 12 BauGB nach der Novellierung 2001. Inhalt, Chancen und Risiken des Planungsinstrumentes. 2003.

Band 10 Lars Friedrichsen: Umweltbelastende Vorhaben und Alternativen in der Planfeststellung. Unter besonderer Berücksichtigung der Vorgaben aus der UVP-Richtlinie, dem UVPG sowie der FFH-Richtlinie bzw. den §§ 32 ff. BNatSchG. 2005.

Band 11 Nikolaus Lindner: Die Europäische Transparenzrichtlinie und der öffentlich-rechtliche Rundfunk in Deutschland. Auswirkungen der Richtlinie 2000/52/EG zur Änderung der Richtlinie 80/723/EWG über die Transparenz der finanziellen Beziehungen zwischen den Mitgliedstaaten und den öffentlichen Unternehmen („Transparenzrichtlinie") auf die öffentlich-rechtlichen Rundfunkanstalten in Deutschland. 2005.

Band 12 Gunter Fleck: Verleihung des Körperschaftsstatus an Religions- und Weltanschauungsgemeinschaften in einer multikulturellen Gesellschaft. Ein Vorschlag de lege ferenda zu Art. 140 GG i.V.m. Art. 137 Abs. 5 S. 2 WRV. 2005.

Band 13 Philipp Förster: Die unmittelbare Drittwirkung der Grundfreiheiten. Zur Dogmatik des Adressatenkreises von Pflichten aus EG-Grundfreiheiten. 2007.

Band 14 Barbara Löhr: Die Rechte des Menschen in der Verfassung des Landes Hessen im Lichte des Grundgesetzes. 2007.

Band 15 Christian Lewke: Der verfassungsrechtliche Kulturauftrag des öffentlich-rechtlichen Rundfunks. Eine funktionsbezogene Betrachtung des Mediums in seiner Bedeutung für Individuum, Gesellschaft, Kunst, Wissenschaft und Religion. 2007.

Band 16 Jens Mischak: Die kommunale Wahlprüfung. Dargestellt unter besonderer Berücksichtigung der hessischen Kommunalverfassung. 2008.

Band 17 Christian Adam: Gefahrabwendungsfolter und Menschenwürde im Lichte des Unabwägbarkeitsdogmas des Art. 1 Abs. 1 GG. 2008.

Band 18 Julia Kaupisch: Das Grundrecht der Religionsfreiheit in seiner historischen Entwicklung. Werdegang in den norddeutschen Ländern. 2008.

Band 19 Tobias Timo Weitz: Gerichtsnahe Mediation in der Verwaltungs-, Sozial- und Finanzgerichtsbarkeit. 2008.

Band 20 Nicole Pöttgen: Medizinische Forschung und Datenschutz. 2009.

Band 21 Jonas Fischer: Das Recht der Glücksspiele im Spannungsfeld zwischen staatlicher Gefahrenabwehr und privatwirtschaftlicher Betätigungsfreiheit. 2009.

Band 22 Nina Stöcker: Entwicklung des Verwaltungskooperationsvertrages unter Berücksichtigung des Vergaberechts. 2010.

Band 23 Christoph Weltecke: Gesetzgebung im Bundesstaat. Reformpotentiale des deutschen Föderalismus unter besonderer Berücksichtigung der Vorschläge der Kommission zur Modernisierung der bundesstaatlichen Ordnung. 2011.

Band 24 Martin Dietz: Verfassungsgerichtliche Unvereinbarerklärungen: Zulässigkeit, Voraussetzungen und Rechtsfolgen. 2011.

Band 25 Isabell Beck: Auswirkungen der Straftatverwirklichung auf öffentlich-rechtlich geregelte Berufsstellungen. 2012.

Band 26 Franziska Schneider: Rechtliche Rahmenbedingungen für die Vornahme von Online- Durchsuchungen. Online-Durchsuchungen als Mittel zur Terrorismusbekämpfung in Deutschland und den USA. 2012.

Band 27 Stefan Heck: Mandat und Transparenz. Anzeige und Veröffentlichung der Nebentätigkeiten von Bundestagsabgeordneten. 2014.

Band 28 Svenja Pitz: Der Dialog mit der organisierten Zivilgesellschaft in der Europäischen Union. 2014.

Band 29 Eric Zimmermann: Die Betriebsleiterpräsenz in den Gesundheitshandwerken. 2019.

Band 30 Katja Fröhlich: Normgeprägte Grundrechte. 2020.

www.peterlang.com

www.ingramcontent.com/pod-product-compliance
Ingram Content Group UK Ltd.
Pitfield, Milton Keynes, MK11 3LW, UK
UKHW021832290926
8980IPUK00004B/406

9 783631 796238